◇

《竹書紀年》研究（1917-1979）

Studies of the Bamboo Annals (1917-1979)

邵東方 編

SHAO Dongfang

◇

GUANGXI NORMAL UNIVERSITY PRESS

广西师范大学出版社

·桂林·

竹書紀年研究（1917—1979 ）
ZHUSHUJINIAN YANJIU 1917—1979

封面書名題簽：丁偉志

圖書在版編目（CIP）數據

竹書紀年研究 ：1917-1979 / 邵東方編. -- 桂林 ：
廣西師範大學出版社，2025．4． -- ISBN 978-7-5598
-7733-8

Ⅰ. K204.3
中國國家版本館 CIP 數據核字第 2025DS1869 號

廣西師範大學出版社出版發行

（廣西桂林市五里店路 9 號　郵政編碼：541004 ）
（網址：http://www.bbtpress.com ）
出版人：黃軒莊
全國新華書店經銷
廣西廣大印務有限責任公司印刷
（桂林市臨桂區秧塘工業園西城大道北側廣西師範大學出版社
集團有限公司創意産業園内　郵政編碼：541199）
開本：787 mm ×1 092 mm　1/16
印張：39.25　　插頁：12　字數：750 千
2025 年 4 月第 1 版　　2025 年 4 月第 1 次印刷
定價：198.00 元

如發現印裝質量問題，影響閱讀，請與出版社發行部門聯繫調換。

獻給恩師　劉家和先生，感謝他多年來對我研究《竹書紀年》的循循善誘和諄諄教誨

Dedicated to my life-long mentor, Professor Liu Jiahe. I am grateful to him for training me with skill and patience and for teaching me tirelessly and diligently on my studies of the *Bamboo Annals* in the past decades.

獻給父執前輩　丁偉志先生（1931-2024），感謝他爲本書題寫書名

Dedicated to the memory of my predecessor, Professor Ding Weizhi (1931-2024), who was a friend of my parents and parents-in-law. I thank him for calligraphing the title of this book.

海寧王靜安先生遺書

十一

王國維《古本竹書紀年輯校·自序》、《今本竹書紀年疏證·自序》書影一

段懋堂手蹟跋

周之琦鶴塔銘手蹟跋

沈乙盫先生絕筆楹聯跋

卷四

尚書覆詁序

隨庵所藏甲骨文字序

漢書藝文志舉例後序

待時軒仿古鈢印譜序

國學叢刊序

爾雅草木蟲魚鳥獸釋例序

魏石經考序

重輯蒼頡篇目序

唐寫本唐韻殘卷校勘記自序

古本竹書紀年輯校自序

今本竹書紀年疏證自序

流沙墜簡考釋補正自序

曲錄目序

又

宋元戲曲考自序

靜安文集自序

郭春榆宮保七十壽序

諮封中憲大夫海寧陳君暨妻鄒太淑人合葬墓誌銘

張母桂太夫人真贊

定居京都奉答鈴山豹軒枉贈之作並東君山湖南君撝

諸君子四首

題沈乙庵方伯所藏趙千里雲麓早行圖三首

往往而有然唐韻規摹已其於是又天壤間僅此孤本故竭數
月之力為之校讎以廣韻及他書所引唐韻所引大徐說
文所用孫愐反切校其音成校勘記二卷復集他書所引唐韻
於是歟

古本竹書紀年輯校自序

汲冢竹書紀年佚於兩宋之際今本二卷乃後人蒐輯復雜采
史記通鑑外路史諸書成之非汲冢原書然以世無別本故
三百年來學人治之甚勤而臨海洪氏頤煊樓霞郝氏懿行閩
縣林氏春溥三校本尤為雅馴最後嘉定朱氏右曾復輯古
書所引紀年為汲冢紀年存真二卷顧其書傳世頗希余前在
上虞羅氏大雲書庫假讀之獨犁然有當於心丁巳二月余既
作殿先公先生王考畢思治此書乃取今本紀年一一條其出處

注於書眉既又假得朱氏輯本病其尚未詳備又所出諸書異
同亦未盡列至其去取亦不能無得失乃取朱書本而以余
所校注者補之之凡增刪改正若干事至於余讀此書有所考
證當別為札記將繼是而寫定焉

今本竹書紀年疏證自序

昔元和惠定宇徵君作古文尚書考始取偽古文尚書之事實
其法作一疏其所出而梅書之偽益明仁和孫頤谷侍御復用
其例作孔子家語疏證吾鄉陳仲魚孝廉序之曰是猶捕盜者
之獲得真贓誠哉言也余治竹書紀年既成古本輯校一卷
復怪今本紀年為近三百年學者之疑
者固多信之者亦且過半乃復用惠孫二家法一求其所出
始知今本所載殆無一不襲他書其不見他書者不過百分之
一又牽空洞無事實所增加者年月而已且其所出本非一源

王國維《古本竹書紀年輯校·自序》、《今本竹書紀年疏證·自序》書影二

學術叢編卷十五 倉聖明智大學出版

王國維《古本竹書紀年輯校》書影一

王國維《古本竹書紀年輯校》書影二

汲家竹書紀年佚於兩宋之際今本二卷乃後人蒐輯復雜采史
記通鑑外紀路史諸書成之非汲家原書然以世無別本故三百
年來學人治之甚勤而臨海洪氏頤煊樓霞郝氏懿行閩縣林氏
春溥三校本尤爲雅馴最後嘉定朱氏右曾復專輯古書所引竹
書爲汲家紀年存眞二卷顧其書傳世頗希余前在上虞羅氏大
雲書庫假讀之獨鞞然有當於心丁巳二月余既作殷先公先王
考畢思治此書乃取今本紀年一一條其出處注於書眉既又假
得朱氏輯本病其尙未詳備又諸書異同亦未盡列至其去取亦
不能無得失乃以朱書爲本而以余所校注補正之凡增删改
正者干事至考證所得當別爲札記又今本之僞當別爲疏證以
明之將繼是而寫定爲閏二月望海寧王國維

古本竹書紀年輯校

嘉定朱右曾輯錄
海寧王國維校補

五帝

黃帝

帝王之崩曰陟　黃陵廟碑

昌意降居若水產帝乾荒　山海經海內經注

國維案此昌黎括本書之語非原文如是

黃帝既仙去其臣有左徹者削木爲黃帝之像帥諸侯朝奉之　太平

黃帝死七年其臣左徹乃立顓頊　紀六史後

顓頊產伯鯀是維若陽居天穆之陽　山海經大荒西經注

帝堯元年丙子　隋書律歷志引丙作景遘唐路史後紀十引無帝字

后稷放帝朱于丹水　山海經海內南經注帝子丹朱放帝子丹水史記五帝本紀正義

命咎陶作刑　北堂書鈔十七

三苗將亡天雨血夏有冰地坼及泉青龍生于廟日夜出晝日不
出　通鑑外紀二注引隨巢子言龍生廟夏木雨血地坼及泉日夜出晝不見與外紀

夏后氏

禹

王國維《古本竹書紀年輯校》書影三

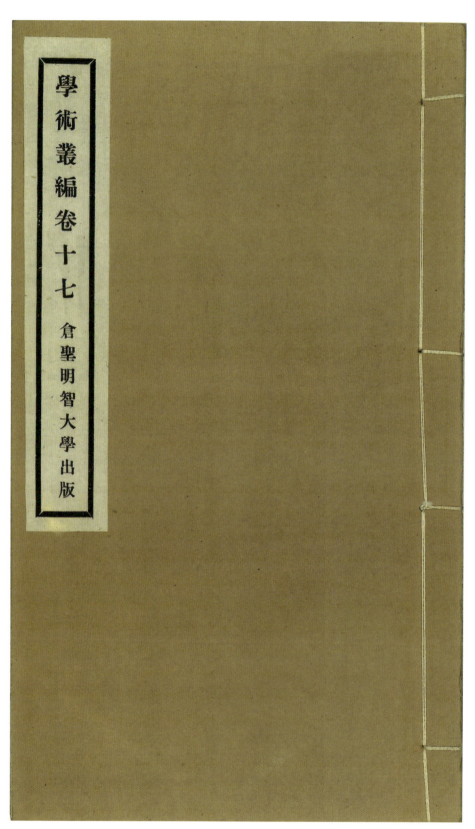

學術叢編卷十七 倉聖明智大學出版

王國維《今本竹書紀年疏證》卷上書影一

學術叢編

第十七册

今本竹書紀年疏證卷上　稿本　　　　王國維撰

操風瑣錄卷四　稿本　　　　　　　　劉家謀撰

曲律　指海劉本　　　　　　　　　　明王驥德撰

目錄

一

倉聖明智大學刊行

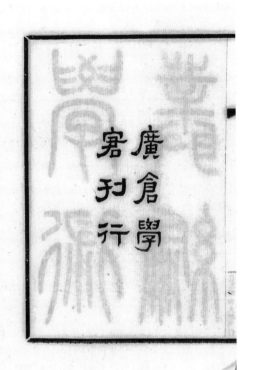

廣倉學窘刊行

昔元和惠定宇徵君作古文尚書考始取偽古文尚書之事實文
句一一疏其所出而梅書之偽益明仁和孫頤谷侍御復用其法
作家語疏證吾鄉陳仲魚孝廉斅之曰是猶捕盜者之獲得眞贓
誠哉是言也余治竹書紀年既成古本輯校一卷復怪今本紀年
爲後人蒐輯其跡甚箸乃近三百年學者疑之者固多信之者亦
且過半乃復用惠孫二家法一一求其所出始知今本所載殆無
一不襲他書其不見他書者不過百分之一又牽空洞無事實所
增加者年月而已且其所出本非一源古今雜陳矛盾斯起既有
違異乃生調停紛糾之因皆可剖析夫事實既陳其他書則此書爲
無用年月又多杜撰則其說爲無徵無徵則廢此書可又此
疏證亦不作可也然余懼後世復有陳逢衡輩爲是紛紛也故寫
而刊之俾與古本輯校並行焉丁巳孟夏海甯王國維

疏序

一

倉聖明智大學刊行

王國維《今本竹書紀年疏證》卷上書影二

今本竹書紀年疏證卷上

海寧王國維

黃帝軒轅氏 〔集解引和嶠云紀年起自黃帝 杜預春秋經傳集解後序云東晉時得竹書紀年十三篇記夏以來惟特記晉國起自殤叔以下〕

母曰附寶見大電繞北斗樞星光照郊野感而孕二十五月而生帝於壽邱弱而能言龍顏有聖德劾百神朝而使之應龍攻蚩尤戰虎豹熊羆四獸之力以女魃止淫雨天下既定聖德光被蟲蛊瑞畢臻有屈軼之草生於庭佞人入朝則草指之是以佞人不敢進 〔以上出宋書符瑞志○案宋志此節雜采大戴五帝德春秋元命苞山海經史記五帝本紀諸書為之但篇為附注之不復勞及他書以下放此〕

元年帝即位居有熊 〔自白虎通云帝有天下號為有熊國君少典史記五〕

初制冕服 〔易繫辭黃帝堯舜垂衣裳而天下治左傳昭十七年疏引春秋演孔圖黃帝服黃〕

二十年景雲見以雲紀官 〔帝王世紀黃帝升太平御覽七十一引左氏昭十七年傳昔者黃帝氏以雲紀故為雲師而雲名曰黃帝雲將興〕

有景雲之瑞赤方氣與青方氣相連赤方中有兩星青方中有一星凡三星皆黃色以天清明時見於攝提名曰景星

齋於宮中坐於元扈洛水之上有鳳皇集不食生蟲不履生草或止帝之東園或巢於阿閣或鳴於庭其雄自歌其雌自舞神

鳥來儀有大蠬如羊大螾如虹帝以土氣勝遂以土德王 〔以上德王符瑞書宋 符瑞志〕

五十年秋七月庚申鳳鳥至帝祭於洛水 〔宋書符瑞志五十年秋七月庚申天霧三日三夜晝昏〕

庚申天霧三日三夜晝昏帝問天老力牧容成曰於公何如天老曰臣聞之國安其主好文則鳳皇居之國亂其主好武則鳳皇去之今鳳皇翔於東郊而樂之其鳴與天相副以是觀天有嚴教以賜帝帝勿犯也史卜之龜燋史曰臣不能占也其問之聖人帝曰已問天老力牧容成矣以人占之則可又曰龜不違聖智故焦霧既降游於洛水之上見大魚殺五牲以

醮之天乃甚雨七日七夜魚流於海得圖書焉龍圖出河龜書出洛赤文篆字以授軒轅接萬神於明庭今寒門谷口是也 〔宋書符瑞志〕

五十九年貫胸氏來賓長股氏來賓 〔山海經海外南經注引夷之民有貫胸者長股作長股股為此條所本本紀年無年數古〕

七十七年昌意降居若水產帝乾荒 〔海內經注引本紀年無年數古帝王世紀黃帝在位百年而崩本紀集解〕

一百年地裂帝陟 〔戴聚記十五說開元占經四引經亡地裂 韓昌黎集黃帝陵帝王世紀黃帝崩曰黃陵皇覽云軒轅冢史記五帝本紀黃帝崩葬橋山〕

帝王之崩皆曰陟 新崩也帝以土德王應地裂而陟葬羣臣有左徹者感思帝德

王國維《今本竹書紀年疏證》卷上書影三

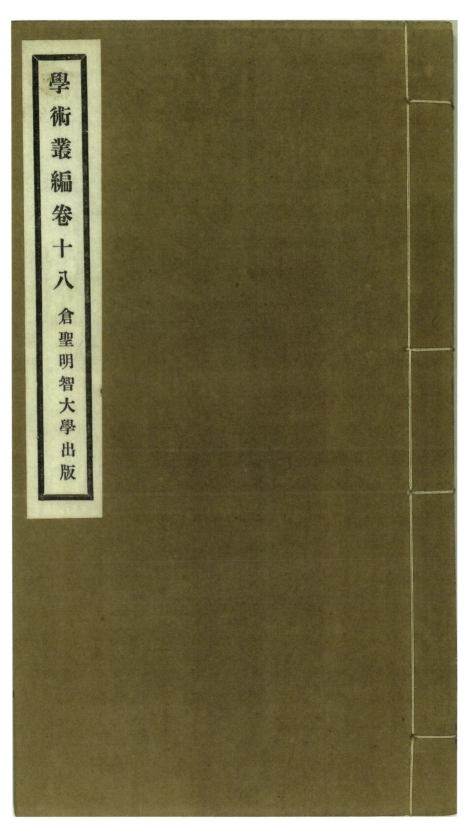

學術叢編卷十八　倉聖明智大學出版

王國維《今本竹書紀年疏證》卷下書影一

學術叢編
第十八冊
今本竹書紀年疏證卷下 稿本 王國維撰
江氏音學叙例 家刊本 江有誥撰
曲律 指海刊本 明王驥德撰
倉聖明智大學刊行

廣倉學宭刊行

今本竹書紀年疏證卷下　海甯王國維

周武王

名發初高辛氏之世妃曰姜嫄助祭郊禖見大人迹履之當時
欲如有人道感已逐之山林中會伐林者又取而置寒冰上鳥以一翼
藉覆之姜嫄以爲異乃收養爲名之曰弃枝頤有異相長爲堯
稷官有功於民后稷之孫曰公劉有德諸侯皆以天子之禮待
之初黃帝之世讖言曰西北爲王期在甲子昌制命發行誅旦
行道及公劉之後十三世而生季歷季歷之十年飛龍盈於殷

之牧野此蓋聖人在下位將起之符也季歷之妃曰太任夢長
人感已浸於豕牢而生昌是爲周文王龍顏虎肩身長十尺胸
有四乳太王曰吾世當有興者其在昌乎季歷兄曰太伯知天
命在昌適越終身不反弟仲雍從之故季歷爲嗣以及昌昌爲
西伯作邑于豐文王之妃曰太姒夢商庭生棘太子發植梓樹於
闕間化爲松柏棫柞以告文王文王帥羣臣與發並拜告夢
季秋之甲子赤爵銜書及豐置於昌戶昌拜稽首受其文要曰
姬昌蒼帝子亡殷者紂王將畋史編卜之日將大獲非熊非羆
天遣太師以佐昌臣太祖史疇爲禹卜畋得皋陶其兆類此至
於磻溪之水呂尚釣於涯王下趨拜日望公七年乃今見光景

王國維《今本竹書紀年疏證》卷下書影二

於斯尚立變名答曰望釣得玉璜其文要曰姬受命昌來提撰

爾洛鈐報在齊尚遊見赤人自洛出授尚書命曰召佐昌者

子文王夢日月著其身又驚鷟鳴於岐山孟春六旬五緯聚房

後有鳳皇銜書遊文王之都書又曰殷帝無道虐亂天下星命

已移不得復久靈祇遠離百神吹去五星聚房昭理四海文王

既沒太子發代立是爲武王武王駢齒望羊將伐紂至於孟津

箕子微子去之乃伐紂渡孟津中流白魚躍入王舟王俯取魚

八百諸侯不期而會咸曰紂可伐矣武王不從及紂殺比干囚

長三尺目下有赤文成字言紂可伐王寫以世字魚文消燔魚

以告天有火自天止于王屋流爲烏烏銜穀焉穀者紀后稷之

德火者燔魚以告天天火流下應以告也遂東伐紂勝於牧野

兵不血刃而天下歸之乃封呂尚於齊周德既隆草木茂盛嵩

壂爲宮室因名嵩室既有天下乃封呂尚於鎬〔以上除首二字符末志八字以省宋書符瑞志八〕

十二年辛卯王率西夷諸侯伐殷敗之于坶野〔字省首王率西夷諸侯紀　水經渭水注引紀〕

王親禽受于南單之臺遂分天之明〔帝受辛于南單之臺遂分天水經濟水注引紀　史記殷本紀禽受以續殷祀〕

立受子祿父是爲武庚〔武庚祿父以續殷祀〕

夏四月王歸于豐饗于太廟〔生霸粵六日庚戌武王燆于周廟偏旁　漢書律歷志逸書武成惟四月既〕

自商至於廢四月哉丁未祀于周廟〔書武成厥四月哉生明王來〕

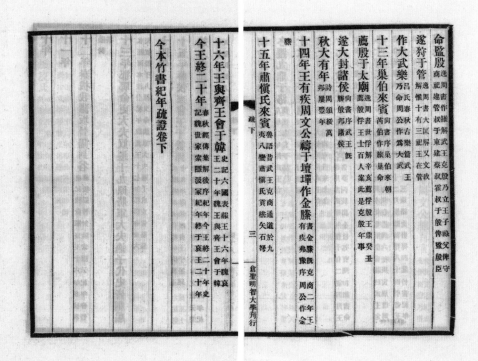

命監殷〔逸周書作雒武王克殷乃立王子祿父俾守商祀建管叔于東蔡叔霍叔于殷俾監殷臣〕

遂狩于管〔解逸周書惟十有三祀王在管管叔自作政〕

作大武樂〔呂氏春秋古樂武王即位以六師大夫三臣又在武王〕

十三年巢伯來賓〔尚書序巢伯來朝　書序旅巢命〕

薦殷于太廟〔逸周書世俘王士伯百辟臣此是克殷年事丑〕

秋大有年〔詩周頌豐年邦畿千里維民所止〕

十四年王有疾周文公禱于壇墠作金縢有疾〔書金縢既克商二年王有疾弗豫序周公作金縢〕

十五年肅慎氏來賓〔魯語昔武王克商通道于九夷八蠻肅慎氏貢楛矢石砮〕

十六年王與齊王會于韓〔史記六國表齊王十六年會于韓　魏王二十年魏與齊會于韓〕

今王終二十年〔記春秋經傳集解後序紀年今王終于哀二十年　史記魏世家索隱汲冢紀年終於哀王二十年〕

今本竹書紀年疏證卷下

王國維《今本竹書紀年疏證》卷下書影三

積微居甲文說
卜辭瑣記

楊樹達 著

中國科學院 出版
1954 年 5 月

楊樹達《竹書紀年所見殷王名疏證》書影一

釋桲舟⋯⋯⋯⋯⋯⋯⋯⋯⋯⋯⋯⋯⋯⋯一五

第四類　說形之屬凡三篇

釋田匚匚匚匚⋯⋯⋯⋯⋯⋯⋯⋯二六

釋農⋯⋯⋯⋯⋯⋯⋯⋯⋯⋯⋯⋯⋯二六

釋吞⋯⋯⋯⋯⋯⋯⋯⋯⋯⋯⋯⋯⋯二六

卷下　考史之文凡二十篇

第一類　人名之屬凡七篇

釋宀宗⋯⋯⋯⋯⋯⋯⋯⋯⋯⋯⋯⋯三一

釋羔　附後記⋯⋯⋯⋯⋯⋯⋯⋯三三

釋宀宗⋯⋯⋯⋯⋯⋯⋯⋯⋯⋯⋯⋯三四

竹書紀年所見殷王名疏證⋯⋯三五

釋河⋯⋯⋯⋯⋯⋯⋯⋯⋯⋯⋯⋯⋯四〇

釋母東⋯⋯⋯⋯⋯⋯⋯⋯⋯⋯⋯⋯四〇

釋□⋯⋯⋯⋯⋯⋯⋯⋯⋯⋯⋯⋯⋯四一

第二類　國名之屬凡五篇

釋犬方⋯⋯⋯⋯⋯⋯⋯⋯⋯⋯⋯⋯四二

楊樹達《竹書紀年所見殷王名疏證》書影二

作碑，見甲骨文編捌之拾叁左从舟，與小篆同，右从□與說文朕字右旁从火作□者異，而其字與□宗之□同，然則□殆即祖乙之

名，與紀年記名□者文異而實同也。

鐵雲藏龜壹柒肆葉貳版又見續編陸卷廿伍葉貳版云：『貞，□朕弗街，』朕與□同，亦即紀年之□也。

竹書紀年所見殷王名疏證　一九五〇年六月二十一日

此所稱竹書紀年，兼古今本兩本言之。今本出於後人之綴輯，非是真書，然其所記殷王之名，或見於傳記，或見於卜辭，知其當有所本，非鄉壁虛造者可比矣。又諸王名有證者記之，無證者則闕。

湯名履。

今本紀年云：成湯名履。按論語堯曰篇云：『予小子履敢用玄牡致昭告于皇皇后帝。』集解孔安國云：『履，殷湯名。』又按太平御覽八十三引古本竹書紀年云：『湯有七名而九征。』今湯名可知者，湯，（卜辭作唐）太乙、履、三名而已。

大甲名至。

今本紀年云：大甲名至。按殷虛文字甲編壹伍陸零版云：『冊至，□又有雨？』又壹肆捌叁版云：『貞△冊至，右有大雨？』

殷契萃編貳陸伍片云：『冊至，王受又？[祐]弜弗冊？』又柒捌肆片云：『甲申卜，今日亥不雨，寅冊至？』按以上諸辭之至，冊□皆讀爲晉。說文云：『晉，告也。从日，从册，册亦聲。』甲文字或作晉，从口與从日同。鐵雲藏龜壹柒陸葉貳版云：『乎雀晉兄丁。』文例同。按今本紀年出自後人之綴輯，人多疑之，然其書記且丁名新，而卜辭有『且丁名新

宗』之文，新即新也。又記陽甲名和，三年西征丹山戎，與山海經大荒北經郭璞注引竹書云『和甲西征得一丹山』之文相

合。知其書雖出自後人，要爲有本，非杜撰無稽者可比矣。

沃丁名絢。

太平御覽八十三引古本紀年云：『沃丁絢即位，居亳。』今本紀年云：『沃丁名絢。』按甲文未見絢字，殷虛書契後編下卷廿

楊樹達《竹書紀年所見殷王名疏證》書影三

朱希祖（1879–1944）

華東師範大學孟憲承校長與呂思勉先生（左）晤談，攝于1956年。

錢穆（右）與楊聯陞于20世紀60年代

本書編者導師郭穎頤教授夫婦（前排左一、左二）及其子媳、本書譯者之一杜小亞（後排左一）、本書編者邵東方（後排右一），2011年3月。

本書編者（右）與何兆武（中）、
李紀祥攝于清華園王國維紀念碑
（2000年8月）。

國際研究《竹書紀年》著名學者倪德衛（右四）、夏含夷（中立者）、邵東方（右
三）于美國芝加哥大學《竹書紀年》研討會（2002年4月）。

本書編者與本書題簽者丁偉志研究員

邵東方在倪德衛追思會上致悼詞（參加者是斯坦福大學哲學系、宗教研究系、東亞語言文化系的教授們），2015年1月17日。

美國國會圖書館館長James H. Billington（1929—2018）與本書編者合影（2015年8月），他在任期間對編者的研究工作大力支持。

國際《竹書紀年》研究著名學者吉德煒（左）與倪德衛（2013年1月）

九五高齡劉家和教授與邵東方博士（2023年12月）于北京師範大學之劉府愚庵。

前　言

邵東方

　　宋志英所輯《〈竹書紀年〉研究文獻輯刊》由國家圖書館出版社於 2010 年刊行。此套叢刊將明代後期至民國初年研究古本、今本《竹書紀年》的研究著作匯爲一編,其中多爲清代學者考辨《竹書紀年》的力作,如孫之騄《考訂竹書紀年》、韓怡《竹書紀年辨正》、徐文靖《竹書紀年統箋》、趙紹祖《校補竹書紀年》、陳逢衡《竹書紀年集證》、洪頤煊《校正竹書紀年》、陳詩《竹書紀年集注》、張九鐔《竹書紀年考證》、張宗泰《竹書紀年校補》、姚東昇《竹書紀年佚文》、林春溥《竹書紀年補證》、郝懿行《竹書紀年校正》、雷學淇《竹書紀年義證》和董豐垣《竹書紀年辨證》。長於考據是清代漢學家的治學傳統,上述著作將清儒對諸經從事校勘疏證的音韻、文字、訓詁之學,擴展到對今本《竹書紀年》的校勘、輯佚、辨僞,並涉及地理、天文、曆法、年代、典章制度的考究。在《竹書紀年》的整理和研究上,清儒取得了超邁前代的成就。除了清代學者的著作外,此系列還收錄了明代范欽訂《竹書紀年》,以及“可稱是中國文獻學史上兩部具有里程碑意義的著作”的清末民初學術大師王國維所著《古本竹書紀年輯校》、《今本竹書紀年疏證》。全套概爲十冊十七種,體現了跨越數百年幾代學者的研究《竹書紀年》的學術成果。

　　關於《竹書紀年》的成書、流傳、版本、真僞問題,我已經分別在《竹書紀年研究》的前兩集即 1980—1999 年卷和 2000—2013 年卷的兩篇代序裏敘述過了,這裏就不再重複。編輯《竹書紀年研究(1917—1979)》的目的,在於承前啓後,填補《竹書紀年研究(1980—2000)》(廣西師範大學出版社,2013 年)和《竹書紀年研究(2000—2013)》(廣西師範大學出版社,2014 年)兩集匯編的間隔,延續搜羅《〈竹書紀年〉研究文獻輯刊》王國維以降中外學者研究《竹書紀年》的主要論文。《竹書紀年研究(1917—1979)》始自王國維在 1917 年 4 至 6 月間所撰《古本竹書紀年輯校》和《今本竹書紀年疏證》的兩篇自序,迄於方詩銘寫於 1979 年 7 月的《〈古本竹書紀年輯證〉序例》,這也恰恰是中國文化思想處於最衝突和最動盪變遷的六七十年。

　　本書的體例依然是遵循前兩集的形式，以期刊、專著中的論文和書目提要爲主要搜集内容，專書以及在專著裹討論《竹書紀年》的章節則不予收入。本書除了王國維的兩篇自序，尚有三十七篇長短不一的文字。各文的編排是以論文最初發表的年代爲順序，同時兼顧部分撰寫年代較早、但正式出版時間卻較晚的文字。在全面性上，本書雖不能做到鉅細不遺，還是儘可能網羅 1917 至 1979 年這段時期海内外研究《竹書紀年》的主要成果。這些論文所涉及的領域專門，論題集中。它們散見於國内外不同地區的期刊報紙上，寫作時間有早有遲，年代久遠，披尋聚攏，實屬不易。廣西師範大學出版社同仁們不辭煩難，重新打字排印校對，以便舊作新刊，以存其真；還組織人力將數篇英文、法文和日文的論文移譯爲中文。現在編成專集，雖非全豹，然已十得八九，基本上反映了這一時期海内外學者研究《竹書紀年》的真實狀況，是非常值得保存和流傳的。研究歷史的學者都知道，對於任何題旨進行學術研究，必須首先盡量搜集第一手的原始資料，更需要瞭解、參考、吸收前人的有關研究成果，以便在前人研究的基礎上從事一己的研究。我希望在《竹書紀年》研究領域相當活躍的今天，這些舊文仍然能引起學者的興趣，讓他們瞭解相關的文獻，爲他們的新近研究計劃提供更爲全面的參考文獻。

　　此外，本書有附錄兩篇。附錄一是本師劉家和先生和筆者合撰的“理雅各英譯《竹書紀年》析論”，分析了十九世紀蘇格蘭漢學家理雅各（James Legge）在中國學者王韜協助下翻譯今本《竹書紀年》的成就及其得失，目的在於彌補《〈竹書紀年〉研究文獻輯刊》未收同時代外國學者的研究成果之不足。清代漢學家基本上在一個封閉的環境下從事研究，理雅各的研究成果不啻是爲中國人提供了生活在另一個世界的學者研究《竹書紀年》獨特的視角和不同的體驗。附錄二是孫俊所撰“徐宗元先生未刊稿《古今本竹書紀年合校》述略”，介紹了徐宗元在 1950 年代整理古今本《竹書紀年》的研究成果。雖然原稿尚未正式出版，但因徐宗元研究的時間範圍也在本書所含的年代之内，孫俊的文章是具有重要的參考價值。

　　關於《竹書紀年》自清朝中期以後到 1980 年代期間的研究概況，我在《竹書紀年研究（2001—2013）》的代序中已經做了基本的綜述，有興趣的讀者可以參看那篇代序。下面就本論文集所涵蓋的年代和地域，將所收這些文字大致分爲六類，説明各篇的基本内容、文章主旨及撰寫方法。

　　第一類即王國維的兩篇序，文雖不長，卻是體現了研究《竹書紀年》的一個全新的思路。在汲取前人成果的基礎上，王國維這兩部著作《古本竹書紀年輯校》《今本竹書紀年疏證》開啓了現代研究古今本《竹書紀年》的新方向，具有劃時代的意義。首先，承襲朱右曾《汲冢紀年存真》專輯古書所引《竹書》的新典範，以其所校注者補正之，增刪改正若干事。其次,全面質疑和徹底否定今本《竹書紀年》的真實性。他明確地指出:"今本《紀年》爲後人搜輯,其迹甚著。……無用無徵,則廢此書可。"王國維任清華國學院導師,授業解惑,提出"二重證據法",可以説是傳統學術向現代轉變的關鍵。其具體的考證或有時而可商,惟此解放學術思想,"與天壤而同久,共三光而永光"。而以上兩書及序的基本觀點和方法影響所及成爲 1917 至 1979 年間研究《竹書紀年》的標誌性文獻,影響了中外學者的《竹書紀年》研究取向和治學路徑達數十餘年,"聲聞不廢,流傳至今"。

　　第二類是日本四位東洋史學家在 1920 年、1933 年、1949 年和 1960 年所分別發表的研究《竹書紀年》的五篇論文:神田喜一郎《汲冢書出土始末考》、原富男《今、古本〈竹書紀年〉考》、橋本增吉《〈竹書紀年〉研究》,以及山田統《〈竹書紀年〉與〈六國年表〉之魏紀年》、《〈竹書紀年〉的後世影響説》。就我個人的觀察,儘管他們的研究存在着不同的觀點,卻基本承襲清儒漢學的考據學傳統,尤崇尚清代學者雷學淇對於今本《竹書紀年》的考訂,反而對古本《竹書紀年》的史料價值存疑。儘管他們這些早期的研究屬於考證性質,但在日本的中國上古史,尤其是《竹書紀年》的研究領域,篳路藍縷,開啓 1990 年代在這一問題上研究新潮。還要説明的是,同時期的日本研究中國古代曆法和天文史著名學者新城新藏(1873—1938)非常重視王國維對《竹書紀年》的研究,自謂其年代學的著作完全依仗王國維的研究成果。此外,日本著名地理學家小川琢治(1870—1941)1928 年發表的《穆天子傳考》第二、三、四章討論汲冢書出土相關事蹟,"皆有細緻之研究"。但因此文非專門研究《竹書紀年》,只好割愛,未收入本集。有興趣者可以另取而參考。

　　第三類是中國學者在 1949 年之前在大陸所發表的研究《竹書紀年》的論文。在整個這一時期,伴隨古史研究的興盛,《竹書紀年》也引起了普遍的注意,取得了豐富的成績。這些學者雖非專攻《竹書紀年》一書的專家,卻多爲現代中國文史界兼具分析與綜合能力的通識大家,如吕思勉、錢穆、蒙文通、劉盼遂、黄雲眉、張心澂、朱希祖、屈萬里、陳夢家、魯實先等。他們每一個人在中國文史研究範圍之内各有傑出的學術貢獻,但都十分傾慕清代考據學家和王國維在《竹書紀年》研究上的成就,並繼承發揮了清儒解經的考據傳統。由於他們在國學方面有很高的造詣,在分析《竹書紀年》文本方面,注意力集中在比較具體的考證。但與清代樸學家相比,他們并不是簡單地搜尋和匯集各類與《竹書紀年》相關的史料,更重要的是,他們深入到每個具體的案例,條例分明,創見迭出。他們尊重王國維的考證古今本《竹書紀年》的開創性成就,但也不爲他的某些具體結論所限。如馬培棠認爲,今本仍不失爲寶貴材料,是此書未可盡廢。朱希祖也説,今本《竹書紀年》不盡僞也。特別是,陳夢家根據古本《竹書紀年》和金文資料進行古史年代的研究，取《竹書紀年》佚文重譜《六國紀年年表》。王世民撰寫，並經夏鼐審閱的"陳家夢傳記"談到："陳夢家治年代學的主要特點是信從《竹書紀年》，先據《紀年》所載西周、商殷和夏代的積年確定它們的絕代年代，再據甲骨、金文、《紀年》和典籍資料分配諸王年數，基本方法比較可取。因爲《紀年》本是西晉時期出自魏國古冢的簡册，是地下發現的真正戰國典籍，將其作爲考訂先秦年代的重要依據，自應比《三統曆》可靠得多。爲了更好地利用《竹書紀年》的資料，陳夢家在進行一番輯佚工作的同時，作有《汲冢竹書考》，詳細考證'汲冢竹書'的出土年代和出土地址，竹書的形制和整理經過，以及所出書的類別等項。所論與朱希祖遺稿《汲冢書考》，詳略既有不同，看法也有出入。"這一說法是很中肯的評價。民初時期，梁啓超在《中國歷史研究法》《古書真僞及其年代》兩書中對《竹書紀年》的性質與價值均有獨到的深刻分析和論斷，因非專文，惜未能輯錄於本書。

在這裏，我想特別提及鮮爲世人所知的陳振先的《竹書紀年》研究。陳振先是清末民初政治人物和農業經濟學家，他畢業於美國加利福尼亞大學，曾執教於國立清華大學、國立北京大學。陳振先的學術研究涉獵廣泛，包括經濟學、年代學、上古史。他1933—1934 年在《國聞週報》上連載長文《關於〈竹書紀年〉〈詩〉〈書〉〈春秋〉〈左傳〉的幾樁公案》，這篇文字之所以"別開生面"，在於作者參考西方學者研究中國古代天文的成果，引用西方學術的某些觀念，例舉今本《竹書》僞造的鐵證，並駁正王國維某些訛誤。這在當時研究古代中國的領域尚不多見。尤其值得重視的是，他在文末云："此文作於國難期中民族自信力稍受動搖之際，……原欲喚起國人對於本民族以往悠久光榮歷史的觀念，以增加其團結力與抵抗力；原是有所爲而發，未可以純粹考證之作視之。"無獨有偶，朱希祖研治戰國史包括汲冢竹書也是因當時世界爲一新戰國，頗可鑒古以知今。值得注意的是，這種強調直接而客觀的感受，往往是後來或外來的觀察者所缺少的真實體驗，所以習讀陳振先長文中的觀點，我們必須認識這一背景。爲此需要把詮釋學的"同情的理解"概念運用到他的分析研究之中，就像德國詮釋學大師伽達默爾（Hans-Georg Gadamer，1900—2002）強調的，唯有同情（sympathy）才能使真正的理解成爲可能。

第四類是學者們在 1949 年後發表於臺灣、香港等地研究《竹書紀年》的學術論文。1949 年以後的港臺地區史學研究承接了先前中國大陸的新史學傳統，相對於當時大陸的情形，出版數量可觀。柏蔭培、衛挺生、吳璵、趙制陽、謝德瑩等港臺學者的文章，整體地說，基本上還是延續了 1949 年前大陸學者的微觀分析的研究方式，依據文獻的具體內容，一一加以考辨，爲《竹書紀年》的文獻研究提供了更爲堅實而廣闊的資料基礎。其中衛挺生文，如吳璵指出："該文重點在說明'汲冢'乃唯一之'梁丘藏’,……而非專論《紀年》者,蓋因《紀年》亦出自‘汲冢’,故一述焉。”關於《竹書紀年》研究的學術傳承和後繼有人,特別要提及的是,魯實先於 1947 年在《復旦學報》發表《今本〈竹書紀年〉辨僞》這樣一篇極具價值的文章。此文博考詳説,誠治《竹書紀年》者所當取資矣。而在 1965 年,吴璵在魯實先的指導下完成《〈竹書紀年〉繫年證僞》的碩士論文,後來發表在《臺灣省立師範大學國文研究所集刊》上,他以曆法證今本《竹書紀年》繫年之僞,成爲 1960 年代臺灣學界研究《竹書紀年》的代表作。

　　屬於第五類的篇數很少,從 1949 年到“文革”結束這二十餘年間,中國大陸思想閉塞,是一個封閉的社會,學術界也不例外,因此學者在《竹書紀年》的學術研究上,進展遲滯。平心而論,在這一時期,僅有楊樹達《〈竹書紀年〉所見殷王名疏證》(1951 年發表)和《書〈古本竹書紀年輯校〉後》(1954 年出版)兩篇短文以及楊寬在《戰國史》(1955 年)結尾的《戰國大事年表有關年代的考訂》。范祥雍在 1957 年出版的《古本竹書紀年輯校訂補》一書,應該是這一時期中國大陸研究《竹書紀年》唯一的重要著作,但是性質仍屬文獻考證。所以一直到 1979 年 7 月方詩銘爲出版《古本竹書紀年輯證》一書寫作的《序例》,中國大陸幾乎没有專門研究《竹書紀年》的專題論著發表。

　　最後一類即第六類的文章數量雖少,卻值得關注。這些文章爲歐美學者所撰,早至法國漢學家馬伯樂(Henri Masper)於 1928 年發表的《公元前四世紀的齊王編年史》,利用《竹書紀年》重新審定戰國時期的齊國編年,這是西方學者用現代的觀點嘗試重新解釋《竹書紀年》。半個世紀之後,1979 年美國著名甲骨文專家和中國上古史學家吉德煒(David Noel Keightley)發表了《〈竹書紀年〉與商周年代》一文,他使用新的方法和觀點,深入探索,擴大了研究的範圍和視野,可以説是西方學者繼理雅各譯注今本《竹書紀年》[《中國經典》(Chinese Classics)第三册:《尚書》“緒論”第四章]之後,直到 1980 年代之前,研究《竹書紀年》最爲詳贍的專門之作。值得注意的是,西方學者研究《竹書紀年》的一百多年的流傳歷史,或可以下面的幾位代表人物作爲不同時代的發展階段:理雅各→馬伯樂→吉德煒→倪德衛(David S. Nivison)→夏含夷(Edward L. Shaughnessy)。詳細研究這一有意義的題目,俟以後有機會再作嘗試了。

　　我想在此補充的是,波蘭學者阿列克謝·德布尼克(Aleksy Debnicki)在 1956 年出版了專著《竹書紀年:古代中國社會史的一種史料》(The 《Chu-Shu-Chi-Nien》 As A Source To The Social History Of Ancient China)。他以馬克思的社會經濟理論,討論中國古代歷史的分期問題,探討今本《竹書紀年》的真僞,以及確認《竹書紀年》記載中的人物和社會組織的作用。捷克著名漢學家雅羅斯拉夫·普實克(Jaroslav Průšek,1906—1980)後來在其 1970 年出版的著作《中國歷史與文學研究論文集》(Chinese History And Literature-Collection of Studies)中,以《〈竹書紀年〉之真僞》(The Authenticity Of The

Chu-Shu-Chi-Nien）爲第三章之題，對德布尼克的著作提出尖銳評論。限於本書的體例和篇幅的限制，即以單篇論文爲主要搜集内容，十分可惜未能將德布尼克的專著以及普實克的評論進行翻譯並收入本書。不過，作爲漢學布拉格學派的創始人，普實克對《竹書紀年》的觀點，還是值得重視的。

　　回顧 1917 至 1979 年這六七十餘年的《竹書紀年》研究歷史，雖然就數量和範圍不能與進入 21 世紀的學術成果相比，但是這些文字所藴藏的内容仍然是極其豐富的。各位作者從不同的角度對這部古書作了大量微觀性的探索，其間貫穿着一條内在理路，即王國維對古今本《竹書紀年》的預設性結論，使得後輩學人再接再厲，進一步把《竹書紀年》的研究推向新高峰。對於我個人的治學經驗來説，進入 20 世紀以來，中國原有的語言、概念及語境也已不能完全適應現代學術的傳統和規範，西方和日本學者的漢學研究成果成爲中國學研究的一個重要的參照系統，使得中國學者比較易於在比較的觀點下推陳出新，更加深入地探索和解釋中國原典文獻。隨着這部《竹書紀年研究（1917—1979）》的編成，使得近一個世紀以來，中外學者研究《竹書紀年》的豐碩成果，通過這三卷論文集，展現在讀者面前，提供閱讀和研究的方便，從而在深度和廣度上進一步拓展《竹書紀年》的研究。

　　鑒於本書所收論文的作者包括海内外的學者多人，他們的生活年代相對久遠，學術背景和成就各異，很多人的經歷已不爲今人所知。所以，編者通過各種數據庫、百科知識及書籍報刊，對每一位作者做了盡可能的介紹，以供新一代的讀者參考。

　　在結束這篇簡短的前言之前，我想特别指出，即便以嚴格的學術研究而論，在今天看來，王國維在《竹書紀年》研究的專業領域帶有假定性的論斷，距今已有一百餘年，它們不但没有過時落後，反而他所提倡的治學方法和態度繼續發生着啓蒙的作用，甚至還有使人與時俱新之感。在王國維所開闢的道路上，南開大學歷史系程平山教授窮十數年的時間，花費了極大的心力，編撰“《竹書紀年》與出土文獻研究之一”的三卷本《竹書紀年考》（北京：中華書局，2013 年）。這是一部涉及《竹書紀年》的出土、整理、考証、版本、流傳、真僞、性質和價值等方面研究的鴻篇巨帙，毫無疑問，可謂當今研究《竹書紀年》的集大成之作。程君平山於《竹書紀年》文獻用力爲最深，涉歷復博，故其書取材豐富、分析精密，所論列均證據確鑿，左右逢源，不蔓不枝，恰如其分。尤其是他對今本《竹書紀年》性質的分析和結論，對王國維的論斷增添了大量的材料，提供了堅實的印證，而不是像個别人那樣去憑空立説而否定王國維的開創性學説，所以其觀點是較爲全面的，經得起史實的驗證。《竹書紀年考》作者關於今本《竹書紀年》性質的結論：“可以判定今本《竹書紀年》是晉至宋時期著述徵引古本《竹書紀年》的輯佚和補充本，是雜抄百家的未修稿本，是僞託沈約注的僞書”，信爲懸諸日月不刊之論也。在此不妨套用陳寅恪先生評價楊樹達之學的話說："當今《竹書紀年》之學,程平山爲第一人,此爲學術界之公論,非弟阿私之言。"從這一點說,我想提醒讀者,在閱讀這部論文集時,相應與上世紀六十多年之間的散篇文字,希望能參考程平山的《竹書紀年考》這部有開拓性的研究成果,以獲得更爲全面、深入的認識和體驗。

2024 年 9 月 30 日於美國弗州威廉王子郡草集市

目　録

前言／邵東方　　　　　　　　　　　　　　　　　　　　　　　　　　　　1

《古本竹書紀年輯校》自序／王國維　　　　　　　　　　　　　　　　　　1

《今本竹書紀年疏證》自序／王國維　　　　　　　　　　　　　　　　　　2

汲冢書出土始末考／［日］神田喜一郎　著　吳　鵬　譯　　　　　　　　3

《竹書紀年》真僞辨／獻　玖　　　　　　　　　　　　　　　　　　　　14

汲冢竹書考／黎光明　　　　　　　　　　　　　　　　　　　　　　　　17

王氏《古本竹書紀年輯校》補正／錢　穆　　　　　　　　　　　　　　　45

公元前四世紀的齊王編年史／［法］亨利·馬伯樂　著　吳荆悦　譯　　　55

由《天問》證《竹書紀年》益干啓位啓殺益事／劉盼遂　　　　　　　　　66

《古今僞書考》之《竹書紀年》、《汲冢周書》、《穆天子傳》補證／黄雲眉　69

關於《竹書紀年》、《詩》、《書》、《春秋》、《左傳》的幾椿公案／陳振先　　76

今、古本《竹書紀年》考／［日］原富男　著　吳　鵬　譯　　　　　　145

《禹貢》與《紀年》／馬培棠　　　　　　　　　　　　　　　　　　　174

略記清代研究《竹書紀年》諸家／錢　穆　　　　　　　　　　　　　　180

論別本《竹書紀年》／蒙文通　　　　　　　　　　　　　　　　　　　185

《僞書通考》録《竹書紀年》辨僞諸説／張心澂　　　　　　　　　　　193

汲冢書考／朱希祖　　　　　　　　　　　　　　　　　　　　　　　　204

汲冢竹書考略／屈萬里　　　　　　　　　　　　　　　　　　　　　　242

汲冢竹書考／陳夢家　　　　　　　　　　　　　　　　　　　　　　　250

《續修四庫提要》録《竹書紀年》書目提要（一）／楊鍾義　　　　　　264

《續修四庫提要》録《竹書紀年》書目提要（二）／沈兆奎　　　　　　274

汲冢書、再論汲冢書／吕思勉　　　　　　　　　　　　　　　　　　　278

今本《竹書紀年》辨僞／魯實先　　　　　　　　　　　　　　　　　　283

關於《竹書紀年》/［日］橋本增吉　著　吳　鵬　譯　　　　　　　314

《竹書紀年》所見殷王名疏證/楊樹達　　　　　　　　　　　　　339

書《古本竹書紀年輯校》後/楊樹達　　　　　　　　　　　　　　344

《竹書紀年》之今古本問題及其評價/趙榮琅　　　　　　　　　　345

戰國大事年表中有關年代的考訂/楊　寬　　　　　　　　　　　361

《竹書紀年》與《六國年表》之魏紀年/［日］山田統　著　吳　鵬　譯　　370

《竹書紀年》的後世影響説/［日］山田統　著　吳　鵬　譯　　　392

《竹書紀年》考異/柏蔭培　　　　　　　　　　　　　　　　　412

論汲冢與其竹書/衛挺生　　　　　　　　　　　　　　　　　　439

《竹書紀年》繫年證僞/吳　璵　　　　　　　　　　　　　　　463

六十年來《竹書紀年》之考訂/吳　璵　　　　　　　　　　　　510

《竹書紀年》不該懷疑嗎?
　　　——《詩經》質疑/趙制陽　　　　　　　　　　　　　　521

《竹書紀年》辨僞/謝德瑩　　　　　　　　　　　　　　　　　527

《竹書紀年》與商周年代/［美］吉德煒　著　杜小亞　譯　　　　550

論《竹書紀年》/李恩國　　　　　　　　　　　　　　　　　　561

《竹書紀年》的真僞與三百篇繫年的關係/李辰冬　　　　　　　566

《古本竹書紀年輯證》序例/方詩銘　　　　　　　　　　　　　572

附錄一:理雅各英譯《竹書紀年》析論/劉家和　邵東方　　　　575

附錄二:徐宗元先生未刊稿《古今本竹書紀年合校》述略/孫　俊　602

後記/邵東方　　　　　　　　　　　　　　　　　　　　　　614

《古本竹書紀年輯校》自序

王國維

汲冢《竹書紀年》佚於兩宋之際。今本二卷,乃後人蒐輯,復雜采《史記》、《通鑒外紀》、《路史》諸書成之,非汲冢原書。然以世無別本,故三百年來,學人治之甚勤,而臨海洪氏頤煊、棲霞郝氏懿行、閩縣林氏春溥三校本尤爲雅馴。最後嘉定朱氏右曾復專輯古書所引《竹書》,爲《汲冢紀年存真》二卷。顧其書傳世頗希,余前在上虞羅氏大雲書庫假讀之,獨犁然有當於心。丁巳二月,余既作《殷先公先王考》畢,思治此書,乃取今本《紀年》,一一條其出處,注於書眉。既又假得朱氏輯本,病其尚未詳備,又所出諸書異同亦未盡列,至其去取亦不能無得失。乃以朱書爲本,而以余所校注者補正之,凡增刪改正若干事。至考證所得,當別爲札記。又今本之僞,當別爲疏證以明之,將繼是而寫定焉。閏二月望,海寧王國維。[1]

編者按:本序采用《學術叢編》(又名《廣倉學宭叢書甲類》)第十五册(上海:倉聖明智大學刊行,1917 年;上海:上海書店出版社,2015 年影印版)所收王國維《古本竹書紀年輯校》一卷(稿本)爲底本,校以《王國維全集》第 5 卷(杭州:浙江教育出版社,2010 年)所收沃興華點校、李解民復校的王國維《古本竹書紀年輯校》。

作者簡介:

王國維(1877—1927),字靜安,晚號觀堂("甲骨四堂"之一),諡忠愨。浙江杭州府海寧人。中國近代著名學者、國學大師。王國維與梁啓超、陳寅恪、趙元任並稱清華國學研究院的"四大導師"。他是中國現代學術的奠基者之一,具有國際影響的新學術開拓者,在文學、美學、史學、哲學、金石學、甲骨文、考古學等領域成就卓著。著述甚豐,有《靜安集》、《紅樓夢評論》、《宋元戲曲史》、《人間詞話》、《觀堂集林》、《古史新證》、《曲錄》、《殷周制度論》、《國朝金文著錄表》、《流沙墜簡》(與羅振玉合編)等 60餘種。

---

[1] 此序寫作時間爲 1917 年 4 月 6 日。

《今本竹書紀年疏證》自序

王國維

昔元和惠定宇徵君作《古文尚書考》，始取僞古文《尚書》之事實文句，一一疏其所出，而《梅書》之僞益明。仁和孫頤谷侍御復用其法，作《家語疏證》，吾鄉陳仲魚孝廉敘之曰：“是猶捕盜者之獲得真贓。”誠哉是言也。余治《竹書紀年》，既成《古本輯校》一卷，復怪今本《紀年》爲後人蒐輯，其跡甚著，乃近三百年學者疑之者固多，信之者亦且過半。乃復用惠、孫二家法，一一求其所出，始知今本所載殆無一不襲他書。其不見他書者，不過百分之一，又率空洞無事實，所增加者年月而已。且其所出，本非一源，古今雜陳，矛盾斯起。既有違異，乃生調停，糾紛之因，皆可剖析。夫事實既具他書，則此書爲無用；年月又多杜撰，則其説爲無徵。無用無徵，則廢此書可，又此《疏證》亦不作可也。然余懼後世復有陳逢衡輩爲是紛紛也，故寫而刊之，俾與《古本輯校》並行焉。丁巳孟夏，海寧王國維。[①]

方詩銘按：《疏證》除《廣倉學宭叢書》本外，有《遺書》本，曾兩次印布；初名《王忠愨公遺書》，所收《疏證》係鉛印本；續印名《海寧王靜安先生遺書》，係石印本。今據《遺書》兩本互校，有初印不誤而續印誤者，亦有續印改正者，皆擇是而從，其有兩本皆誤，或所據今本有誤爲王氏所未正者，略出案語，以爲説明。

（載于《古本竹書紀年輯證》（修訂本），上海：上海古籍出版社，2005 年，第202 頁。）

作者簡介：

見前文篇末介紹。

---

① 此序寫作時間爲 1917 年 5 月至 6 月，發表於同年 9 月出版的《學術叢編》第十七册。

汲冢書出土始末考

[日]神田喜一郎　著　吳　鵬　譯

現存先秦古書之中,《竹書紀年》與《穆天子傳》等,世人皆謂之"汲冢書",相傳乃晉代汲郡古墓中出土。關於汲冢冢書出土之經過,《晉書·束皙傳》記載最爲詳盡,但與其他書中所載,略有不同。其間詳略異同,不無疑惑。因此,筆者嘗試考釋其間差異,以便向博雅之士求證。蓋此乃中國文獻史上需特別注意之問題也。

首先,就汲冢書出土之事,《晉書·束皙傳》曰:

> 初,太康二年,汲郡人不準,盜發魏襄王墓,或言安釐王冢,得竹書數十車。

不準(何超《晉書音義》注曰:"不,甫鳩反,姓也。")掘發魏襄王或安釐王古墓,得大量竹書,此事殆無異聞。然惟就盜發時日,《晉書》記載確有矛盾之處。據《晉書·武帝紀》記載:

> 汲郡人不準,掘魏襄王冢,得竹簡小篆古書十餘萬言,藏於秘府。

單就汲冢出土之事而言,《武帝紀》所載與《束皙傳》並無大異。然《武帝紀》繫之於咸寧五年(公元279年)十月,而《束皙傳》則繫之於太康二年(公元281年),兩者相差二年。不僅如此,《晉書·律曆志》又曰:

> 武帝太康元年,汲郡盜發六國時魏襄王冢,亦得玉律。

此處,汲冢出土之事繫於太康元年(公元280年)。可見《晉書》諸記,並不一致。茲先案"咸寧五年"説。唐代張懷瓘《書斷》中論古文之條曰:

> 晉咸寧五年,汲郡人不準,掘魏襄王冢,得册書千餘萬言。或寫《春秋經傳》、《易經》、《論語》、《夏書》、《周書》、《瑣語》、《大曆》、《梁丘藏》、《穆天子傳》及《魏史》至"安釐王二十年"。其書隨世變易,已爲數體。(據《津逮秘書》本《書法

要録》所載。）

倘若張懷瓘生於《晉書》成書之後，或疑其説乃基於《晉書・武帝紀》。另有宋代郭忠恕《汗簡・略敍》所引《晉史》章句，於張氏之説殆同，曰：

> 咸寧中，汲縣人盜魏安釐王冢，得竹書十餘萬言。寫《春秋經》、《易經》、《論語》、《夏書》、《周書》、《瑣語》、《文歷》（喜一郎云："‘文’者，當爲‘大’字之譌也。"）、《梁丘藏》、《穆天子傳》、《魏史》至"安釐王二十年"。其書隨世盡有變易，已爲數體。（據鄭珍《汗簡箋正》所載。）

此《晉史》究竟何人所作，尚難詳考。清儒鄭珍注曰："此當出他家《晉史》。"蓋所謂"十八家《晉書》"之佚文也，當疑之。較之於《書斷》之文，張懷瓘之説所據《晉史》，僅謂"咸寧中"三字，脱"五年"二字。然《汲冢書》出土於咸寧五年之説，並非僅限於《晉書・武帝紀》，亦見於其他古書矣。

次案"太康元年"之説。王隱《晉書・束皙傳》亦載《汲冢書》出土之事，曰：

> 太康元年，汲郡民盜魏安釐王冢，得竹書漆字科斗之文。科斗文者，周時古文也，其頭粗尾細，似科斗之蟲，故俗名之焉。大凡七十五卷。（王隱《晉書》散佚不傳。此文爲孔穎達《左傳正義》所引，故得以傳至今日。然汲古閣本《左傳注疏》中未載此文，十行本、閩本中則多有錯簡。參看阮元《十三經注疏校勘記》，可知詳情。）

不僅王隱《晉書》，晉代杜預之《左傳後序》亦謂《汲冢書》出土於太康元年：

> 太康元年三月，吳寇始平，余自江陵還襄陽，解甲休兵，乃申抒舊意，修成《春秋釋例》及《經傳集解》。始訖，會汲郡汲縣有發其界內舊冢者，大得古書，皆簡篇科斗文字。發冢者不以爲意，往往散亂。科斗書久廢，推尋不能盡通。始者藏在秘府，余晚得見之，所記大凡七十五卷，多雜碎怪妄，不可訓知。

又，晉代衛恆之《四體書勢》亦曰：

> 武帝太康元年，汲郡人盜發魏襄王冢，得策書十餘萬言。（據《晉書・衛恆傳》所載）

《汲冢書》出土之時，杜預、衛恆皆在世。杜預親見之，《晉書・王接傳》亦謂衛恆親自考證之，其言與杜預《左傳後序》大抵一致，皆自稱得以親見，故當無誤。是故，《晉書·律曆志》、王隱《晉書·束皙傳》等，以汲冢書出土之時日，繫於太康元年，殆無可疑。雖然如此，仍有必要考察"太康二年"之説。

詳考"太康二年"之説，亦非無根之浮言。《金石萃編》卷二十五所載《齊太公吕望表》曰：

> 太康二年，縣之四偏，有盗發冢，而得竹策之書。

此碑建於太康十年，距太康二年僅八年，且位於《汲冢書》出土之汲郡，故可作爲"太康二年"説之有力佐證。又，晉代荀勖《穆天子傳序》亦曰：

> 太康二年，汲縣民不準，盗發古冢，所得書也。

《汲冢書》出土時，荀勖奉敕命撰次其書，殊所撰《穆天子傳》之序文，其言固不可疑。然則"太康二年"説之確實性，與前二説相比，亦無軒輊可言。

另檢討《史記·周本紀》，張守節《史記正義》曰："《汲冢書》，晉咸和五年，汲郡汲縣，發魏襄王冢，得古書册七十五卷。"此或爲一家之説，却未聞他書亦言此説。咸和之"和"，恐爲"寧"字之譌，故今不採之。

然則，上述"咸和五年"、"太康元年"及"太康二年"三説，孰正孰誤，難以決斷。殊"太康元年"説與"太康二年"説，皆有當時親見者之言爲證，頗難判定正誤。其實，古代學人既已注意此問題。宋代董逌爲《齊太公吕望表》作跋，曰：

> 《晉紀》言：咸寧五年，盗發汲郡冢，與此碑異，知史誤也。（《廣川書跋》卷六）

按，董氏直接以"太康二年"説爲正，却不知有"太康元年"之説。宋代王應麟亦注意此問題，其名著《困學紀聞》卷二引《晉書·束皙傳》中"太康二年，汲郡得《竹書》七十五篇"文，且自注於下曰："《紀》云：'咸寧五年'，《左傳後序》云：'太康元年'，當考。"遂存疑焉。然清儒閻若璩箋注此條，曰：

> 案，王氏云當考。余因考同一《束皙傳》，王隱撰者曰"太康元年"，房喬修者曰"太康二年"，（喜一郎云："指此現行唐太宗敕撰之《晉書》也。"）已互異如此。當以當日目擊之言爲據。《晉武帝紀》本起居注，杜預爲《左傳後序》，皆其所目擊者也。冢蓋發於咸寧五年冬十月，官輒聞知，明年太康改元，三月吳平，預始得知，又二年，始見其書。故《序》曰："初藏秘府，余晚獲見之。"此與情事頗得。（《困

學紀聞五箋集證》卷二下）

筆者以爲，以閻若璩之博洽，於《晉書·束晳傳》中，判定《汲冢書》出土於太康二年，亦非全無根據，然未注意荀勖之說，着實令人遺憾。此論整體而言通達事理。據此案之，《汲冢書》出土之時日，實爲咸寧五年十月。翌年太康元年，官收其書，藏於秘府。至翌二年，束晳、荀勖、杜預、衛恆等當時學人始得親見、校讀之。（束晳等校讀之事，後文詳述。）此等情況可能導致一時傳聞有誤，遂致咸寧五年、太康元年、太康二年，各說不同。據筆者所知，1907 年，法國學人伯希和（Paul Pelliot）自敦煌發掘大量古書，然至 1908 年，始聞於世。其時，伯希和携書至北京，始爲中國學者所見。故當時傳聞，敦煌古書發掘於 1908 年。由是可見，汲冢書出土時日之說有三，亦不足爲奇。

另外，《晉書·束晳傳》曰：

> 初發冢者，燒策照取寶物，及官收之，多燼簡斷札，文既殘缺，不復詮次。武帝以其書付秘書，校綴次第，尋考指歸，而以今文寫之。

竊以爲，初盜汲冢者，原本目的在於盜取冢中隨葬金銀珠玉珍寶，然出土多數竹簡，恐事敗露，故速焚之。官收之物，多爲餘燼，完好者不多。其中隨葬品皆盜所取，實際出土者，唯《束晳傳》所記“銅劍一枚，長二尺五寸”。另，《晉書·律曆志》曰：

> 汲郡盜發六國時魏襄王冢，得古周時玉律及鐘磬。

此記僅可補《束晳傳》之缺，而汲冢出土竹簡究竟是何體裁，《晉書·束晳傳》並無記載。就此，荀勖《穆天子傳序》曰：

> 皆竹簡素絲編，以臣勖前所考定古尺，度其簡，長二尺四寸，以墨書，一簡四十字。

此外，竹簡上所書之字是否爲科斗文？王隱《晉書·束晳傳》中有云：“科斗文者，周時古文也，其頭粗尾細，似科斗之蟲，故俗名之焉。”但今無片字存世，難以詳考。雖然世間時有關於科斗文之怪異之說，然多不足憑信。唯晚近王國維所著《漢代古文考》（《學術叢編》卷十一所載），論究科斗文字，其說能發前人之未考，考證甚爲詳盡，可資參考。惟此非拙稿之目的，恕不贅言。（論竹簡之體裁，猶以王國維之《簡牘檢署考》爲最，幾無餘蘊，今亦不暇詳述。）

汲冢出土竹書初收於官時，晉武帝即付之於秘書，校其次第，考其指歸，以今文寫

定。關於其隸寫定本之內容,《束皙傳》記載如下:

1.《紀年》十三篇

《束皙傳》曰:

> 記夏以來至周幽王爲犬戎所滅,以事接之,三家分,仍述魏事至安釐王之二十年。蓋魏國之史書,大略與《春秋》皆多相應。其中經、傳大異,則云夏年多殷;益干啟位,啟殺之;太甲殺伊尹;文丁殺季歷;自周受命至穆王百年,非穆王壽百歲也;幽王既亡,有共伯和者,攝行天子事,非二相共和也。

案:《春秋正義》引王隱《束皙傳》曰:"《紀年》十二卷",《隋書·經籍志》亦作"十二卷",故茲所謂"十三篇"者,"三"字當爲"二"字之譌。猶《束皙傳》文中所謂"以事接之"者,錢大昕《二十二史考異》卷二十一曰:"事上當有晉字,刊本脫。"宜據此訂正。又,杜預《左傳後序》曰:

> 其《紀年》篇,起自夏、殷、周,皆三代王事,無諸國別也。唯特記晉國,起自殤叔,次文侯、昭侯,以至曲沃莊伯。莊伯之十一年十一月,魯隱公之元年正月也,皆用夏正建寅之月爲歲首,編年相次。晉國滅,獨記魏事,下至魏哀王之二十年。蓋魏國之史記也。

然《竹書紀年》既已散佚不傳,今本《竹書紀年》乃後世僞作,非汲冢原本。此乃學界定論,恕不贅言。

2.《易經》二篇

《束皙傳》曰:"其《易經》二篇,與《周易》上下經同。"

3.《易繇陰陽卦》二篇

《束皙傳》曰:"《易繇陰陽卦》二篇,與《周易》略同,《繇辭》則異。"又,杜預《左傳後序》曰:"《周易》上下篇,與今正同,別有陰陽說,而無《彖》、《象》、《文言》、《繫辭》。疑於時仲尼造之於魯,尚未播之於遠國也。"此書散佚不傳於今。

4.《卦下易經》一篇

《束皙傳》曰:"《卦下易經》一篇,似《說卦》而異。"此書亦不傳於今。

5.《公孫段》二篇

《束皙傳》曰:"《公孫段》二篇,公孫段與邵陟論《易》。"此書亦散佚不傳。

6.《國語》三篇

《束皙傳》曰:"《國語》三篇,言晉、楚事。"此書當與現存《國語·晉語》《楚語》大抵相同。

7.《名》三篇

《束皙傳》曰:"《名》三篇,似《禮記》,又似《爾雅》、《論語》。"此書亦不傳於今。

8.《師春》一篇

《束皙傳》曰:"《師春》一篇,書《左傳》諸卜筮,'師春'似是造書者姓名也。"又,杜預《左傳後序》曰:"別有一卷,純集疏《左氏傳》卜筮事,上下次第及其文義,皆與《左傳》同,名曰'《師春》',《師春》似是抄集者人名也。"

案,唐代劉知幾《史通·申左篇》曰:"汲冢所得書,尋亦亡逸。今惟《紀年》、《瑣語》、《師春》在焉。"另,《東觀餘論·校定〈師春書〉序》曰:

> 承議郎行秘書省校書郎臣黃某所校讎中《師春》五篇,以相校除複重,定著三篇。篇中或誤以"夢"爲"瞢",以"放"爲"依",如此類者衆,頗撢,皆已定,可繕寫。案晉太康二年,汲郡民不準,盜發魏襄王冢,得竹書凡七十五篇。晉征南將軍杜預云:"別有一卷,純集《左氏傳》卜筮事,上下次第及其文義,皆與《左傳》同,名曰《師春》。"師春似是鈔集人名也。今觀中秘所藏《師春》乃與預說全異。預云:"純集卜筮事",而此乃記諸國世次及十二公、歲星所在,並律呂諡法等,末乃書易象變卦,又非專載《左氏傳》卜筮事,繇是知此,非預所見《師春》之全也。然預記汲冢他書中,有《易》陰陽説,而無《象》、《繫》,又有《紀年》三代並晉魏事,疑今《師春》,蓋後人雜鈔《紀年》篇耳。然預云:"《紀年》起自夏、商、周",而此自唐虞以降皆録之;預云:"《紀年》皆三代王事,無諸國別",而此皆有諸國;預云:"《紀年》特記晉國,起殤叔,次文侯、昭侯",而此記晉國世次,自唐叔始,是三者又與《紀年》異矣。及觀其記歲星事,有"杜征南洞曉陰陽"之語,繇是知此書亦西晉人集録,而未必盡出汲冢也。然臣近考辨秘閣古寶器,有宋公繺棟鼎,稽之此書,繺乃宋景公之名,與鼎銘同,而《太史公記》及他書皆弗同,繇是知此書尚多古事,可備考證,固不可廢云。謹弟録上。

黃伯思本人亦不確信,所校定之《師春》是否確係汲冢出土之原本,故其説頗爲可疑。然據此可知,宋代尚有《師春》文本傳世,乃毋庸置疑之事。此書今已佚失,不復存焉。

9.《瑣語》十一篇

《束皙傳》曰:"《瑣語》十一篇,諸國卜夢妖怪相書也。"

案,《隋書·經籍志》著録《古文瑣語》四卷,附注"《汲冢書》者,即爲是也",《舊唐書·經籍志》、《新唐書·藝文志》亦有此著録。此書唐代以後散佚不傳,《水經注》、《初學記》、《藝文類聚》、《北堂書鈔》、《太平御覽》等書中可散見其佚文。另,清儒洪頤煊作《汲冢瑣語》輯本一卷,收録於《經典集林》(卷九)。

10.《梁丘藏》一篇

《束皙傳》曰:"《梁丘藏》一篇,先敘魏之世數,次言丘藏金玉事。"此書亦散佚不傳。

11.《繳書》二篇

《束皙傳》曰:"《繳書》二篇,論弋射法。"此書亦不傳於今。

12.《生封》一篇

《束皙傳》曰:"《生封》一篇,帝王所封。"此書亦散佚不傳。

13.《大曆》二篇

《束皙傳》曰:"《大曆》二篇,鄒子談天類也。"此書亦不傳於今。

14.《穆天子傳》五篇

《束皙傳》曰:"《穆天子傳》五篇,言周穆王遊行四海,見帝臺、西王母。"又,王隱《晉書·束皙傳》曰:"《周王游行》五卷,説周穆王遊行天下之事,今謂之'《穆天子傳》'。"《隋書·經籍志》亦著録此書,惟作"六卷",蓋郭璞注釋時所分卷第也。今本與《隋志》同,亦分爲六卷。

15.《圖詩》一篇

《束皙傳》曰:"《圖詩》一篇,畫讚之屬也。"此書既已散佚。

16.《雜書》十九篇

《束皙傳》曰:"雜書十九篇:《周食田法》、《周書》、《論楚事》、《周穆王美人盛姬死事》。"此書散佚不傳。然洪頤煊輯《汲冢瑣語》後,抄録《文選·思玄賦》及《赭白馬賦》注中所引《古文周書》章句,並摘録晉太康十年立於汲縣之《齊太公吕望表》中所引《周志》章句,遂成所謂《周書》佚文。

此外,汲冢出土竹書中,另有書簡破損而題名不詳者七篇,凡七十五篇。倘若依據《紀年》十三篇計算,《束皙傳》所列各書篇數之上,加以題名不詳之七篇,則總計七十六篇。若《紀年》爲十二篇,則與《束皙傳》所載七十五篇之篇數相合。王隱《晉書·束皙傳》亦稱出土《竹書》凡七十五篇。杜預《左傳後序》亦曰:"始者藏在秘府,余晚得見之,所記大凡七十五卷,多雜碎怪妄,不可訓知。"故汲冢出土竹書之今文定本,確爲七十五篇。又《隋書·經籍志》以現行本《逸周書》爲《汲冢書》,其誤早爲宋代李燾所指摘(參見《抱經堂叢書》刻本《逸周書·附録》所載李巽岩《逸周書考》),且後儒無不從者。晚近,劉師培著《周書略説》(《國粹學報》第七十六期所載),其考證尤爲詳盡,幾無遺漏。另外，前揭唐代張懷瑾《書斷》及宋代郭忠恕《汗簡》所引《晉史》，皆記載出土竹書之中另有《春秋經傳》、《論語》等，然此説未見於他書，恐亦傳聞之誤也。

次言上述《汲冢書》之今文寫定者。首先《晉書·荀勖傳》曰：

> 及得汲郡冢中古文竹書，詔勖撰次之，以爲《中經》，列在秘書。

又，王隱《晉書》曰：

> 荀勖領秘書監，始書師鍾朗法。太康二年，得汲郡冢中古文竹書，勖自撰次注寫，以爲《中經》，列在秘書，以較經傳闕文，多所證明。（據《太平御覽》卷七百四十九所引）

另，《左傳正義》疏杜預《左傳後序》，其中引王隱《晉書·束晳傳》曰：

> 汲郡初得此書，表藏秘府，詔荀勖、和嶠，以隸字寫之。勖等於時即以不能盡識，其書今復闕落，又轉寫益誤。

荀勖，字公曾，當時名儒，深諳目録之學，名著《中經簿》實亦出自荀勖之手。故其堪任撰次汲冢書，自無可疑。今本《穆天子傳》之卷首載荀氏序，此蓋荀氏將《穆天子傳》寫爲今文，上呈晉武帝時，仿效昔日劉向、劉歆父子而撰。讀其文，似能體得二劉校書之遺風。

另外，和嶠與荀勖同奉晉武帝敕命，以隸書寫定《汲冢書》，此事獨見於《左傳正義》所引王隱《晉書·束晳傳》。雖《晉書》本傳並無記載，然此事固爲事實，不可置疑。《史記·魏世家·集解》曰：

> 荀勖曰："和嶠云：'《紀年》起於黄帝，終於魏之今王。今王者，魏惠成王子……'"

案：裴駰所引源自何書，不可得詳。要而言之，此乃荀勖撰次《竹書紀年》之校語，其間引和嶠之言，亦足以證明，和嶠與荀勖共同隸寫《汲冢書》乃固有事實，無可置疑。

除荀勖、和嶠二人之外，束晳、衛恆亦參與《汲冢書》之今文寫定。《晉書·王接傳》曰：

> 時秘書丞衛恆，考正汲冢書，未訖而遭難。佐著作郎束晳，述而成之，事多證異義。時東萊太守陳留王庭堅難之，亦有證據。晳又釋難，而庭堅已亡。散騎侍

10

郎潘滔謂接曰："卿才學理議，足解二子之紛，可試論之。"接遂詳其得失。摯虞、謝衡皆博物多聞，咸以爲允當。

可見衛恆、束皙二人皆致力於汲冢書之今文寫定，尤其束皙，自古以來便被視爲汲冢書研究之代表學者。《晉書》及王隱《晉書》（據《左傳正義》所引）之《束皙傳》中，皆詳載有關《汲冢書》之事，可見其功尤大，不可置疑。束皙，字廣微，博識且精於文字之學。《晉書·束皙傳》曰：

> 時有人於嵩高山下得竹簡一枚，上兩行科斗書，傳以相示，莫有知者。司空張華以問皙，皙曰："此漢明帝顯節陵中策文也。"檢驗果然，時人伏其博識。

由此逸事可知，束皙才學博通，對古文字、古書簡頗有研究，完全堪任汲冢書之今文寫定。《晉書·王接傳》記載，束皙參與隸寫汲冢書之際，嘗與王庭堅論難。《初學記》卷二十一所引束皙《答汲冢竹書釋難書》，蓋此時所作。然此文僅存十餘字，無法詳考，甚爲遺憾。

衛恆，字巨山，衛瓘之子，罹難於晉元康元年（公元 219 年）。自汲冢書出土後數十年間，一直致力於此書之撰次編定。其自著《四體書勢》曰：

> 漢武時，魯恭王壞孔子宅，得《尚書》、《春秋》、《論語》、《孝經》。時人以不復知有古文，謂之科斗書。漢世秘藏，希得見之。魏初傳古文者，出於邯鄲淳。恆祖敬侯寫淳《尚書》，後以示淳，而淳不別。至正始中，立三字石經，轉失淳法，因科斗之名，遂效其形。太康元年，汲縣人盜發魏襄王冢，得策書十餘萬言。案敬侯所書，猶有髣髴。古書亦有數種，其一卷論楚事者最爲工妙。恆竊悅之，故竭愚思，以贊其美，愧不足廁前賢之作，冀以存古人之象焉。古無別名，謂之字勢云。

然則衛恆精於古文，堪任編定《汲冢書》之隸寫定本，蓋得益於其家學之淵源。唐代張懷瓘《書斷》亦謂：

> 衛恆字巨山，瓘之仲子，官至黃門侍郎。瓘嘗云："我得伯英之筋，恆得其骨。"巨山善古文，得汲冢古文，論楚事者最妙。恆嘗玩之，作《四體書勢》，並造散隸書。元康中，楚王瑋害之，年四十。古文、章草、草書入妙，隸入能。

如上所云，衛恆不僅以今文寫定汲冢書，且每每規範其古文，可見其精於書藝。清儒孫詒讓作《衛宏〈詔定古文官書〉考》一篇（《籀廎述林》卷四），考證《隋書·經籍志》、《舊唐書·藝文志》所載東漢衞宏撰《詔定古文官書》，指出其實爲衞恆所録汲冢書古文，以備小學一家之書，之後誤傳爲衞宏所撰。雖説此論尚未得到學界一致認同，然言衞恆有此著作，亦未必絶無可能。

汲冢書之校讀者，除荀勗、和嶠、束晢、衞恆之外，尚有杜預、續咸二人。雖未確定此二人是否奉旨參與隸寫汲冢書，然其親自校讀汲冢出土竹簡，乃毋庸置疑之事。杜預親見汲冢書之事，見於其《左傳後序》；續咸依據《晉書·儒林傳》，撰《汲冢古文釋》十卷，亦可證其曾親自校讀過汲冢書。

關於隸寫汲冢書之事，荀勗《穆天子傳序》曰：“謹以二尺黄紙寫上，請事平，以本簡書及所新寫，并付祕書繕寫。藏之《中經》，副在三閣。”此非獨見於《穆天子傳序》一書，乃隸寫汲冢書時所用一般體例。荀勗等人隸寫汲冢書之同時，本簡書（竹書原文，即古文）亦與新寫之今文一併繕寫，而成正副二本，藏於中秘，可見當時學人治學之縝密。羅叔言（振玉）《殷墟書契待問編·序》中有云：

> 予往嘗與同好言，晉世汲冢古文，悉易以今字，意不能無失。束廣微輩雖博聞，未必遽勝許祭酒。乃一一寫定無疑滯，殆亦如宋以來之釋金文者，每字注以今文，而不復有闕疑也。然宋以來之金文考釋，古今之字，並列行間，有所違失，得爲之糾正。汲冢之書，則原文不復存，若寫定時將疑滯諸文，附録卷後，吾知今日必有能糾其失而正其違者。

筆者以爲，羅氏之論值得商榷。蓋中秘所藏正副二本，皆散佚於永嘉之亂，後世無聞。續咸《汲冢古文釋》亦散佚不傳，今欲尋繹竹書之原文，殆無所據。而今之隸寫定本者，唯存《穆天子傳》一書，其餘皆佚，實可謂中國文獻史上之一大遺憾也。

附記

拙稿乃十餘年前余所發表之學術論文，即所謂處女作也。承蒙恩師小川如舟（琢治）先生推薦，方能於昭和三年（1928 年）春，刊載於《狩野（直喜）教授花甲紀念文集——支那學（中國學）論叢》所載《穆天子傳考》一文中。昭和六年（1931 年）夏，余偶從友人倉石臥雲（武四郎）學士處，借覽清儒雷學淇所著《校訂竹書紀年》，驚見余之所論多與雷氏考證結論相合。近時，原富男著《今、古本〈竹書紀年〉考》（載於《支那學（中國學）研究》第三篇），謂拙稿乃襲雷氏之説。然實則余作此篇時，雷氏之書於中國亦屬稀見，殆未爲吾邦（日本）學人所知。以恩師小川先生博洽之才，尚未能於《穆天子傳考》中言及雷氏之書,以考證《汲冢書》出土之時日,蓋可思半矣。然余言此,並非自辯寡聞,實因拙稿之論多與清朝考證學巨擘雷氏之説暗合,多所欣慰,故難以棄之如雞肋,今方敢於此再録之。另外,中國黎光明撰《汲冢竹書考》一文,於民國十七年(1928年)五、六月間,連載於《國立中山大學語言歷史學研究所週刊》第三集第三十一、三十二、三十三期,讀者可參照前述各家之論著,互相印證。

昭和九年(1934年)十月

(原載1920年10—11月《支那學》第1卷第2号,第66—72頁、第1卷第3号第76—80頁,於1930年3月補訂;後收入《神田喜一郎全集》第1卷:《東洋學説林補遺》,京都:株式會社同朋舍,1986年,第259—276頁。)

作者簡介:

神田喜一郎(1897—1984),日本京都府京都市人。京都帝國大學文學博士。曾留學法國,研究敦煌古卷。曾任京都國立博物館館長,大阪市立大學教授,日本學士院會員。學術專攻:東洋史学、中國學、漢文學。著有《東洋学説林》、《敦煌學五十年》、《典籍剳記》、《日本書紀古訓考證》、《日本的中國文學》、《神田喜一郎全集》(全10卷)。

譯者簡介:

吳鵬,日本長崎大學博士(日本漢學史方向),現任天津師範大學外國語學院專任講師兼系主任,日本東亞漢學研究會會員。近年來出版學術專著《日本近代〈論語〉學史論》,譯著《中國學研究法》等。

《竹書紀年》真偽辨

獻 玖

吾人今日從事歷史學,無論編纂精覈,要當以審查史料爲第一義。國人習於尊古,歷代箝制言論之風復熾,遂相率入於偽託,不可信之史料充塞於乙部中,洵治史學者之大障也! 不揣固陋,竊欲效清代漢學者之法,取古今所謂重要史料,一一鉤稽而抉擇之。《紀年》一書,其發軔耳。唯是初學淺識,舛謬難免,希海内專家覽而教正之,幸甚!

著者附識

《竹書紀年》今存者凡三本:一爲《今本竹書紀年》,題爲"沈約附注",中所起訖及序事,俱與《晉書》所述汲冢《竹書紀年》不同。據錢大昕、姚際恆、王國維諸家考證,皆斷其偽,已無疑義。[①] 餘二本,一爲朱右曾《汲冢紀年存真》,一爲王國維《古本竹書紀年輯校》,皆采輯古書所引《紀年》而成,尚爲比較的精審。唯吾人所欲辨者,則爲汲冢《竹書紀年》之真偽耳。

《晉書·束皙傳》:"初,太康二年,汲郡人不準盜發魏安釐王冢得竹書數十車。其《紀年》十三篇,記夏以來至周幽王爲犬戎所滅,以事接之三家分,仍述魏事,至安釐王之二十年。……其中經傳大異,則云:夏年多殷;益干啟位,啟殺之;太甲殺伊尹;文丁殺季歷……"云云。是書一出,學者之古代觀念大變。降及近代,聚訟益紛,信其真者,主張有三:一、古書自經秦火,藏在民間者,多寄於窖室或土中,以避苛令,孔壁遺經,即其一類。汲冢所存,安知非秦民之匿遺乎? 二、周末殉葬之風盛。人君居恆所悅之人或物,没必皆以爲殉。安釐冢内除竹書外,尚有銅劍,與古代殉葬之例吻合。三、舊儒崇拜古人,所述堯、舜、禹、益、伊尹諸人,多非後世所及,致讀史者每有古今人懸絶之惑。《紀年》所載益於啟位,太甲殺伊尹……諸端雖與經傳不符,而情勢適合,且與

---

① 參觀《十駕齋養新録》、《古今偽書考》、《今本竹書紀年疏證》諸書。

進化公例默相符契。據此三端，已可信其非僞。矧是書出土後，經千餘載學者之考訂，迄無異說。南宋時亡佚泰半，學者每致惜焉，不辭殫精耗時，輯其散佚，排其贋鼎，若非希世瓌寶，安能邀士林重視若此？不知秦燔民間書籍時，固多隱匿不報者；然只藏諸複壁，埋之中庭，留供子孫誦讀。苟非別有蓄意，孰肯走荒郊，啟舊壙，瘞此多量之簡編？（駁第一說）魏安釐王爲人，雖史書不詳載；而殉葬之品，必素所愛好者。安釐王不學無術，爲孟子所鄙棄，必非能好此古籍可知。① 古代殉葬用簡册，亦未之聞。（駁第二說）至俗儒讚美古昔，雖不免言過其實之弊，而就社會進化率論之，由圖騰而宗法，而封建，而一統，亦復與吾國古代情形，若合符節。善讀書者，正不必以辭害意也。矧成周以前，人君之權未專，家族之觀念正盛，伯益、伊尹、文丁諸事，絕不能由此等環境產生，亦斷非當日之社會所許。古書縱極不可信，而諸人之事實與名譽極端相反如此，亦罕見之例也。（駁第三說）

以上所述，特就其"非眞"方面論之耳。語其僞證，亦有三端：（一）考僞託之書，起於戰國，承於兩漢，盛於六朝。錮習既久，作僞之技藝亦增進；或巧爲附會以泯其跡；或故爲發掘以堅人信。兩晉多好奇之士，僞託之風盛行。立論驚人，自難憑信，正不能與殷墟書契，燉煌佛經同日語也。（二）與《紀年》同時出土者，尚有《周書》、《穆天子傳》二書。經清代諸儒嚴密之考校，二書之僞，已無遁飾。何獨於其同時發現情事恢詭之紀年，尚堅信？（三）吾師朱希祖先生考定春秋以前無編年之歷史。② 《汲冢紀年》，不知成自誰手，第云："訖安釐王之二十年"，則必由戰國學者追記古事可知。其時編年之法，雖已盛行；而追記苟屬非虛，則必爲當時之所習聞，斷無一人獨得秘籍珍藏不泄之理。當時所傳伊尹、季歷之事——如孔孟等之所稱，既與此極端相反，作紀元者，何不於斯時出而證之？如謂孔孟等故意作僞，孔孟等何愛於伊尹諸人？即使別有存心，又安能以一手掩盡天下目耶？

就此種種，《汲冢紀年》之僞託，已可信解。獨惜南宋以後，原本淪沒，朱王所集，亦殘缺不得其一。吾人今日考訂真僞，只能賴旁證一端。有當與否，尚不敢決也。

（原載 1923 年 4 月《史地叢刊》第 2 卷第 23 期。）

---

① 按安釐王即孟子所見之梁襄王。
② 見朱先生《中國史學通論》講義。

作者簡介：

　　獻玖，即王邺，字獻玖。生卒年不詳。山東濟寧人。曾就讀於北京高等師範學校（後更名爲國立北平師範大學），是史學家何炳松的學生。曾參與1920年創刊的《史地叢刊》編輯工作。民國時期曾擔任北平中國大學講師、山東省視學、山東省政府教育廳秘書。

汲冢竹書考

黎光明

"汲"者:地名,戰國時屬魏,晉時汲郡首縣,即今河南省河北道之汲縣也。

顧祖禹《讀史方輿紀要》:"河南衛輝府"條下云:《禹貢》冀州之域,殷紂所都。周既滅殷,分其地爲邶、鄘、衛;後以衛封康叔,居河淇之間,故商墟也。其後,衛爲翟所滅。齊桓公更封衛於河南楚邱,而河內殷墟,尋屬於晉。戰國屬魏。秦爲三川郡地。二漢爲河內郡地。曹魏置朝歌郡。晉改置汲郡,治汲。

白眉初《中華民國省區全志》:"河南省志·河北道·汲縣"條下云:殷牧野地,周爲鄘、衛,戰國衛(按衛字恐係魏字之誤)汲邑,漢置汲縣,歷代多因之,唯後魏(按後魏當作東魏)興和二年,及唐武德元年,皆曾於此置義州。元爲衛輝路治,唐(按唐字乃明字之誤)爲衛輝府治,民國去府存縣。

"竹書"者:古代典籍,乃以刀刻或漆書於簡牘,而後編之爲篇册。《書林清話》言此甚詳;至於簡之大小,王國維先生亦考定之。

葉德輝《書林清話》論"書之稱册"云:古書止有竹簡,曰汗簡,曰殺青——汗者去其竹汁,殺青者去其青皮——而其用有二:一爲刀刻,《說文解字》云八體之刻符是也。一爲漆書,《後漢書·杜林傳》於西州得漆書《古文尚書》一卷是也。周秦以前,竹書之用甚廣,《說文解字》篆籀等字,即其明證。如纂曰引書,籀曰讀書,籍曰簿書,箋曰識書,皆從竹而各諧聲。《漢志》稱《書》曰多少篇,篇亦從竹,《說文》,篇書也。凡類於書者,皆可以從竹之字例之。……古簡策書,其大小雖不一,而稱書爲一册,必由簡策之册而來。……凡竹簡必編以繩,亦護以革;《史記》:"孔子晚而喜《易》,韋編三絶。"今人言編輯,固猶沿其舊稱矣。古書以衆簡相連而成册,今人則以綫裝分釘而成册,沿其稱而失其義矣。

杜預《春秋左傳集解序》云:大事書之於策,小事簡牘而已。——孔穎達《正義》云:單執一札謂之爲簡,連編諸簡乃名爲策,故於文,策或作册,象其編簡之形;以其編簡爲策,故言策者簡也。鄭玄注《論語序》,以《鈎命決》云:"春秋二尺四寸書之,孝經一尺二寸書之。"故知六經之策,皆稱長二尺四寸。……簡之所容,一行字耳;牘乃方版,版廣於簡,可以並容數行。凡爲書字有多有少,一行可畫者,書之於簡;數行乃盡者,書之於方;方所不容者,乃書於策。

王國維《觀堂集林·釋史篇》云:古之簡策,最長者二尺四寸;其次二分取一,爲一尺二寸;其次三分取一,爲八寸;其次四分取一,爲六寸。(原注云:詳見余《簡牘檢署考》)。簡之多者,自當編之爲篇。

讀者若欲知其大要,則《流沙墜簡》一書,亦可以作參證,茲不復贅述焉。

《流沙墜簡》,書凡三册,上虞羅氏宸翰樓印,其中《小學術數方技書》及《簡牘遺文》兩卷,係羅振玉先生考釋;《屯戍叢殘》一卷及補遺,係王國維先生考釋。

此所云"冢",説者不一:或云魏襄王冢,或云魏哀王冢,或云魏安釐王冢也。而竹書出土之年代,則亦聚訟紛紜:有咸寧五年,太康元年,太康二年之三種説法。至於盜掘汲冢之人,各書或竟置而不言,言則皆云汲郡人不準也。所得之書,或云漆書,或言墨寫。其字體則或云古文科斗字;或則竟云篆書也。

《晉書·武帝本紀》云:咸寧五年,汲郡人不準,掘魏襄王冢,得竹書小篆古書十餘萬言,藏於秘府。

《史記·周本紀》張守節《正義》云:按汲冢書,晉咸和五年,汲郡汲縣發魏襄王冢,得古書册七十五卷。(洪頤煊云:"咸和即咸寧之譌,在太康前二年。"明案只在太康前一年)

《藝文類聚》卷四十引王隱《晉書》云:太康元年,汲縣民盜發魏安釐王冢,得竹書漆字古書。

王應麟《玉海》卷四十七引王隱《晉書·束皙傳》云:太康元年,汲郡得竹書漆字科斗之文——周時古文也——大凡七十五卷(案《左傳後序》、《正義》引同)。

杜預《左氏傳集解後序》云:太康元年,三月,吳寇平。……會汲郡汲縣,有發其界内舊冢者,大得古書,皆簡編科斗文字。……始者藏在秘府,余晚得見之。所記大凡七十五卷,多雜碎怪妄,不可訓知,《周易》及《紀年》,最爲分了。……其《紀年》篇……下至魏哀王之二十年。……哀王於《史記》襄王之子,惠王之孫也,……哀王二十三年乃卒,故特不稱謚,謂之今王。

《晉書·衛恆傳》云:太康元年,汲縣人盜發魏襄王冢,得策書十餘萬言。

《晉書·律曆志》云:武帝太康元年,汲郡盜發六國魏襄王冢。

《隋書·經籍志》云:晉太康元年,汲郡人發魏襄王冢,得古竹簡書,字皆科斗。

《太平御覽》卷七百四十九引王隱《晉書》云:太康二年,得汲郡冢中古文竹書,勖自撰次注寫,以爲中經,别在秘府。以較經傳闕文,多所證明。

《晉書·束皙傳》云：初太康二年，汲郡人不準，盜發魏襄王墓，或言安釐王冢，得竹書數十車，漆書皆科斗字。

荀勗《穆天子傳序》云：古文《穆天子傳》者，太康二年，汲縣民不準，盜發古冢所得書也，皆竹簡素絲編。以臣勗前所考定古尺度，其簡長二尺四寸，以墨書，一簡四十字。汲者，戰國時魏地也。案所得《紀年》，蓋魏惠成王子令（洪頤煊及徐文靖皆謂‘令’字當作‘今’字）王之冢也。於《世本》蓋襄王也。

汲縣令盧無忌太康十年三月立《太公廟碑》云：太康二年，縣之西偏，有盜發冢而得竹策之書。書藏之年，當秦坑儒之前八十六歲。

傅暢《晉諸公讚》云：荀勗領秘書監；太康二年，汲郡冢中得竹書，勗躬撰次注寫，以爲中經，列於秘書。經傳闕文，多所證明。

從上面所引證之各條視之，關于竹書出土之時日，在同一王隱的《晉書》中，已有太康元年、二年之異，同一唐修的《晉書》內，更加有咸寧五年之差。是此問題，在該時已非人所注重，吾輩生今之日，相距已千有六七百年，將何從而確定其是與非？前人固有考訂之者，雖皆言之成理，但亦不能成爲定論。宋趙明誠信太康二年者爲是。

趙明誠《金石錄·太公碑》跋尾云：今以《晉書·武帝紀》考之，……與此碑年月不同。碑當時所立；又荀勗校《穆天子傳》，其敘亦云太康二年，與碑合，可以證晉史之誤。

清錢大昕既認其爲確論，然亦責其有所失檢。

錢大昕《廿二史考異》卷十八云：《武帝紀》咸寧五年，……《束皙傳》作太康二年，《衞恆傳》作太康元年，與《紀》互異。趙明誠《金石錄》據《太公廟碑》及荀勗敘《穆天子傳》，俱云太康二年，以正晉紀年月之誤，其說固確，然亦未檢束、衞兩傳也。（原注云：“杜預《春秋後序》，亦作太康元年。”明案，趙氏未檢之處尚多，觀上文所舉自明）

王應麟《困學紀聞》中原注云“當考”，而閻若璩所代考定者，謂爲咸寧五年，則與情事頗得。

閻若璩《困學紀聞》注云：按王氏云當考，余因遍考之，……當以當日目擊者之言爲據，《晉武帝紀》本起居注，杜預爲《左傳後序》，皆其所目擊者也。冢蓋發於咸寧五年冬十月，官輒聞知。明年太康改元，三月吳平，預始得知；又二年始見其書，故《序》曰：“初藏在秘府，余晚獲見之”。此與情事頗得。

是則關于年代一事，吾人亦不必深爲研討矣。至於馬國翰所輯佚之《汲冢書鈔》，謂爲“太康三年”者，是乃刊印之誤；而晁公武《郡齋讀書志》謂爲“太康六年”者，是乃書寫不慎所致，《文獻通考》因之，亦沿謬而襲誤也。

所發掘之冢，杜預謂爲魏哀王墓。《隋書·經籍志》中既謂爲魏襄王冢矣，而又採取杜氏之説,謂《紀年》下至魏哀王時。

《隋書·經籍志》云:《紀年》皆用夏正,建寅之月爲歲首,起自夏殷周三代王事,無諸侯國别。唯特記晉國起自殤叔,次文侯、昭侯,以至曲沃莊伯,盡晉國滅。獨記魏事,下至魏哀王。謂之今王,蓋魏國之史記也。

杜預《左氏傳集解後序》云:"推校哀王二十年。大歲在壬戌,是周赧王之十六年,秦昭王之八年,韓襄王之十三年,趙武靈王之二十七年,楚懷王之三十年,燕昭王之十三年,齊湣王之二十五年也,上去孔丘卒,百八十一歲,下去今太康年,五百八十一歲。哀王於《史記》,襄王之子,惠王之孫也。惠王三十六年卒,而襄王立;十六年卒,而哀王立。古書《紀年篇》,惠王三十六年改元,從一年始,至十六年而稱惠成王卒,即惠王也。疑《史記》誤分惠成之世,以爲後王年也。哀王二十三年乃卒,故特不稱謚,謂之今王。

《史記索隱》亦謂《紀年》以襄王之年,包哀王之代,故終於哀王之二十年。閻若璩氏亦以杜預之説爲是,且證《史記》之世系,爲可信者。

司馬貞《史記索隱》云:《紀年》之作,失哀王之代,故分襄王之年,爲惠王後元,即以襄王之年,包哀王之代耳。

又云:《汲冢紀年》,終於哀王二十年。

王山史撰《山志》引閻百詩曰:《史記·六國表》、《魏世家》,皆云:惠王在位三十六年,始辛亥,終丙戌;襄王十六年,始丁亥,終壬寅;哀王二十三年,始癸卯,終乙丑。《竹書紀年》則以襄王十六年,上繫於惠成王,以爲其改元後之年,而自癸卯以後,紀二十年事,謂之今王。今王者,杜預以爲哀王,是也。是《竹書紀年》有哀王而無襄王,《史記》有襄王又有哀王,《世本》則又有襄王而無哀王。《通鑑》從《竹書紀年》而不從《史記》,故以惠王在位,凡五十二年,始辛亥,終壬寅;又不從杜預所云之哀王而從《世本》所有之襄王,故以襄王在位爲二十三年,始癸卯,終乙丑。今愚以《孟子》證之,《史記》爲近是。

因魏惠成王之年,包括襄王一代,而襄王之年,亦即包括哀王一代。故有證冢爲魏襄王者,而按其所云年代,却正合於《史記》之魏哀王時。《太公廟碑》謂:"書藏之年,當秦坑儒之前八十六歲",依《史記》推之,即魏哀王之二十一年。是荀勖依《世本》所云之魏襄王,亦可依《史記》而云魏哀王也。

荀勖《穆天子傳序》云:案所得《紀年》,蓋魏惠成王子,今王之冢也,於《世本》蓋襄王也。案《史記·六國年表》,自今王二十一年,至秦始皇三十四年燔書之歲,八十六年。及至太康二年,初得此書,凡五百七十九年。

裴駰《史記集解》云:荀勖曰:"和嶠云:'《紀年》起自黄帝。終於魏之今王;今王者,魏惠成王子'。……"今按《古文》:惠成王立三十六年,改元稱一年;改元後十七年卒。《太史公書》爲誤分惠成之世,以爲二王之年數也。《世本》:惠王生襄王而無哀王,然則今王者,魏襄王也。'"

按:襄、哀二字,在許慎《説文解字》中,襄字係從衣得義,哀字係從衣得聲。散氏盤中有𧝎字及異文之𧝐𧝐二字,疑即襄字。此雖與哀字之形聲相異,但哀字之古籀文尚未得見,安知其不與古襄字近似?故襄哀二王之年代混淆不明,或即因二字之形近而誤。至一誤爲二,或二誤爲一者,則非本篇範圍內事也。

至于王隱《晉書》與束晢《汲冢書鈔》所云之魏安釐王冢,實乃記載之誤,《三墳補逸》、《竹書紀年集證》及《三餘偶筆》中,均論及之:

胡應麟《三墳補逸》云:據諸家史傳,惠王子襄王,襄王子哀王,哀王子昭王,昭王子安釐王。相去世次甚遠,而《紀年》載周慎靚王,而終以今王二十年,……此時魏安釐王尚未生也。

陳逢衡《竹書紀年集證·凡例》云:所發者,是魏襄王墓,非安釐王墓也。蓋襄王以此殉葬,故書至惠王子今王而終。若係安釐王冢中之物,魏之史氏,何以不記至安釐王,並昭王亦不録耶?傳言(按指《晉書·束晢傳》)"述魏事,至安釐王之二十年"者,亦誤也。

左暄《三餘偶筆》云:襄王葬時,以此書附之冢中,未即加謚,故仍其舊文曰今王,其爲魏襄王冢所得無疑。若以爲安釐王冢,不應缺昭王並安釐王兩代事不書。且襄王之薨,至安釐王之葬,已五十條年,亦無不加謚之理也。

惟魏所徙都之大梁,張守節《史記正義》謂爲汴州浚儀,是即今之開封縣也,地在黃河以南。而發現竹書之地,則在今黃河以北之汲縣。兩地相距,百有七八十里,不知魏襄王——亦可以云魏哀王——何以於死後而葬身於此?史既未言及之,今亦只能存疑而已。

所得之竹書,荀勗謂爲墨書,束晢謂爲漆書。墨與漆之不同,至易辨別,兩人皆所謂親與校讎之責者,何以有此差異,是亦可怪者矣。以王隱《晉書》證之,或係荀勗致誤。而勗謂《穆天子傳》,"其簡長二尺四寸"者,亦至可疑。按古代二尺四寸之簡,乃係用以寫六經者;《孝經》以下,即減尺書之,此在《左傳》及《儀禮正義》所引書上,即有明證。

《春秋左傳》杜預《序》、孔穎達《正義》引鄭氏《論語序》、《鈞命決》云:《春秋》二尺四寸書之,《孝經》一尺書之。故知六經之策,皆稱長二尺四寸。

《儀禮·聘禮》賈公彥《正義》引鄭氏《論語序》云:《易》、《詩》、《書》、《春秋》、《禮》、《樂》,冊皆尺二寸(葉德輝云:……當依《左傳疏》引作二尺四寸)。《孝經》謙半之，《論語》八寸，策者三分居一又謙焉。

而《穆天子傳》乃似乎稗官小説之文，何亦以二尺四寸之竹簡書之？是亦可疑之點，疑在荀勖之好爲欺謊之辭也。所得竹書上之文字，各書多云科斗之文，王隱《晉書·束晳傳》及《尚書正義》中，並將其字形，亦述出之。

杜預《春秋左傳後序》、孔穎達《正義》引王隱《晉書·束晳傳》云：太康元年，汲郡民盜發魏安釐王家，得竹書漆字科斗之文。科斗文者，周時古文也，其字頭麤尾細，似科斗之蟲，故俗名之焉。

孔穎達《尚書序·正義》云：科斗書古文也，……形多頭麤尾細，狀腹團圓，似水蟲之科斗，故曰科斗也。

然據王靜安先生所言，則科斗書之名。起於後漢而大行於魏晉以後，是周時古文，本非有此名也。

王國維《科斗文字説》云：科斗文字之名，先漢無有也。惟漢末盧植上書，有"古文科斗，近於爲實"之語，而其下所言，乃《毛詩》、《左傳》、《周官》，不及壁中書，鄭康成《書贊》云："書初出屋壁，皆周時象形文字，今所謂科斗書"，始以古文《尚書》爲科斗書。然盧鄭以前，未嘗有此名也。衛恆《四體書勢》始云："魯恭王壞孔子宅，得《尚書》、《春秋》、《論語》、《孝經》，時人已不復知有古文，謂科斗書。漢世秘藏，希得見之。"僞孔安國《尚書序》亦云："魯共王壞孔子舊宅，於其壁中，得先人所藏古文虞夏商周之書，皆科斗文字"，始以科斗之名爲先漢所已有。然實則此語盛行於魏晉以後。杜預《春秋經傳集解後序》，……王隱《晉書·束晳傳》，……及今《晉書·束晳傳》，……皆云科斗書，是科斗書之名，起於後漢而大行於魏晉以後。

至號稱東方朔所著之《海内十洲記》，固已有科斗書之一名詞，然此適足證明其爲六朝人之所僞託者，不得謂西漢時，即有此種名稱也。

僞東方朔《海内十洲記》云：禹經五嶽，使工刻石，識其里數高下，其字科斗書。不但刻五嶽，諸名山亦然。

又《晉書·束晳傳》載，有人於嵩高山下得竹簡一枚事，

《晉書·束晳傳》云：時有人於嵩高山下，得竹簡一枚，上兩行科斗書，傳以相示，莫有知者。司空張華以問晳，晳曰："此漢明帝顯節陵中策文也。"檢驗果然，時人伏其博識。

王氏據此，而謂篆書亦蒙科斗之名，且謂汲家書體，亦未必即作科斗形也。

王國維《科斗文字説》云：不獨古文謂之科斗書，且篆書亦蒙此名。……漢代册文皆用篆不用古文（見《獨斷》及《通典》），而謂之科斗書，則魏晉間，凡異於通告隸書者，皆謂之科斗書，其意義又一變矣。……衛恆謂："汲縣人盜發魏襄王家，得策書十

餘萬言;案敬侯所書,猶有鬠髯。"敬侯者,恆之祖衛覬,其書法出於邯鄲淳,則汲冢書體,亦當與邯鄲淳所傳古文書法同,不必作科斗形矣。

因篆文亦得蒙科斗之名,故《武帝本紀》不謂得漆字古文,而乃云"得竹書小篆古書十餘萬言"焉。

東漢時之王充謂漢武帝時,時人已不識古文字體。

王充《論衡·正說篇》云,魯恭王得百篇《尚書》於屋壁中,使使者取視,莫能讀者。

王靜安先生於《史記所謂古文說》一文中,固已證明其說非是,但以此而論魏晉人時,固有合乎此種情形者。衛恆《四體書勢》中即已言之,作偽孔安國《尚書序》者,亦有"科斗書廢已久,時人莫能知"之語。而孔穎達《左傳正義》,亦謂荀勖等不能盡識竹書。

《春秋左傳集解後敘》孔穎達《正義》云,王隱《晉書·束皙傳》曰:"汲郡初得此書,表藏秘府,詔荀勖、和嶠以隸字寫之。"勖等於時,即已不能盡識其書;今復闕落,又轉寫益誤。

晁公武《郡齋讀書志》因之,遂斷汲冢竹書為"殆不可讀",亦可知其價值為如何矣。且所得竹書,又多燼簡斷札,殘闕散亂,此在《穆天子傳序》、《晉書·束皙傳》、《隋書·經籍志》中,均可徵之。洪頤煊更謂傳寫亦復失真,則今日所見之竹書,早已非汲冢中之舊物矣。

荀勖《穆天子傳序》云:汲郡收書不謹,多毀落殘缺。

《晉書·束皙傳》云:初發冢者,燒策照取寶物;及官收之,多燼簡斷札,文既殘缺,不復詮次。

《隋書·經籍志》云:發冢者,不以為意,往往散亂。

洪頤煊《穆天子傳序》云:勖時收書不謹,已多殘闕,厥後傳寫亦復失真。

校定汲冢竹書之役者,為荀勖、和嶠、衛恆、束皙諸人,而王接、王庭堅、摯虞、謝衡、續咸等或皆曾參與之。

《晉書·荀勖傳》云:及得汲郡冢中古文竹書,詔勖撰次之,以為中經,列在秘書。

《晉書·束皙傳》云:武帝以其書付秘書,校綴次第,尋考指歸,而以今文寫之。皙在著作,得觀竹書,隨宜分釋,皆有義證。

《晉書·王接傳》云:秘書丞衛恆考正汲冢書,未訖而遭難;佐著作郎束皙述而成之,事多證異義。

《隋唐·經籍志》云:[晉武]帝命中書監荀勖、令和嶠,撰次為十五部,八十七卷,多雜碎怪妄,不可訓知。

荀勖、和嶠,雖為當時之儒學大臣。然於考定文字之學,或竟是門外漢也。衛恆為

23

衛瓘之子,衛覬之孫,乃世書篆隸古文者,然於文字學上之知識,或亦不甚深到,其所注意者,只書法如何工妙而已。束皙號爲博學多聞,其本傳已盛稱之。

《晉書·束皙傳》云:皙博學多聞,與兄璆俱知名。少遊國學,或問博士曹志曰:"當今好學者,誰乎?"志曰:"陽平束廣微好學不倦,人莫及也!"

其認嵩高山下所得之科斗策文也,時人已"伏其博識";而其校閱竹書也,亦得"隨疑分釋,皆有義證"之令譽。則其所考定之文字,疑乎係信而可徵者?然當時即有王庭堅之辨難,事後更有王接之詳得失,是則出於束皙之手者,亦不得有盡可信實之價值矣!

《晉書·王接傳》云:時東萊太守陳留王庭堅難之,亦有證據;皙又釋難,而庭堅已亡。散騎侍郎潘滔謂接曰:"卿才學理義,足解二子之紛,可試論之。"接遂詳其得失,摯虞、謝衡,皆博學多聞,咸以爲允當。

今束皙所著之釋難,已不可得;而王庭堅之難,與王接之論,世亦並無其書,究不知所謂詳其得失者,何所衡定。即續咸之行於世之《汲冢古文釋》十卷,今亦不傳矣。

《晉書·儒林傳·續咸傳》云:咸字孝宗,上黨人也,傳《春秋鄭氏易》,爲東安太守。著《遠遊志》,《異物志》,《汲冢古文釋》,皆十卷,行于世。

是則今日殘存之汲冢竹書,即使其非出於僞託,其可信之價值,已是有限。羅振玉先生謂釐冢遺書(按非從魏安釐王冢所得,上文已論及之,本不得云:"釐冢",羅氏此言亦誤),亡於今文之寫定,蓋亦慨乎而言之也。

羅振玉《流沙墜簡序》云:古簡册出于世,載於前籍者,凡三事焉:一曰晉之汲郡,二曰齊之襄陽,三曰宋之陝右。顧釐冢遺書,亡於今文之寫定;楚邱竹簡,燬於當時之炬火;天水所得,淪于金源,討羌遺刻,僅存片羽。冀此間出,漸滅隨之!

按楚邱竹簡一事,具見於《南齊書·文惠太子傳》、《南史·王僧虔傳》及《法書苑》中。

《南齊書·文惠太子傳》云:時襄陽有盜發古冢者,相傳云是楚王冢,大獲寶物:玉屐,玉屏風,竹簡書青絲編。簡廣數分,長二尺,皮節如新;盜以把火自照。後人有得十餘簡,以示撫軍王僧虔。僧虔云:"是科斗書考工記,周官所闕文也。"是時州遣按驗,顧得遺物,故有同異之論。

《南史·王僧虔傳》云:齊文惠太子鎮雍州,有盜發古冢者,相傳云是楚王冢,大獲寶物:玉履,玉屏風,竹簡書青絲編。簡廣數分,長二尺,皮節如新。有得十餘簡以示僧虔,云:"是科斗書《考工記》,《周官》所闕文也。"

方以智《通雅》引《法書苑》云:楚昭王墓,在習池北。南齊建元中,盜發冢,得古竹簡,沈約得數篇,示劉繪,曰:"《周禮》逸文也。"

　　其年代係南齊高祖建元元年,上距汲冢出書,已恰有二百襍矣,兩事似不至於相混。然韓愈《黃陵廟碑》引《竹書紀年》而所述者即楚王冢內獲竹簡書,是已將兩事混爲一談。因之,方以智《通雅》云:"汲冢楚冢,今不能分,故有《瑣語》亂《竹書》之疑。"而《隋書·經籍志》云:"惠懷之亂,京華蕩覆,渠閣文籍,靡有了遺。"故秘府所藏汲冢竹書之原簡,自亦同遭毀滅,覆核無由,徒喚奈何而已! 但整理寫定之者,既鬧成一糊塗賬目,則現存各書之價值如何,自可不言而喻,吾儕若非昏庸腐朽者,豈願取此以證史實? 乃梁任公於《中國歷史研究法》一書中,對于汲冢竹書尚"想爲極佳之史料",而欲"藉覘歷史之真相"者,其可得乎?

　　梁啓超《中國歷史研究法·説史料》章云:中國自晉以後,再發現之古書,見於史傳者凡三事:其一在西晉時,其二在南齊時,其三在北宋時,皆記録於竹木簡上之文字也。原物皆久旋佚,齊宋所得,並文字目録皆無傳。其在學界發生反響者,惟東晉所得,即前所述汲冢竹書是也。汲冢書凡數十車,其整理寫定者猶七十五卷,當時蓋爲學界一大問題,學者之從事研究者,有束晳、王接、衛恆、王庭堅、荀勗、和嶠、續咸、摯虞、謝衡、潘滔、杜預等,其討論概略,尚見史籍中。其原書完整傳至今者,惟一《穆天子傳》耳;其最著名之《竹書紀年》,則已爲廢本所奪。尤有名及《周食田法》等書,想爲極佳之史料,今不可見矣,而《紀年》中載伯益、伊尹、季歷等事,乃與儒家傳説極相反,昔人所引爲詭病者,吾儕今乃藉覘歷史之真相也。《穆傳》所述,多與《山海經》相應,爲現在持華種西來設者所假借。此次發見之影響,不爲不鉅矣。

　　汲冢所得之竹書,據束晳《汲冢書鈔》所載者,計有下列各書:

束晳《汲冢書鈔》(馬國翰《玉函山房輯佚書》據《晉書》本傳引)云:

《紀年》十三篇,……蓋魏國之史書。

《易經》二篇,與《周易》上下經同。

《易繇陰陽卦》二篇,與《周易》略同,繇辭則異;《卦下易經》一篇,似説卦而異。

《公孫段》二篇,公孫段與邵陟論《易》。

《國語》三篇,言楚晉事。

《名》三篇,似《禮記》,又似《爾雅》、《論語》。

《師春》一篇,書《左傳》諸卜筮。"師春"似是造書者姓名也。

《瑣語》十一篇,諸國卜夢妖怪相書也。

《梁丘藏》一篇,先敍魏之世數,次言丘藏金玉事。

《繳書》二篇,論弋射法。

《生封》一篇,帝王所封。

《大曆》一篇,鄒子談天類也。

《穆天子傳》五篇，言周穆王游行四海，見帝臺西王母。

《圖詩》一篇，畫贊之屬也。

又《雜書》十九篇，《周食田法》、《周書》論楚事，周穆王美人盛姬死事。

大凡七十五篇，七篇簡書折壞，不識名題。冢中又得銅劍一枚，長二尺五寸——漆書皆科斗字

此種汲冢所得之竹書，其校綴考定時，既不可靠，而又遭遇禍難，喪亡殆盡，故其真象如何，竟是不可得知。今將各史之所著錄者，列舉如下，亦略見其梗概而已。

《隋書·經籍志》史部載：

《紀年》十二卷（汲冢書，並《竹書同異》一卷）——古史類。

《周書》十卷（汲冢書，似仲尼刪書之餘）——雜史類。

《古文璅語》四卷（汲冢書）——雜史類。

《穆天子傳》六卷（汲冢書，郭璞注）——起居注類。

《舊唐書·經籍志》史部載：

《紀年》十四卷——編年類。

《周書》八卷（孔晁注）——雜史類。

《古文瑣語》四卷——雜史類。

《穆天子傳》六卷（郭璞撰）——起居注類。

《唐書·藝文志》史部載：

《紀年》十四卷（汲冢書）——編年類。

《古文瑣語》四卷——雜史類。

《汲冢周書》十卷——雜史類。

郭璞《穆天子傳》六卷——起居注類。

《宋史·藝文志》載：

《汲冢周書》十卷（晉太康中，於汲郡得之。孔晁注）——經部書類。

《竹書》三卷（荀勗、和嶠編）——史部編年類。

《汲冢周書》十卷——史部別史類。

郭璞注《穆天子傳》六卷——史部別史類。

鄭樵《通志·藝文略》載：

經部書類：古逸書四部，二十二卷，七十一篇。

《周書》七十一篇（顏師古曰：“劉向云：‘周時誓誥號令也’”，蓋孔子所論百篇之餘也。今存四十五篇）。

《汲冢周書》十卷。

《汲冢周書》八卷(孔晁注)。

《古文璅語》四卷(汲冢書)

經部春秋類——卦繇：

《師春》二卷。

史部編年類：

《紀年》十四卷(汲冢書,並《竹書同異》一卷,《隋志》作十二卷)。

史部起居注類：

《穆天子傳》六卷(汲冢古文,郭璞注)。

馬端臨《文獻通考·經籍考》載：

經部春秋類：

汲冢《師春》一卷。

史部起居注類：

《穆天子傳》六卷。

史部雜史類：

《汲冢周書》十卷。

至清《四庫全書》,則只錄其《竹書紀年》、《穆天子傳》及誤竄入之《逸周書》而已。

《四庫全書總錄》載：

史部編年類：

《竹書紀年》二卷。

《竹書統箋》十二卷,清徐文靖撰。

史部別史類：

《逸周書》十卷,舊本題曰：《汲冢周書》。

子部小說家類：

《穆天子傳》六卷,晉郭璞注。

按《漢書·藝文志》已著錄《周書》七十一篇,而據束皙《汲冢書鈔》所錄,則冢中所得之竹書,卻並無《周書》在內。乃隋唐諸志錄之,題為汲冢書籍,《宋志》且重見於經史兩部,鄭略更一書而三見焉者,何耶？ 巽岩李氏謂疑漢時本有此書,其後稍隱,賴汲冢竹簡出乃得復顯者,固是心知其非而巧為調停之說者也。

李燾跋《汲冢周書》云：隋、唐《經籍》《藝文志》皆稱此書,得之汲冢。孔晁注解,或稱十卷,或八卷,大抵不殊,按此則晉以前,初未有此也。然劉向、班固所錄,並著《周書》七十一篇,且謂孔子刪削之餘,而司馬遷記武王克殷事,蓋與此合。豈西漢世已得入中秘,其後稍隱,學者不道；及盜發冢,乃幸復出耶？ 篇目此漢,但闕一耳,必班

27

劉司馬所見者也。繫之汲冢,失其本矣。

王應麟氏證爲:"繫《周書》於汲冢,其誤明矣。"

王應麟《困學紀聞》、《玉海藝文》中之書類及《漢書藝文志考證》等書,對於《周書》均有所考證云:《漢藝文志》:《周書》七十一篇,《隋》《唐志》繫之汲冢。然汲冢得竹簡書,在咸寧五年,而兩漢已有《周書》矣。大史公引《克殷》、《度邑》,鄭康成注《周禮》、《儀證》,許叔重《説文》翰、獺兩字所引,馬融注《論語》引《周書·月令》,皆在漢世。杜元凱解《左傳》時,汲冢書未出也,"千里百縣"、"蠻之柔矣",皆以《周書》爲據,則此書非始出于汲冢也。按《晉書·束皙傳》,太康二年,汲郡得竹書七十五篇,其目不言《周書》;《左傳正義》引王隱《晉書》云:竹書七十五卷,六十八卷有名題,七卷不可名題,其目録亦無《周書》。然則繫《周書》於汲冢,其誤明矣。

舊本載嘉定十五年丁黼跋文,有"以兩漢諸人之所纂記推之,則非始出於汲冢也,明矣!"斯即可爲定論。推其所以誤置汲冢之由,《四庫總目提要》曾言及之。

《欽定四庫全書總目提要》云:郭璞注《爾雅》,稱《逸周書》,李善《文選注》所引,亦稱《逸周書》,知晉至唐初,舊本尚不題"汲冢"。其相沿稱"汲冢"者,殆以梁任昉得竹簡漆書,不能辨識,以示劉顯,顯識爲孔子刪書之餘,其時南史未出,流傳不審,遂誤合汲冢竹簡爲一事,而修《隋志》者誤采之耶?(按《梁書》及《南史·劉顯傳》云:"顯好學,博涉多通。任昉嘗得一篇缺簡書,文字零落,歷承諸人,莫能識者。顯見云:'是《古文尚書》所刪逸篇。'昉檢《周書》,果如其説,昉因大相賞異。"則與《法書苑》所言沈約、劉繪事相類,疑同爲一傳説而致誤者。)

今按《汲冢書鈔》,謂竹書中有《周書》論楚事之篇,其"周書"二字,亦足爲致誤之一由也。此書既非出於汲冢,則晁公武所言,既失之於不慎;陳振孫所言,亦失之於矛盾。

晁公武《郡齋讀書志》云:《汲冢周書》十卷,晉太康中,汲郡與《穆天子傳》同得,晉孔晁注,蓋孔子刪采之餘,凡七十篇。

陳振孫《直齋書録解題》云:《汲冢周書》十卷,晉太康汲郡發魏安釐王冢(?)所得竹簡書,此其一也。凡七十篇,敘一篇在某末。今京口刊本,以敘散在諸篇,蓋以倣孔安國《尚書》。相傳以爲孔子刪書所餘者,未必然也,文體與古文不類,似戰國後人仿倣爲之者。

而吾此篇之本旨,乃在專考汲冢竹書者,故對此非汲冢竹書之《逸周書》,勢不能再深討論其內容爲如何也。

陳逢衡謂胡元瑞于竹書之學最深,而胡氏所稱實者,則爲魏《紀年》、《逸周書》和《穆天子傳》三書。

胡應麟《三墳補逸》云:春秋战國之事,亡于秦漢而出于晉之汲冢,而傳于後者,厥有三焉:魏《紀年》也,《逸周書》也,《穆天子傳》也。魏《紀年》合乎魯史,《逸周書》合乎《尚書》,《穆天子傳》合乎《山海經》。匪其事合已也,其文,其義,其體,其合者往往如一手,而粹者足以破千古之疑。

胡應麟《筆叢》云:汲冢四書皆史也:《紀年》,《春秋》也;《周書》,《尚書》也;《穆天子傳》,起居注也;《盛姬録》,逸事家也。(按:今《盛姬録》,即並載於《穆天子傳》一書内)。

但吾人已知《逸周書》並非出於汲冢,而胡氏尚若昧有所聞,則所謂深者不深,而或謂胡氏之學乃博而不精者,似較爲的評。故其論《竹書紀年》與《穆天子傳》處,亦未見其有何價值也。

《竹書紀年》一書,可算爲汲冢所得之最主要者,其内容如何,則杜預《左傳後序》、《晉書・束晳傳》、《隋書・經籍志》中,均已略言及之。

杜預《春秋左傳集解後序》云:其《紀年》篇,起自夏殷周,皆三代王事,無諸國别也。唯特記晉國,起自殤叔,次文侯,昭侯,以至曲沃莊伯,莊伯之十一年十一月,魯隱公之元年正月也。皆用夏正,建寅之月爲歲首,編年相次。晉國滅,獨記魏事,下至魏哀王之二十年,蓋魏國之史記也。……其著書文意,大似《春秋經》,推此足見古者國史策書之常也。……諸所記,多與《左傳》符同,異於《公羊》、《穀梁》。……雖不皆與《史記》、《尚書》同,然參而求之,可以端正學者。

《晉書・束晳傳》云:其《紀年》十三篇,記夏以來,至周幽王,爲犬戎所滅,書以事接之(錢大昕曰:"事上當有晉字,刊本脱。")。三家分,仍述魏事,至安釐王之二十年,蓋魏國之史書,大略與《春秋》皆多相應。其中經傳大異,則云:夏年多殷,益干啓位啓殺之,太甲殺伊尹,文丁殺季歷,自周受命至穆王百年,非穆王壽百歲也。幽王(徐文靖曰:"幽王當作厲王。")既亡,有共伯和者攝行天子事,非二相共和也。

《隋書・經籍志》云:紀年皆用夏正,建寅之月爲歲首。起自夏殷周三代王事,無諸侯國别。唯特記晉國起自殤叔,次文侯,昭侯,以至曲沃莊伯;盡晉國滅,獨記魏事,下至魏哀王,謂之今王,蓋魏國之史記也。其著書皆編年相次,文意大似《春秋經》。諸所記事,多與《春秋》、《左傳》扶同,學者因之,以爲《春秋》則古史記之正法,有所著述,多依《春秋》之體。今依其世代,編而敍之,以見作者之别,謂之古史。

其贊賞之者:馬晴川序《竹書統箋》,謂爲上天所留一線之真,陳逢衡作《紀年集證》,言其可與六經互相表裏。

馬驌《竹書紀年統箋敍》云:千古之大文,推經與史。《紀年》,史事也,其實元本於經。《商書》稱元祀十有二月乙丑,春秋以時繫年,日繫月,皆《紀年》例也。顧秦火以

29

後，《尚書》有今文、古文之疑，《春秋》有《左》、《穀》、《公羊》之異，求其完好無闕，徵信不疑，其惟六國時《竹書紀年》一編。蓋《紀年》藏於汲冢，當周隱王十七年，至晉太康初始出，殆上天故爲秘惜，以爲斯文留一線之真，而不使絕滅於煨爐者，此也！

陳逢衡《竹書紀年集證·凡例》云：《紀年》所載，自帝堯以下，與《尚書》相表裏；自帝乙以下，與《詩》相表裏；自平王以下，與《春秋》相表裏，他若高宗伐鬼方之見於《易》，冥勤其官而水死之見于《禮》，往往出入聖經，淵源悉著，固不獨《左》、《國》、《史》、《漢》諸書之可爲引證也。

雖然，此實僞書也！僞之者，不乏其人，而最古者，則即所謂繕寫而校定之束晳。王鳴盛氏乃係持此說者，且並其所謂沈約注者而疑之。

王鳴盛《十七史商榷》云：今觀《竹書紀年》，起自黃帝軒轅氏，於五帝三王紀事，皆有年月日，立年崩年，歷歷言之，可謂妄矣！必是束晳僞撰也！司馬子長見黃帝以來牒記，又見《世本》，而不敢著其年，安得此書，若是歷歷明審？又《晉書》云：“凡十二篇，記夏以來，至周幽王。”今起黃帝，則今本恐非原本，必又遭後世妄人增益。又有沈約注，約傳並不言有此注，亦出流俗附會，胡三省《通鑑注自序》，乃言《紀年》是魏國史記，脫秦火之厄，而晉得之，子長不及見，又可謂愚矣！《北史·張彝傳》，彝在北魏宣武帝時，上《歷帝圖》五卷，起元庖犧，終于晉末，凡十六代，百二十八帝，歷三千二百七十年。此等妄談，正《竹書紀年》之類，其穿鑿附會，不但不足信，亦不足辨也！大約妄人，何代蔑有，全賴有識者屏黜之！有疑則闕，方爲善讀書！

黃伯思觀宋中秘所藏之書，見其所謂紀年者，其內容與杜預所說者大異，因即斷定其爲西晉人所集錄，而未必盡出汲冢也。

黃伯思《東觀餘論》云：預云《紀年》起自夏商周，而此自唐虞以降皆錄之；預云《紀年》皆三代王事，無諸國別，而此皆有諸國；預云《紀年》特記晉國，起殤叔，次文侯，昭侯，而此記晉國世次，自唐叔始。是三者，又與紀年異矣。……緣是知此書亦西晉人集錄，而未必盡出汲冢也。

又按杜預《後序》，謂《紀年篇》起自夏殷周，《晉書·束晳傳》亦言《紀年》係記夏以來事，而《史記·魏世家·集解》引荀勖曰：“和嶠云：‘《紀年》起自黃帝’。”夫杜、束、荀、和四人，皆所謂曾親見汲冢竹簡，而其所言則兩相歧異，豈所校本之不同耶？則孰僞孰真，亦可令人玩味。且按晉人認識古文之程度，和所審定竹書之草率，既已如吾上篇所言，則即使其校本非僞，亦不足供吾人作信史之參考徵用也。然關於此點，顧亭林氏已有所昧，《史記志疑》起直屬多疑，而近人梁任公氏亦力辨《古本》非僞，且認其所記爲較合於古代社會狀況者，亦亟待商榷者也。

梁啓超《中國歷史研究法》“史料之搜集與鑑別”章云：有書中某事項，常人共指斥以證其書之僞，吾儕反因此以證其書之真者。例如《竹書紀年》中"啓殺益，太甲殺伊尹"兩事，後人因習聞《孟子》、《史記》之說，驟睹此則大駭。殊不思《孟子》不過與魏安釐王時史官同時(?)，而孟子不在史職，聞見本不逮史官之確，司馬遷又不及見秦所焚之諸侯史記，其記述不過蹈《孟子》而已，何足據以難《竹書》？而論者或因此疑《竹書》之全僞；殊不知凡作僞者必投合時代心理，經漢魏儒者鼓吹以後，伯益、伊尹輩早已如神聖不可侵犯，安有晉時作僞書之人乃肯立此等異說以資人集矢者？實則以情理論，伯益、伊尹既非超人的異類，逼位謀篡，何足爲奇？啓及太甲爲自衛計而殺之，亦意中事，故吾儕寧認《竹書》所記爲較合於古代社會狀況。《竹書》既有此等記載，適足證其不僞；而今本《竹書》削去之，則反足證其僞也。

但今本《竹書紀年》之爲僞書，則梁氏亦承認之。其僞之之證，各書備舉之者甚多：錢竹汀氏既不深信古本《紀年》係出魏晉，又謂今本《紀年》，則決爲宋以後人所僞託。

錢大昕《十駕齋養新錄》論《竹書紀年》云：《晉書·束晳傳》稱《竹書》之異云："益干啓位，啓殺之。"《史通》引《竹書》云："益爲后啓所誅。"今本《竹書》云："夏啓二年，費侯伯益出就國；六年，伯益薨。"與束晳、劉知幾所引全別。然則今之《竹書》，乃宋以後人僞託，非晉時所得之本也。

又云：《水經注》引《竹書紀年》之文，其於春秋時，皆紀晉君之年，三家分晉以後，則紀魏君之年，未有用周王年者。蓋古者列國各有史官，紀年之體，各用其國之年，孔子修《春秋》亦用其法。今俗本《紀年》改用周王之年，分注晉魏於下，此例起於紫陽綱目，唐以前無此式也，況在秦漢以上乎！《紀年》出於魏晉，固未可深信，要必不如俗本之妄，唯明代人空疏無學祈好講書法，乃有此等迂謬之識，故愚以爲是書，必明人所葺，宋晁氏、陳氏、馬氏書目，皆無此書，知非宋人僞撰也。

案《紀年》一書，《汲冢書鈔》謂十三篇。《隋書·經籍志》謂十二卷，但並《竹書同異》一卷言之，則亦十三數也。新、舊《唐書·藝文》、《經籍》兩志，均謂《紀年》有十四卷，是其内容是否改變，今雖無從知道，但卷數加多，則至少也已有分訂上之差異。至《宋史·藝文志》，則只云《竹書》三卷，爲荀勗、和嶠所編，而是否即爲《紀年》一書，既未明言，其卷帙驟然減少，當爲多所遺散之證，宜乎黄伯思見中秘所藏之本，與杜預之說多相違異也。唯《通志》所著錄者，尚爲"《紀年》十四卷，《汲冢書》並《竹書同異》一卷，《隋志》作十二卷"，此蓋因舊史之著錄而仍之，非鄭樵親見此書之卷數爲如是也。《朱熹文集》曰："聞此間有《竹書紀年》，須借讀，半年方得。"是可知宋時搜求此書之難，所以《郡齋讀書志》及《直齋書録解題》，均未談及此書，而《文獻通考》亦未加以著録，皆可爲未見此書之證，錢氏謂非宋人僞撰，亦揣測得宜。迨至明季，各類叢書中，幾皆包含此書於內，可知其在該時，或竟有風行一時之概，其卷數亦改稱爲二卷，即可爲明人僞託之證，非僅只講求書法而已。至論其僞誤之處，《四庫全書總目提要》最爲詳盡，既謂今本不與古人所見之本相合，而亦疑其爲明人鈔合諸書以爲之者。

《欽定四庫全書總目提要》云：《竹書紀年》二卷，內府藏本。案《晉書·束晳傳》，晉太康二年，汲縣人發魏襄王冢，得古書七十五篇，中有《竹書紀年》十三篇，今世所行，題沈約注，亦與《隋志》相符。顧炎武考證之學，最爲精核，所作《日知錄》中，往往引以爲據。然反覆推勘，似非汲冢原書。考平王東遷以後，惟載晉事，三家分晉以後，惟載魏事，是魏承晉史之明驗。然晉靈公桃園之事，董狐所書，明見《左傳》，孔子稱趙盾爲法受惡，足知未改史文。乃今本所載，仍以趙穿蔽獄，則非晉史之舊也。《束晳傳》稱《竹書》夏年多殷，益干啓位啓殺之，今本皆無此文。又杜預注《左傳》，王奸命句，引服虔說，以爲伯服，疏並引束晳以爲伯盤，今本乃有余臣之說；使《竹書》原有此文，不應二人皆未睹，則非束晳、杜預所見本也。郭璞注《穆天子傳》引《紀年》七條，以今本核之，相同者三條；璞稱《紀年》而今在注中者三條，璞時不應先有注，且三條並爲一條，文亦不屬。其穆天子見西王母，西王母止之曰："有鳥鶞人"一條，今本無之，則非郭璞所見本也。《隋書·經籍志》曰："《紀年》皆用夏正，建寅之月爲歲首。"今本自入春秋以後，時月並與經同，全從周正，則非隋時所見本也，《水經注》引《竹書》七十六條，皆以晉國紀年，如《春秋》之爲魯史；而此本晉國之年，皆附周下。又所引出公七年，荀瑤城宅陽，梁惠王元年，鄴師邯鄲師次于平陽，魏襄王六年，秦取我焦，及齊師伐趙東鄙圍中牟諸條，今本皆無，其他年月，亦多舛異，則非酈道元所見本也。《史通》引《竹書》文王殺季歷，今本作文丁；又引《竹書》鄭桓公，屬王之子，今本錫王子多父命居洛，在宣王二十二年；王子多父爲鄭公，在幽王二年，皆不云屬王子，則非劉知幾所見本也，《文選》注引《竹書》五條，今惟有太甲殺伊尹一條，則非李善所見本也。《開元占經》引《竹書》四條，今本皆無，則非瞿曇悉達所見本也。《史記·索隱》引《竹書》晉出公二十三年奔楚，乃立昭公之孫，是爲敬公；今本作出公薨。又引秦與衛戰岸門，惠王後元十一年會齊于平阿，十三年會齊于甄，齊桓公（弒其）君母，齊宣王（殺其王）后，宋易成肝廢君自立，楮里疾圍蒲七條，今本皆無，則非司馬貞所見本也。《穀梁傳》疏引《竹書紀年》周昭王膠舟之事，以駁《呂氏春秋》；今本但曰王陟，無膠舟事，則非楊士勛所見本也，《元豐九域志》引《竹書》陰司馬敗燕公子翌于武垣一條，今本亦無，則非王存所見本也。《路史》引《竹書》周武王年五十四，辨武王非年九十三；今本乃作九十三。又注引《竹書》夏后不降六十九年，證《世紀》五十九年之異，今本乃亦作五十九。《路史》又引梁惠成八年，雨骨于赤鞞；注又引夏桀末年社坼裂；今本並無，則非羅泌羅苹所見本也。《戰國策注》引《竹書》魏救中山塞集胥口，今本無之，則非鮑彪所見本也，《廣川書跋》引《竹書》秦穆公十一年取靈邱，今本無之，則非董逌所見本也。雖其他證以《竹書》，往往相合，然《允征》稱辰弗集于房，《説命》稱舊學于甘盤，均出梅頤《古文尚書》，在西晉之後，不應先見《竹書》，豈亦明人鈔合諸書以爲之，如《十六國春秋》類歟？觀其以《春秋》合夏正，斷斷爲《胡傳》盛行以後書也。

由是觀之，則今本《竹書紀年》之爲僞託，彰彰明矣。不但其書僞也，其注亦僞，《四庫全書總目提要》及《十駕齋養新録》中亦並論及之。

《欽定四庫全書總目提要》云：沈約注外，又有小字夾行之注，不知誰作；中殷小庚一條，稱"約按：《史記》作太庚"，則亦當爲約説。考《元和郡縣志》：魏武定七年，始置海州；隋煬帝時，始置衛縣。而注舜在鳴條一條，稱今海州；夏啟十一年放武觀一條，稱今頓衛縣，則非約語也。又所注惟五帝三王最詳，他皆寥寥；而五帝三王，皆全鈔《宋書·符瑞志》語，約不應既著于史，又不易一字移而爲此本之注。然則此注，亦依託耳！

錢大昕《十駕齋養新録》云：裴駰《史記集解》於《夏本紀》引《汲冢紀年》云："有王與無王，用歲四百七十一年矣。"於《殷本紀》引《汲冢紀年》云："湯滅夏，以至于受，二十九王，用歲四百九十六年也。"（明案：《束晢傳》云夏年多殷，而裴氏所引已是殷年多夏，此亦古本不足深信之證）此二條，今本《紀年》俱在附注中。相傳附注出於梁沈約，而《梁書》《南史》"約傳"，俱不言曾注《紀年》。隋《經籍志》、唐《藝文志》載《紀年》，亦不言沈約有附注，則流傳之説，不足據也。裴氏生于休文之前，其注《史記》已引此文，則此語不出於休文明矣。裴氏不云《紀年》有注，則此兩條者，實《紀年》正文，未嘗別有注也。——附注多采《宋書·符瑞志》，《宋書》約所撰，故注亦託名休文，作僞者之用心如此！

迨至王靜安先生，既就朱右曾所輯録之《汲冢紀年存真二卷》而校補之，成爲《古本竹書紀年輯校》一書；又就今本《紀年》而疏證之，亦成爲上下兩卷，則今本之僞，已屬贓證俱獲。

王國維《今本竹書紀年疏證·自序》云：余治《竹書紀年》，既成《古本輯校》一卷；復怪今本《紀年》爲後人蒐輯，其跡甚著。乃近三百年學者，疑之者固多，信之者亦且過半，乃復用惠定宇作《古文尚書考》、孫頤谷作《家語疏證》二家法，一一求其所出，始知今本所載，殆無一不襲他書。其不見他書者，不過百分之一，又率空洞無事實，所增加者年月而已。且其所出，本非一源，古今雜陳，矛盾斯起；既有違異，乃生調停，紛糾之因，皆可剖析。夫事實既具他書，則此書爲無用；年月又多杜撰，則其説爲無徵。無用無徵，則廢此書可，又此《疏證》亦不作可也。然余懼後世復有陳逢衡輩爲是紛紛也，故寫而刊之，俾與《古本輯校》並行焉。

33

所謂"陳逢衡輩爲是紛紛"者，則以陳氏尚認其事實與經印合並《四庫提要》之所云者，亦不加以信賴。

陳逢衡《竹書紀年集證·凡例》云：《紀年》乃爐簡斷札中之最爲分了者也，經荀勖、和嶠輩爲之編次，列于中經，而其書遂行于世。《四庫書目提要》謂今世所傳之本，非汲冢原書，蓋以諸書所引，互有不同，並有今《紀年》所不載者，知其脱失已久，非復原本之舊矣。然其事實顯然，與經印合，故特細爲詮釋，集腋成裘，以留吉光片羽之一線云。

此其辯護，膚淺寡陋，不足令人心折，遠不如洪頤煊之似若持之有故而言之成理者。洪氏於《校正竹書紀年·序》中，先列舉其四誤，與《養新録》及《四庫提要》中語似相類矣，幾疑其亦爲證實今本乃僞書之人。然其終也，竟不顧矛盾的列舉其非僞書之證，亦謂有四端焉。

洪頤煊《校正竹書紀年·序》云：然今本頗信其非出於僞撰者，《史記·魏世家·集解》引和嶠云："紀年起自黃帝，終於魏之今王"；郭璞注《山海經》引《竹書》："昌意降居若水，産帝乾荒。"又引"顓頊産伯鯀，是維若陽"，與今本同，與束皙、杜預本異。《隋書·經籍志》有《竹書同異》一卷，疑當時所得竹書，傳寫各異，其本亦不能盡歸於一，今本或猶是和嶠、郭璞所見之舊，其證一。

按《竹書》即使有傳寫各異者，亦當時認識古文程度之膚淺，或竟有以僞託真之所致，故真有所謂和嶠等所見之另一種古本，亦不足信，何況今本尚決非其書乎！《四庫提要》已謂今本決非郭璞所見者，洪氏顧獨舉其所有而略其所無者何耶？又安知古本之無此二條？洪氏只徒混淆衆人耳目於一時，而不知今本"三十年（？），帝産伯鯀，居天穆之陽"者，已與郭璞所引"顓頊産伯鯀，是維若陽，居天穆之陽"者，不相類也。且"是維若陽"四字，不幸即爲今本所無，尚能以此而證其非僞乎？

洪《序》又云：《新唐書·劉貺傳》云："貺嘗以《竹書紀年》序諸侯列會，皆舉謚，後人追修，非當時正史，如'齊人殲於遂，鄭棄其師'，皆孔子新意，知按《春秋經傳》而爲也。"今本文法，大略相似，是今本所存，其未見前人所引者，亦不能遽定其爲後人掇拾他書所爲，其證二。

按書以《紀年》爲名，而杜預《左傳後序》、《晉書·束皙傳》、《隋書·經籍志》等，皆謂其著書文意，與《春秋經》爲相似，則僞造之者，自應知其體裁如何，而今本文法，既大略與《春秋經傳》相似，亦正可證明其爲僞作。況其編年相次，不以晉魏爲主，而以周室爲綱，則恰與《春秋經傳》之依魯史紀年者不同，豈非作僞之明證乎？更不幸者，則劉貺所舉兩事，又恰爲今本所無，則其遺漏前人之所引者，何如是之多多也！豈亦版本相異之所致耶？何況今本所存其未見前人所引者，王靜安先生已疏證其確爲後人掇拾他書之所爲也。

洪《序》又云：今本夏殷後皆有總記年數，幽王後亦云："自武王元年己卯，至幽王庚午，二百九十二年。"平王下云："自東遷以後，始紀晉事，王即位皆不書。"疑今本唯東遷以後周王紀年，是後人所改，其餘皆《紀年》原文，其證三。

按夏殷後之總記年數，乃《太平御覽》、《史記集解》等書之引《紀年》者，作僞者自易抄錄及之。而今本乃用注文附入，顯示人以僞作之迹，可謂愚矣！幽王後之年數，其二百五十七年者，與《史記集解》及《通鑑外紀》所引《紀年》合；但洪氏所引用之二百九十二年，則似不合史實，王氏已疏證之，讀者可以參閱。今本於平王以前，已記晉事凡七八條；於平王後，亦繼續書王即位事。而乃云："自東遷以後，始紀晉事，王即位皆不書"，不惟自相矛盾，直是自顯糊塗！推其原因，蓋欲敷衍杜預《後序》等書所致，宜乎洪氏亦不得不謂其爲後人之所改也。但所謂"其餘皆《紀年》原文"，果何在耶？洪氏尚無以證之。

洪《序》又云：沈約注雖由後人僞題，韓愈《黃陵廟碑》引《竹書紀年》云："帝王之崩曰陟，"《史記‧夏本紀‧集解》、《文選‧六代論》李善注引："自禹至桀十七世，有王與無王，用歲四百七十一年，"皆作《紀年》，是舊本《紀年》本有注文，唯爲後人所羼亂耳，其證四。

按韓愈《黃陵廟碑》，述及楚王冢得竹書事簡，則其所謂《竹書紀年》者，正不知爲何書，豈能用以作證？至《史記集解》與《文選注》之所引者，當係《紀年》原文，而今本以注當之，正見其爲僞託，豈是後人所羼亂者？洪氏意欲用以作證，亦正不知其何所證也。況洪氏於本文中，又皆注出是正文而非注語，是亦自相矛盾者也。

洪《序》又云：據此，則今本《紀年》雖經後人變改，殘缺失次，非僞書可比。庚申夏，頤煊游學武林，孫淵如觀察屬重校是書，因仍取今本，歷證群書所引，訂正於每年之下，並補脫五十餘條，注中有明見於《宋書‧符瑞志》者削之，其可信者存之。明知非汲冢之舊，亦聊存梗概而已。

按洪氏據此而謂其非僞書可比，吾人則見其仍屬空無所據，而今本決在僞書之列，豈徒後人改變和殘缺失次而已。洪氏於今本與古本之大相違異處，皆委過於爲後人所竄亂脫落，亦可謂不深思之至也。不然，又何勞洪氏之訂正補脫和刪削，而亦仍非汲冢之舊乎？陳逢衡氏所補遺者，百二十則，既較洪氏加倍，而以王靜安先生所校補者參之，或竟不止此數，是洪氏所見不廣，無怪其既知其誤，而又曲爲之作辨護也，或亦非其本心之所願歟？洪氏所説，已全無可取，其他之沉迷不悟者，更無足言。僞書之鐵案既成，則其書已成廢物，其內容如何，更不值一談論也。

胡應麟氏所推崇之汲冢三書，《逸周書》和《竹書紀年》而外，尚有《穆天子傳》。

其年月次序，與今本《竹書紀年》多所牴牾，《四庫提要》即以此爲今本《紀年》乃依託者之一證。

《欽定四庫全書總目提要》云：此書（《穆天子傳》）記事有月日而無年，又文多斷缺，以今本《竹書紀年》校之：《紀年》載十二年冬，王北巡狩，遂征犬戎，事在《傳》之第一卷；十四年夏，王畋于軍邱，五月作范宮，作虎牢，事在《傳》之第五卷；十五年作重璧臺，冬，王觀于鹽澤，事在《傳》之第六卷；十七年，王西征崑崙邱，見西王母，事在《傳》之第二卷、第三卷、第四卷。兩書同時並出荀勗等互校，其文不應牴牾如此！蓋今本《竹書紀年》，乃明人撫拾諸書以爲之，非汲冢之舊簡，並郭璞注中所引《紀年》之文，尚摭拾未盡，況暇考其次第乎？是亦今本《紀年》出于依託之一證！或乃謂當移五卷六卷於二卷之前，以符《竹書》之次第，則削趾適履矣。

近人丁謙，取《竹書紀年》以與《穆天子傳》對校，而謂得失皆可互見者，則尚不知今本《紀年》爲僞書也。

丁謙《穆天子傳地理考證》凡例云：《竹書紀年》，與此《傳》同出汲冢，取以互校，得失皆可互見。如十二年十月，王北巡狩，遂征犬戎，知此《傳》卷首所載，爲十二年事。然由此歷數紀日干支，至遠入宗周，實兩載餘，刪在十四年十月無疑。乃《竹書》紀於十三年冬，是誤先一年，因之十四十五等年，牽連並誤。如所言十四年四月畋於軍邱，五月作范宮，其時穆王尚未西歸，誰畋之？誰作之？由是知《竹書》所紀十三年秋七月西戎來賓，至王入于宗周，均當作十四年。十四年春王帥楚子伐徐，至作虎牢，均當作十五年。十五年正月留昆氏來賓，至封造父於趙，均當作十六年。而十七年之王西征崑崙邱，見西王母，明是錯簡，當列于十三年次于陽紆之下人。皆可因本《傳》以證《竹書》之誤者也。至本《傳》卷五，因晉時編排失序，如畋于軍邱，畢此告戎等七八條，皆先後紊亂，此皆可因《竹書》以證本《傳》之誤者也。

據王靜安先生《今本竹書紀年疏證》之文，則關于周穆王之各條，即係從《穆天子傳》中抄摭者，丁氏乃以此而證《穆天子傳》爲誤，則正《四庫提要》所謂"削趾適履"者也。

《汲冢書鈔》謂《穆天子傳》五篇，又雜書十九篇中，有《周穆王美人盛姬死事》。而《隋書·經籍志》、《舊唐書·經籍志》、《新唐書·藝文志》、《宋史·藝文志》、《通志·藝文略》及《文獻通考·經籍考》，均謂其爲六卷。推其原因，或係將盛姬死事一篇，歸併一起所致，而《四庫提要》亦謂別出非是，於以知校訂《汲冢竹書》時之多失當也。

《欽定四庫全書總目提要》云：小說家類《穆天子傳》六卷，晉郭璞注，前有荀勗序。按《束晳傳》云："……得竹書《穆天子傳》五篇，又雜書十九篇，《周食田法》、《周書》、

《論楚事》、《周穆王美人盛姬死事》。"按今盛姬載《穆天子傳》第六卷,蓋即《束晳傳》所謂雜書亦之一篇也。尋其文義,應歸此傳,《束晳傳》別出之,非也!

歷代經籍志書,多歸之於史部、起居注類,只《宋史·藝文志》歸之於別史類中,而《四庫全書》著録時,則竟貶置之於小説家類,謂係從其實也。

《欽定四庫全書總目提要》《史部編年類序》云:"《隋志》史部有起居注一門,著録四十四部,……存於今者,《穆天子傳》六卷,溫大雅《大唐創業起居注》三卷而已。《穆天子傳》雖偏次年月,類小説傳記,不可以爲信史,實惟存溫大雅一書。"

《欽定四庫全書簡明目録》云:小説家類,《穆天子傳》六卷,汲冢古本,晉郭璞注。所紀周穆王西行之事,爲經典所不載,而與《列子·周穆王篇》互相出入,知當時委巷流傳,有此雜記。舊史以其編紀日月,皆列起居注中,今改隸小説,以從其實。

不究心之學者,對於《穆天子傳》一書,便即多鬧笑話。如檀白石氏謂其所言西王母之邦,即今歐邏巴一洲之地;劉申叔氏以其人物與兩三部後出之典籍相符,便信非後人所能贗造之書;元代王漸謂穆王只與七萃之士巡行天下,故爲徒衞簡而徵求寡之賢主;近人丁謙則考穆王乃以二萬人行萬里路而日需預備糧餉七萬餘石,故實爲一勞民喪財之昏君;凡此諸端,若以穆王當日之時勢推之,自不禁令人要啞無發噱,而《四庫全書總目提要》,且另舉例及之。

《欽定四庫全書總目提要》云:《穆天子傳》文字既古,訛脱又甚,學者多不究心:"封膜畫於河水之陽",見第二卷,膜畫自是人名,封者錫以爵邑;張彥遠《歷代名畫記》,誤以畫爲畫字,遂誤以封膜爲畫家之祖。"邱陵自出",乃西王母謠,見第三卷;方回《瀛奎律髓》注陳子昂詩:"邱陵徒自出",乃云:"自出二字疑誤。"第二卷云:"乃爲銘迹于縣圃之石上",第三卷云:"乃紀其跡于舂山之石上",其文甚明;朱珪《名蹟録》乃謂:"取《穆天子傳》爲名蹟于茲石上",全然舛迕。則其傳世,亦在若存若亡之間,固考古者所宜寶重也。

夫今文寫定之《穆天子傳》,乃普通人所能認識者,不意所謂學者中,竟致鬧出如是之謬誤,則認識古文程度甚爲淺薄之荀勖、和嶠輩,其於"謹以二尺黃紙寫上"時,能不弄到笑話百出乎?惜乎原簡已失,吾人無從證之,但其不可信爲汲冢竹書之本來面目,固已彰彰明矣。何況傳中所述説者,又僅見若干之傳説,而非真確之史實,故其價值應更低折矣!(參看本刊第廿三、廿四兩期拙著《穆天子傳的研究》篇)

《穆天子傳》一書,有謂其爲周穆王時所作者,有謂其爲戰國期間之作品者,有謂其併郭璞之注均爲後人所僞作者,而吾則信其少部份之材料,或係得之於汲冢,但大部份之材料,則荀勖、郭璞之所依託者也。凡此數點,俱已見於《穆天子傳的研究》一文中,茲篇不再複述。

郭璞於《山海經·序》中,曾將《穆天子傳》爲概括之敘述,與今本之內容略有違異,此或因欲湊成四六語句之所致歟?

郭璞《山海經·序》云:案汲郡《竹書》及《穆天子傳》,穆王西征見西王母,執璧帛之好,獻錦組之屬,穆王享王母於瑤池之上,賦詩往來,辭義可觀。遂襲崑崙之丘,遊軒轅之宮,眺鍾山之嶺,玩帝者之寶,勒石王母之山,紀跡玄圃之上,乃取其嘉木艷草,奇鳥怪獸,玉石珍瑰之器,金膏銀燭之寶,歸而殖養之於中國。穆王駕八駿之乘:右服盜驪,左驂騄耳,造父爲御,奔戎爲右;萬里長鶩;以周歷四荒,名山大川,靡不登濟。東升大人之堂,西燕王母之廬。南轢黿鼉之梁,北躡積羽之衢。窮歡極娛,然後旋歸。

《四庫提要》於郭璞之注,謂多志怪之談。

《欽定四庫全書總目提要》云:郭璞注《爾雅》,于"西至西王母"句,不過曰"西方昏荒之國";于"河出崑崙墟"句,雖分《大荒西經》而不言其靈異;其注此書,乃頗引志怪之談。蓋釋經不敢不謹嚴,而箋釋雜書則務矜博洽故也。

實則景純或已將謹嚴之句語,僞託于正文之中,故志怪之談,仍留作注文用耳,非釋經與箋釋雜書之不同也。束皙《汲冢書鈔》,謂《穆天子傳》言周穆王見帝臺西王母事,而今本則全無"帝臺"之文,是知其與原簡固相違異也。檀萃添出固非,陳逢衡辭而闢之,亦屬多事。

陳逢衡《穆天子傳集注·凡例》云:郭注兩《雅》,頗嚴謹,其注《山海經》,則神怪百出,妄爲添設。此注尚不至橫生枝節,檀疏又從而誇大其辭,添出帝臺化人,無中生有。彼蓋以事遣發滇南,故有是疏,以發洩胸中不平之氣。故一概辭而闢之,以歸純正。

《中興書目》與《郡齋讀書志》,均謂《穆天子傳》共八千五百一十四字,而洪頤煊校本,則只六千六百二十二字,是併荀勖、郭璞所依託本之真面目,亦已模糊難見矣,是則《穆天子傳》一書,謂非出於汲冢竹書亦可。《左傳正義》引王隱《束皙傳》謂汲冢得書中,《穆天子傳》乃差爲整頓之一,且在世間偏多;《四庫提要》謂汲冢竹書之真存於今者,惟此而已。但其實際,仍復如斯,是則汲冢所得之竹書,究何有耶?嗚呼!此亦可令人作深長之嘆息矣!

孔穎達《左傳集解後序·正義》云:王隱《晉書·束皙傳》云:大凡七十五卷,《晉書》有其目錄。其六十八卷,皆有名題;其七卷折簡碎雜,不可名題。有《周易》上下經二卷,《紀年》十二卷,《瑣語》十一卷,《周王遊行》五卷——說周穆王遊行天下之事,今謂之《穆天子傳》——此四部差爲整頓。……今復闕落,又傳寫益誤,《穆天子傳》,世間偏多。

《欽定四庫全書總目提要》云:世所傳《汲冢書》、《師春》之類,久已亡佚,《逸周書》又屬誤入，《紀年》僞妄顯然，其真存于今者，惟此傳矣！

王隱《束皙傳》謂有《周易》上下經二卷，而在《汲冢書鈔》中，亦謂“《易經》二篇，與《周易》上下經同”；又有“《易繇陰陽卦》二篇，與《周易》略同，《繇辭》則異；《卦下易經》一篇，似《説卦》而異”之文。而杜預所見者，亦謂《周易》與《紀年》最爲分了。

杜預《春秋左傳集解後序》云：所記大凡七十五卷，多雜碎怪妄，不可訓知，《周易》及《紀年》最爲分了。《周易》上下篇，與今正同；別有《陰陽説》而無《彖》、《象》、《文言》、《繫辭》。疑于時，仲尼造之於魯，尚未播之於遠國也。

《隋書·經籍志》中，未曾著録此書，知在隋前便已亡佚，今更無從作研究也。——雖其序文中，亦有“唯《周易》、《紀年》，最爲分了；其《周易》上下篇，與今正同”之語，但此乃承襲舊有之文，非隋代尚有此書之證據也。

《汲冢瑣語》亦爲王隱《束皙傳》所謂差爲整頓之一，《汲冢書鈔》謂爲十一篇，隋唐各《志》謂爲四卷，而《宋史·藝文志》無之，知該書全部亡佚之時期，蓋自宋代始也。今馬國翰《玉函山房輯佚書》中輯其一卷，共只十有餘條，而陳逢衡《竹書紀年集證》中，則謂輯得其數十則焉。按《汲冢書鈔》謂《瑣語》乃“諸國卜夢妖怪相書也”，以輯佚本較之，其性質有類乎此者，如晉平公夢見赤熊闚屏，及范獻子卜獵之類是；亦有不相類者，如姜后諷諫周宣王之夜卧而晏起及季康子治盗之類是。

馬國翰輯《古文瑣語》云：周宣王夜卧而晏起，后夫人不出於房。姜后既出，乃脱簪珥待罪於永巷，使其傅母通言於宣王曰：“妾之淫心見矣，至使君王失禮而宴起，以見君王之樂色而忘德也。亂之興，從婢子起，敢請罪。”王曰：“寡人不德，實自生過，非夫人之罪也！”遂復姜后而勤于政事，早朝宴退，卒成中興之名。（《藝文類聚》卷十五引）

又云：晉平公夢見赤熊闚屏，惡之而有疾。使問子産，子産曰：“昔共工之卿曰浮遊，既敗於顓頊，自没沈淮之淵。其色赤，其言善笑，其行善顧，其狀如熊，常爲天下祟。見之堂，側王天下者死，見堂下，則邦人駭，見門，則近臣憂，見庭則無傷，窺君之屏，病而無傷，祭顓頊、共工則瘳。”公如其言而疾間。（《路史·後紀》卷二羅苹注等引）

又云：范獻子卜獵，占之曰：“此其繇也！君子得鼈，小人遺冠。”獻子獵無所得而遺其豹冠。（《太平御覽》卷八百三十二等引）

又云：魯國多盗，季康子治之。獲一人焉，詰之曰：“汝胡以盗？”對曰：“此猶之蟻蛋也，慕蛋而附，寧可已邪！大夫爲政，不能不盗，何以詰吾盗？柳下蹠，魯之民盗也；……子大夫陪臣陽貨，魯之家盗也；……子大夫之家，魯之國盗也；……子大夫與吾儕小人其俱負螫以謀朝夕耳，詰安用之！”康子曰：“辯哉盗也！去之繫於獄中。”（《繹史》卷八十引）

《汲冢書鈔》謂《紀年》有“益于啓位，啓殺之；太甲殺伊尹；文丁殺季歷”之文，《左傳後序》亦謂《紀年》中有伊尹放太甲，而太甲潛出自桐殺伊尹之事。

杜預《左傳集解後序》云：《紀年》又稱殷仲壬即位，居亳，其卿士伊尹。仲壬崩，伊尹放太甲于桐，乃自立也。伊尹即位於太甲七年，太甲潛出自桐，殺伊尹。乃立其子伊陟伊奮，命復其父之田宅而中分之。《左氏傳》伊尹放太甲而相之，卒無怨色。然則太甲雖見放，還殺伊尹，而猶以其子爲相也。此爲大與《尚書》敍説太甲事乖異，不知老叟之伏生，或致昏忘，將此古書亦當時雜記，未足以取審也。

凡此數事，陳逢衡氏皆謂《古文瑣語》之文，而非《竹書紀年》之所應有也。

陳逢衡《竹書紀年集證》云：啟干益位，及太甲，文丁之事，係出《瑣語》，劉知幾、楊升庵、胡元瑞皆言之，似可信。乃今人非第不知竹書有《瑣語》，有《紀年》，且並以竄入之《瑣語》當《紀年》，甚可怪也。

又云：案杜預之言，已明知發冢者不以爲意，往往敢亂，則是在咸寧五年初出之時，《瑣語》、《紀年》二書，已互相出入，蓋當時以其言之相似者，輒附入之，預不能辨，反謂老叟之伏生或致昏忘，是亦過矣！余閱《御覽》八十三引《瑣語》：“仲壬崩，伊尹放太甲，乃自立四年”，則是殺伊尹一事，出《瑣語》不出《紀年》，願與天下有識者共諒之。

按《史通》於“舜放堯於平陽”句，明謂爲《汲冢瑣語》之文，但“后啟殺益，太甲殺伊尹，文丁殺季歷”數事，則雜説中又明謂爲《竹書紀年》所有，陳氏何得強以爲證？《御覽》中之所引，《尚書·咸有一德》之孔穎達《正義》及《通鑑外紀》卷三均引之，而皆謂爲《紀年》，陳氏豈未見耶？推原其故，則因此等事與經傳大相乖異，一般腐朽迂儒，亟欲從《紀年》中排而去之，陳氏固已如是，即其所信崇之楊升庵與胡元瑞亦在所不免也。實則此與經傳或本係兩種不同之傳説，吾人固不必如梁任公之“寧認《竹書》所記爲較合於古代社會狀況”，但亦不能認經傳所記即較此爲有可信實之價值也。汲冢竹簡，本即混亂殘缺，或者《古文瑣語》之于《竹書紀年》，猶之記盛姬死事之于《穆天子傳》，乃本爲一書而被束晳輩所誤析者，故如舜囚堯復偃塞丹朱，可決定其爲《紀年》之文，而《瑣語》中談卜夢妖怪相書事，或乃是《師春》之所云者。

張守節《史記正義》引《竹書》云：堯德衰，爲舜所囚；舜囚堯復偃塞丹朱，使父子不得相見也。（按此條陳逢衡氏謂爲《古文瑣語》，王靜安氏《古本竹書紀年校補》中，亦不收入）

何況據顏之推所言，則舊來之《汲冢瑣語》，固亦非本文也，是知《汲冢竹書》之多所僞託。

王應麟《玉海·文藝類》引顏之推云：《汲冢瑣語》，乃載秦望碑，非本文也。

《汲冢書鈔》有《師春》一篇，所言內容，與杜預之語相同。

杜預《春秋左傳集解後序》云：又別有一卷，純集疏《左氏傳》卜筮事，上下次第及其文義,皆與《左傳》同,名曰《師春》。——師春似是鈔集者人名也。

陳逢衡氏則謂師春是書名而非人名。

陳逢衡《竹書紀年集證》云:案《周禮》卜筮掌于春官,而此書實傳卜筮之學,故曰師春;杜預以爲是作書人名姓,誤矣!

且疑范獻子卜獵一段,似是《師春》中語,而《繹史》引姜后孕事,則確定爲真是《師春》中文。

馬驌《繹史》引汲冢《師春》云:周王穆姜后孕,越姬嬖,竊而育之。斃以玄鳥二七,塗以麂血。王發書而卜之,兆曰:"蜉蝣之羽,飛集于戶,鴻之戾止,弟弗克理,重靈降誅,而復其所。"王問諸史豹,曰:"蟲飛集戶,是曰失所,惟彼小人,弗克以育君子。"史良曰:"是謂閼親,將留其身,歸于母氏,而後獲寧,冊而藏之,厥休將振。"三月,越姬死,七日而復言其情曰:"爾夷隸也! 胡竊君之子? 不歸,將置爾大戮及王子于治。"(陳逢衡案云:此條真《師春》語,所謂純集卜筮事是也)

按《師春》一書,隋、唐、宋各志未載,但《舊唐書·劉貺傳》謂"《師春》一篇,錄卜筮事,與《左氏》合",似尚爲汲冢原本;而《通志》云:"《師春》二卷";《文獻通考》云:"汲冢《師春》一卷",似宋時尚存在者,然據黃伯思及王伯厚之言觀之,則唐宋時之《師春》,乃僞書也,其性質已與杜預所説,絕相違異。

黃伯思《東觀餘論》云:今觀中秘所藏《師春》,乃與預説全異。預云:"純集卜筮事",而此乃記諸國世次,及十二公、歲星所在,並律呂諡法等,末乃書易象變卦,又非專載《左氏傳》卜筮事,繇是知此,非預所見《師春》之全也。然預記汲冢他書中,有《易陰陽説》,而無《象》、《繫》,又有《紀年》三代並晉魏事,疑今《師春》,蓋後人雜鈔《紀年》篇耳。

王應麟《玉海》云:《中興書目》:"汲冢《師春》一卷。"按杜預云:"純集疏《左氏傳》卜筮事",今雜序諸國世系及律呂諡法,未載變卦雜事。嘉祐中,蘇洵編定《六家諡法》,其表謂采汲冢《師春》者,即此書所載諡法云。

是則姜后孕事,即使出於汲冢《師春》,亦僞書所載之文。嗚呼! 何汲冢《竹書》之偏多僞託也!

《汲冢書鈔》謂有《繳書》二篇,論弋射法事,而《文選注》引有蒲且子弋鳧事,陳逢衡氏謂即《繳書》之文。

李善注《文選》勵志詩引《汲冢書》云:蒲且子見雙鳧過之,其不被弋者亦下。(陳逢衡按云:疑是《繳書》二篇之文;又云:其蒲且子一條,的是《繳書》無疑)

實則《繳書》無從得見,陳氏亦只以意度之,吾人亦姑置而不論。《汲冢書鈔》謂有《名》三篇,梁任公想其爲極佳之史料,此或因所謂九流中名家之書籍最爲難得而云然耶？但《汲冢書鈔》謂其與《禮記》、《爾雅》、《論語》相似，則固非“名家”之所謂“名”也。且《禮記》等三書，性質文體，互不相類，不知其何能似之，疑此乃校訂竹書而雜湊成篇者，未必即有若何價值也。

按汲冢所得竹書，束皙謂有《周書·論楚事》之篇——既曰《周書》，而乃專論楚事，亦足怪者，且書名亦多誤耶？——今其文不傳，一切無從作考。惟《晉太公碑》引有汲冢《周志》之文。

趙明誠《金石錄·晉太公碑》云：太康二年，縣之西偏，有盜發冢而得竹策之書。……其《周志》曰：“文王夢天帝服玄襀，以立于令狐之津。帝曰：‘昌，賜汝望。’文王再拜稽首，太公于後亦再拜稽首。文王夢之夜，太公夢之亦然。其後文王見太公而計（《廣川書跋》“計”字作“訊”）之曰：‘而名爲望乎？’答曰：‘惟爲望’（原注“惟”疑“唯”字，應辭也。《廣川書跋》“惟爲望”三字，單作一“唯”字）。文王曰：‘吾如有所見於汝。’太公言其年月與其日，且盡道其言：‘臣以此得見也。’文王曰：‘有之，有之！’遂與之歸，以爲卿士。”

以杜預注《左傳》謂《周志》即“周書也”之例例之，此《太公碑》所云之《周志》，或即《汲冢書鈔》所謂《周書》者歟？但所論則非楚事而乃齊太公之故事也。

《左傳》文二年晉狼瞫曰：“《周志》有之：‘勇則害上，不登於明堂’，死而不義非勇也，共用之謂勇。”杜預注云：“《周志》，《周書》也。”王應麟《玉海·藝文類》云：“其語今見篇中”，並以此爲《周書》非出汲冢之一證明。

但趙明誠意指其係亡逸之見於今者，而謂史之所記，蓋有所不盡云，故可知汲冢所得之竹書，其書名或不止如束皙之所言者。

趙明誠《金石錄》跋《晉太公碑》云：按前世所傳汲冢諸書，獨有《紀年》、《穆天子傳》、《師春》等，不載所謂《周志》者，不知爲何書。而杜預《左氏傳後序》云：“《汲冢書》凡七十五卷，皆藏秘府，預親見之”，以此知不特十餘萬言。史之所記，蓋不能盡，其亡逸見于今者絕少也！

至其所云文王與太公之故事，則與《史記》所言者皆不合。

《史記·齊太公世家》云：太公望呂尚者，東海上人。……呂尚蓋嘗窮困，年老矣，以漁釣奸周西伯。西伯將出獵，卜之，曰：“所獲非龍，非彨，非虎，非羆；所獲霸王之輔。”于是周西伯獵，果遇太公于渭之陽；與語，大說曰：“自吾先君太公曰：‘當有聖人適周，周以興。’子真是邪！吾太公望子久矣！”故號之曰：“太公望”；載與俱歸，立爲師。或曰：太公博聞，嘗事紂。紂無道去之。游說諸侯無所遇，而卒歸周西伯。或曰：呂尚處士，隱海濱。周西伯拘羑里；散宜生，閎夭素知而招呂尚。呂尚亦曰：“吾聞西伯賢，又善養，盍往焉？”……言呂尚所以事周雖異，然要之爲文武師。

廣川董氏謂《竹書》最古,故其所記,當較《史記》爲可信靠。

董逌《廣川書》跋《晉太公碑》云:《史記》蓋不得其詳,乃廣微異說。其謂東海上人,則得于孟子;其先君望子,則得于墨子;至拘羑里,則戰國辯士之論也。灼龜而得兆,立以爲師,今緯書有之;曾不知諸侯無太師,而東海時避紂爾,則得以爲卿士,其說是也。《詩》曰:"維師尚父",則知爲武王師也。《竹書》最古,當魏安釐王時國史也,則所書宜可信。

其實此皆傳說不同之故事耳,無所謂信不信也。《太公廟碑》,爲汲縣令盧無忌所立,時在太康十年三月,距汲冢竹書出土之期未久,所引《周志》自非後人所能僞託,惟是否忠實之"以隸古定"所繕寫之文字,則亦可成疑問者也。孫仲容氏謂此石刻所引,乃真汲冢所得《周書》,則更可證明隋唐各志之繫《逸周書》於汲冢,乃錯誤謬妄之一事也。

孫詒讓《周書斠補自序》云:《周書》七十一篇,《七略》始著録。……《隋》《唐志》繫之汲冢,致爲玷舛。《晉書》記荀勖、束皙所校汲冢古文篇目,雖有《周書》,與此實不相涉。今汲縣晉石刻《太公呂望表》引竹書《周志》:"文王夢天帝服玄禳以立于令狐之律"云云,乃真汲冢所得《周書》。以七十一篇書校之,文例殊異,斯其符證矣。

公孫段與邵陟論《易》之書,今已無所獲證,且併此二人之名,《漢書·古今人表》上亦且無之,則其二篇所論,固皆無名小卒之所語也。《梁丘藏》一名,亦不見於《古今人表》,其書一篇,既已先敍魏之世數,次乃言其金玉事情,兩者絕不相類,何爲並在一起?若非束皙之鈔寫有誤,便係雜湊成篇者耳。周行采邑制度,而春秋之末,楚晉爲大,使果得其食田法之典籍及言楚晉爭霸事業之《國語》三篇,且經校訂整理亦無誤者,自屬可供參考之最佳史料也,惜乎不可能耳。所謂帝王所封之《生封》一篇,不知其意云何,《大曆》圖詩之文,今亦絕無所見。——凡此諸篇,各類書中亦未有引用及之者,當係出土不久,旋即歸於湮沒,故其內容如何,已無從考證之矣。

陳逢衡氏謂汲冢竹書有如卞玉隋珠之不可多得,而深慨乎世人之翕然攻之。

陳逢衡《竹書紀年集證》云:予讀《束皙傳》,至"初發冢者,燒策照取寶物,及官收之,多燼簡斷札",蓋爲惋惜者久之!此殆如卞玉隋珠,不可多得,而世反翕然攻之,奈何!

余今作此《汲冢竹書考》竟,似亦被陳氏慨爲考擊之流。雖然,余豈好爲攻擊哉,余亦不得已矣!使竹書於出土後而得忠實之整理,成書後而得安全之保存者,則余將馨香禱祝之不暇,尚何攻擊之有哉?余不得已而攻擊之者,蓋亦惡紫亂朱,惡莠亂苗之欲以僞書而亂真書,或能力不足而妄自譯寫者也。方今科學日趨進步,人群知書籍上之考古,究不足恃,而有待乎實物之作佐證,故發掘之事尚焉。惟若有古物文字出土

43

後，尚望整理而保存之者，幸特加留意，毋蹈汲冢竹書之覆轍，而致淹沒漸滅之可惜，致後人復有如余此篇《竹汲冢書考》之嘆息憤慨而不能已於言也。

《汲冢書鈔》謂除竹書而外，尚于冢中得有銅劍一柄；《晉書·律曆志》更謂得有古周時玉律及鐘磬焉。

《晉書·律曆志》云：冢郡盜發六國時魏襄王冢，得古周時玉律及鐘磬，與新律聲韻闇同。

此縱出於"汲冢"，但非所謂"竹書"，故今略而不"考"。（完）

（附言：此篇及前《穆天子傳的研究》一篇，乃是一致的工作，兩篇文章之成，多係顧頡剛先生指導之功。附此聲明，並誌感謝）

（原載 1928 年 5 月 30 日、6 月 6 日、6 月 13 日《國立中山大學語言歷史研究所週刊》，第 3 集，第 31、32、33 期。）

作者簡介：

黎光明（1901—1946），四川灌縣人。史學家，在中山大學讀書時受業於顧頡剛。1928 年就任中央研究院歷史語言所歷史組助理研究員，遂至川邊作民族調查，與王元輝合著《川西民俗調查記錄》。離開史語所後，輾轉學術文教與軍政工作，其間仍撰有《明太祖遣僧使日本考》等論文。1946 年赴任四川靖化縣縣長，爲剷除鴉片煙害，與地方勢力對抗，以身殉職。

王氏《古本竹書紀年輯校》補正

錢　穆

余著《繫年》粗就，得讀海寧王氏所爲《古本竹書紀年輯校》，喜其持論與余正合。其訂正《史記·晉世家·索隱》引敬公十八年魏文侯初立，謂"十八"二字乃六字誤離爲二之類，與余説若合符節。知考古之事，其究歸於一是，無可逃避遯逸，有如此也。惟其書頗有脱誤，不及一一寫入《考辨》，爰逐條彙記於此。三晉以上與余書無涉者不復及。王氏自云："考證所得，當別爲札記。"恨未見其成書也。

[輯校]出公十九年，（燕孝公卒，次成侯載立。）（《史記·燕世家》："孝公十二年，韓、趙、魏滅智伯。十五年，孝公卒。"《索隱》曰："《紀年》智伯滅在成公三年。"又曰："案《紀年》成侯名載。"今據此補。）

案：《索隱》作智伯滅在成公二年，《輯校》誤作三年。成侯之立，應在晉出公二十年。明年稱元，又明年智伯滅，則成侯之二年也。

[輯校]敬公（十一年），田莊子卒。（《史記·田敬仲世家·索隱》引《紀年》："齊宣公十二年，田莊子卒。案宣公十二年，當晉敬十一年。"）

案：《索隱》本作宣公十五年，正當晉敬十一年。此作宣公十二年者，乃字之誤。

[輯校]（十二年），燕成公（十六年。）卒，燕文公立。（《史記·晉世家·索隱》）

案：《燕世家·索隱》燕成公不注年數，知《紀年》與《史》合。則成公十六年卒，爲晉敬公十三年，《輯校》誤前一年。注稱《晉世家》，亦字誤。

[輯校]幽公（十四年），於粤子朱句（三十四年。）滅滕。（《史記·越世家·索隱》。）

案：朱句立在晉敬公三年，翌年稱元，至晉幽公十四年，實爲朱句二十九年。《輯校》誤爲三十四年者，蓋誤依今本《紀年》謂晉敬公在位二十二年之故。余考晉敬在位實祇十八年，語詳《考辨》第三十六。

又按：即依《輯校》作晉敬在位二十二年，朱句立在晉敬三年，翌年稱元，晉敬四年爲朱句元年。晉敬二十二年，則朱句之十九年也。今《輯校》以朱句三十四年繫之，誤前一年矣。以後越事即依次遞誤。

[輯校]（十五年），於粵子朱句（三十五年。）滅郯。（《史記·越世家·索隱》）

案：朱句三十五年當晉烈公三年，《輯校》與前條同誤。

又按：即依《輯校》推算，亦當在晉幽公十六年。《輯校》誤前一年，説詳前條。今本僞《紀年》朱句伐郯在周威烈王十二年，則不誤。

[輯校]（十七年），於粵子朱句（三十七年。）卒。（《史記·越世家·索隱》）

案：朱句卒年當晉烈公五年，《輯校》誤與前同。

又按：即依《輯校》推算，亦應在幽公十八年，今遞次誤前一年。今本《紀年》朱句卒在周威烈王十四年，則不誤。

[輯校]烈公元年，趙簡子城泫氏。（《水經·沁水注》）

案：《水經注》作趙獻子。其時實獻子，簡係字誤。

[輯校]五年，田公子居思伐邯鄲，圍平邑。（《水經·河水注》）

王氏原案：“田居思即《戰國策》之田期思，《史記·田敬仲世家》之田臣思（巨思之譌），《水經·濟水注》引《紀年》作田期，《史記·田敬仲世家》（按此下原本似脱“索隱”二字）引《紀年》謂之徐州子期。而據《濟水注》齊田期伐我東鄙，在惠成王十七年，據此凡五十三年。且此時三家尚未分晉，趙不得有邯鄲之稱，疑《河水注》所引晉烈公五年，或有字誤也。”

案：《水經·河水注》引《紀年》：“晉烈四年（《初學記》卷八、《太平寰宇記》卷五十四，所引同，官本校作二年），趙城平邑。五年，田公子居思伐邯鄲，圍平邑。十年（官本校作九年），齊田肹及邯鄲韓舉戰於平邑，邯鄲之師敗逋。獲韓舉，取平邑新城。”《輯校》移十年韓舉之敗於惠成王後元十年。朱氏右曾曰：“此事《水經注》引作晉烈公十年。《索隱》云：《紀年》敗韓舉當韓威王八年，計相距七十八歲，不應有兩田肹，兩韓舉。考《趙世家》云：肅侯二十三年，韓舉與齊、魏戰，死於桑邱。肅侯元年，當梁惠王二十二年，下逮後元十年，爲肅侯之二十五年。蓋《趙世家》誤五爲三，《水經注》誤惠成後元十年爲晉烈公十年也。至《韓世家》以韓舉爲韓將，則更舛矣。”今按朱氏謂誤以惠成爲晉烈公是也。(《説苑·尊賢》:"田忌去齊奔楚,楚王問曰:'齊、楚常欲相并,爲之奈何?'對曰:'齊使申孺將,楚發五萬人禽而反耳。齊使田居將,楚發二十萬人分别而相去也。齊使朌子將,楚發四封之内,王自出將,忌從,僅得存耳。'齊果使申孺,楚發五萬人禽之。於是齊使朌子,楚僅得存,如田忌之言。"今按田居即田居思、田期也。朌子即盼子,亦即田盼、田朌也。齊敗楚事不知的在何年,要之田居思、田朌不在晉烈公時。黄式三《周季編略》,亦謂:"輯《紀年》者以魏惠後十年爲晉烈公十年。"與朱氏説同。惟於《趙世家》肅侯二十三年文,亦無説可通。)顧《年表》、《世家》肅侯均二十四年卒,無二十五年,則謂《趙世家》誤五爲三者非矣。又考《韓世家》,韓宣惠王八年,魏敗我將韓舉。《索隱》云:"按此則舉是韓將不疑,而《紀年》云韓舉趙將。又《紀年》云其敗當威王八年,是不同也。"余疑《索隱》此條蓋有誤字。夫《紀年》既不以韓舉爲韓將,又其敗於齊、魏,則以趙、齊、魏三國事,又出魏史記載,不應系諸韓威王之八年,可疑一也。且韓威王次昭侯,即《史記》之宣惠王。若韓舉敗在韓威王八年,則與《史記》韓宣惠王八年時代正合,《索隱》何以又謂不同,可疑二也。余意《趙世家》肅侯二十三年本不誤,是歲爲梁惠王後元八年。《索隱》本記韓舉之敗在惠王八年,而後人以其在《韓世家》,乃妄改爲威王耳。(《水經·洙水注》:"趙肅侯二十年,韓將舉與齊、魏戰於乘丘",此條必據《史記》,而脱一三字,衍一將字。若引《紀年》,不改算爲趙肅侯之年。而趙與齊、魏戰,亦無緣及韓將。)至《水經注》九年、十年皆字誤。又考《趙世家》:"肅侯十八年,齊、魏伐我,我決河水灌之,兵去。"《田敬仲世家》、《六國年表》均載此事,去韓舉之敗五年。其時爲梁惠王後元三年,則《水經注》五年,田居思伐邯鄲圍平邑,或即此事,而誤三爲五也。則此兩條,均係惠王後元以後事,《水經注》均以事關平邑,牽聯而引,遂以誤承晉烈公之後。故後二事皆稱邯鄲,而前一事獨稱趙,則事之先後顯然。又前條晉烈公四年,趙城平邑,《輯校》脱漏未載,不曉何故。今考《趙世家》:"獻侯十三年,城平邑",時爲周威王十五年,實當晉烈公之六年。而今《水經注》作四年,官校本作二年,三説參差,必有一誤。疑《水經注》本文當爲晉烈公二年,趙城平邑,後三年云云,後八年云云,後三年後八年者,本指惠成王後元,而誤承晉烈公後。後人不察,遂以後三年謂二年後之三年,而改爲五年。以後八年謂二年後之八年,而改爲十年也。今本《紀年》趙獻子城泫氏在威烈王七年,原注晉烈公元年。趙城平邑,在威烈王八年,則以是晉烈公二年矣。知《趙世家》獻侯十三年城平邑者誤。(陳氏《集證》亦本今本《紀年》,主趙城平邑在晉烈公二年,是也。然亦誤謂田居思伐邯鄲在烈公五年,故有邯鄲之都,自趙獻侯、烈侯已然之説,皆由未能細讀《水經注》原文而誤。楊守敬《水經注疏要删》,據朱謀㙔《箋》,謂:"戎邯鄲本作伐趙鄲,趙、戴據今本《竹書》作邯鄲者誤。"不知今本《竹書》亦有來歷,未必朱《箋》是《水經注》原本。當通觀其全,以定從違。楊氏徒以趙敬侯始都邯鄲,故疑此條不應作邯鄲,其實田居思已出趙敬侯後,所誤不在邯鄲二字,而别有在也。)

[輯校](六年),秦簡公九年卒,次敬公立。(《史記·秦本紀·索隱》)

　　案:《史表》秦簡公元年,在周威烈王十二年,當晉烈公之三年。其九年,應爲晉烈公十一年。《輯校》依今本《紀年》謂晉烈公元年當威烈王七年,故誤。(又案《秦本紀》:"簡公十六年卒。子惠公立。"《秦記》曰:"簡公從晉来,享國十五年。"而《索隱》引《紀年》:"簡公九年卒,次敬公立,十二年卒,乃立惠公。"是《竹書》與《秦記》復異。《竹書》乃魏史,其記秦事,較《史記》可信與否不可决,姑誌其異,無可詳奪矣。)

[輯校](九年),三晉命邑爲諸侯。(《史記·燕世家·索隱》)

　　案:《燕世家·索隱》:"文公二十四年卒,簡公立,十三年而三晉命邑爲諸侯。"成公之立,既爲晉敬公十三年,則文公元在晉敬十四年。文公二十四年,當晉烈公二年。簡公即以是年立,十三年,爲晉烈公十四年,即周威烈王二十三年。是歲魏文侯之四十四年也。《輯校》亦以晉敬公在位二十二年,故誤。今略表晉、燕兩國世次年數如下。

晉		燕	
出公二二(二三卒)	知伯滅	成公二(十六卒)	
敬公一(一八卒)		成公四	
敬公六	魏文侯元	成公九	
敬公一四		文公一(二四卒)	
幽公一(一八卒)		文公六	
烈公一	即幽公之十八年	文公二三	
烈公二		簡公一	即文公二四年簡公以是年立
烈公十四	魏文侯四四 三晉命邑爲諸侯	簡公一二	即簡公立後第十三午

[輯校]十一年,田悼子卒,(次田和立),田布殺其大夫公孫孫,公孫會以廩邱叛於趙。田布圍廩邱,翟角、趙孔屑、韓師救廩邱,及田布戰於龍澤,田布敗逋。(《水經·瓠子水注》、《史記·田敬仲世家·索隱》引"齊宣公五十一年,公孫會以廩邱叛于趙"十六字,"次田和立"四字,亦據《索隱》補。)十二月,齊宣公薨。(《史記·田敬仲世家·索隱》)

[輯校]十二年,王命韓景子、趙烈子、翟員伐齊入長城。(《水經·汶水注》)

　　案:此實一事也。翟員即翟角字訛。趙、韓皆系國名,而翟角否者,以《紀年》乃魏史,故省略也。齊宣王五十年,當晉烈公之十一年,其年田悼子卒,田會反,皆在宣公卒前。《索隱》引《紀年》,乃在宣公五十一年者,疑《索隱》此條實衍一"一"字。宣公實薨於五十年之十二月,而於周正則爲明年二月,是即《史記》所謂五十一年矣。《輯校》以宣公五十一年當晉烈公十一年,誤前一年。餘詳《考辨》第五十六。

[輯校](十五年),魏文侯(五十年。)卒。(《史記·魏世家·索隱》)

案:魏文侯五十年,當晉烈公二十年,《輯校》誤,說見前。

[輯校](十六年),(齊康公五年。)田侯午生。(《史記·田敬仲世家·索隱》。)

案:齊宣公薨於晉烈公十二年,說已見前。康公逾年改元,當在烈公十三年。是康公五年,實晉烈公之十七年,當周安王之二年,《輯校》誤前一年。

[輯校]二十二年,國大風,晝昏,自旦至中。明年,大子喜出奔。(《太平御覽》八百七十九引《史記》,今《史記》無此文,當出《紀年》。)

王氏原案:"《史記·晉世家·索隱》引《紀年》:'魏武侯以晉桓公十九年卒',以武侯卒年推之,則烈公當卒於是年。烈公既卒,明年,大子喜出奔,立桓公。後二十年,爲三家所遷。是當時以桓公爲未成君,故《紀年》用晉紀元,蓋訖烈公。明年桓公元年,即魏武侯之八年,則以魏紀元矣。《御覽》引晉烈公二十二年,知《紀年》用晉紀元,訖於烈公之卒。《史記·索隱》引魏武侯十一年、二十二年、二十三年、二十六年,而無七年以前年數,知《紀年》以魏紀元自武侯八年後始矣。至《魏世家·索隱》引武侯元年封公子緩,則惠成王元年之誤也。"

案:王氏以武侯卒年推烈公當卒於魏武侯之七年者,是也。其謂《紀年》以魏紀元自武侯八年後始,雖無的證,而亦若可信。至據《御覽》此條,謂晉烈公二十二年而卒,則誤也。夫《汲冢》舊書,既已不可見。今所據以推知其一二者,首有賴於司馬氏之《索隱》。《索隱》引《紀年》,特見與《史記》之駁異不同處耳。則凡《索隱》所不引者,《史記》與《紀年》相同,亦可推知。《索隱》不引晉烈公年數,知《紀年》亦作二十七年,與《史記》相符也。據以排比推算,亦無不合。(詳《考辨》第三六。)今王氏以《索隱》無明文,乃別據《御覽》。不知《御覽》僅云二十二年國大風,晝昏,自旦至中,並未明言君卒,何以知烈公卒於是年? 其下云明年大子喜出奔,此亦不足爲烈公卒於前年之證。如見衛靈公二十九年大子蒯聵出奔,即據以斷靈公薨在是年,可乎不可耶? 且《御覽》乃引《史記》,王氏以今《史記》無此文,而謂此文當出《紀年》,論斷亦疏,未可信據。今本僞《紀年》桓公立在周安王九年,大子喜出奔在周安王十五年,故徐氏《統箋》疑大子喜乃晉桓公子。陳氏《集證》亦謂當是靜公之兄。余考晉烈公實在位二十七年，大子喜出奔在二十三年，明是烈公之太子。徐、陳説皆誤。大子喜出奔，蓋尚在魏武侯三年。越四年，烈公乃卒，則魏武之七年矣。

又按：朱右曾録此條在晉烈公十二年，云：“《御覽》誤衍一二字”，未詳其何據。

[輯校]魏武侯十一年，宋悼公（十八年。）卒。（《史記·宋世家·索隱》）

案：魏武十一年，乃當宋休公十八年，（詳《考辨》第六九。）《輯校》非也。

[輯校]（十七年），於粵子翳（三十三年。）遷於吳。（《史記·越世家·索隱》）

案：粵翳遷吳，據推當在魏武侯十八年，《輯校》誤前一年，説詳前。今本偽《紀年》在周安王二十三年，得之。

[輯校]（十八年），（齊康公二十二年。）田侯剡立。（《史記·田敬仲世家·索隱》）

案：田侯剡立當在，齊康公二十年。今本《索隱》衍一二字。（詳《考辨》第六五）又齊康公二十年，當魏武侯之十二年。齊康公二十二年，當魏武侯之十四年。《輯校》亦誤。

[輯校]（二十年），（於粵子翳三十六年。）七月，於粵太子諸咎弒其君翳。十月，粵殺諸咎，粵滑，吳人立孚錯枝爲君。（《史記·越世家·索隱》）

案：粵翳見弒當在魏武侯二十一年，此亦依此遞誤一年，説詳前。今本《紀年》在周安王二十六年，得之。

[輯校]（二十一年），於粵大夫寺區定粵亂，立無余之。（《史記·越世家·索隱》）

案：粵無余之立，應在魏武二十二年，《輯校》亦誤前一年。今本偽《紀年》無余立在周安王元年，則不誤。

[輯校]（二十一年），齊田午弒其君及孺子喜而爲公。（《史記·田敬仲世家·索隱》）

王氏原案：“《史記·田敬仲世家·索隱》引《紀年》：齊康五年，田侯午生，二十二年，田侯剡立。後十年，齊田午弒其君及孺子喜而爲公。又據《索隱》引《紀年》：齊宣公薨，與公孫會之叛同年。而據《水經·瓠子水注》引，則公孫會之叛，在晉烈公之十一年，宣公於是年卒，則康公元年當爲晉烈公十二年。二十二年，當爲魏武侯十八年。此事又後十年，當爲梁惠成王二年。然《索隱》又引梁惠王十三年，當齊桓公十八年，後威王始見。（又案《魏世家·索隱》引齊幽公之十八年而威王立，幽公或桓公之訛。）則桓公（即田侯）十八年，當惠成王十三年，其自立當在是年矣。年代參錯，未知孰是。

案：田侯剡立當在齊康公二十年，即魏武侯十二年。其後十年，爲魏武侯二十一年，（即田侯剡之十年。）是年，桓公午弑君自立。自此下至惠成王十三年，適得十九年，以即位之翌年稱元，故爲桓公十八年也。其間並無參錯。王氏案語諸誤點，已一一詳辨在前，茲不再論。

[輯校]（二十一年），韓滅鄭，哀侯入于鄭。（《史記·魏世家·索隱》）

[輯校]（二十三年），晉桓公邑哀侯于鄭，韓山堅賊其君哀侯而韓若山立。（《史記·魏世家·索隱》、《晉世家·索隱》引"晉桓公十五年，韓哀侯卒"。）

案：兩引均見《史記·韓世家》，注作《魏世家》，係字誤。二十三年，《韓世家·索隱》作二十二年，三亦字誤。晉桓公十五年，正當魏武侯二十二年，蓋即哀侯入鄭之翌年也。

[輯校]趙敬侯卒。（《史記·晉世家·索隱》引"晉桓公十五年，趙敬侯卒"。）

案：與韓哀侯卒同年，亦魏武之二十二年也。

[輯校]（二十六年），燕簡公（四十五年。）卒。（《史記·燕世家·索隱》）

案：《索隱》云："《紀年》作簡公四十五年卒，妄也。"《索隱》不信《紀年》，故遂以爲妄。今考桓公以下燕君年數，《索隱》不復引《紀年》爲説，知《史》與《紀年》相同。桓公元在周烈王四年，自周威烈王二十三年燕簡公立，（説見前。）下數至周烈王三年卒，得四十三年。是年桓公立，翌年改稱元年也。然則簡公四十五年，乃四十三年之誤。若以即位翌年改元之例，則簡公得四十二年。《索隱》數其始立至於卒歲，故云四十三年耳。此條當移前至魏武侯二十四年，方合。

[輯校]（惠成王）六年，於粵寺區弟思殺其君莽安，次無顓立。（《史記·越世家·索隱》）

案：無顓之立，應在惠成王七年，《輯校》誤前一年，説詳前。今本僞《紀年》在周顯王四年，亦誤前一年。

[輯校]（八年），齊桓公（十二年。）弑其君母。（《史記·田敬仲世家·索隱》）

案：《索隱》作十一年，此注十二年，乃字誤。齊桓十一年當梁惠成王六年，齊桓十二年,當梁惠成王七年,《輯校》年代亦差。

[輯校](十四年),於粵子無顓(八年。)薨,是爲菼蠋卯。(《史記·越世家·索隱》。)

　　案:無顓立在梁惠成王七年,則無顓之八年乃惠成王十五年也。此亦誤前一年,説統見前。

[輯校](十七年),宋景㪍、衛公孫倉會齊師圍我襄陵。(《水經·淮水注》。)

　　齊田期伐我東鄙,戰于桂陽,我師敗逋。(《水經·濟水注》。)

　　東周與鄭高都,利。(《水經·伊水注》。)

　　鄭釐侯來朝中陽。(《水經·渠水注》。)

　　案:今本僞《紀年》此四條皆有,而襄陵一條在三條後。陳氏《集説》云:"齊救趙,戰于桂陽,雖勝魏,而魏圍邯鄲如故。故齊又合宋、衛二國之師以圍襄陵。"朱氏《存真》亦序桂陽在前,襄陵在後,似當仍之。(王氏《輯校》原本朱氏,而多減其案識,亦有移易而轉不如朱者,讀者當取兩家並觀。)

[輯校](二十四年),楚伐徐州。(《史記·越世家·索隱》。)

　　朱氏《紀年存真》曰:"《索隱》云:在無顓薨後十年,則楚宣王之二十三年,齊威王之十一年也。《楚世家》云:威王七年,齊田嬰欺楚,楚威王伐齊,敗之于徐州,與此不合,蓋兩事也。"

　　案:無顓卒在惠成王十五年,則其後十年,乃惠成王之二十五年,當楚宣王二十四年,齊威王之十二年也。《輯校》誤前一年,均依朱氏《存真》而誤,説詳前。朱氏又辨與《楚世家》威王七年事不同,則是也。徐文靖《紀年統箋》以《楚策》齊、魏戰馬陵一節説此,誤矣。陳氏《集證》亦有辨。

[輯校]二十六年,敗韓馬陵。(《史記·魏世家·索隱》。)

　　案:今本僞《紀年》顯王二十四年,魏敗韓馬陵。陳氏《集證》云:"顯王二十四,當魏惠二十六,《魏世家》于此年無韓、魏戰于馬陵事,而於惠王二年有魏敗韓于馬陵、敗趙于懷之語。與《韓世家》懿侯二年魏敗我馬陵合。蓋烈王七年事,正梁惠王、懿侯二年。(按此實韓懿侯之六年,陳氏本《史記·年表》誤,詳《考辨》第七一。)魏伐韓、趙,所以報濁澤之役。(原注:"中緩爭立,韓、趙來伐,大敗魏于濁澤。")《六國年表》載韓、魏馬陵之戰,亦同在烈王七年。惟敗趙于懷在前一年,與《世家》不同。《魏策》亦云:魏公叔痤爲魏將而與韓、趙戰澮北,禽樂祚,敗韓馬陵。敗趙于懷。鮑《注》云:惠王二年,樂祚趙將。並以此爲惠王二年事,則當在烈王七年,我師伐趙圍濁陽之上。又《魏世家·索隱》云:"案《紀年》云,二十八年與齊田朌戰于馬陵,又上二年,魏敗韓馬陵。十八年,趙又敗魏桂陵。桂陵與馬陵異處。夫所謂又上二年者,蓋指惠成王之二年而言,非謂在戰馬陵上二年也。輯《紀年》者似誤會此語。"

今案:陳氏説極是。《輯校》與今本僞《紀年》同一誤會。朱氏《存真》錄敗韓馬陵於惠王十八年,則涉《索隱》下文趙敗魏桂陵之年而誤。

[輯校]二十七年十二月,齊田朌敗梁馬陵。(《史記·孫子吳起列傳·索隱》)

王氏原案:"《魏世家·索隱》引,二十八年與齊田朌戰于馬陵,二十七年十二月,在周正爲二十八年二月,是《魏世家·索隱》已改算爲周正也。《田敬仲世家·索隱》引,齊威王十四年,田朌伐梁戰馬陵。考《紀年》齊威王以梁惠王十三年立。至此正得十四年。"

案:王氏謂《索隱》改《紀年》夏正爲周正之説,他無可驗。而《水經·泗水注》引《紀年》:"梁惠成王二十九年五月,齊田朌及宋人伐我東鄙,圍平陽。"與《魏世家·索隱》所引二十九年五月齊田朌伐我東鄙同爲一事,而又加詳。《水經注》所引正亦作五月,不得謂其亦已改從周正。若《水經注》所引係《紀年》原文,則《索隱》又何以改於彼而仍於此?王説不足信。蓋齊師自以上年冬出征,魏師自以翌年敗北耳。詳《考辨》第八四。

[輯校]二十九年,(秦孝公會諸侯于)逢澤。(《史記·六國表》:惠王二十九年,秦孝公二十年,會諸侯于澤。徐廣曰:"《紀年》作逢澤。"《水經·渠水注》引徐説略同。)

案:會諸侯于逢澤者乃梁惠王,非秦孝公,詳《考辨》第八十三。《輯校》誤。

[輯校]後元(九年,鄭)威侯(七年。)與邯鄲圍襄陵,五月梁惠王會威侯于巫沙,十月鄭宣王朝梁。(《史記·韓世家·索隱》)

案:《索隱》此條五月上脱八年二字,詳《考辨》第一〇二。《輯校》隨文鈔錄,未能訂正。

[輯校]後元(十年),齊田朌及邯鄲韓舉戰于平邑,邯鄲之師敗逋,獲韓舉,取平邑新城。(《水經·河水注》)

案:敗韓舉事在惠王後元八年,《輯校》誤從朱説,已詳前辨。(參讀《考辨》第一〇二)

[輯校]後元十一年,(會韓威侯、齊威王於)平阿。(《史記·孟嘗君列傳》:"田嬰與韓昭侯、魏惠王會齊宣王東阿南,盟而去。"《索隱》曰:"《紀年》當惠王之後元十一年,作平阿。但齊之威、宣二王文,舛互不同也。"案韓昭侯《紀年》亦當作韓威侯。)

案:《輯校》改齊宣王爲齊威王,是也。然據上條《韓世家·索隱》梁、鄭會巫沙後,鄭威侯已稱鄭宣王,則此處亦當作鄭宣王。

(原載 1928 年 7 月 1 日《史學與地學》第 3 期;後經增訂收入《先秦諸子繫年》卷四之第一三四條,商務印書館 1935 年出版。現以後者爲底本刊出。)

作者簡介:

錢穆(1895—1990),字賓四。江蘇無錫人。著名歷史學家,爲一代通儒,二十世紀最後的儒家之一。1913—1919 年任小學教員。1923 年後,曾在廈門、無錫、蘇州等地任中學教員。1930 年以後,歷任燕京、北京、清華、四川、齊魯、西南聯大等大學教授。抗戰後任無錫江南大學文學院院長。1949 年遷居香港,創辦了新亞書院,任院長,從事教學和研究工作至 1964 年退休爲止,期間曾獲得香港大學、美國耶魯大學名譽博士稱號。1966 年,錢穆移居臺灣臺北市,在中國文化書院(今中國文化大學)任職,爲"中央研究院"院士,"故宮博物院"特聘研究員。1990 年 8 月在臺北逝世。他被稱爲是大中華學術圈 20 世紀最重要的歷史學家之一;他與吕思勉、陳垣、陳寅恪被稱作中國的"現代四大史學家"。錢穆終其一生爲故國招魂,始終以復興中華民族的傳統文化爲己任。他著述宏富,代表作有《劉向歆父子年譜》、《國史大綱》、《先秦諸子繫年》、《歷史與文化論叢》、《朱子新學案》、《中國歷史研究法》、《古史地理論叢》、《中國史學發微》、《秦漢史》、《從中國歷史來看中國民族性及中國文化》。

公元前四世紀的齊王編年史

[法]亨利·馬伯樂　著　吳荆悦　譯

　　《史記》與《竹書紀年》兩部典籍在公元前四世紀後半葉梁國(亦稱魏國)君主世系年代和編年史方面的差異,早已爲學界所熟知。然而,長期以來,鮮有人關注此二典籍對於同一時期田(陳)氏齊國的記載,亦存在類似的出入。法國漢學家沙畹[①]在翻譯《史記》有關田氏家族的章節時,曾有意在《司馬遷的傳體史》第5卷附録《竹書紀年考辨》[②]中論證這個問題,然終未付諸實行。檢今本《竹書紀年》,這種差異似乎並不存在:事實上,今本《竹書紀年》並無有關當時齊國君主的任何時間記載。然據古代典籍引文,我們可以得知,唐朝以前所熟知古本《竹書紀年》,實含一系列齊國君主年表,且與《史記》中之年表並不一致。在公元十世紀至十三世紀之間,隨着《竹書紀年》的最後一次修訂(其具體性質尚待考證[③]),這些篇章連同作品中的其他一些內容一起在今本《竹書紀年》中散佚。

　　以公元前四世紀的齊國歷代君主編年史爲例,透過對照《史記》與《竹書紀年》兩

---

　　① 沙畹(Émmannuel-Édouard Chavannes, 1865—1918),法國漢學家,是公認的歐洲漢學泰斗、法國敦煌學的先驅者。——譯者注

　　② 沙畹:《司馬遷的傳體史》(*Les Mémoires Historiques de Se-ma Ts'ien*)第5卷,第237頁,注4。《竹書紀年考辨》法文原題名爲"Sur l'authenticité du Tchou chou ki nien"。——譯者注

　　③ 除了公元281年在汲縣古墓發現的一系列古籍(包括被稱爲《竹書紀年》的梁國或魏國紀年)本身的真實性以及唐代之前的古本《竹書紀年》的真偽存疑,古籍引文所呈現的古本與今本《竹書紀年》之間的差異也引發了中國學者的多種解釋性假説:一些傳統派學者試圖維護今本的真實性。他們認爲,一方面,部分古代作者在引用《竹書紀年》時出現混淆,實際上引用了其他同時期出土的其他文獻;此外,今本存在大量文本遺失。另一派激進學者則認爲今本完全是北宋末僞作,目的是取代失落的古本。還有一些學者持較爲折中的觀點,認爲可以透過引文來重建失佚的古本。這些假説在我看來都難以令人信服,因爲它們忽略了一個重要事實:今本中散佚的大部分篇章都與正統史料或《史記》記載相悖;因此,我們不得不承認,今本存在明顯的修訂痕迹,那些與正統史料相左的篇章很可能被刪改,只有極少數篇章幸免於難。這並非偶然現象,因爲古代引文恰恰出現在《竹書紀年》與《史記》及其他史書相矛盾的篇章中,這容易使我們認爲今本並不準確。事實上,古籍引文頻繁出現,約占整部作品的三分之一,內容基本上保持原樣。只有極少數引文在今本被刪改,而這些被改動的部分恰恰與《史記》和正統史料存在矛盾。

部典籍的相關記載,可窺見兩書在齊國編年史方面存在着顯著差異。

《史記》

吕齊世家①	田齊世家(嬀姓)②
27 宣公　公元前 455—前 405 年	莊子(田白)
28 康公　公元前 404—前 391 年	1 太公(田和)　公元前 386—前 385 年
(卒於公元前 379 年)	2 桓公(田午)　公元前 384—前 379 年
	3 威王(田因齊)　公元前 378—前 343 年
	4 宣王(田辟疆)　公元前 342—前 324 年
	5 湣王(田地)　公元前 323—前 284 年

《竹書紀年》③

吕齊世家	田齊世家(嬀姓)
27 宣公　公元前 459—409 年	莊子 [I]　卒於公元前 445 年
28 康公④公元前 408—前 376 年	悼子 [II]　公元前 444—前 409 年
	田和　公元前 408—前 388 年
	田剡 [III]　公元前 387—前 377 年
	1 桓公(田午 [IV])　公元前 375—前 358 年
	2 威王 [V]　公元前 357—前 320 年
	3 宣王 [VI]　公元前 319—年份不詳(前 299 年之前,可能爲前 301 年)

(《竹書紀年》的記載止於公元前 299 年)

I. 卒於齊宣公十五年(公元前 441 年)。

II. 據説於齊宣公十六年(公元前 444 年)即位。——《水經注》(第 24 卷 16a)中記録其卒於晉烈公十一年,即公元前 401 年;又據《史記索隱》(第 46 卷 4b),悼公與宣王五十一年(公元前 409

---

① 《史記》第 32 卷,沙畹譯本,第四章,第 86—87 頁。

② 同上,第 46 卷,沙畹譯本,第五章,第 236—274 頁。

③ 《史記索隱》,引用《史記》(第 46 卷 3a-b)——《竹書紀年》中所有未特別注釋之日期皆摘於此。

④ 《史記》僅提及"康公二十二年"(公元前 387 年)一具體時間。《史記索隱》(第 44 卷 3a)中指出:康公卒後,幽公嗣位十八年,後爲威王所代,威王即位時間載爲公元前 357 年,由此推算,康公卒年爲公元前 376 年。然"幽公"之名不見他載,其在位始末與桓公皆相合——《史記》此處記述較《竹書紀年》更啟人疑竇。康公後之齊國君主皆姓田氏,而桓公應爲田氏首位稱齊侯者。此變化唯有一種解釋,即吕氏齊侯已絶。故疑此處"幽公"實爲"桓公",此段文字正肯定田氏代吕氏之史實。"幽公"之名或爲《史記索隱》傳抄之誤。

年)田布刺殺公孫孫事件以及公孫會叛亂有所關聯。

Ⅲ.《竹書紀年》載,齊侯剡於公元前 383 年(康公二十二年)即位,後與子孺子喜爲田午(桓公)所弒;《史記索隱》(第 56 卷 3b)則載剡卒於公元前 387 年。"(齊康公)二十二年,田侯剡立。後十年,齊田午(桓公)弒其君及孺子喜而爲公"。齊桓公元年的確切時間爲公元前 375 年。剡卒年與桓公即位年之間有一年之差。最大可能爲,田午弒兄剡及侄喜後,成爲田氏公子(公元前 387 年),而於齊康公卒後,即公元前 376 年,以康公嗣子身份繼承齊侯之位。故其以康公嗣子身份,將在位年份定爲第二年,即公元前 375 年——此處被弒之公子非康公,《竹書紀年》對其卒另有記載(參見前頁注④)。

Ⅳ.桓公十八年即梁惠王十三年(公元前 358 年),《史記索隱》(第 46 卷 3b)。故其即位當在公元前 375 年,生年當在公元前 400 年。

Ⅴ.威王十四年(《史記索隱》第 46 卷 5b)即梁惠王二十七年,公元前 344 年(同上,第 75 卷 1b)。

Ⅵ.宣王最後一次見於記載爲宣王八年,即公元前 312 年(《史記索隱》第 46 卷 5a)。

檢視兩部典籍所載世系及編年史,差異甚鉅。就田莊子至田齊桓公時期的田齊國君世系而言,《竹書紀年》較《史記》多記了兩世,這對齊桓公、齊威王、齊宣王的紀年產生了根本性影響,進而對其繼任者齊湣王的紀年產生了影響。兩部典籍中的世系年代存在諸多矛盾,孰真孰僞,歷來眾説紛云。現代中國史學家多傾向於採信《史記》,將之作爲主要參考依據,即使在某些困惑之處對《史記》內容略加修改,亦步亦趨於司馬光的做法。然而是否應仿而效之? 一些同時代或稍晚於事件的文獻,或至少早於《史記》的史料,爲我們破解這一難題提供了重要線索。

《孟子》乃孟子在公元前四世紀和公元前三世紀之交告老還鄉後整理而成的言論集,彙編了孟子與王公大臣以及弟子們論學的精華,並加以潤色成書,其中不乏與齊宣王對話的内容。書中雖未明確記載任何一次對話的確切時間,但幸運的是,其中一次對話(或者説是一系列對話)涉及了孟子本人參與的已知事件,爲我們推斷對話發生的時間提供了關鍵線索:

> 齊人伐燕,勝之。宣王問曰:"或謂寡人勿取,或謂寡人取之。以萬乘之國伐萬乘之國,五旬而舉之,人力不至於此。不取,必有天殃。取之,何如?"孟子對曰:"取之而燕民悦,則取之。古之人有行之者,武王是也。……"①
>
> 齊人伐燕,取之。諸侯將謀救燕。宣王曰:"諸侯多謀伐寡人者,何以待?"孟子對曰:"……今燕虐其民,王往而征之。民以爲將拯己於水火之中也,簞食壺

---

① 《孟子》第 1 卷,下,§ 10,理雅各(Legge)譯本之《中國經典》第二册(*Chinese Classics II*),第 44 頁。

漿,以迎王師。若殺其父兄,繫纍其子弟,毀其宗廟,遷其重器,如之何其可也?……"①

　　燕人畔,(齊宣)王曰:"吾甚慚於孟子。"②

　　沈同以其私問曰:"燕可伐歟?"孟子曰:"可。子噲不得與人燕,子之不得受燕於子噲。……"③

　　燕國相子之篡位造成燕國內亂,齊國趁機發兵攻打燕國(徹底攻占,因"毀其宗廟"即表示王朝覆滅)。這一著名事件在《竹書紀年》、《戰國策》、《史記》中均有記載。今本《竹書紀年》記載如下:

　　　　(隱王)④元年丁未(公元前314年)。燕子之殺公子平,不克。齊師殺子之,醢其身。⑤

　　原始版本上原來還有一句話,可惜現已失傳,但仍可從古籍引文中窺見其蹤迹,只是無法確定這句話出現的具體年代:

　　　　(趙武靈)王召公子職於韓,立以爲燕王。⑥

　　《史記》未在田氏齊國相關篇章提及此事,但散見於其他篇章。燕國篇章有詳細記載,然非原創,實乃大段引用《戰國策》。所載時間線模糊,若僅以昭王⑦公元前311年即位這一確切事件爲準,則子之身死與齊國入侵皆發生在此兩年之前,即公元前313年,而子噲禪位於子之所致動亂則發生在更早的三年前,即公元前316年。秦國篇章載子噲禪位於公元前314年,除此之外,未述及其他。趙國篇章所記與《竹書紀

---

① 《孟子》第1卷,下,§11,理雅各譯本,第47—48頁。

② 《孟子》第2卷,下,§9,理雅各譯本,第100頁。

③ 《孟子》第2卷,下,§8,理雅各譯本,第98頁。

④ "隱"是《竹書紀年》中周朝最後的一個國君的姓名,《史記》中則稱他爲"赧"。

⑤ 《竹書紀年》,理雅各譯本,《中國經典》第三册(*Chinese Classics III*),《書經》(*Shoo king*)前言,第175頁。

⑥ 《史記》第43卷8a,徐廣注。

⑦ 沙畹:《司馬遷的傳體史》(*Les Mémoires Historiques de Se-ma Ts'ien*),第四章,第144頁中給出的年份是(公元前)312年,乃因其忠於一貫做法,摘録《史記》年表所致。然此法有待商榷:蓋該年表出自司馬遷有所指摘之方法,常有爭議;且其與《司馬遷的傳體史》雖緊密相關,却不具備後者之編年體系。公元前三世紀中期,燕國編年史之味平庸,却構成《史記》燕國部分之基礎。據其載,燕昭王卒於在位第三十三年,即公元前279年(參見沙畹譯本,第四章,第145頁),由此推斷,其即位時間當爲公元前311年,而非公元前312年。

年》相同,但發生的年代略早,爲公元前 316 和前 315 年。

> (趙武靈王)十年(前 316),……齊破燕,燕相子(子)君,君及爲臣。
> 十一年(前 315),王召公子職於韓,立以爲燕王,使樂池送之(上任)。①

儘管史料記載略有出入,但這些事件之發生確鑿無疑,且有相對準確的年代。史家之記述亦與孟子之敘述高度吻合。然孟子將此事件置於齊宣王在位時期,而《史記》則載此時齊宣王已去世十年,但按《竹書紀年》之記述,此段時間正值齊宣王在位時期。由此可見,於此事件上,孟子之記載與《竹書紀年》相符,而與《史記》相悖,正如在梁惠王時期相關事件之記載一樣。孟子身爲事件之親歷者,其證詞更具史料價值。

無疑,從子之的名字和諸多細節可斷定,此即所指之事件,而非其他。一些中國學者試圖區分《孟子》書中記載的兩次戰役:一次爲《史記》所載齊宣王時期(公元前342—前324年)對燕國的征伐,另一次爲公元前314年對公子職的征討。前者被認爲是《孟子》卷一中兩次提及的戰役,後者則被認爲是《孟子》卷二中提及的戰役。學者黃震幸於《史記》中找到的證據,即公元前333年齊國對燕國的一次征討,似進一步證實了這一假說:

> (燕)易王初立(公元前 333 年),齊宣王因燕喪伐我,取十城;蘇秦説齊,使復歸燕十城。②

然而,此次征伐的真實性最爲可疑。事件中真正的主角蘇秦憑藉雄辯的口才讓入侵者撤軍,此一軼事出自《蘇子》③,而我曾在其他文章中對《蘇子》的傳説色彩有所説明④。關於燕國的相關章節,僅爲《史記·蘇秦列傳》節錄,其完整版本可見《史記》卷69。事實上,《戰國策》作者早已將《蘇子》拆分,散佈於其編纂的各部分中。由此可見,所有關於蘇秦的故事皆屬虛構,齊王於公元前333年對燕國的征伐亦難以被視爲偶然混雜在眾多虛構故事中的真實事件。再者,此番征伐之史實真相,究其實無關宏旨。蓋齊燕毗鄰,於古代中國能相安無事,本難以置信;彼等必同列國,屢相攻伐。吾人之所以闕如史料,蓋因齊史除却寥寥數頁,泰半湮没,而燕史更無片紙隻字存世。雖則蘇秦干預之公元前333年遠征,恐係子虛烏有,然齊國於前四世紀後半對燕之侵擾,

---

① 《史記》第 43 卷 8a,沙畹譯本,第五章,第 67 頁。
② 《史記》第 34 卷 2b,沙畹譯本,第四章,第 140 頁。
③ 《漢書·藝文志》中稱有《蘇子》三十一篇,"在縱橫流",今已佚。——譯者注
④ 馬伯樂:《蘇秦傳奇》(*Le Roman de Sou Ts'in*),載於法國遠東學院學報創立二十周年特刊《亞洲研究》第 2 卷,第 127—141 頁。

則幾無可置疑。雖然，孟子所述，非尋常侵擾或無關緊要之戰事，實乃不折不扣之征服，"毀其宗廟，遷其重器"。即令前333年之役真實不虛，亦難如此描繪，據載彼時止於克十城而已。孟子所言，乃兵臨國都，舉國降服，齊王意欲吞併之舉。此誠子之篡位之時所發生者，亦此役與先前諸役之分野所在。綜上所述，無論卷一抑或卷二，孟子所指，惟此役而已。

孟子並非唯一一位記載與《史記》相悖而與《竹書紀年》相符的作者。《莊子》的記載也同樣明確。在書中第十卷①，提及自田成子（《左傳》稱爲陳恆，《史記》稱爲田常②）於公元前481年弑齊簡公後，其後人占據王位長達十二代。然而，依據《史記》的年表和世系，陳恆之後並無十二代君主。最後一位齊王——齊王建，於公元前221年被秦始皇廢黜，僅爲陳恆的第十代子孫。除非承認文本有誤，否則《莊子》的記載難以自洽。然而，《竹書紀年》記載了兩位《史記》未提及的君主：一位是介於莊公與田和（太公）之間的悼子，其名爲白，而《史記》將此名歸於莊公；另一位是介於田和與桓公之間的田剡（無諡號）。如此，若從桓公算起，田氏傳至第十二代齊王建而亡，則與《莊子》所載相符。由此可知，這段文字顯然不可能出自莊子本人③，因其生活在相關事件發生前一個世紀，即公元前四世紀末。合理的推測是，約莫在公元前三世紀末的秦代，某位不知名的作者依據《竹書紀年》而非《史記》的年表，將這些內容增補至《莊子》之中④。

同樣與《莊子》這段增補文字年代相近的《呂氏春秋》和《戰國策》，亦有記載可茲

---

① 《莊子》第10卷，戴遂良（Léon Wieger）譯本，第277頁。

② 司馬遷記述爲"常"而不是"恆"，蓋漢朝爲避孝文帝諱，凡"恆"字皆以"常"代之。

③ 余近於《古代中國》（La Chine Antique）第490頁中曾言，提及田氏十二齊侯一事，未必能證該段文字出自他人而非莊子之手。蓋當時余與眾人皆信《史記》中田氏齊國世系及年代之準確，而未見有時期符合十二位君主之數。既如此，則文本或有誤，而無需臆測爲後人插入。然今《史記》之誤已得證實，《竹書紀年》殘篇所補之二位君主，足成十二之數。故此處非傳抄之誤，實爲後人所插入，其時當晚於田齊末代君主，彼實爲桓公十二世孫，而非十世孫也。

④ 《莊子》卷25（戴遂良譯本，第431頁）中，載魏罃王與田侯牟盟約而後者又違背盟約之事，乍看似可反駁《史記》之說。罃是魏惠王（孟子之庇護者）的名諱；牟，則田氏諸侯未見用此名，理雅各已指出，"牟"字與《竹書紀年》、《世本》、《史記》所載田桓公之名"午"形近。然據司馬遷之記載，齊桓公在位時間爲公元前385年至前379年，魏惠王在位時間爲公元前370年至前336年，二人在位無時間並無重疊之處；而據《竹書紀年》，齊桓公在位時間爲公元前375年至前358年，魏惠王在位時間爲公元前370年至前319年，二人在位約有十年重疊。此外，似有一位近乎同時代之作者亦認同《竹書紀年》之說。然此文本有一疑難：文中提及犀首衍（公孫衍）及惠子，二人皆公元前四世紀後半葉魏之重臣，難以將此軼事追溯至公元前370—前358年。或可將有疑問的"牟"字改爲"厽"（"齊"之古字），此或爲齊威王之名諱，彼爲齊桓公繼任者，司馬遷稱之爲"因"。依愚見，若所涉爲齊威王，則無需對文本中特徵名稱作過多臆測修正。《史記》之年代體系雖不及《竹書紀年》精確，然亦非全無可能。

佐證:"數年,(齊)威王薨,宣王立。靜郭君之交,大不善於宣王,辭而之薛"。① 這位
靜郭君即田嬰,確爲受封於薛地的齊國大臣。《史記》與《竹書紀年》對其受封時間没
有太大分歧,但記載方式迥異:《史記》載爲公元前321年(齊湣王三年,其在位時間爲
公元前323年至公元前284年),《竹書紀年》則載爲公元前322年(梁惠成王改元即
位之第十三年,其改元即位始於公元前334年):

> 《史記》(卷751b):"田嬰相齊十一年,宣王卒,湣王即位。即位三年,而封田
> 嬰於薛。"
> 《史記·索引》(卷751b)所附《竹書紀年》:"梁惠王後元十三年四月,齊威王
> 封田嬰於薛。十月,齊城薛。"

若依《史記》之記載,《吕氏春秋》所述之事便難以成立,因齊宣王於公元前342年
即位,而田嬰受封薛地則在公元前322或前321年,故此時田嬰不可能退隱封地。然
若依《竹書紀年》,則此事便合乎情理:田嬰於公元前322年受封薛地,適逢齊威王去
世前夕(公元前321年),及至齊宣王於公元前320年即位後,田嬰失勢,遂退隱封地。
姑不論此事之真偽,顯然,吕不韋與《戰國策》之作者,或更確切地説,此二書編纂者所
引之原始文獻,所據乃《竹書紀年》而非《史記》之年代。

《戰國策》於齊王世系的記載是否皆遵循《竹書紀年》? 此書乃輯録各家文獻而
成,年代記載頗爲零散。例如卷四(齊策)中,自齊威王擇立宣王爲繼承人、靜郭君失
勢,以迄齊閔王②誅殺狐咺,這段自齊威王末年至齊閔王末年的時期,竟未提及任何齊
王之名號。然卷九(燕策)有兩段記載,可供參照。第一段載蘇秦之弟蘇代爲齊使,出
使燕國。燕王問曰:"齊王奚如?"蘇代對曰:"必不霸。"燕王問曰:"何也?"蘇代曰:
"不信其臣。"③顯然,此處所言燕王必爲當朝君主,而非已故之人。然據《史記》之記
載,此處所涉燕王乃公元前320年即位之燕噲王,其在位時間與齊宣王並不重疊。然
若依《竹書紀年》之記載,則齊宣王在位時,燕噲王恰在當朝。由此可見,《戰國策》作
者於此處所據者乃《竹書紀年》之年代。第二段記載公元前314年齊伐燕之事,其中
屢次提及齊宣王。更有趣者,此段記載將孟子描繪爲齊宣王之謀士,然所述內容與孟
子自述多有出入,故《戰國策》作者或另有資料來源④。

---

① 《吕氏春秋》第9卷6a;《戰國策》第4卷20a。
② 《史記》中記述爲"湣",《竹書紀年》中記述爲"閔"。
③ 《戰國策》第9卷,12a。這段對話在書的後面曾經再次出現,但是談話內容略微不同;在後面的記
述中没有提到任何具體的齊王姓名。
④ 《戰國策》第9卷,13a。

綜上所述,《孟子》、《莊子》、《吕氏春秋》以及《戰國策》的記載皆高度一致:關於公元前 4 世紀的齊王世系,皆以《竹書紀年》爲據。相較之下,《荀子》[①]中有一段關於齊閔王時期齊國成功討伐燕國的記載,其内容含糊,似參照《史記》之年代:

> 上詐其下,下詐其上,則是上下析也。如是,則敵國輕之,與國疑之,權謀日行,而國不免危削,綦之而亡,齊閔、薛公是也。故用彊齊,非以修禮義也,非以本政教也,非以一天下也,綿綿常以結引馳外爲務。故彊,南足以破楚,西足以詘秦,北足以敗燕,中足以舉宋。及以燕趙起而攻之,若振槁然,而身死國亡,爲天下大戮,後世言惡,則必稽焉。是無它故焉,唯其不由禮義,而由權謀也。

楊倞注釋此段,意圖明確指涉特定戰役:其以爲分別指公元前 301 年齊借秦力南伐楚、公元前 298 年齊得韓魏之助西攻秦,及公元前 286 年滅宋之事。伐燕一事雖未明言,然以其推論,或指公元前 314 年之役,由此謂荀孟觀點相左,將此歸於齊湣王而非齊宣王。然余對荀子暗示之確鑿性存疑。齊國四向征伐、諸侯覆亡,乃公元前三世紀文學的常見主題:《韓非子》、《戰國策》皆見此説,後者更置於張儀諫秦王之言:"……昔者齊南破荆,中破宋,西服秦,北破燕,中使韓魏之君……齊五戰之國也:一戰不勝而無齊。"[②]注釋者以爲此段暗示數役:公元前 313 年伐楚、公元前 286 年滅宋、公元前 328 年五國伐秦、公元前 314 年伐燕。然張儀卒於公元前 309 年,不可能目睹此中任一役,故有謂《戰國策》將此言歸張儀爲誤。實則此段記載與《荀子》所述大體相同,唯《韓非子》、《戰國策》作者或編者爲補全五方戰事,於東面增一勝,致原文稍改。此非精確史料,乃將"五方征伐"主題轉化爲適於齊王之表述,猶《穆天子傳》轉化爲適於周王之表述。此類表述與《王會》篇等書相異,後者描繪四方諸侯蠻夷因聖王之德心悦誠服,不待武力而感化天下。依本人淺見,荀子似集用既成史料,而未深究其事之歸屬。蓋欲證以暴得之功終致國滅,故舉齊湣王覆亡(公元前 284 年)之顯例,並以五方順序排列先前四勝(東方缺,齊國所在,無需征伐)。然此系列無論出於荀子與否,伐燕一事於創作者皆不可或缺,以標北方,蓋燕乃齊國北境唯一之國。荀子本人亦有一細節顯露其不甚在意年代史實:他將薛公(即田文[③],孟嘗君)置於齊湣王時期,然孟嘗君早於公元前 286 年去齊奔魏,晚年在薛地安享封邑,未涉齊湣王之亡。[④] 誠然,以

---

① 《荀子》第 7 卷,第 5 頁。

② 《韓非子》第 1 卷 5a;《戰國策》第 3 卷 65b。這兩段文字完全相同。

③ 原文爲田嬰,應爲作者筆誤。——譯者注

④ 《史記》第 75 卷 3b。

此段模糊之記載,難以反駁前述作品中之具體論據,尤以孟子親歷其事之言爲確。

由此觀之,司馬遷以前之史家似皆熟知田氏齊王世系,此與司馬遷所載迥異,却與《竹書紀年》所引相符。然《史記》所載源自何處?

細察兩表,一奇特之處立現:三位在位時間有異之君主中,威王之年,《史記》載三十六年,《竹書紀年》載三十八年,大致相符。宣王似亦如此。《竹書紀年》現存本雖未明載宣王卒年,然據其諡號可證,其卒於成書之前,即公元前299年以前。又,《竹書紀年》載公元前312年(宣王八年),宣王已在位至少十二年,不足二十年;《史記》則載其在位十九年。然此種比較難以推及桓公,兩表所載迥異,《竹書紀年》載桓公在位十八年(公元前375—前358年),《史記》僅六年(公元前384—前379年)。即使後者之年段,亦難與《竹書紀年》中剡侯之十一年在位(公元前487—前377年)相比附,蓋《史記》無剡侯之載。下表清晰展示了兩表之關係:

《史記》	在位年限		《竹書紀年》
桓公	6	11	剡
		18	桓公
威王	36	38	威王
宣王	19	[19?]	宣王

由此觀之,似非有二迥異之年表系統,乃《竹書紀年》完整傳承一系統,《史記》則對其大加刪改。司馬遷年表之謬,歸根究柢似源於世系年代之誤,刪桓公前在位之剡,致生混淆。

然詳讀《史記》中關於田氏之章節,一值得注意之事實浮現:齊國史事之誤,非因年份記載有誤而致事件發生之年號錯謬。事件發生之年代真實無誤,唯在位君主之名不確;此等變動不僅涉齊王名號之變,亦涉年號之變[1]。例如,齊王於公元前323年封薛地予田嬰,於正確之年表(《竹書紀年》)中,乃威王三十七年,而司馬遷則定爲湣王三年。此種情況之所以可能,蓋因《史記》此章節之原始來源,非齊國特定編年史,乃整個諸侯國之通史。編年史中,事件依齊國君主統治年代紀年(蓋如此情況下,將整個年表推遲十九年之誤將顯而易見),而通史中的年代以他法表示,與齊國相關之特

_____

① 關於魏國之誤,則較爲簡單。司馬遷將魏惠王統治之第二階段(後元)誤作先王統治階段,隨後襄王統治階段則被視爲根本不存在之階段。如此,與魏相關之日期亦依此體系中關於統治年代之數據而定。在此系統下,與魏國相關數據全盤接受了與《竹書紀年》體系相同之統治年代編號,僅事件發生相關之國王名號有所變化。

定事件則逐一摘録。另一方面,將通史轉化爲特定編年史之工作,非司馬遷之成就。實則,此章節中使用第一人稱指代齊國軍隊、城市等,唯可解釋爲司馬遷逐字摘抄特定編年史[1]之段落。依本人之見,《史記》之原始材料來源,乃類似《春秋》續篇之通史;後有史家從中提取[2]齊、魏、趙、韓之特定地方編年史,司馬遷則在其著作中以此爲基礎摘抄或概括。

慶幸的是,《史記》年表之謬,並未擾亂當時中國具體史實。然文學史則不然。蓋吾人對公元前四世紀末諸大家(如孟子、莊子、鄒衍等)所掌握之編年史實,皆從其與同時代君主之關係推斷而得。然司馬遷將二君主之統治時間提前約二十年,一爲魏(梁)惠王,其卒年由公元前 319 年提前至公元前 335 年;一爲齊宣王,其在位時間記載公元前 342 年至公元前 324 年(實則約爲公元前 319 年至前 301 年)。此二君皆文學之士重要贊助者,當時諸大家皆曾爲其一或二者之食客。在下無意詳究所有因年表修正而使傳統合理化之情況(而《史記》之年表反使此等傳統難解),僅舉一典型例子——孟子,其生平於眾多人物中相對較爲人知。

孟子與其同時代君王的關係,如梁惠成王、梁襄王及齊宣王等,均可見於其作品之中(梁惠王卒時,孟子爲梁臣,梁襄王嗣位後不重孟子,導致孟子離去)。此外,孟子於公元前 314 年齊伐燕時所進諫言,亦有記載。然若不考慮齊宣王及此次伐燕之事(於史學考證中)之特殊困難,則據司馬遷《史記》所載,孟子周遊列國之時間跨度可達二十餘年(公元前 335 年至前 314 年之間),甚至更長。蓋因《史記》中孟子之略傳言其訪齊在赴梁之前,若非如此,則其活躍時間當縮短至十年左右。孟子適滕在"齊人將築薛"之時,即公元前 323 年,而訪宋則在此之前,因其於宋結識滕國世子,世子即位後旋即邀孟子往訪。公元前 319 年,孟子抵梁時適逢惠成王薨、襄王嗣位。其在齊之時,正值燕國被征服之時,即公元前 314 年。若如司馬遷所言,孟子確於赴魏前曾仕齊宣王,則其初次短暫逗留魏國當在公元前 324 年。若魯平公即位確在公元前 314 年,則孟子最後訪魯,並因平公未親迎而生軼事,當在此後。凡此種種,皆爲公元前 324 至前 314 年間孟子之主要活動,而在此前後之事,則闕如。此段經歷,於吾人研究孟子與其同時代之關係,亦不無裨益。

綜上所述,公元前四世紀齊國君主年表,《史記》誤,《竹書紀年》確,此足證後者之重要價值,亦令人扼腕《竹書紀年》屢經修改而面目全非;而《史記》雖爲史學重典,然日益被視爲片段拼湊之作,使用之前,審慎爲宜。

---

[1]　例如:沙畹譯本,第五章,第 242 頁(法文原版第 370 頁)。
[2]　若無誤,司馬遷似在計算日期過程中,從原體系過渡至一系列新體系。

[法文原題目:"La chronologie de rois da Ts'i au IVe siècle avant Notre ère"。原載 1928 年《通報》(*T'oung Pao*),第 25 卷,第 5 期,第 367—386 頁。]

作者簡介:

馬伯樂(Henry Paul Gaston Maspero)(1883—1945),法國漢學家,研究漢語音韻學。他的中文老师是声名显赫的汉学家沙畹(Émmanuel-Édouard Chavannes)。1920—1945 年,他擔任法蘭西學院東方語言漢文與鞑靼文、满文语言文學教席教授一职。1920 年發表題爲《唐代長安方言》的論文。1927 年,他發表了《古代中國》一書。由於馬伯樂有猶太血統,他在 1944 年被德國人逮捕,並被監禁在德國的布痕瓦爾德集中營,於 1945 年 3 月 17 日餓死於集中營。

譯者簡介:

吳荊悦,青年翻譯工作者,上海對外經貿大學法語語言文學碩士,研究方向爲法語文學、法國漢學,譯有《科西嘉島》。

由《天問》證《竹書紀年》益干啓位啓殺益事

劉盼遂

《晉書·束皙傳》云,汲冢得《竹書紀年》十三篇,中有紀益干啓位、啓殺益事。後來學者,習于《尚書》、《孟子》之言,以啓爲聖人之子,益爲舜、禹之佐,篡奪相尋,非哲人所宜有,遂將此文刊去。雖《史通》曾兩次稱引(《疑古》篇、《雜說》篇),而論者率以子玄爲行怪,不之躔也。余暇日讀屈子《天問》,見紀啓、益篡殺之事,與《竹書》猶圭珸也,尚幸其文險澀,溝猶醬儒未縱斧斤,得藉觀古史料之真相。今爲校釋一過,俾世之研究上古史者采擇焉。

啓代益作后,卒然離蠥。

王逸《章句》云:"益,禹賢臣也。言禹以天下禪與益,益避啓於箕山之陽,天下皆去益而歸啓以爲君,益卒不得立,故曰遭憂也。"盼遂按:據文義,"離蠥"者,自指啓言,蓋即《竹書》所紀"益干啓位"之事矣。既曰干位,必天下訟獄謳歌歸啓之後。啓既經正位爲君,而益以國之豪強,或用奸謀,或用武力,來相攻伐,而啓不免于覆敗繫絏之辱。故屈子云,啓既代益作后,終乃遭不幸之事,而益有篡奪之行也。

何啓惟憂,而能拘是達?

王逸《章句》云:"言天下所以去益就啓者,以其能憂思道德,而通其拘隔。拘隔者,謂有扈氏叛啓,啓率六師以伐之也。"盼遂按:"惟"爲"罹"之借字,"惟憂"亦"離蠥"也。此言啓既被幽囚,而能於桎梏之中,得以自達于外,恃何故乎?真本《竹書紀年》又云:"伊尹放太甲於桐,乃自立也。伊尹即位于太甲七年。太甲潛出自桐,殺伊尹。"(杜預《春秋經傳集解後序》引。)想益之干啓,與啓之違難,或與有同態矣。

66

皆歸躬籟，而無害厥躬。

王逸《章句》云："躬，行也。籟，窮也。言有扈氏所行皆歸於窮惡，故啓誅之，長無害于其身也。"盼遂按："躬籟"二字無理。"籟"當爲"箙"字之誤也。"籟"之或體《説文》作"籲"（《竳部》）。"箙"所從之"服"，古文作𦨕（《説文·舟部》），是"箙"之古文作"𥴧"。故"𥴧"謁爲"籲"，即"箙"謁爲"籟"矣。《説文·竹部》："箙，弩矢箙也。"此文"皆歸躬箙"者，言益之家臣，當啓之突出來攻，皆委欹于啓，棄甲釋挩，而無鬥志，弗忍加害于共主也。魯季氏之攻昭公，"徒皆釋甲執冰而踞"（《左傳·昭公廿五年》）。冰者，櫝丸，即躬箙也。魯之公徒執冰而不躬季氏，益之家臣歸箙而無害啓躬，此事正相類矣。乃自來皆以啓攻有扈爲説，良由不覩古文，遂坐摘填爾。

何后益作革，而禹播降？

王逸《章句》云："啓所以能變更益而代益爲君者，以禹平治水土，百姓得下種百穀，故思歸啓也。"盼遂按："作"讀爲"祚"，聲相同也。此言益既爲啓所殺，則后益之祚禄永絶，而禹之胤裔遂散布流傳於無窮爾。

總上四韻觀之，則述益干啓位，啓反攻而殺之，其事固昭昭若揭日月。幸後人惟蔽于《甘誓》、《益稷》之文，未得真詮。不然，則不隨《竹書》而被刊落者幾希矣。當束廣微校《竹書》時，已曾詆其大違於經傳爲可怪之論，固有蔽於所習，維賢者亦不免焉。戊辰寒食。

（原載 1928 年 6 月 6 日《國立中山大學語言歷史研究所週刊》第三集，第 32 期，第 1082—1083 頁。後收入《劉盼遂著述集》第二卷《百鶴樓文史論叢》，瀋陽：遼寧人民出版社，2022 年，第 150—151 頁。）

作者簡介：

劉盼遂（1896—1966），原名銘志，字盼遂。河南信陽人。曾就讀山西大學。1925年，清華國學研究院第一屆招生，劉盼遂以一甲名次考入，師從王國維、梁啓超、陳寅恪等大師。1928 年畢業後執教於北京女子師範大學、清華大學、輔仁大學、河南大學。

1949 年後任教於北京師範大學。劉盼遂是中國古典文學研究專家、古典文獻學家、方志學家和語言學家。他痴於藏書，有“活字典”之稱。他把對小學的研治運用到對古籍的箋釋、校勘、辨僞、考証等方面，成就斐然。他的《論衡集解》和與郭預衡主編《中國歷代散文選》等著作在學術界有廣泛影響。

《古今偽書考》之《竹書紀年》、《汲冢周書》、《穆天子傳》補證

黄雲眉

《竹書紀年》、《汲冢周書》、《穆天子傳》

"汲冢"、"竹書",分冠《周書》、《紀年》上,文互見也。《穆天子傳》以字多故,不復及之。

[姚際恆曰:]以上三書,《晉書·束晳傳》云:"太康二年,汲郡人不準盗發魏襄王墓,或言安釐王冢,得竹書數十車,皆漆書科斗字。武帝以其書付秘閣校綴次第,以今文寫之。晳在著作,得觀竹書"云云。凡有七十五篇。今世所傳此三書,即在其中者也。《紀年·晉史》稱"益干啟位,啟殺之;太甲殺伊尹。"即此二事,荒誕已甚,其他可無論。然今本惟有太甲殺伊尹事,無啟殺益事。又杜預《集解後序》謂"《紀年》起自夏殷",今本起軒轅氏,則又後人增改,非晉本矣。《周書》,《漢志》本有七十一篇。① 今七十篇,似以序一篇合七十一篇之數。其序全仿《書序》。又《克殷》、《度邑》等篇襲《史記》;《時訓篇》襲不韋《月令》;《明堂篇》襲《明堂位》;《職方篇》襲《周禮·職方氏》;《王會篇》尤怪誕不經。陳直齋曰:"相傳以爲孔子删《書》所餘,未必然;似戰國後人仿效爲之。"李巽巖曰:"戰國處士私相緝綴。"恆案,不止此,殆漢後人所爲也。《穆天子傳》本《左傳》"穆王欲肆其心,周行天下,將皆有車轍馬迹焉",又本《史·秦紀》"造父爲穆王得驥、温驪、驊駵、騄耳之駟,西巡狩,樂而忘歸"諸説以爲之也。多用《山海經》語,其體制亦似起居注。起居注者,始於明德馬皇后,故知爲漢後人作。又多與《紀年》相合,亦知爲一人之作也。《紀年》沈約注,《周書》孔晁注,《穆天子傳》郭璞注,皆淺陋之甚,至有經史而不知引者,亦皆偽也。《穆天子傳》稱璞注者,蓋即取璞所注《山海經》以移入之,故因謂璞注也。汲冢又有《師春》一卷,杜預稱純集《左傳》

---

① 劉向曰:"今存者四十五篇",蓋漢時已散失,今此四十五篇亦亡矣。

卜筮事。黄長睿曰："《師春》紀諸國世次，及十二公歲星所在，並律吕卦變諡法等，非專載《左傳》卜筮事。其紀歲星，有'杜征南洞曉陰陽'之語，由是知此書亦西晉人集録，而未必盡出汲冢也。"《師春》之書，宋世有之；今則未見，故不録。然據《紀年》、《師春》二書，皆與杜預所述不合。予於《紀年》以爲後人增改，非汲冢本書；長睿又以《師春》爲西晉人集録，未必出於汲冢，二者又不同。

補　證

　　[黄雲眉云：]《四庫總目·竹書紀年提要》曰："今世所行《竹書紀年》，顧炎武《日知録》中往往引以爲據，然反覆推勘，似非汲冢原書。考平王東遷以後，惟載晉事，三家分晉以後，惟載魏事，是魏承晉史之明驗；然晉靈公桃園之事，董狐所書，明見《左傳》，孔子稱趙盾爲法受惡，足知未改史文，乃今本所載，仍以趙穿蔽獄，則非晉史之舊也。《束晳傳》稱《竹書》'夏年多殷，益干啓位，啓殺之'，今本皆無此文，又杜預注《左傳》携王奸命句，引服虔説以爲伯服，疏並引束晳以爲伯盤，今本乃有余臣之説，使《竹書》原有此文，不應二人皆未睹，則非束晳、杜預所見本也。郭璞注《穆天子傳》引《紀年》七條，以今本核之，相同者三條；璞稱《紀年》而今在注中者三條。璞時不應先有注，且三條並爲一條，文亦不屬。其'穆天子見西王母，西王母止之曰，有鳥鶻人'一條，今本無之，則非郭璞所見本也。《隋書·經籍志》曰：'《紀年》皆用夏正建寅之月爲歲首。'今本自入春秋以後，時月並與經同，全從周正，則非隋時所見本也。《水經注》引《竹書》七十六條，皆以晉國紀年，如《春秋》之爲魯史，而此本晉國之年，皆附周下；又所引出公六年荀瑶成宅陽，梁惠王元年鄴師邯鄲師次於平陽，魏襄王六年秦取我焦及齊師伐趙東鄙圍中牟諸條，今本皆無；其他年月亦多舛異，則非酈道元所見本也。《史通》引《竹書》文王殺季歷，今本作文丁；又引《竹書》鄭桓公厲王之子，今本錫王子多父命居洛，在宣王二十二年，王子多父爲鄭公，在幽王二年，皆不云厲王子，則非劉知幾所見本也。《文選注》引《竹書》五條，今惟有太甲殺伊尹一條，則非李善所見本也，《開元占經》引《竹書》四條，今本皆無，則非瞿曇悉達所見本也。《史記索隱》引《竹書》晉出公二十三年奔楚，乃立昭公之孫，是爲敬公，今本作出公薨；又引秦與衛戰岸門，惠王後元十一年會齊於平阿，十三年會齊於甄，齊桓公君母，齊宣王后，宋易成肝廢君自立，楮里疾圍蒲七條，今本皆無，則非司馬貞所見本也。《穀梁傳疏》引《竹書紀年》周昭王膠舟之事，以駁《吕氏春秋》，今本但曰王陟，無膠舟事，則非楊士勛所見本也，《元豐九域志》引《竹書》'陰司馬敗燕公子翌於武垣'一條，今本亦無，則非王存所見本也。《路史》引《竹書》周武王年五十四，辨武王非年九十三，今本乃作九十三；又

注引《竹書》夏后不降六十九年,證世紀五十九年之異,今本乃亦作五十九;《路史》又引‘梁惠成八年,雨骨於赤鞞’,注又引‘夏桀末年社坼裂’,今本並無,則非羅泌、羅苹所見本也。《戰國策注》引《竹書》魏救中山塞集胥口,今本無之,則非鮑彪所見本也。《廣川書跋》引《竹書》秦穆公十一年取靈邱,今本無之,則非董逌所見本也。雖其他證以《竹書》,往往相合,然《允征》稱辰弗集于房,《説命》稱舊學於甘盤,均出梅頤《古文尚書》,在西晉之後,不應先見《竹書》,豈亦明人鈔合諸書以爲之,如《十六國春秋》類歟?觀其以《春秋》合夏正,斷斷爲《胡傳》盛行以後書也。沈約注外,又有小字夾行之注,不知誰作?中殷小庚一條,稱‘約案《史記》作太庚’,則亦當爲約説;考《元和郡縣志》魏武定七年,始置海州,隋煬帝時始置衛縣,而注舜在鳴條一條,稱‘今海州’,夏啓十一年放武觀一條,稱今頓邱衛縣,則非約語矣。又所注惟五帝三王最詳,他皆寥寥,而五帝三王,皆全鈔《宋書·符瑞志》語,約不應既著於史,又不易一字移而爲此本之注,然則此注亦依託耳。”

《逸周書提要》曰:“舊本題曰《汲冢周書》。考隋《經籍志》、唐《藝文志》俱稱此書以晉太康二年得於魏安釐王冢中,則汲冢之説,其來已久,然《晉書·武帝紀》及《荀勖》、《束晳傳》載汲郡人不準所得竹書七十五篇,具有篇名,無所謂《周書》;杜預《春秋集解後序》載汲冢諸書,亦不列《周書》之目,是《周書》不出汲冢也。考《漢書·藝文志》先有《周書》七十一篇,今本比班固所紀惟少一篇。陳振孫《書録解題》稱凡七十篇,敘一篇,在其末,京口刊本始以序散入諸篇,則篇數仍七十有一,與《漢志》合。司馬遷紀武王克商事,亦與此書相應。許慎作《説文》,引《周書》‘大翰若翬雉’,又引《周書》‘豲有爪而不敢以撅’;馬融注《論語》,引《周書·月令》;鄭元注《周禮》,引《周書·王會》,注《儀禮》,引《周書》‘兆唐以閭’,皆在汲冢前,知爲漢代相傳之舊。郭璞注《爾雅》稱《逸周書》,李善《文選注》所引,亦稱《逸周書》,知晉至唐初舊本,尚不題汲冢。其相沿稱汲冢者,殆以梁任昉得竹簡漆書,不能辨識,以示劉顯,顯識爲孔子刪書之餘,其時《南史》未出,流傳不審,遂誤合汲冢竹簡爲一事,而修《隋志》者誤采之耶?鄭元祐作《大戴禮後序》,稱‘《文王官人篇》與《汲冢周書·官人解》相出入,《汲冢書》出於晉太康中,未審何由相似’云云,殊失之不考。《文獻通考》所引李燾跋及劉克莊《後村詩話》,皆以爲漢時本有此書,其後稍隱,賴汲冢竹簡出,乃得復顯,是又心知其非,而巧爲調停之説,惟舊本載嘉定十五年丁黼跋,反覆考證,確以爲不出汲冢,斯定論矣。其書載有太子晉事,則當成於靈王以後。所云文王受命稱王,武王周公私計東伐,俘馘殷遺,暴殄原獸,輦括寶玉,動至億萬,三發下車,懸紂首太白,又用之南郊,皆古人必無之事。陳振孫以爲戰國後人所爲,似非無見。然《左傳》引《周志》‘勇則害上,不登於明堂’,又引《書》‘慎始而敬終,終乃不困’,又引《書》‘居安思危’,又

71

稱周作九刑,其文皆在今書中,則春秋時已有之,特戰國以後,又輾轉附益,故其言駁雜耳。究厥本始,終爲三代之遺文,不可廢也。近代所行之本,皆闕《程寤》、《秦陰》、《九政》、《九開》、《劉法》、《文開》、《保開》、《八繁》、《箕子》、《耆德》、《月令》十一篇,餘亦文多佚脱,今考《史記·楚世家》引《周書》'欲起無先',《主父偃傳》引《周書》'安危在出令,存亡在所用',《貨殖列傳》引《周書》'農不出則乏其食,工不出則乏其事,商不出三寶絶,虞不出則財匱少',《漢書》引《周書》'無爲創首,將受其咎',又引《周書》'天予不取,反受其咎',《唐六典》引《周書》'湯放桀,大會諸侯,取天子之璽,置天子之座',今本皆無之,蓋皆所佚十一篇之文也。觀李燾所跋,已有脱爛難讀之語,則宋本已然矣。"

《穆天子傳提要》曰:"案《束晳傳》云,'太康二年,汲縣人不準盜發魏襄王墓,得竹書《穆天子傳》五篇,又雜書十九篇,《周食田法》、《周書》、《論楚事》、《周穆王美人盛姬事》。'案:今盛姬事載《穆天子傳》第六卷,蓋即《束晳傳》所謂雜書之一篇也。尋其文義,應歸此傳,束晳別出之,非也。此書所紀,雖多夸言寡實;然所謂西王母者,不過西方一國君,所謂懸圃者,不過飛鳥百獸之所飲食,爲大荒之圃澤,無所謂神仙怪異之事,所謂河宗氏者,亦僅國名,無所謂魚龍變見之説,較《山海經》、《淮南子》猶爲近實。郭璞注《爾雅》,於'西至西王母'句,不過曰西方昏荒之國:於'河出崑崙墟'句,雖引《大荒西經》,而不言其靈異。其注此書,乃頗引志怪之談,蓋釋經不敢不謹嚴,而箋釋雜書,則務矜博洽故也。"

眉按:姚氏謂《紀年》即晉本亦屬荒誕;《周書》係漢後人作;《穆天子傳》似起居注,亦漢後人作,以與《紀年》相合,又定爲一人之作:單辭弱證,斥三書爲僞書,其論古之態度,殊不及《四庫總目》之審慎。大抵三書最成問題者爲《紀年》,以其有夏啟殺伯益,太甲殺伊尹,文丁殺季歷等事,全與儒家舊説相反也。次爲《逸周書》,以其敘武王殘暴之狀,亦與儒書不相容也。《穆天子傳》體類小説,[1]與儒家無出入,故注意者少。然今世所傳《紀年》,實非古本面目:[2]孫之騄之《考訂竹書》四卷,徐文靖之《竹書統箋》十二卷,鄭環之《竹書考證》,張宗泰之《校補紀年》,陳詩之《紀年集注》,趙紹祖之《校補紀年》,韓怡之《紀年辨證》,洪頤煊之《校本竹書紀年》,陳逢衡之《竹書紀年集證》五十卷,林春溥之《竹書紀年補證》四卷,僅於今本有所補正;惟朱右曾別輯《汲家

---

① 《四庫》入之小説家類。

② 見《漢魏叢書》者爲張遂辰閲本;見《天一閣》者爲范欽訂本;見《五經翼》者爲蔡文範校本;見《史拾遺聞》者爲吳宏基校本;見《古今逸史》者爲吳琯校本;見《秘書廿一種者》爲汪士漢校本。其間頗有異同,而汪本錯簡尤甚。

紀年存真》二卷，近人王國維繼之，更成《古本竹書紀年輯校》一卷，①古本面目，稍稍可識；然王本所輯，亦使得四百二十八條，較《束皙傳》十三篇，《隋志》十二卷，尚甚遠也。錢大昕曰："《水經注》引《竹書紀年》之文，其於春秋時皆紀晉君之年，三家分晉以後，則紀魏君之年，未有用周王年者。蓋古者列國各有史官，紀年之體，各用其國之年，孔子修《春秋》，亦用其法。今俗本《紀年》改用周王之年，分注晉魏以下，此例起於紫陽《綱目》，唐以前無此式也，況在秦漢以上乎？《紀年》出於魏晉，固未可深信，要必不如俗本之妄，唯明代人空疏無學而好講書法，乃有此等迂謬之識，故愚以爲是書必明人所葺。宋晁氏陳氏馬氏書目，皆無此書，知非宋人偽撰也。"②崔述曰："《竹書紀年》凡十三篇，本戰國人所著而出於西晉者。自魏逮唐，文學之士多引用之。大抵記東周事，多與《春秋經傳》相應，而自獲麟以後，載籍多缺，觀之尤足以證《史記》之舛誤，而補其缺漏。③惟其紀述三代，事多荒謬。自宋元以來，學士皆不之見疑。其經唐末五代之亂而失之，僅於前人之所徵引，存千百之一二。不知何人淺陋詐妄不自量度，采摘《水經》、《索隱》所引之文，而取戰國邪說，漢人謬解，晉代偽書以附益之，作《紀年》書二卷，以行於世。"④蓋皆以今本爲明人鈔合，與《提要》所言同，較姚氏但云後人增改者爲確。而林春溥《補證後案》，力駁錢說，謂："《竹書》之出，多爲發冢者所散亂，定之非一人，傳之非一本，故諸書所引多不同。今本但有脫落，實未經後人修輯。其書法亦皆依古簡原文，無所改竄。"則強翻前人之案耳。古本《紀年》於東周事核於《史記》，崔說誠確，惟謂記述三代事多荒謬，未免於舊說猶有所執。梁玉繩《史記志疑》已多采《竹書》；近人亦有據古本《紀年》，以證《史記》之疏誤者。蓋《史記》載《春秋》後事，最疏失者，在三家分晉、田氏篡齊之際。其記諸國世系，錯誤最甚者，爲田齊魏宋三國。《莊子》曰："田成子弑齊君，而十二世有齊國。"今《史記》自成子至王建之滅祇十代，《紀年》則多悼子及侯剡兩世，凡十二代，與《莊子》說合。又齊伐燕，據《孟》及《國策》，爲宣王，非湣王。而《史記》於齊系前缺兩世，威宣之年，誤移而上，遂以伐燕爲湣王，與《孟子》、《國策》皆背。昔人譜孟子者，於宣湣年世，爭不能決，若依《紀年》增悼子及侯剡，排比而下，威宣之年，俱當移後，乃與《孟子》《國策》冥符。此《紀年》勝《史記》之明證一也。《史記》梁惠王三十六年卒，子襄王立，十六年卒，並惠襄爲五十二年。魏齊會徐州相王，在襄王元年。是惠王在世未稱王，孟子書何乃預稱惠王爲王？

---

①　王並有《今本竹書紀年疏證》。
②　《十駕齋養新錄》卷十三。
③　眉按：梁玉繩《史記志疑》，亦多據《竹書》以正《史記》之失。
④　見《考古續說》卷二《竹書紀年辨僞》。以下歷引杜氏序、《史通》、《史記正義》、《索隱》之文，以證今書之舛誤。文長不備錄。

又《史記》，梁予秦河西地，在襄王五年，盡入上郡於秦，在襄王七年，楚敗魏襄陵，在襄王十二年，皆惠王身後事;而惠王告孟子，乃云"西喪地於秦七百里，南辱於楚"，何能預知而預言之? 若依《紀年》，惠王三十六年改元，後元十六年而卒，則魏齊會徐州相王，正惠王改元稱王之年也，然後孟子書皆可通。又與《呂覽》諸書所載盡合。此《紀年》勝《史記》之明證二也。《史記》魏文侯三十八年，魏武侯十六年，而《紀年》文侯五十，武侯二十六年，相差二十二年。昔人疑子夏爲文侯師，已逾百歲，今依《紀年》，則文侯原當移前二十二年，子夏之年，初無可疑。而李克、吳起之徒，其年輩行事，皆可確指。此《紀年》勝《史記》之明證三也。《史記》魏惠王三十一年，徙都大梁，而《紀年》在惠成王九年，閻若璩本此，論《紀年》不可信。然細核之:惠王十八年，魏圍邯鄲，齊師救趙，直走大梁。三十年，魏伐韓，齊田忌救韓，亦直走大梁。又秦孝公十年，即魏惠王十九年，衛鞅圍魏安邑降之。此皆魏都自惠王九年已自安邑徙大梁之證。據《紀年》，則《史記》之説皆可通;專據《史記》，則自相乖違，不得其解。此《紀年》勝《史記》之明證四也。三家分晉，田氏篡齊，爲春秋至戰國一大變，其後魏齊會徐州相王，秦亦稱王，宋亦稱王，趙燕中山韓魏五國，又相約稱王，爲戰國中局一大變。《史記》於此，年事多誤，未能條貫。今據《紀年》，證以先秦他書，爲之發明，而當時情實，猶可推見。此《紀年》勝《史記》之明證五也。其他不勝縷舉。[①] 則古本《紀年》在古代史料上之價值，不容復置疑其間，蓋斷然爾。至今世所傳《逸周書》，亦非古本面目:顏師古注《漢志》，已云"今之存者四十五篇矣"[②]，安得傳至今世，反較顏師古所見之本爲多? 則最少十餘篇，必爲後人僞撰無疑;其他竄亂之處亦多，蓋真僞雜糅之書也。姚氏謂襲諸書而成固非;《提要》信其篇第爲漢代相傳之舊，亦非。而其大部分爲極有價值之史料，則不可誣。梁啓超曰:"《竹書紀年》中啓殺益、太甲殺伊尹兩事，後人因習聞《孟子》、《史記》之説，驟睹此則大駭。殊不思孟子不過與魏安釐王時史官同時，而孟子不在史職，聞見本不逮史官之確;司馬遷又不及見秦所焚之諸侯史記，其記述不過踵孟子而已，何足據以難《竹書》? 而論者或因此疑《竹書》之全僞，殊不知凡作僞者，必投合時代心理，經漢魏儒者鼓吹以後，伯益、伊尹輩早已如神聖不可侵犯，安有晉時作僞書之人，乃肯立此等異説，以資人集矢者? 實則以情理論，伯益、伊尹既非超人的異類，逼位謀篡，何足爲奇! 啓及太甲爲自衛計而殺之，亦意中事。故吾儕寧認《竹書》所紀爲較合於古代狀況。《竹書》既有此等記載，適足證其不僞，而今本《竹書》削去之，則反足證其僞也。又如孟子因《武成》血流漂杵之文，乃歎'盡信書不如無書'，謂以至仁伐至

---

① 見《古史辨》第六册。
② 按:姚氏此句直接劉向云,恐誤讀。

不仁,不應如此。推孟子之意,則《逸周書》中《克殷》、《世俘》諸篇,益爲僞作無疑。其實孟子理想中的仁義之師,本爲歷史上不能發生之事實,而《逸周書》敘周武王殘暴之狀,或反爲真相,[1]吾儕所以信《逸周書》之不僞,正以此也。"[2]啓超所論,極爲痛快!前人辨此二書,但爲古本今本問題,至其中非常可怪之事,則異口同聲,斥之爲戰國邪説,蓋當儒家思想牢不可破之時,即有明知其真者,亦無敢冒不韙而持異説,況其爲身在此山中者乎? 此誠未可以吾輩今日之眼光繩古人矣。《穆天子傳》固富小説意味,然與《紀年》有相合處,則其間豈無可寶貴之史實,爲吾輩所欲聞者。雖未必爲古本,亦不必定爲漢後人作。所稱西王母,漢人皆以爲女仙人,[3]後乃謂爲西方一國名。梁玉繩曰:"西王母,西方一國名。如《周書·王會篇》東方有姑妹國,《後漢·桓帝紀》羌勒姐,《西羌傳》尸姐之類。其名見《爾雅·釋地》。《大戴禮·少閒篇》云:'舜時獻白琯',《竹書紀年》云:'舜時西王母來獻白環玉玦',《賈子·修政語》上云'堯西見王母',即《穆天子傳》敘西王母事,與曹奴巨蒐諸人無異;《竹書》亦但言'王西征見西王母,其年來朝,賓於昭宮'而已。自《山海·西山經》撰爲豹尾虎齒蓬髮戴勝之説,至《漢武内傳》又有天姿絶世之語,嗣後神仙家遞相附會,詭設姓名,何足述哉?"[4]近人丁謙《穆天子傳地理考證》,謂西王母邦上古時名加勒底,炎黄時名巴比倫,商周時名亞細利亞;顧實《穆天子傳西征今地考》,謂西王母之邦,蓋即今之波斯,或亦足備一説。然未可據爲定讞。丁謙又有《穆天子傳紀日干支表》。劉師培亦有《穆王西征年月考》。

(原文由金陵大學中國文化研究所 1932 年 8 月印行出版;山東人民出版社 1959 年重印;齊魯書社 1982 年修訂版;商務印書館 2019 年簡體字版。)

作者簡介:

黄雲眉(1897—1977),字子亭,一名半坡。浙江余姚人。著名歷史學家,教育家。自 1930 年始,先後任金陵大學中國文化研究所研究員,無錫國學專科學校教授。1951 年後,任山東大學歷史系教授、歷史系主任、校圖書館館長。山東大學歷史系"八馬同槽"之一。專長爲明史、清史和文獻學。他的著作《明史考證》、《古今僞書考補證》、《史學雜稿訂存》、《史學雜稿續存》尤爲史林所重。

---

① 眉按,伯夷謂爲"以暴易暴",或非過激之言。
② 《中國歷史研究法》。
③ 見司馬相如《大人賦》及揚雄《甘泉賦》。
④ 《史記志疑·趙世家》。

關於《竹書紀年》、《詩》、《書》
《春秋》、《左傳》的幾樁公案

陳振先

(1932年)十月三十一日爲北平青年读书互助會演講

讀書互助會諸君:本年夏間,貴會同人一定要我作一次學術講演,我一來因爲自己讀書心得無多,二來又因爲爲他務所纏,以故屢次將債務拖延,久未履行尊約,心中非常抱歉,今者節關都已早過,年關亦漸漸逼近,在債臺上躲避得太久,實在不好意思再拖延下去了,我自維學謭陋,没有什麽甚深微妙的見解,可貢獻與諸君,好在此會以讀書互助爲宗旨,那末,我以下所講,正好本切磋互助之義,以與國人商榷之,不過我恐怕以下所講的還是助人的成分少求助的地方多罷了。我今天所講的題目,是"關於今本《竹書紀年》、《詩》、《書》、《春秋》、《左傳》的幾樁公案",這篇演詞的布局,是以《竹書》的真僞問題爲經,以經史中之若干問題爲緯,把《詩》、《書》、《春秋》、《左傳》、《史記》中之幾樁公案,穿插在今本《竹書》的公案上,庶於讨論極繁複極散漫的問題中,仍保持着謹嚴的格局,而不失文藝上的 Unity 與 Coherence,好比千絲萬縷,織成一疋家機大布(够不上説錦繡),又如一條繩索,將千百個沙版銅錢(够不上説萬選青錢)穿爲一貫,以便聽講諸君之取携,我這種自成一家的格局,在考證學上倒還别开生面,在文藝的立場上也是值得諸君注意的。

現在開讲《竹書紀年》。《竹書紀年》的來源,我想大家是早已知道的囉,關於此事,以《晉书·束皙傳》及晉杜預《春秋經傳集解後序》載得最詳,據《束皙傳》所載,晉武帝太康二年,汲郡有一人名叫不準者,偷偷挖開魏襄王的墳墓,或云安釐王冢,意欲偷取寶物,在冢中得到竹書數十車,都是大片竹簡,上寫科斗文字,初發冢的人燒簡照取寶物,等到官家聞訊派人收取時,已經燒壞的不少了,共計得七十五篇,其中《紀年》十三篇,記夏商以來到周幽王爲犬戎所滅,皆三代王事,此後則特記晉國事,起自殤叔,次文侯昭侯,以至曲沃莊伯,三家分晉後,獨記魏事至安釐王(杜預作哀王)之二十年止，哀王至二十三年乃卒。故是書不稱諡，但稱今王，此蓋魏之史書，其文禮與《春秋》相似。但有幾樁事與孟子所言及後儒師說大不相同的，就是《竹書紀年》謂益謀啓位，啓殺之，伊尹放太甲於桐後，篡位自立，太甲潛出自桐殺伊尹，厲王既亡，有共伯和者攝行天子事，並非周公召公二相共和，是也。《竹書》是否可信？其中有無作僞？那是另一問題，不在今夕討論範圍之內，今但論晉太康二年束晳等校釋寫定那本《竹書紀年》，亦即太康三年杜預所見那本《竹書紀年》，其原文至今尚存否，現時世間流傳那本《竹書紀年》，有好些人信是真的，又有些人疑是贋鼎，謂係出自後人蒐集臆造的，其原書久已亡佚了，又有些人謂今本《竹書紀年》曾經後人竄改增益，稍失本來面目，但究非僞書可比。主張後說的，如清嘉慶間考訂今本《竹書紀年》之洪頤煊氏是。主張今本《竹書》是僞造的，其最著者則爲著《今本竹書紀年疏證》之近人王國維氏是。諸君或者以爲我要隨王靜安先生之後，湊湊熱鬧，拿打死老虎來出風頭，振先雖不才，還不至於無出息至此，拿有用的精神與光陰，來作這無聊之事。但諸位要說我今天是"打死老虎"，也未嘗不可，這要看這句話的句讀（音逗）如何了，我盼望不是"打"字一讀（逗），"死老虎"一讀，而是"打死"一逗，"老虎"一逗，不是打"死老虎"，而是"打死"老虎，而且所打死的也許不止一隻老虎。我打老虎也有一定的步驟的，初時是衹是盤馬彎弓，欲擒先縱，請大家不要着急，不要不耐煩，不妨忍耐些靜聽下去，"以觀後效"，也許有一箭封喉射虎沒羽的結果。這就像梅蘭芳唱費貞娥刺虎一樣，初時那幾幕，只是假裝着愛護那虎，只是拼命的替那虎灌米湯（白乾酒），等到最後那一幕——最精采的那一幕——這纔探懷而匕首現，刀光一閃，直奔咽喉，俄頃之間，那一隻久稽顯戮的猛虎，就直挺挺的躺在地下了。

王國維先生之前，今本《竹書》是否已經打死，可引王先生自己的話證之。王氏於其《今本竹書紀年疏證》序中有云："今本《紀年》，爲後人蒐輯，其跡甚著，乃近三百年學者疑之者固多，信之者亦且過半。"既是其跡甚著，何以學者（包括泰西近時有名的漢學家在內）信之者尚如此其多？信之者如此其多，是今本《竹書》尚未死了。惟其未死，故王國維氏特著《今本紀年疏證》以冀打死之。雖然，王書出後，其書中所舉證據，是否確乎已把今本《竹書》這隻老虎打死了，——打到一點氣息都沒有了，恐怕各人的意見會不相同。在我個人的態度，是不以記取他人一兩句簡單的斷論爲已足的，我是要衡量他所舉的證據的。王氏先著《古本竹書紀年輯校》，後著《今本竹書紀年疏證》，前者是取朱右曾氏所輯的《汲冢紀年存真》而校補之，後者是仿惠棟氏《古文尚書考》的方法，取今本《竹書紀年》之文，逐條疏其所出，並引其同鄉陳仲魚序孫氏《家語疏證》之言，謂"是猶捕盜者之獲得真贓"。我曾細審王氏所舉贓證，其中（一）有些確有一點像是偷來的，（二）有些不過是通用銀元之類，並無特別標識，不能看見人家有同樣的銀元,就硬指人家是偷來的,(三)又有些是本家傳世之寶,爲本家應有之物,更不能指爲偷來的,(四)又有些雖不是本家之物,也許是別人寄存的,其性質有類於插贓,不必因此遂指本家所有物件都是偷來的(臨海洪頤煊氏的斷論如此,洪氏校訂刪補今本《竹書》,更在朱右曾氏之前,朱王二氏所輯的《竹書》佚文,多已爲洪氏徵引於先,二氏所疑之點,洪氏亦多已見到而論列之,故洪氏之意見甚有價值),(五)間有幾點是王氏强詞奪理,故入人罪,爲吾人所不能苟同的。茲略一論之,關於上述第三類,例如今本《竹書》周武王之下有"王率西夷諸侯伐殷,敗之於坶野"等語,王氏《疏證》指爲得自《水經·清水注》引《紀年》語。夫《竹書紀年》之文,與後出書所引《紀年》文同,乃是當然之事,何足指爲此書僞造之證。乃王氏《疏證》所引頗多此類,此即吾所謂"有些是本家傳世之寶,爲本家應有之物,不能指爲偷來的"是也。又不獨今本之文與他書所引《紀年》文同,不足證今本之僞,即今本之文偶與他書所引《紀年》文異,亦未必遂足證今本之僞,蓋鈔刻固有時而訛,徵引尤易於歧出,例如關於啓在位年數及壽算,《路史·後紀》十三注所引《紀年》文,與《真誥》十五所引《紀年》文即不相同。關於啓征西河之年,《路史·後紀》十三注所引《紀年》文,與《太平御覽》八十二所引又不相同(《御覽》本謂引《帝王世紀》,王國維氏謂疑本引《紀年》而誤題《世紀》),王氏所謂"未知孰是"者是也。不獨此也,即使他書所引《紀年》之文,而今本缺之,亦未必遂足引爲今本僞造之鐵證,祇可視爲疑竇而已,此點可即以王氏之言證之。關於啓征西河事,《太平御覽》既會"本引《紀年》而誤題《世紀》"(此王氏語),然則他書獨不會本引他籍而誤題《紀年》乎?又《太平御覽》八百七十九引《史記》云:"共和十四年大旱,火焚其屋,伯和篡位,立秋又大旱,其年周厲王死,宣王立。"今《史記》無此文,王氏謂當出《紀年》,蓋因《史記·周本紀·索隱》及《莊子·讓王》篇釋文分引《紀年》,有"共伯和干王位"、"共伯和即於王位"之文而云然也。此說確否且勿論,設有人因《太平御覽》有此數語,遂遽謂今本《史記》爲宋太平興國以後所僞造,可乎?

關於上述第二類,例如今本帝舜下有"五十年帝陟"之文(韓愈《黃陵廟碑》引《竹書紀年》云"帝王之崩曰陟"。愚按此當是唐時通行本《竹書》注語,不是《竹書》原文),王氏指爲抄《尚書·舜典》(應云《堯典》)"五十載陟方乃死"之文。愚案舜在位五十載而崩,如是事實,或古有是說,則魏史書性質的《竹書紀年》有此紀載,乃應有之事,不足鈔襲之據;亦猶兩地同載某日地震或某日日食或月食,未可遂指爲此鈔彼或彼鈔此之據也。吾之所謂"有些是通用銀元之類,不能因爲人家有同樣的銀元,遂指爲即某家失單所開的贓物"者此也。又不獨今本《竹書》同於他書未足證其爲僞,即異於他書亦未足證其爲僞,今本《竹書》載帝仲康七年陟,王氏謂《通鑑外紀》載仲康在位十三年,《路史》注引《紹運圖》同,年代歷作二十八年,《路史·後紀》載仲康十有八歲崩,均與此異。愚案上述三說,各不相同,其中至少有兩說不可靠,或三說俱不可靠。今本《竹書》與之異,何足爲今本非真之據?

關於上述第一第四兩類,因有連帶關係,茲合併討論之。凡甲書之文有與乙書相同者,雖不足爲甲鈔乙之證,然若乙書偶有錯誤,而甲書竟與之雷同,則至少甲書此部分實犯勦襲乙書之嫌疑,例如今本《竹書》帝堯之下,有"七年有麟"之文,而《路史·後紀》十亦有"堯在位七年,麒麟游於藪澤"之文,王氏查得《拾遺記·一》有"堯在位七十年,有鸞雛歲來集,麒麟游於藪澤"等語,謂《路史》本之,而訛"七十年"爲"七年",僞造《紀年》者似但見《路史》,不見《拾遺記》,故亦承訛踵謬,訛作"七年",致露破綻,解者雖亦可謂《拾遺記》今本或誤多一"十"字,然無論如何,此點畢竟可疑。又某書名爲作於某時代,或名爲生於某時代之人所作,而書中却涉及後世之人名,或後來新改之地名,或後來始發生之情事,或後來始通用之名詞,則此書或非此人此時所作,至少亦有一部分非此人此時所作,即如漢元帝宮人王嬙字昭君,晉人因避司馬昭諱,改稱明君,後又改稱明妃,設有人僞造漢魏時著作,一時不察,竟用"明妃"字樣,則不問而知其爲僞託。又如晉簡文帝鄭后諱阿春,晉人爲避其諱,因謂春秋爲陽秋,設有人僞造東晉以前著作,竟用"陽秋"或"皮裏陽秋"等字句,則一望而知爲僞託。又如明太祖定都金陵後,金陵稱爲京師,至建文時燕王棣由北平舉兵南犯,京師破後,惠帝生死不明,燕王篡位自立,始稱北平爲北京,金陵仍稱京師,至永樂十九年(1421)遷都北京,始稱北京爲京師,金陵改稱南京,設有人僞造洪武年間著作,而有"南京"、"北京"之稱,則僞跡昭然。又設如有今人僞造民國十六年以前信札,而內有"平津"字樣,或"平寧鐵路"字樣,則法庭必斷其爲僞。又設有時人僞託清咸豐時文字,而竟用"摩登"、"幽默"、"邏輯"、"浪漫"等字眼,摩登誠摩登矣,其如露出馬脚不值識者之一哂何?清初樸學家考證古書真僞,多利用此等證據,例如《古文尚書》《孔安國傳》解《禹貢》"浮於積石"句,謂"積石山在金城西南,河所經也"。閻若璩於其所著之《尚書古文疏證》駁之,謂據《漢·昭帝紀》,始元六年庚子始置金城郡(應邵云,因初築城得金,故名金城),安國乃武帝時博士,又蚤卒,卒時當約在庚子前三十年,何由而前知金城之名,此亦可爲《安國傳》僞託之一證。又《孔安國傳》解《禹貢》"伊洛瀍澗既入于河"句,謂"瀍出河南北山"。閻氏又攻之,謂前後《漢志》皆云瀍水出穀成縣潜亭山北,至晉始併穀城入河南縣,"瀍水出河南縣北山"一語,當是魏晉時人語,而非漢武帝時之孔安國所能言,此當又是一破綻。梅鷟所著的《尚書考異》亦攻此二條,皆用此法,今且問,今本《竹書》有此種破綻乎?曰,有。今本《竹書》於記帝舜崩後有附注語云:"義鈞封於商,是謂商均,后育娥皇也,鳴條有蒼梧之山,帝崩遂葬焉。今海州。"王氏謂據《隋書·地理志》,東海郡梁置南北二青州,東魏始改爲海州,此附注如出沈約,不當有"今海州"一語。考《困學紀聞》五云：“蒼梧山在海州界。”此即作僞者之所本云云，王氏所疑，自是有理。雖然，“今海州”句焉知非後人所加，後誤與原注混而爲一，而未足爲作僞之確證，且東魏去梁武帝時不遠，或沈約之後人於遺書上原注語尾處添此一句，亦非不可能之事。正如司馬遷作《史記》，“遷死後，宣帝時其外孫楊惲祖述其書，遂宣布焉”之類耳。此三字嘉慶初臨海洪頤煊已先王氏而疑之，且謂“今海州”三字乃後人所增，故其所校訂之今本《紀年》，已將此三字從原注中刪去。又原注中語多有出自《宋書·符瑞志》而爲王氏所指摘者，洪氏早已疑是後人屬入，而刪去之矣，諸君得無以爲後加之説近於鑿空乎？實則徵諸古書，其例甚多，即如《春秋》一經，乃孔子根據魯史記而修者，已爲世人所公認，然《左氏春秋經》哀公十六年之下有“夏四月己丑孔丘卒”之文，難道孔子死後還能自書之乎？其爲後人所加蓋明甚。先儒師説，均謂孔子作《春秋》，終於“十有四年春西狩獲麟”句，《公羊》、《穀梁》經便是如此，弟子欲記聖師之卒，故採魯史記以續夫子之經而終於此耳，倘有人因此遂謂《春秋》爲僞書，不是孔子所修，豈爲篤論。又《春秋左氏傳》，先儒多以爲出左丘明手，杜預《春秋左氏傳序》，謂左丘明受經於孔子，然傳中所載預斷災祥之語，多驗於後，例如莊二十二年載陳敬仲奔齊事，追述其岳家昔年卜婚之辭，“有嬀之後，將育于姜，五世其昌，並於正卿，八世之後，莫之與京”數語。又周史替陳侯筮辭，有“此其代陳有國乎，不在此，其在異國，非此其身，在其子孫，若在異國，必姜姓也”等語，於後來陳成子弒齊簡公及其後田和篡齊事，一一應驗，使非事後傅合，斷難如此湊巧。又襄二十九年《傳》，吳季札適晉，説趙文子韓宣子魏獻子曰：“晉國其萃於三族乎？”亦似是已及見韓趙魏三家分晉者之所言。又《左傳》末段且明言趙襄子與韓魏合謀殺智伯事，此事在孔子卒後二十五年，而孔子卒時年已七十三，則此事似非“左丘明耻之丘亦耻之”之左丘明所及見，使《左傳》作者而非戰國時人，則前述記載，當是後人所附益耳。又《史記》爲司馬遷所作，亦爲世人所共信，然司馬遷死於武帝之先，乃今本《史記》有《孝武帝本紀》，若出遷作，安得有此稱謂。倘有人因此而疑及全書，未免過當。《太史公自序》但云作《今上本紀》，且以情理度之，亦不過但有材料草稿而尚未完篇，今之《孝武本紀》，蓋出後人所補無疑。張晏謂《武紀》乃漢博士褚少孫所補，乃考其内容，不過抄襲《封禪書》，身爲漢博士之褚先生當不至空疎若是，司馬貞疑之是也。《漢書·司馬遷傳》云：“十篇缺，有録無書。”惟未言缺何篇，雖張晏曾舉所缺十篇之名，然究竟共缺幾篇，所缺何篇，今尚未有定論。惟《武紀》後補，似可確定，至所以缺乏之故，《王肅傳》及衛宏均謂武帝取太史公所作景帝與己《本紀》覽之，見書中極言孝景與己過短，怒而削去。衛宏又云，遷後坐舉李陵，陵降匈奴，故下太史公蠶室，有怨言，下獄死，此紀乃元成間褚少孫取《班書》補之云云，所言亦不確。按太史公本傳不言下獄死，設有此事，本傳豈有不題之理。其《報任安書》云："僕誠已著此書,藏之名山,傳之其人,通邑大都,則償僕前辱之失,雖萬戮辱,豈有悔哉。"是遷被宮刑後許久而書尚未成,或雖已局部告成而尚未公之於世,衛宏等所云此紀被武帝削去,亦非事實。又太史既是武帝時人,而《史記·司馬相如傳》中乃有揚雄之語,豈因此遂可謂全部《史記》乃後漢人所偽託乎?蓋亦後人所增者耳。從上所舉三例觀之,足見古書經後人增補,乃極當見之事。今本《竹書》注語之有"今海州"三字,想是後人所加,未可據是以爲《竹書》偽造之定讞也。又有一條,王氏攻其自相矛盾甚力,頗認爲真贓實據,鐵案如山,而實則係後人所加質疑註語,後人不察,付刻時竟誤與正文相混耳,此條非他,即今本《竹書》"帝禹夏后氏……八年……秋八月帝陟於會稽,禹立四十五年"一條,王氏謂其"既云八年帝陟,又云禹立四十五年(此句出自《太平御覽》八十二引《紀年》),足見雜綜諸書,未加修正"。愚意王氏雖精於磨勘,而或缺於想像,查上述矛盾語,坊本同在一行中,人能作偽,必頗精明,乃於同一行中既云八年帝崩,又云在位四十五年,偽造《竹書》者雙目非瞽,當不至瞶瞶若是。嘉慶初洪頤煊氏校訂今本《竹書》,從孫氏本改爲注語是也。總之王氏所舉之最重要贓證,多屬《竹書》注語,而爲後人所加,吾之所謂"有些雖不是本家之物,也許是別人寄存的,或是寄寓的人所偷來的東西,其性質有類於插贓,不必因此遂指本家所有物件都是偷來的",蓋謂此也。但王氏所舉的所謂贓證之中,有些確不是後人所加注語,其性質却有一點可疑。例如今本帝舜有虞氏之下有"三十二年帝命夏后總師"一條,甚似晚出《古文尚書·大禹謨》中"帝曰,格汝禹,朕宅帝位三十有三載,耄期倦于勤,汝惟不意,總朕師"之語。又有"三十三年春正月夏后受命于神宗"一條,絕似《古文尚書·大禹謨》中"正月朔旦受命于神宗"之文,夫晚出《古文尚書》(今本《尚書》中之《大禹謨》,即是其中之一篇)之出於後人偽造證據甚多,經閻若璩、惠棟、姚際恆、朱彝尊、梅鷟等後先考證指出,此事殆無復可疑,今本《竹書》上述兩條,乃與偽書臆造之文兩相脗合,若非出於鈔襲,豈能如此湊巧,此說乍然聽之,似足爲今本《竹書》偽造之有力證據矣,而實則不然。《竹書紀年》出於西晉武帝太康二年,而晚出古文《尚書》則直至東晉元帝時豫章內史梅賾始奏而上之,蓋後於《竹書》之出土者約四十年,其時《竹書》已流行許久,上述二書之文,兩相吻合,安知非由於偽造孔安國傳《古文尚書》者之剽竊《竹書》,以此難今本《竹書》,彼但須以時間之先後爲言,即足以折辯難者之角,亦猶西漢時有謗直不疑私通其嫂者,不疑自白曰:"我乃無兄。"一言而執讒人之口。又如昔有飢狼遇羔羊於溪邊,欲藉詞噬之,以果其腹,乃作色謂之曰:"我聞你兩年前曾說我壞話,今須吃了你,以示薄懲。"小羊應曰:"你不知我尚未滿一歲乎?"均要言不繁,片言出而對方之說如土委地矣。

又今本《竹書》幽王六年有"夏,六月隕霜"一條,王氏謂此條本《詩·小雅》"正月繁霜"句而來,古紀年用夏正,而此從周正,殊爲未照,云云,愚按此處王氏所疑頗有依據,本來今本《紀年》但言夏六月隕霜,未言夏正抑周正,無論夏六月(建未之月)隕霜,抑周六月夏四月(建巳之月)隕霜,都可視爲災異而紀之,而尤以夏正六月爲最非常,則焉知此條不是指夏六月周八月而言,而王氏必謂彼爲指周六月夏四月言者,則亦有故,查《詩·小雅·節南山之什·正月篇》《毛序》云:"正月,大夫刺幽王也。"此篇首章首四句云:"正月繁霜,我心憂傷,民之訛言,亦孔之將。"此處之所稱正月,《鄭箋》謂是夏之四月(即周之六月),謂是正陽之月,蓋若指歲首之正月言,則無論夏曆正月(劉原父《七經小傳》謂《詩》皆夏正無周正),抑周曆正月夏曆十一月(《詩·小雅·十月之交》鄭康成《箋》云:"周之十月,夏之八月",則又以《詩》從周正),隕霜乃事之常,又何足異,王氏之意若曰:"僞作《竹書》者讀《小雅·正月篇》而知有正月繁霜之災異,又知此'正月'乃夏之四月周之六月,又知此乃刺幽王之作,故以此繫於幽王之下,原詩既指夏四月周六月言,故知彼之僞造《竹書》'六月隕霜'一條,乃指周正六月而非夏正六月,而又忘却此點與杜預《春秋經傳集解後序》所言'皆用夏正建寅之月爲歲首'一語不符。"(王氏原著僅寥寥五語,余爲之發揮如上)王氏此條所指,乃屬誅心之論,所謂如見其肺肝,吾不得不服其用心之細,而審情度理則又甚似。今本《竹書》此條不能不認爲可疑,所謂 Circumstantial evidence 是也。雖然,余對於王氏之説,有大可疑之點三,案《杜序》云:"唯特記晉國,起自殤叔,次文侯昭侯,以至曲沃莊伯,莊伯之十一年十一月,魯隱公之元年正月也,皆用夏正建寅之月爲歲首。"又《束晳傳》云:"其《紀年》十三篇,記夏以來至周幽王爲犬戎所滅,以事接之(余疑'事'字乃'晉'字之誤),三家分,仍述魏事至安釐王之二十年。"似自夏至幽王皆以幽王紀元,幽王被滅周室東遷後始以晉紀元,若果改用夏正,亦必從周室東遷起,今本《竹書》記幽王四年六月隕霜,其時本仍用周正,並無不合,此其一。《詩》用夏正或周正,數千年來尚未衷於一是,《春秋》周正夏正,至今尚聚訟紛紜,以杜預《春秋長曆》之疏闊,而《杜序》又匆遽作於《竹書》初出土後之明年,其所言《竹書》自東遷以後皆用夏正建寅之月爲歲首,余實未敢輕信。彼自是以《春秋》所紀事蹟年分,與《竹書》所記晉國年分對勘,如某事《竹書》記在上年十一月而《春秋》記在下年正月,《春秋》如用周正建子之月爲歲首,則《竹書》之晉曆自是用夏正也,然事實上何嘗如此簡單,例如《春秋》書魯隱公三年二月己巳日食,實是建寅之月,於周爲三月,可知是年魯曆實以建丑之月爲歲首,又如莊十八年書三月(壬子)日食,於周曆爲五月,僖十二年書三月庚午日食,亦於周曆爲五月,可見此兩年魯曆實建寅,又如宣八年書七月甲子日食,於周爲十月,則是年魯曆且建卯,而杜預竟謂"七月甲子日食,既,三十日,不書朔,官失之"。其曆術之疏闊亦已甚矣。又成十七年書十二月丁巳朔日食,於周曆爲十一月,似失一閏,故是年魯曆又建亥,襄二十七年昭十五年定十二年亦然,以魯曆少閏多閏錯前錯後若此,吾不知彼不甚懂曆術之杜氏,如何憑此以推得晉曆爲夏正建寅也,所當疑者此其二。

《詩·小雅》"正月繁霜",鄭康成謂此正月是夏曆四月,正陽用事,鄭説蓋根據昭十七年《左傳》平子與太史問答之語而云然,《左傳》載昭十七年夏六月甲戌朔日食,祝史請所用幣,禮也,平子以爲是月日食不應用幣於社,因止之曰:"惟正月日食始用幣於社,伐鼓於朝,餘月則否。"太史駁正之曰:"碻是此月,已過春分而尚未夏至,三辰有災(包日食在内),於是乎百官降物,君不舉,辟移時,樂奏鼓,祝用幣,史用辭,(此言君臣因是月日食而素服減膳靜默百數十分鐘,恐懼修省,有司告社禍災,打鼓救日)故《夏書》曰:'辰不集於房(謂日食),瞽奏鼓,嗇夫馳,庶人走',就是指此月朔而言,當夏四月,是謂孟夏。"據經傳文,《春秋經》謂日食在夏六月,平子誤以爲歲首正月日食始有用幣於社之禮,太史告以正月非指春王正月而言,乃指本月(周之六月)言,更引《夏書》之言,以證夏代救日食之禮亦行於此月,並謂"此月當夏曆之四月,夏曆稱爲孟夏",吾人知末二句不能作"周曆夏季四月,是謂周曆孟夏"解,因經文有"夏六月甲戌朔日有食之"之文,傳又有"日過分而未至"之文,若是周曆四月夏曆二月,則朔後始是春分,不得云"已過春分而尚未夏至"也,在鄭康成以經傳解經傳,原是清楚不過的,不愧爲經學大師,(後來杜預注《左傳》昭十七年事,亦謂"正月,謂建巳正陽之月也,於周爲六月,於夏爲四月。"蓋亦從鄭説)可惜他未留神天運實情,上了《春秋》、《左傳》一個大當,被他滑了一交,余推得昭公十七年六月並無日食,日食當在九月朔,後秦姜岌謂六月朔在乙巳,且交分不叶,不應食,當是誤,唐《大衍曆》及元《授時曆》均謂食在周曆九月朔,六月不應食,是也,是年周曆六月既無日食,則《春秋》此條經文顯是錯誤,而《左傳》所載平子與太史問答的話,也就變了白晝見鬼,夢中囈語,而鄭康成解《小雅》"正月繁霜"句謂是夏曆四月周曆六月正陽之月之説,也就失其根據,腳底下地板忽然蹋了,立刻立足不牢,而王氏此條論據也就跟着蹋下去了。

《元史·曆志》謂昭十七年周曆六月無日食,食在九月朔,是對的,但元天文家用《授時曆》推得食在九月甲戌朔,則非是,我六七年前着手著《中國歷代日食考》,自闢途徑,將經史所載日食,用自己所研究出來的方法,一一加以推算,所得結果,覺郭太史守敬諸人所推的大致尚近是,故每喜拿他們的結果,跟自己所得的結果參證,以防偶有錯誤,當我初次草草推得昭十七年六月甲戌朔食一條是錯誤時,尚未細推得是年九月朔食在某日某時分,(每推一次日食,約需一整天的工夫,此猶是指熟手時而言,若放下三兩月,便不憶如何算法,並且連自己的算草也有些地方看不懂,又我的算式也是逐漸改良的,因爲後來的方式圖表,比從前的精密一點,故往往又把從前的結果從頭覆算一回,有些關係大一點的,已經覆算到第五回了!我盼望好趁人家現成的人,也學學我這種傻氣!）我看見《授時曆》推得食在九月甲戌朔，與我初步推得的平朔同，我不覺拍案叫曰："豈有此理！《春秋》誤九月甲戌爲六月甲戌，也許是一時的筆誤，而《左傳》作者竟傅會《春秋》的錯誤，居然向壁虚造，杜撰出這一段問答來，騙了後世許多人，鬧出不少的笑話，甚至連我那不同時代的畏友（尚友之友）閻百詩先生（若璩）及歐洲兩位大學者，都上了他的老當，這真是豈有此理！"但是不到十點鐘的工夫，我這種直捷了當痛快淋漓的論斷，又不得不抛棄或變更，（雖然是很不願意放棄的，因爲依我所得的結果，昭公十七年的日食，不是在九月甲戌朔，而是在九月癸酉朔，是月黄經合朔係在癸酉日午後北平地方視時三點五十七分，以魯國地方視時言之，是日合朔約在午後四點鐘微過一點，甲戌日却是九月初二了，癸酉當公曆紀元前五百二十五年八月二十一日，儒略日數爲一五二九九〇〇，是時節次立秋處暑之間，太陽尚差八日九五始到南下交，見食地帶爲北歐西伯利亞蒙滿中原高麗等地，魯境食甚約在午後四時二三刻，可見太陽北部被食約九分，可算甚大的日食了，是日若不是陰天，魯境的人没有不看見日食的，看見的人也没有不驚奇的，我推算的結果與郭太史守敬等的結果相差至如此之多，（相差一日）這好像是頭一次，我當時還不敢自信，再三再四覆推，果然是癸酉日下午（平朔原在甲戌早，但因是時太陽落後甚多，太陰超前甚多，故實朔提早十一小時有奇，上述合朔時分係據民十八年十二月十二日第四次算草。頭一次又在此之前數年了）於是我不得不斷定《授時曆》的算法還是頗粗疏，但這並不令我對於郭太史的敬仰減少一絲一毫，因爲他在我們之前六百年，諸事方在草創，儀器方法，遠不如今，能有他們的結果，也就很不容易了。

　　《春秋》日食，自漢董仲舒以來論者不少，清代學者治此者尤多，然關於昭十七年日食，除劉歆、杜預差謬太遠不必計外，《大衍曆》、郭守敬、王夫之、江永、陳厚耀、惠士奇、吳守一、梁履繩、沈欽韓、王韜等均謂是年食在九月甲戌朔，余獨推得魯境食甚在九月癸酉朔午後四時二三刻，諸人蓋推算未精，或承訛踵謬耳，馮澂謂食在癸酉之夜，中國不見，亦非，但如此一來，昭十七年之傳文乃益難索解矣，蓋是年若食在九月甲戌朔，則經文所書"六月甲戌朔"尚可認爲傳寫時誤九爲六，今既確知食任癸酉，則此説亦苦難通，徐發、江永，謂是昭十五年六月朔食移此而誤，陳厚耀駁之，謂"十五年食在丁巳。（余按實是周五月朔，因失閏故誤作六月）與此條經文之甲戌何涉，且十五年之食既已書矣，何能誤繫於此。"陳説是也，鄒伯奇疑此條本在昭十二年，而誤繫於此，馮澂附和其説，余按昭十二年六月平朔雖在甲戌，（此等謬説，不值得費大半日工夫替他細推實朔）然其時太陽尚差二十日始到北上交，南極圈且不入食限，更何論北半球之中國山東，鄒馮二氏之説直是夢話，余甚怪清代學者既誤推得昭十七年日食在九月甲戌朔，乃不乾乾脆脆謂經文誤九月甲戌爲六月甲戌，而偏向昭十二年昭十五年求之，而不計其說之不能通,此蓋由於彼等心胸中先存有昭十七年《傳》文之平子與太史問答語在,及後來之正陽月謬說在,則甚矣成見與偏見之誤人也,雖然,余自查得昭十七年食在九月癸酉後,月日均與《經》《傳》不符,《傳》中問答之文,遂成爲余不解之謎,祗可疑以傳疑,作爲一種未決之疑案而已,但此中有一點,我們已從傍處得有又一證據,即據莊二十五年《傳》文,夏四月周六月日食,當時不視爲災異,而以爲不應伐鼓以救之,亦即證明周六月不是"正月",查莊二十五年《傳》文云:"六月辛未朔日有食之,鼓用牲于社,非常(謂非禮)也,唯正月之朔慝未作,日有食之,於是乎用幣于社,伐鼓于朝。"《傳》文"非常也"知作"非當禮"解而不作"變出非常"解者,因下文有"秋,大水,鼓用牲于社于門,亦非常也,凡天災有幣無牲,非日月之告不鼓"之語而知之,此《傳》與昭十七年《傳》相矛盾,因此《傳》謂六月日食不應用幣伐鼓,唯"正月"食始應行之,昭六月非正月也,乃《杜註》及《正義》謂"此次日食不應伐鼓用幣者,因辛巳之食,在當時雖名六月朔,以曆推之,實是周七月朔,故云然"。此說未免曲解,因《經》《傳》作者明言六月辛未朔,又未言失閏,彼蓋不知當時已漏一閏,亦不知是月應作周七月,故其言如此,後儒先有昭十七年《傳》文橫梗胸中,戴了有色眼鏡,硬替莊二十五年《經》《傳》曲解,硬派他們精於曆算,而不知已厚誣古人也。(文十五年《傳》"六月辛丑朔日有食之,鼓用牲于社,非禮也"。《傳》文解非禮之故,似泛論天子諸侯對於救日食典禮應有等差,謂諸侯不應伐鼓於社,祗應用幣於社,伐鼓於朝,至六月應否救日食,則《傳》文略而未言,又莊三十年九月庚午朔日食,實是周之十月,亦鼓用牲於社,可見當時救日食之禮,不限於周曆六月,又昭七年夏四月甲辰朔日食,《傳》載士文伯之言謂"於是有災,魯實受之,其大咎,其衛君乎"。可見當時災祲之說,卯月亦然,不限於所謂正陽之巳月,且又與下文梓慎謂春分之月日食不爲災之說矛盾,昭二十一年七月壬午朔日食,梓慎謂二至二分之月,日食不爲災,其餘建丑寅辰巳未申戌亥等月日食則爲災,亦無唯巳月始爲災之說,又余前謂《左傳》作者不諳曆法,並非無所據而云然,查襄二十七年十一月乙亥朔日食,《經》誤作十二月,《傳》則不誤,是年確實在戌月,並未失閏,乃《傳》謂"辰在申,司曆過也,再失閏矣",實是無稽之言,而杜預注語附和其說,且註二十八年春無冰句,謂"前年知其再失閏,頓補置兩閏,以應天正,故此年正月建子,得以無冰爲災而書"。皆不諳曆算之言,其夢夢與《左氏》同,江永、陳厚耀、吳守一、鄒伯奇、陳立、王韜均力斥其謬,是也,徐發、范景福謂本是襄二十一年之文,錯簡於此,亦非,由此可見周六月爲正陽月之不足信。)

上頭曾説過,王氏所舉的贓證之中,有些近於故入人罪,查今本《竹書》,於每一帝王即位之年,皆載其甲子,於其崩時,(載明即位之後第幾年"陟",《竹書》書法,帝王之崩曰陟)而於前王陟後至後王即位之間,中間又往往空一年以至四年,閱堯崩後註語,謂"三年舜即天子之位"。蓋即孟子堯崩三年喪畢,舜避堯子不獲,舜始即位之説也,今本載舜崩後三年禹始即位,例與前同,自餘諸王之間,中空一年以至四年不等,但亦有前王崩後後王次年即登位者,故以干支錯之,所得年數,恆比諸王在位年數之和爲多,且今本於載帝相二十八年被弑後,翌年即載"夏世子少康生",而於其下注有丙寅年三小字,直至丙寅之後四十年始載"元年丙午帝(少康)即位",意謂此四十年間雖屬無王之世,然夏統卒賴以不中絶者,幸帝相被弑後而少康即生耳,余曾按今本《竹書》所載干支核之,自禹至桀共十七世,從禹起壬子至桀終壬戌,(中包各王間中空居喪年數及后相後中空無王之世四十年,共中空六十八年)應得四百三十一年,乃今本於桀被放後有沈約大字註"自禹至桀十七世,有王與無王用歲四百七十一年"等語,其下又有小字註"起壬子終壬戌"六字,此大字注語出自《太平御覽》八十二,《文選・六代論》注,及《史記・夏本紀・集解》所引《紀年》,蓋後人所加質疑註語,不然,此書作者寧不知起壬子終壬戌之非四百七十一年,而乃故使正文年數與大字注語自相矛盾乎?王氏論此事云:"案此總數,與上諸帝在位之年數不合,綜計上諸帝在位年數(振先按:此不包各王間中空之居喪年數共二十八年又帝相後無王之世四十年)……凡三百七十三年(振先案:應三百六十三年,王氏誤多十年)必無王之世有九十八年,然後可得四百七十一年之數,則少康陟時年已百二十歲,事難徵信"云云,余讀此不禁莞爾而笑,考今本《竹書》所載,少康生於丙寅歲,即位於丙午歲,在位二十一年而崩,實得六十一歲耳,並無百二十歲之説,皆緣王氏欲證今本《竹書》之僞,不覺熱心太遇,無端替夏后少康海屋添籌,共計算少康壽算之法,一誤於依大字注語所列年數而不依正文所紀年數,二誤於無意中造了十年假賬,三誤於將自啓以來十二王居喪年數共二十八年一齊記在少康賬內,於是此享壽六十一歲之少康,搖身一變,遂化爲壽百二十歲的三代第一人瑞,而大倒其霉的今本《竹書》作者,因此遂得了"事難徵信"的四個字考語,人何幸而爲夏后少康,何不幸而爲今本《竹書》作者,吾前謂王氏所舉證據,有些是强詞奪理,故入人罪(因下文王氏又論喪畢即位事,足見其非不知之,故用"故"字),爲吾人所不敢苟同者此也。(以上爲第一講,以下爲第二講)

　　攻今本《竹書》之僞者,海甯王國維先生之後,又有新會梁啓超先生,梁氏於其所著之《中國歷史研究法》一書(商務印書館萬有文庫本)中有云:"古本《竹書紀年》有商太甲殺伊尹事,文見《晉書・束皙傳》,而今本伊尹事全與彼相反。"(原書頁八十一,又頁一百三十)愚按今本記太甲事,固赫然有"元年……伊尹放太甲于桐,乃自立,七年王潛出自桐殺伊尹"之文,梁氏豈未之見耶?梁氏又謂"古本有文丁殺季歷事,今僞本删去矣"。(同書頁八十一)愚按今本文丁十一年之下,固赫然有"王殺季歷"之文,豈任公又未之見耶?任公又謂"古本《紀年》不及夏禹以前事,而今本則年代託始於黃帝,故知決非汲冢之舊也"。(同書頁一百三十)愚按今本非汲冢之舊,嘉慶初臨海洪氏已言之甚譯,其中蓋別有理由,惟梁氏謂古本不及夏禹以前事則不確,查《史記·魏世家·集解》引和嶠云:"《紀年》起自黃帝,終於魏之今王。"和嶠乃當時親校《竹書》者,其言自屬可靠,可見託始於黃帝,正是汲冢之舊,不獨此也,《山海經·海內經》注引《紀年》云:"昌意降居若水,産帝乾荒。"(振先案:昌意,黃帝子,見《史記·三代世表》)《路史·後紀》引《紀年》云:"黃帝死七年,其臣左徹乃立顓頊。"《太平御覽》七十九引《抱朴子》云,汲郡冢中《竹書》言,"黃帝既仙去,其臣有左徹者,削木爲黃帝之像,帥諸侯朝奉之。"今《抱朴子》無此文,或是《御覽》本引他書而誤題《抱朴子》耳,又《山海經·大荒西經》注引《紀年》云:"顓頊産伯鯀,是維若陽,居天穆之陽。"《隋書·律曆志》引《紀年》云:"帝堯元年景子。"(《路史·後紀》引作"丙子",《隋書》因避唐諱,以景代丙)《史記·五帝本紀·正義》、《高祖本紀·正義》兩引《竹書》云:"后稷放帝子丹朱。"(《山海經·海內南經》注引作"放帝朱于丹水。"微與此異)此皆晉唐宋時所見古本《紀年》,而其所載如此,任公謂古本《紀年》不及夏禹以前事,蓋未之察耳,任公又謂,"古本《竹書》載夏之年祚較殷爲長,今僞本則不然"。(原書頁八十一)此説亦不確,查《太平御覽》八十二,《文選·六代論》注,《史記·夏本紀》集解,《通鑑外紀》二分引《古本紀年》云:"自禹至夏十七世,有王與無王,用歲四百七十一年。"又《史記·殷本紀》集解,《文選·六代論》注,《通鑑外紀·二》分引古本《紀年》云:"自成湯滅夏以至于受,二十九王,用歲四百九十六年。"(《史記·殷本紀》正義引《紀年》云:"自盤庚徙殷至紂之滅,七百七十三年,更不徙都。"與上不符,未知孰是)據此,則夏年非多於殷,實少於殷,夫《束晳傳》未言年數,想是泛泛之言,當時或未加深考,泛泛之言,其可靠程度,與摘録書義者固有間也,或疑作《史記集解》的裴駰,與《通鑑外紀》等所引之《竹書》,成非作《束晳傳》者所見本,亦是一説,總之,每一種古書之爲真爲僞,決非簡單問題,而往籍可稽者,其中又不少傳聞之誤,記憶之誤,與刊寫之誤,任公欲憑手掌般大的半篇《束晳傳》裏頭的單詞孤證,以評判今本《竹書》之爲真爲僞,未免把此事看得太易了。

又古書之爲真爲僞,與古書中所言事實之爲真爲僞,乃是截然兩事,例如今本蒲松齡《聊齊志異》,確是蒲氏當年所著原書(我實不知是否,不過我這裏志在取譬,非志在考據,故不妨姑如此説),但吾人不必因此遂信此書所言皆是事實,又如《中國歷史研究法》一書,確是梁任公所著,非出他人僞託(此層我至少有九成把握),然書中所言今本《竹書》事,則謬誤顯然,是其例也,任公於此書一三五頁論古本《竹書》所述伯益謀篡啓位,啓殺之,及伊尹放太甲於桐,篡位自立,太甲潛出自桐殺伊尹等事,謂以情理論,古本《竹書》所言,比《尚書》、《孟子》所言較近實情,適足證其不僞,而今本《竹書》

削去之(案:太甲條並未削去),反足證其僞云云,姑無論晉世以廢立篡弒逼禪得天下,太康二年出土的《竹書》及《竹書》全文之校綴制定,難保非逢君之臣串此把戲,僞造伯益伊尹謀篡事來做篡弒者的擋箭牌,就讓古本《竹書》確是魏安釐王時所錄的古史,對於上古的事,其可靠程度,至多亦不過如二百年前孔子所見的魯史記,及孔子所删的詩書,且以年代遠近及史識優劣相懸故,或且遠不逮焉,乃任公好爲新奇之論,偏不以孔門相傳關於伯益伊尹之事蹟爲可信,而却以異説縱橫詐力相尚的戰國時代的相傳爲可信,且隱隱暗示爭權奪位爾虞我詐乃人情之常,推位讓賢左輔右弼爲必無之事,準此以談,將諸葛亮未必無篡奪之志,而華盛頓未必有退讓之心,如此論事,若惟恐民德之漸滅爲未盡,而當世之紛亂爲未甚者,其去著者原序中所稱"取人爲善,與人爲善"之旨不亦遠乎?且梁氏亦幸而未注意到《史記·五帝本紀》張守節《正義》所引《竹書》有"舜囚堯,復偃塞丹朱,使不得與父相見"之語,及劉知幾《史通·疑古》《雜説》諸篇所引《汲冢竹書》、《瑣語》類此之語耳,否則又將以舜囚堯爲較近實情,將"明明揚側陋"、"詢事考言"以"知人則哲"、"爲天下得人"著稱的帝堯,當作一個不辨五色不分好歹的瞽者,而《書》所言"讓於德弗嗣"的大舜,乃無端一手提拔自己的丈人監禁起來,甚至連自己的舅爺想要見他父親一面都不許,豈不成爲天下古今最兇狠最没良心的怪物,連那知念主恩的黃犬都不如?如此污衊古人,欺負死人不會説話,其如公道何!

　　任公之好穿鑿附會,創爲驚世駭俗之談,又可於其論稷契有父無父問題見之,世人因《商頌·玄鳥》之詩有"天命玄鳥,降而生商"之文,《史記·殷本紀》有簡狄,有娀氏女,三人行浴,見玄鳥墮其卵,簡狄吞之,因孕生契之語,又《詩緯》有"湯之先爲契,無父而生契,母與姊妹浴於玄丘水,有燕銜卵墮之,契母得之,故含之,誤吞之,即生契"之語,遂信契母簡狄因吞玄鳥之卵而懷妊生契,(《史記·殷本紀》謂簡狄爲帝嚳氏次妃,據此,則簡狄非無夫而契非無父矣,《索隱》議之曰:"契生堯代,舜始舉之,必非嚳子,以其父微,故不著名。"依此説,則契别有父,不過地位寒微,不著稱於世耳,毛公作此詩傳,謂玄鳥降爲祀郊禖之候,金仁山亦謂"古人以玄鳥至之日祀于高禖,以祈子也,簡狄以是日祈焉而孕,故《詩》述其感生之祥,史以行浴墮卵之事附之,幾於罔矣。"此説頗近理,並可供參考)又因《生民》之詩有"厥初生民,時維姜嫄,……履帝武敏歆……載震載夙,載生載育,時維后稷……不康禋祀,居然生子,誕寘之隘巷,牛羊腓字之……誕寘之寒冰,鳥覆翼之,鳥乃去矣,后稷呱矣"之文,及《史記·周本紀》有"姜原出野,見巨人跡,心忻然悦,欲踐之,踐之而身動如孕者,居期而生子,以爲不祥,棄之隘巷,馬牛過者,皆避不踐"之文,及后稷名"棄"的事實,遂信稷母姜嫄真因履巨人之足跡而懷妊生稷,其實此類理所必無的傳説,不過是神話時代幻像的産品,流俗對於出衆的人物，每以爲必有神異之處，故凡關於他們的事蹟，每經過一番陳述，即無意中加添陳述者幻想中所認爲是或有的成分，添枝加葉，訛以傳訛，展轉傳聞，至末流遂變成神話中的人物，即如湖南武術家柳森嚴，不過武技出衆而已，而前月報紙登載，乃認其手携油傘帶有神秘性，能於羣衆中隱藏其形，逃避無蹤，以今日科學之发达，交通之便利，信息之靈通，對於當時的事尚不免有此誤傳，然則世人對於數千年前人物神話之多而且離奇，又何足異，可見經史所載稷契無父而生的話，不過是作者將當時世俗流行的傳説，照樣著之於篇，吾人對之，亦祇可與前月報載柳森嚴隱身遁地事等類齊觀可耳，或問曰：稷契既無無父之理，則其父究屬何人？曰：古史言稷契皆帝嚳高辛氏之子，然此説恐不可靠，因代遠年湮，紀載多缺，後人臆説附會，傳聞異詞，吾人對之，祇可疑以存疑，置之不論不議之列，但有父與無父是一問題，有無紀載可考又是一問題，今世之人，不知其遠祖之名字事蹟者多矣（美洲新移來之民，其子孫間有不能舉其高曾祖之名字籍貫事蹟者，蓋彼等於家世系譜，多不注意），難道他們的祖母，都是會吞玄鳥之卵，或曾履巨人的足跡，以處女身而生子乎？世事有本極尋常極易解者，而世人偏好於艱深處求之，亦無怪其惑矣，梁任公對於稷契事爲之説云：

> 稷契既决非嚳子，又不能知其爲何人之子，漢儒且有聖人無父感天而生之説，然則稷契果無父耶？吾儕可以立一假説，謂稷契亦有父亦無父，彼輩皆母系時代人物，非父系時代人物（句傍之點，從梁氏原著，蓋梁氏得意語，文見《中國歷史研究法》一百十三頁），吾儕聞歐美社會學家言，已知社會進化階級，或先有母系然後有父系，知古代往往一部落之男子爲他部落女子所公有，一部落之女子爲他部落男子所公有，在彼時代，实人固宜“知有母不知有父”非不欲知，無從知也，契只知其爲簡狄之子耳，稷只知爲姜嫄之子耳，父爲誰氏，則無稽焉，於是乎有“吞鳥卵而生”“履大人跡而生”之種種神話，降及後世父系時代，其子孫以無父爲恥，求其父而不得，則借一古帝以自重，此嚳子之説所由起也，亦有既求父不得，即不復求，而託“感天”以自重（愚按：今世之當人養子者，及從路邊拾來或從災區救來之孤兒院男女，多有求其父不得，求其母亦不得者，不知在梁氏之意，以爲應屬母系時代人物，抑應屬父系時代八物，抑應屬原生時代生物，又不知此等人是否都託“感天”或“從天上掉下來”以自重），殊不知古代之無父感天者不必聖人，蓋盡人莫不然也。

梁氏此番議論，——即謂稷契爲母系時代人物，其時一部落之男子爲他部落之女子所公有，一部落之女子爲他部落之男子所公有，——與歷代相傳普世共信之説不相

89

容，照論事原則，那證明的重擔 Burden of proof 應該歸那獨持異説者担任，梁氏發爲堯舜稷契時公夫公妻有母無父之異説，就應該拿出充分的證據來，乃梁氏於武斷之外，却空空洞洞，證據一無所有，是直無稽之言而已，無可徵信之言，本無須另舉反證，因現有經史全部都是反證，而 the general presumption is against it 故也，雖然，吾人論事，首貴虚心，梁氏既有此説，吾又何妨就一時思憶所及者，略舉直接反證數事，以見梁説之謬。

（一）堯舜禹稷契，皆在同一時代中，皆梁氏所指爲母系時代人物非父系時代人物者也，亦即梁氏所謂一部落之女子爲他部落男子所公有者也，何以《今文尚書·堯典》有"有鰥在下曰虞舜"之文，難道本部落之男子人人皆鰥居乎？難道他部落中竟找不出一女子乎？夫曰有鰥云者，明明是夫妻制度，况其下又有"釐降二女於嬀汭，嬪于庚"之文，所謂"嬪于虞"者，亦不遇如今人言"適潁川陳氏"之類耳，若謂嫁與有虞氏全部落則謬矣，此觀於孟子引象曰"二嫂使治朕棲"之言而知之，象妄人妄語，然既曰二嫂，則其實爲舜妻而非全家之妻更非全部落之妻蓋可見矣。（二）又《堯典》有"岳曰，瞽子，父頑母嚚象傲，克諧以孝"之文，明明謂瞽爲舜父，舜爲瞽子，何得謂堯舜稷契時代人人不知有父？難道這是由於"舜或舜之子孫以無父爲恥，而欲借一瞽父以自重"乎？孟子亦有同樣之言，梁氏尚可謂孟子距堯舜時稍遠，傳聞或有出入，然《堯典》則當時之紀載，自當更可靠也。（三）《堯典》又有"放齊曰，胤子朱啓明"之文，與孟子所云"丹朱之不肖，舜之子亦不肖"之文相符，又與梁氏所信之古本《竹書紀年》所云"后稷放帝子丹朱"之文亦相符，均足證堯舜各有確定的父子關係，與父女關係（因"觀厥刑于二女，釐降二女于嬀衲"之文而知之），安得謂其時之人知有母而不知有父？且《堯典》所言舜乃"瞽子，父頑母嚚"，及"明明揚側陋"、"有鰥在下曰虞舜"，與孟子所言"耕於歷山"之語，都是實話實説，無所隱諱，因此益可信其爲當時實録，並不是後人粉飾之詞，難道"瞽子，父頑母嚚"、"側陋"、"在下"等狀況，又是甚麼特別體面事情，而虞代之君臣必欲"託之以自重"乎？（四）又今本《尚書》之《益稷》篇（原是《虞夏書》、《皋陶謨》之一部，别有《棄稷》篇，今已亡）載大禹自述之言，有"予創若時，娶于塗山，辛壬癸甲，啓呱呱而泣，予弗子，惟荒度土功"等語（辛壬癸甲句，據《僞孔傳》解作大禹辛日娶妻，家居歷辛壬癸三日，至甲日即第四日遂出門治水，其度蜜月之期僅三日耳，《僞孔傳》蓋亦依當時通行經解而云然，又啓呱呱而泣，自是禹出門治水後其妻生子禹再過家門時之所聞），禹與啓父子之關係亦確定不移，若一部落之男子全體娶又一部落之女子全體，就讓禹祇眷其中之一女子，而以禹居室日少，在外日多，禹出外後，爲之夫者必大有人在，禹究有何把握而知此呱呱者之必屬己子乎？則甚矣梁氏之説之無稽也，梁説本無辯論價值，余略舉反證數事駁之，已自覺其辭之費矣，平心而論，梁氏生平，極力介紹舊學新知，其啓發後學之功，有足多者，然驚於新奇，好爲穿鑿附會之談,其貽誤後學的地方恐亦不少,瑕瑜正不必相掩耳,梁氏於書中引王充語云:"俗人好奇,不奇,言不用也,故譽人不地其美,則聞者不快其意,毀人不益其惡,則聴者不愜於心。"確是深悉世情之言,人之好爲新奇過當之言者,其以此乎,其以此乎。

今續論今本《竹書》真僞問題:梁氏直接駁今本《竹書》的論證,不過如上所述,但他還有於不知不覺中間接駁今本《竹書》的地方,查今本《竹書》帝仲康下載有"五年秋九月庚戌朔,日有食之,胤侯帥師征羲和"一條,與晚出《古文尚書·胤征》篇所載胤侯奉王命誓師征羲和事,及誓師詞中"乃季秋月朔辰弗集于房"(辰弗集于房,謂日食也,解詳後)語大致相符(任公似不曾理會此條,否則彼於駁今本《竹書》時不會置之不題),今且先將此段故事,照《古文尚書·五子之歌》及《胤征》等篇經文及通行經解史論,略一述之,照通行經説,帝太康即位之後,不理國政,盤遊無度,有一次渡黃河至洛水之南打獵,十旬不歸,因此大失民心,有窮國有一個諸侯名羿者(就是后羿),乘此機會,起兵距太康於河濱,不令北返,遂廢太康而立其弟,是爲仲康,仲康知后羿志在篡奪,故即位之初,即命忠於己之胤侯統率六師,收兵權於掌握之中,時適有世掌天文之官羲氏和氏者,縱酒廢事,昧於天象,致九月朔日食之變,未能事先推定奏聞,如禮禳救,竟至日食既見,百官有司皆忙於救日典禮,而職司天象之羲和,反沈湎於酒,毫無聞知,似此失職債事,按律應明正典刑,仲康因命胤侯率師征之,《胤征》篇之文,即胤侯誓師聲罪致討之辭,但此事有一點頗不近情理,何以呢? 羲和不過天文之官,略如今之觀象臺臺長,即使罪有應得,遣一介天吏縶之可矣,何致勞天子之師以征之哉,故金仁山解之曰,想是羲和於世職天官之外,更有其他重要政權,而彼又黨於后羿,如虎添翼,大爲王室之患,故仲康借羲和此次過失,小題大作,命胤侯率師討之,以削賊臣后羿之羽翼,故終帝仲康之世,后羿逆謀未成,直至帝相峙羿之臣寒浞及其子澆始實行篡弑之舉云,此即唐以後通行《經解》及《通鑑綱目前編》所述之大要也,上述那椿故事,久矣不脛而走,傳遍寰球(但本國人注意者却不多),例如距今五十年前,美國天文學大師紐客晤氏 S. Newcomb 於其所著之 *Popular Astronomy*(我十年前曾寢饋於斯,今所得之些少天學知識,實以是爲始基,時年已四十五六矣)一書開宗明義第一章第二至第三頁有云:"中國天學,發達甚早,四千年以前,即已於日月之運行與交食之公例,知之頗詳,此可於其經史徵之,彼之古經,曾載有夏之天官羲氏和氏,因酗酒溺職,未能事先推算日食,致爲天子所戮,此事若確,是日食之記載,當以中國爲最早"云,即指此事而言,其實此事若確,足證我國四千年前天官已曉預推日食,蓋若非仲康以前天官已曉預推日食,何能因未能前知而加罪於司天之官乎?

現在先要問:《書·胤征》篇所言的事確乎? 夏仲康時季秋月朔果有日食乎? 此問題梁任公曾有答案,茲將梁氏所著的《中國歷史研究法》一二七頁照錄如下:

91

　　僞書有經前人考定已成鐵案者，吾儕宜具知之，否則徵引考證，徒費精神，例如《今本尚書》有《胤征》一篇載有夏仲康時日食事，近數十年來，成爲歐洲學界一問題，異説紛紜，殆將十數，致勞漢學專門家施履格教授 G. Schlegel 與天文學專家曲訥博士 F. Kühnert 合著《〈書經〉日食考》(德文，於一八八九年由荷蘭王家科學院出版)以討論之，殊不知《胤征》篇純屬東晉晚出之僞古文，經清儒閻若璩、惠棟輩考證，久成定讞，仲康其人之有無，且未可知，遑論其時之史蹟，歐人不知此椿公案，至今猶刺刺論難，由吾儕觀之，可笑亦可憐也！

任公於下了上述判詞之後，乃列舉泰西學者九人所推得之仲康世日食期六説，實則此椿大公案，未必如任公所言之簡單，"可笑亦可憐"一語，未必非"夫子之自道"，此椿大公案，自然不是三言兩語所能了結(也許永遠不能了結)，兹分爲數點討論之：

　　(一)任公因聞先儒考定東晉晚出《古文尚書》比伏生所傳《尚書》加增二十五篇，此二十五篇全是僞的，又知《胤征》篇乃此二十五篇中之一篇，故知《胤征》亦是僞書，《胤征》篇既是僞造，則篇中所言之事蹟人物，常無往而非向壁虚造，於是遂放膽武斷曰："仲康代日食事固不必談，即仲康其人，亦子虚公子烏有先生之流耳"，斯言也，乾脆誠乾脆矣，省事誠省事矣，然出自以國學大家自命的梁任公，則吾人不無失望，查太史公乃漢武帝時人，遠在《梅書》出現之前，又嘗見孔子《書序》(見《史記・三代世表》《太史公序》語)，又嘗讀黄帝以來諜記，又嘗親與孔安國遊，得見孔壁真《古文尚書》，任公所尊崇的閻若璩於其《尚書古文疏證》中有云："別有好古之士，如馬遷都尉朝方從安國問古文。"又云："安國古文之學，其傳有四，一傳于都尉朝，……一傳於兒寬，一傳于其家孔僖，……一傳于司馬遷，遷書所載，多古文説是也。"可見太史公曾見真孔壁《古文尚書》，而孔壁多得《古文尚書》十六篇中，内有《胤征》一篇，故太史公所言關於夏仲康事，必甚可靠，因其不但曾見當時流傳之三代譜諜，且得見孔子尚書序及孔壁真《古文尚書》經文也，今查《史記・夏本紀》云："啓崩，子帝太康立，帝太康失國，昆弟五人，須于洛汭，作《五子之歌》，太康崩，弟中康立，是爲帝中康，帝中康時，羲和湎淫，廢時亂日，胤往征之，作《胤征》(振先案：後四句乃太史公採孔子《書序》語，與今存《書序》語同，《書序》非僞，不過《僞孔傳古文尚書》硬將昔本自爲一篇之《書序》，來一個"五馬分屍"，分置各篇之首耳)，中康崩，子帝相立，帝相崩，子帝少康立。"又《史記・三代世表》亦有"帝仲康，太康弟"之紀載，此皆遠在東晉晚出《古文尚書》之前，其來源甚可靠，由此可知帝仲康固實有其人，征羲和亦實有其事(但如何征法則不可知，王先謙謂"胤往征之"之胤是人名，不是國名，《堯典》"胤子朱，"《顧命》"胤之舞衣"，

《僞孔傳》均解作國名,以與此處之胤侯遥相應合,肺肝如見),今任公用輕輕數語,遂硬將四千年前一位古帝,一筆勾銷,帝相(帝仲康子)在九原有知,吾知其必"搶地呼天",自歎"此後遂長爲無父之人(應説鬼)矣!!!"

　　(二)任公論荷蘭國漢學大家施立格教授(氏著有《中國天文學》一書,德文,鉅製也)與奧國天文專家曲訥博士合著《書經日食考》事,譏其不知晚出《僞古文尚書》一樁公案,白費了許多工夫,"可笑亦可憐",是語也,殆不可使施曲二博士聞之,我未讀二氏德文原著,不知其詳細內容,然據哥倫比亞大學漢學講座 F. Hirth 博士所著之《中國古史考》所言,施曲二氏實推定《尚書》所言之日食,乃在西紀曆元前二千一百六十五年五月七日(梁書亦述此日期,蓋得自 Hirth 氏《中國古史考》),日食在晨日出後約一小時,今之河南地方可以見食,余曾自己細加推算,照民十八年十二月十八日第五次算草,推得此食確在西曆五月七日,即丙辰歲三月丁巳朔,儒畧日數爲九三〇七八四,是日黃經合朔在北平地方視時晨七時四十五分,時節近穀雨,太陽已過北上交九日七七八九,依日食原理,黃經合朔在晨之地,見日食在合朔時刻之前,穀雨時節今河南開封於晨五時二十三分日出,故河南見食亦如施曲二博士所言約在日出後一小時,是時太陰黑影由西南斜趨東北,夏都可見太陽北部食去其半,此是年夏曆三月丁巳朔日食之大略情形也。今且問此夏曆三月丁巳朔日食,與晚出《古文尚書·胤征》篇所言"乃季秋月朔辰弗集于房"之文謂食在九月朔者何涉?(此句《僞孔傳》解作日食在房宿,因季秋之月日在房也,與杜注昭十七年《左傳》太史所引《夏書》"辰不集于房"句謂房爲日月之舍者不同)晚出《胤征》篇所言者乃夏曆九月朔日食,施曲二氏所推定者乃夏曆三月朔日食,二者蓋如風馬牛之不相及,任公乃譏人不知僞《古文尚書》這樁公案,不知何所見而云然,恐施曲二氏聞之,或反疑梁氏不知昭十七年《左傳》有平子與太史問答那樁公案,查是年《傳》文云:"夏六月甲戌朔日有食之,昭子曰:'日有食之,天子不舉(謂减膳),伐鼓於社,諸侯用幣於社,伐鼓於朝,禮也',平子止之曰:'唯正月朔慝未作(杜注謂慝指陰氣,夏四月周六月六陽正盛,一陰未生,夏曆五月周曆七月既交夏至,一陰始生,前一月陰氣尚未生,故曰慝未作云),日有食之,於是有伐鼓用幣之禮,其餘他月則否',太史駁正之曰:'正月實指此月(周六月)言,日過分而未至(日子已過春分,未到夏至),三辰(日月星)有災(日食之類),於是乎百官降物(謂素服),君不舉(不舉盛饌),避移時(避正寢過日食時),樂奏鼓,祝用幣,史用辭,故《夏書》曰:辰不集於房(杜預謂集安也,房舍也,日月不安於其舍則食),瞽奏鼓,嗇夫馳,庶人走(以上四句乃太史引《夏書》語),此日朔之謂也,當夏四月,是謂孟夏。'據此則《夏書》所言救日食事確在夏曆四月周曆六月,因《傳》文先言六月甲戌朔日有食之,太史繼言"就是此月,已過春分而尚未夏至,當夏曆之四月,是謂孟夏",其言清楚了利,確切不移,閻若璩所謂反覆明切者是也,由此可知施曲二博士所著的《〈書經〉日食考》乃根據《左傳》所引《夏書》之文,並非根據東晉梅頤所奏上之《胤征》經文,梁氏以國學名宿自命,乃不知辨別(不知《左傳》另有《書經》日食公案,又不知《左傳》所引《書經》的公案乃指四月,與《胤征》的季秋月朔案無涉),妄肆譏彈,恐所謂"不知此樁公案,由吾儕觀之,可笑亦可憐"者,乃在此而不在彼耳。

然則施曲二氏之論斷果當乎？曰:此層亦大有問題,以余所推,西曆紀元前二一六五年五月七日乃夏曆丙辰歲三月丁巳朔,確非夏曆四月周曆六月,與《左傳》所載太史之言不符,然吾人尚可爲之辯護曰:古時曆術疏闊,往往漏一閏月,則三月遂作爲四月,且無論是三月抑四月,一樣是已過春分而尚未夏至,至少與魯太史"日遇分而未至"一語不相背,然此端猶其小焉者,余上文曾證明昭十七年六月並無日食,食在是年九月癸酉朔,甲戌乃九月初二日,顯見經傳所言是年六月甲戌朔日食事爲不可能,又曾證明此條非由昭十二年昭十五年誤移於此,於是太史所言"在此月也,……當夏四月,是謂孟夏"之言全不足據,施曲二博士若以魯太史之言爲依據,則不免爲其所誤矣。

又不獨施曲二博士上了昭十七年《左傳》的當而已也,即清初大名鼎鼎以考得晚出《古文尚書》之偽震驚一世之閻若璩氏,亦一樣的爲《傳》文所欺,茲節錄閻氏《尚書古文疏證》卷一"第八言《左傳》載夏代日食之禮,今誤作季秋"一段之文如下:

> 日食之變,爲人君所當恐懼修省,然建子(振先案:即冬至所在之月)建午(夏至之月)建卯(春分之月)建酉(秋分之月)之月,所謂二至二分,日有食之,或不爲災,其餘月則爲災,爲災之尤重者,則在建巳之月(即今小滿所在之月,亦即夏曆四月周曆六月)焉,蓋自冬至一陽生,至此而六陽並盛,六陰並消,於此而忽以陰侵陽,是爲以臣侵君,故先王尤忌之,夏代則瞽奏鼓,嗇夫馳,庶人走,周代則樂奏鼓,祝用幣,史用辭,雖名有四月六月之別,魯謂之正月,正月者,正陽之月,非春王正月之月也,《左氏》昭十七年夏六月甲戌朔日有食之,祝史請所用幣,禮也,平子不知而止之曰,唯正月朔慝未作(解見前)日有食之,於是乎用幣於社伐鼓於朝,其餘則否,太史曰,在此月也,日過分而未至,三辰有災,於是乎有官降物,君不舉,辟(避)移時,樂奏鼓,祝用幣,史用辭,故《夏書》曰,"辰不集於房,瞽奏鼓,嗇夫馳,庶人走,此月朔之謂也,當夏四月,是謂孟夏。"夫太史首言此禮在周之六月,繼即引《夏書》以證夏禮亦即在周之六月朔,周之六月,是爲夏之四月,可謂反覆明切矣,此非二代同禮之一大驗乎？而偽作《古文》者略知曆法,當仲康即位初有九月日食之事,(此節余將於下文研究討論,又打倒偽《古文尚書》的學者,自以淮海閻百詩爲此中巨擘,然閻氏於此處及他處均信仲康實有其人,而耳食之流,但記

取閻氏簡單斷語,乃反疑仲康並無其人,可謂青出於藍,後來居上),遂於《胤征》篇撰之曰,"乃季秋月朔辰弗集於房,瞽奏鼓,嗇夫馳,庶人走"。不知瞽奏鼓等禮,夏代正未嘗用之於九月也,是徒知曆法而未知夏之典禮也。

按巳月(夏四月周六月)之為正月,不特見《左氏》,亦見《詩·小雅》,所謂"正月繁霜我心憂傷"是也,若以夏寅月(夏曆正月)周子月(周曆正月,夏曆十一月)當之,曷足為災異哉,正陽日食,為古所尤忌,又不特見《左氏》,又見《詩·小雅·集傳》,蘇氏所謂純陽而食,陽弱之甚,十月純陰而食,陰壯之甚,"十月之交,朔日辛卯,日有食之"。詩人以為"亦孔之醜"是也,其說皆與《左氏》互相發,故並著之,獨怪胡安國傳《春秋》,於莊二十五年六月日食鼓用牲於社,不從《左氏》正陽之義,而反遠引《胤征》九月日食瞽奏鼓之禮,若以凡日食即當然者,豈誠以《左氏》為浮誇,而以《古文尚書》為真合夏之典禮耶?

閻氏此段,引《左傳》、《小雅》之文以證《胤征》之偽,考證不為不詳,夫豈知以余研究所得,昭十七年日食有九月癸酉朔午後申時酉時之間,六月並無日食,左氏此段問答,豈止"浮誇",真是白晝見鬼,夢中囈晤,而鄭箋杜註,以至蘇氏之經解,閻氏之論證,皆築於同一基礎之上,今地基被人拔去,雖有層樓傑閣,立刻一齊塌臺,閻氏馳馬挺矛,直刺晚出《古文·胤征》篇,原欲將其刺倒,覺料坐騎四蹄忽然軟化,《胤征》未能打倒(反轉添了力量,因昭十七年確食在九月之故),自己反翻身滾落馬下,此豈閻氏所及料哉,尤有奇者,閻氏後來學曉曆法(清代碩學,幾人人皆諳曆法,特造詣有深淺耳,其不曉曆法者,亦不憚煩難,努力習之),推得昭十七年六月不應食,食在九月甲戌朔(余推得實是九月癸酉朔,甲戌乃九月初二日,萬無日食之理,然清儒曆算造詣,尚未臻此,如閻氏者,已屬此中翹楚,殊可欽佩矣),謂是誤九為六(見《尚書古文疏證》卷六上,頁十六,又閻著《潛邱剳記》討論春秋日食頗詳),此因閻氏不知食在九月癸酉而非甲戌,故以為昭十七年經傳所云六月甲戌朔日食,乃誤將"九月"寫作"六月"也,所奇者,閻氏既知昭十七年日食不在六月而在九月,乃不察覺前時指駁《胤征》篇論據之全失,又從而推得《夏書》所言日食或當在仲康十一年閏四月甲寅朔(余尚未暇審查此條),仍維持其昔年昭十七年傳夏四月周六月之錯謬舊說,斯真天壤間絕奇而不易索解之事,而其生平許多益友畏友(如為閻書作序之南雷黃梨洲之類,黃亦通曉曆法者),及其校刻此書之哲嗣閻詠、孫學林,竟無一人察其謬誤,更無一人知以閻氏後來所得之新知(即知昭十七年食在九月,非六月)指正其前時之誤,遂使其畢生終於此誤而不自知,更以此誤傳之永久,斯真閻氏之大不幸,而不謂二百三十年後有陳振先其人者,為之指出其誤,更為之證明此誤非由於閻氏學識未能及此,不過因一時精神未能貫

95

注、致前後不相照應耳，此又閻氏不幸中之幸，設閻氏九原有知，吾知其必大快大慰，引爲隔世之知己矣。

然則昭十七年《左傳》一段談話，果何自而來乎？曰，難言也。吾嘗欲於無可解說之中，求一足愜吾心之說，而迄未能得。將謂昭十七年六月甲戌朔日食爲誤書日（謂日之干支）乎？然是年六月並無日食（五月七月亦不入食限），更不必問干支之果何屬也。將謂由於誤書月（誤九爲六）乎？然九月之食乃在癸酉而非在甲戌，是誤九爲六之說亦苦於扞格難通。將謂由於偶然錯簡，將本屬他年之事，誤繫於昭十七年之下乎？然吾曾遍查昭公在位之年，自昭公元年以至三十二年，都無食在六月甲戌之事，則錯簡之說亦屬無稽。將謂昭十七年或是其他魯君十七年之誤，而錯簡於此乎？然吾嘗試推桓十七年、莊十七年、僖十七年、文十七年、宣十七年、成十七年、襄十七年月朔及食限（吾自有捷法推算，必不剿襲他人之說以自欺），都無食在六月甲戌者（甚至食在五月七月甲戌者亦無之），況昭子平子又皆有時代性，而非可任意移易者，是此說亦“路不通行”。如必欲於無可解說之中，强求一解，意者日食之前，魯曆已定九月朔爲甲戌，及日食既見，當時或未即書，迨事後追書，又不憶當時實食在癸酉而不在甲戌（即癸酉實是九月朔，非八月晦，甲戌實九月初二日，非九月朔），但知日食應在朔，故遂補書於時曆九月甲戌朔之下，其後傳鈔時不知何故，又誤九月甲戌爲六月甲戌，其後《左傳》作者又誤認錯誤史文（或經文）爲實事，又傅會其事，撰爲昭子平子太史等之言，而大錯由是鑄成。是說假定太多，曲折太甚（凡學說假定愈多者，愈不可靠，科學如是，考據亦如是），殆幾幾乎不足置信，吾所謂未愜吾心者此也。雖然，無論十七年傳文爲誤爲僞，其所引《夏書》文似不至僞，因世未有引當時通行經籍本無之文，而尚望可以售其欺者，故當時《夏書》實有此文，自屬可信。惜所引僅得四句，致吾人於夏代救日食事，未能十分確定爲何王之世，亦未能確定共食在何月。然孔子《書序》（司馬遷謂《尚書序》乃孔子所作，太史公於《史記·三代世表序》中言“孔子因史文次春秋，紀元年，正時日月，蓋其詳哉，至於序《尚書》則畧無年月，或頗有，然多闕不可錄”是也。馬融、鄭玄、王肅亦謂《書序》爲孔子所作）云：“太康失邦，昆弟五人須于洛汭，作《五子之歌》。”其下又云：“羲和湎淫，廢時亂日，胤往征之，作《胤征》。”（鄭康成註《胤征》云“胤征臣名”，疑是“胤臣名”之誤，觀於《書序》“胤往征之”一語而知之，《梅書孔傳》謂胤是國名，與鄭異，亦一破綻。）太史公《夏本紀》云：“帝中康時，羲和湎淫，廢時亂日，胤征之，作《胤征》。”與《書序》語同，惟上頭多“帝中康時”一語，此句余疑亦本《書序》，與《五子之歌·書序》“太康失邦”句同一格局，殆《僞孔傳》割裂《尚書序》分置各篇之首時，始刪去之，因經文首句已甚明白故也。且鄭玄註《書序》，列《胤征》在《五子之歌》之後，而在《湯誥》之前，亦與“帝仲康時”一語相符。太史公嘗與孔安國遊，父曾受真孔壁《古文尚書》，得見孔子《書序》，故“帝中康時”一語必確有依據，可如羲和湎淫，廢時亂日，確在仲康之世。吾雖不敢十分確言廢時亂日必指日食言，然交食乃天官職司，推步又繫乎曆算，帝仲康時，天天羲和既湎淫廢職，曆朔又紊亂失次，則日食之突然而至，舉國震驚，與有司之事前無備，臨時張皇失措，奔走禳救，乃必至之事，與《左傳》所引《夏書》所云：“辰不集于房，瞽奏鼓，嗇夫馳，庶人走”的張皇失措匆遽紛亂神氣逼肖，故吾頗信《左傳》所引《夏書》即是春秋時《夏書·胤征》篇文。（觀《左傳》所言，可知古時亦有單稱“夏書”者，馬鄭王等“虞夏同科”之説亦不盡然。）閻若璩亦以廢時亂日爲指日食言，其《尚書古文疏證》卷六上頁四云：

又按：辰不集于房，在《左傳》，杜註曰，房，舍也，日月不安其舍則食，若此，於房宿絕無干涉，此《夏書》之文，應在建巳正陽之月，故當以瞽奏鼓之禮。而僞作《古文》者似錯認爲房宿，蓋九月日月會於大火之次，房心共爲大火，掩蝕於房宿，故冠以“乃季秋月朔”五字，此正其致誤之由。（振先按：《夏書》辰不集于房之房，以解作房宿於義爲長，杜閻二氏因不知昭十七年六月並無日食，閻氏後雖知之，而迷夢未醒，障翳瞳人之鱗膜迄未脫落，故抵死亦有不見自己的謬誤，總是叨嘮鄭康成正陽之謬説，真是叱叱怪事！）予嘗思《書序》“羲和湎淫，廢時亂日，胤往征之，作胤征”，未詳何王之世。太史公固受《逸書》二十四篇，内有《胤征》篇者，知出中康之世，故《夏本紀》曰：“帝中康時，羲和湎淫，廢時亂日，胤往征之，作《胤征》。”夫不曰帝中康初，而曰帝中康時，最確。蓋予推步以曆，仲康十三年中，惟十一年壬申歲，距至元辛巳積三千四百二十九年，閏月甲寅日午時日食，又步至十二年癸酉歲四月戊申日酉正初刻合朔，亦入食限，加恁時視三差（謂氣差時差視差），乃戊時初虧在地（謂日已落至地平之下），人目不能見食（閻氏此兩條推步確否，容後論之），無庸伐鼓取幣以救之，則瞽奏鼓等禮的在仲康十一年閏四月甲寅朔無疑矣。僞作《古文》者苟知此，將“肇位四海”易作“即位十一年”，“季秋月朔”易作“閏四月朔”，既合曆法，又協典禮，雖有百喙，豈能折其角哉，噫！予笑其智不及此。

右述閻氏所言，雖不免中有所蔽，然其認《左傳》、《夏書》所言救日食事係在仲康之世，則殆無可疑。

又此事有一二可以質疑之點，茲一併附論之於此。杜元凱昭十七年《左傳》所引《夏書》，云：“逸《書》也。”知此書當時（太康初）已亡，否則杜氏斷未有不舉其篇名者，亦未有不傍及篇中引文以外的有關文句者。既知杜注“逸”字作“亡”字解，因憶閻氏嘗論馬鄭諸僞用"亾"、"逸"二字涵義不同,亾則人間所無,逸則人間雖有,而非博士家所讀,例如馬融《書序》所云"逸十六篇絶無師説"是也,此逸十六篇出孔壁後當時尚存,惟未立於學官,且尚無師説耳,此"逸"與"亾"之大異處。後見杜注《左傳》所引《夏書》,云"逸書也,"知杜注"逸"字與"亾"字同,因疑閻氏或未知此。後再檢閻書,見其論鄭注"亾"、"逸"之分後,其下即云:"杜氏註統名爲逸,此其微別者",乃益服前輩之精細。然余昔時數讀此書,迄未覺有此二語,直至因杜注"逸《書》也"問題起後,再檢閻書,此二句始凸出書面,格外惹人注目,乃益信胸無問題與特別興趣之人,或胸無問題與特別興趣之時,雖讀書亦鮮所注意,既不注意,斯視之而不見矣。此等事余已經驗不少次,因附帶縷述之,以爲讀書互助會諸君告。又閻氏謂真孔壁《古文尚書》亡於晋永嘉之亂,吾今乃知其不然。查杜元凱《春秋經傳集解後序》言:"太康元年三月,吳寇始平,余自江陵還襄陽,解甲休兵,乃申抒舊意,修成《春秋釋例》及《經傳集解》始訖。會汲郡汲縣有發其界内舊冢者,大得古書,皆簡編科斗文字,科斗書久廢,推尋不能盡通,始者藏在秘府,余曉得見之。"此下杜氏詳述《竹書紀年》内容,及論《竹書》所言太甲殺伊尹事,末乃云:"抑此古書亦當時雜記,未足以取審也(猶言不足信,觀此,可見前述梁氏過信伊尹篡位太甲殺伊尹説之偏激),爲其粗有益於《左氏》,故略記之,附《集解》之末焉。"由是知杜氏作《集解》在太康元年三年之間,其時真孔壁《古文尚書》已亡,故昭十七年《左傳》所引《夏書》語遂無可稽考。設真《古文·胤征》篇尚存,即使藏在秘府,以杜氏開國元勳之地位,又適有重要著述,斷無不得寓目之理。視於杜注中"逸《書》也"三字,足知真孔壁《古文尚書》(此書無今之"孔安國"注解,亦無今之"孔安國"大序)在魏晋時已亡矣。此點亦不盡靠杜注中"逸《書》也"三字之單詞孤證,並可以閻氏自己之語證之。閻氏《疏證》卷一頁三云:

> 《古文尚書》不甚顯於西漢,而卒得立於學官者,劉歆之力也。雖不立於學官,而卒得大顯於東漢者,賈逵之力也。當安國之初傳壁書也,原未有《大序》與《傳》。馬融《尚書序》所謂"逸十六篇絶無師説"。是及漢室中興,衛宏著《訓旨》於前,賈逵撰《古文同異》於後,馬融作傳(古謂注解爲"傳"),鄭氏作注,而孔氏一家之學粲然矣。不意鄭氏而後,寖以微滅,雖博極羣書如王肅、孫炎輩,稽其撰著,並無《古文尚書》,豈其時已錮於祕府而不復流傳耶?何未之及也?

閻氏以王肅孫炎輩博極羣書,著述甚富,而乃不及《古文尚書》,頗視爲不易索解。其實此事並不難解,即其時真《古文尚書》業已亾失,雖孫、王輩亦不得見,非關錮於祕府而不許學者問津也,此點觀於後來杜預注語中"逸書也"三字而益信。乃閻氏因先已認定"永嘉喪亂，經籍道消，……故《古文尚書》之亾，實亾於永嘉"。(同卷頁四) 有此先入之見主於胸中，故雖有此等事實，亦不能袪其所蔽，亦猶彼先入正陽之月日食以後有用幣伐鼓之禮之説，後雖推得昭十七並無日食，亦不能醒其多年之迷夢也，成見之爲梗大矣哉。

今據前述之證據，假定昭十七年《左傳》所引《夏書》即是真《古文尚書·胤征》篇，仍然有一未決問題，即此日食究食有仲康之何年何月乎？查《史記·夏本紀》但言"帝中康時，羲和湎淫，廢時亂日，胤往征之，作《胤征》"。未言事在仲康之何年，然吾人若能決定此日食食在何月，則年的問題可以用曆算法求之。關於食在何月問題，吾人除昭十七年《左傳》及《胤征》篇序 (即太史公《夏本紀》中語) 別無其他史料。據傳文吾人可得三説，即 (一) 夏曆四月周曆六月説，從傳文太史之言也。(二) 夏曆七月周曆九月説，因惹起昭十七年魯太史援引《夏書》的日食，本食在周曆九月癸酉朔故也。(三) 夏曆九月周曆十一月説，因《夏書》經文有"辰不集於房"句，此房字作房宿解，於義爲長，而《禮記·月令》有"季秋之月日在房"之文也。(今季秋中氣霜降時，日在角亢之間。若遇霜降在月杪則月朔時日僅至軫宿之北。若遇霜降在月初，則月杪時日可至房宿北。惟仲康時在距今四千年前，因自古及今春分點每年西移經度五十秒二之故，仲康時霜降日在尾宿之北。須霜降在月尾，然後月朔時日始在房宿之北約二十度。若霜降在月初，則月朔時日已過房宿之北而至尾宿之北矣。)

欲用第一説，即謂《夏書》所言救日食事乃在夏四月周六月朔，須假定作昭十七年《左傳》之人 (或後來竄改之者) 因見"六月甲戌朔日有食之"的錯誤經文 (或並"鼓用牲於社"一類的傳文) 而不知是誤，又見其與當時尚存的《夏書》經文所言救日食事月令相符，乃杜撰太史與平子辯論語以實之。錯誤經文傳文不足道，然倘因此惹起杜撰傳文者或竄改傳文者將其當時所目見的真《夏書》內容附見於偽傳文之內，使百世而下，吾人對於此已失的《夏書》內容，猶可間接得一匣劍帷燈的印象，而更可從此鉤稽得四千年前關於日食的記載，以爲民族的光榮，則即此吉金片，已可視爲鴻寶，不特杜撰不足爲罪，而且在漢族文化史的功勞簿上，可以大大的注上一功矣。

欲用第二説，即謂《夏書》所言救日食事乃在夏七月周九月，須假定《夏書》"辰不集於房瞽奏鼓嗇夫馳庶人走"數語乃昭十七年周九月癸酉朔救日食時魯太史所引當時尚存的《夏書》原文。魯太史所以謂前代救日食典禮確是行於此月 (周九月) 者，必是所引《夏書》文句的上下文有足令彼確知此項典禮實是行於此月的證據，爲吾人今日所不得見者。其後不知何故，魯史記與《左氏》《公羊》《穀梁》三傳、《春秋》經文皆誤九月癸酉爲六月甲戌，後人因經傳文彼此矛盾，乃竄改傳文，加入"日遇分而未至"及"當夏四月，是謂孟夏"等句，以與經文六月朔日食之語相符，而不悟經文之已誤也。

此項假定若確,則傳文之竄改,當在秦火之後孔壁尚書未出之前。

欲用第三説,須假定《夏書》經文"辰不集于房"句原是指夏曆九月朔日食於房宿而言,或此外更有類於"季秋月朔"的文句,魯史不察,誤以爲即是周之九月,故誤引《夏書》語以實其説,後人又因《春秋》經文誤九月癸酉作六月甲戌,又妄改太史語如今之傳文。

以上三説,均不免多所假設,未能愜於吾心,然昭十七年經傳之文,本是一椿難解之謎,欲求其説,實不能不先有所假設,至三説孰爲近是(或三説都非是),又視乎傍證之有無矣。

主張第一説者爲淮海閻若璩氏,閻氏謂《夏書》所言"瞽奏鼓嗇夫馳庶人走"之事,確在仲康十一年壬申歲閏四月甲寅朔午時日食無疑。(見《疏證》卷六上頁五)余推得是日當公曆紀元前二一四九年六月九日,儒略日數爲九三六六六一,是日黄經合朔在北平地方視時晨六時一分,時剛過小滿中氣,太陽尚差九日始到月軌北上交,其時太陰黑影由西南斜趨東北,是日惟太平洋南部可見日食,赤道以北全不得見,中國合朔在晨,在日食帶北界之北甚遠,必不見食,閻氏之説非也。又閻氏謂是日實朔在午時亦非。至閻氏謂仲康十二年癸酉歲四月戊申朔雖入食限,然以合朔在酉正初刻故,再加炁時視三差,乃戌時,初虧在地平下,人目不能見食,云云,余推得是日當公曆紀元前二一四八年五月二十九日,儒略日數爲九三七〇一五,黄經合朔在戊申日北平地方視時下午一時(小時)四分,時節次立夏小滿間而較近立夏,太陽尚差 0.87 日始到月軌北上交,太陰尚差約十二日始到近地點,是日太陰黑影由西南斜趨東北,印度洋及亞洲東南部太平洋西部可見日食,夏故都約於下午一時(小時)二三刻之間見太陽南部被食少許,閻氏謂日落後食在地平下,人目不能見食者非也。然時當未刻,烈日在天甚高,少許日食,未必便惹人注意而察覺之,故此食亦不似《夏書》經文之所指。觀此則仲康十一年壬申歲十二年癸酉歲之説亦不能成立也。

主張第一説者,閻若璩之後,前四十餘年又有荷蘭國施立格教授與奧國天文師曲訥博士。二氏謂書經所言日食當在公曆紀元前二一六五年五月七日。余按:是日當丙辰歲三月丁巳朔,合朔在北平視時晨七時四十五分,時太陽已過北上交十日弱,今之河南省約於日出後一小時見太陽被食半規。此月本屬夏曆三月而非四月,與第一説太史之言亦不盡符。雖廻護之者亦可謂當時若漏一閏,則三月便作四月,然如此解法已不免牽强矣。又按:今時通行之《皇極經世》、《通鑑前編》等年表,紀元前二一六五年在仲康元年之前六年,然此等年表不見得可靠,且丙辰歲亦與此相差不遠,此點姑置不論。除此等小疵外,此食有一優點,即見食頗大,且日上未高,較易惹人注意。若前述的假設爲不謬,則當國人奔走呼號擊鼓救日時,彼沉湎於洒廢時亂日的羲和,或尚鼾聲如雷,宿酒未醒也!

關於第二說,即根據昭十七年日食實在周曆九月癸西朔,故謂昭十七年《左傳》所引《夏書》日食係在夏曆七月周曆九月,此說尚未聞有倡之者。余曾將《通鑑前編》所列仲康在位年分及前後各十五年間考查一過,覺尚無與此條件相合者,其中惟公曆紀元前二一六三年戊午歲及二一五二年、二一三四年、二二三三年等年略爲近之。查丁巳歲冬至在十一月戊辰日北平地方視時子正二刻,即公曆紀元前二一六三年一月八日,儒略日數則爲九三一三九五。推至九月十日癸西日北平地方視時下午五時(小時)五十四分黃經合朔,儒略日數爲九三一六四〇。以舊法計節氣按平氣言,則是時已過平中氣處暑二日二二二,而是日爲八月朔。若以新法計節氣按定氣言,則是時尚差一日有奇始到定中氣處暑,而是日爲七月朔。其爲冬至後二百四十五日有奇之癸西日酉正則一也。是時太陽尚差四日一五八始到月軌南下交,太陰黑影由西北斜趨東南,以夏故都的緯度原可在日食帶北界之內。惟合朔在夕之地見食比合朔在午之地遲一小時有餘,而初虧比食甚早一小時不足,河南是時日入約在下午六時四十分,或僅於日入前數分鐘及見甚微之初虧,須迤西十五度始見頗小之食甚。故紀元前二一六三年亦不足當《夏書》日食之榮名。

主張第三說,謂《尚書》所言日食食在夏曆九月,且言事在仲康元年壬戌歲者,則有宋元間作《通鑑前編》之金履祥氏,金氏並引梁天文家太史令虞劇之說以自重,說見清聖祖《御批資治通鑑綱目前編》及清高宗《御批歷代通鑑輯覽》。金氏之說,蓋根據當世通行之《古文尚書·胤征》篇"惟仲康肇位四海"、"乃季秋月朔辰弗集于房"數語而云然,金氏當時實不知梅頤所上《古文尚書》爲膺鼎也。

案:疑《古文尚書》爲僞者,清閻若璩之前,有明嘉靖初梅鷟所著之《尚書譜》、《尚書考異》等,梅之前又有元之吳澄、趙孟頫等,吳趙之前又有宋南渡初之吳棫(字才老)及朱晦庵等。故疑《古文尚書》者當以吳才老爲得風氣之先,吳才老之言曰:"孔安國所增多之書,今書目具在,皆文從字順,非若伏生之書屈曲聱牙,至有不可讀者,夫四代之書,作者不一,乃至二人之手而遂定爲二體乎?其亦難言矣。"末句語甚含蓄,蓋言中有物者。朱子於《古文尚書》嘗竊疑之,於《孔安國傳》則直斥其僞(見《朱子語類》),不知經與傳固同出一手也。吳文正《草廬全集》有題《伏生授書圖》詩云:"先漢今文古(謂伏生所傳《今文尚書》二十八篇,文字佶屈聱牙,古奧難曉),後晋古文今(謂東晋晚出《古文尚書》文字與近體相似,明白易曉),若論伏氏功,遺像當鑄金。"又《贈別趙子昂》詩云:"識君維揚驛,玉色天人表,伏(伏勝)梅(梅頤)千載事,疑識一夕了。"快哉吳趙二人此夕之談,蓋不堪爲俗儒道也。趙氏《松雪齋集》有《書今古文集註序》，分今文古文爲之，序中有"夫書之爲書，二帝三王之道於是乎在，不幸而至於亾，於不幸之中幸而有存者，忍使僞亂其真耶？又幸而覺其僞，忍無述焉以明之，使天下後世當受其欺耶？"等語，並見閻氏《疏證》卷八。先正之卓識，於此可見一斑矣。然此等著述，或在金仁山之後，爲金氏所不及見，或雖在金氏之時或金氏之前，而以當時不甚顯著及不甚露骨之故，亦爲金氏所不及知，金氏之不疑《梅書》是僞者以此。

然既以"古文"《尚書》爲依據，便應查一查壬戌歲有無日食，且是否食在季秋月朔。乃以余考查結果，知壬戌歲曾有兩次日食，一食在夏曆五月辛巳朔，一食在夏曆十一月戊寅朔，而皆與夏曆九月朔若風馬牛之不相及。前者當公曆紀元前二一五九年六月二十九日，儒略日數爲九三三〇二八，是月（五月）黃經合朔在辛巳日北平地方視時下午三時（小時）四十六分，時節次芒種後約五日，太陽尚差二日四八始到月軌南下交，今之河南約於午後四小時三四刻食甚，可見太陽南部被食約六分。後者當公曆紀元年前二一五九年十二月二十三日，儒略日數爲九三三二〇五，是月（夏曆十一月）黃經合朔在戊寅日北平地方視時午後三小時八分，時節次大雪前約三日，太陽已過月軌北上交三日六九，夏故都食甚約在午後四小時一刻，可見太陽南部被食四分弱。可見是年夏曆五月辛巳朔十一月戊寅朔均見日食頗大，惟季秋並無日食，金仁山惑於僞《胤征》經文"惟仲康肇位四海"一語，硬派是年九月朔有日食，竟欲強天運以從僞經，何其謬也。

清聖祖高宗學究天人，邃於曆算，對於《通鑑綱目》、《通鑑輯覽》內容，旨在一仍其舊，不加予奪，寧於御批中指摘之，今均讓其通過，未加批駁，殆亦未察其謬也。

晚出《尚書》及《孔安國傳》僞託之新證

孔安國傳《古文尚書》之出於後人依託，證據甚多，先正言之詳矣。諸君欲知其詳，可取閻若璩氏《尚書古文疏證》及王先謙氏《尚書孔傳參正》讀之。惟閻氏引昭十七年《左傳》太史之言以攻《胤征》篇季秋月朔句之非，則卻是打虎不死，反受其噬，前已言之。至閻氏攻《胤征》篇"火炎崑岡，玉石俱焚"二句，謂係魏晉時人語，並引《陳琳集》中《檄吳將校部曲文》中之"大兵一放，玉石俱碎"二語，及《三國志·鍾會傳》會移檄蜀將士吏民曰："大兵一發，玉石俱碎"之語，以證其說。並謂此皆後世恐嚇敵人之詞，三代安得有是語。閻氏又謂下文"殲厥渠魁，脅從罔治"二語與陳琳檄文中"元惡大憝，必當梟夷，至於枝附葉從，皆非詔書所特禽疾"、"誅在一人，與眾無忌"等語極相類。偽作古文《胤征》篇者,於不知不覺中將魏晉時通行文字闌入筆端,自露馬腳,此亦可爲此書作於魏晉間之又一證佐。其言似矣。然亦祇可視爲極可疑之臟證,以云真臟實據,恐罪人或尚有狡展之餘地。余查孔穎達疏引鄭康成註《禹貢》引《胤征》云:"厥匪玄黃,昭我周王。"今偽《胤征》篇無此二語,而卻竄置於偽《周書·武成》篇内。無非因作者望文生義,以周王作周天子解,而不知真古文《胤征》篇之所謂"周王"必別有所指,與千載後之周代無涉。若如今《武成》所云,是鄭康成註《禹貢》時胸無點墨,並周武王非夏時人而亦不知,硬將武王提前一千年降生,使在胤征古劇内爲帝仲康、羲和等當配腳。如此誣罔康成,恐三尺之童亦不肯信。以此質之偽作《古文尚書》者,恐彼亦當低首下下心,自悔當時之弄巧反拙自留破綻也。余意彼當時亦未嘗不欲將"厥匪玄黃,昭我周王"二語仍置《胤征》篇内。無如彼於"周王"二字實不知應作何解,若放在《夏書》内,苦於無法安置,艱於屬詞。故避難就易,竄置《周書》之下,庶較易連綴成文。而不及計後來因此被人找出罅漏也。以此質之偽撰《古文尚書》那位先生,儻亦認爲知己乎,余頗訝偽撰《孔安國傳古文尚書》者,於不當作周代解之"昭我周王"句偏作周室解,而於應作周室解之"雖有周親,不如仁人"之"周"字,卻反不作周室解,不知其何以顛倒至是。查何晏《集解》有孔安國註《論語》"雖有周親,不如仁人"二句云:"親而不賢不忠則誅之,管蔡(周親)是也,仁人謂箕子微子,來則用之。"蓋謂周室之親人未必及外來之仁人也。惟偽孔安國註《古文尚書·泰誓》中篇"雖有周親,不如仁人"二句云:"周,至也,言紂至親雖多,不如周家之少(少數)仁人。"同是孔安國,同是註此二語,何二者詞旨彼此相差(直是相反)至於如是之甚!閻氏謂依前之說,是周之人才不如商,依後之說,是商之人才不如周,最爲精當。此事非關孔安國子矛子盾,自打嘴巴,實由於"真假李逵",言行互異。祇須這兩位"李逵"一碰頭,便不難立分真偽也。

此外余對於《孔傳》之偽,尚有一點小小的貢獻。(西漢孔壁《古文尚書》無孔安國註,故馬融謂"逸十六篇絕無師説"。東晉晚出《古文尚書》忽有孔安國註,蓋註與偽經二十五篇實同出一手者。若證明註偽,便是證明新添之二十五篇經文亦偽)查今《尚書·堯典》[此篇及今《舜典》文,除"曰若稽古帝舜,曰重華協於帝,濬哲文明,温恭允塞,玄德升聞,乃命以位"二十八字乃南齊時姚方興所上偽經文外(《史記·五帝本紀》引《堯典》亦無此六句偽經),原是《堯典》真經文。(或字句亦略有更易,如"嵎夷"、"昧谷"與夏侯書異,似是參酌太史公《五帝本紀》之文而修改者,然《史記》語乃古文今譯,並非原文。)惟孔安國注則是後人偽託]有"日中星鳥,以殷仲春,……日永星火,以正仲夏,……宵中星虛,以殷仲秋,……日短星昂,以正仲冬"之文。馬融、鄭玄均言星鳥星火,謂恰在南天之正中。夏曆二月(春分所在之月)初昏時,七星(即今之"星"

103

宿,爲朱鳥七宿之中宿),恰在南方之正中。仲夏(夏曆五月,即夏至所在之月)初昏時,心星(亦名大火,以色紅故)恰在南天之正中。仲秋(秋分所在之月)初昏時,虛星恰在南方之正中。仲冬(冬至所在之月)初昏時,昴宿恰在南天之正中。漢儒説經,自有師承,馬鄭之説,蓋亦謹守歷來師説而云然也。惟此説與漢魏時天象不符。(與今時所差更遠)因當時春分之昏井鬼二宿在午位(即正南方),柳星張三宿在巳位(正南偏東),翼軫在辰位(偏東更甚),其時二月初昏七星(謂"星"宿)尚未至正南,須約再遇一月始至南方正中。餘若五月初昏時心星尚未正中,須至季夏始到正中。仲秋初昏時虛宿尚未至正南,須至季秋之月始到正南。仲冬初昏時昴宿尚未至正南,須季冬之月始到正中。

　　振先按:以上爲簡明易曉起見,故大略言之。其實惟夜半中星可以確定,至初昏中星則頗難準確,其故有三。一,地有南北之分,則四時(春分秋分除外)之日入亦有先後,而初昏之遲早,晝夜之長短,亦南北不同。二,初昏以星宿初見爲標準,然星之朗者見較早,星之暗者見較遲,其標準苦難確定。若以日入後若干分鐘爲初昏,則在事實上不但四季各殊,即南北亦各殊。三,月有三十日,月初與月秒固相差頗遠,即同是二月正中,而春分在月朔之二月望夕,與春分在月晦之二月望夕相差亦甚遠。經文但言仲春仲夏仲秋仲冬,非言春分夏至秋分冬至。且又顯係以初昏爲觀測標準,而堯時究都何地,緯度幾度,亦難確言。(古雖有堯都平陽及都冀之説,後説並見《禹貢》"冀州既載"句《僞孔傳》,及《古文尚書·五子之歌》"惟此陶唐,有此冀方"二語,恐未必確)故余實不敢憑《堯典》經文以確推堯之年代。設《堯典》確舉春分夏至秋分冬至之夜半中星,甚或任舉其一,則其年代之推定,蓋易之事耳,而惜乎《堯典》偏不如此説法也。本段旨在證明《孔傳》之僞託,故但舉其大略,於漢孔安國至唐孔穎達時,中星經差不過十度,不過當月朔至月晦中星之差三分之一,或春分在朔之望夕與春分在晦之望夕中星之差三分之一,不復細爲分別,以省文詞枝節,讀者諒之。

　　王肅知其然(馬融、鄭玄想亦知其然,惟不敢違背師説,強解經文以就天象耳),故創一新解以遷就當時天象。彼知仲春仲夏仲秋仲冬鳥火虛昴四宿未到南天正中,須季春季夏季秋季冬始到正中,故謂"宅嵎夷"、"宅南交"、"宅西"、"宅朔方"爲指孟春孟夏孟秋孟冬之月言,"日中"、"日永"、"宵中"、"日短"爲指仲春仲夏仲秋仲冬之月言,"星鳥"、"星火"、"星虛"、"星昴"爲指季春季夏季秋季冬之月言,"以殷"、"以正"爲指春夏秋冬四季之每季三個月全體而言,讀"仲"若"中"(《史記》引此四句亦作中春中夏中秋中冬,惟太史公於仲康亦作中康),謂各正三個月之中氣云。王肅如此解經,實穿鑿牽強之至,然證之當時所見天象,則大致尚屬符合,非馬鄭舊說之顯與天象相違者所能敵也。偽作《孔傳》者生在王肅之後,習聞其說,且又頗曉天象(觀偽《胤征》篇於"辰弗集于房"句上冠以"乃季秋月朔"一語而知之),覺馬鄭之說不合。而又不喜王肅以三句經文分指三月之說之牽強。又因日中星鳥之鳥可解作南方朱鳥(亦稱朱雀)七宿之中宿,亦可解作朱鳥七宿之全體。故於偽託《孔安國注》中解"日中星鳥,以殷仲春"二語曰:"日中(日中宵中,均言晝夜長短適中)謂春分之日,鳥謂南方朱鳥七宿(即今之井鬼柳星張翼軫七宿,星宿即"七星"居中),殷,正也,春分之昏,鳥星畢見,以正仲春之氣節,轉以推季孟之月皆可知。"蓋謂仲春之昏,井鬼二宿在正南方午位,柳星張三宿略偏東而在巳位,翼軫二宿偏東更遠而在辰方,是朱鳥七宿皆見也。其解"日永星火,以正仲夏"云:"永長也,謂夏至之日,火謂蒼龍之中星(謂心宿),舉中則七星(七宿)見可知。以正仲夏之氣節,季孟亦可知。"其餘解"宵中星虛"與"日短星昴",亦謂虛玄爲武之中星,秋分之夕,玄武七星(指七宿)皆見,以正三秋。昴乃白虎之中星,冬至初昏,白虎七星(七宿)皆見,以正三冬。此說以仲月統四時,與馬鄭之說同,與王肅以三句經文分指三月之說大異其趣。

　　世人有謂王肅爲作偽老手,擬《孔傳古文尚書》或是王肅所偽託者,觀此而知其不然。《偽孔傳》實是依據王肅之註而爲之,間加以損益修改,故《孔傳》與王註頗多相類,例如服虔杜預注《左傳》"亂其紀綱"句,並云在夏桀時,惟王肅注此句,則謂爲在夏太康時,《偽孔傳》本之,將此句撰入《五子之歌》篇中是也。孔穎達不知其故,反謂"肅始竊見梅氏之書,其註《尚書》多是《孔傳》,疑肅見古文匿之而不言"。陸德明亦謂"王肅注《今文》,而解大與《古文》相類,或肅私見《孔傳》而秘之乎?"是皆顛倒本末淆亂因果之言,實則《孔傳》竊王註,非王註竊《孔傳》也。

惟謂七宿皆見,又與馬鄭謂一宿正中者不同。彼蓋欲採馬鄭之形式而同時又欲遷就王肅所言之事實也。然《偽孔傳》此種說法,將"火"、"虛"、"昴"等一宿之名解作"七宿皆見",不但與經文文義不諧,且亦未能免去馬鄭舊說之難處。因四仲月七宿雖見而尚未正,四季月七宿不但皆見而且位在正中,甚至下季孟月七宿仍可皆見,此時雖稍偏西,亦不過與四仲月時偏東之程度約略相等,安能以此三月所同之"七宿皆見"爲確定仲月的標準乎?然此層今且不計,但請注意一點:即偽作《孔傳》者未聞歲差之說,不知自古以來二至二分點逐漸西移。彼知其一不知其二,但知漢魏晉四仲月時鳥火虛昴四宿尚未在南方正中,卻不知堯時四仲月初昏時此四宿已相繼中天。(甚或已過中天頗遠)遂自作聰明,爲此遷就的注語,自以爲與天象不相違背,而不知其有戾平古有背乎天,益證其爲後人臆説也。這就好像理化試驗室中(或高樓頂)一個偷懶的學生,未曾事事實驗,卻欲憑片面的經驗,與胸中的臆見,捏造全套試驗報告。初但驗得一秒鐘内鐵球下墜十六英尺,遂捏造他條曰:"又驗得頭半秒鐘球墜八英尺,頭四分之一秒鐘球墜四英尺,二秒鍾内球墜三十二英尺,"而不知彼之僞造情形,其師已明若觀火也。《僞孔傳》解四時中星的注語,何以異於是。或謂孔安國時未識歲差之理,安知此註非孔安國抒其管見,而未足爲他人僞託之據。曰:不然,漢儒解經,最重師承。馬融、鄭玄,並傳安國之學,故鄭玄書《贊》云:"我先師棘子下生安國(解見下文)亦好此學,自世祖興後漢,衛(宏)、賈(逵)、馬(融)二三君子之業,則雅才好博,既宣之矣"是也。馬、鄭之時,對於"日中星鳥"、"日永星火"、"宵中星虚"、"日短星昴"之經文,尚墨守"四時仲月四宿中天"之師説,而不顧其顯與當時天象不符。則前乎此之孔安國——馬鄭師承所自出之孔安國——其不會有"七宿皆見"之異説,可斷言矣。至《孔疏》所引鄭康成書贊所云"我先師棘子下生安國"之"棘子下生",世人鮮得其解,閻百詩先生考查多年,始得之於《水經注·淄水》引《鄭志》云:"張逸問:'《贊》云:我先師棘下生,何時人?'鄭康成答云:'齊田氏時善學者所會處,齊人號之"棘下生",無常人也。'"是"棘下生"三字乃康成所用之成語,略如今人之所謂士林矜式,學界泰斗。孔穎達《疏》所引"棘子下生安國",當是"棘下生子安國"之誤。曰"子安國"者,猶言"夫子安國",謂己之師也,説見隱十一年冬十一月壬辰公薨條下《公羊傳》註,皆閻氏所指出者。鄭氏既傳孔安國之學,且尊之爲"我先師棘下生夫子安國",設孔安國注"日中星鳥"等句經文,而果作"七宿皆見"之説,則鄭康成註此數句時,必不肯作"一宿中天"解,以故與其所心服的師訓相違,有斷然者。觀此,則《古文尚書》孔安國傳之出自後人假託,已屬據證顯然。何況《古文尚書》經文篇數篇次㠯逸情形以至經文註解,"孔"鄭相異處乃多至不可枚舉乎。

堯命天官、分宅四方解

此外我對於《堯典》經文,尚有一椿重要公案,茲一併附論之於此。查《堯典》於乃命義和之後,又"分命義仲,宅嵎夷,(《史記》作郁夷,惟夏侯氏《今文經》作嵎鐵,又下文暘谷,《史記》舊本作湯谷,《淮南子》亦云:日出湯谷,浴於咸池)曰暘谷,寅賓出日。……申命義叔,宅南交。……分命和仲,宅西,曰昧谷,(《史記》亦作昧谷,惟夏侯《書》作柳谷)寅餞納日。……申命和叔,宅朔方,曰幽都。"這不過是派遣義和二氏司天屬官分駐東南西北四境,襄理曆政,原没有什麼難解的地方。惟下文於義仲下言日中星鳥,以殷(正也,太史公亦如此説法)仲春(仲,《史記》作中,四時並同);於羲叔下言日永星火,以正仲夏;於和仲下言宵中星虛,以正仲秋;於和叔下言日短星昴,以正仲冬,此則不免費解。難道羲仲但管測定二月春分中氣,而不管其他,羲叔但管測定五月夏至中氣,而不問其他,和仲但管測定八月秋分中氣,和叔但管測定十一月冬至中氣,而不管其他乎? 難道用初昏中星或其他方法分別測定春分夏至秋分冬至等氣節,須一往東方,一往南方,一往西方,一往北方而後能辦乎? 稍明天學者皆知欲測定二分二至尊氣節,任何地點皆可行之,並無分往四方的必要。然則分命羲和二氏仲叔四人分往四方果何爲者? 無怪美國天文學大師紐客唔氏 S. Newcomb 於其所著之 *Popular Astronomy* 一書中第二頁引言中云:"中國經籍中所記載的事蹟,證明該國於太陽之運行與交食之公例,研究甚早。惟其中有些事蹟頗帶神秘性而近於荒誕,如派遣天官分往四方以測定春秋二分冬夏二至是也。"此等事五十年前外國學者已有議之之书,而自古迄今,國人對於此等地方,反轉"馬馬虎虎",不求甚解,不可謂非極可詫之事。吾嘗思之,堯舜時之天官,既曉以中星(或兼用表影)測定四時節氣,更曉察璿璣玉衡以齊七政,又知歲周得三百六十六日,又曉以閏月調節四時,俾勿過早過晚,其於天體之運行,當已識其大概,豈有不知測定四時節氣無須分往東南西北之理。故余意此四段經文,每段應分作兩截看。前截確有特別作用。後截乃屬中央觀象臺之事,統由天官之長(羲伯? 和伯?)總其成,而由仲叔四人協助之,並非某條專屬某人。其所以每人但言正一時之仲月者,或是舉一反三,藉以省文之故。茲分別論之:

凡日之出也,先東而後西,故東方見日出在先,西土見日出在後。及其没也,亦東境見日落在先,而西境見日落在後。日之中天亦然。國之版圖廣者,中央方午正,東境或已過午而正指未時,西境或尚在巳初而午飯未炊。其版圖更廣者,且以太陽不没的國旗艷稱於世,如英本國及其屬地是也。禹辨九州,版圖頗廣,東起徐揚青兗,西迄雍梁,經差達二三十度,以時計之,西境日午,後於東境日午幾二小時。設羲仲設一觀象分臺於極東之嵎夷,和仲設一觀象分臺於極西之昧谷,則當羲仲鑒賞東海浴日時,和仲或尚高臥未起,而當和仲目送西山日落時,羲仲早已夜觀星象矣。設和仲有今時之有線無線電報,於西臺日正中天時,立以電信通知東臺,則二臺之日午時差可以確定,而兩地之經差亦由此可以考得。不錯,堯舜時未有電報,兩地之所見,無由於刹那間互相通知,然古人亦自有其天然學得的簡單方法。諸君須知,凡日食現象,地面各處居民,有先見後見不及見之分,又有見全食(或環食)局部食與食多食少之不同。惟月食現象,如初虧食盡生光復圓各分際,凡屬向月那地球半面,皆得同時(指絕對時言,至地方時則地各不同,如下述)看見(至多亦不過差一秒鐘之四十七分之一,並一瞬的時間亦不夠),而所見亦相同。(但月輪之高低與方向各殊,且因太陰距地較近之故,地面東西南北發生視差,致所見之月面,靠邊處微有出入增損)設秋分之夕恰遇月食(日食必在朔、月食必在望。但所謂望者,不一定是十五夜。因望有早至十四夜者,有遲至十七早甚或十七日午後者,如民十三年三月二十一日即陰曆二月十七日午後零時十六分望是),初虧時恰有昧谷觀象西分臺看見全月輪從正東方湧出地平線之上之後,其時恰見月輪左下方虧去一線,而嵎夷觀象東分臺亦於同一刹那之頃看見月輪初虧,但其時東分臺所見之月已束出幾二小時而離地頗高。設職司東分臺之羲仲,以漏壺記日入月出後之晷刻,以與後來西分臺寄到之月食初虧漏刻相比較,便知東臺漏刻實比西臺漏刻晚幾二小時。(即西臺酉正時東臺已將近戌正)此即二臺之時差,亦即二臺之經差,已由此簡法獲得矣。其餘食盡生光復圓等現象東西漏刻相差之比較,其法亦與上述同,所得時差之數亦大略相同。取此四項時差之數,相和而折衷之,而較準確之時差數出焉。或問子何以知堯時已曉得東西有時差? 曰:此可從《堯典》經文知之,世人特未之察耳。《堯典》明明謂"分命羲仲宅嵎夷,曰暘谷,寅賓出日。……分命和仲宅西(《史記》作西土)曰昧谷,寅餞納日。"賓者迎候也,謂迎候太陽之初入國境,如人之郊迎大賓。餞者送行也,謂目送太陽之離去國境,如人之祖餞行人。蓋此大賓——太陽——之過境,入自東門,出門西門,故在東門者爲迎,在西門省爲餞也。夫何地無日出,何地無日入,如但爲泛泛之觀察,何不於國都行之? 今必以"寅賓"屬居嵎夷之羲仲,以"寅餞"屬居西土之和仲者,明明因嵎夷日出最先,昧谷日入最後,其間先後之差,即上文所述之時差經差也。《僞孔傳》將"寅賓"二字解作"敬導",謬甚,彼蓋參照太史公《五帝本紀》所引《堯典》經文意譯之語而爲之。查《史記·五帝本紀》所引《尚書》内容,乃屬一種半白話式的古文意譯,間失經文原意。太史公於"寅賓出日"、"寅餞納日"兩句,譯作"敬道日出"、"敬道日入",此種解法,實屬於理難通。《僞孔傳》於解"寅賓"二字雖亦勦襲太史公"敬導"之謬説,然於餞字仍作送字解,毋亦以"導"者"前行"之謂,謂餞爲導,於義更覺不安耳。夫自古及今,何日無日出,何日無日入,何獨至於堯時而需人導之? 且各需一天文專家在國境之極東極西點以導之? 難道沒有羲仲和仲去引導他,那太陽就不會出來,或是既出之後就不會復入乎? 難道那太陽就會亂了方向胡走亂撞乎? 吾人觀於唐虞之世,治水鑿山,播時百穀,察璿璣玉衡,巡岱宗西嶽,恊時月正日,同律度量衡,是何等精明强幹,是何等實事求是。而謂其於施政之初,開宗明義第一着,便有同兒戲。特派一位天官往國之極東境去領導日出,又派一位天官往國之極西境去領導日入,以貽天下後世之笑柄乎? 必不然矣。

且寅賓出日者不過目逆之謂,寅餞納日者不過目送之謂,於事實上並無窒難。今太史公解作"引導",試問如何導法? 爲此説者,其亦知朝曦夕照西移之速率乎。今姑照帝堯都冀之説,以北平緯度代表之。在北平之緯度,朝曦夕照西移速率約得每秒鐘一千一百六十七尺，即每小時西移四百二十萬一千二百尺，合每小時七百九十六英里弱，以一千八百尺爲一中國里計之，得每小時西移二千三百三十四里。雖以現時飛行最疾之飛機，亦遠不逮此。試問羲仲、和仲何罪，而帝堯必命其效夸父所爲，與無情之太陽賽跑，以渴死於暘谷之西與天出之麓乎？

今爲辯論起見，姑設爲帝堯初羲仲、和仲分宅嵎夷西土時，尚未知東西有時差，故亦未有測定國境東西時差經差的計畫，亦未知測定四仲月中氣無須分宅東南西北。但當這兩位天文分臺臺長受命出發時，亦必帶同漏壺渾天儀（鄭玄謂璿璣玉衡即渾天儀，當時既有其制，則多製四份，分置東西南北各臺，亦非難事）等天文儀器前往，一如木匠之不能離開規矩繩墨斧鋸鉋鑿，和尚之不能離開袈裟木魚也。當他們在二臺服務一二十年後（不管他們是否繼續按日作那迎日送日的傻事），一定查得下列兩件事：

（一）十八年間約有月食二十八次，以東西兩半球平均分之，每半球約得見十四次，再酌減數次，東西兩臺亦可同時看見同一之月食十次。設兩臺各以見食漏刻報告中央觀象臺正副臺長羲和二氏，必發見東臺見食漏刻比西臺見食漏刻後若干刻。（例如西臺見食在子正，則東臺見食在子正後若干刻。月食既是四海同時 Simultaneously 一齊看見，彼此並無先後，由此可見西臺日午實比東臺後若干刻，即上文之所謂時差也。時差亦即經差，因天文家與航海家所指之經度，多以鐘表零時至二十四時名之）此項時差，各次月食皆同，爲東西兩臺間之固定數 Constant。見過此等報告數次後，而不發見國境東西時差者吾不信也。又中央觀象臺見食漏刻，介在東西兩臺之間，其時差數亦每次相同，由此可以查得東西國境與國都間之經差，而東西版圖於焉確定。於是分命羲仲和仲分宅嵎夷西土之舉，不失爲堯廷經國之大猷矣。兒戲云乎哉？

（二）無論堯時羲和二氏仲叔四人斷無不知測定春秋二分冬夏二至等節氣無庸於國之東西南北境分別行之，就讓他們其始尚未知此，但當他們歷年各於所在地觀測二至二分等節氣日時，所得結果，寄至中央彙齊比較，積數年之經驗，亦必查得各臺所得日時，除時差小數及偶有錯誤外，各臺所得結果彼此無殊。於是東測春分南測夏至西測秋分北測冬至的謬見（但我決不信堯時曾有此謬見），亦必自然放棄矣。

其實上述最後兩段假設，作者已未免多事，何也？堯時之羲和，必非中國天文學第一代鼻祖，舜所察之璿璣玉衡，亦非一人一時之完全創制而莫爲之先，蓋前乎此者必有若干人若干時之逐漸發展，以漸躋於此境焉。故二至二分節氣隨地皆可測定，堯以前諒已知之。且我國歷代節氣俱按平氣計，既測定冬至，則其餘節氣與月分皆因之全定，何從得分宅東南西北以正四時之謬説？即東西有時差一節，堯之前亦必因東西境所見月食漏刻不同而略有所知，不過至堯時始決意派人設立分臺以測定其確數耳。

既説明宅嵎夷宅西土的真正作用，則宅南交宅朔方（《史記》作北方）的真正作用亦有可得而言者。堯時禹別九州,北起雍冀,南盡荆揚。至舜時水土既平,乃分冀州一部分爲幽并二州,又分青州一部分爲營州,始置十有二州。當時南北東西之幅員,蓋亦可觀矣。欲知疆土之廣袤,經差而外,又須知其南北緯度之相差。測定緯度,其法不一,最簡單易記者,即某地點距赤道的角度(緯度),等於其地所見北極高出地平角度。故吾人愈往北行,則北極之出地愈高,愈往南行,則北極之離地愈低。堯時今之北極星距極(即天之不動處)甚遠,不下二十三四度,已非當時之極星。惟今之右樞(光度在三四等之間)與今之帝星(二等略暗)則距極稍近,而對峙於北極之兩邊,前者光較暗,而距極僅約五度,後者與今之北極星光度略等,距極亦約八九度耳。堯時既有類於渾天儀的璿璣玉衡,如欲測定某地緯度,祇須在該地將右樞成帝屋之距地最高時角度與距地最低時角度測得,再更正其蒙氣折光差,再取更正後之最高時角度與最低時角度折而衷之,所得中數,即該地北極高出地平角度,亦即該地之緯度也。如用此法以渾儀測得南交朔方兩地緯度,則此二緯度之差數,即足代表此兩地之南北距離,而疆土之長短可知矣。又兩地之緯差,亦可於冬至日正午分測兩地之太陽高出地平角度,更正氣差後,以二角度彼此相減,即得兩地緯度差。更有一法爲我國歷代測定冬至之所常用者,即立一高度有定之直立圭表,於冬至日午及冬至前後一連若干日之日午量度圭影之長度,則圭影最長之日爲冬至。如遇冬至不在正午,亦可將冬至前後若干日之圭影長短比較,而推得冬至準時刻。此法除測定冬至日時外,並可從各地冬至日午表高(此則應各地皆同)影長(此則各地不同,地愈偏北,表影愈长)而求得各地之緯度,與各地間之緯差。

　　或者有些人會不信堯命羲叔和叔分宅南交朔方時已有此種憑兩地極星與午日高下測定兩地緯度與緯差的計畫。那末,不妨姑讓他們暫時假定帝堯施政之初,劈頭第一件新政,就糊裏糊塗的毫無目的地將這兩位天文官發配南北極邊,而他們也是糊裏糊塗的帶着天文儀器前往。(我想這些朋友們斷不至於假定這兩位天文官會赤手空拳前往當光桿的天文分臺長罷)但當和叔陸續北行時,他一定察覺那迎面的北極與那繞極旋轉的極星逐漸上升,而那日午的太陽郤比在國都時所見同節令(即陽曆同日)的太陽逐漸下降。但當那南下的羲叔日日曉行夜宿趕赴新任時,他郤察覺那背後的北極與繞極的極星漸漸下降,而那日午的太陽郤比在國都時所見同節令的太陽逐漸上升。當二人到達駐在地時,各將該處所見北極距地平角度與某日午太陽距地平角度大略測得,派專差持札(自然是用竹簡木頭寫的)通知對方觀測員時,彼此將兩方所測得的北極高度與午日高度互相比較,遂查得二者相差不下十度内外,(中國古時分周天爲三百六十五度有奇,蓋以太陽在黃道一日間所東移的平均角度爲一度,比今世通行周天三百六十度之度略小)此即兩地的緯差也。當他們開箱覓取筆(恐怕不是毛筆)札,擬將此事報告帝堯,並打算建議各在所駐在地繼續測該處緯度時,忽從行囊中啪的一聲掉出一個錦囊來,乃是臨行時帝堯所授的,打開一看,原來是一道密令,命他們於到達指定地點後,將所帶儀器妥慎安正,精測所在地的北極高度,與冬夏二至春秋二分日午時表影的長度與太陽的高度,及月食初虧食盡生光復圓時月輪的高度。(原來近世所測得的太陰與地心距離,就是用此種方法於南北相距甚遠的兩地點同時測得的。所算得的距離,初用若干倍地球半徑代表之,後更從實地量得的緯度一度或若干度里數,推得地球南北一周里數及地球半徑里數,而月距地球的里數可知矣)帝堯之所以知此,半得自羲和二氏的祖父行所遺留的報告,蓋報告其昔年隨扈先帝南北巡狩時觀察之所得,半得自帝堯自己每五載一巡狩時(或並携一二位司天之官同行,因他們與授時頒朔之要政有關也)觀察之所得,(《元史》載庚辰歲太宗西征,五月望月食不效,二月朔五月朔微月見於西南,中書令耶律楚材即知所用金《大明曆》之後天。彼半開化的蒙古君臣,於兵馬倥傯軍書旁午中,尚知沿途留意天象,而謂堯廷之君臣歷次南北巡狩,乃反一無所得乎?)故有此項訓令。此即申命羲叔申命和叔之所由來也。如此一來,不特我們設想中的兩位天文分臺長的悶壺盧得以打開,即我們設想中的或人先生的悶壺盧亦一齊打破矣。

上述的觀測工作,余確信是堯命羲叔和叔分宅南交朔方的重要使命之一。余更信堯代的璿璣玉衡,亦是當時或昔時爲應乎此種實際需要而苦心創製或改良者。余更信堯命二人出發之前,羲和二氏已先有詳細之觀測計畫,與相當的觀測設備。臨出發時,帝堯對彼,又有懇切的訓辭。吾人觀於帝堯施政之始,即分派四人各駐要地,分司曆象,數千載而下,吾人猶可想見當時建樹之規模與珍重的神氣。而或者不察,誤以爲彼等分往南北邊境試測二至日時,事近誕妄,過矣。總之堯命二人分宅南北,見諸經文,事實上已不成問題。關於此事的解釋,我們亦衹有兩説。一則謂堯之君臣,疏河治水,掌火烈山,製造璿璣玉衡,曆象星辰日月,巡狩以考績,明試以用賢,設官以授時,置閏以成歲,事事都精明强幹,事事都切實可行,但又毫無意識地或毫無目的地派人分駐四境,作那不求甚解的事。一則謂堯之君臣事事既都精明,此事亦必不糊塗。二説孰近情理,已無再下斷論之必要矣。

於南北設臺測候北極渚,陶唐之後,見於史册者,有唐之浚儀縣(地近河南開封)太岳臺,與安南都護府之測候臺。唐時李淳風在太岳臺測得北極出地三十四度八分,元時測得三十五度(中國舊度),即該地之緯度也。唐時又測得自安南都護府至浚儀太岳臺,北極高下之差凡十五度,是安南都護府之緯度約在北緯二十度矣。唐代以後,於境內分設候極臺者,自古及今,盛莫盛於元代。元時於遼闊之版圖內共設候極測影之觀臺凡二十七所,東極高麗,西達滇池,南至北緯二十度強之雷州,與十九度強之瓊州,北至北緯五十五度之鐵勒,與六十五度之北海,蓋泱泱乎極往古今之大觀矣。然篳路藍縷其先河者,終不能不讓數千年前之羲和二氏仲叔四人也。

堯時日躔星高及分至中星考

上文曾言,余不敢《堯典》所言四仲月中星以確考堯之年代,其故有幾分由於初昏準時難於確定。查日沒在地平下約十八度天始全暗,然星之較朗者不必俟至此時而後能見,其光亮愈大者能見亦愈早。就令折中此數,以日入地下九度言,其所需時間,亦因所在地點緯度與其時節令而不同,如太陽直上直落則需時較短,如斜上斜下則需時較長,斜度愈甚則需時亦愈多,大概言之,近赤道處需時短,緯度大處需時長,而後者亦四時不同,春秋二分需時較短,夏至時節則需時較長是也。先儒言曆解經,率以日入後二刻半爲昏(古人分一日爲百刻,與今時作九十六刻者不同),蓋亦粗略言之,未足以爲準則,然此端猶共小焉者。查《堯典》與《禮記·月令》言初昏中星(《月令》兼言日躔,其言中星亦兼舉昏旦言),皆以某月爲言,並未確指某中氣所在之日。月有三十日,範圍已嫌廣汎,而況中氣在晦日之月朔,與中氣在朔日之月晦,共間相距不下五十八日。例如冬至所在之月爲夏曆十一月,今之冬至率在公曆十二月二十二日,獨閏年之前一年(如一九三一是)則在十二月二十三日。過冬至在晦之月,其月朔可早至公曆十一月二十四日,如咸豐九年十一月丙寅朔,光緒四年十一月丙午朔,光緒二十三年十一月丙戌朔,三十四年十一月癸未朔,民國十六年丁卯歲夏曆十一月壬戌朔,皆是。更有早至公曆十一月二十三日者,如光緒十五年十一月癸卯朔是。遇冬至在朔之月,其月晦有遲至公曆次年一月二十日者,如咸豐元年十一月三十日辛巳,同治九年十一月三十日辛酉,民國八年己未歲十一月三十日丁丑,皆是。可見夏曆仲冬十一月之範圍,可上至公曆十一月二十三四日,下至公曆一月二十日,其範圍廣至五十八九日,其間日躔與夜半中星之差可達五十六七度,若再加初昏之界限模糊,難於確定,又不免稍有出入,是每月初昏中星之可能範圍,可寬至六十餘度,以如此寬汎之標準,而欲憑以考定堯之年代,是何異但知眾海盜曾於大西洋一荒島上藏有金銀珠寶,而不知此島之經緯度各幾度,遽欲憑此以覓得此島耶?吾嘗試按《皇極經世》、《通鑑前編》等所推定之帝堯元年(紀元前二三五七年)時,推算夏曆四仲月中氣(春分夏至秋分冬至)所在之日北平緯度初昏時所見之中星。初推得堯時春分日太陽在昴宿之東南約四度半

（余此處所言之列宿，俱以可見之星宿爲起止界限，宿東之空際不包在內），在畢宿之西北數度，即在"畢宿一"之西約八度，一等星"畢宿五"之西約十度。（其時昴宿在赤道北僅四度，今則在赤道北二十四五度，又其時畢宿幾全在赤道南，今則全在赤道北十餘度，此非關黃道在星宿間之位置有移易，實因天赤道在星宿間之位置方向已移易也）夏至日日在軒轅座，在一等星"軒轅十四"之東南僅一二度，即在"星"宿之北十餘度而略偏東。（其時星宿在赤道北，今則在赤道南）秋分日日近房宿之北端。（其時房宿之北端微在赤道北，今則在亦道南近二十度）冬至日太陽在危宿之南約十一度。（其時危宿全在赤道南，今則幾全在赤道北）繼推得春分之昏張宿幾中，"星"宿已過中而略偏西約十三度。

此乃指可見之"星"宿言，但自漢以來記周天列宿度數（赤道經度），俱以宿東空際不見星處併入本宿界內，即由本宿可見的部分的西端起計，直至東鄰之宿可見的部分之西端止，都算作本宿範圍。故每宿之轄境，類皆西端有星而東端空曠，因兩實宿間之甌脫，例作西邊之宿的轄境故也。其每宿中之東西經差，則以從實見之宿的西端起計，向東數去，得赤經度若干度計之。此法便於用渾儀赤經儀等儀器測算經度，本甚妥當。惟古今天常赤道，位置方向，並有變易，以致各宿自西而東所佔經度，亦今古各殊，有古狹而今廣者，亦有古廣而今狹者。惟各宿之方向常古今迥殊，而各宿之形象則數千年來僅有些微的變易，故余此處用可見之宿或宿中某星之東或西幾度言之。但堯所言中星，或亦如漢洛下閎以來將宿東。甌脫亦作爲本宿轄境，故余亦按兩種假設兼言之。

若將"星"宿與張宿間之甌脫亦作"星"宿轄境，併入"星"宿度數計算，則偏西約不過六七度耳。設春分在二月望日，則二月初九日初昏時"星"宿恰在南方正中矣。夏至之昏，斗宿在南天正中，且比今時高十餘度，其時心宿（大火之東部）已早過南中而偏西約三十度之多，房宿（大火之西部）則偏西更甚，與《堯典》所言相差不可謂不遠。然若遇夏至住月晦，則五月朔初昏時心宿恰在南天正中，此時已可算是仲夏範圍，《堯典》所言，仍可勉强說過得去也。秋分之昏危室二宿之中間恰在正南，而比今時低十餘度，虛宿已過正南而偏西約十七度，此乃按虛宿可見之南北二星言，若將虛危間之無星領域計入虛宿度數內，則虛宿之東端僅過南中約七度，即正南線約在危七度，若遇秋分在八月望日，則八月七日初昏時南方正中仍屬虛宿範圍，雖非與《堯典》所言吻合無間，要亦略爲近是，譬之射鵠，雖未足言正中紅心，然去靶子之外邊則尚遠也。冬至之昏，昴宿僅差約七度便到南中，略遲三十分鐘工夫，便在正南，設遇冬至中氣在望日，則十一月二十二日前後初昏時昴宿恰在正南(但僅在赤道之北約四度,比今時低二十餘度),此則不可謂非頗準矣。綜觀《堯典》所言四仲月中星,若按紀元前二三五七年計,則"日短星昴"句最爲近是,"日中星鳥"句次之,"宵中星虛"句又次之"日永星火"句則紅心最遠,雖未出靶(因靶甚寬之故),然已射在此異常寬大的靶子之極邊,其不落選者亦僅耳。又此四項之中,頭一項即冬至初昏昴宿尚差少許未至正中,餘三項則初昏時已過南方正中遠近有差。故無論將堯之時代定在何年,欲此四者一一悉能吻合,其道無由。若欲折而衷之,使此四者中有兩項於分至初昏時將近正中,有兩項於分至初昏時稍過正中,則《堯典》之時代必須移近若干年,即約在紀元前十六世紀是。但如此更張,姑無論近於機械的,且近邊之矢,雖向内移,而近心之矢郤須外調,正是醫得眼前瘡,剜了心頭肉,其失維均。不錯,若假定堯時建都在九州中之荆州揚州,甚或更在荆揚之南,則以夏至日入較冀方爲早冬至日入較冀方爲遲之故,二至二分初昏中星偏東偏西之差並可減少。但如此假設,未免無稽耳。

《禮記・月令》日躔中星時代考略

《堯典》所言四仲月中星,其説近古,不似後人依託僞造。因《堯典》所言,與漢魏時所見天象相差頗遠,而漢魏時人又未曉天運歲差之理,方且疑古書之或有訛誤,而加以種種之強解。若出漢初僞造,必不至與當時天象差違若是之遠也。惟《禮記・月令》所言日躔與昏旦中星則異是。案《禮記・月令》篇,《隋書・經籍志》謂是馬融所益,其言曰:漢初河間獻王得仲尼弟子及後學者所記一百三十一篇獻之,至劉向時又得《明堂陰陽記》等各若干篇,共合二百十四篇,戴德删成八十五篇,謂之《大戴記》,而戴聖又删大戴之書爲四十六篇,謂之《小戴記》,漢末馬融又益《月令》一篇,《明堂位》一篇,《樂記》一篇,合四十九篇云云,惟《後漢書・橋元傳》云:"七世祖(橋)仁著《禮記章句》四十九篇。"橋仁即《漢書・儒林傳》所謂小戴授梁人橋仁字季卿者,成帝時嘗官大鴻臚,其時已稱四十九篇(即今本《禮記》之全部),並無四十六篇之説。孔穎達《疏》亦稱劉向《別錄》禮記四十九篇,亦與《後漢書》之説相符。孔《疏》又引鄭康成《六藝論》云:"《戴德傳記》八十五篇",則《大戴禮》是也。"戴聖傳《禮》四十九篇",則此《禮記》是也。康成爲馬融弟子,使三篇果融所增,康成斷無不知,豈有以四十九篇屬於戴聖之理。有此三項有力反證,故知今之四十九篇實戴聖之原書,《隋志》謂《月令》等三篇是馬融後來所加,誤也。《月令》於劉向《別錄》屬《明堂陰陽記》,當必在《明堂陰陽記》三十三篇之内。馬融(?)、賈逵、蔡邕、王肅、孔晁、張華均謂《月令》乃周公所作,鄭玄、高誘則以爲乃秦吕不韋所作,蓋因《月令》仲夏之月有"命太尉,贊桀俊,遂賢良,舉長大"之文,而康成註以爲"三王之官,有司馬,無太尉,秦官則有太尉。(據《漢·百官表》知之)今俗人皆云周公作《月令》,未通於古"云云,愚意謂《月令》爲周公所作決非,謂爲吕不韋所作尚近是。查《隋書·經籍志》謂河間獻王初得仲尼弟子及後學者所記一百三十一篇獻之,其後劉向又續得若干篇,此爲後來大小《戴記》之所自出。兹依河間獻王時代考之。河間獻王乃漢景帝子,今考景帝時春分日日在婁宿西端之南約八度,初昏時柳宿西端在正南,與《月令》所云"仲春之月日在奎,昏弧(弧在輿鬼南)中"尚相近,因婁宿恰是奎宿盡處,尚未算出奎宿範圍,若遇春分在二月二十三日,則二月望日太陽恰在奎宿正中也。

(鄭玄註《月令》孟春,謂是斗柄建寅之辰,是《月令》用夏曆。此亦可於其日躔中星知之,蓋《月令》若按建子之周曆言,則其時代且在堯之前二千年矣!)景帝時夏至日日在井宿東端之"北河三"之東約七度逈南約六度,但仍未出井宿東端之甌脱範圍,初昏時房宿之西端恰在正南。《月令》謂"仲夏之月日在東井,昏亢中",是日躔之記載與景帝時之天象相符,惟初昏中星則偏西在十五度以上,但景帝時若遇夏至在五月二十,則五月朔初昏時亢宿正中,若遇夏至在五月晦,則五月初十時便見亢宿在正南也。又孝景時秋分日太陽在角宿二星與亢宿之間,恰屬角宿領域之當中,初昏時正南在牛宿領域之東端,《月令》謂"仲秋之月日在角,昏牽牛中",與孝景帝時天象尚相符。又孝景時冬至日日在建宿與牛宿之間而較近牛宿,此處仍屬斗宿領域,初昏時奎宿在正南方,今《月令》謂"仲冬之月日在斗,昏東壁中",是日躔與景帝時相符,初昏時壁宿東端之偏西亦不過三四度,若遇冬至在十一月中,則十一月初七日初昏時,壁宿之中部恰在正南矣。綜觀《月令》所載四仲月日躔,"仲秋之月日在角",恰與漢景帝時秋分日日躔相合,"仲夏之月日在東井",與"仲冬之月日在斗",亦與漢景帝時夏至冬至情形不相牴牾,"仲春之月日在奎",亦與景帝時春分日日在奎婁二宿交界之實情不生衝突。至初昏中星,則惟"仲夏之月昏亢中"與景帝時夏至日初昏時房宿中之情形未能密合,然景帝時凡遇夏至在五月下旬,則月初初昏時亢宿恰在正南,是情形與《月令》所言亦不柄鑿也。秦相吕不韋在漢景帝之前不及百年,其時二分二至日躔中星與孝景時無甚差别,亦即與《月令》所言大致相符,加以《月令》全文分見於《吕氏春秋》十二紀之首,而《吕氏春秋》、《史記》及《漢書·藝文志》均謂是吕不韋使其賓客撰述,而吕令及《禮記·月令》仲夏之月又有"命太尉"之文,故《月令》出自吕不韋的賓客所撰,當屬可信。或謂乃周公所作,非是。

《月令》中星之非古,又可於其所記中星與《堯典》不同見之。查《堯典》所載之四仲月中星,《禮記·月令》皆移在季月。例如《堯典》"日中星鳥(鳥即今之"星"宿,亦稱"七星"),以正仲春",《月令》則作"季春之月,昏七星中"。《堯典》"日永星火(房心二宿共爲大火,心亦稱火),以正仲夏",《月令》則作"季夏之月,昏心中"。《堯典》"宵中星虛,以正仲秋",《月令》則作"季秋之月,昏虛中"。是堯時仲月已中之星,月令須至季月始中。又《堯典》"日短星昴,以正仲冬",《月令》作"季冬之月,昏婁中。"查昴宿有婁宿之東又十四五度,是堯時仲冬巳中之星,月令至季冬尚未中天,須再過半個月始到南方正中。照此看來,是堯時之二至二分點,至月令時已西移二十九度以至四十餘度。照天運之率,是《月令》所指之時代,至少亦後於帝堯時二千有餘歲,已屬秦漢之交,與周初無涉。乃後漢蔡邕於《蔡中郎集》中謂"《周書》七十一篇,而《月令》第五十三,秦相呂不韋著書,取《月令》爲紀號,淮南王安亦取以爲第四篇,改名曰《時則訓》,故偏見之徒,或云《月令》呂不韋作,或云淮南,皆非也。"又宋馬端臨《文獻通考》亦云:"然十二紀者,本周公書,後置於《禮記》,善矣,而目之爲'呂令'者誤也"云云,均顯與天象不符。惟鄭康成云:"《月令》本《呂氏春秋·十二月紀》之首章也,以禮家好事抄合之,後人因題之名曰《禮記》。"(見《三禮目錄》)鄭又云:"呂氏說《月令》,而謂之《春秋》,事類相近焉。"(見《禮運注》)鄭又云:"三王之官,有司馬,無太尉,秦官則有太尉,今俗人皆云周公作《月令》,未通於古。"(《禮記·月令》"命太尉"句註)吾人居於二說之間,既不敢謂蔡伯喈爲"俗人",又不敢謂鄭康成爲"偏見",平心論之,蔡氏謂《周書》七十一篇,《月令》居第五十三,必非無所據而云然,鄭氏但憑《月令》中"太尉"二字之單詞孤證,遂斷其爲秦人所創作,證據亦嫌薄弱,今據《月令》日躔中星及《月令》從夏曆(說見前)的事實,斷定《月令》非出自《周書》(蔡氏所指的《周書》,恐是僞託),而爲秦相呂不韋之賓客所撰。因今之《月令》,既分見《呂氏春秋·十二紀》(每月一紀)之首篇,而所言日躔中星,又與秦時天象大略相符,而《史記》及《漢書·藝文志》均謂《呂氏春秋》乃秦相呂不韋之賓客智士所作,而《月令》內容又多陰陽五行四時四方(或五方)五色五音五味五臟五帝五神五日五數五蟲五祀相應之說,烏煙瘴氣,一片胡言,爲後世思想之一大魔障(《呂氏春秋》中不少有價值的材料,惟《月令》最蕪穢,蓋全書採集衆說,非出一手,即《月令》內容,亦似非出自一人),亦與那包辦製造皇帝的陽翟大賈的爲人相稱。乃或竟以爲周公所作謬矣。

　　(附記一)《禮記·月令》,來源不正(見出自《呂氏春秋》,即出自僞《周書》),已如上述。至唐玄宗時更改《月令》舊文,附益時事,名御刪定《月令》,改置《禮記》第一,故文宗《開成石經》於昏旦中星悉改從唐曆,是爲呂令走黑運時代。至宋景祐二年仍復舊本《月令》,二次稱"經",是爲呂令"復辟"時代。陰陽五行"醫者意也"一類的模糊影響"理學"之盛行於世,宋儒與有力焉,宋馬端臨所謂"十二紀"者,本周公書,後置於《礼記》善矣(?),而目之爲呂令者誤也云云,頗足以代表他們尊經(?)的見解。又余曾將唐玄宗開元天寶間之二分二至日躔推出,一併附列於此,以備研究《開成石經·唐月令》者之參考:開元大寶中,春分日日在奎宿之中間,夏至日日在東井,在"北河三"之西七八度迤南約六度,秋分日日在軫,距角宿西端約六度,冬至日日在建宿當中稍微迤南,在南斗斗底之東兩三度而偏北約五度,即約當斗宿十二三度。

(附記二)改《禮記·月令》者,唐明皇後,又有明崇禎時少詹事黃道周,黃撰《禮記經解》五種以進,其一爲《月令明義》,乃欲按當時天象立言,茲述其一條,即可以概其餘。其仲春月令云:"仲春之月,日在東壁,昏參中,旦箕中"云云,查春分日日入在視時夕六時,初昏時約在六時三刻,時太陽所在處之天體已西旋約一百零一度,合中國舊度一百零二度有奇,而照元郭太史守敬等所測,由壁宿之西端起處至參宿之東端盡處,不過得九十二度九,當時春分日日既在壁宿(今春分時日約在壁宿二之西新度一度十四分弱),則初昏時應井宿中,雖參宿極東端亦已偏西至少十度,安能"昏參中"乎?崇禎時西法已盛行,黃氏既著書論天文曆數,縱不能傍通西法,不應並授時曆而亦不諳,而謬誤至是。清乾隆間修《四庫全書》諸儒譏其改"經"之謬,而不知其曆象之疎,兩俱失之。

(附記三)《禮記·月令》謂春季天子乘青車,駕青馬,戴青旂,衣青衣,服蒼玉,(此種青一色的服裝鹵簿,極似今時戲臺上關公的"行頭",此種怪物,亦惟於戲臺上及呂不韋的方士食客的幻像中有之)夏季天子乘朱車,駕赤馬,戴赤旂,衣朱衣,服赤玉,(若再掛上紅鬍子,想必更好看)秋季天子乘素車,駕白馬,戴白旂,衣白衣,服白玉,(頗似戲臺上唱《岳飛鎮潭州》)冬季天子乘玄車,駕黑驪,戴玄旂,衣黑衣,服玄玉(其實若以烏煙塗臉,豈不更爲澈底?)已經够不近人情了。豈知更有爲常人所難堪者,即春季三月天子食麥與羊,夏季三月食菽與雞(四月筍雞尚未能食,上年雞則稍老矣)秋季三月,天子日日以麻作飯,以狗肉作菜,(惜此二者我都未曾嘗過,不知其中滋味)至九月時,間以狗肉嘗稻米飯,(秦漢時頗多業屠狗者,如荊軻愛燕市之狗屠,樊噲亦曾業屠狗,想彼輩秋季日日爲御厨預備全狗八珍,一定忙得可以,惜春夏冬三季不免失其業耳)冬季天子日日食黍與彘。但《月令》於季夏之後,孟秋之前,忽插入一段天子乘黃車,駕黃駵,戴黃旂,衣黃衣,服黃玉,食稷與牛,此事《月令》未言當屬何月,未知是否指閏六月言。此種單調的食物,常人尚覺膩得難受,爲天子者,其將何以堪之?吾恐爲天子者,吃狗肉麻飯(不是劉晨、阮肇在天台二仙女家所吃那種胡麻飯)不到兩個月,必會有實實在在熬不了,微服而逃,視棄天下如棄敝屣如出牢獄者。《呂令》所言,"不經"至此,無 Common Sense 至此,乃千餘年來,國人奉之爲"經",恬不爲怪,何也?

117

　　現在我可以回到《堯典》本題了。前曾言堯命羲和二氏仲叔四人分宅東南西北四方，爲的是在國之四境設立四個觀象分臺，以測定各地之北極高度，及國境之東西經差與南北緯差，並分司四境之授時要政。原文對於每人但言正一時之仲月者，不過是舉一反三，互相備虛，藉以省文之故，如仲春言日中而不言宵中，仲秋言宵中而不言日中，（春分秋分均日夜長短適中，但言其一，則其他不言可知）是其例也。《堯典》言分命羲仲宅嵎夷，以正仲春，分命和仲宅西土，以正仲秋，皆是舉一反三之言，其實羲仲分司東方授時要政，對於轄境之全年朔閏，無不全頒，封於農事之春播夏耘秋穫冬藏，無不指導，和仲於西方亦然，分宅南北者亦然。若泥於字面，以文害辭，誤以分宅一方者但司一時，則是東方之民，但知春耕，不知秋穫，西方之民，但昐收穫，不務耕耘，南方之民，但講化育，北方之民，但待易歲，均不耕不穫，不食不衣，於理如何能通？ 王肅知其難通，故謂四氏"皆居京師而統之，亦有時述職"。《孔疏》亦謂"居者居其官不居共地，羲仲居治東方之官，居在帝都，而遙統領之"。其蔽皆在泥於文句，陷入魔障，左說右說，都覺難通，竟欲將堯命四氏分宅四境之顯明事實而亦曲解之否認之，不亦惑乎！ 愚意"以正仲春"、"以正仲夏"、"以正仲秋"、"以正仲冬"四句，當時不過是依羲仲二氏之名次先後，分配於其所分任之宅東宅南宅西宅北之下，舉一以例其三，以明每宅一方者皆兼司四時曆政。古時書契遲拙笨重，故文取互見，以避重複，非如後世那些揮麈清談向壁胡謅的方士食客謂東南西北四方與春夏秋冬四時有一種不可思議的關係，如呂不韋《月令》之謂"孟春之月……以迎春於東郊"、"孟夏之月……以迎夏於南郊"、"孟秋之月……以迎秋於西郊"、"孟冬之月……以迎冬於北郊"，硬將春夏秋冬四時，扯到那了不相干的東南西北四方也。此等四時與四方相應之謬說，至戰國秦漢時方始盛行，堯時安得有是說，余故知分宅四方與測定四仲月中氣無各別的關係。又恐人因《禮記·月令》有"以迎春於東郊"一類的文句，遂誤信戰國以前已有四時與四方相應之說，特考證《月令》之來源及其時代如上述。

　　五德代興五行相勝四時四方彼此相應之說，乃戰國秦漢時產品，不獨堯舜時不會有此，即箕子《洪範》篇中亦無此說。《洪範》稱"鯀陻洪水，汨陳其五行"，不過謂水性就下，鯀之治水，不知疏洩，惟事隄壅，逆水之性，是以無功，"五行"二字之用法，髣髴英人之用 elements 字，（往往作"風雨"、"風浪"用）並不含何種神秘性。即水曰潤下火曰炎上五句，亦不過言水火木金土五者的特性，如小學教師之講格物，並無絲毫神秘性。即潤下作鹹，炎上作苦，曲直作酸五句，似由五行連到五味矣，然海水味鹹，焦物味苦，梅子味酸，亦是從尋常經驗得來，箕子不過浮論各

118

類物質的特性耳。至春夏秋冬四時與東南西北四方相應之説，則《洪範》篇中絶無聞焉。吾故謂堯冉之春夏秋冬，與東南西北絶無關係，其四方之先後次序恰與月令相同者，或由於《吕令》傅會《堯典》亦未可知。又吾昔時解"秩東作"句，謂承上文"寅賓出日"句而言，係指日出而作，解"平秩西成"句，謂承上文"寅餞納日"句而言，係指日入日息，於義未嘗不可。然自全段觀之，仍以謂宅東宅南宅西宅北四天官每人各就近司理全年曆政，指導一方全年農作，於義爲長。

《堯典》朞三百有六旬有六日解

駒光如駛，又是一年，際茲歲序初更，國人對於歲之意義，與夫歲周日數之如何查得，不可不有明瞭的認識。我國在辛亥改革以前，月日向用陰曆，設其時有人問一年共得幾日，百年共得幾日，則除極少數人於曆法曾有研究者外，雖學士大夫亦多不能確言，其謂一年爲三百六十日百年得三萬六千日者又比比也。自民國改用世界公曆以後，尤其是民十九年廢除陰曆以後，國人因各月日數有定，對於一歲得三百六十五日有奇一節，知者始漸多，豈知四千餘年以前帝堯早已知之，《堯典》所云"朞三百有六旬有六日"者即此物也。或謂今世通用之哥勒格理公曆率四年一閏，四百年九十七閏，平均一歲得三百六十五日二四二五，即照新法算之，現時"歲實"平均得三百六十五日二四二一九八九二六二，即帝堯元年時歲周平均亦不過得三百六十五日二四二四六〇一一。（俱照 Newcomb 氏公式得來）今《堯典》謂歲周爲三百六十六日，未免失之太大。若謂此爲舉整數而言，則照"詩三百"及"四捨五入"之例，應舉其較近之數而謂朞爲三百有六旬有五日，始爲正確。今《堯典》言三百六十六日，是仍未甚準確，未免美中不足。余曰：非也，《堯典》言三百有六旬有六日者，謂歲周已過三百六十五日而入第六十六日範圍耳，非謂其爲足三百六十六日也。至歲周不足三百六十六日，堯時必已知之。或問曰：子之説有徵乎？曰：有。不過經文語簡，而虞夏載籍，今存者已如鳳毛麟角，其所言又簡略已甚，無可稽考，不得不於旁處求之，於是此椿有趣公案，又牽涉下文所論《左傳》、《商書》、《周禮》、《淮南子》等數椿有趣公案矣：

《春秋左氏傳》日南至考

《春秋左氏傳》言日南至者二事，（古人謂冬至爲日南至，謂太陽南移至此而極也，冬至又稱日短至，謂晝短夜長至此而極也。夏至稱日北至或日長至，理與上述同。）即

119

僖公五年傳及昭公二十年傳是也。古曆以朔旦冬至爲起算點，即以冬至中氣所在之月爲建子之月(周曆正月，夏曆十一月)，其他十二節(小寒，立春，驚蟄，清明，立夏，芒種，小暑，立秋，白露，寒露，立冬，大雪)十一氣(大寒，雨水，春分，穀雨，小滿，夏至，大暑，處暑，秋分，霜降，小雪是，併冬至爲十二中氣，爲十二個月的特徵。例如有冬至之月爲子月即夏曆十一月，有大寒之月爲丑月即十二月，有雨水之月爲寅月即正月，餘以此類推。凡月無中氣者則爲閏月。又上述節氣之名，俱按今名，所以便讀者耳。)俱從冬至中氣起算，閱十五日二一八四强爲節(平節)，再過十五日二一八四强爲中氣(平中氣)，由冬至中氣起算，歷平氣間三十日四三六九弱便是大寒中氣，其所在之月爲夏十二月，又閱平氣間三〇，四三六九日弱便是雨水中氣，其所在之月爲寅月即夏曆正月，如此遞推下去，直至下次冬至(此則是實測得來，故爲實中氣)爲止，是爲一歲，共所在之月又是子月即夏曆十一月，冬至以後，仍照樣遞推下去，故《後漢書·律曆志》謂"律首黃鐘，曆始冬至"是也。不特此也，平氣間得三〇，四三六九日弱，平朔間(即平均月長)僅二九，五三〇五八八日，此特十九世紀之初各月平均數耳，其實各月長短殊不一致，月有長至二十九日十九小時三十五分半鐘者，如民八年陰曆十月是，又有短至二十九日六小時四十一分者，如民十年陰曆六月是。故推算實朔實非易事，外行者不宜嘗試。

平氣間實長於平朔間 0.9063 日弱，故按月遞推下去，約三十一二月後中氣便擠到月晦，更因平氣間比平月幾長一日之故，下次中氣遂由第一月晦越過第二月而伸至第三月朔日，致第二月因無中氣而降爲閏月，因此之故，閏前之月，中氣在晦，閏後之月，中氣在朔，閏月居於其間，兩頭都挨不到中氣，遂有節無氣而爲閏月矣，如此遞推下去，約再過三十一二月又得一閏月，直至十九年期滿，中歷二百三十五個月，而第七次閏月閏在十月，(因小雪中氣在十月晦，冬至中氣在十一月朔，中間夾着一個月有大雪節而無中氣，故爲閏十月)遂爲古曆一章之終，下月朔又在冬至，又爲次章十九年之首，此十九年間又將前十九年間節氣朔閏的排列大略重演一囘，此即古昔閏餘成歲曆。始冬至之常法，(二百三十五個月比十九歲周略長一兩小時，而歷代朔閏辦法又稍有出入，且亦時有參差，慈爲易曉，故概略言之)而冬至於我國歷代曆法關係之重要，由此略可見矣。《後漢書》謂"律首黃鐘，曆始冬至"，又謂"歲首，至也，曆首，朔也"，蓋謂是也。

僖公(《漢書·律曆志》作釐公)五年《左傳》云："五年春王正辛亥朔，日南至，公既視朔，遂登臺以望而書，禮也，凡分至啓閉，(謂春秋二分，冬夏二至，啓謂立春立夏，閉謂立秋立冬)必書雲物，爲備故也。"上段爲《春秋左氏傳》二百五十五年間重要記載之一，《春秋》自隱公元年至哀公"十有四年春西狩獲麟"句止，實二百四十二年，此下至哀十六年"孔丘卒"句，乃孔子門人所續，《左氏傳》亦僅載至哀二十七年八月公出國奔越事止，得二百五十五年，其下悼公四年韓趙魏合謀殺知伯一段，無前無後，不倫不類，顯係後人所加。自《班志》劉歆《三統曆》以來，歷代天文曆算專家，多據以爲典則，至傳文所言是否準確，則余尚未見有研究之者，以余推算之結果，僖五年周曆正月朔（黃經合朔）實在壬子日之夕北平視時戌初三分鐘（公曆紀元前六五六年十二月二十六日），即壬子日北平正午後七小時三分，辛亥日實是周曆十二月晦，時曆誤耳。又是年冬至實在周曆正月初三日甲寅（公曆紀元前六五六年十二月二十八日）北平子正後四小時六分，即寅正後六分鐘，並非在朔日之旦，《左傳》所言之辛亥旦蓋誤早二日，劉歆《三統曆》與《杜注》、《孔疏》附和之，蓋由於曆算未精耳。古者天子頒一歲之朔於諸侯，諸侯受而藏之祖廟，至每月朔日則告廟受而行之，其典禮甚爲隆重，蓋猶是遵奉天子正朔之意也，魯僖公時，周室東遷亦既百有餘年（《漢書》謂“幽王既喪，天子不能班朔，魯曆不正”），其時魯君猶能奉行此禮，天威不違顏咫尺，故《左氏》記而美之，其後禮意寖衰，魯君不親告朔（《漢書》謂自文公閏月不告朔），每月空備餼羊，於是子貢倡廢羊之激論，孔子述存禮之苦心，吾人於此，亦可以觀世變矣。本來魯君於朔日告廟受朔，於至日登臺觀望，此兩事原是各別舉行，惟當時天官失職，觀測未精，誤以辛亥爲至朔同日，故僖公於告朔之後，隨登觀臺，而不知真朔實在一日後，真冬至且在三日後也。

僖公而後，冬至之見於《左傳》者爲魯昭公二十年，查昭二十年《左傳》云：“二十年春王二月己丑日南至，梓慎望氛，曰：‘今茲宋有亂，國幾亡，三年而後弭，蔡有大喪。’叔孫昭子曰：‘然則戴桓也（《杜註》戴族華氏，桓族向氏），汰侈無禮已甚，亂所在也。’”杜預注此段，謂“是歲，朔旦冬至之歲也（因是歲在僖公五年後一百三十三年，既滿七章，復爲章首之故，但余已推得僖五年朔至非同日，此則前人所未知者），當言正月己丑朔日南至，時史失閏，閏在二月後（因《左傳》下文有閏八月戊辰殺宣姜之文而知之），故《傳》特於二月記日南至以正曆也”。以余細推的結果（余推此兩次朔至，足費兩整天的工夫），昭二十年周曆正月朔在庚寅日（公曆紀元前五二三年十二月二十六日），黃經合朔在是日北平午正後五十五分鐘，己丑日實是十二月晦，時曆與《漢志》劉歆《三統曆》及《杜註》《孔疏》，所言均非也。又是年冬至在周曆正月初二日辛卯（紀元前五二三年十二月二十七日）北平視時是十一小時十六分鐘，即午初一刻強，朔至亦非同日，劉歆、杜預、孔穎達等謂是朔旦冬至，亦非。但此事可難索解了，照曆法，周曆建子，例以冬至所在之月爲正月，今既謂己丑日（實是辛卯日，此層今姑不計）爲冬至，豈有以是月爲二月之理？杜預註“梓慎望氛”句云：“氛，氣也，時魯侯不行登臺之禮，使梓慎望氣。”依此法說，是魯之君臣皆認己丑日爲冬至矣，又安能誤以是月爲二月乎？惟服虔謂當時魯人誤置冬至於前月之內，獨梓慎知冬至實在本月己丑日，故屆時自行望氣（非由魯君所命），此説最爲近理，照僖五年之例，魯人或亦誤測冬至，誤早在三日以上，而置冬至於前月戊子或戊子之前，則本月庚寅朔便約在此錯誤冬至之後二日以上，而本年置閏或在四月以後，今查傳文下有"秋七月戊午朔遂盟國人，八月辛亥公子朝等出奔晉，閏（八）月戊辰殺宣姜，冬十月公殺華向之質而攻之，戊辰華向奔陳"之文，詳核前後各月干支，知當時時曆確是閏八月，傳文所書之己丑日南至確在時曆二月，非關誤書正月爲二月也，由此觀之，服虔之説，於傳文與事實可説得過去，最爲近是，較後來杜預之説，於義爲長。

現在我要回到我的考證要點，即堯時是否已知歲周爲三百六十五日又約四分日之一，及如何查得此數是也。周室東遷後，王綱解紐，百度廢弛，司天之政，已不如盛時之認真，或竟不能頒朔，而聽諸侯各自爲政（春秋時魯曆紊亂，朔閏失次，在當時已不少譏之者），然吾人正不妨借此當時不甚措憲之曆政，以一推唐虞三代盛時之情形。照前述僖公五年《左傳》所記，是年冬至在正月辛亥（實應在正月初三日甲寅），又照昭二十年《左傳》所記，是年冬至日在周曆正月己丑（傳文作二月但梓慎知是時曆失閏，故應作正月。然以余所推，冬至實在周曆正月初二日辛卯），由僖公五年冬至至昭公二十年冬至，整整得一百三十三年，恰當古曆家十九年爲一章者七章，照傳文所記之僖五年正月辛亥，至昭二十年正月己丑，其得間四萬八千五百七十八日（其實是由甲寅日寅正至辛卯日午初，應得四萬八千五百七十七日二九八），以一百三十三年均分之，得平均歲周（亦稱歲實）合三百六十五日二四八一二，與當時歲周真數三百六十五日二四二八四較，僅差多十萬分日之五百二十八，即約七分半鐘耳。

須知實際之歲周，並非年年一般長，其錯早錯遲差長差短之程度，多有不止上述七分半鐘之數者。例如舊日曆法以冬至到冬至爲歲周，然民十二年冬至錯早四分半鐘弱，而民十三冬至又錯遲七分半鐘強，故民十二冬至至民十三冬至實比平均"歲實"長十二分鐘。其錯遲最甚者，爲民十五冬至之錯遲鐘。泰西曆家以春分至春分爲一歲周，然辛亥歲春分實偏遲六分半鐘，而民元春分又錯早七分鐘，故辛亥春分至民元春分實比歲周平均數短十三分半鐘。又如民三夏至錯遲五分鐘，而民四夏至又偏早九分半鐘，故民三夏至至民四夏至實比歲周平均數短十四分半鐘。又如民二秋分偏遲兩分鐘，而民三秋分又偏早六分鐘，故民二秋分至民三秋分實短於平均歲周者八分鐘。其餘他歲之二分二至以及其他節氣，幾無一不錯遲或錯早多少有差，故任由某一節氣數至下年同一節氣，甚少一連兩三年長短相同者。（兩年相同，間亦有之，如民三秋分至民四秋分，民四秋分至民五秋分，庶爲近之。若一連三年相同，則二十年來尚未一見其例，此又言陽曆者所不可不知也。

至其所以年年參差之故：一、由於地軸兩端繞黃極旋轉角度及速率參差不齊（此層余三年前曾研究得其公例大略），以故黃赤道交角及其西移速率亦殊不一致，而歲差之數亦時時不同。二、由於地球在軌道上進行，同時須與月球對旋於公共重力點，不過地大月小，此公共重心乃在地球體內地心之外約二八八○英里耳。朔時月在地軌內方，故地心傾側於軌道外方。望時月在地軌外方，故地球偏向軌道內方。此二者於地球之沿軌道進行超前落後無涉。惟上弦時月遠至地球後面，致地心在軌道上超前二八八○英里，約等於超前五分鐘十一秒之行程。下弦時月球遠至地球前方，致地心落後約二八八○英里，約等於地球在軌道上五分鐘有奇之行程。但地球在軌道超前或落後時，吾人但覺太陽在黃道行程上超前或落後，二者蓋同物而異名也。如某節氣時適遇上弦，致太陽（實是地球）之行度超前，若干年後再到此節氣時適近下弦，致地球與太陽行度落後，則前後兩節氣間期間稍長十分鐘有奇。若先遇下弦，後遇上弦，則兩節氣間因此稍短十分鐘有奇。若前後相同節氣適遇朔或望，則期間不生影響。三、因地球在軌道上之地位及進行遲疾，頗受其他大行星影響，其行星愈大或愈近，斯影響地球（亦即太陽視行）之行度亦愈大。此事複雜殊甚，實非議陋如余者之所能駕馭，故本文所言推算古代冬至結果，概將行星影響置諸度外，幸此等差數不甚大，不至變更斷論之大體也。又上述錯早錯遲之數及其中線之所在，乃余三年前用自己發明的方法，從辛亥至民十八年此十九年間的二分二至交節氣時分鉤稽得之，此種方法，在天文曆算上用處殊廣，余不生古人前，偏生古人後，此等方法，昔人已先我用之而得到許多方便用數，抑亦今人之便宜也。茲將舊製一九一一至一九三○年二十年間春分夏至秋分冬至錯早錯遲及歲周偏長偏短一覽圖附列於此，以供新年談陽曆者研究資料。年次由左而右，在中線上者爲偏早，在中線下者爲偏遲，均以一小格代表一分鐘。由左向右數，曲線斜上者是遲來早去，故其期間偏短，曲線斜下者是早來遲散，故其歲周加長，線愈陡愈長者其偏長偏短亦愈甚。二十年間四種歲周之消長情形，覽此四圖者，可以一目了然。

夫以春秋時曆政之廢弛，曆官之失職，然以其當時草率觀測的結果，爲長期間的比較，猶可得一頗準的歲周數。而謂重視曆政如帝堯，世掌曆象如羲氏和氏，乃不能從長期間的觀測比校，以求得一更準的歲周（朞）數，而竟誤認朞數爲三百六十六日整，致差誤至十八小時十一分鐘之多，（約十四倍半於春秋時失職曆官的錯誤！）此必無之事也。

余前曾謂堯時之羲和，並非中國天學的鼻祖（曆象學的"元始天尊"），舜所察看的璿璣玉衡（渾天儀之一種），亦必有其 Prototype 而非完全爲一人一時之創製發明，此乃就人類知識思想的發展程序言之。若徵之載籍，則《周書·呂刑》篇有"乃命重黎，絶地天通，罔有降格"之文，《楚語》載觀射父答昭王問，謂"少昊氏之衰，九黎亂德，民神雜擾，不可方物。顓頊受之，乃命南正重司天以屬神，命火正黎（傅瓚謂"火正"當作"北正"。因古文火字與北字相似，故遂誤耳云云，見《班志》顏師古注引）司地以屬民，使復舊常，無相侵瀆，是謂絶地天通。其後三苗復九黎之德，堯復育重黎之後不忘舊（不忘舊業）者，使復典之，以至于夏商。"孔子《書序》亦謂夏太康時"義和湎淫，廢時亂日，胤往征之，作《胤征》"，亦可爲二氏世司曆象之證。揚子《法言》亦謂義近重和近黎，故《堯典》乃命義和節下《僞孔傳》云："重黎之後義氏和氏，世掌天地四時之官，故堯命之。"蓋亦依歷代相承之師説而云然，據此，則堯命義和之前，二氏已世爲司天之官，彼義和二氏，何難於前人測得之冬至日與近時測得之冬至日之間，求得積日之數，以所隔年數除之，而求得頗準之歲周日數乎？就令撇開重黎舊日觀測成績不計，專以帝堯在位期間言之，設於帝堯元年與帝堯試舜之年各測冬至一次，設若以七十年均分其間日數，而竟得三百六十六日之整數，必須有一次測得之冬至誤早或誤遲五十三日之多！（元郭守敬等用表影測冬至日時，每次誤早誤遲不過一刻鐘）而將冬至移近霜降，或將冬至移近雨水！依後者言，恐所謂冬至之正午，八尺表之表影已由一丈六尺縮至一丈一尺内外，而縮短五尺之多！初昏時南面而望"日短星昴"之昴宿，又早已無蹤無影（時已在西方）矣！除是使舜父瞽瞍代理義和職務，當不至差誤至是。余故謂《堯典》"朞三百有六旬有六日"句，不過謂已入第六日範圍，斷非指六整日而言，蓋以此也。"

《漢書·律曆志》太甲元年冬至考質疑

朔旦冬至，曆家視爲曆數之始，歷代研究曆法者，均對之異常重視，其中以《漢志》劉歆《三統曆》言之最詳，其劈頭第一椿，便是太甲元年十二月乙丑朔。其言曰："湯崩之時，爲天子用事十三年矣，商十二月乙丑朔旦冬至，故書序曰：成湯既没，太甲元年使伊尹作《伊訓》，《伊訓》篇曰：'惟太甲元年十有二月乙丑朔，伊尹祀于先王，誕資有牧方明。'"

> 僞《古文尚書·伊訓》篇無"誕資有牧方明"句，又鄭玄註《書序》典寶引《伊訓》曰："載孚在亳"，又曰："征是三朡"，僞《伊訓》篇皆無之，此皆閻若璩氏所指出之破綻。

言雖有成湯太丁外丙之服,以冬至越弗祀先王于方明,以配上帝,是朔旦冬至之歲也。閻若璩氏即據此以攻晚出《尚書·伊訓》《太甲》等篇之謬,其言曰:

治曆者以至朔同日爲曆元(查《後漢書·律曆志》言至朔同日謂之章,十九年也。同在日首謂之蔀,謂四章七十六年,冬至在朔旦也。二十蔀爲紀,千五百二十歲也。歲朔又復謂之元,謂三紀得四千五百六十年,朔旦冬至又遇甲子歲也。古人測算未精,據其所得粗數,便欲持以馭數千年前後之天運,其理雖是,其術則疏,故其說不盡合也。然依古說則至朔同日祇是章首,不是曆元),班固《律曆志》遇至朔同日悉載之。漢高帝八年十一月乙巳朔旦冬至,十一月者,漢承秦制,未改月名,十一月仍子月也。周公攝政五年正月丁巳朔旦冬至,正月者,周改月(謂不用殷曆),正月爲子月也。商太甲元年十二月乙丑朔旦冬至,十二月者,商改月(謂改建寅爲建丑),十二月爲子月也。或問:周改月於《春秋》而徵之矣(《春秋》所記日食是鐵證),商改月於書亦有徵乎? 余曰:亦徵於《春秋左傳》昭十七年梓慎曰:火出於夏爲三月,於商爲四月,於周爲五月。《班志》謂武王以殷十一月戊子師初發,後三日得周正月辛卯朔,殷十一月者建亥之月(周十二月),故後一月爲周正月建子是也。或者徒見蔡沈《書傳》謂三代及秦皆改正朔(謂歲首)而不改月名(意謂歲首不在正月,歲秒亦不在十二月),誤以太甲元祀(年)十有二月乙丑爲建丑之月,以爲商之正朔(歲首)實在於此,其祀先王者,以即位改元之事告之,不知此乃建子之月(冬至所在之月),商之正朔(歲首)不在於此,其祀先王者,以冬至配上帝之故耳。而僞作《太甲》者求其說而不得,誤認元祀十有二月乙丑朔爲元旦,遂以三祀(年)十有二月朔亦爲元旦,祠告復辟皆當於正朔(元旦)行之,故僞《太甲》中篇曰:"惟三祀(年)十有二月朔,伊尹以冕服奉嗣王歸於亳。"不知商實改月,未嘗以十二月爲歲首,曷爲復辟於是月乎? 如曰不然,是商但改正朔而不改月名(即以夏曆十二月爲歲首,仍稱十二月),則十二月者建丑之月耳,建丑之月,朔旦安得有冬至,而劉歆、班固乃以爲曆元而書之乎? 或又問:子以十二月爲建子,則如《僞孔傳》所云:"湯崩踰月,太甲即位,奠殯而告",是以崩年改元矣。余曰:崩年改元,亂世事也,不容在伊尹而有之,蘇子瞻既言之矣,余豈敢復以崩年爲改元乎。蓋成湯爲天子,用事(猶云當國)十三年而崩,則崩當在丁未歲。太甲即位改元,則改元必於戊申,始正月建丑,終十二月建子,所謂十有二月乙丑朔旦冬至配上帝者,乃太甲元年之末,非太甲元年之初也。

閻氏此段考證,其主要根據,在劉歆《三統曆》所引真《古文尚書》伊訓篇中語及太

125

甲元年十二月乙丑朔乃朔旦冬至越莆祀于先王説。本來晚出《尚書》之僞，先正言之已詳，余對於打死老虎工作，並不感多大興趣。本篇之作，旨在尋得真憑實據，以證實我國某種古代紀載的真確性及其意義，以表明我民族確有悠久的光榮的歷史，及我先民曾有偉大的努力與成功，以促進國人歷史觀念，與夫民族的自覺心自信心團結心與向上心，以加增其自存的能力。顧歷史的價值，在乎真實無妄，家有寶而不自知，固屬不可，事本無而以爲有，亦屬無聊，故作者對於此等地方，但務鈎稽證據，以明事之真相，然後憑鈎稽所得，信以傳信，疑以傳疑，如是而已。《三統曆》既有太甲元年十二月乙丑朔旦冬至祀先王以配天之説，余認爲是證明《商書》真實性的一條線索，故曾費一兩日的工夫以推算之，實推得冬至在戊申歲終（歲次依《通鑑前編》及閻若璩氏之説）子月辛酉朔後一日壬戌之夕戌初一刻，即公曆紀元前一七五二年一月四日北平正午後七小時十六分。是月黄經合朔在公曆紀元前一七五二年一月三日辛酉北平正午後四小時二十七分。乙丑日實是冬至後三日，且是月之初五，無論商時曆法萬不會紊亂至此，即以一絶不懂曆法的村媪，從前月月圓時屈指試推下月初一，亦斷不會差至如是之遠！況初五之夕，一彎新月已在西方出現至第三次而頗肥，雖至愚之人亦不會以是日爲月朔，而謂伊尹乃智不及此，竟以是日爲朔旦冬至而祀其先王乎？善夫孟子之言曰："天之高也，星辰之遠也，苟求其故，千歲之日至，可坐而致也。"雖魯僖公昭公時距今二千有餘歲，太甲時距今三千有餘歲，其時之朔望冬至，亦不難以籌策窮之，以肯定或否定也。

　　或問曰：然則孔壁《古文尚書·伊訓》篇之言非歟？曰：是又不然。余之所推，乃依《皇極經世》、《通鑑前編》等之説，以太甲元年歲在戊申（閻若璩亦從此説），然此説不見得果可靠。他時有暇，將更向他歲求之。所難者，《伊訓》篇但言十二月乙丑朔，並未明言冬至，謂是朔旦冬至者，劉歆之説耳，吾實不知其果然與否。使果兼指冬至而言，則範圍較狹，求之尚有其術。若但泛指尋常之十二月朔言，則平均每六十年間即有一年的十二月朔係在乙丑，即使得之，恐亦未足引以爲據耳。

　　又閻氏攻僞《伊訓》篇、《太甲》篇的論證，朔旦冬至説雖未能成立，然其引《左傳》梓慎"夏三月商四月周五月"之説，以爲商實改月之據，此説若確，則僞伊訓篇"惟元祀十有二月乙丑伊尹祠于先王，奉嗣王衹見厥祖"，僞《太甲》中篇"惟三祀十有二月朔，伊以尹冕服奉嗣王歸於亳"等事，不在歲首而在歲終，其説亦難通也。

略説幾句西漢末所出僞書

　　以上歷引閻氏之説，以證東晉時豫章内史所上《古文尚書》之僞：

　　東晉晚出僞《古文尚書》共二十五篇，其篇目爲《大禹謨》，《五子之歌》，《胤征》，《仲虺之誥》，《湯誥》，《伊訓》，《太甲》三篇，《咸有一德》，《説命》三篇，《泰誓》三篇，《武成》，《旅獒》，《微子之命》，《蔡仲之命》，《周官》，《君陳》，《畢命》，《君牙》，《冏命》，共二十五篇，皆魏晉時人蒐集他書所引《尚書》文句（其中有一小部分出自西漢末僞造之孔壁《古文尚書》，説見下文）及其他古籍文句雜湊而成，合之伏生所傳今文《尚書》、《堯典》（内包今之《舜典》）《皋陶謨》（内包今之《益稷》篇）《禹貢》，《甘誓》，《湯誓》，《盤庚》（《歐陽經》及漢《熹平石經》分爲三篇），《高宗肜日》，《西伯戡黎》，《微子》，《牧誓》，《洪範》，《金縢》，《大誥》，《康誥》，《酒誥》，《梓材》，《召誥》，《洛誥》，《多士》，《無逸》，《君奭》，《多方》，《立政》，《顧命》（内包《康王之誥》，《孔疏》謂伏生尚書原以《康王之誥》合於《顧命》，共爲一篇，今分而爲二，是也），《吕刑》（或作《甫刑》），《文侯之命》，《費誓》，《秦誓》等二十八篇，成今本《尚書》。後述之二十八篇，乃漢初伏生所傳真《尚書》經文，康南海先生謂是孔門《尚書》足本，並無缺失。

　　康氏此説，蓋本於《漢書·劉歆傳》中歆責太常博士書中述諸博士“以《尚書》爲備（完全無缺之謂），謂《左氏》爲不傳《春秋》（不爲《春秋》作傳）”二語；漢太常博士領袖最高學府，略如後世之國子祭酒，爲當時經學之 highest authorities 而其言如此。吾人生當今日，不能不感謝劉歆口中露出這兩句話，——雖然他不是好意説的，也許今在九原之下直頓足後悔——但因《孟子》、《墨子》、《管子》、《國語》、《左傳》等所引書文不在二十八篇之内者頗多，故康氏亦不否認孔子删定的《尚書》之外，尚有不少的逸書，如《逸周書》之類。

　　更無所謂《古文尚書》，亦無孔壁出書之事；凡漢書所言孔安國獻《古文尚書》，魯共王及河間獻王得《古文尚書》、《逸禮》、《禮記》等，皆與《史記》所言不符，均屬莫須有之事；詳見康氏所著《新學僞經考》。（新，王莽國號）

然此不過是清代碩學辨僞的初步工夫，彼等以東漢經籍來證東晉以後《古文尚書》之僞，固然是應有之義。其實閻若璩氏所據以打倒《梅書》之漢代《古文尚書》及《漢書·藝文志》《儒林傳》《河間獻王傳》《魯共王傳》等本身之爲真爲僞，亦正大有問題，閻氏不過根據僞書以推翻僞中之僞而已，故南海康氏更引《史記》以證“孔壁古文經”之子虛烏有，及《漢書》所言之非真，更進而者證《史記·儒林傳》《封禪書》《十二諸侯年表》序語中之矛盾增竄痕跡，更憑《漢書·王莽傳》《劉歆傳》所言託周官以行篡奪的情形，及《歆傳》中歆《移太常博士書》中語，及《七略》實出劉歆，《别録》亦歆僞造,《漢書》多依歆稿的證據,與夫《春秋左氏傳》所言多與劉向所著之《列女傳》《五行志》《新序》《說苑》所言相反的事實(註一)(註二)(註三)斷定左氏不傳《春秋》,《周禮》出於偽託,《詩》有齊魯韓三家而無《毛詩》(毛公應改稱"無是公"),《易》出田何,後有施,孟,梁邱,京氏,而無費氏高氏,《尚書》經孔子删定者原祇二十八篇,伏生所教者已得其全,《春秋左氏傳》實劉歆從《國語》中分出改造,劉向校書時尚無其物,凡兹举举大端,康氏皆引有詳確證據,以實其説,而其炯炯之目光,磅礴之氣魄,又足以籠罩全題,包舉一切,形成他的 Synthetic proofs 以視閻氏之《古文尚書疏證》,僅僅打倒那在《史記》《漢書》上未曾埋伏證佐的晚出《古文尚書》,實有難易廣狹之不同,以之集有清一代考證學之大成,而作它的大軸戲,是最適當不過的了。

(註一)孔子六世祖死難案

劉歆繼其父向典校秘書,若如歆責《太常博士書》所云:"漢興,書缺簡脱。及魯共王壞孔子宅,欲以爲宮,而得古文於壞壁之中,《逸禮》有三十九篇,《書》十六篇。天漢之後,孔安國獻之,遭巫蠱倉卒之難,未及施行。及《春秋》左氏邱明所修,皆古文舊書,多者二十餘通,藏於祕府,伏而不發"云云,動以外間不見秘府藏書一語壓人,然《逸禮》《毛詩》《古文尚書》《春秋左氏傳》等書,歆謂爲外間所不得見者,其父向當無不見之,乃何以劉向《列女傳》《五行志》《新序》《說苑》所言多與《左傳》《毛詩》所言相反? 其尤奇者,桓元年《左傳》云:"宋華父督見孔父(孔子六世祖孔父嘉)之妻于路,目逆而送之,曰:'美而艷。'"桓二年《傳》又云:"二年春,宋督攻孔氏,殺孔父而取其妻,公怒,督懼,遂弒殤公。……宋殤公立,十年十一戰,民不堪命,孔父嘉爲司馬,督爲太宰,故因民之不堪命,先宣言曰:'司馬(孔父嘉)使然。'已而殺孔父而弒殤公。"此段劉歆用深文曲筆,偽造《左傳》,欲歸罪於孔父嘉,杜預惑於偽《傳》之文,於《春秋》經文"二年春王正月戊申,宋督弒其君與夷,及其大夫孔父"之下注云:"稱督,以弒罪在督也,孔父稱名(?)者,内不能治其閨門,外取怨於民,身死而禍及其君。"竟爲歆之謡言所欺,"誣孔子自貶其正直之祖父。"(此康氏語)案:《系本》云:"孔父嘉生木金父,木金父生祁父,其子奔魯爲防叔。"觀此,知"父"字爲人之尊稱,而必非孔父嘉之名,若孔父嘉名"父",則其子孫不得稱"木金父""祁父",若如杜氏言,是孔氏三代皆名"父"矣,有是理乎? 杜氏先入劉歆誣罔之言,竟誤解經文,誣孔子斥其祖之名以罪之,謬矣。欲知此段亦不是左邱明《國語》原文,可即以歆父劉向之言證之。劉向《說苑·尊賢篇》云:"謂宋殤公不知孔父之賢乎? 安知孔父死則己必死趨而救之? 趨而救之者,是知其賢也。"觀此,吾人不但知劉向之意實以孔父爲賢,更知劉向所見未經改竄之書(五十四篇之《國語》原本?)實述孔父被殺之前,宋殤公趨而救之,並及於難,蓋知賢輔一去,己亦不保也。吾人試以此與《左傳》所言兩相比較,則後者僞造之迹略可覩矣。

(註二)息夫人委身事讐寃案

劉向《列女傳》中《息君夫人傳》云:"夫人者,息君之夫人也。楚伐息,破之,虜其君,使守門;將妻其夫人,而納之於宮。楚王出游,夫人遂出見息君,謂之曰:'人生要一死而已,何至自苦,妾無須臾而忘君也,終不以身更貳醮。生離於地上,豈如死歸於地下哉!'乃作《詩》曰:'穀則異室,死則同穴,謂予不信,有如皎日!'息君止之,夫人不聽,遂自殺;息君亦自殺,同日俱死。楚王賢息夫人守節有義,乃以諸侯之禮合而葬之。君子謂夫人悅於行善,故序之於詩;夫義動君子,利動小人,息君夫人不爲利動矣;《詩》云:'德音莫違。及爾同死。'此之謂也。"我們試看劉向敍息夫人死節事迹,寫得有事有實,有聲有色,是一個何等義烈的婦人。再看他那個助新莽篡漢的兒子劉歆所力爭立於學官的《左傳》敍息夫人事説些什麼!先是莊十年《傳》云:"蔡哀侯娶于陳,息侯亦娶焉。息嬀將歸,過蔡,蔡侯曰:'吾姨也。'止而見之,弗賓(不敬禮),息侯聞之怒,使謂楚文王曰:'伐我,吾求救於蔡,而伐之。'楚子從之,秋九月,楚敗蔡師於莘,以蔡侯獻武歸。"莊十四年《傳》云:"蔡哀侯爲莘故(爲莊十年莘之役,懷恨在心),繩息嬀以語楚子(在楚文王前力誇息夫人美貌,意在借楚復讐),楚子如息,以食入享,遂滅息,以息嬀歸,生堵敖及成王焉(生二子),未言(從來不與楚文王説話),楚子問之,對曰:(這回可開口了)'吾一婦人而事二夫,縱弗能死,其又奚言!'楚子以(因)蔡侯(之言)伐息,遂伐蔡。"我們試看這兩段故事可差得遠了!《左傳》謂息夫人歸楚文王後,生堵敖及成王,劉向謂息夫人從容盡節,與息君同日而死,楚王以諸侯之禮合葬之。此等故實,與所引《詩》語,生動貼切,以劉向之人格斷之,必非無所本而云然。若如許慎《説文解字序》所言,北平侯張蒼獻《春秋左氏傳》。

按《左傳》之來源甚曖昧,甚至《漢書·藝文志》《河間獻王傳》《魯共王傳》,亦不言《左傳》如何得來,僅《説文解字》序有此一語,可疑甚矣。《史記·十二諸侯年表》序語中,因地位僻靜,材料乾燥之故,被人用插贓手段偷偷摸摸的竄入"魯君子左邱明……成《左氏春秋》"一條,亦非言《左傳》如何得來何人傳授也。

及如《河間獻王傳》所言,王立毛氏《詩》、《左氏》、《春秋》博士,博聞如劉向,不容不知之,且身典祕書,更不容不見之,設劉向校書時果見"魯君子左邱明"爲輔翼聖經而作之《春秋左氏傳》所述息嬀之事,則向必不作如息君夫人傳之所言,有斷然者。設《左傳》所言息嬀之事而信,而劉向硬改經傳,硬派楚成王爲"聖人無母,從天上掉下來,或從地縫鑽出來",而不慮後之人或執《左傳》以駁己,豈非其愚不可及乎?世人讀僞造《左傳》者多,讀劉向《列女傳》者少,若非經康南海、梁任公等為之指出,幾何其不顛倒事實,誣罔古人,如袁子才《小倉山集》中過息夫人廟詩所云:"桃花結子原無語,鸚鵡移籠尚有情",及《隨園詩話》(?)所云:"不言亦不笑(?)兒女粲成行"乎?

(註三)宋恭姬焚死及澶淵之會案

劉向《列女傳》中《宋恭伯姬傳》云:"伯姬者,魯宣公之女,成公之妹也,其母曰繆姜。嫁伯姬於宋恭公(《春秋》、《史記》並作共公,又《春秋》言宋共公名固,《十二諸侯年表》言名瑕,稍異),恭公不親迎,伯姬迫於父(?)母之命而行;既入宋三月廟見,當行夫婦之道,伯姬以恭公不親迎,故不肯聽命。宋人告魯,魯使大夫季文子如宋,致命於伯姬;還復命,公享之;繆姜出於房,再拜曰:'大夫勤勞於遠道,辱送小子,不忘先君以及後嗣,地下而有知,先君猶有望也,敢再拜大夫之辱。'伯姬既嫁於恭公十年,恭公卒,伯姬寡。(振先按:據《春秋》經文,伯姬出嫁於魯成公九年之春,而共公卒於成公十五年之夏,前後亦僅七年耳,十字是七字之誤。)至平公時(《史記》作宋平公三十三年,即魯襄公三十年,《春秋》亦同),伯姬嘗遇夜失火,左右曰:'夫人稍避火!'伯姬曰:'婦人之義,保傅不俱,夜不下堂,待保傅來也。'保母至矣,傅母未至也,左右又曰:'夫人稍避火!'伯姬曰:'婦人之義,傅母不至,夜不可下堂,越義而生,不如守義而死。'遂逮於火而死。《春秋》詳錄其事,為賢伯姬,以為婦人以貞為有者也,伯姬婦道盡矣。當此之時,諸侯聞之,莫不悼痛,以為死者不可以生,財物猶可復,故相與聚會於澶淵,償宋之所喪,《春秋》書之。"

《春秋》云:"晉人齊人宋人衛人鄭人曹人莒人邾人滕人薛人杞人小邾人會於澶淵,宋災故。"此劉向所謂"春秋善之"者也。何以善之?以其實有所饒遠伕助,合救災恤鄰之道耳。乃其子劉歆死命爭立於學官的《左傳》,於引《春秋》經文後即曰:"尤之也。"猶云"貶而責之",與其父之說恰相反!

君子曰:"禮,婦人不得傅母,夜不下堂,行必以燭,伯姬之謂也;《詩》云:'淑慎爾止,不愆於儀。'伯姬可謂不失儀矣。"此處劉向引君子之言及《詩》語,原美伯姬行止知禮,不愆於儀,豈知其子劉歆僞造的《左傳》卻造出"諸侯之上卿會於澶淵,原為商量餽財於宋,既而失信,對於被災之宋國,無所餽贈"一段事實(?)來,更引竄改之詩文以實其說曰:《詩》曰:"淑慎爾止,無載爾僞。"不信之謂也!云云,又與其父所述之詩文,在詞句方面,與精神方面,都大相刺謬。吾人觀此,可知《春秋左氏傳》決非劉向時之所有,更知古籍被劉歆等任意竄改之多矣。從劉向所述此段記載觀之，宋共姬蓋重視禮節者，雖時當大變，猶拘牽於平時禮節，未免稍失之迂，且共姬出嫁於成公九年，至魯襄三十年宋國大火時，又歷三十九載，其年當在六十內外，其子宋平公即位亦已三十三年，而猶拘泥於有保母而無傅母之末節，甯死於火，不離其室，亦實可以不必，(說句笑話罷，她未免太不摩登了)然其驚於所信，不以死生而易其所守，其大無畏之精神，實足以廉頑而起懦，今之昂昂七尺以鬚眉男子或大丈夫自命而有愧於宋恭姬者多矣！《春秋》紀其事云："五月甲午，宋災，(大火)宋伯姬卒，……秋七月，叔弓(魯卿)如宋，葬宋共姬。"《公羊傳》解之曰："其稱謚何？賢也。"此乃漢初鴻儒董仲舒、胡毋生之經說，相傳得自孔門傳授者也。乃劉歆力爭立於學官的《左氏傳》敘其事而譏之曰："甲午宋大災，宋伯姬卒，待姆也。(因候傅母之故)君子謂宋共姬女而不婦，女待人，婦義事也。"(謂女須待人而行，已嫁之婦，則可從宜)此之所謂"君子"，蓋暗射"魯君子左邱明"，無論如何，總是指"傳《春秋》"(？)的左邱明之見解，何其是非相謬於聖人，好惡不與孔子同，如上述論孔父共姬澶淵之事者！"左丘明耻之丘亦耻之"之左丘明固如是乎？然則康氏疑《論語》此二語及《史記·十二諸侯年表》"魯君子左丘明……成《左氏春秋》"等語乃作偽者所竄入(崔觶甫的《史記探源》亦謂"魯君子左丘明……爲《呂氏春秋》"一百二十五字乃歆學嫡派所竄入)，又謂左邱明但作《國語》，不傳《春秋》，其說非無所據而云然矣。

《漢書·司馬遷傳》載遷《報任安書》，但言"左邱失明，厥有《國語》，孫子臏脚，《兵法》修列"，"至如左邱明無目，孫子斷足，終不可用，退論書策以舒其憤，思垂空文以自見。"不言作《左傳》。《太常諸博士》更明言"《左氏》不傳《春秋》。"又《漢書·藝文志》言新《國語》五十四篇(原注：劉向分《國語》)，《國語》二十一篇(原注：左丘明著)，《左氏傳》三十卷(原注：左丘明，魯太史)，康氏謂《國語》僅一書，而《漢》志以爲二種，且篇數一多一少，差至數倍豈不可詫？"蓋五十四篇者，左丘明之原本也；歆既分其小半，凡三十篇，以爲《春秋左氏傳》，於是留其殘剩，掇拾雜書，加以附益，而爲今本之《國語》，故僅得二十一篇也。"論證殊的當。查今本《國語》二十一卷中，《周語》得三卷，《魯語》二卷，《齊語》一卷，《晉語》最多，得九卷，《鄭語》一卷，《楚語》二卷，《吳語》一卷，《越語》二卷，其詳略殊不一致。今人錢玄同先生曾將《左傳》所敘各國事略爲分析，證明"《左傳》與今本《國語》二書，此詳則彼略，彼詳則此略 Complimentary to each other 這不是將一書瓜分爲二的顯證嗎？"云云，都是好的證據。又瑞典人高本漢先生 B. Karlgren 著有《〈左傳〉真偽考》一書，從文法上研究，證明《左傳》的文法與《國語》的文法最相似，而與《論》、《孟》的文法迥然不同，故《左傳》不似是魯國人作的，《史記·十二

131

諸侯年表》"魯君子左丘明"一語，又多一反證了。其實《左傳》與《國語》的體裁文句多相似，稍留心讀二書者都能覺之，更不俟按文法分析也。且既稱《春秋左氏傳》矣，自以能爲經文詳敘其事引伸其義而止，非同他種著述，可以獨立存在也。今《傳》中每年所繫之事，是否悉與經文有關，姑且不計，單問哀十四年西狩獲麟之後，或退一步言，哀十六年孔子卒後，已無《春秋》，試問哀十六年至二十七年之《傳》，究竟所傳何物？ 更不必計悼四年智伯圍鄭一段之不倫不類也。試從此數年傳文中刪去繫年月之短記若干條，所餘者與《國語》何別？而悼四年智伯圍鄭一段，述智伯驕愎自恃，侮人召禍，若置於《晉語》末智伯藍臺之宴當席辱人一段之前，豈復能辨其非《國語》之一部耶？ 或曰："此因其原是《國語》之一部耳。"是語也，吾無以難之。

最近二十二年春分夏至秋分冬至日時一覽表

本表取材於一九一一至一九三二年英美航海曆書。

日時按東經百二十度地方平時即中原通行鐘表時。

榜有點之年分，二月得二十九日，故乍觀之似二分二至提早一日，否亦提早時刻。

公曆年分	春分在三月	夏至在六月	秋分在九月	冬至在十二月
一九一一年	二十二日一時五十四分	二十二日廿一時三十五分	二十四日十二時十八分	二十三日六時五十四分
一九一二年	二十一日七時二十九分	二十二日三時十七分	二十三日十八時八分	二十二日十二時四十五分
一九一三年	二十一日十三時十八分	二十二日九時九分	二十三日廿三時五十三分	二十二日十八時三十五分
一九一四年	二十一日十九時十一分	二十二日十四時五十五分	二十四日五時三十四分	二十三日〇時二十三分
一九一五年	二十二日零時五十一分	二十二日二十時二十九分	二十四日十一時二十四分	二十三日六時十六分
一九一六年	二十一日六時四十七分	二十二日二時二十四分	二十三日十七時十四分	二十二日十一時五十九分
一九一七年	二十一日十二時三十八分	二十二日八時十四分	二十三日廿三時一分	二十二日十七時四十六分
一九一八年	二十一日十八時二十六分	二十二日十四時〇分	二十四日四時四十六分	二十二日二十三時四十二分
一九一九年	二十二日零時十九分	二十二日九時五十分	二十四日十時三十六分	二十三日五時二十七分
一九二〇年	二十一日五時五十九分	二十二日一時四十分	二十三日十六時二十九分	二十二日十一時十七分
一九二一年	二十一日十一時五十一分	二十二日七時三十六分	二十三日廿二時二十分	二十二日十七時八分
一九二二年	二十一日十七時四十九分	二十二日十三時二十七分	二十四日四時十分	二十二日廿二時五十七分
一九二三年	二十一日廿三時二十九分	二十二日十九時三分	二十四日十時四分	二十三日四時五十四分
一九二四年	二十一日五時二十分	二十二日一時〇分	二十三日十五時五十九分	二十二日十時四十六分

续表

公曆年分	春分在三月	夏至在六月	秋分在九月	冬至在十二月
一九二五年	二十一日十一時十三分	二十二日六時五十分	廿三日二十一時四十四分	二十二日十六時三十七分
一九二六年	二十一日十七時二分	二十二日十二時三十分	二十四日三時二十七分	二十二日廿二時三十四分
一九二七年	二十一日廿二時五十九分	二十二日十八時二十二分	二十四日九時十七分	二十三日四時十八分
一九二八年	二十一日四時四十五分	二十二日〇時七分	二十三日十五時六分	二十二日十時四分
一九二九年	二十一日十時三十五分	二十二日六時一分	二十三日二十時五十三分	二十二日十五時五十三分
一九三〇年	二十一日十六時三十分	二十二日十一時五十四分	二十四日二時三十七分	二十二日廿一時四十分
一九三一年	二十一日廿二時七分	二十二日十七時二十八分	二十四日八時二十四分	二十三日三時三十分
一九三二年	二十一日三時五十四分	二十一日廿三時二十三分	二十三日十四時十六分	二十二日九時十五分

附記

由某節氣之日時分,至下年同節氣之日時分,其間日數及時分數,謂之歲實,間稱歲周。已往二十二年之平均歲實,爲三百六十五日二四二一九七三七八,即三百六十五日五小時四十八分七六四。此三百六十五日以外之零數,即五小時四十八分七六四,謂之歲餘,其五小時以外之四十八分七六四,更可稱爲小餘。然此僅係多年平均數,實數不必如此。試於上表各年同節氣之間,添入歲餘時分數,當知此二十二年間,以一九二一年實春分至一九二二年實春分之期間爲最長,得歲周三百六十五日五小時五十八分,以一九一四年夏至至一九一五年夏至及一九三〇年夏至至一九三一年夏至之期間爲最短,歲周僅得三百六十五日五小時三十四分,其餘亦長短多少有差。緣歷年節氣,因地動所受外力發生種種參差之故,微有錯早或錯遲。如某節氣上年錯早,下年錯遲,則二者間之期間增長,反是則其期間縮短,此歲周之所以長短不齊也。歷家推算氣朔,先從根本平數入手,然後如法進退之。此項平節氣,亦可依下法求之:試取一九一三年實際春分日時分,遞向後推(或向前推)三百六十五日五小時四十八分七六四,所得結果,列爲一表,暫作爲春分折衷時。以之與上表所列實際春分時分較,視其比實春分誤早或誤遲若干分而逐一註之,將見其餘二十一年中,誤早者計十八年,共誤早一百七十六分二五,誤遲者計三年,共誤遲五分一二,除誤遲數與誤早數兩和抵銷外,仍共誤早一百七十一分一三,以二十二年均攤之,得所推平春分均偏早七分七八,乃將一九一三年實春分時分及初次推得之平春分時分,一一推後七分七八,遂推得真平春分準時,以爲推算春分之出發點。照余此法推求,則一九一三年平春分約在三月二十一日十三時二十五分七八,一九一九年平秋分在九月二十四日十時四十三分五四。(余依 Brown's *Tables of the Moon* 所示一九〇〇年基本數推得十時四十三分二,前數失之微遲)其餘他種歷家通用出發點平數,多可仿上法推求得之。此項出發點平數

133

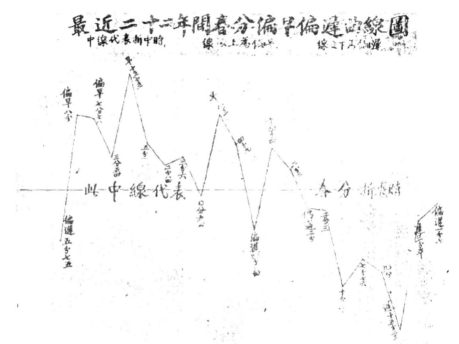

最近二十二年間春分偏早偏遲曲線圖

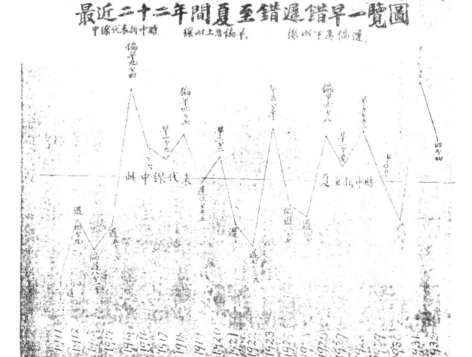

最近二十二年間夏至錯遲錯早一覽圖

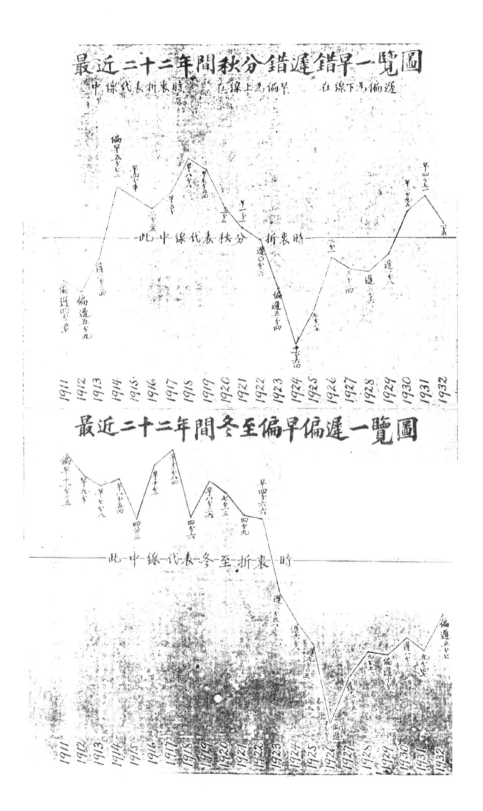

之用處甚廣,姑取其最顯淺者言之:一九一九年春分頗近多年中數,設從是年春分時分平推一九一五年或一九三〇年春分,即使不加更正,誤遲誤早當不過十六分鐘,若從一九一五年春分平推一九三〇年春分,所得結果將誤早半小時有奇矣,關於此點,可參看春分曲線圖。又右表所列二十二年夏至,除一九三二年外,其餘二十一年夏至,俱在六月二十二日。又從一九二〇年起,至一九五二年以前,春分俱在三月二十一日。至交節時刻則逐年移遲,惟閏年因二月多一日故,乍觀之似時刻提早耳。又前後閏年若同日交節,則閏年之愈在後者,交節時分亦愈早。凡此諸端,皆可從上表審察得之。讀者玩索而有得焉,則於歲之所以爲歲,必有深一層的認識,而於節氣即是陽曆一端,必已了然於胸中矣。

再論《書經》日食並指正中西幾位學者的錯誤

上述康南海先生《新學僞經考》之說,不過將原說略爲介紹,徵引其端,未可遂作爲定論;蓋南海之說,其中尚有幾許難處;其所下斷論,能令人心折者固多,而未能服人之處亦在所不免。顧康書之最大價值,在啓發後學,解放思想,教人對於歷世相傳之古籍,俱以批評之眼光觀之;其乘先啓後之功,在吾國學術思想史上實佔一極重要地位;蓋既有清初諸儒據東漢以攘魏晉,使會有晚清諸儒據西漢以攘東漢,更會有時人據先秦以攘西漢,或援社會學考古學成說以攘今文經(如疑《堯典》、《禹貢》之類),風會所趨,新說之興,有如雨後筍芽,蓬蓬苗苗,而開其先河者,南海其樞紐也。至諸說之爲是爲非,在書缺有間證佐不齊之今日,肯定與否定都有所難,正不妨暫時兼收並容,疑以傳疑,以待後來或續有充分之新證據發見,再行判定是非也。

現在我要繼續去歲本報第四十七期討論《書經》所言夏代日食事了。查梁任公所著《中國歷史研究法》一二七至一二八頁論及此事,曾引歐洲學者九家所主張六種不同之說,除第六說謂食在公曆紀元前二一六五年五月七日係事屬可能且前已討論外,其餘梁書所引七家之說,均屬錯誤,所指日期,萬無可以日食之理。此種謬誤,亦非出自梁氏;蓋梁書此段,係得自美國哥崙比亞大學漢學講座 F. Hirth 博士所著之《中國上古史》Ancient History of China 三九至四一頁,梁蓋爲此書所誤耳;而 Hirth 所言,則又是照引故香港學務監督 Dr. E. J. Eitel (區得理?) 之言,原論載 China Review 卷十八,頁二六六(余昔年曾欲追尋原論於北平某圖書館,惜卷十八恰缺),Hirth 且曾特別聲明,自己於天文學乃完全門外漢,莫能判斷區氏所論之當否,是 Hirth 雖爲區氏所誤,其文責當由區氏負之矣。區氏言:"Gaubil 謂食在紀元前二一五四年十月十一日(余草草推得是日乃夏曆八月十一日,萬無日食之理),Largeteau 氏與 Chalmers 氏各推得食在紀元前二一二七年十月十二日,(余草草推得是日乃夏曆八月十一日,如何會有日食?)Fréret 氏與 D. Cassini 氏推得食在紀元前二〇〇六年十月二十四日(余草草推得是日乃夏曆九月十一日,萬無日食之理),Gumpach 氏推得食在紀元前二一五五年十月二十二日,(照余所推,無論是日乃夏曆九月十一日丁酉,斷不會有日食,即是月丁亥朔在公曆十月十二日,時太陽已過北上交雖不足四日,然地面日食時中原方在夜間丑正時分,亦不得見也。)Oppolzer 氏推得食在紀元前二一三五年十月二十一日。(余草草推得是日乃夏曆八月二十二日,萬無日食之理)"綜觀區得理博士所述七家推得夏都見食日期,均謬誤顯然;而諸家中有數家乃著名天文家,最後一家,且著有數千年來日月食大全,斷不容有此謬誤。意者區氏於引述諸家之說時,誤計年數,將紀元前二一五五年誤作一二五四年,又將紀元前二一二八年誤作二一二七年,又將紀元前二〇〇七年誤作二〇〇六年,又將紀元前二一三七年誤作二一三五年歟?總之區氏所言,確是大錯特錯,Hirth 氏先爲其所誤,而任公又爲 Hirth 氏之書所誤,茲特指出其謬,庶免再誤後人耳。西儒區得理氏所述之泰西學者七家所推得之夏代季秋月朔日食五説既不能成立,今請進而審查我國古代天算家所推得的結果。據《新唐書》卷二十七《曆志》載張説《日度議》曰:"太康十二年戊子歲冬至應在女十一度,《書》曰:'乃季秋月朔,辰弗集于房',劉炫曰:房,所舍之次也,集,會也,謂會合也,不合則日蝕可知。……近代善曆者推仲康時九月合朔已在房星北矣。……新曆仲康五年癸巳歲九月庚戌朔,日蝕在房二度,……虞鄺以爲仲康元年,非也。"又《元史·曆志·交食篇》云:"《詩》、《書》所載日食二事:《書·胤征》'惟仲康肇位四海,乃季秋月朔,辰弗集于房',今按《大衍曆》作仲康即位之五年癸巳歲,距(至元)辛巳歲三千四百八年,九月庚戌朔,泛交二十六日五千四百二十一分,入食限。"此我國唐元兩代天文曆算名家推算的結果,從曆算的觀點言,自古迄今,從無異言者也。過去之數年間,余曾幾次覆推之,推得癸巳歲九月庚戌朔乃公曆紀元前二一二八年十月十三日,儒略日數爲九四四四五七;是月黃經合朔在庚戌日之晨北平地方平時七時六分,北平地方視時則在七時十分,時太陽已升出地平上一小時有餘,即曆算家所謂"加時在晝"是也。惟是日合朔時太陽尚差十一日有奇始至南下交,是日日食時月球黑影由地面西北方斜趨東南,日出時見食之地與日入時見食之地南北緯度相差至五十餘度之多,而河南合朔在晨,其地點在日食地帶西南界之西南頗遠,必不見食;推河南迤東約一百五十度處則於日入前見食頗大耳。元天文家將日食食限看得過於呆板,不知其與節令及合朔時刻有密切之關係,(此種關係,余於民十六年十一月始自悟得之,至今尚未見天文書有如此説法,但間接之材料則有之)竟以爲實入食限,實可見食,誤矣。憑上述此條證據,姑不必問東晉晚出《古文尚書·胤征篇》之爲真爲僞,(《胤征篇》文之僞,學界久成定論;但嚴格論之,

137

攻之之證據,亦不見得十分可靠)亦不必問《書序》及《史記》所裁"帝中康時,羲和涵淫,廢時亂日,胤往征之,作《胤征》"一類之文,及昭十七年《左傳》所引《夏書》曰"辰不集于房,瞽奏鼓,嗇夫馳,庶人走"之文,是否劉歆或其他好事者所僞造,(此問題尚未有定論,疑之之證據,更不見得很充分)單以癸巳歲九月庚戌朔中原不能見日食一端言之,今本《竹書紀年》那隻小老虎已經被我打死一截了;因爲今本《竹書》載有帝仲康五年癸巳歲秋九月庚戌朔日食事,而此事我已拿天算來證明其爲不可能,不過是唐元兩代天文家誤推的結果罷了;於是此書作者承訛踵謬鈔襲唐書元史的嫌疑,遂頗難洗刷。(理由詳去歲《國聞週報》四十四期本文頁三)至今本《竹書》的致命傷,——一箭封喉,見血立殭的致命傷——我還有更痛快直接的證據,不久便見分曉,一經指出,讀者當亦爲之莞爾也。"

《詩經》日食考

《毛詩·小雅·十月》篇云:"十月之变,朔日(或作月)辛卯,日有食之,亦孔之醜,彼月而微,此日而微,今此下民,亦孔之哀。"《毛序》云:"十月之交,大夫刺幽王也。"鄭玄《註》云:"當爲刺厲王,作詁訓傳時,移其篇第,因改之耳。"孔穎達疏此時,疑不能決,乃並存之,但各從其家而爲之義,不復强爲與奪,於是刺厲刺幽,久成懸案矣。梁任公於其所著之《中國歷史研究法》一書中論之云:

> 例如《詩經》:"十月之交,朔日辛卯,日有食之,亦孔之醜。"經六朝唐元清諸儒推算,知周幽王六年十月辛卯朔確有日食,中外曆對照,應爲西紀前七七六年,歐洲學者亦考定其年陽曆八月二十九日中國北部確見日食,與前所舉《胤征篇》日食異説紛紜者正相反,因此可證《詩經》必爲真書,其全部史料皆可信。(《中國歷史研究法》頁一三三)

梁氏此説出,而《詩經》之價值頓增,附和其説者,遂喜以《詩》文爲肯定或否定其他古經内容真實性之試金石。兹試將右列所謂確證者一審察之:查梁説實是出自前述 Friedrich Hirth 博士所著之《中國上古史》一七三頁。余查公曆紀元前七七六年八月二十九日乃癸未而非辛卯,其儒略日數爲一四三八二三〇,且是日乃周曆九月二十三日,(約估得是月大,未細推也)萬不能有日食。夫月非十月,日非辛卯,既非月朔,自無日食,與《十月》篇詩文絕連不起來;徒以震於外人之名,不知審別,一人唱之,百人和之,十餘年來,展轉傳述,莫知其非,晚近我國學術界之空疎亦可謂甚矣。夫梁虞鄘,唐傅仁均、僧一行、元郭守敬、清閻若璩、阮元等所推得之幽王六年十月辛卯朔，（閻若璩因《鄭箋》有"周之十月夏之八月也"一語，謂"康成精於曆算，曾以曆推得此日，方作此箋，但康成又謂是刺厲王詩，未免自相矛盾，此說直可入正義"云云，其說殊牽強，實是紀元前七七六年九月六日，其儒略日數爲一四三八二三八。是日確是地球日食期，非如公曆八月二十九日之晨東方日出時，殘月半規尚高高的在南天照臨下土，與正東天際的太陽實是天各一方，距"十月之交"的嘉會，尚有周天四分之一的長距離，八日有奇的長期間也。六朝隋唐宋元諸大家，以其古器古法測算，尚頗近是；清初諸大儒，更幾於人人皆曉曆算；今人生於二十世紀科學盛興之世，乃習於清談，不肯腳踏實地做工夫，豈不愧對清初諸老乎？然則六朝唐元清諸曆算家所推得之幽王六年乙丑歲十月辛卯朔日食，即公曆紀元前七七六年九月六日，周京果見食乎？曰：是亦未必然。以余所推，是月黃經合朔在辛卯日北平地方視時晨九時三十四分；時節次處暑與白露之間，太陽已過北上交約九日七；是日月球黑影由地面西北移向東南；因其時日輪視半徑約得角度十六分七秒，而月輪視半徑則不足十六分，故北極圈附近或有恰見極短的日環食之處；周京迤東北方見食頗大；惟周京地近月影帶之西南界，或竟在西南界之外，故周京似不見食，縱使見食，亦必甚微；其時在日出後約三小時，太陽在天頗高，日光強烈，目難仰視，若僅日輪右上邊微虧一線，亦必不易覺察。此種情形，核與《小雅》十月篇所言之情景不侔；故謂《小雅·十月》篇即是指"幽王六年"乙丑歲十月辛卯朔而言，其說亦未足信。且余曾按《史記》、《皇極經世》、《通鑑輯覽》等書所指幽王在位之年遍查之，曾無十月辛卯朔日食之事；又曾按《皇極經世》等書所指厲王在位及出居於彘之年草草推之，亦無十月辛卯朔食之事；可知刺厲刺幽之說，在天學上都無證據，任公引西儒之言，謂"紀元前七七六年八月二十九日即是幽王六年十月辛卯朔，是日確見日食，因此可證《詩經》必爲真書云云，其實情乃不過如是。"

研究《小雅》十月篇所指之時代及刺厲刺幽問題者，近時更有吳其昌先生。吳氏於周代鐘鼎文字與殷周曆朔頗有研究，曾著有《殷周之際年曆推證》，其中有《西周曆譜》載於《國學論叢》。又著有《金文曆朔疏證》，引函皇父敦文，謂與《十月》篇同時，是刺厲王詩；更用《三統曆》（？）推得"十月之交朔日辛卯日有食之"事在厲王二十五年，即公曆紀元前八五四年云云。茲將《燕京學報》第六期（校舍落成專號，民十八年十二月出版）吳著《金文曆朔疏證》一〇七四頁一段照錄於左：

"函皇父敦"（《攈古錄》卷三之一頁五，《從古堂》卷十五頁二十六，《奇觚室》卷三頁三十一，《愙齋冊》十頁十四，《周金文存》卷三頁四十六，一作"周娟敦"，一作"向皇父敦"）按：是敦雖不銘有年，月，干支，朔望，但以聲類形義推之，知與

139

《詩·十月》辛卯同時。《十月》詩："豔妻煽方處"，《魯詩》作"閻妻"，《正義》引《中侯擿雒戒》又曰："剡者配姬以放賢。"王靜安先生説："函即爲閻之假借字"，是"函"、"閻"、"豔"、"剡"，聲類都同。又《十月》詩云："皇父孔聖，作都於向"，"函"、"向"二字，古文極相似，易誤；故函皇父敦初出，而徐同柏誤釋爲"向皇父敦"，是"向"、"函"形制極近。由上二點，故知是敦與《十月》詩同時，而《十月》詩鄭玄以爲屬王詩是也。《十月》之詩云："十月之交，朔月辛卯，日有食之，亦孔之醜。"此器與之同時，是此器雖未銘曆，而不啻銘有"屬王□□年，十月初吉辛卯"之文也。今按《曆譜》：屬王二十五年（公曆前八五四年），即入甲申統以來七百九十年，是年閏餘十三，大餘四十二，小餘十四，正月小，丙寅朔，十月大，辛卯朔，與曆譜合；是年入統以來積月九千七百五十八，會餘積月三千四百一十三，已過五百八十一交食，食餘積分一百三十五分之六十四，故四月望月食，十月朔日食，與曆譜合；故知函皇父敦屬王二十五年器也。

振先按：甲骨文與金文都是上古史的很好史料，惟吳氏以函向形相近而致誤，豔閻函聲相近而借用，以此證函皇父敦與《十月》詩同時，其證據已稍嫌薄弱；就讓《函皇父敦》確與《十月》詩同時，然此敦既未銘年月干支朔望，是主張《十月》詩爲刺屬王者可以謂此敦爲屬王時器，主張《十月》詩爲刺幽王者亦可謂此敦幽王時器，二説同是鑿空武斷，二者間實無所軒輊也。至吳氏所以斷此敦及《十月》詩同是屬王時者，則以吳氏推得十月辛卯朔日食是在屬王二十五年即公曆前八五四年耳。吾曾推之，推得公曆前八五四年丁未歲日食在夏曆九月即周曆十一月癸巳朔。是月黃經合朔在癸巳日北平地方視時正午後四十九分鐘，時太陽尚差四日四始到北上交，日食在南方，周京並不見食，何來"日有食之"之詩？且朔在癸巳，亦非辛卯；月屬夏曆九月周曆十一月，亦非十月；與《十月》之詩無一合者。因冬至在是年夏曆十一月丙申日，即公曆前八五四年十二月三十日之晨北平地方平時四時四十分，故平霜降（夏曆九月中氣）在夏曆九月周曆十一月初三日乙未北平地方時晨七時五十三分，而是月不得爲周十月也。吳氏之誤有三：朔（南方並見日食）在癸巳，謂是辛卯，差至二日，一也；月有平霜降中氣，是建戌之月即周曆十一月，乃以爲十月，二也；周京必不見食，乃以爲見食，三也。吳氏能自行推算，自是肯脚踏實地做工夫，其致誤之由，似爲劉歆《三統曆》所誤。《三統曆》甚疏，先儒多已言之。觀於襄二十七年日食在周十一月乙亥朔，即食在戌月，《春秋》書"冬十有二月乙亥朔日有食之"，《左氏傳》作"十一月乙亥朔日有食之，辰在申，司曆過也，再失閏矣"，是年日食確實在周十一月即戌月，《傳》以爲是月（時曆十一月）應是申月即九月，時曆漏兩閏，故作十一月云云，此《左傳》之疏耳。而《漢書·律曆志》劉歆《三統曆》云：“襄公二十七年九月乙亥朔，是建申之月也。魯史書：‘十二月乙亥朔，日有食之。’《傳》曰：‘冬十一月乙亥朔，日有食之，於是辰在申（言實是建申之九月），司曆過也，再失閏矣。’言時實行以爲十一月也，不察其建，不考之於天也”云云，是劉歆《三統曆》誤推早兩月，謬與《左傳》同。曆法之疎至此，必不可用也。又吳氏若欲知自己所推之曆朔是否可靠，最好仍用此法試推民國以來之日食，視其結果是否與事實相近，便知其可靠之程度矣。

觀《班志·三統曆》此段，頗似劉歆自作聰明，將自己滿肚密圈而實在大謬特謬的《三統曆》竄入自己僞託的《左傳》內；是以《律曆志》與《左傳》之謬說聲應雷同，如同一鼻孔出氣；此可爲劉逢禄、康南海等劉歆僞造《左傳》說之一證佐。但從另一方面觀之，照劉歆食在戌月之說以評《春秋》，則劉歆應指出其一連三次失閏，鋒頭始出得十足；今劉歆乃從《左傳》十一月乙亥朔食及再失閏之說，似信《左傳》十一月乙亥朔食爲當時之另一實錄，而信經文爲誤十一作十二，觀此又似《左傳》非劉歆所僞。此等細微地方，凡平心考證者似乎都不宜輕輕放過。

今本《竹書》僞造的鐵證

現在我要履行最初打老虎之約，將今本《竹書紀年》這個啞謎揭穿了。《竹書紀年》所紀之年，與《皇極經世》、《通鑑前編》所紀之年歧出頗遠，久成泰西漢學家難解之謎；即疑今本《竹書》最力之王靜安先生，亦不知其所以然，但謂“所增加者年月而已，且其所出本非一源，古今雜陳，矛盾斯起，……年月又多杜撰”（王氏《今本竹書紀年疏證》“自序”語）而已。F. Hirth 教授於其所著之《中國古史》一書中，曾舉 Arendt 氏所編之《竹書年表》，謂《竹書紀年》與世上通行之《皇極經世》等紀年歧出；大抵愈往上數，所差愈大，至帝堯元年時相差至二百十二年；從夏禹、商湯以下，差數漸小，至厲王出奔於彘，共和元年，而二者相合；且謂此爲兩曆共和，或即共和之說之所由起云云，其言傅會無稽，更不箴論。其實此種啞謎，一經說破，立可豁然。原來今本《竹書》編輯者，爲欲使其書易於徵信起見，頗思置之於顛撲不磨的基礎之上。彼見東晉晚出《古文尚書·胤征》篇載有仲康時季秋月朔日食事，又見《新唐書·曆志》、張說《曆議》按新曆推得仲康五年癸巳歲九月庚戌朔確見日蝕在房二度，又見梁太史令虞鄺推得《詩》“十月之交，朔日辛卯，日有食之”事當在周幽王六年乙丑歲，唐《大衍曆》覆推亦同，以爲此等年月必是史實，至少亦可在曆學上站得腳穩；故決定以夏仲康五年癸巳歲與周幽王六年乙丑歲二者爲不拔之基礎，其間各王在位年數及其他掌故，不妨參照現存載籍斟酌嵌入之,凡年代無徵者,儘可隨意增減伸縮,以求與上述兩基礎年吻合無間。不意《新唐書》所言之仲康五年癸巳歲九月庚戌朔日食,事實上絶非中原之所能見;梁虞鄺、唐《大衍曆》等所推得之周幽王十月辛卯朔日食,事實上恐周京亦不得見,縱見亦必甚微。必不會被人覺察;於是此所謂魏國記事的今本《竹書》,不免露出破綻矣。雖然,此未必遂足爲今本《竹書》作僞之鐵證;因魏國追書史實的史家,或亦如漢唐以來的記載日食者,每以曆家推錯的日食作爲事實而書之;故事實上雖不見食,衹可視爲"僞事",未必便是"僞書"。幸而作僞之人,無論如何周密精細,都會露出馬脚。原來《新唐書》、《元史》等所推得之仲康五年癸巳歲九月庚戌朔日食,乃指上距元至元辛巳三千四百八年之癸巳歲九月庚戌朔,即公曆紀元前二一二八年十月十三日;今本《竹書》作者一時不察,竟誤遲三周甲子即一百八十年,而將紀元前二一二八年之癸巳歲誤作紀元前一九四八年之癸巳歲;而不知紀元前一九四八年癸巳歲。夏曆八月甲由朔,即公曆十月二日;庚戌乃八月二十七日,九月並無庚戌,且是月已久過食限,彼魏國史書性質的《竹書紀年》。是年安得有"秋九月庚戌朔日有食之"的記載乎?僞作今本《竹書》者剽竊《新唐·曆志》此條,竟誤遲一百八十年而不自知;遂使數百載而後,吾人對於作僞的事實,明若觀火,無復有可疑之餘地。人之好作僞與撒謊者,觀於此事,其亦知所儆乎!且此條之僞,決非局部問題;因《竹書》所採各條,多有舊籍依據;仲康一條既推後一百八十年,則凡前乎仲康之記載,與後乎仲康之記載,下至幽厲爲止,其年代都不免受其牽動。吾人於此,乃可以明白共和以前何以《竹書紀年》後於他種紀年者約二百年;又何以共和以後《竹書紀年》却與他種紀年雷同;此其故蓋因共和以後《史記·十二諸侯年表》已有詳細之編年,更因幽王六年十月辛卯朔一條爲今本《竹書》作者所認爲不可搖撼(?)的根據之一也。此證一出,有如老史斷獄,使罪人無從躲閃;雖使今本《竹書》作者復生,亦必無法抵賴,而不得不自承其妄。"鐵案如山搖不動,萬牛回首邱山重",此類證據,差足以當之矣。

先儒疑《今本竹書》之證據,最有力者,爲《晉書·束晳傳》言《紀年》十三篇,《晉書》目録載《紀年》十二卷,而今本《紀年》僅得上下二卷,與此不符。此層臨海洪頤煊氏曾言之;惟洪氏因各書所載《紀年》内容頗不一致,疑當時《紀年》或有別本,不妨疑以存疑。余意《今本竹書》僅得上下二卷,與《晉書》所載之數相差太遠,此層最爲可疑;且此非枝葉問題,非如王靜安先生《今本紀年疏證》中所舉之疑寶,多可以後人增竄解之也。

自　跋

　　此文在《國聞週報》共登十期,除去歲第四十四至第四十七三期曾先在北平讀書互助會演講外,餘俱未暇演講,而但於《週報》發表,讀書互助會諸君儻可從本報得之。至余作此文之動機,有幾分是要替代數年前僅發表一小部分而今時無意繼續的"送舊曆文",及從未刊布亦未完成(將來想亦不會完成)的"中國歷代日食考",借此機會將其中的一部分内容發表出去,以免在此等時局之下,材料算草或會散失,或無當先生忽然光顧。遺稿亦無人能整理也。此文作於國難期中民族自信力稍受動搖之際,故文中如"堯命天官分宅四方解"等篇,原欲喚起國人對於本民族以往悠久光榮歷史的觀念,以增加其團結力與抵抗力;原是有所爲而發,未可以純粹證之作視之。至此文之成就,大抵破壞方面較多,建設方面較少,辨僞辨誤方面較多,證實方面較少。作者以爲考證我國古史,最好就各人性情之所近,機會之所許,分工作去;如某人從舊籍入手,某人從掘地所得古器古物入手,某人從研究金文、甲骨文入手,某人從研究古地理入手,某人從研究各地居民方言禮俗入手,某人從研究古代關於天算的記載入手之類。作者即是專從天文曆算方面圖得若干材料證據以供國人研討者;至片面的證據,一人一時的所見,未足以爲定論,不俟言也。此文隨草隨登,往往不及覆看,錯誤之處,自所不免,即自己所已發見者,亦有多處。例如四十九期中余笑僞晚出《尚書》將"孔壁"、"真"古文《尚書·胤征篇》"厥匪玄黄,昭我周王"二語竄入僞《周書·武成篇》内,謂共望文生義,硬將《胤征篇》之"周王"將"周天子"解。當時余不憶《孟子·滕文公下篇》有"有攸不惟臣東征,綏厥士女,篚厥玄黄,紹我周王……取其殘而已矣"一段,爲僞《武成》此段之所本。趙岐注此段云:"從有攸以下,道周武王伐紂時也,皆《尚書》逸篇之文也"云云,雖此段《孟子》未言出自何書,趙岐之所謂《尚書》逸篇,趙氏注《孟子》時已不及見;(余遍查趙注《孟子》所引書文,斷定凡趙注所謂逸《書》者,當時均已無存;故凡《孟子》所未舉篇名之逸《書》,趙氏皆不能舉出篇名,獨於"《書》曰:享多儀,……"之下則注云:"《尚書·洛誥篇》曰:享多儀",因《洛誥》尚存,故趙氏能舉其篇名,其但言"《書》曰"之逸《書》七條,趙氏皆不能舉篇名,以當時篇已不存,無可稽考故也。此亦西漢古文《尚書》亾於晉永嘉之前之又一傍證。又《孟子》"其君子實玄黄于篚以迎其君子……取其殘而已矣"四句,似是孟子解釋所引《書》文語,不是《書》文,趙歧誤耳,合並附誌於此)然觀於此段上文説湯事,下文引古《泰誓》,則此段之所謂"周王"或是指周武王言;余前譏僞《武成》作者將"紹我周王"句竄入武成篇之不通,未免錯笑古人了。至十卷第十期本文曾言將論"《周禮》、《淮南子》等數椿有趣公案",原欲討論古時以土圭日影定四時度里差事;近以日鮮暇晷,急欲結束此文,卒將此段刪去。在我雖非預存多發空頭支票之意,在人或來"口惠而實不至"之譏;茲補向讀者告罪。若天假之緣,舊支票補行兌現,會有期也。

陳振先謹跋

(民國)二十二(年),三(月),二十八(日),北平

(原載《國聞週報》,1932年第9卷第44、45、46、47、48、49、50期,1933年第10卷第10、11、14期。)

作者簡介:

陳振先(1876—1938),字鐸士。生於廣東佛山。清末民初政治人物、農業經濟學家。美國加利福尼亞大學畢業。回國後授農科進士。中華民國成立後,任北京政府農林部次長,後改任農林總長。1927年任北京稅務學校校長兼經濟學教授。曾任國立清華大學、國立北京大學教授。學術研究涉獵廣泛,包括經濟學、年代學、上古史。1936年任實業部農本局總經理兼湖北金水流域農場場長。1938年2月23日於金水農民暴動時,遭襲擊身亡。

今、古本《竹書紀年》考

[日]原富男　著　吴　鵬　譯

《竹書紀年》乃戰國時代晉魏兩國史書,原爲簡策,晉咸寧年間自汲郡汲縣魏襄王墓中出土,杜預謂:"蓋魏國之史記也。"①是爲《竹書紀年》之源流。

然《四庫全書總目提要》卷四十七《史部》三《編年類》卷首曰:

> 《竹書紀年》二卷(内府藏本)……顧炎武考證之學,最爲精核。所作《日知錄》中,往往引以爲據。然反復推勘,似非汲冢原書。

所謂"内府藏本"即爲現行本《竹書紀年》。《四庫全書總目提要》繼而例證"内府藏本"絕非以下所列任何文本。

1.束晳、杜預所見本

2.郭璞所見本

3.隋代傳本

4.酈道元所見本

5.劉知幾所見本

6.李善所見本

7.瞿曇悉達所見本

8.司馬貞所見本

9.楊士勛所見本

10.王存所見本

11.羅泌、羅苹所見本

12.鮑彪所見本

---

① 《春秋左氏傳注疏》卷六十《後序》。

13.董逌所見本①

此外,隋、唐初期以前古籍所引《竹書紀年》文句與唐代中期乃至宋代以後書籍所引者,其引用來源有所不同。而唐代中期至宋代以後諸多文獻中《竹書紀年》引文之出處亦各不相同。筆者曾爲研究先秦諸子的生涯事迹,專門考訂從周安王至秦統一六國時期的諸國年表,上述《竹書紀年》引文來源不一之現象時令筆者頗爲苦惱,進而漸次感悟到,《竹書紀年》於先秦時代,特別是在孟子所謂"聖王不作,諸侯放恣,處士橫議,楊朱墨翟之言盈天下"②的戰國亂世具有相當重要的意義。

然則《竹書紀年》出土之初究竟是何面貌,現行兩卷本《竹書紀年》源流於何處,如何傳承授受,其文本內容如何,此等皆爲筆者必須解決的問題,亦爲筆者之興趣所在。拙稿就以下五個問題,淺探古本、今本《竹書紀年》之究竟。

---

① 考平王東遷以後,惟載晉事;三家分晉以後,惟載魏事。是魏承晉史之明驗。然晉靈公桃園之事,董狐所書,明見《左傳》,孔子稱趙盾爲法受惡,足知未改史文。乃今本所載,仍以趙穿蔽獄,則非晉史之舊也。《束晳傳》稱"《竹書》夏年多殷,益干啓位,啓殺之。"今本皆無此文。又杜預注《左傳》"攜王奸命"句,引服虔説,以爲伯服,《疏》並引束晳以爲伯盤。今本乃有餘臣之説。使《竹書》原有此文,不應二人皆未睹,則非束晳、杜預所見本也。郭璞注《穆天子傳》,引《紀年》七條。以今本核之,相同者三條。璞稱"《紀年》"而今在注中者三條"。璞時不應先有注。且三條並爲一條,文亦不屬。其"穆天子見西王母,西王母止之曰:'有鳥鵃人'"一條,今本無之。則非郭璞所見本也。《隋書·經籍志》曰:"《紀年》皆用夏正建寅之月爲歲首。"今本自入春秋以後,時月並與經同,全從周正,則非隋時所見本也。《水經注》引《竹書》七十六條,皆以晉國紀年,如《春秋》之爲魯史。而此本晉國之年皆附周下。又所引"出公六年荀瑤成宅陽"、"梁惠王元年鄴師邯鄲,師次於平陽"、"魏襄王六年秦取我焦"及"齊師伐趙東鄙圍中牟"諸條,今本皆無。其他年月亦多舛異,則非酈道元所見本也。《史通》引《竹書》"文王殺季歷",今本作"文丁"。又引《竹書》"鄭桓公,厲王之子"。今本"錫王子多父命居洛",在宣王二十二年。王子多父爲鄭公在幽王二年,皆不云厲王子,則非劉知幾所見本也。《文選注》引《竹書》五條,今惟有"太甲殺伊尹"一條,則非李善所見本也。《開元占經》引《竹書》四條,今本皆無,則非瞿曇悉達所見本也。《史記索隱》引《竹書》"晉出公二十三年奔楚,乃立昭公之孫,是爲敬公。"今本作"出公薨"。又引"秦與衛戰岸門"、"惠王後元十一年會齊於平阿"、"十三年會齊於甄"、"齊桓公君母"、"齊宣王后"、"宋易成盱廢君自立"、"楚里疾圍蒲"七條,今本皆無,則非司馬貞所見本也。《穀梁傳疏》引《竹書紀年》周昭王膠舟之事,以駁《呂氏春秋》。今本但曰王陟,無膠舟事,則非楊士勛所見本也。《元豐九域志》引《竹書》"陰司馬敗燕公子翌於武垣"一條,今本亦無,則非王存所見本也。《路史》引《竹書》"周武王年五十四",辨武王非年九十三,今本乃作九十三。又注引《竹書》"夏后不降六十九年",證《世紀》五十九年之異。今本乃亦作五十九。《路史》又引"梁惠成八年雨骨於赤鞞"。注又引"夏桀末年社坼裂"。今本並無。則非羅泌、羅苹所見本也。《戰國策注》引《竹書》"魏救中山,塞集胥口",今本無之。則非鮑彪所見本也。《廣川書跋》引《竹書》"秦穆公十一年取靈邱",今本無之,則非董逌所見本也。

② 《孟子·滕文公下》。

一、汲冢出土考

研究《竹書紀年》必先瞭解汲冢出土的史實。神田喜一郎與小川琢治既已發表過相關論著①，筆者亦針對自己掌握的資料進行了攻究，且結論與神田、小川的研究一致。其實，以雷學淇爲代表，清儒之相關考論對我等三人影響頗大，故而日本學人之研究實爲清儒考證結果之日譯版而已。

所謂"汲冢出土"，乃指晉朝初年於汲郡汲縣古墓中出土了大量先秦竹簡。就此歷史事件，筆者欲從三個方面展開論述，且綜合比對諸家之説，以觀其大旨。

（一）汲冢出土年代

關於汲冢出土之年代，學界有三種説法：晉武帝太康元年説、晉武帝太康二年説，以及晉武帝咸寧五年説。

1.晉武帝太康元年説

杜預《左傳後序》曰：

> 太康元年三月，吳寇始平……會汲郡汲縣有發其界内舊冢者，大得古書……

又，王隱《晉書·束皙傳》曰：

> 太康元年，汲郡民盜魏安釐王冢，得竹書……②

另，衛恆《四體書勢》曰：

> 武帝太康元年，汲郡人盜發魏襄王冢，得策十餘萬言。③

此外，《隋書·經籍志》亦有此説④，蓋皆承襲杜預之説。

2.太康二年説

荀勖《穆天子傳序》曰：

---

① 神田喜一郎：《汲冢出土考》，《支那學》卷一，第一、二號；小川琢治：《穆天子傳考》。

② 王隱所撰《晉書》既已散佚，不傳於今，筆者所引之文乃據《左傳後序正義》。此外，《太平御覽》、《昭明文選》注中亦有所引。

③ 唐修《晉書·衛恆傳》所載。

④ 《隋書·經籍志·史部·古史》曰："至晉太康元年，汲郡人發魏襄王冢，得古竹簡書。"

古文《穆天子傳》者,太康二年,汲縣民不準,盜發古冢,所得書也。①

又,唐修《晉書·束皙傳》曰:

初,太康二年,汲郡人不準,盜發魏襄王墓……

另,《廣川書跋》所載《太公廟碑》記有:

太康二年,縣之西偏,有盜發冢而得竹策之書……②

以上乃太康二年説之依據。

3.咸寧五年説

唐修《晉書·武帝紀》曰:

咸寧五年冬十月,汲郡人不準,掘魏襄王冢,得竹簡小篆古書……("咸寧"者,《史記·周本紀·正義》誤引作"咸和"。)

又,《法書要録》所載張懷瓘《書斷(上)》曰:

咸寧五年,汲郡人不準,掘魏襄王冢,得册書千餘萬言……③

另,郭忠恕《汗簡略敘》引《晉史》文:

咸寧中,汲縣人盜魏安釐王冢,得竹書十餘萬言……④

是爲咸寧五年説之依據。

以上三種觀點雖各有依據,⑤然筆者則願採清儒雷學淇之説⑥,且綜合折中三種觀點,得出結論:竹簡出土於咸寧五年;翌年,即太康元年三月上呈朝廷;太康二年,敕命官員校正整理。

---

① 引自《平津館叢書》收録校正版《穆天子傳》中之荀勖《穆天子傳序》。
② 此説亦載於《金石萃編》卷二十五。
③ 引自《津逮秘書》本。張懷瓘,唐代人。
④ 引自鄭珍《汗簡箋正》。
⑤ 詳見神田喜一郎《汲冢書出土始末考》。
⑥ 雷學淇《考訂竹書紀年》曰:"《竹書》發于咸寧五年十月。明年三月吳郡平,遂上之。《帝紀》之説録其實也。餘就官收以後上于帝京時言,故曰太康元年。《束皙傳》云二年,或命官校理之歲也。"神田喜一郎、小川琢治亦承襲之。

（二）埋藏時代與發掘地點

推定埋葬年代亦可確定墓主身份。對此,學界存在兩種觀點——安釐王墓説與魏襄王墓説。[1]

杜預自太康三年(282)上溯五百八十一年,推定埋葬時間爲公元前 299 年。[2] 荀勖[3]與盧無忌[4]則主張埋葬時間爲秦始皇焚書坑儒前八十六年(前 298)。然據筆者考訂之諸國年表,襄王二十年乃壬戌年(前 299),杜預推算之哀王二十年亦爲壬戌年,兩者一致。[5] 若襄王薨於二十年,三年後墓冢建成,[6]埋葬時間則爲公元前 296 年至公元前 298 年。若爲安釐王之墓,埋葬時間則要晚五十三年,即始皇五年以後,明顯有違常理。此外尚有不少其他證據也顯示墓主爲襄王。是故,筆者乃採魏襄王墓之説,推定葬於公元前 296 年至公元前 298 年之間。[7]

然則襄王之墓究竟位於何處? 發掘古墓之地乃汲郡汲縣,而晉朝的汲郡汲縣位於今河南省衛輝府治下汲縣西南。據《大清一統志》卷一百五十六記載,墓在今縣城以西二十里處。今之汲縣原爲北齊之伍城,隋以來始稱汲縣。戰國時代此地曾有城邑。《史記·秦本紀·莊襄王三年》有載:"蒙驁攻汲縣,拔之。"另,《始皇本紀》有載:"又廿年,驁麾兵攻汲。"可見此地乃爲秦魏兩國所爭。據酈道元《水經注》卷九[8]及《元和郡縣志》卷十六[9]之記載,前述《太公廟碑》亦位於汲郡汲縣,碑文曰:"縣之西偏,有盜發冢,而得竹策之書……。"因此大抵可以推定發掘地點即在於此。

（三）汲冢出土竹簡之篇目

晉咸寧五年,自汲郡汲縣魏襄王墓中究竟出土了何種竹簡? 就此,筆者認爲,結合

---

① 此外,《玉海》卷四十七就晉《竹書紀年》注録:"韓愈《黃陵廟碑》引《竹書紀年》:'齊文惠太子鎮雍州,有盜發楚王冢,獲竹書,青絲編簡,廣數分長二尺。'王僧虔曰:'是蝌蚪文……'。"然此説不足憑信。

② 《左傳後序》曰:"下去今太康五百八十一歲。"

③ 《平津館叢書》收録《校正穆天子傳》中荀勖《穆天子傳序》曰:"案:《史記·六國年表》,自今王二十一年至秦始皇三十四年燔書之歲,八十六年。"

④ 《津逮秘書》本《廣川書跋》所録《太公碑》曰:"書藏之年,當秦坑儒之前八十六。"另據酈道元《水經注》卷九,盧無忌乃太公碑之建造者。

⑤ 《左傳後序》曰:"推校哀王二十年,大歲在壬戌。"

⑥ 《史記·魏世家·索隱》曰:"《汲冢紀年》,終於哀王(實爲襄王)二十年,昭王三年喪畢,始稱元年也。"由是得"建墓要三年"之説。然"哀王"是否真實存在,是爲此説之問題所在。因爲"立哀王"乃《史記》中明顯的錯誤。此外,《竹書紀年》中"今王"之稱謂、魏襄王在位年限以及去世時間等方面仍有不少疑點,有待日後攻究。而據筆者考訂之諸國年表,魏襄王在位歷時二十三年。

⑦ 關於此説之考證,詳見小川琢治《穆天子傳考》。

⑧ 其曰:"縣,故汲郡治,晉太康中立。城西北有石夾水,飛湍浚急,人亦謂之磻溪,言太公嘗釣於此也。城東門北側有太公廟,廟前有碑……晉太康中,范陽盧無忌爲汲令,立碑於其上。"

⑨ 其曰:"比干墓及廟,在縣北十里,太公廟在縣北西二十五里。"

發掘時之狀況考察最爲妥當。茲援引《左傳後序》之文以觀其大概:

> 太康元年三月,吴寇始平,余自江陵還襄陽,解甲休兵,乃申抒舊意,脩成《春秋釋例》及《經傳集解》。始訖,會汲郡汲縣有發其界内舊冢者,大得古書,皆簡篇科斗文字。發冢者不以爲意,往往散亂。科斗書久廢,推尋不能盡通。始者藏在秘府,余晚得見之,所記大凡七十五卷,多雜碎怪妄,不可訓知。《周易》及《紀年》,最爲分了。《周易》上下篇,與今正同,别有《陰陽説》,而無《彖》、《象》、《文言》、《繫辭》。疑于時,仲尼造之於魯,尚未播之於遠國也。其《紀年》篇,起自夏殷周,皆三代王事,無諸國别也。唯特記晉國,起自殤叔,次文侯、昭侯,以至曲沃莊伯。莊伯之十一年十一月,魯隱公之元年正月也,皆用夏正建寅之月爲歲首,編年相次。晉國滅,獨記魏事,下至魏哀王之二十年,蓋魏國之史記也。推校哀王①二十年,大歲在壬戌,是周赧王之十六年,秦昭王之八年,韓襄王之十三年,趙武靈王之二十七年,楚懷王之三十年,燕昭王之十三年,齊湣王之二十五年②也。上去孔丘卒百八十一歲,下去今大康三年五百八十一歲。哀王,於《史記》襄王之子、惠王之孫也。惠王三十六年卒,而襄王立,立十六年卒,而哀王立。古書《紀年》篇,惠王三十六年改元,從一年始至十六年,而稱"惠成王卒",即惠王也,疑《史記》誤分惠成之世以爲後王年也。哀王二十三年乃卒,故特不稱謚,謂之今王。其著書文意,大似《春秋》經,推此足見古者國史策書之常也。……諸所記多與《左傳》符同,異於《公羊》、《穀梁》,知此二書近世穿鑿,非《春秋》本意,審矣。雖不皆與《史記》、《尚書》同,然參而求之,可以端正學者。又别有一卷,純集疏《左氏傳》卜筮事,上下次第及其文義,皆與《左傳》同,名曰《師春》,"師春"似是抄集者人名也。

杜預謂汲冢出土竹簡之篇目,爲(一)《周易》上下篇,(二)《陰陽説》,(三)《紀年》篇,(四)《師春》一卷。

另外,《晉書·束晳傳》亦記有汲冢出土竹簡之詳情:

> 其《紀年》十三篇,記夏以來至周幽王爲犬戎所滅,以事接之,三家分,仍述魏事至安釐王之二十年。蓋魏國之史書,大略與《春秋》皆多相應。其中經、傳大異,則云夏年多殷;益干啓位,啓殺之;太甲殺伊尹;文丁殺季歷;自周受命,至穆王

---

① 杜預承襲《史記》之誤,稱"哀王"。然學界既已指出《史記》誤分惠、成之世,以爲二王之年數,故只需改"哀"作"襄"即可。此外另有一説,因"哀"與"襄"字形相似,故致訛誤。

② 應作"齊湣王之二十二年"。

150

百年，非穆王壽百歲也；幽王既亡，有共伯和者攝行天子事，非二相共和也。其《易經》二篇，與《周易》上下經同。《易繇陰陽卦》二篇，與《周易》略同，《繇辭》則異。《卦下易經》一篇，似《説卦》而異。《公孫段》二篇，公孫段與邵陟論《易》。《國語》三篇，言楚、晉事。《名》三篇，似《禮記》，又似《爾雅》、《論語》，《師春》一篇，書《左傳》諸卜筮，“師春”似是造書者姓名也。《瑣語》十一篇，諸國卜夢妖怪相書也。《梁丘藏》一篇，先敘魏之世數，次言丘藏金玉事。《繳書》二篇，論弋射法。《生封》一篇，帝王所封。《大曆》二篇，鄒子談天類也。《穆天子傳》五篇，言周穆王遊行四海，見帝臺、西王母。《圖詩》一篇，畫讚之屬也。又雜書十九篇：《周食田法》、《周書》、《論楚事》、《周穆王美人盛姬死事》。大凡七十五篇，七篇簡書折壞，不識名題。冢中又得銅劍一枚，長二尺五寸。漆書皆科斗字。

《晉書·束皙傳》記載汲冢出土竹簡包括《紀年》十三篇、《易經》二篇、《易繇陰陽卦》二篇、《卦下易經》一篇、《公孫段》二篇、《國語》三篇、《名》三篇、《師春》一篇、《瑣語》十一篇、《梁丘藏》一篇、《繳書》二篇、《生封》一篇、《大曆》二篇、《穆天子傳》五篇、《圖詩》一篇、《雜書》十九篇，以及書簡損壞嚴重、無法識別題目者七篇，凡七十六篇。

又張懷瓘《書斷》記錄出土竹簡總計十種：《春秋經傳》、《易經》、《論語》、《夏書》、《周書》、《瑣語》、《大曆》、《梁丘藏》、《穆天子傳》、《魏史》；郭忠恕《汗簡略敘》引《晉史》文，亦謂出土竹簡凡十種：《春秋經傳》、《易經》、《論語》、《夏書》、《周書》、《瑣語》、《文曆》①、《梁丘藏》、《穆天子傳》、《魏史》。

由是大致可知汲冢出土竹簡之種類與篇目。然如何合理解釋以上諸記相異之處，實非易事。出土竹簡之實物如今早已不爲所見，且傳本亦僅存兩三部而已，故無從考證。唯以篇目名傳世者有《周書》、《穆天子傳》、《紀年》等。而據上述諸記及後文所言黃白思《東觀餘論》所述，《紀年》、《師春》篇出土，以及《紀年》爲魏國史書者，乃頗爲明瞭之事實。此結論即以滿足拙論所需，而針對出土竹簡篇目整理之考證，筆者另稿再詳述之。

二、《竹書紀年》之校訂者及其篇卷

據説汲冢出土書册皆爲竹簡，其上以漆墨書蝌蚪文。初盜此墓者意在獲取陪葬財寶，故未曾在意此類竹簡，甚至將其點燃作照明之用。因而，官府收繳之物大抵爲燼簡

---

① 《文曆》者，《大曆》之訛誤。

斷札,其文既已殘闕不全,難以復原。① 於是,究明此類竹簡由何人、於何時、如何校訂輯次,以及所輯篇數幾何,便成爲重要的課題。

(一)校訂者

汲冢出土《紀年》之校訂者,有荀勗、和嶠、衛恆、束皙等。而於《紀年》論議批評、解決校訂疑義方面貢獻頗豐者,有王庭堅、王接、潘滔、摯虞、謝衡、續咸等。② 荀勗與和嶠太康初年同任秘書,荀勗卒於太康十年,③和嶠卒於元康二年。④ 衛恆遭變卒於元康元年,⑤束皙上議後於元康七年轉任佐著作郎。⑥ 由此可推定,荀勗、和嶠奉武帝詔校次《紀年》應於太康初年,衛恆之考證應在太康末年,而束皙之述成則應在元康八年以後。⑦

(二)校訂方法

關於出土《紀年》之文本内容,王隱《晉書》曰:"勗等於時,既已不能盡識。"(引自《左傳後序》)另《左傳後序》又曰:"科斗書久廢,推尋不能盡通。"

荀勗、和嶠奉詔校訂撰次,以隸書重寫《紀年》,但未能識通全部内容,姑且留有闕疑部分。後衛恆、束皙繼之述作成書,《紀年》文本始得完備。如此,方得位列《中經》,其副本存於三閣。⑧

---

① 《左傳後序》曰:"大得古書,皆簡篇科斗文字。發冢者不以爲意,往往散亂。科斗書久廢,推尋不能盡通。"《晉書·束皙傳》曰:"得竹書數十車……其漆書皆科斗字。初發冢者燒策照取寶物,及官收之,多燼簡斷札,文既殘闕,不復詮次。"荀勗《穆天子傳序》曰:"皆竹簡素絲編,以臣勗前所考定古尺,度其簡,長二尺四寸,以墨書,一簡四十字。"("一簡四十字"者乃"十四字"之訛;"墨書"者乃"漆書"之誤。)

② 王隱《晉書·荀勗傳》曰:"荀勗字公曾,領秘書監,與中書令張華,依劉向《別錄》,整理錯亂,又得汲冢竹書,身自撰次,以爲《中經》。"(引自《昭明文選集注·序》)王隱《晉書·束皙傳》曰:"汲郡初得此書,表藏秘府,詔荀勗、和嶠,以隸字寫之。"(引自《左傳正義》疏杜預《左傳後序》文)唐修《晉書·荀勗傳》曰:"……詔勗撰次之,以爲《中經》,列在秘府。"唐修《晉書·束皙傳》曰:"武帝以其書付秘府,校綴次第,尋考指歸,而以今文寫之。暫在著作,得觀竹書,隨疑分釋,皆有義證。"唐修《晉書·王接傳》曰:"王接,字祖游。時秘書丞衛恆考正汲冢書,未訖而遭難。佐著作郎束皙述而成之,事多證異義。時東菜太守陳留王庭堅難之,亦有證據。皙又釋難,而庭堅已亡。散騎侍郎潘滔謂接曰:'卿才學理議,足解二子之紛,可試論之。'接遂詳其得失。摯虞、謝衡皆博物多聞,咸以爲允當。"唐修《晉書·儒林·續咸》曰:"著《遠游志》、《異物志》、《汲冢古文釋》皆十卷,行於世。"另,雷學淇謂:"更有傅瓚。《史記索隱》引《穆天子傳》目錄云:'傅瓚爲校書郎,與荀勗同校定《穆天子傳》是也。'故瓚作《漢書音義》,亦時引《紀年》。"

③ 據《晉書·荀勗傳》。

④ 據《晉書·和嶠傳》。

⑤ 據唐修《晉書·衛恆傳》、唐修《晉書·惠帝紀》。

⑥ 據唐修《晉書·束皙傳》、唐修《晉書·惠帝紀》。

⑦ 束皙轉任佐著作郎之同年,撰《晉書·帝紀》、十《志》。

⑧ 參前頁注②。

(三) 杜預所見《竹書紀年》

《左傳後序》曰：

> 余晚得見之……《周易》及《紀年》最爲分了……其《紀年》篇起自夏、殷、周，皆三代王事，無諸國別也。唯特記晉國，起自殤叔，次文侯、昭侯，以至曲沃莊伯。

杜預自身認可《紀年》於《左傳》有所補益。然則杜預何時得見《紀年》，所見《紀年》文本如何？筆者認爲，杜預得見《紀年》之時間應在荀勗、和嶠撰次之後，衛恆、束皙考證之前。據《晉書·武帝紀》可知，杜預卒於太康五年，而於《左傳後序》中，自謂"晚得見之"。所謂"晚"，蓋指《左傳後序》完成之時，即太康三年。其所見的《紀年》應爲荀勗、和嶠等人闕疑之後後的隸寫文本。

如拙見成立，即可合理解釋以下史料中的矛盾之處：

《史記·魏世家·集解》所引："荀勗曰：和嶠云：'《紀年》起自黃帝'。"且據其他文獻所引，亦可確知"《紀年》起自黃帝"。[①] 而《左傳後序》却謂："《紀年》起自夏殷商"；《晉書·束皙傳》亦謂："記夏以來"。之所以出現此等矛盾，是因爲杜預所見之《紀年》文本實爲隸寫本，其內容自夏、商、周開始，黃帝以後部分既已缺失。

(四) 篇卷數量

經過校訂的《竹書紀年》究竟數量如何，凡幾篇幾卷？歷代史書及目錄記載並不一致：

> 王隱《晉書·束皙傳》曰："《紀年》十二卷。"(引自《左傳後序正義》)
>
> 唐修《晉書·束皙傳》曰："《紀年》十三篇。"
>
> 《隋書·經籍志·古史》曰："《紀年》十二卷。"注云："《汲冢書》，並《竹書同異》一卷。"
>
> 《舊唐書·經籍志·乙部·史錄編年類二》之首曰："《紀年》十四卷。"
>
> 《唐書·藝文志·乙部·史錄編年類二》之首曰："《紀年》十四卷。(《汲冢書》)"

其中最大的問題點在於，王隱《晉書》與唐修《晉書》之間的差異——前者稱十二卷，而後者稱十三卷。就此，筆者認爲唐修《晉書》著録有誤。唐修《晉書·束皙傳》謂

---

① 郭璞《山海經注·海內經注》引《黃帝紀》曰："《竹書》云：'昌意降居若水，産帝乾荒。'"《大荒西經注》引《顓頊紀》云："《竹書》曰：'顓頊産伯鯀。'"《海內南經注》引《帝堯紀》云："《竹書》曰：'后稷放帝朱于丹水。'"魏徵《隋書·曆志》引《竹書紀年·帝堯元年·景子》等。

汲冢出土篇章目録"大凡七十五篇"，但實際著録七十六篇。而杜預却謂七十五篇，並未提及七十六篇之説。因此可以推斷七十五篇乃正確篇數，由此亦可見唐修《晉書》之誤。然而，唐修《晉書》之誤究竟源於何處？一般而言，此類錯誤並非顯而易見。筆者則認爲，王隱《晉書》早已記載《紀年》十二卷，《隋志》亦記十二卷，唐修《晉書》之編纂者唯有將《紀年》十三篇減少一篇，方能與"大凡七十五篇"之總數契合。竊思此説尚算合理，且簡明易懂，易於學界同仁接受。

雖然如此，筆者對於"《紀年》十三篇"説，亦不能持全盤否定之態度。因爲荀勗、和嶠闕疑隸寫文本爲十二篇，杜預所見文本亦爲十二篇，而衛恆、束晳述作之文本則爲十三篇。就此，筆者認爲，既已缺失的黄帝至帝舜之部分原爲一篇，衛恆、束晳將其加入隸寫本十二篇之中，乃成十三篇。

此説雖與《晉書·束晳傳》中《紀年》十三篇之下所記"記夏以來"有所牴牾，但若認可《紀年》十三篇之説，則"七十五篇"可改爲"七十六篇"，"記夏以來"可改作"起自黄帝"[①]。如此便能消除矛盾，於唐修《晉書》之範疇内。找到"十三篇"説的合理性。

即便如此，筆者仍採"十二篇"説，而未採"十三篇"説，理由如下：

"十二篇"説之依據比"十三篇"説更爲直接。如採"十三篇"説，則必須説明否定王隱《晉書》及《隋志》中"十二卷"説（卷同篇）之因由。雖可援用郝懿行之説，[②]將《竹書同異》一卷納入其中計算，以解釋《隋志》"十二卷"説之所以，却無任何理由否定王隱《晉書》的"十二卷（篇）"説，即便王隱《晉書》之中可能存在其他錯誤。[③]況且，杜預所見《紀年》文本亦非完整，僅存夏、殷、周以後部分。再者，杜預自身亦未言明《紀年》篇數，僅提及出土書簡總數"大凡七十五篇"。因此可以推斷，杜預所見《紀年》文本或不足十二篇，即缺失黄帝至帝舜部分。蓋此時代邈古渺茫，歷史記録頗少，故僅成一篇。

要之，筆者推斷，兩《晉書》及《隋志》皆爲十二篇。然論證之中尚有諸多不足之處，仍待他日再考。而《隋志》所謂《竹書同異》一卷，實乃前代學人校訂過程中討論記録之匯編，後搜輯成一卷，傳至《隋志》編撰之時，另行單獨著録。是故，《隋志》所載雖

---

① 此處於篇數無關，束晳既爲《紀年》校訂撰次者，自應更正。然則，爲何有此謬誤？蓋唐人修《晉書》時，未曾深入探究，僅承襲杜預説而已。

② 郝懿行《竹書紀年校正序》曰："《隋》之十二于《晉》之十三，蓋不殊，以《同異》一卷别在外故也。"

③ 一般認爲，汲冢乃安釐王墓。然《晉書·王隱傳》曰："陳郡陳人，世寒素，父銓，歷陽令，少好學，有著述之志，每私録晉事及功臣行狀，未就而去。"可見，王銓所居，距汲郡甚遠，且未曾於洛陽爲官，故恐此《晉書》所録王隱之身世未必確鑿，王隱《晉書》所記《竹書紀年》之事亦不可盡信。

爲十三卷（篇），但並非意味《紀年》原始篇卷有所變化。

　　然則《唐志》所謂"十四卷"該如何解釋？郝懿行將其簡單解釋爲後世編書者之雜入增加。① 而所增加的一卷究竟是何面貌？關於兩《唐志》中"十四卷"的記録，似乎没有值得懷疑之處。但於《隋志》中，衛恆、束晳述成之原始十二卷（篇）和《同異》一卷合計十三卷，而兩《唐志》又增加了一卷。根據上文所述，雖然其中尚存些許疑問，但原始《紀年》爲十二卷之説頗爲可信，且將《同異》一卷計入在内，亦不算牽强。因此，倘若能合理説明新增一卷之内容，即能大致推知唐代《竹書紀年》某種原始傳本之面貌。

　　以下，筆者基於《晉書·儒林傳》、沈約②《附注》以及酈道元③《水經注》三種文獻記載展開考察，説明兩《唐志》中所增一卷之内容。之所以依據此三部文獻是因爲其中所引《竹書紀年》章句較後世文獻所引更加確實。其實，即使同爲唐代文獻，越後出者出入差誤越多。

　　1.《晉書·儒林傳·續咸》曰："著《汲冢古文釋》十卷，行於世。"所謂"《汲冢古文釋》十卷"，似乎類似於《隋志》所載《竹書同異》。林春溥論述《紀年》篇卷，就《汲冢古文釋》十卷嘗謂："原書本自無多，而《晉書》載續咸有《汲冢古文釋》十卷。意其初或附録各家辨證之語，且採他書而爲之傳。而今亡矣，故其軼時，時見於他説。"④但《隋志》中《竹書同異》一卷却另行著録，且唐修《晉書》雖記有《古文釋》十卷傳承於世，之後兩者却均未傳世。再結合後文將要論述的沈約《附注》和酈道元《水經注》，大抵可以推測，隋唐以後，《紀年》原始版本中竄入了不少注釋和附録。因此，筆者以爲，《古文釋》十卷於唐代中期或許既已開始逐漸解體、散佚，其中一部分與《竹書同異》及沈約《附注》等一起雜入《紀年》文本之中。

　　2. 據説梁天監年間，沈約始作《附注》。元明刊本《竹書紀年》二卷本皆題爲"梁沈約《附注》"，但此前之書目却從未以此爲題。故所謂"沈約《附注》"疑點頗多。筆者認爲，沈約《附注》或根本不存在，或曾經存在，但由於數量極少，故《隋志》并未因此增加《紀年》卷數。唐代中期以後，其與前述《汲冢古文釋》之類文獻混淆，錯置於《紀年》文本中，最終導致卷數增加。然而，至唐末宋初，《紀年》文本大部散佚，後經輯佚成二卷本，所謂《附注》亦隨即爲題。就此，雷學淇曰："沈氏之注，本傳及唐宋人之書，

　　① 郝懿行《竹書紀年校正序》曰："唐《藝文志》'十四卷'，題云'汲冢書'，無《同異》一卷，襍入《紀年》中矣。"此書分十四卷，自黄帝至帝舜爲一卷，與《舊唐書·經籍志》著録一致。但筆者認爲恐非如是。

　　② 沈約，梁天監時人。

　　③ 酈道元，北魏景明至孝昌間人。沈、酈兩人大體同時並存。

　　④ 林春溥：《竹書紀年補證·竹書後案》。

皆失載,故世疑僞託。今考母曰附寶諸段,多見《宋書·符瑞志》,誠或後人因本注太略,取而附益者。然約案及鄂縣、衛縣等文,自是休文語,且房陵、塞庫諸説,休文必有所受,非後人所能臆造。古人著作,其本傳及史册失載者其夥,不得執此爲疑也。"①筆者認爲,雷氏所論甚爲妥當,故主張沈約《附注》文本中即有沈約之言,又有非沈約之言,而所謂非沈約之言中,即包括假託沈約之言者,亦包括與沈約完全關者。另外,沈約《附注》與《竹書紀年》文本混亂錯雜有關。就此,筆者認爲,林春溥《竹書紀年補證·竹書後案》所論頗爲詳細、妥當,故兹摘録之:

> 《紀年》正文外,有另行低一字者,或以爲註,或以爲正文。然觀其語義,似非出一手。後人援引,每不分析,概以"《紀年》"目之,固非。而徐位山《統箋》,則以爲盡屬休文《附注》,亦未允當。如"殷侯微有易"下註,郭璞《山海經》已引之矣。此註應在沈約前。如"虞舜五十年帝陟"下註"今海州",海州置於魏武帝時,此注當在沈後。沈約舊注,僅存八條,有"約按"二字可考。其餘無"約按"者,不知出自何人。又有小字雙行註者,亦非出自一手。如"帝癸十五年"下注"成湯元年"之類,疑即作《紀年》者自註。如衛恆、束晳、休文輩,皆未可懸揣也。他如"依邳侯"下之一作"依","同姓諸侯斟灌斟鄩伐岷山"下之一作"山民","觀於鹽澤"下一作"王幸安邑觀鹽澤",非是等語。則又後人校正《紀年》之註也。②

3. 酈道元《水經注》所引《紀年》文,大抵與上述兩部文獻相同,亦顯示《竹書紀年》自唐代開始,既已於原始十二卷(篇)和《竹書同異》一篇之外,另附加增益了不少原文以外的内容,而後漸次與原本混淆,且傳本或已不止一種。

要之,《唐志》著録"十四卷"實爲原始十二卷(篇)和《同異》一卷之外的附加增益,從而增加了卷數。(當然,此種增加並非單獨增加一卷,而是由於整體内容之膨脹,導致分卷發生變化,最終增加一卷。)

三、古本散佚考及今本考

(一)古本散佚考

上文所言,《唐志》著録《竹書紀年》原始十二卷(篇)、《同異》一卷以及附益雜入一卷,諸多文本内容混合爲一。即於在原始十二卷中,除《同異》一卷之外,其他内容

---

① 雷學淇:《考訂竹書紀年·紀年考證·紀年傳注同異考》。
② 林春溥:《竹書紀年補證·竹書後案》。

亦錯置在內，總計十四卷。即使今天重新編校古本，也不可能恢復原始狀態，更不可能復原埋藏時之狀態。杜預嘗謂發掘之初的竹簡："《周易》及《紀年》最爲分了"，可見竹簡自出土伊始既已殘闕。[①] 加之，校訂者荀勗、和嶠等人曾以隸書通篇重寫《紀年》，此中書寫錯誤與判斷失當亦在所難免。[②]

因此，筆者以爲，應該盡可能於唐代以前的時代區間內，尋找《竹書紀年》的原始文本。《唐志》所載《紀年》十四卷本自《宋志》開始失載，由此可以推斷《竹書紀年》原始版本於宋代既已散佚。故探尋《紀年》原始版本，至少要限定於唐代以前，更爲準確而言，應限定於唐中期以前。也即是説從李善《文選注》及其之前各類書籍所引《紀年》原文與相關記載中尋覓。清儒輯校之古本《竹書紀年》實乃此類輯軼、校勘學之結晶。

上文既述，《竹書紀年》原始文本確實散佚於宋代。然究竟如何散佚失傳？解明此問題，亦爲解析現存《竹書紀年》文本內容之途徑。《宋史·藝文志·史類·編年》第六條僅記："《竹書》三卷"（荀勗、和嶠編），然唐代《紀年》傳本既已不止一種，乃無可爭辯之事實。惟現今無法確知，《唐志》著錄十四卷本之外，尚有何種其他版本。僅依據唐代張懷瓘之説，以及司馬貞《史記索隱》、瞿曇悉達《開元占經》所引《紀年》章句[③]等，推知其版本不止一種。

雖然唐代《竹書紀年》傳本不止一種，但可以斷言，宋代以後，所有傳本基本失去原始十二篇之原貌。此點可從上述兩《唐志》所載唐代十四卷本，以及宋代開始無法

---

① 荀勗《穆天子傳·序》曰："汲郡收書不謹，多毀落殘闕。"王隱《晉書·束晳傳》曰："《竹書》七十五卷，其六十八卷皆有名題。其七卷析簡雜碎，不可名題……汲郡初得此書，表藏秘府。詔荀勗、和嶠，以隸書寫之，勗等於時，既已不能盡識。其書今復闕落，又轉寫益誤。"（引自《左傳正義》疏杜預《左傳後序》文）；酈道元《水經注·河水》曰："《竹書》及《山海經》，皆薶縕歲久，編章稀絕，書策落次，難以輯綴。後人假合，多差遠意。"

② 羅振玉《殷墟書契待問編·序》曰："予往嘗與同好言：晉世汲冢古文，悉易以今字，意不能無失。束廣微葦雖博聞，未必遽勝許祭酒。乃一一寫定，無疑滯，殆亦如宋以來之釋金文者，每字注以金文，而不復有闕疑也。然宋以來之金文考釋，古今之學並列行間，有所遺失，得爲之糾正。汲冢之書，則原文不復存，若寫定時將疑滯諸文附錄卷後，吾知今日必有能糾其失而正其違者。"筆者亦持此論。

③ 《法書要錄》所載張懷瓘《書斷》（上）曰："《魏史》……其書隨世變易，已成數體。"《史記索隱》所引《紀年》文句中，自相矛盾之處頗多。譬如所引"魏武侯之年"，若從此説則不免產生矛盾。具體而言，《史記·晉世家》記載，魏文侯初立於晉敬公十八年，對應周考王七年；文侯在位五十年卒，對應周安王十七年。由是，周烈王六年應爲魏惠成王元年。其間所隔十四年，乃魏武侯之年代。然《魏世家》又載，武侯在位二十六年卒，即卒於晉桓公十九年。依此推算，武侯元年應在周安王六年，晉桓公元年應在周安王十三年，文侯在位僅三十八年。另《韓世家》曰："魏武侯二十二年，韓滅鄭。哀侯入於鄭。二十三年，晉桓公邑侯於鄭。韓山堅賊其君哀侯，而韓若山立。"而《晉世家》卻謂："韓哀侯、趙敬侯並桓公十五年卒。"可見其中年代記載確實不一。因此可知諸説所據資料有所不同。《開元占經》所引頗多，但內容怪異，好事者之言居多。

157

再見與《紀年》同時出土之《汲冢周書》這一事實中得以印證。由此可推斷，汲冢出土諸篇於宋代既已散佚殆盡。誠然，若斷言汲冢出土諸篇盡數焚毀於永嘉之亂，未免過於武斷。當時出土竹簡及中秘所藏原本或許已被焚毀，但藏於三閣之副本及其部分寫本，不太可能盡數毀於兵燹。此點從《隋志》和《唐志》之著錄中，亦可窺見一斑。

以下首先分析《汲冢周書》於宋代如何散佚，並大致瞭解所謂"《汲冢周書》十卷"之文本內容，①繼而分析《竹書紀年》如何散佚。

《隋志》以十卷本《周書》爲汲冢書，但未提及"孔晁注"。可見其記載應尚未有誤。然《舊唐書·經籍志》著錄"《周書》八卷孔晁注"，却未提及其出自汲冢。《新唐書·藝文志》不僅著錄"《汲冢周書》十卷"，還著錄"孔晁注《周書》八卷"（《通志·藝文略》亦同）。由此可見，孔晁所注文本乃八卷本，且未冠以汲冢之名，而出自汲冢之文本則爲十卷本，且無孔晁注釋。《唐六典》雜史七十種皆列《周書》爲首，與《唐志》相同，亦爲《唐志》之依據。因此，唐人所引《周書》均不冠以汲冢之稱。② 然而，宋代撰修《太平御覽》所依據的書目中，首次出現"汲冢《周書》"。就此，楊慎於《逸周書序》中釋曰："蓋當時儒臣，求汲冢七十五篇而不得，遂以《逸周書》七十一篇充之。"③此説較爲合理。總之，《汲冢周書》十卷本在《宋史》中既已消失，當時存世之《孔晁注》八卷本被分拆爲十卷，並冠以汲冢之名。因此，宋人所引《周書》，無論版本如何，皆冠以汲冢之名。④

以上即爲《汲冢周書》之大體情況，楊慎所謂"蓋當時儒臣求汲冢七十五篇"，其中當然包括《竹書紀年》。另外，《朱子文集》卷四十三《答林擇之》曰：

> 三代正朔，以元祀十有二月考之，則商人但以建丑之月爲歲首，而不改月號。以《孟子》七八月、十一月、十二月之説考之，則周人以建子之月爲正月……杜元凱《左傳後序》載《汲冢竹書》，乃晉國之史，却以夏正建寅之月爲歲首，則又似胡氏之説可據。此間無《竹書》，煩爲見拙齋扣之，或有此書，借録一兩年示及，幸甚幸甚！

由此可知，朱子在世之時，《竹書紀年》原始文本（或爲《唐志》十四卷本）⑤或許存

---

① 關於《周書》，必須考究以下内容：(1)《書傳》與汲冢書無關；(2)得《書》亦自冢中；(3)《周書》、《逸周書》、《汲冢周書》三者之區别。

② 唯《北堂書鈔》卷三十引《淫度破制》一節，其注曰"《汲冢書》"。此亦當爲北宋人之增改。

③ 引自抱經堂刻本《逸周書》所記。

④ 就此問題，筆者將别稿再論。此外，劉師培《周書略敍》中就此問題之論説頗爲詳贍。

⑤ 拙稿中姑且稱之爲"古本"。

在,但朱子始終未能得見。即便《朱子文集》中有一兩處提及《竹書紀年》,但並未言乃其親見。故此,王西莊亦曰:"朱子有《答林擇之》書,使之求汲冢《竹書紀年》。此書今不傳,傳者贋本。"①

《玉海》卷四十七"晉《竹書紀年》"條目之注曰:

 《唐志》:《紀年》十四卷(下有雙行注文:"《崇文目》不著録,《中興目》止有第四、第六及《雜事》三卷,下皆標云:'荀氏敘録,一《紀年》、二《紀令應》、三《雜事》,皆殘闕。'")

《玉海》揭示《竹書紀年》十四卷,言明《崇文總目》中並無相關著録,《中興館閣書目》亦僅著録《竹書》三卷——《紀年》、《紀令應》、《雜事》。由此可見,編纂《中興館閣書目》之時,十四卷本《竹書紀年》既已散佚。而且,《中興館閣書目》之撰者陳騤與朱子大致同時去世。② 因此,朱子所求《竹書紀年》彼時既已散佚許久。換言之,《太平御覽》所引《紀年》文句早已不是原始文本。此後諸多引用,則更不必説。

然則,前揭《宋志》所録《竹書》三卷(荀勖、和嶠編)究竟文本內容如何? 就此問題,宋儒黃伯思《東觀餘論》③對吾儕後輩學人啓示良多。茲先引其文,而後進一步考究。《東觀餘論·校定〈師春書〉序》曰:

 承議郎行秘書省校書郎臣黃某所校讎中《師春》五篇,以相校除複重,定著三篇。篇中或誤以"夢"爲"瞢",以"放"爲"依",如此類者衆,頗捔,皆已定,可繕寫。案:晉太康二年,汲郡民不準盜發魏襄王冢,得古竹書,凡七十五篇。晉征南將軍杜預云:"別有一卷純集《左氏傳》卜筮事,上下次第及其文義皆與《左傳》同,名曰《師春》。"師春"似是鈔集人名也。"今觀中秘所藏《師春》,乃與預說全異。預云:"純集卜筮事",而此乃記諸國世次及十二公、歲星所在,并律呂、謚法等,末乃書易象變卦,又非專載《左氏傳》卜筮事,繇是知此非預所見《師春》之全也。然預記汲冢它書中,有《易陰陽說》,而無《象》、《繫》,又有《紀年》,記三代并晉魏事,疑今《師春》蓋後人雜鈔《紀年》篇耳。然預云:"《紀年》起自夏、商、周",而此自唐虞以降皆録之。預云:"《紀年》皆三代王事,無諸國別",而此皆有諸國。預云:"《紀年》特記晉國,起殤叔,次文侯、昭侯",而此記晉國世次自唐叔始,是三

---

① 《蛾術編》卷十二"《竹書紀年》"之條。

② 朱子卒於慶元六年(1200)庚申,陳騤卒於嘉泰三年(1203)癸亥。

③ 黃伯思,宋政和年間人,字長睿,號雲林子,別字霄賓。著《東觀餘論》,凡二卷,內容多爲古器之考證。《四庫全書總目提要》謂之"其精博勝《集古録》多矣"。

者，又與《紀年》異矣。及觀其記歲星事，有"杜征南洞曉陰陽"之語，繇是知此書亦西晉人集録，而未必盡出汲冢也。然臣近考辨秘閣古寶器，有宋公欒鍊鼎，稽之此書，欒乃宋景公之名，與鼎銘合。而《太史公書》及它書皆弗同。繇是知此書尚多古事，可備考證，固不可廢云。謹弟録上。

即宋政和年間，中秘藏有《師春》五篇。黃伯思發現其中不僅記載諸國世次、魯十二公歲星所在，還記有律吕、謚法、易象、變卦等内容，而並非專載卜筮之事，與《左傳後序》之説不合。故而認定《師春》五篇被後世學人混入《紀年》篇章，於是校定、删除重複部分，最終定本三篇。

據《晉書·束晳傳》及杜預《左傳後序》所載，此處黃伯思所謂之"五篇"雖題作《師春》，然其内容却不僅包含《師春》。黃氏自身亦有此意識，然黃氏似乎僅見過杜預《左傳後序》，對其雜入部分，惟謂之"蓋後人雜抄《紀年》篇耳"。然詳察《束晳傳》所載，黃氏所見《師春》五篇之内容，皆可與汲冢出土當初之古書篇目相符。具體而言：

1."自三代唐虞已降"之記事、"自唐叔始"之晉魏記事，以及"諸國世次"者，皆爲出土《竹書紀年》。

2.卜筮相關記事爲出土《師春》。

3.歲星、律吕爲出土《大曆》。

4.謚法爲出土《名》篇。

5.易象、卦變爲出土《易繇陰陽卦》。

由此可見，當時中秘所藏汲冢出土的七十五篇，校訂輯次後所餘之殘闕部分，一概歸於《師春》名下。其内容僅存五篇，且内容駁雜不一。是故，《竹書紀年》原始文本，或《唐志》十四卷本，即所謂"古本《紀年》"，其主體早已崩散佚失，僅殘存部分而已。

然則，黃氏校訂《師春》五篇，遂成定本三篇，其文本内容究竟如何？

《玉海》卷四十七注云：

> 《中興目》止有第四、第六及《雜事》三卷，下皆標云："荀氏敘録，一《紀年》、二《紀令應》、三《雜事》，皆殘闕。"

筆者認爲，此實爲黃氏校訂之《師春》三篇。其内容爲：一《紀年》、二《紀令應》、三《雜事》。蓋黃氏將《紀年》單獨列爲一卷，其餘則分爲《紀令應》和《雜事》。

《玉海·晉〈竹書紀年〉》注文第三條，標注《中興館閣書目》，其下曰："《汲冢師春》一卷，案杜預云：'純集疏《左氏傳》卜筮事，今雜敘諸國世系及律吕、謚法，末載變卦、《雜事》'。"案語與黃氏所言基本相同。然黃氏稱校讎《師春》五篇，遂定本三篇。

篇卷數量與之不同，且無法合理解釋。眾所周知，《中興館閣書目》既已散佚不傳，無法詳查。而自黃氏所處政和年間至《中興館閣書目》編撰，及至《玉海》編成，已逾百年，《玉海》與《中興館閣書目》之中皆有訛誤，或至少其中之一存在訛誤，乃屬頗爲自然之事。故較而言之，黃氏親筆記錄更具可信度。

於此，筆者大膽推測，此三篇即爲《宋史》所謂"《竹書》三卷（荀勗、和嶠編）"。換言之，此三篇之内容並非全部爲《紀年》之文，故《宋史》僅謂之"《竹書》"。此説雖略顯牽强，但筆者依然如是主張。

自《太平御覽》開始，宋以後諸書所引《紀年》佚文之底本，或爲宋中秘所藏之《師春》五篇，或爲《宋史》所載《竹書》三卷（實爲黃氏校定之《師春》三篇本）。由於諸書引據不同，故所引《紀年》章句亦有所不同，且諸書所引之底本純粹爲《紀年》者，約各有一卷。另外，根據上述推測，亦可一窺《竹書》三卷之文本内容。

唐以後學人考據《竹書》之長曆，抄出《紀年》文本中與《左傳》、《史記》不同之處，依次排列。對於周幽王以後之記事，由於文本殘闕，不得不依據《史記》，並以"周紀"冠名，同時參考《同異》，摘録《師春》、《大曆》、《名》、《易繇陰陽卦》之精要。因此，正如上文所述，僅統稱之爲"《竹書》"，並不標明細目。此種編撰方式與《文選》、《意林》如出一轍，皆依編者之喜好，摘録匯編。

可見，宋代以後各類文獻引用《紀年》佚文所據底本之名稱並不統一，故其間出現訛誤、矛盾或不一致等，亦在所難免。

譬如，《太平御覽》引"伯盤"之事，作"幽王八年"，引"地長"之事，作"隱王二年"；《路史》引"伐鄧"之事，作"桓王十七年"，引"圍魏"之事，作"桓王三十二年"。且此兩書或稱引自《紀年》，或稱引自《魏史紀》，或稱引自敦煌高納之《郡府紀年》。

另外，金仁山《通鑑前編》載有《日月有常》一詩，且謂《竹書》誤稱"伊尹祠在桐宮下"，而現存二卷本《竹書紀年》中並無此説。金氏引"帝相征畎夷黃夷"、"帝杼征東海三壽"之文，亦與現存二卷本不同。"趙城泫氏"、"韓城平陽"、"田居思圍平邑"等文，現存二卷本雖皆有載，然金氏却稱"見於《水經注》"。可見宋本《竹書紀年》中並無此記録。不僅如此，《太平寰宇記》中"築陽池"以及《元豐九域志》中"敗武垣"等，皆爲宋人所引，而現存二卷本中並無記載。究竟是何原因導致《竹書紀年》文本如此殘闕不全？對此，尚需深入研究。簡而言之，隋唐兩代學人引用並保留了不少古本《竹書紀年》章句，但之後各類經典之正義以及史書之注釋，往往排斥此類引文，謂其妄誕，不足憑信。故而，傳者日漸稀少，長年纍月，遂致散佚不傳。

（二）今本考

如上所述，宋代《竹書紀年》傳本已經與原本出入甚多。之後，宋本於傳世過程中不斷散佚缺失,同時,後世學人又不斷混雜拼湊古書引用之《紀年》佚文,次第形成元明時期流傳的《紀年》二卷本。就此,可以從吳氏校本與何氏校本之校勘詞句,以及附於"紀"注之下的疏文中有所瞭解。現存今本《竹書紀年》,即爲元明以來傳世之二卷本。

若以今本《竹書紀年》文本對照古籍所引《紀年》佚文,則不難發現以下問題:郭璞《穆天子傳注》所引《紀年》佚文約七條,而今本僅存六條;酈道元《水經注》所引大凡一百零二條,而今本缺失數十條之多;瞿曇悉達《開元占經》所引約十一條,今本遺漏六條;李善《文選注》所引大凡十條,今本缺失一條;司馬貞《史記索隱》、張守節《史記正義》所引達百餘條之多,而今本缺失過半。由此可見,今本《竹書紀年》文本乃與原本相去甚遠。

雖然如此,今本《竹書紀年》中仍有可信之處。具體而言,周宣王以前,凡唐虞三代之年數,堯元年丙子、舜元年己末、仲康五年癸巳、武王十一年庚寅、康王十二年乙酉、幽王六年乙丑,以及禹至桀、湯滅夏至受、武王滅殷至幽等文,皆與《竹書紀年》舊文與古書所引《紀年》文句完全一致。

故此,自堯至幽、厲之記事,仍可視爲《竹書紀年》關於上古三代之原始記録,絕非後人之僞作。然則筆者却無法解釋,今本《竹書紀年》中之可信部分究竟如何得以保存,且以宋本爲載體傳承至今。但毋容置疑,今本某些部分確實足以憑信。

(三)古本與今本之體裁

今本《竹書紀年》與唐代以前諸書所引差異之大,顯而易見。然而,《竹書紀年》原本於宋代既已散佚,因此,如今所謂"古本"之完整實物,僅存清儒之輯校本。而輯佚、校勘之人不同,自然會有精粗詳略之差。譬如,甲於某些部分精詳,却於其他部分粗略,乙雖於某些方面稍遜,但於其他方面更優。是爲輯佚、校勘等文獻考證過程中不可避免的情況。

因此,盡可能搜集古代文獻中源自《紀年》之引文,並於能力所及的範圍内進行輯佚、校勘,是爲重現古本《竹書紀年》原貌之合理途徑。誠然,輯佚、校勘亦有限度,並非萬能。

至於闡述今本、古本《竹書紀年》於體裁方面之差異者,筆者首推王國維《古本竹書紀年輯校》與《今本竹書紀年疏證》。比對兩部著作,大體可以瞭解古本與今本的不同之處,也便於判斷其他版本之今古,不至於誤判。

一般而言,古本與今本之體裁差異,可歸納爲以下幾點:

1.紀年方式與曆法不同。

(1)周以後之紀年方式不同。

今本始終使用周紀年(即周王某某年)。古本則於周宣王四十三年後,不再使用周紀年,而改爲晉紀年,是爲《晉紀》。而自晉烈王二十一年起,又改用魏武侯年號,是爲《魏紀》。換言之,古本具備魏晉史的體裁特徵。

(2)曆法不同。

古本始終使用夏正,即以夏曆正月爲歲首,而今本則於周平王以後,改用周正,即以周曆正月爲歲首。

2.《竹書紀年》舊本出土於魏襄王墓。魏襄王生前,魏國史官輯録古志及該國重要文書成"紀",並於"紀"下附"辭",以便供王閱覽。筆者認爲,所謂"辭",即爲《竹書紀年》之"傳",即注釋。最初,此類傳文必定旁見側出,與《紀年》正文截然分明,互不混淆。然書寫於竹簡之上的蝌蚪文字,年代已久,辨析頗爲困難。因此,晉代杜預、郭璞等人既已開始混淆"紀"、"傳"。乃至近時之傳本,其混亂程度更甚。但亦有學人致力於辨析"紀"、"傳"之區別,其中整理最爲分明者,當屬清儒雷學淇所編十四卷本《考訂竹書紀年》。

《晉紀》起自殤叔,乃《左傳後序》明文記載,毋庸置疑。因此,《周紀》理應終於宣王四十三年,不會言及幽王三年之事,此亦無可懷疑。《左傳後序》又曰:"《晉紀》起自殤叔,繼文侯、昭侯,以至曲沃莊伯。"意謂昭侯之後,雖有孝侯,但僅記其八年前之事,翌年則以莊伯紀年。由《水經注·滄水注》、《河水注》所引《紀年》章句可見,此類記事大都與曲沃有關,而與晉無關。至於魏文侯,雖受命封侯,實則從未以其紀年記事。《水經注·瓠子河注》引《紀年》文曰:"晉烈公十一年,田悼子卒。"《水經注·汶水注》亦云:"晉烈公十二年,王命韓景子、趙烈子及我師伐齊入長城。"雖皆爲魏文侯時之事,卻通篇歸之於晉。因此,《魏紀》本應始於武侯。而宋元以來之傳本,即今本《竹書紀年》,於殤叔之後,仍以周王紀年,實屬大謬。

此外,史書中關於晉、魏皆使用夏正之記載如下:

《春秋經》記載,僖公五年春,晉侯殺其世子申生,而《左傳》則記載此事發生於四年十二月;《春秋經》記載,五年冬,晉人執虞公,而《左傳》則記載此事發生於九月、十月之交;《春秋經》記載,十一年春,晉殺其大夫丕鄭父,而《左傳》則記載此事發生於十年冬;《春秋經》記載,襄公二十六年秋,晉人執甯喜,而《左傳》則記載此事發生於夏六月。又有《左傳·襄公三十年》曰:"二月癸未,晉悼夫人食輿人之城杞者。絳縣人……曰:'臣,小人也,不知紀年。臣生之歲,正月甲子朔,四百有四十五甲子矣,其季於今三之一也。'師曠曰:'……七十三年矣。'"杜預注解,所謂正月乃指夏正。另有《左傳·定公四年·傳》曰:"分唐叔……命以《唐誥》,而封於夏虛,啓以夏正"。此外,《左傳後序》亦曰:"莊伯之十一年十一月,魯隱公之元年正月也,皆用夏正建寅之

163

月爲歲首。"《隋志》亦載:"《紀年》皆用夏正建寅之三月爲歲首。"由是可知,晉、魏皆以夏曆正月爲歲首。

今本、古本《竹書紀年》之差異,大致如是。今本乃基於殘闕宋本,加以補充而成。因而爲了能夠强行銜接關係不明之部分,且出於方便之考量,不得不援用《史記》及其他資料。儘管有關魏哀王之部分並未襲用司馬遷之謬説,但不僅限於《史記》,許多後世資料,凡可用者,皆被襲用,納入文本。就此,王國維曰:

> 今本所載殆無一不襲他書。其不見他書者,不過百分之一,又率空洞無事實,所增加者年月而已。且其所出,本非一源,古今雜陳,矛盾斯起。既有違異,乃生調停、糾紛之因,皆可剖析。夫事實既具他書,則此書爲無用;年月又多杜撰,則其説爲無徵。無用無徵,則廢此書可,又此《疏證》亦不作可也。然余懼後世復有陳逢衡輩,爲是紛紛也,故寫而刊之,俾與《古本輯校》並行焉。①

筆者以爲,王氏所説絕非誣言。所以,單就周宣王之後的歷史記録,古本《竹書紀年》足以勘正《史記》等書中訛誤,而今本則恰恰相反。

四、《竹書紀年》之價值

其實,上文所言,基本上可以説明《竹書紀年》之價值所在。今本《紀年》中周宣王之前的記事足以憑信,而宣王之後的部分,只能於古本輯校方面體現其價值。

《竹書紀年》汲冢出土之初,杜預親見之,隨即認定其對《左傳》研究頗有裨益。② 嗣後,傅瓚、劉逵、摯虞、干寶、郭璞、徐廣、裴駰、陶弘景、酈道元等宋、齊、梁、魏之儒者,大都認可其文獻價值,且以其爲證,訂正經史訛誤。乃至隋唐二代,劉知幾、李善、瞿曇悉達、司馬貞、楊世勛等學人,亦於各自著作中多次徵引之。兹以若干實例,説明《竹書紀年》之價值所在。

(一)以《竹書紀年》訂正經學訛誤

據雷學淇考察,以《竹書紀年》爲據,可訂正歷來經學中三百餘處訛誤。③ 以下僅摘録二三實例。

1.《書》

(1)《湯誓·序》曰:"伊尹相湯,伐桀,升自陑。"就此,《尚書·孔氏傳》則謂:"桀

---

① 王國維:《今本竹書紀年疏證·序》。
② 《左傳後序》曰:"爲其粗有益於《左氏》,故略記之,附《集解》之末焉。"
③ 詳見雷學淇重校《竹書紀年》之際所撰《紀年辨誤》以及《竹書紀年義證》四十卷(原稿本)。

都安邑,湯升道從陑,出其不意。陑在河曲之南。"而據《竹書紀年》記載,桀都位於河南,與昆吾氏之許地接壤,因而兩者同日滅亡。此説與《商頌》、《左傳》、《戰國策》、《史記・吳起傳》所載相符。想來弔民伐罪的軍隊不會故意歷險迂回取道,故《孔傳》之説有誤。

(2)關於《尚書》所載"盤庚五遷"之説,如仔細考察經文則不難發覺,湯都亳和盤庚遷殷,皆不在"五遷"之内。因此,張衡曰:"殷人屢遷,前八而後五。"鄭康成謂"五遷"乃商、亳、囂、相、耿,《孔傳》則爲亳、囂、相、耿、亳,兩者皆與經文不符。而根據《竹書紀年》記載,湯居於亳,後仲丁遷至囂,河亶甲遷都於相,祖乙遷至耿,後又遷至庇,南庚遷至奄。由此可見,所謂"五遷"皆發生於盤庚之前。

(3)《無逸》有載:"肆祖甲之享國三十有三年",其下《孔傳》注釋爲,祖甲即太甲,因德行不足,所以立位時間較短,因此排位於後。但據《竹書紀年》記載,太甲在位十二年,而非三十三年。祖甲實爲武丁之子。如此一來,遠祖便排在末孫之後。

(4)《泰誓・序》曰:"惟十有一年,武王伐殷",其下《孔傳》注曰:"周自虞、芮質厥成,諸侯並附,以爲受命之年,至九年而文王卒。武王三年服畢,觀兵孟津,以卜諸侯伐紂之心。諸侯僉同,乃退以示弱。"孔安國似乎主張周文王乃受命於天。然據《紀年》記載,西伯侯姬昌受封文王,乃是接受帝辛(殷受)之專征命令,且《詩・文王有聲》亦云:"文王受命,有此武功。"可見文王所受之命並非天命。

(5)"武王十三年伐紂"之説,始於劉歆《三統曆》,至東晉後期,於《泰誓》中正式確立。而據《竹書紀年》記載,武王伐紂發生於十一年十一月,即改曆後的一月,乃斗柄建丑之月。此説與《尚書序》、《逸周書》、《國語》、《吕覽》、《史記》皆合。另外,《史記・周本紀》之傳注及鄭注《古文尚書》皆以爲,所謂"十三年",乃自文王受命之年開始計算。但此説必須建立於文王改元稱王説成立的基礎之上。

(6)《康誥》三篇,《序》及其傳注,皆認爲乃成王封康叔時所作。但據《竹書紀年》記載,武王十三年,大封諸侯,命叔爲司寇,封於康,作《康誥》;十五年,巡狩四方,於沫邑頒布誥命,作《酒誥》;成王三年,令殷民遷徙至衛,命康叔監管,作《梓材》。此説與各經傳古義完全一致。然《梓材》中"王啓監"以下部分,却爲臣子向君王頒布誥命之辭令,故此處可能存在錯簡。

(7)關於"伐奄"與"作洛",《多士》、《多方》、《召誥》、《洛誥》四篇之序和傳、注之中都存在顛倒、錯誤之處。據《紀年》記載,奄於成王二年叛亂,三年周公討伐,四年王師繼續討之,遂攻入奄地。但奄君叛亂僅此一次,周公討奄亦僅此一次,並非屢次叛亂,屢次討伐。五年,奄君遷至蒲姑,王亦自奄地赴洛邑,且遷殷氏於此,作《多方》。七年,召公選勘洛邑,周公營建成周。三月甲子日,又自洛邑遷殷氏至成周,作《多士》。自此,庶殷丕作,周公歸政於成王,而召公陳戒於王,作《召誥》。周公歸政復命,亦陳戒於王。歷夏至秋,王往東都,召諸侯朝見,且於廟中祭祀。冬歸,十二月,周公命史官記錄歸政復命,以及王往東都朝見諸侯、主持祭祀之事,作《洛誥》。此説與《尚書》經文、《逸周書》、《書傳》、《孟子》等皆合。

(8)《尚書序》記載,《歸禾》、《嘉禾》兩篇作於周公東征之際,《大誥》、《微子之命》之後。東征滅殷,乃在成王二年,彼時成王十六歲,唐國尚未滅亡。唐叔乃成王母弟,因此應在邘叔之後,至多不過十三歲,焉能於其食邑内獲得嘉禾,並贈獻東征的周公?據《紀年》記載,成王八年滅唐,十年封叔,十年秋獻禾。因此,此兩篇應該作於《亳姑》、《君陳》之前,而非成王三年。

2.《詩》

(1)鄭康成《詩譜序》以爲,公劉失稷官,而懿王烹齊哀王。但據《竹書紀年》記載,少康三年田稷已復,因此失稷官者,乃不窋,而非公劉。另外,夷王三年記載:“烹齊哀王於鼎”,故烹齊哀公者乃夷王,而非懿王。此説與《國語·韋昭注》、《春秋公羊傳注疏》、《帝王世紀》、《史記音義》所載皆合。

(2)就《十月之交》四篇,《毛詩鄭箋》以其爲諷刺厲王之詩,言番氏和鄭桓同爲司徒之時,剡妻褒姒、師尹皇父共同作惡。然據《竹書紀年》記載,此事應在幽王元年“錫太師尹氏、皇甫命”,及七年“命鄭桓爲司徒”之時。故番氏任司徒應在七年前。“剡”和“豔”惟古今字體不同而已,且山崩、川竭、震電、日蝕等現象,亦與《詩經》、《史記》、《國語》所載皆合。筆者認爲,鄭玄似以緯候(讖緯之學)詮釋《詩經》,不足憑信。

(3)關於《文王有聲》第六章及第七章之前三句,《毛詩故訓傳》與《毛詩傳箋》,皆以爲謂武王之事。而據《竹書紀年》記載,文王四十年遷豐,次年廢世子,興建鎬京,翌年營造辟雍。由此可見,此乃咏頌文王之詩,直至“武王成之”一句,才提及武王。“宅是鎬京”之“宅”,《禮記·緇衣》及《齊詩》中皆作“度”,“宅”、“度”古字通用,皆指營建之意。另《逸周書·文傳解》卷二十五曰:“文王受命九年,時維暮春在鄗”,蓋文王先營建鎬京,武王後遷都於此。

3.《禮》

《禮記》中多有秦漢學者述作,可謂駁雜之極。

(1)《禮記·檀弓上》曰:“大公封於營丘,比及五世,皆反葬於周。”就此,《禮記鄭玄注》曰:“齊大公受封,留爲大師,死葬於周,子孫生焉,不忍離也。五世之後,乃葬於齊,齊曰營丘。”而據《竹書紀年》記載,大公、丁公皆爲王官,而哀公烹殺於周。蓋五世之間爲王官者,皆卒於周,葬於齊。

(2)《禮記·檀弓下》曰:“舜葬於蒼梧之野、蓋三妃未之從也。”《鄭注》以爲,舜征討有苗,崩於南越。另外,舜生前未稟告父母,即娶妻,故未立正妃,唯有三妃,稱"三夫人",即《離騷》中之湘夫人。而據《竹書紀年》記載,舜崩於鳴條,並未征討過南三苗。此外,娥皇乃正式的"后",且先於舜去世,葬於渭濱,而非溺死於湘水。此説與《孟子》、《尸子》、《漢書》、《列女傳》、《水經注》等記載皆合。

(3)《禮記·文王世子》中所謂"踐阼錫齡",以及《禮記·明堂位》中增衍之内容,尤爲荒謬不實。《文王世子》曰:"我百、爾九十,吾與爾三焉。"《鄭注》釋曰:"文王以勤憂損壽,武王以安樂延年。言與爾三者,明傳業於女,女受而成之。"而據《竹書紀年》記載,武王九十四歲卒。故文王壽命並非九十七歲,武王壽命亦非九十三歲。另據《竹書紀年》記載,成王七年築城於東都。三月周公歸來復命,且欲歸政於王,但成王以制禮之事爲由,留周公於東都。九月戊辰,成王至新邑,當時諸侯皆至,周公作《明堂禮》,輔佐成王接見諸侯。今《逸周書》之《明堂解》即爲是。諸侯朝見成王,參與祭廟後歸國。十二月,周公遂歸政於王,但因制禮之事仍居鎬京。乃至成王九年,才完成制禮,翌年遂定居於豐。此説與《逸周書》、《洛誥》、《毛詩》、《伏生大傳》等記載皆合。是故,諸侯朝見乃成王七年之事,而非六年;成王七年至九年之間周公制禮,而非成王六年至七年。

(4)《禮記·曾子問》曰:"三年之喪卒哭,金革之事無辟也者……昔者魯公伯禽有爲爲之也。"就此,《鄭注》以爲乃指作《費誓》時之事;《禮記正義》以爲此時周公尚在世,疑爲母喪。然據《竹書紀年》記載,成王十一年,周公去世;十三年,成王會齊侯、魯侯伐戎。夏六月,魯始"大禘於周公廟"。可見,伐戎之時,魯有父喪,尚未行除服祭。故此,作《費誓》時有母喪之説,實乃謬誤。

4.《春秋左氏傳》

《春秋》三傳之中,《左傳》記載最爲詳盡,但錯誤亦爲不少。

(1)《春秋經》"僖公十年春正月"之"晉里克弑其君卓",《左傳》以爲乃九年十一月之事。此處明顯混淆周正、夏正。

(2)《經》"僖公二十四年"之"晉侯夷吾卒",《傳》以爲乃二十三年九月之事。不僅如此,文公立、懷公卒皆移至二十四年二月。而據《紀年》記載,惠公在位十五年,文公在位僅八年。因此,《經》與《國語》相符,故可判定是爲《傳》之錯誤。

(3)《左傳·宣公三年》之《傳》文曰:"桀有昏德,鼎遷於商,載祀六百……成王定鼎於郟鄏,卜世三十,卜年七百。"《三統曆》等附會此説,致使後代曆術紛亂,終未能確定歲差常數。然據《竹書紀年》記載,商起於癸亥,終於庚寅,共計五百零八年;周興於辛卯,亡於今王二十年壬戌,歷經七百五十二年,再續五十年,東周始亡,故東西周國祚,凡八百零二年。若依曆法推算,朔食皆盡相合。故可知是爲《左傳》之謬。

(4)《左傳·襄公四年》之《傳》文有載,羿死後,"靡奔有鬲氏",《春秋左傳杜注》曰:"靡,夏遺臣,事羿者。"然筆者以爲,此乃一案冤獄。據《竹書紀年》記載,靡隨夏后相(似相)居於斟鄩,寒浞弑殺相後,靡才奔至有鬲氏,以圖復國,終遂其志。

《左傳·昭公二十六年》之《傳》文有曰:"携王奸命",《左傳賈服注》及《杜注》等注疏,皆以携王爲伯服。但據《竹書紀年》記載,伯服死於戎難,携王乃余臣。晉代束晳亦早已辨明此事。

5.《論語》

《論語·憲問》中"羿盪舟"之"羿",孔安國《論語孔氏訓解》謂:"羿多力,能陸地行舟",且以之爲丹朱;邢昺《論語注疏》襲《漢書·古今人表》之説,以"羿"爲寒浞之子,"盪舟"爲"能陸地推舟而行"。然《竹書紀年》則謂:"澆伐斟鄩,大戰於濰,覆其舟,滅之。"又《楚辭·天問》曰:"覆舟斟尋,何道取之?"《淮南子》亦曰:"維出覆舟,蓋因事以名山也。"由是可知,"羿"實乃寒浞之子澆,所謂"盪舟"之"盪"爲動詞,指盪覆舟船之意。故《孔注》、《邢疏》皆大謬。

6.《孟子》

《孟子》一書,或孟子自著,或門下弟子敘録。但總體而言,所記皆有依據,並無大錯。然而關於孟子見諸侯之記事,朱熹《孟子序説》依據《史記》所謂先齊後梁之説——"游事齊宣王,宣王不能用,適梁",認爲孟子於惠王三十五年至梁。但據《竹書紀年》記載,梁惠王薨於齊宣王二年,而梁惠王三十五年已至齊威王二十一年。因此,孟子絶不可能先見齊宣王。此説亦與《孟子》本書相符。[①]

(二) 以《竹書紀年》訂正史書訛誤

《晉書·司馬彪傳》記載,譙周[②]認爲《史記》周秦以前之史料,或採俗語百家之言,未必專依正史,故而撰《古史考》二十五篇,以糾正史遷之謬誤。而司馬彪則爲本紀、列傳、志作序傳八十篇,謂之《續漢書》。編撰過程中,司馬彪又發覺譙周之書尚有缺陷,故又依據《竹書紀年》,列舉《古史考》中一百二十二條失當之處。[③] 司馬彪卒於晉惠帝末年,享年六十歲有餘。《竹書紀年》校訂完成時,其年齡約五十歲,因此應該見過《汲冢紀年》原始文本。只可惜《續漢書》未能傳世,無法考證。雖然如此,依據此類記載,吾等後輩學人依然可以確信《竹書紀年》的史學價值。本稿之初即以明言,筆

---

① 以上實例大抵依據雷學淇之説。
② 三國時代廣安人,字允南,卒於晉泰始(武帝)六年,即汲冢發掘之前十年。
③ 《晉書·司馬彪傳曰》:"初,譙周以司馬遷《史記》書周秦以上,或採俗語百家之言,不專據正經,周於是作《古史考》二十五篇,皆憑舊典,以糾遷之謬誤。彪復以周爲未盡善也,條《古史考》中凡百二十二事爲不當,多據《汲冢紀年》之義,亦行於世。"

者嘗作周安王以後一百五十五年間之諸侯年表,其中依據《竹書紀年》解疑釋惑,糾正了不少偏差。清儒雷學淇亦於《紀年辨誤》及《竹書紀年義證》四十卷中列舉了此類實例,並加以詳細檢討,茲不贅言。關於筆者編制諸侯年表時應用《竹書紀年》之實例,則另有別稿,若有機會公佈於世,實乃大幸。

(三) 以《竹書紀年》訂正曆法訛誤

筆者編製諸侯年表,亦有依據《竹書紀年》,糾正曆法訛誤之經驗。清儒雷學淇云:"治曆之術,代各不同,春秋時殷、周、魯曆及漢之《太初》、《三統》最疎。東漢以後,歲差之説起,而法漸密。然宜于今者,或不能合于古;驗于前者,或不能施于後。此無他,積算各殊,歲差之數未確也。"[1]另於《紀年辨誤》中列舉依據《竹書紀年》糾正曆法錯誤的實例,且於《竹書紀年義證》四十卷中加以詳細説明。此類實例,待他日別稿再述。

要之,《竹書紀年》乃魏國史書。先秦古書多數散佚湮滅於秦代焚書坑儒,以及之後歷代兵燹之中,諸侯國史亦大都未能倖免於難。[2] 所幸這部魏史由於深藏墓中,而免於災厄,傳於後世。因此,後世學人倘若能夠用心探究其原始文本,認真輯佚,精確校正,則有可能直接審視先秦歷史記録,進而糾正後世所纂經、史及其他書籍中之誤衍疏漏。但爾來學人對於《竹書紀年》之價值過於小覷,實在令人遺憾。

五、現存善本考

據上文所述,清代輯校古本問世之前的諸多《竹書紀年》傳本,皆應稱爲今本。而據筆者所知,明代以後《紀年》傳本有如下幾種:

1.明大字本兩卷。雷學淇曰:"嘉慶二年,得于書肆。首尾殘缺,不題校者姓名。帝舜以下至周顯王尚完善。字體類元人所刻書,而'微'作'徵'、'杜'作'社',不無訛舛。然依酄侯文侯弟之類,其校勘精當處,愈於近本。《殷商紀》,削伊尹乃自立,及太甲殺伊尹二事。《晉、魏紀》,脱滅荀城荀等事。疑即楊慎《丹鉛總録》所稱,蓋元明間校刊本也。"

2.《漢魏叢書》本。張遂辰閲本,明代何氏校本。

3.天一閣本。范欽訂本。

---

[1] 雷學淇《考訂竹書紀年》中的《紀年辨誤》。

[2] 秦始皇三十四年,丞相李斯曰:"臣請史官非秦記皆燒之。"(《史記・始皇本紀》)。

4.《史拾遺聞》本。吴宏基校本。

5.《古今逸史》本。吴琯校本。

6.《秘書二十一種》本。汪士漢校本,據吴琯校本。

(一)清代存本

以上六種,爲清代以前《竹書紀年》之版本。而清代以後之校補本或輯校本,約十九種。而筆者只親眼所見其中十二種。(以下○者爲筆者所有,×者爲筆者所見。)

1.孫之騄《考訂竹書》四卷。孫之騄(晴川)另有一部十三卷本《考訂竹書》,據説乃孫氏所著八種著作之一。此外,應該還有單行本。然而如此頗具價值的材料,筆者却未能親睹其一,實屬不幸,頗爲遺憾。但就其前有四卷本,後有十三卷本之情況而言,或許前者乃今本校訂本,後者爲古本輯校本。

2.×○徐文靖《竹書統箋》十卷。此書收録於《二十二子全書》之中,《四庫全書總目提要》亦有著録,曰:"蓋作於孫之騄《考訂竹書》以後……蓋文靖誤以《紀年》爲原書,有誤以其注真出沈約,故以箋自名,如鄭玄之尊毛公也。"其卷首《雜記》,雖廣搜材料,然内容駁雜,未能明確指出《竹書紀年》之實相。故此書殆不可據。筆者藏有《二十二子全書》本(浙江書局刊本)、乾隆十五年崔氏刊本,以及《徐位山先生著作六種》本。

3.任啓運《竹書證傳》。此書出現於《竹書統箋》序文之中,但未聞有刊本。

4.鄭環《竹書考證》。

5.×○張宗泰《校補紀年》二卷。此書收録於《聚學軒叢書》第三集之中,且另有單行本(石梁學署校本)刊行。此單行本實屬難得,現今著名中國學人,亦未嘗得見,而筆者則有幸於北平琉璃廠書肆之中,獲得此書。此書僅兩卷,却顯示張氏對古本有所瞭解。其體裁具備古本之風貌。但最爲遺憾的是,筆者藏本首尾殘闕一兩頁,《序》、《跋》皆失。另外,此書體裁雖依古本,但其内容僅限於校補宋本之殘闕,與吴氏本大同小異,根據古書所引《紀年》文增補之處僅二十餘條,實不可謂精善。然而,此書作爲一部相對早期的存世文本,仍具有高度的文獻價值,值得後世學人參考。

6.×○陳詩《紀年集注》二卷。此書之一大特徵在於,雖基於吴本與何本,但並未附加注釋。書中引用古來之説,且於各條之下分别注釋。但於説明古今本區别方面,仍存在頗多疑問。其價值大致與張本不相伯仲,如今亦屬難得之物,而筆者有幸於北平琉璃廠地攤購得此書。

7.趙紹祖《校補紀年》二卷。

8.韓怡《紀年辨正》四卷。

9.×洪頤煊校本《竹書紀年》二卷。收録於《平津館叢書》、《傳經堂叢書》附録之中。

10.×陳逢衡《竹書紀年集證》五十卷。此書卷帙浩繁,然如王國維所評,於考古無甚裨益。筆者於北平琉璃廠書肆屢見其蹤,然相較於其文獻價值,價格頗高,殊不知何故。

11.洪稚存校本。

12.×○林春溥《竹書紀年補證》二卷。此書有單行本、《竹柏山房十五種》本兩種版本。數年前,筆者好友林宰平,即林春溥之孫,以《竹柏山房十五種》本之舊版,重印此書。其《序》及《竹書後案》中所言,頗具參考價值。然而,著者雖然提出不少疑問,但猶未見其得出任何結論。更爲遺憾者,著者過於信賴今本,故其文本恐難作爲考證之依據。

13.×郝懿行《竹書紀年校正》十四卷。十四卷本,與《唐志》著録卷數吻合。然古本、今本之區別並不明瞭,不免有掛羊頭賣狗肉之嫌。

14.朱右曾《汲冢紀年存真》二卷。王國維《古本竹書紀年輯校·序》曰:"朱氏右曾復專輯所引《紀年》,爲《汲冢紀年存真》二卷,顧其書傳世頗希……病其尚未詳備,又所出諸書異同亦未盡列,至其去取亦不能無得失。"①正如王氏所謂"顧其書傳世頗希",筆者雖費盡心力搜尋此書,却終未能得償所願。據聞羅振玉收藏此書。

15.×○王國維《今本竹書紀年疏證》上下兩卷。此書收録於《海寧王忠愨公遺書》第三集之中。王氏於此書《序》中,謂今本《竹書紀年》乃"無用無徵"之作,故撰此書以告世人。

16.×○王國維《古本竹書紀年輯校》不分卷本。此書亦收録於《海寧王忠愨公遺書》第三集之中。書中王氏明確闡述古、今本《竹書紀年》之區別所在。其《序》曰:"汲冢《竹書紀年》,佚於兩宋之際。今本二卷,乃後人搜輯,復雜采《史記》、《通鑒外紀》、《路史》諸書成之,非汲冢原書。然以世無別本,故三百年來學人治之甚勤。"②王國維似乎從未親見雷學淇關於《竹書紀年》的精當研究。故其《古本竹書紀年輯校》之創意,實可謂獨具匠心。無論成果如何,我等學人都應對

---

① 收録於《觀堂別集》附《補遺》、《後編》。
② 收録於《觀堂別集》附《補遺》、《後編》。

其拂以敬意。此書確實堪當《竹書紀年》精善文本之一。

17.×○雷學淇《校訂竹書紀年》十四卷。

18.×雷學淇《竹書紀年義證》四十卷，原稿本。此書非《竹書紀年》輯本。筆者嘗於北海北平圖書館親覽此書。去年，錢稻孫寄來字紙簍，其上有此書曾現身書市之訊，筆者遂即尋覓。然因某種緣故，此書復又下架。因未得見實物，故其真偽難以判斷。然筆者以爲，此書對於《竹書紀年》研究貢獻頗大，誠爲學界之寶。

19.×趙紹祖之子國楨校字《校補竹書紀年》，古墨齋藏本。據説此書亦堪爲《竹書紀年》之珍貴版本。筆者曾借閱北平孫人和所藏之本，惟因借閱時日有限，急於歸還，故未能精審其内容，且今連卷數亦不復記憶。

（二）善本考

以上十九種《竹書紀年》文本中，筆者親見實物且加以精審者，論古本輯校之精善，當推王國維與雷學淇之作爲首。故所謂善本，亦惟止於此二種。

然此二種善本中最爲精善者，當屬雷學淇之作。雷氏依據大字本、吴本、何本、張本及陳本，校訂輯補，其版本有三：

1.《未定稿本》。此乃未定稿之家刻本，尚未盡然整飭。亦有不少内容，僅存於目録，而正文闕如。其體裁亦與之後校訂本頗爲不同。此版本如今誠爲難得。然據筆者所知，新城新藏現今似乎藏有一部，係筆者留學時，京都大學倉石武四郎應新城氏之需，自琉璃廠書肆購得，並郵寄至日本。

2.《校訂竹書紀年》。此版本含《紀年》六卷、《紀年辨誤》一卷、《紀年考證》一卷、《紀年年表》二卷、《紀年曆法天象圖》一卷、《紀年地形都邑圖》一卷、《紀年世繫名號圖》二卷，凡十四卷，亦爲家刻本。而筆者所藏之版本，封面題有"光緒癸未年補刊於潤身草堂"，乃家刻之後，由潤身草堂補刊、藏版之本。筆者留學北平期間，先後見過三部，均爲補刊本。一部乃孫人和所藏，其餘兩部爲筆者所得。其後贈與諸橋轍次老師一部，今筆者惟珍藏一部。此版本於《四庫簡明標注目録》及《郘亭知見傳本書目》等圖書目録中，皆有著録，實爲廣爲人知的普通版本。

3.《重校本》。此乃重新校訂之前，家刻本之後形成的版本，且亦欲一併收録《竹書紀年義證》四十卷。其中改動頗多，非謄抄之佳本。筆者身在北平之時，來薰閣掌櫃常謂影印之，而後再無消息。筆者嘗見過兩部，一部缺本，一部完本，完本乃中江丑吉所藏。此書乃於之前校訂刻印後，基於後得的材料，並加以考據，補正其中不足與訛誤。若得此書，即可通覽雷氏《竹書紀年》之完整版本。

以上三種版本之中,《重校本》當爲吾儕後世學人採信參考。此書之所以成爲群書之壓卷者,首在最能再現古本之俤。除此之外,尚有四大優點:其一,材料整理與研究所據甚明;其二,辨誤考證,精到無比;其三,輯校論證,精細確實;其四,年表、地圖、系譜等,皆爲爾來《竹書紀年》研究難以逾越。筆者撰寫此稿,於古本散佚及今本源流方面,受教最多者,亦爲雷氏之書。故茲特別感謝已故前輩學人之深厚學恩。

王國維《古本竹書紀年輯校》,固然當爲雷氏之後最優者,然其論證每多高蹈,甚至過於依靠直覺。故就考證之精密而言,遠遜於雷氏。殊如年數計算之誤,令人可惜之處頗多。

附録:《雷學淇略傳》

雷學淇之傳記,載於《清史列傳》卷六十九及《清史稿·儒林傳下二》。雷學淇,字瞻叔,順天通州人,嘉慶十九年進士,歷任山西和順縣、貴州永從縣知縣。生平好討論之學,每得一解,必求其會通,務于諸經之文無所抵牾。著作除《考訂竹書紀年》十四卷之外,另有《古今服緯注釋》三卷(其父雷鐏所著《古今服緯》之注釋,附以《釋問》一篇、《異同表》二篇)、《夏小正經傳考》二卷、《夏小正本義》四卷、《輯校世本》二卷、《古經天象考》十二卷(附《圖說》二卷)、《亦囂囂齋經義考》及文集三十二卷。

昭和七年(1932年)二月二十日完稿

附　言

拙稿刊載之際,特別感謝島田虔次、諸橋轍次兩位老師所賜學恩。諸橋老師先後兩度校閱,詳加批正。謹此附言,深致謝忱。

(原刊于1933年6月30日《支那學研究》第三編。)

作者簡介:

原富男(1898—1983),出生於日本山梨縣。東京高等師範學校文学博士。曾任東京教育大學教授。學術專長爲中國思想史、倫理學。著作有《補史記藝文志》、《中國思想源流的考察》。

譯者簡介:

見前《汲冢書出土始末考》篇末介紹。

《禹貢》與《紀年》

馬培棠

　　吾國古史料之大發現,與殷契差可比擬者,厥爲《汲冢竹書》。《晉書·武帝紀》曰:"咸寧五年,十月,汲郡人不準掘魏襄王冢,得竹簡小篆古書,十餘萬言,藏於秘府。"但他篇所記,尚有與此不同者。《束晳傳》曰:"汲郡人不準盜發魏襄王墓,或言安釐王冢。"是《帝紀》記載之外,尚有或者之言,謂爲安釐王冢;按此説實出於王隱《晉書》。小川琢治《穆天子傳考》大斥王隱爲"怪頭腦之著述家,其書頗難置信",復痛責唐修《晉書》之疏略,"揭載不與《帝紀》吻合之文以遺後世之惑",因謂"只餘襄王冢唯一之説"。但襄冢發掘之時日,除《帝紀》"咸寧五年"外,又有二説:《律曆志》作"太康元年",《束晳傳》作"太康二年"。三説俱存,尤爲齟齬。神田喜一郎《汲冢書出土始末考》曾加詮释,曰:"汲冢書出土之時日,實咸寧五年十月;而翌年,太康元年,官收其書,藏於秘府;更翌年,爲太康二年,當時學者始親校讀之:據此事情,關於汲冢書出土之時日,生出一種傳聞之誤",可謂達解。(以上所引日人二考皆據江俠庵氏譯文。)按此"十餘萬言"之竹簡古書,既經學者之校讀寫定,列在秘書;而其問題最多,考訂最勤者,厥爲《紀年》十二卷。

　　《隋書·經籍志》撮舉其要曰:"《紀年》:皆用夏正建寅之月爲歲首。起自夏殷周三代王事,無諸侯國別;惟特記晉國,起自殤叔,次文侯、昭侯,以至曲沃莊伯;盡晉國滅,獨記魏事,下至魏哀王,謂之今王,蓋魏國之史記也。"與《紀年》作賅簡精當之繹述者,莫過於此。

　　雖然,謂"今王"爲哀王,不能無疑。《史記·魏世家》,哀王實爲襄王子,襄王之冢何以有哀王之書?王隱"安釐王冢"之説抑亦有見於此乎?不知襄哀二朝乃《史記》所誤分,未可據爲史實。《史記集解》曰:"案《太史公書》,惠成王但言惠王,惠王子曰襄王,襄王子曰哀王。惠王三十六年卒,襄王立,十六年卒:並惠襄爲五十二年。今案《古文》,惠成王立三十六年,改元稱一年,改元後十七年卒。《太史公書》爲誤分惠成之世以爲二王之年數也。《世本》惠王生襄王,而無哀王,然則今王者魏襄王也。"是

《史記》襄王之年宜還惠王；哀王之年宜還襄王。但《史記》何來哀王，以遞補其誤增之一代乎？顧炎武《日知録》曰："襄哀字相近，《史記》分爲二人。"梁玉繩《史記志疑》更發揮之曰："以魏襄爲哀，猶《十二侯表》以秦哀公、陳哀公爲襄公也。"是《隋志》之哀王即襄王；杜預《左傳後序》謂《紀年》"至魏哀王二十年"，亦即襄王之二十年也。是時襄王尚健在，故《紀年》稱之"今王"。後三年，襄王卒，《紀年》未及改謚，當即陪葬於土中。

於此又有使人疑者，史官記事，歲月增書，何以《紀年》闕襄王二十年後事？魏從此廢史歟，抑另有所記歟？廢史之言，吾固不信；若另有所記，則《紀年》必非正史，當又史官餘暇重演之把戲。惠襄之交，史官已制成《禹貢》，以爲時王鑑，以爲後王法，二十年中，風行天下。夫既收地理上之成功，因再圖歷史上之改造，以貫徹其託古改制之初衷，於是而有《紀年》之新編定。吾因恍然悟《隋志》之"用夏正"、"起自夏"之有由來矣。

禹之"敷土""成功"，《禹貢》所託以見重者也。《紀年》由《禹貢》而產生，則其"起自夏"自屬當然之事。上無古人，又何足怪。然而《隋書·律曆志》曰："《竹書紀年》，堯元年景子。"堯在禹前，而《紀年》有之。《史記集解》引荀勗曰："和嶠云：《紀年》起自黃帝。"黃帝又在堯前，而《紀年》始之。此又何說？

按堯與黃帝之記載，固先魏襄而存在：孔門《論語》有"大哉"之堯；陳侯鎛銘有"高祖黃帝"。既而孟軻道性善，"言必稱堯"；鄒衍推五德，"上至黃帝"。縱大梁初無堯與黃帝之傳説，鄒孟既至，又何患其不有。魏以好文之邦，想其舊史必補有極豐富之"五帝"史料。但因《禹貢》而新編之《紀年》，勢非省略大禹之前不足以見其微言大義，此其所以"起自夏"也。惜乎！修成三年即陪葬於襄冢，舊史之殘存材料或有未盡廢者，蓋一並掩之土中。及其發現而出，"數十車"之竹書同遭散亂，《紀年》與殘存舊史尤爲不易判別。迨荀勗加以詮次，《紀年》乃幸復厥初。《荀勗傳》曰："得汲郡冢中古文竹書，詔勗撰次之，以爲中經，列在秘書。"其對《紀年》考訂之結論雖無明文，但可以間接求之。神田喜一郎謂太康二年，學者始加校讀，荀勗《穆天子傳序》正謂"太康二年"，盜發古冢，蓋就其寫定之年以爲詞。明年，"太康三年"，杜預得見竹書，《左傳後序》曰："其《紀年篇》起自夏"，此爲荀定，蓋無疑義。但同時校定《竹書》者尚有和嶠，《隋書·經籍志》曰："帝令中書監荀勗，令和嶠，撰次。"而勗嶠實不相能，《晉書·和嶠傳》曰："嶠鄙勗爲人，以意氣加之"，則其與荀説立異自屬不免，於是"《紀年》起自黃帝"相繼而生。但亦決非無本之談，蓋綴拾殘存舊史而成者也。昔嘗疑勗與嶠同校《竹書》，意見並不一致，何爲勗引嶠語以論《紀年》？故學者或以不近情理而偲之。吾謂勗引嶠語，固不必是之，亦不必非之；特其出處不傳，下文無由考證耳。自此兩説相持，迄無定論，故十年之後，考辨不休。《王接傳》曰："秘書丞衛恆考證汲冢書，未迄而遭難;佐著作郎束皙述而成之。"衛恆卒於元康元年,上去《竹書》出土已十二年,猶考證未竣,於是束皙繼之而集大成。《晉書》及王隱《晉書》均詳載汲冢書出土始末,於《束皙傳》後似以彼爲校定竹書之代表者,而束皙之結論一如荀舊,曰:"其《紀年》十三篇,記夏以來"也。

雖然,束皙大成之際,仍不免有難之者。《王接傳》曰:"東萊太守陳留王庭堅難之,亦有證據;皙又釋難,而庭堅已亡。"如此反復討論,固不必《紀年》一書,要之,《紀年》必爲最重要之問題,故《隋志》獨以《竹書同異》一卷附於《紀年》十二卷之下。至若《紀年》之"起自夏"、"起自黃帝",蓋又同異中一大問題也。雖其辯論結果,"起自夏"者大獲勝利;然而調和派出,《紀年》真象漸就破壞。《王接傳》曰:"散騎侍郎潘滔謂接曰:'卿才學理議,足解二子之紛,可試論之。'接遂詳其得失;摯虞、謝衡皆博物多聞,咸以爲允當。"後人蓋有即其得失而求其一是者。自《史記》以來,上起黃帝幾成定論;於是《紀年》"起自夏"漸成空言,和嶠之議反得實現。《史記集解》尚宛轉於兩派之間;《隋書》二志已有不自知之矛盾。

按《紀年》與舊史,其絕對不可互補者,厥爲曆法之異制。是蓋荀杜衛束知之最悉,而卒未敢輕許於和者也。"周以前,一定有分配時間與季候之簡單曆法,並且一定不是一種。"但在周人直接勢力範圍之內者,必奉行周正無疑。諸侯之史存者絕鮮,魯國《春秋》獨遺後世,其列公《紀年》每書曰"王正月",杜預《集解》曰:"周王之正月也。"魯與周爲同姓,故《日知錄》曰:"謂《春秋》以周正紀事,是也。"《史記·魏世家》曰:"魏之先,畢公高之後也,與周爲同姓。"後雖微焉,散爲庶人,而"其苗裔曰畢萬,事晉獻公,獻公以魏封畢萬"。是魏與周之關係與魯正同,則其國史必用周正,可以想像。乃《紀年》"皆用夏正建寅之月爲歲首",不奉今而奉古,不取殷而取夏:非爲貫徹《禹貢》之微言,吾無以辨其惑。戰國諸強各自爲政,改易正朔,王罪不及。魏史新編《紀年》,以魏承夏,因廢周正而用夏時,實屬極自然之勢。但夏時何存,蓋存於杞。《大戴·少閒》曰:"湯放移夏桀,乃遷姒姓於杞。"周人因之,《禮記·樂記》曰:"武王克殷,反商,下車而封夏后氏之後於杞。"故《禮運》曰:"杞之郊也,禹。"夏殷周三大團體,初當各有其曆法,及周人勢奄天下,杞國雖仍舊封,實則削弱已甚;《春秋》之世,孔子每歎其"文獻不足",然而夏時存焉。《禮運》載孔子之言曰:"我欲觀夏道,是故之杞,而不足徵也;吾得夏時焉。"蓋人不離時,周不禁夏,《日知錄》曰:"若朝覲會同則用周之正朔,其於本國自用其先王之正朔也。"且歷年既久,或有時略加改進,以致完美冠於殷周;孔子以"信而好古"之精神,曾與以相當提倡,《論語·衛靈公》載"顏淵問爲邦,子曰:'行夏之時。'"孔子固預語新世之曆斯爲夏正矣。魏國好儒,又已造成《禹貢》之治世大典,兹當筆削舊史以爲《紀年》,更有"行夏之時"之必要。

但其不遷大梁，亦有難於措手者。《漢書·地理志》曰："雍邱，故杞國也，周武王封禹後東樓公"，今河南杞縣也。雖其後遷於魯之東北，而其遺民當仍習於舊俗，故疇人子弟或尚有傳其業者。大梁在今河南開封，距杞甚邇；又有睢汴二水疏灌其間，於地理上本屬同一區域。《讀史方輿紀要》曰："雍邱城，戰國屬魏。"故《漢書·地理志》以爲魏分（杞隸於陳留郡）。魏史改制，上託夏禹，因就近輯取乎夏時。

夏時記事，《紀年》爲始；魏之舊史固不爾也。（《左傳》每用夏正，但彼晚出《紀年》之後，另有説。）然而調和派出，《紀年》一變。《四庫書總目提要》曰："《隋書·經籍志》曰：'《紀年》皆用夏正建寅之月爲歲首。'今本自入春秋以後，時日並與經同，全從周正，則非隋時所見本也。"按此一大轉變，非舊史之果能壓倒《紀年》，良因《紀年》之乖異乎《春秋》。

吾人既知《紀年》之編定目的爲與《禹貢》相發揮，但有一問題不能不借此討論者，即《紀年》之禹都何在。若據吾人之想像，魏之舊史，如無禹都則已，有則唯有陽城，蓋陽城最古之説也。及《禹貢》出而始有安邑；但《禹貢》無明文，不過九州首冀，後文又附以五服，五服之中央與九州大不同，故《世本》直有四都之惑。《紀年》以魏史之筆作成於《禹貢》、《世本》之間，決不至如《世本》之迷，都多如許；充其量亦唯禹都陽城又都冀而已。無論如何，禹之都冀爲必不可少者。於是舊史與《紀年》對禹都之多少輕重殊異其趣，抑此亦《竹書同異》中之一問題歟？自調和派出，兩都蓋皆有保存之必要，晉人論禹都，不變《世本》，皇甫謐撰《帝王世紀》，一仍四都之説，則彼論《紀年》得失者，陽城與冀宜皆所謂得也。故臣瓚引"汲郡古文"注《漢書》，劉昭引"汲冢書"注《續漢書》，均謂禹都陽城。雖"汲冢書"與"汲郡古文"所指太泛，但若干學者均謂指《紀年》而言，吾姑亦以《紀年》視之，是《紀年》果有禹都之記載矣。乃學者以都冀不見徵引，群起而疑之，謂《紀年》禹不都冀。嗚呼，過矣！古人引書之目的，非爲後人保存史料，其不見徵引者儘多，能舉謂之無乎？都冀之言本太空泛，《世本》、《世紀》即其極顯明之修正者，故後人之道及河北禹都，總以稱冀，不如引《世本》、《世紀》之深切著明，此都冀之所以不見徵引也。如必欲一求其本，則今本《紀年》在。今本《紀年》，自《四庫書總目提要》以至王靜安《今本紀年疏證》，已斷其爲僞書無疑，直"廢"之而不足惜。吾謂王接而後，舊史與《紀年》日在調和蛻變之中，其同者仍之，異者擇善從之，皆無所中，或以第三説代之，今本《紀年》特其大成而已。《紀年》之真材料固尚有在其中者，吾人研究《紀年》，今本仍不失爲寶貴材料，分析甄別，責在吾人，是此書未可盡"廢"，禹都即其一例也。其言曰："帝禹夏后氏，元年，壬子，帝即位居冀。"而"夏后氏"與"元年"之間有長注，此長注除末二語外悉録《宋書·符瑞志》，其末二語曰："三年喪畢，都于陽城。”故許多學者疑“此二語當是《紀年》本文，而誤繫於注”者，然則《紀年》本文固作“都于陽城”“即位居冀”矣。但何爲繫彼於注而不繫冀於注也？是亦有故。禹都演變之勢，唐宋而後已歸一於安邑，其不染時風而墨守古傳者不在此例。黎光明氏《汲冢竹書考》謂《紀年》爲“明人僞託”，若以明人時代化之古史觀念而論禹都，則唯有安邑。其留冀而退陽城，勢也。謂之明造可，謂之《禹貢》威權必經之過程亦無不可。此詳《禹貢與禹都》。

由《禹貢》而《紀年》，禹之傳説集中於“兩河之間”，只以無人疑爲魏史僞作，故韓趙各有攀援之舉，但終不如魏人勢力之浩大。戰國末年，魏武侯竟有極新穎之頭銜發生。《戰國策·秦策四》曰：“或爲六國説秦王曰：‘……魏伐邯鄲，因退爲逢澤之遇，乘夏車，稱夏王，朝爲天子，天下皆從。齊太公聞之，舉兵伐魏，壞地兩分，國家大危；梁王身抱質執璧，請爲陳侯臣。’”此文未説明誰氏之言，但以“六國”、“秦王”考之，可以知其年代。《國策注》曰：“王，王正也”，則此説當在魏安釐王三十一年之後，而又“六國”並存，又當在魏景湣王十三年之前。距《禹貢》之作成且八十年，《紀年》之作成亦六十年：在此長時間中，魏造新史，根柢寧固，天下披靡，故説客得援而據之，秦王亦得信而聽之。雖然，説客之言亦須作分别觀：蓋魏之盛固取之魏史之誇誕，魏之敗又係客之詞飾，不可一概而論也。按夏王指武侯，武侯正有伐邯鄲而退之事，且與田和相值，故《策》曰：“齊太公聞之”，《注》曰：“太公，田和也。”雷學淇以夏王稱魏瑩，非是，蓋由“梁王”二字而誤。不知此在時流，固魏主之慣稱也。但夏王之榮，何以不始之昭子文侯而偏託之武侯乎？是須問之《紀年》。魏史以夏、殷、周、晉、魏爲序，晉烈公卒於武侯之朝，武侯乃魏國紀年之始，王静安《古本竹書紀年輯校》曰：“烈公既卒，明年，太子喜出奔，立桓公；後二十年爲三家所遷。是當時以桓公爲未成君，故《紀年》用晉紀年蓋訖烈公。明年桓公元年，即魏武侯之八年，則以魏紀年矣。”武侯亦適在安邑正盛之世，《魏世家》載武侯二年“城安邑”，禹都既隨《禹貢》而來此，則武侯承夏統，稱夏王，自有不容遜謝之勢矣。惟武侯之敗，至於壞地兩分，委質稱臣，實無其事。蓋説客爲貫徹其起伏勝衰之理，固不惜犧牲事實以就己意，正如魏史爲貫徹《禹貢》《紀年》之奧旨，不惜改稱武侯爲夏王也。

總之，有《禹貢》，始可以解釋《紀年》之糾紛問題；有《紀年》，始可以直證《禹貢》之編制目的：相得益章，其是之謂矣。

馬先生寄此文時，來函云，“拙稿《禹貢編制考》已斷續發表五篇，兹又草成《禹貢與紀年》，骨幹略具，餘惟零星雜考而已。故此六篇暫聊作一小結束。……來春尚擬從事兩漢九州論"云云,特録以告讀者。

編者。

（原載 1935 年 1 月《禹貢半月刊》第 2 卷第 10 期,第 16—21 頁。）

作者簡介:

　　馬培棠(1907—1936),字紹伯。河北滿城人。北平市立師範學校卒業。任保定私立培德中學國文教員。1930 年代常爲《禹貢半月刊》撰稿。著有《國故概要》、《禹貢編制考》六篇、《三代民族東遷考略》、《巴蜀歸秦考》。

略記清代研究《竹書紀年》諸家

錢　穆

清儒治《紀年》有專書者，覯記所及，凡十六家，十有八種。

一、孫之騄《考訂竹書》十三卷

二、徐文靖《竹書統箋》十二卷

三、任啟運《竹書證傳》(未見)

四、張宗泰《校補紀年》二卷

五、陳詩《紀年集注》二卷

六、鄭環《竹書考證》

七、趙紹祖《校補紀年》二卷

八、韓怡《紀年辨正》

九、洪頤煊《校本竹書紀年》二卷

十、郝懿行《竹書紀年校正》十四卷

十一、陳逢衡《竹書紀年集證》五十卷

十二、雷學淇《竹書紀年校訂》八卷

十三、又　《竹書紀年義證》四十卷

十四、林春溥《竹書紀年補證》四卷

十五、朱右曾《汲冢紀年存真》六卷

十六、董沛《竹書紀年拾遺》六卷

十七、王國維《古本竹書紀年輯校》一卷

十八、又　《今本竹書紀年疏證》二卷

其間可分三期：孫、徐、任三家爲第一期，大率在雍、乾之間。張、陳、鄭、趙、韓、洪、郝、陳、雷九家爲第二期，其著書成説皆在嘉慶。林、朱、董、王四家爲第三期，則在道光以下也。

一、孫徐任三家

孫書頗少見，其成書年月無考，《清史列傳》僅謂徐書在孫後而已。陳氏《集證·凡例》謂：孫引頗雜，並有將原注改易者。《統箋》則於正文及原注下，逐條細注，雖間有未當，較之孫本遠勝矣。任書，陳逢衡、林春溥諸家皆稱未見。據崔見龍序陳氏《集注》(在嘉慶六年)謂：雍正間，荊溪任鈞臺先生嘗作《紀年證傳》一書，見於所作《四書文敘》中，屢經訪求，竟不可得。則未知其書果成否。徐書最通行，其書《凡例》稱：年八十有二，始箋注此書，閱三寒暑而後成。徐氏生康熙六年，年八十二爲乾隆十二年，越三年，爲乾隆十五年，《統箋·凡例》即作於是年也。夏炘《徐文靖別傳》謂：《統箋》十二卷，爲自有《紀年》一書以來未有之作，其後甘泉張氏宗泰、靳州陳氏詩、涇川趙氏紹祖、臨海洪氏頤煊、江都陳氏逢衡，互有論著，皆自《統箋》益致其精，不能出《統箋》之範圍也。

二、張陳鄭趙韓洪郝陳雷九家

治《竹書》而辨真偽，其事起於孫、徐之後。偃師武億，生乾隆十年，卒嘉慶四年，年五十五。乾隆四十五年進士。其《授堂文鈔》有《與李書源書》，論及《紀年》，備引《山海經注》、《後漢書注》、《水經注》、《史記索隱》《正義》諸書，而《水經注》引至二十六條。又錢大昕《十駕齋養新錄》，書成在嘉慶四年，即武億之卒年，書中亦辨今書乃明人所偽。而《四庫提要》於《紀年》亦歷引諸書以證今本之不可信。《提要》成於乾隆四十八年，蓋與武、錢諸家相爲先後呼應，而於是治《紀年》者其取徑遂與前人不同，諸家以此紛紛起。

張氏《校補》二卷，成書年月無考，其人生乾隆十五年(正徐氏《統箋》成書之年)，卒道光十二年，年八十三。崔述《考古續說》有《竹書紀年辨偽》一篇，謂：

> 前歲自閩還，過蘇州，於書肆見甘泉張君宗泰《校補竹書紀年》，因買歸閱之，見其徵引之詳，考核之精，糾其舛誤，摘其缺略，用力之勤，吾所見聞，未有如張君之盡心者也。顧吾猶惜其不肯直黜其書以絕後人之惑，而但取其漏者補之，誤者改之。豈遂謂其他文皆可信乎？

東壁得張書，蓋在嘉慶七年自閩回里之時，則張書刊行在嘉慶七年前也。

崔見龍刻陳詩《集注》,序文在嘉慶六年辛酉,與張書略相先後。

鄭環生雍正八年,卒嘉慶十一年,年七十七。陳康祺《燕下鄉脞錄》謂:

> 武進宿儒鄭先生環,乾嘉之際,以經學名宇內。躬行峻潔,志在經世。自以學成不得用,常與當路言民間疾苦,於兵政、海防、屯田尤詳切,卒甘泉訓導官署。

陳氏《紀年集證》謂:

> 丙寅(即嘉慶十一年)仲冬,甘泉鄭廣文環知予纂訂此書,欣然過予取閱,並許借手纂稿本,始得盡觀大略。惜未及匝月,先生已歸道山。其書大約就徐《箋》而損益之,而仍訛襲誤之處,間亦不免。緣兩先生書皆出自晚年,不及細檢故也。

據是則鄭氏年世較張雖前,而成書轉在張後。張書初刊爲甘泉學署本,鄭當見之。鄭書不知有刊本否,今就陳氏《集證》稱引所及,可知涯略也。

趙書亦爲陳氏所取資。趙生乾隆十七年正月,卒道光十三年七月,年八十二。朱珔爲《趙琴士徵君傳》,謂:

> 其《竹書紀年》二卷,歷引《史記》、《山海經》、《漢書》、《水經注》、《宋書·符瑞志》、《史記索隱》《正義》等,條理甚密。維揚陳君逢衡作《集證》,擴充繁衍,然時采其說也。

韓氏京江人,其書年月亦不詳。惟亦爲陳氏《集證》所採。

上述諸本,惟張書刊入《聚學軒叢書》中,流傳較廣,餘則皆不甚著。其稍後起而流播亦廣者,有洪、郝兩家。

嘉慶五年夏,洪頤煊游學武林,孫星衍屬重校《紀年》。七年書成,十一年刊版,即平津館本也。郝書成在十三年,胡培翬爲《郝墓表》,稱其:據唐以前書所引,比附校勘,使秩然就緒。

然當時研討《紀年》諸家,論其工力之鉅,要當首推陳、雷二氏。陳逢衡草創《集證》,在嘉慶九年,時陳年僅二十七。成書在嘉慶十七年,先後凡九年。而鏤版則在嘉慶十八年。雷書草創在陳前,《介庵經說》卷九自稱"自辛酉(嘉慶六年)後考訂《紀年》,閱九歲書成"。《紀年辨誤》答或問所謂"歲在辛酉,余述《紀年》,庚午始卒業"也。雷書分《校訂》、《義證》兩部,其《義證·自序》云:

> 辛酉仲秋後,取載籍中凡稱引《紀年》者,匯而錄之,以校世之傳本,正其訛,

補其缺,考訂者凡三百餘事。依世分次,釐爲六卷。又爲《辨誤》一卷、《考證》一卷,《唐虞以來及戰國年表》一卷。閱五年書成,於是更作《義證》四十卷。凡正經史之疑義、舊説之違誤者,又五百餘事。

序成嘉慶十五年冬。是雷氏《校訂》成書在丙寅。又四年庚午,《義證》成書,前後總九年。其書猶在陳氏《集證》前也。陳氏遍採孫、徐、張、鄭、陳、趙、韓、洪諸家,而獨不知有雷書。雷通州人,僻在北方,其爲書也,於同時諸家之作,亦多未見。《校訂》刊布,流傳未廣。《義證》巨帙,獨有稿本,世更尠知。然陳書雖博采宏搜,尚不能辨今本之僞,其識出雷下遠甚。而《義證》尤爲精博兼擅,足以掩出諸家之上,而顧獨闇晦不彰,良可惜也。

三、林朱董王四家

林春溥爲《竹書紀年後案》,在嘉慶十五年庚辰,時林氏方在都。其《補證》成書,則在道光十八年戊戌。稱引所及,有孫、徐、張、鄭、趙、韓、洪、陳諸家,惟亦不知有雷氏。王國維稱之,謂:"三百年來學人治《紀年》甚勤,而臨海洪氏、栖霞郝氏、閩縣林氏三校本,尤爲雅馴。"然林書謂今本《紀年》非後人所僞,又不信司馬貞《索隱》,則似誤於梁玉繩《志疑》、陳逢衡《集證》,識頗未卓。惟謂諸書引《紀年》,其古有據而今無者,固屬散佚,即古無而今有者,亦非僞作,則持論平實,較之王氏之爲古本、今本絶然劃分者,似稍允也。朱右曾於道光十八年(即林氏《補證》成書之年)成進士,其所爲《逸周書集訓校釋》,屬稿於丁酉(道光十七年),成書於丙午(二十六年)。其爲《紀年存真》年代不可考,要當在戊戌後,則較林書似晚出也。

董沛生道光八年,卒光緒二十一年,年六十八,有《竹書紀年拾遺》六卷。董晉祺爲《行狀》,謂其斥通行本爲僞,別采他書之引《紀年》者;亦張氏、朱氏舊例,而繁富過之。其書刊於劉氏嘉業堂,而傳世仍甚希。大抵林、朱、董三家較晚出,用力較易。雖林書識嫌不卓,要皆有所超過前人,可資觀覽,亦其宜也。

王氏書成於丁巳,已入民國(六年)。爲《古本輯校》、《今本疏證》,判劃最析。然輯校古本依據朱書,間加補正,亦有轉不若朱書之允愜者。自云欲爲《考證》、《札記》,而未有成書。《輯校》取材,大抵諸家已具,王氏截然劃分,則若今本全出後人僞造,更無依據,恐不盡然。大抵王書出於最後,故其憑借獨厚,而用力則有遜於前人之專精也。

余爲《先秦諸子繫年》,比論《史記》、《紀年》異同,自春秋以下,頗多考辨發明,爲三百年來學人研治《紀年》所未逮。於前賢諸書,繙檢所及,久而忽忘,因約略記其梗概。有志治《紀年》者,先由王書進而窺朱、董、林、郝、洪、張諸家。博之於陳、雷二氏,溯其源於徐氏之《統箋》,返而觀余《繫年》之所考論,亦有志治古史者一大公案也。

(原刊於 1936 年 11 月 19 日天津《益世報·讀書週刊》第 75 期,後收入《錢賓四先生全集》卷 22,第 561—569 頁,臺北:聯經出版事業公司,1998 年。)

作者簡介:
　　見前《王氏〈古本竹書紀年輯校〉補正》篇末介紹。

論別本《竹書紀年》

蒙文通

《竹書紀年》，自唐以降，《通鑑外紀》、《路史》、《御覽》諸書多見稱引。於今所見，皆明人本，與唐、宋所引者絕不同。王靜安氏踵郝、朱諸氏之後，輯録群書所引《紀年》之文，以存古本之舊。復取林、雷、陳、徐之書，就今本爲作疏證，以明僞作者之所本。固亦足見僞作者爲一博物君子，誠非菟園淺陋者之能爲也。而今本《紀年》，究不遠乎庸昧者之爲。則今本之先，必別有一本爲今本所從出。雖不必即唐、宋之舊，亦絕不至若今本之妄，固可知也。今本既以周紀元，而曰"秦歸我焦、曲沃"，"楚敗我襄陵"，我之辭誰主也。"鄭宣王來朝"，"薛侯來會"，來之辭何至也。數行之間，誰主誰賓，紛錯莫定，知其必據一魏晉紀元之本以改作，似無可疑。貞定七年"晉荀瑤城南梁"。注云"一本出公二十年"，則正有依晉紀元之本以參校，正所謂"一本"者也。有清之初，馬驌作《繹史》，陳厚耀作《春秋戰國異辭》，其中引《紀年》者最多。而皆周自宣、幽以下，以晉文侯、鄂侯、哀侯、侯緡紀元。晉自烈公、桓公以下，以梁之惠成王、今王紀元。固猶近汲冢舊書之矩範。爰輯録之，馬引近三百廿事，自黃帝以來。陳引尤多，自春秋以來。二家大抵相合。初以爲二氏皆博贍之儒，殆以今本與佚文雜用，旋乃見其實別有一本。陳稍後於馬，常引《繹史》，其引《紀年》，頗似即據馬書用之，旋乃知陳實別有所據，非取之馬。馬於梁之今王皆云襄王，陳則云哀王，或又注云襄王即哀王，是陳依史遷書而云然也。馬引"齊人禽子之而醢其身"，陳引"子之殺太子平，不克，齊殺子之，醢其身"，馬同《史記索隱》引文，陳則同於今本。馬本梁惠成王十四年"魯恭侯、宋桓侯、衛成侯、鄭釐侯來朝"，而陳作"魯哀侯"。陳引梁惠王"十七年齊田忌敗梁桂陵"，又一十七年（應是二十七年）"齊田盼敗梁馬陵"，此二事馬引無之。馬引"於粵"，陳引皆作"於越"。馬引晉定公"十八年晉青虹見"，陳引無晉字，陳引晉哀侯三年"荀人、董伯皆叛曲沃"，馬引無皆字，陳本同今本，而馬本實同《水經注》所引。此見馬陳所引同非今本，而陳實未取之於馬。二氏所見，與王弇州所見者，亦屬近同。今通行之改訂本，則無識者爲之也。

　　馬引《紀年》"惠成王六年，夏四月甲寅，徙邦於大梁"，附注云："史注：梁惠成王九年，徙都大梁，今本在六年"，馬所云史注者，《史記·魏世家·集解》也。其云六年者實據《水經·渠水注》，馬氏固未之考，故但據《集解》所引以疑之，則以梁惠成王紀元，實爲當時之"今本"，而非改於馬氏之手可知也。若爾日通行之本，則以徙邦大梁爲周顯王之四年也。馬引《紀年》："鄂侯五年十月，莊伯以曲沃叛，伐翼，公子萬救翼，荀叔軫追之，至於家谷，翼侯焚曲沃之禾而還。翼侯伐曲沃大捷，武公請成於翼，至相而還。六年，王使虢公伐晉之曲沃。晉鄂侯卒。曲沃莊伯復伐晉，立鄂侯子光，是爲哀侯。公子萬救翼，荀叔軫追之至於家谷。"附注云："《水經注》引《紀年》與坊本不同。"公子萬救翼事前後兩見，與爾日通行本同，知馬所云"坊本"，與爾日通行本實不相遠，惟通行本以鄂侯五年、六年爲周桓王元年、二年。若《水經注》所引，則以翼侯焚曲沃之禾爲晉莊伯十二年。以曲沃叛伐翼事，《御覽》引文以爲莊伯（原誤作公）八年。"焚禾而還"下，《水經注》引有"作爲文公"句，此馬氏所謂與坊本不同者。《水經注》所引以曲沃莊伯紀元，馬引本以鄂侯紀元，爾日通行本以周桓王紀元，則馬所謂坊本自別一本，此其絕不相同者也。陳引"魏哀王七年楚景翠圍雍氏，韓宣王卒，秦助韓共敗楚屈匄"，注云"史注引此，今本不載"，此陳據《韓世家·集解》所引佚文，而陳之今本無之也。陳引"晉獻公元年，王如成周"，注云"即周惠王元年"；"魏惠成王十一年，東周惠公傑薨"，注云"即顯王九年"；"後元八年，九鼎淪泗，沒於淵"，注云"即顯王四十二年"。此見晉魏紀元，爲陳所見今本，不然無勞別注周年也。馬氏於引《紀年》盤庚"自奄遷於北蒙曰殷"下，附注云："按《紀年》近代人僞作，固非汲冢原本，而所載殷王之名及年數，不知何據也。"馬氏固不信坊本之《紀年》，故時用之而又時引古籍以辨之也。

　　馬氏固有不引今本《紀年》而徵舊籍所存《紀年》佚文用之者。如云："晉武公元年，芮人乘京。七年，芮伯萬之母芮姜逐萬，萬出奔魏。八年，周師、虢師圍魏，取芮伯萬而東之。九年，戎人逆芮伯萬於鄭。"附注云："《水經注》引此。"則直從《水經·河水注》所引者而用之，而自注明於下，惟刪去"荀人、董伯皆叛"一句，以無關馬所欲論事也。此自以曲沃紀元，非如馬所用坊本以翼紀元。又如"魏襄王七年，楚景翠圍雍氏。韓宣王卒。秦助韓共敗楚屈匄"，附注云"史注引"。爾日通行本無此三事，或馬所用坊本亦無此三事，故直從《韓世家·集解》所引佚文用之。又如引《紀年》："惠成王後元十三年，齊威主封田嬰於薛。十月，齊城薛。十四年，薛子嬰來朝。十五年，齊威王薨。"附注云："《索隱》引，此與史不同。"今本無此四事，馬所見本或亦無之，故直從《孟嘗君列傳·索隱》所引《紀年》文用之，而注明於下。陳於此亦然。注又引《後漢書》"王伐條戎、奔戎，王師敗績。後二年，晉人敗北戎於汾隰。戎人滅姜侯之邑。明年，王征申戎，破之"。《繹史》引《紀年》惟用之注文，此類大事，後漢正史，皆用之正文,此以《紀年》文例用之,是亦直取《水經注》以易坊本《紀年》之例。馬、陳二氏引《紀年》:"晉出公十年十一月,於粵子勾踐卒,是爲炎執,次鹿郢立。十六年,於粵子鹿郢卒,次不壽立。敬公三年,於粵子不壽見殺,是爲盲姑,次朱勾立。烈公五年,於粵滅滕。六年,於粵子伐郯。八年,於粵子朱勾卒,子翳立。桓公十三年,於粵遷於吳。十六年,於粵太子諸咎弑其君翳。十月,粵殺諸咎,立孚錯枝爲君。十七年,於粵大夫寺區定粵亂,立初無余,是爲莽安。魏惠成王六年,於粵寺區弟思弑其君莽安,次無顓立。十年,於粵子無顓卒,是爲菼蠋卯。"而《越世家·索隱》引《紀年》:"晉出公十年,勾踐卒,次鹿郢立,六年卒。不壽立,十年見殺。次朱勾立,三十四年滅滕,三十五年滅郯,三十七年卒。(王翳立,)翳三十四年遷於吳。三十六年七月,太子諸咎弑其君翳。十月,粵殺諸咎,粵滑吳人立孚錯枝爲君。明年,大夫寺區定粵亂,立無余之(是爲莽安)。十二年,寺區弟思弑其君莽安,次無顓立。無顓八年薨,是爲菼蠋卯。"《索隱》所言之年,以越君紀,馬、陳二氏本所用之年以晉君紀,是自有一本也。以爾日所見通行本校陳、馬本,以晉魏之元合周王之元,年事尚合,其差者僅一年耳。馬、陳二氏引《紀年》:"齊宣公十五年,田莊子卒。明年,立田悼子。宣公四十七年,田悼子卒,次立田和。齊康公五年,田侯午生。二十二年,田侯剡立。後十年,齊田午弑其君剡及孺子喜而爲公。齊威王十四年,田肦伐梁,戰馬陵。"此則直用《田敬仲世家·索隱》所引《紀年》之文,蓋田莊子、田和、田午、田剡之事,悉不見於今本《紀年》,故馬、陳二氏直用《索隱》之文。益見馬、陳二氏本與今本不相遠。見於《越世家·索隱》者,以同見於馬、陳二氏所謂今本,則取今本而舍《索隱》。見於《田敬仲世家·索隱》者,以馬、陳二氏所謂今本無之,則直用《索隱》,此馬、陳二氏之意可見者。益知晉魏紀元實爲馬、陳二氏之今本實然,不由馬、陳二氏推算改定以晉魏紀元。至陳氏注周年於晉魏之年後,更可驗其所據原非以周紀元本也。

馬氏所見坊本《紀年》,與爾日通行本《紀年》,除一以晉魏紀元、一以周王紀元外,實大體相同而又小有字句之異。明人所見,實有馬氏之本,而非爾日通行本者。王弇州《四部稿》曰:"《竹書紀年》云:'后桀命扁伐岷山氏,岷山氏女於桀二人:曰琬,曰琰,桀愛之,斲其名於苕華之玉。'又曰:'云棄其元妃於洛,曰妹喜氏,以與伊尹交,遂以亡夏。'則妹喜以棄而亡國,非以嬖而亡國也。"此全同馬氏所引,但中有刪節。爾日通行本作"癸命扁伐山民,山民女於桀二人",此則從《御覽》八十二所引之文也。又無"以與伊尹交,遂以亡夏"二句,別有"於傾宮飾瑤臺居之",亦依《御覽》八十二所引而然也。王、馬二氏所取之本,爲從《御覽》一百三十五所引之文,是知馬氏所用之本,與後日通行本不同,實所見之本爲然,非由馬氏據舊籍改之,即此足以見也。馬氏引《紀年》:"昭王末年,有星孛見,光五色,貫於紫微,荆人卑辭致於王,曰願獻白雉,乃密使漢濱之人,膠船以待,王遂南巡狩,將抵於漢,天大曀,雉兔皆震,喪六師於漢,時至中流,膠液船解,王及祭公辛餘靡皆溺。"後世通行本作"十九年春,有星孛于紫微,祭公、辛伯從王伐楚,天大曀,雉兔皆震,喪六師於漢,王陟"。似馬氏就《紀年》有所潤益。然馬氏既別取《帝王世紀》、《呂氏春秋》言膠船及辛餘靡振王事著之篇中,安用復補之《紀年》以亂其舊。殆以馬所見者實然,爲刺取群書,掇拾成文,近於舊貫之本,後世通行本則就馬、王所見本而刪易之耳。

馬氏所見《竹書紀年》,爲用古籍舊文,而今通行本改之,實亦據別一舊籍之文以改之者,馬引"夏相元年,征畎夷",此依《後漢書·西羌傳》文也,通行本作"征淮夷",則依《御覽》所引之文。《北堂書鈔》引《紀年》"后發元年,諸夷賓於王門,再保庸會於上池,諸夷入舞",馬引無"再保庸會於上池"七字,同《御覽》所引,通行本蓋依《書鈔》補之。《通鑑外紀》引《紀年》:"伊尹即位,於太甲七年,太甲潛出自桐,殺伊尹。"馬本即同《外紀》所引,而通行本則依《帝王世紀》文增"大霧三日",則亂《紀年》之文也。馬引"武王年五十四陟",此從《路史》之文,而與《逸周書》合,王氏《疏證》據通行本則作"九十四",則依《禮記》、《帝王世紀》改之也。馬引"穆王西征,至於青鳥之所憩",此從《藝文類聚》文,通行本作"青鳥所解",則從《山海經·注》也。馬引"夷王三年,致諸侯,翦齊哀公昴",此從《周本紀·正義》引文也,通行本作"王致諸侯,烹齊哀公于鼎",則從《御覽》引文。馬引"共伯和干王位",此從《索隱》引文也,通行本作"共伯和攝行天子事",則采《魯連子》以亂《紀年》也。馬引"孝王七年冬,大雨雹,江、漢水,牛、馬死",此從《通鑑外紀》文也,通行本作"大雨雹,江、漢水",而注曰"牛、馬死,是年屬王生",則從《御覽》文也。由通行本論之,其注"不知何年,附此",凡數見,又注"破之不知是何年",亦注"此年未的",明是輯者之辭,或此書之編亦謹,實有不知則闕之意,注文或衆,殆刊削之後存者僅耳。"武公請成於翼,至相而還",注"相一作桐",作"桐"《水經注》文也。"衛及赤狄戰於洞澤",注"洞當作洞",此杜預說也。馬引仍存杜注之名,當是馬所見《竹書紀年》如此,通行本但存杜說,已削杜名也。"扁帥師伐岷山",注"一作山民",此用《御覽》引《紀年》文。"相出居商邱,依邳侯",注"一作同姓諸侯斟灌、斟鄩",則用《御覽》引《世紀》文也。疑《紀年》輯時,見異說多,注多存之,以當考異。馬所見本與通行本同異,當並在注中,而改訂《紀年》者取一爲主,遂削其注也。"杼能帥禹者也,故夏后氏報焉","上甲微復興,故殷人報焉",通行本仍存沈約此注也。馬氏引有宋忠云:"高圉能帥稷者也,周人報之",此可知爲《紀年》舊本之注,存於馬所見者,而通行本已削之也。今注中顯列考異者,所徵有《尚書》,有《國語》,有《韓非》,有《竹書》,有《史記》,殆二十許事,明考異之作之僅存者。馬引《紀年》亦頗有考其同異者,但未易定爲《紀年》舊注,抑馬氏所注乎?若"祖甲返自西戎",

注"祖甲西征,得一丹山",此用《山經·注》引《紀年》文也。"芮伯萬出奔魏",注"萬之母逐萬",此用《水經注》引《紀年》文也。"虢公翰立王子余臣於携",注"是爲携王,二王並立",此用《左傳疏》引《紀年》文也。知《紀年》固有注,而存者無多,則凡通行本異於馬本而各有所據者,知改《紀年》者固取之注中耳。

馬、陳二氏所見《紀年》,多采自古籍舊文,而爾日通行本輒以意改之。馬引"益干啓位,啓殺之",此《史通》等篇所見之舊文也,而通行本無之,別云"伯益薨,祠之",此冬烘先生以意改之也。馬引"伯靡出奔有鬲",此用《左傳》文,通行本删有字。馬引"少康使女艾伐過",通行本作"世子少康",加世子二字。馬引"周王季伐西落鬼戎,俘二十翟王",此《後漢西羌傳》文,通行本作"周公季歷",則以意改之,又删"俘二十翟王"五字。馬引"周人伐燕京之戎,周師大敗"、"周人伐余吾之戎"、"周王季命爲殷牧師"、"周人伐始呼之戎"、"周人伐翳徒之戎,捷其三大夫",此亦依《西羌傳》文,通行本於此四言"周人",並改作"周公季歷";"周師大敗",改作"敗績";"周王季命爲殷牧師",改"命爲牧師";"捷其三大夫",改"獲其三大夫,來獻捷"。馬引"紂六祀,周文王初禴於畢"。此依《通鑑前編》之文,通行本改作"六年,西伯初禴於畢"。馬引"昭王末年,有星孛見,光五色,貫於紫微",此依《路史》,通行本改作"有星孛於紫微"。馬引"北唐之君來見,以一驪馬,是生綠耳",此從《穆天子傳·注》,通行本改作"北唐來賓,獻一驪馬,是生綠耳"。馬引"居鄭父之丘,名之曰鄭,是曰桓公",此用《水經注》引文也,通行本竟改作"是爲鄭桓公"。馬引"幽王死,申侯立平王於申,虢公立王子余,二王並立,余爲晉文侯所殺,是爲携王",此從《左傳·疏》引文也,通行本作"立宜臼于申"。馬引"出公奔楚,立敬公",此從《晉世家·索隱》引文,通行本改作"出公薨"。馬、陳引"魏文侯初立",此《晉世家·索隱》義,通行本删"初"字。馬、陳引"幽公九年,丹水出,相反擊",此從《水經注》文也,通行本作"晉丹水出反潔"。馬、陳引"幽公十年,夫人秦嬴賊公於高寢之上,魏文侯立幽公子止,是爲烈公",前用《晉世家·索隱》引文,通行本改"夫人"爲"大夫"。後用《晉世家》文,而通行本删"是爲烈公"四字,馬、陳引"韓山堅賊其君哀侯,而韓若山立",馬又引是年"趙敬侯卒",此依《索隱》文也,通行本删後二句。馬、陳引"於粵子無顓卒,是爲菼蠋卯",馬復引《索隱》曰"按《紀年》無顓薨後十年,楚伐徐州,無殺無彊之語,是無彊爲無顓之後,《紀年》不得録也",通行本"菼蠋卯"下增"次無彊立"四字。馬、陳引"秦公孫爰帥師伐我,圍皮氏",此從《水經注》引文,通行本删"圍"字。馬、陳引"又命將軍大夫適子戍吏皆貉服",此從《水經注》文,通行本删"又命"二字,並改"貉"作"貂"。由此諸文觀之,馬、陳所見本頗存古籍之真,而通行本則改訂於腐儒之手,不以晉魏紀元爲可,則悉易之以周王,而不能正主人之辭,數行之間,周史魏史,紛繆錯出。嫌益干啓位之説則改之,嫌伊尹自立之説，則注曰“蓋誤以攝政爲真耳”，以文王受命爲得專征伐之命，改武王年五十四爲九十四，直謬妄人耳。馬引《紀年》“自盤庚徙殷，至紂之滅，二百七十三年，更不徙都。紂時稍大其邑，南距朝歌，北距邯鄲及沙邱，皆爲離宮別館”，此《殷本紀·正義》引《紀年》文也，通行本蓋亦疑而削之。王靜安據坊本《殷本紀·正義》引作“七百七十三年”，以斥朱輯改作“二百”之非，然明嘉靖震澤王氏刻本正作“二百”，蓋即馬氏所本，必如此乃與同卷《集解》引《紀年》“湯滅夏以至于受二十九王，用歲四百九十六年”相合，若作“七百”則悖矣。是“二百”非由朱氏臆改，王氏偶不察耳。

　　通行本《紀年》，其間遺脱者蓋亦不少。若晉魏之君，其即位與卒之年，本皆書之，而偶不書者，正遺脱也。如魏武侯不書卒年，而馬本有之，在晉桓公十九年，以通行本所云之年計之適合，知通行本脱此條耳。《魏世家·索隱》引《紀年》作“二十六年，武侯卒”，馬本作“晉桓公十九年，魏武侯卒”，則據《晉世家·索隱》所引《紀年》爲説也。通行本之有脱文，既有確證，則馬、陳本一有“韓若山立”，馬有“趙敬侯卒”，馬、陳“東周惠公傑薨”，馬“秦内亂，殺其太后及公子雍、公子壯”諸條，皆馬本、陳本所有，而通行本無之，蓋其佚者已多矣。又其隸事先後，馬、陳二本與通行本尤爲參差。馬、陳本“公子緩如邯鄲以作難”，在惠成王之七年，通行本繫之周烈王元年，即以《紀年》推之，則晉桓公之十五年，而魏武侯之二十二年也，馬、陳本與《魏世家·索隱》所引合，通行本爲無據也。馬、陳本“晉桓公十五年，桓公邑哀侯於鄭，韓山堅賊其君哀侯，而韓若山立”，此據《晉世家·索隱》文，而通行本改在周烈王之二年，則桓公之十六年也。倘據《世家》“武侯二十三年”之説，而通行本武侯不得有二十三年，而姑隸之武侯之十三年耳，則進退皆無據也。馬本以“韓滅鄭，哀侯入於鄭”繫於越遷於吳之後一年，通行本繫之於越遷於吳前二年，以《韓世家·索隱》引《紀年》文核之，則二本皆不實也。馬、陳本以“惠成王十年，於粤子無顓卒”，則在周顯王之八年，通行本則在十二年，與《越世家·索隱》所引無顓八年薨之説合，馬、陳本無顓才四年耳。倘馬、陳本引惠成王十年本作十四年，所引十下脱四字，非馬、陳本原繫此年也。然二氏本並如此，知原本誤耳。

　　杜預謂：“《紀年》特記晉國，起自殤叔，次文侯、昭侯，以至曲沃莊伯。”然《御覽》引《紀年》“幽王八年，立褒姒子伯服以爲太子”，又引“幽王十年九月，桃杏實”，此《紀年》之有幽王紀元也。《漢書·地理志·注》引臣瓚曰：“鄭桓公寄奴與財于虢、會之間，幽王既敗二年而滅會，四年而滅虢，居於鄭父之邱，是以爲鄭。”《水經·洧水注》引《紀年》“晉文侯二年，同惠王子多父伐鄶，克之，乃居鄭父之邱，名之曰鄭，是曰桓公”。瓚曰文同《紀年》，是《紀年》文侯二年，即幽王既敗之二年，文侯與平王當同元。傅瓚躬校竹書之人，其言蓋足信也。依此按之《晉世家》“穆侯七年伐條，生太子仇，十年伐千畝有功,生少子名曰成師,二十七年穆侯卒,弟殤叔立。殤叔四年,太子仇襲殤叔而立,是爲文侯"。自穆侯七年至文侯二年,計二十六年,又按之《周本紀》宣王三十九年戰於千畝,與《國語》所記合,"若以宣王千畝之戰即晉千畝之戰,則晉、條之戰,應在宣王之三十六年,於《范書·西羌傳》取《竹書紀年》云:"宣王立四年,使秦仲伐戎;後二十七年,王遣兵伐太原戎,不克;後五年,王伐條戎、奔戎。"伐條之年,正宣王之三十六年也。由《十二諸侯年表》言之,宣王四十六年,幽王十一年,自宣王伐條至幽王既敗二年,計二十三年,則相差僅三年耳。苟以史遷言,則宣王三十九年當晉穆侯之二十三年,則周、晉千畝之戰,先後相去十三年,而幽王敗後二年,當晉文侯之十二年,與酈、傅之說不合。此見竹書之自相通,而其紀元定自文侯始,杜氏所云,蓋晉事自殤叔始見《紀年》也。王靜安氏必據杜說定《紀年》以晉紀元始自殤叔四年,以上繼宣王,事未必確。誠以幽王八年、幽王十年,已見《御覽》所引,安見《紀年》之必不以幽王紀元也。王氏又定《紀年》以魏紀元自武侯八年始,以"當時以桓公爲未成君",然《魏世家·索隱》引《紀年》有魏武侯十一年、二十一年、二十三年、二十六年,而《晉世家·索隱》引《紀年》有晉桓公十五年,韓哀侯卒,是年趙敬侯卒,十九年魏武侯卒,二十年韓共侯、趙成侯、遷桓公于屯留,此則兩皆出《索隱》,馬本以桓公紀元,不爲無據,王氏以武侯紀元,亦未必遽是也。蓋唐、宋所見《紀年》已非六朝之舊,《通鑑外紀》引《紀年》夏用歲四百七十一年,商用歲四百九十六年,劉氏所見,顯非夏年多殷之本,則他更無論也。《水經注》引《紀年》以曲沃莊伯、武公紀年,馬本所引並以鄂侯、哀侯、晉侯緡紀元,此則別無佐驗。而馬本夏自后相既沒,但以丙寅、乙酉、甲辰、乙巳紀年,通行本不紀年,但注干支於下。而宣、幽之際,並著晉年。曲沃與翼之年,魏文侯、武侯之年與晉烈公、桓公之年,亦並存於注,是其皆與馬所見本意之不同者也。若夫以馬所舉本上校宋人所舉之本,馬本隸事與通行本隸年之合否,皆當詳爲考論,而非此篇之所能及也。然《紀年》之重大意義,有可略論者,不出二端。在晉之《紀年》,以時之學術方有鄭玄、王肅之爭,以開後之南學北學。校《竹書紀年》者,每以王說附之,凡王、鄭異同,《紀年》皆同王而異鄭,若爲王學作根據者,此晉之《紀年》也。前此譙周作《古史考》,以鄭爲主,此遺說之可尋者也。後此司馬彪作《古史考》以《竹書》爲據,此彪本傳有其明說也。而皇甫謐之《帝王世紀》,與夫僞孔《書傳》,皆此意也。方明之正德、嘉靖以後,學以反宋爲的,文必西漢,詩必盛唐者,實以反宋之見爲中心。而《竹書紀年》之編,即依於此。其重大意義,在論定三代歷年之干支。蓋《皇極經世》等所推歲辰,明之言史者幾不能外,重編《紀年》,遄在反此,此明之《紀年》也。而伯益、伊尹之事,更足以破傳統之儒家言,一改於腐儒之乎,而意義全失,則改之者固亦有所爲耶?

191

（原載 1937 年 2 月 18 日天津《大公報·圖書副刊》，後收入《經史抉原》，成都：巴蜀書社，1995 年，第 418—429 頁。）

作者簡介：

蒙文通(1894—1968)，原名爾達，字文通，後以字行世。四川鹽亭縣人，歷史學家、近代"蜀學"傳人、經學大師。早年入存古學堂，師從今文經學大師廖平、古文經學大師劉師培，後又向近代佛學大師歐陽竟無問學，出經入史，轉益多師，形成了自己貫通經史和諸子、旁及佛道二藏、宋明理學的學術風格，在思想史、史學史、先秦史、宋明史、古民族、古地理、道教文獻整理等領域都作出了傑出貢獻。1929 年，出版《古史甄微》《經學抉原》，馳名於學林。曾先後任教於中央大學、河南大學、北京大學、華西大學。1949 年後，任教華西大學、四川大學，兼任中國科學院歷史研究所研究員。著有《輯校李榮老子注》《輯校成玄英老子義疏》《周秦少數民族研究》等。他的重要著述已由其子蒙默歷時 20 年的整理編輯，以《蒙文通全集》(六冊)由巴蜀書社 2015 年出版。

《僞書通考》録《竹書紀年》辨僞諸説*

張心澂

《竹書紀年》　二卷

周時魏國史記,梁沈約注。

杜預曰:

　　汲郡汲縣有發其界内舊冢者,大得古書,皆簡編科斗文字。發冢者不以爲意,往往散亂。科斗書久廢,推尋不能盡通。始藏在祕府,余晚得見之。所記大凡七十五卷,多雜碎怪妄,不可訓知。《周易》及《紀年》最爲分了。《周易》上下篇與今正同,別有《陰陽説》,而無《彖》《象》《文言》《繫辭》,疑于時仲尼造之於魯,尚未播之於遠國也。其《紀年篇》起自夏、殷、周,皆三代王事,無諸國別也。唯特記晉國,起自殤叔,次文侯、昭侯以至曲沃莊伯。莊伯之十一年十一月,魯隱公之元年正月也。皆用夏正建寅之月爲歲首。編年相次,晉國滅,獨記魏事,下至魏哀王之二十年。蓋魏國之史記也。推校哀王二十年,太歲在壬戌,是周赧王之十六年,秦昭王之八年,韓襄王之十三年,趙武靈王之二十七年,楚懷王之三十年,燕昭王之十三年,齊湣王之二十五年也。上去孔丘卒百八十一歲,下去今太康三年五百八十一歲。哀王於《史記》,襄王之子,惠王之孫也。惠王三十六年卒,而襄王立,立一十六年卒,而哀王立。古書《紀年篇》惠王三十六年改元,從一年始至十六年,而稱惠成王卒,即惠王也。疑《史記》誤分惠成之世以爲後王年也。哀王二十三年乃卒,故特不稱諡,謂之今王。其著書大意,大似《春秋經》。推此足見古者國史策書之常也。文稱“魯隱公及邾莊公盟于姑蔑”,即《春秋》所書“邾儀父,未王命,故不書爵,曰儀父,貴之也”。又稱“晉獻公會虞師伐虢,滅下陽”,即《春秋》所書“虞師、晉師滅下陽,先書虞,賄故也”。又稱“周襄王會諸侯于河陽”,即《春

* 此篇原題爲《竹書紀年》,現題目爲編者所擬。

秋》所書"天王狩于河陽,以臣召君,不可以訓也"。諸若此輩甚多,略舉數條,以
明國史皆承告據時而書時事。仲尼修《春秋》,以義而制異文也。又稱"衞懿公及
赤翟戰于洞澤",疑洞當爲泂,即《左傳》所謂熒澤也。"齊國佐來獻玉磬,紀公之
甗",即《左傳》所謂賓媚人也。諸所紀多與《左傳》符同。異於《公羊》、《穀梁》,
知此二書近世穿鑿,非《春秋》本意,審矣。雖不皆與《史記》、《尚書》同,然參而
求之,可以端正學者。又別有一卷,純集疏《左傳》卜筮事,上下次第及其文義皆
與《左傳》同,名曰《師春》,"師春"似是抄集者人名也。《紀年》又稱:"殷仲壬即
位,居亳,其卿士伊尹。仲壬崩,伊尹放太甲于桐,乃自立也。伊尹即位於太甲七
年,太甲潛出自桐,殺伊尹,乃立其子伊陟、伊奮,命復其父之田宅,而中分之。"
《左氏傳》"伊尹放太甲而相之,卒無怨色",然則太甲雖見放,還殺伊尹,猶以其子
爲相也。此爲大與《尚書》敍説太甲事乖異,不知老叟之伏生或致昏忘,將此古書
亦當時雜記,未足以取審也。爲其粗有益於《左氏》,故略記之,附《集解》之
末焉。[1]

裴駰曰:"荀勗曰:'和嶠云:"《紀年》起自黃帝,終於魏之今王,今王者,魏惠成
王子。"'"[2]

《晉書·束晳傳》曰:"初太康三年汲郡人不準盜發魏襄王墓,或言安釐王冢,得竹
書數十車。其《紀年》十三篇,記夏以來至周幽王爲犬戎所滅,以事接之,三家分,仍述
魏事,至安釐王之二十年。蓋魏國之史書,大略與《春秋》皆多相應。其中經傳大異;
則云夏年多殷,益干啓位,啓殺之,太甲殺伊尹,文丁殺季歷,自周受命至穆王百年,非
穆王壽百歲也,幽王既亡,有共伯和者,攝行天子事,非二相共和也。"

《隋書·經籍志》曰:"晉太康元年,汲郡人發魏襄王冢,得古竹簡書字皆科
斗。……《周易》、《紀年》最爲分了。……《紀年》皆用夏正建寅之月爲歲首。起自夏
殷周三代王事,無諸國別;唯特記晉國,起自殤叔,次文侯、昭侯,以至曲沃莊伯,盡晉國
滅,獨記魏事,下至魏哀王,謂之今王。蓋魏國之史記也。其著書皆編年相次,文意大
似《春秋經》,諸所記事多與《春秋左氏》扶同。"

《隋書·經籍志》有《紀年》十二卷,注曰:"汲冢書。並《竹書同異》一卷。"《舊唐
書·經籍志》有《紀年》十四卷。《唐書·藝文志》同,並注曰:"汲冢書。"《宋史·藝文
志》有《竹書》三卷,荀勗、和嶠編。

---

[1] 《春秋左傳集解後序》。
[2] 《史記·魏世家·集解》。

黄伯思曰:"預①云'紀年起自夏商周',而此自唐虞以降皆録之;預云:'《紀年》皆三代王事,無諸國別。'而此皆有諸國;預云:'《紀年》特記晉國,起殤叔次文侯、昭侯。'而此記晉國世次自唐叔始;是三者又與《紀年》異矣。及觀其紀歲星事,有'杜征南洞曉陰陽'之語,繇是知此書亦西晉人集録,而未必盡出汲冢也。"②

姚際恆曰:"《紀年‧晉史》稱'益干啓位,啓殺之;太甲殺伊尹。'即此二事,荒誕已甚,其他可無論。然今本惟有太甲殺伊尹事,無啓殺益事。又杜預《集解後序》謂:'《紀年》起自夏殷',今本起軒轅氏,則又後人增改,非晉本矣。"③

又曰:"《紀年》沈約注,《周書》孔晁注,《穆天子傳》郭璞注,皆淺陋之甚,至有經史而不知引者,亦皆偽也。"④

錢大昕曰:

《晉書‧束皙傳》稱《竹書》之異云:"益干天位,啓殺之。"《史通》引《竹書》云:"益爲后啓所誅。"(見《疑古》、《雜説》等篇),今本《竹書》云:"夏啓二年費侯伯益出就國。六年伯益薨。"與束皙、劉知幾所引全別。然則今之《竹書》,乃宋以後人偽託,非晉時所得之本也。

《水經注》引《竹書紀年》之文,其於春秋時皆紀晉君之年,三家分晉以後,則紀魏君之年,未有用周王年者。蓋古者列國各有史官,紀年之體,各用其國之年,孔子修《春秋》亦用其法。今俗本《紀年》改用周王之年,分注晉、魏於下,此例起於《紫陽綱目》,唐以前無此式也,況在秦、漢以上乎?《紀年》出於魏、晉固未可深信,要必不如俗本之妄,唯明代人空疏無學,而好講書法,乃有此等迂謬之識,故愚以爲是書必明人所茸。宋晁氏、陳氏、馬氏書目皆無此書,知非宋人偽撰也。

此書蓋採撮諸書所引,補湊成之。如"顯王十六年秦伐韓閼與,惠成王使趙□破之",《注》云"不知是何年",又"三十一年秦蘇胡帥師伐鄭,敗蘇胡于酸水",《注》云"不知是何年,附此"(《水經注》所引無年)。又"三十五年楚得吾帥師伐鄭,圍綸氏",《注》云"不知何年,附此"(《水經注》引此條無年月)。"赧王七年翟章救鄭,次于南屈",《注》云"此年未的"(此《漢書》臣瓚《注》所引,無年月)。如係古本如此,則《紀年》歷歷,何云未的,又云不知何年耶?

裴駰《史記集解》於《夏本紀》引《汲冢紀年》云:"有王與無王用歲四百七十

<hr />

① 杜預。

② 《東觀餘論》。

③ 《古今偽書考》。

④ 同上。

一年矣。"於《殷本紀》引《汲冢紀年》云："湯滅夏以至於受二十九王,用歲四百九十六年也。"此二條今本《紀年》俱在《附注》中。相傳《附注》出於梁沈約,而《梁書》《南史·約傳》俱不言曾注《紀年》。《隋·經籍志》、《唐·藝文志》載《紀年》亦不言沈約有《附注》,則流傳之説不足據也。裴氏生於休文之前,其注《史記》已引此文,則此語不出休文明矣。裴氏不云《紀年》有注,則此兩條者,實《紀年》正文,未嘗別有注也(《附注》多采《宋書·符瑞志》,《宋書》約所撰,故《注》亦托名休文,作僞者之用心如此)。

《晉書·束晳傳》云："《紀年》十三篇,記夏以來至周幽王爲犬戎所滅,以晉事接之(今本脱晉字),三家分,仍述魏事,至安釐王之二十年。"據此,知《紀年》實始夏后,今本乃始於黄帝,亦後人僞託之一證也。

《史記正義》引《括地志》云："故堯城,在濮州鄄城縣東北十五里。《竹書》云:'昔堯德衰,爲舜所囚也。'又有偃朱故城,在縣西北十五里。《竹書》云:'舜囚堯,復偃塞丹朱,使不與父相見也。'"今《竹書紀年》乃宋以後人所撰,故不取囚堯偃朱之説。[①]

林春溥撰《竹書紀年補證》四卷,其《補證後案》曰:"竹書之出,多爲發冢者所散亂,定之非一人,傳之非一本,故諸書所引多不同。今本但有脱落,實未經後人修輯。其書法亦皆依古簡原文,無所改竄。"

王鳴盛曰:"《竹書紀年》云是晉太康二年汲郡人不準盜發魏襄王冢所得,見《晉書·束晳傳》。今觀其書,起自黄帝軒轅氏,於五帝、三王紀事皆有年月日,立年崩年歷歷言之,可謂安矣。必是束晳僞譔也。司馬子長見黄帝以來《牒記》,又見《世本》,而不敢著其年,安得此書若是之歷歷明審?又《晉書》云'凡十三篇,記夏以來至周幽王',今起黄帝,則今本恐非元本,必又遭後世妄人增益。又有沈約注,《約傳》並不言有此註,亦出流俗附會。胡三省《通鑑註·自序》乃言《紀年》是魏史記,脱秦火之厄,而晉得之,子長不及見,又可謂愚矣。"[②]

《四庫提要》曰:"案《晉書·束晳傳》晉太康二年汲縣人發魏襄王冢,得古書七十五篇,中有《竹書紀年》十三篇。今世所行題沈約注,亦與《隋志》相符。顧炎武考證之學最爲精核,所作《日知録》中往往引以爲據。然反覆推勘,似非汲冢原書,考平王東遷以後,惟載晉事,三家分晉以後,惟載魏事,是魏承晉史之明驗;然晉靈公桃園之事,董狐所書,明見《左傳》,孔子稱趙盾爲法受惡,足知未改史文,乃今本所載,仍以趙穿

① 《十駕齋養新録》。
② 《十七史商榷》。

蔽獄，則非晉史之舊也。《束皙傳》稱：'《竹書》夏年多殷。益干啓位，啓殺之。' 今本皆無此文，又杜預注《左傳》'携王奸命' 句，引服虔説以爲伯服，《疏》並引《束皙》以爲伯盤，今本乃有余臣之説。使《竹書》原有此文，不應二人皆未睹，則非束皙杜預所見本也。郭璞注《穆天子傳》引《紀年》七條，以今本核之，相同者三條。璞稱《紀年》而今在注中者三條，璞時不應先有注，且三條併爲一條，文亦不屬。其'穆天子見西王母，西王母止之曰，有鳥𪃾人' 一條，今本無之。則非郭璞所見本也。《隋書·經籍志》曰：'《紀年》皆用夏正建寅之月爲歲首'，今本自入《春秋》以後時月並與經同，全從周正，則非隋時所見本也。《水經注》引《竹書》七十六條，皆以晉國紀年，如《春秋》之爲魯史，而此本晉國之年皆附周下。又所引'出公六年荀瑶成宅陽' '梁惠王元年鄴師邯鄲，師次于平陽' '魏襄王六年秦取我焦' 及'齊師伐趙東鄙圍中牟' 諸條，今本皆無。其他年月亦多舛異。則非酈道元所見本也。《史通》引《竹書》'文王殺季歷'，今本作文丁，又引《竹書》鄭桓公厲王之子，今本錫王子多父命居洛在宣王二十二年，王子多父爲鄭公在幽王二年，皆不云厲王子，則非劉知幾所見本也。《文選注》引《竹書》五條，今惟有太甲殺伊尹一條，則非李善所見本也。《開元占經》引《竹書》四條今本皆無，則非瞿曇悉達所見本也。《史記索隱》引《竹書》：'晉出公二十三年奔楚，乃立昭公之孫是爲敬公'，今本作'出公薨'；又引秦與衛戰岸門，惠王後元十一年會齊于平阿，十三年會齊于甄，齊桓公君母，齊宣王后，宋易成肝廢君自立，楮里疾圍蒲，七條，今本皆無，則非司馬貞所見本也。《穀梁傳疏》引《竹書紀年》周昭王膠舟之事以駁《吕氏春秋》，今本但曰'王陟'，無膠舟事，則非楊士勛所見本也。《元豐九域志》引《竹書》'陰司馬敗燕公子翌于武垣' 一條，今本亦無，則非王存所見本也。《路史》引《竹書》周武王年五十四，辨武王非年九十三，今本乃作九十三。又注引《竹書》夏后不降六十九年，證《世紀》五十九年之異，今本乃亦作五十九。《路史》又引'梁惠成八年，雨骨於赤鞞'，注又引'夏桀末年社坼裂'，今本並無，則非羅泌、羅苹所見本也。《戰國策注》引《竹書》魏救中山塞集胥口，今本無之，則非鮑彪所見本也。《廣川書跋》引《竹書》秦穆公十一年取靈邱，今本無之，則非董逌所見本也。雖其他證以《竹書》往往相合，然《允征》稱'辰弗集于房'，《説命》稱'舊學于甘盤'均出梅頤《古文尚書》。在西晉之後，不應先見《竹書》。豈亦明人鈔合諸書以爲之，如《十六國春秋》類歟？觀其以春秋合夏正，斷斷爲《胡傳》盛行以後書也。沈約《注》外又有小字夾行之注，不知誰作。中殷小庚一條稱'約案《史記》作太庚'，則亦當爲約説。考《元和郡縣志》魏武定七年始置海州，隋煬帝時始置衛縣，而注'舜在鳴條' 一條，稱'今海州'，夏啓十一年放武觀一條，稱今'頓丘衛縣'，則非約語矣。又所注惟五帝三王最詳，他皆寥寥。而五帝三王皆全鈔《宋書·符瑞志》語，約不應既著於史，又不易一字移而爲此本之注。然則此注亦依託耳。自明以來流傳已久,姑録之以備一説,其僞則終不可掩也。"

又曰:"考顧炎武《日知録》備論自王莽以前古人不以甲子名歲歷,引《爾雅》、《周禮注》、《左傳》、《史記》、《吕氏春秋》、賈誼《鵩賦》、《漢書》、許慎《説文》考據其明,今本《明書》不用歲陽歲名,而如後世題甲子,即明人作僞非汲冢舊文之證。邵子之學無所不窺,而所推帝王年數無不與《竹書》相左,絶無一言之考正,是又今本晚出,邵子未見之證。"

崔述《考古續説》内有《竹書紀年辨僞》,兹録如下:

世傳秘書二十一種,内有《竹書紀年》二卷,按此乃近代人僞作,非晉唐人所見之書,故《考信録》中不采其一事;猶恐世爲所惑,故復要其始終而辨之。

《竹書紀年》凡十三篇,本戰國人所著,而出於西晉者:

晉杜預《春秋經傳集解後序》云:"汲郡汲縣有發其界内舊冢者,大得古書,皆簡編科斗文字。發冢者不以爲意,往往散亂。科斗書久廢,推尋不能盡通。始藏在秘府,余晚得見之。所記大凡七十五卷,多雜碎怪妄不可訓知。《周易》及《紀年》最爲分了。"

《序》又云:"《紀年》篇起自夏殷周,皆三代王事,無諸國別也。唯特記晉國,起自殤叔,次文侯、昭侯,以至曲沃莊伯。莊伯之十一年十一月,魯隱公之元年正月也。皆用夏正建寅之月爲歲首,編年相次。晉國滅,獨記魏事,下至魏哀王[①]之二十年。蓋魏國之史記也。"

自魏逮唐文學之士多引用之:

北魏酈道元《水經注》多引《竹書紀年》之文,

唐司馬貞《史記索隱》采《紀年》文尤多,

劉知幾《史通》、張守節《史記正義》亦嘗述之。

大抵記東周事多與《春秋經傳》相應,而自獲麟以後,載籍多缺,觀之尤足以證《史記》之舛誤,而補其缺漏。惟其紀述三代事多荒謬,余於《考信録》中固已辨之。

春秋時事如會河陽戰洞澤之類,並見《杜序》;

獲麟後事,如晉桓公、田悼子之類,並詳《史記索隱》;

---

① 哀王當作襄王,《序》誤。

　　三代若益、伊尹、季歷、共伯和事並詳《考信録》中。

然自宋元以來，學士皆不之見，疑其經唐末五代之亂而失之，僅於前人之所徵引存千百之一二：

　　宋陳直齋《書録解題》編年類五十二種無此書；

　　元馬端臨《文獻通考》經籍考編年類五十一種亦無此書。

不知何人淺陋詐妄，不自量度，采摘《水經·索隱》所引之文，而取戰國邪説，漢人謬解，晉代僞書以附益之，作《紀年》書二卷以行於世。

　　禹受命於神宗及征有苗，本《僞尚書》；

　　帝乙命南仲西拘昆夷，城朔方，本《毛詩傳》；

　　周公復政成王，本《尚書·僞孔傳》；

　　禹殺防風氏，紂伐有蘇氏獲妲己，俱本《國語》；

　　紂命九侯、周侯、邘侯，本《戰國策》；

　　桀囚湯於夏臺，紂囚文王於羑里，俱本《史記》。

余少年固已見之，以其疏略舛謬不足欺人，稍有識者自能辨之，不暇爲之糾摘。前歲余自閩還，過蘇州，買書於書肆，見甘泉張君宗泰校補《竹書紀年》，因買歸而閱之，見其徵引之詳，考核之精，糾其舛誤，摘其缺略，其用力之勤，亦已極矣。吾所見聞文學之士，未有如張君之盡心者也。顧吾猶惜其不肯直黜其書以絶後人之惑，而但取其漏者補之，誤者改之，豈遂謂其他文皆可信乎？夫他文之所以未經抉摘者，特因《水經》、《索隱》諸書未嘗引之，無可考證其得失耳。使此書果真，何以與《水經》、《索隱》所引互異？既與《水經》《索隱》互異，則非真古之《紀年》矣。舉一反三，則其餘皆其人之所僞撰無疑也，且此書之僞所以顯然易知者，正以其與《水經》、《索隱》不同耳。補之改之使與《水經》、《索隱》文同，世之學者復何由知其僞？雖補改之由悉注於文之下，然安知後人覆刻此書，不有存其文而遺其注：如《僞尚書·武成篇》，淳于長《夏承碑》者，勢將淆亂經文而失三代聖人之實？

　　《僞尚書·武成篇》宋蔡氏考定之，録於篇後。今坊本但載考定《武成》，而删其原篇。淺學者遂以爲梅賾所傳之《尚書》本如是。

　　廣平府學有漢淳于長《夏承碑》，經亂失之。後人復取舊拓摹刻，而識其本末於後。其後拓者但拓碑文，不拓其後所識之語，四方見之者遂以爲真漢人所刻也。

余深懼焉，乃於三代録成之後，詳考《杜序》、《索隱》諸書之文，並采張君之説而補辨之如左：

一，據杜氏《春秋經傳後序》："《紀年篇》起自夏殷周皆三代王事，無諸國别也。"今此書乃起於黄帝，與《序》不同。或以荀勖述和嶠言，有"紀年起於黄帝"之語，爲今書解，然使果起黄帝，杜氏親見其書，何得謂之起自夏乎？杜氏之序與《春秋經傳》並傳，不容有誤；和嶠之言特出於荀勖之口，荀勖之言又僅見於《魏世家注》所引，遞相傳述，安知其不失真？不得據此而疑《杜序》也。且又安知其非紀夏之事而追述黄帝以來，若《左傳》之於魯惠公、晉穆侯然者，而遂以爲起於黄帝乎。《晉書》亦云："《紀年》十三篇記夏以來"，今書之起黄帝，其非原書之文，顯然可見，一也。

一，據《史通》引《汲冢書》云："益爲啓所誅"，《晉書》亦云："《紀年》益干啓位，啓殺之。"今書並無此文；而夏啓二年云："費侯伯益出就國"，六年云："伯益薨"，然則唐人所見之《紀年》篇非今書矣。且經、傳稱益未有冠以伯者，自班固誤以益爲伯翳，後人乃有稱爲伯益者。今云伯益，則是撰書者習於近世所稱，而不知秦、漢以前之語之不如是也。其非原書之文，顯然可見，二也。

一，據《史記正義·殷本紀注》引《竹書紀年》云："自盤庚徙殷至紂之滅二百七十三年，更不徙都。"今書'武乙三年自殷遷於河北'，'十五年自河北遷於沬'，'文丁元年王即位居殷'，是都已三徙矣，張氏何以謂之更不徙都？且今書盤庚於十四年遷殷，歷十五年，至二十八年而王陟，又歷十一君二百三十七年，至紂五十二年而殷亡，共三百五十二年，其年數亦不合。其非原書之文，顯然可見，三也。

一，據杜氏《序》云："特記晉國起自殤叔，次文侯、昭侯，以至曲沃莊伯。曲沃莊伯之十一年十一月，魯隱公之元年正月也。"又云："晉國滅，獨記魏事，下至魏哀①王之二十年，蓋魏國之史記也。"然則此書紀晉事必以晉紀年，紀魏事必以魏紀年，明矣。故《史記索隱》引《紀年》文云："魏武侯二十一年韓滅鄭，哀侯入于鄭。""二十三年，晉桓公邑哀侯于鄭。"正與《春秋》以魯紀年者同。於他國事尚以魏年紀之，況魏事乎？今書概以周年紀之，而晉自殤叔以後，魏自武侯以後，但旁注其元年於周王之年下，與《杜序》所言者迥異。其尤不通者，《水經注》引《紀年》文云："惠成王如衛，命子南爲侯。"今采其文而繫之於周顯王十九年之下，書

---

① 當作襄。

云:"王如衛,命子南爲侯。"不知所謂王者,周王乎? 魏王乎? 其非原書之文,顯然可見,四也。

一,據杜氏《序》云:"曲沃莊伯之十一年十一月,魯隱公之元年正月也。皆用夏正建寅之月爲歲首,編年相次。"則是莊伯即位之年先於《史記》二年,所紀之事皆當先於《春秋》二月也。故晉以十二月朔滅虢,而卜偃謂在"九月十月之交"。絳縣老人以周三月生,而自言爲"正月甲子"。而《左氏》作傳,亦多采晉史之文,而未及改,故申生之殺,卓子之弑,《經》皆在春,《傳》皆在前年冬。韓之戰,《經》在九月壬戌,《傳》在七月壬戌。然則《紀年》之文,亦當如是。今書魯隱公之元年,乃莊伯之九年,與《史記》同。然則是作書者,采《史記》之文,而不知其與本書之年不合也。莊伯之世,仍以平王紀年。五十一年二月日食,三月王陟,與《春秋》同。然則是作書者采《春秋》之文,而不知其與本書之月不合也。其非原書之文,顯然可見,五也。

一,據《史記索隱》之文,今書漏者甚多。《宋微子世家·注》云:"《紀年》云'宋剔成肝廢其君璧而自立'。"《趙世家》注云:"《紀年》云:'召公子職於韓,立以爲燕王。'"《田敬仲完世家》注云:"《紀年》'齊宣公十五年田莊子卒,明年立田悼子,悼子卒,乃次立田和。'"又云:"《紀年》'齊康公五年田侯午生。二十二年田侯剡立。後十年齊田午弑其君及孺子喜而爲公。'"又云:"《紀年》'齊桓公十一年弑其君母。'""宣王八年殺其王后。"今書皆無此文,其非原書之文,顯然可見,六也。

一,據《史記索隱》之文推之,今書漏者尤多。《燕召公世家·注》云:"王劭按,《紀年》簡公後,次孝公,無獻公。"又云:"《紀年》'智伯滅在成公二年。'"《魏世家·注》云:"《紀年》'魏武侯元年當趙烈侯之十四年。'"《田敬仲完世家·注》云:"《紀年》'梁惠王十三年當齊桓公十八年。後威王始見。'然則列國諸侯之年與世及智伯之滅,皆當載於此書,然後可以考而知爲何君何年。而梁惠王之十三年必有齊威王事易見也。今書一概無之,彼司馬貞者何所據而推之歷歷如是哉? 其非原書之文,顯然可見,七也。

一,據《史記索隱》之文之義例推之,今書所漏者蓋不可勝數。《燕世家·注》云:"《紀年》,成侯名載。"《宋世家·注》云:"《紀年》作桓侯璧兵",田侯剡之立,田侯午之生,皆見於《田敬仲完世家·注》所引,度此書必不獨私此數人而詳之也。然則諸侯之名與諡,皆當有之,生卒廢立,皆當載之。《晉世家·注》云:"《紀年》云:'魏武侯以桓公十九年卒,韓哀侯、趙敬侯並以桓公十五年卒。'"度此書必不於韓趙獨載此二人之年也。然則韓、趙前後諸君之卒之年,亦必皆備列之。由是推之,《紀年》之文蓋多且詳,其紀戰國之事,當與《春秋》相垺。而今書乃寥寥數語,年或一事或無事,諸侯之名謚卒年率略而不見。其非原書之文,顯然可見,八也。

一,今書雖亦頗采《索隱》所引《竹書》之文,然亦多與原文不符。有采其文而缺焉者,如《田敬仲完世家·注》云:"《紀年》:'宣公五十一年公孫會以廩邱叛於趙,十二月宣公薨。'"今書止有公孫之叛,而宣公薨無文,是也。有采其文而誤焉者,如《晉世家·注》云:"《紀年》:'夫人秦嬴賊公于高寢之上。'"今書作大夫秦嬴。是也。有采其文而年與之異者,如《韓世家·注》引《紀年》文,韓滅鄭在魏武侯二十一年,晉桓公邑哀侯于鄭在魏武侯二十三年,今書滅鄭八年之後始邑哀侯于鄭,是也。不知采輯之時何以舛漏如此?然要之必非原書則較然無疑,九也。

一,凡災異,記則當盡記之,否則概不之記。自夏、商逮西周,日食多矣,何以獨記仲康五年日食?然則是作書者見《偽尚書》有此事,故采而錄之,其餘不見《經》《傳》,故無從知之而錄之也。《春秋》時日食書於《經》者亦不乏矣,何以獨記平王五十一年日食?然則是作書者,因日食在《春秋》之初,故憶而錄之,其他不復記憶,故無暇考之而錄之也。其非原書之文,顯然可見,十也。

右共十則,書中舛誤缺漏,如此類者尚多,逐事辨之則不勝其辨,而其淺陋亦殊不足辨。略舉數端,以見大凡。其於戰國時事諸書之所徵引,咸昭然耳目間,猶且乖謬如是;況三代以上,尚有一二之可信者乎?然則此書之偽,更無疑義。

朱右曾輯有《汲冢紀年存真》二卷。將各書所引《紀年》原書之文彙輯,以別於偽本。

梁啓超曰:"古本《竹書紀年》有夏啓殺伯益,商太甲殺伊尹等事;又其書不及夏禹以前事。此皆原書初出土時諸人所親見信而有徵者。而今本記伯益、伊尹等文全與彼相反,其年代又託始於黃帝。故知決非汲冢之舊也。"又曰:"'啓殺益,太甲殺伊尹'兩事,後人因習聞《孟子》、《史記》之說,驟觀此則大駭。殊不思孟子不過與魏安釐王時史官同時,而孟子不在史職,聞見不逮史官之確;司馬遷又不及見秦所焚之諸侯史記,其記述不過後孟子而已,何足據以難《竹書》?而論者或因此疑《竹書》之全偽;殊不知凡作偽者必投合時代心理,經漢魏儒者鼓吹以後,伯益、伊尹輩早已如神聖不可侵犯,安有晉時作偽書之人乃肯立此等異說以資人集矢者?實則以情理論,伯益、伊尹既非超人的異類,逼位謀篡,何足為奇?啓及太甲為自衛計而殺之,亦意中事。故吾儕寧認《竹書》所記為較合於古代社會狀況。《竹書》既有此等記載,適足證其不偽;而今本

《竹書》削去之,則反足證其偽也。"①

　　王國維因朱右曾之《汲冢紀年存真》二卷,更成《古本竹書紀年輯校》一卷。所輯者四百二十八條,皆各書所引古《竹書紀年》之文。王氏復詳考今本《竹書紀年》各條之所從出,成《今本竹書紀年疏證》二卷。其序曰:"余治《竹書紀年》,既成《古本輯校》一卷,復怪今本《紀年》爲後人蒐輯,其跡甚著,乃近三百年學者疑之者固多,信之者亦且過半。乃復用惠、孫二家法,一一求其所出。始知今本所載,殆無一不襲他書;其不見他書者,不過百分之一,又率空洞無事實,所增加者年月而已。且其所出本非一源,古今雜陳,矛盾斯起,既有違異,乃生調停,紛糾之因,皆可剖析。夫事實既具他書,則此書爲無用;年月又多杜撰,則其説爲無徵。無用無徵,則廢此書可,又此《疏證》亦不作可也。然余懼後世復有陳逢衡輩(心澂按:陳氏撰有《竹書紀年集證》五十卷,蓋信今本《紀年》爲真者。)爲是紛紛也。故寫而刊之,俾與《古本輯校》並行焉。"

　　心澂按:《今本竹書紀年》經上列各家考證的結果,可以肯定他是偽書,沒有什麼可疑的了。惟王鳴盛認汲冢所出的原本是束皙偽撰的,未免太不加思考了。據《晉書·荀勖傳》説:"得汲冢中古文《竹書》,詔荀勖撰次之。"《束皙傳》説:"武帝以其書付祕書,校綴次第,尋考指歸,而以今文寫之。皙在著作,得觀《竹書》,隨疑分釋,皆有義證。"是荀勖領著作(據《勖傳》),而束皙參加,從事整理次序,翻譯今文,加以考釋,不能容束皙偽撰的。還有在做《晉書》以前,在汲冢出土時的人杜預見過《竹書》,在他的《春秋左傳集解後序》內詳細説了《紀年》的內容,難道都是造謠的嗎?

　　(本文收於《偽書通考》,商務印書館,1939 年 2 月初版,第 490—500 頁。現據商務印書館 1957 年 11 月 3 版(修訂本)刊印,第 584—596 頁。)

作者簡介:

　　張心澂(1896—1969),字仲清,廣西永福縣人。北京譯學館畢業。抗日戰爭前,曾任南京國民政府交通部會計長。抗戰初,任廣西省政府會計長,兼廣西會計人員訓練所所長、廣西省立桂林高級商業職業學校校長。1949 年後,曾任廣西大學教授。1953 年受聘爲廣西文史研究館館員。長於辨偽之學,1939 年出版《偽書通考》,匯集前人有關偽書的辨偽成果,1957 年重新修訂出版,是一部重要的綜合性辨偽工具書。著有《歷史人物——張其鍠》、《中國現代交通史》、《交通會計》。

———————————

　　① 《中國歷史研究法》。

汲冢書考

朱希祖

出版説明

晉咸寧五年(公元 279 年)，汲郡人不準盗發魏國古墓，發現了竹簡文古書十餘萬言(後來編次整理爲十六部，七十五卷)及玉律、鐘、磬、銅劍。汲冢書的出土，對於我國古史的究研是有重要意義的，它的主要作用約有下列的三個方面：

一、訂正了史書的記載。《汲冢紀年》和《穆天子傳》等書豐富了古史的内容。晉代學者如臣瓚、徐廣、司馬彪等都利用《紀年》來研究古史，單是司馬彪一人，就根據《紀年》駁正譙周的《古史考》一百二十二條。

二、發現了古代文化交流方面的重要書籍。《穆天子傳》的發現，不但提供了古代亞洲的地理資料，而且使我們瞭解到遠在公元前四世紀時亞、歐各國文化交流的情形。有人考證周穆王西征到了古代亞述帝國的首都尼尼微(丁謙《穆天子傳地理考證》卷二)，也有人説他到過黑海以北東歐大草原一帶的地方。雖然這些説法不一定可靠，還有待進一步探索，可是周穆王西征這件事值得我們重視却是無可懷疑的。

三、爲整理戰國時代古文字提供了良好條件。晉代古文字學家衞恆、續咸等對於汲冢古文經過仔細的研究，衞恆寫成《古文官書》一卷，續咸寫成《汲冢古文釋》十卷。衞恆並分析了同字異形的文字好幾百條，證明秦未統一文字以前，戰國古文是因時因地而異的。

晉人從事汲冢書的研究整理的，除上述幾家以外，還有荀勖、和嶠、束晳等很多人。這些人有的是經皇帝指派的，有的是自動參加的。他們的工作肯定有成績，但也有缺點。例如没有把汲冢發現的《易經》以及與《易》有關的書和傳世的《易經》比較異同，對於一些重要史料像《周食田法》、《論楚事》等未能足够重視，以致這些資料完全散佚，都是令人感到遺憾的。

× × ×

　　不少人認爲汲冢書是僞作，朱希祖先生不同意這類的看法，他在《錢玄同師承記》一文里認爲汲冢書與孔壁古文經、殷墟甲骨是我國文化上的三大發現，並且説“舊時以汲冢古文書爲晉人僞造，今治晉史，知其不然”。1939 年遂致力於這個問題的研究，寫成了這部《汲冢書考》。

　　本書分五個方面對於汲冢書作了考證：來歷、文字、篇目和内容、校理年月、校理人物。《來歷考》論證了汲冢書的出土年月、出土地點、發掘人姓氏、被發的冢墓墓主、同時出土的其他古物，並附帶考訂了《史記·魏世家》“魏哀王”是“魏襄王”之誤，《周本紀》“周赧王”和《紀年》“周隱王”都不是謚法上所用的名稱，此外還探索了古代竹簡素絲編的書籍制度。《文字考》考證了“小篆”、“科斗文”、“古文”三説旳異同，辯明了《詔定古文官書》爲晉衛恆所寫，不是漢代衛宏所撰，並肯定了衛恆、續咸在古代文字學上的貢獻。《篇目考》詳細考證了汲冢書十六部七十五卷的内容，指出《紀年》有和嶠初寫本與束晳改定本之别，《穆天子傳》也有荀勗本（《穆天子傳》）和束晳本（《周王遊行》）之别，同時還駁斥了《竹書紀年》和《周書》是僞書的説法。《校理年月考》把汲冢書的編校寫定分爲三期：第一期（公元 281—287、288 年）以荀勗、和嶠爲主；第二期（公元 290 年）以衛恆爲主；第三期（公元 296—300 年）以束晳爲主。分别説明了這三個時期工作的進展和成績。《校理人物考》分别考證了荀勗、和嶠、華廙、臣譴、臣勳、臣給、臣宙、臣瓚、何邵、蔣俊、摯虞、衛恆、華嶠、繆徵、虞溥、賈謐、束晳等有關人物的事迹，以及他們對於整理編校汲冢書的貢獻。

　　我國近代的學者如朱右曾、王國維，曾對於汲冢書作過一些研究。他們的文章都有些可取的見解，但多着重於某一個方面。比較系統、全面地來考證這個問題的，要算朱希祖先生這部《汲冢書考》。因此我們把它整理出版，以供研究古代史或從事古典文獻整理工作的讀者參考。

中華書局編輯部

1959 年 12 月

目　録

汲冢書來歷考第一

　　附　魏哀王魏令王考

　　　　周赧王周隱王考

汲冢書文字考第二

汲冢書篇目考第三

汲冢書校理年月考第四

汲冢書校理人物考第五

汲冢書來歷考第一

一　得年

汲冢書所得年月，約有三説：《晉書》卷三《武帝紀》繫於咸寧五年（公元 279 年）十月，閻若璩《困學紀聞箋》云《晉武帝紀》本《起居注》[①]，此一説也。衛恆《四體書勢》、王隱《晉書·束皙傳》[②]則繫之太康元年（公元 280 年），《晉書》卷十六《律曆志》汲冢得玉律，亦云太康元年，此一説也。荀勖《穆天子傳序》、唐修《晉書》卷五十一《束皙傳》則繫之於太康二年（公元 281 年），太康十年（公元 289 年）汲令盧無忌所建《齊太公吕望碑》亦云太康二年，此又一説也。

雷學淇《竹書紀年考證》云：“竹書發於咸寧五年（公元 279 年）十月，明年三月吳平，遂上之。《帝紀》之説，録其實也。餘就官收以後上於帝京時言，故曰太康元年（公元 280 年）。《束皙傳》云二年，或命官校理之歲也。”案：雷説是也。惟云“吳平遂上之”，恐尚嫌過久。蓋出土在咸寧五年（公元 279 年）十月，當時地方官吏即表聞於朝，汲至洛京雖隔黃河，相去不過二三日程，及帝命藏於秘府，至遲必在太康元年（公元 280 年）正月。否則露積於汲冢，則有散佚之虞，保管於郡府，亦有疏失之慮，何能待至吳平而後獻邪？當收藏秘府之時，正大舉伐吳之際，軍事孔亟，未遑文事。及三月吳平，論功行賞，吳土戰亂，尚未全定，故至太康二年（公元 281 年）春始命官校理也。王隱《晉書·束皙傳》云：“汲郡初得此書，表藏秘府，詔荀勖、和嶠以隸字寫之。”可以證

---

①　案：《隋書·經籍志》：《晉咸寧起居注》十卷，李軌撰。《史記·周本紀·正義》謂在晉咸和五年，此實咸寧五年之誤。

②　杜預《春秋左氏經傳集解後序》，《正義》引，下同。

206

明之。三事不同時也。

二　出地

《晉書》卷三《武帝紀》："咸寧五年(公元 279 年)十月……汲郡人不準掘魏襄王冢,得竹簡小篆古書十餘萬,藏於秘府。"荀勖《穆天子傳序》云："汲者,戰國時魏地也。"

案:《史記》卷五《秦本紀》:"莊襄王三年(公元前 248 年),蒙驁攻魏高都、汲,拔之。"是汲屬魏之證。《秦本紀·正義》引《括地志》云："汲故城在衞州所理汲縣西南二十五里。"案晉之汲郡汲縣,在今河南省汲縣之西南。《清一統志》云："冢在今汲縣西二十里。"《水經》云："清水又經過汲縣北。"酈道元注云："縣故汲郡治,晉太康中立。城西北有石夾水,飛湍濬急,人亦謂之礄溪,言太公嘗釣於此也。城東門北側有太公廟,廟側高林秀木,翹楚競茂,相傳云太公之故居也。晉太康中,范陽盧無忌爲汲令,立碑於其上。"案《太公吕望碑》今尚存,末書太康十年(公元 289 年)三月丙申朔十九日甲申造,中有云"太公之裔孫范陽盧無忌自太子洗馬來爲汲令",又云"太康二年(公元 281 年),縣之西偏,有盜發冢,而得竹策之書",然則竹書出土在晉汲縣西偏。《清一統志》所謂"冢在今汲縣西二十里",蓋本於此碑而確定其里數耳。

三　盜姓

荀勖《穆天子傳序》:"汲縣民不準,盜發古冢。"《晉書》卷三《武帝紀》:"汲郡人不準,掘魏襄王冢。"《束皙傳》同。何超《晉書音義》:"不,甫鳩反,姓也。"

案:不之爲姓,蓋係丕之省文。《春秋》僖公十有一年《經》"晉殺其大夫丕鄭",《史記》卷三十九《晉世家》作"邳鄭"。"邳"爲後出之字,"丕"爲初文,省作"不"。蓋"丕"之省作"不",猶"準"之省作"准"也。汲屬於魏,本爲晉地,則不氏爲晉丕氏之子孫,似非臆説也。

四　冢主

言汲冢爲魏襄王墓者,《晉書》卷三《武帝紀》、卷十六《律曆志》、荀勖《穆天子傳序》、衛恆《四體書勢》。言汲冢爲魏安釐王墓者,王隱《晉書·束皙傳》。言汲冢爲魏襄王墓或言安釐王冢而不定厥辭者,唐修《晉書》卷五十一《束皙傳》。

案:此諸説皆無確證。言汲冢爲魏襄王冢者,蓋因《紀年》終於魏之今王。荀勖《穆天子傳序》云:"案所得《紀年》,蓋魏惠成王子令王之冢也("令"當作"今",説詳下附考),於《世本》蓋襄王也。案《史記·六國表》,自令王二十一年(公元前 298 年)至秦始皇三十四年(公元前 213 年)燔書之歲,八十五年,及至太康二年(公元 281 年)初得此書,凡五百七十九年。"①尋《史記》之哀王,即《世本》之襄王,哀王二十三年而卒,故二十年時稱爲"今王"。然二十一年今王未卒,何能即以竹書從葬?故荀勖所記諸年,蓋指《紀年》絕筆後之年,後人誤以爲竹書入冢之年,則不可通也。於是又有謂哀王之卒即在二十年,以回護其説者。《史記》卷四十四《魏世家·索隱》云:"汲冢《紀年》終於哀王二十年,昭王三年喪畢始稱元年。"其意謂哀王二十年已卒,《史記》稱哀王二十三年者,以其子昭王三年喪畢,始稱元年。案戰國之時,鮮有行三年之喪者,此其説既不足信,又逾年改元則有之,逾三年改元亦未之聞。且哀王既卒、何以稱"今王"乎?是又不可通也。左暄《三餘偶筆》云:"襄王葬時以此書附之冢中,未即加諡,故仍其文曰今王,其爲襄王冢所得無疑。若以爲安釐王冢,不應缺昭王並安釐王兩代事不書。且襄王之薨至安釐王之葬,已五十餘年,亦無不加諡之理。"案周制,天子七月而葬,諸侯五月而葬,葬必稱諡,如葬桓王是也。諸侯卒稱爵稱名,葬亦稱諡,如隱公三年八月庚辰宋公和卒,冬十二月癸未葬宋穆公是也。左氏泥於《紀年》爲魏國史官所記,則何僅記至哀王二十年?豈二十一年至二十三年史官失職乎?又云若爲安釐王冢,不應缺昭王、安釐王兩代事不書,左氏誤認《紀年》爲魏國國史,從古至今,未聞以其國史殉葬者,且亦未聞殉葬之國史必記至其所葬之王末年者。不知《紀年》一書爲編年之通史,非編年之國別史;爲魏國私家所記,非爲魏國史官所記(説詳下《篇目考》)。自晉以來,都誤認《紀年》爲魏國國史,故諸家解釋,牽強附會,多不可通。此説既明,則汲冢爲魏襄王冢或安釐王冢,皆屬臆測,非有他種書籍②或物品以爲證據,則不可斷定爲何王之冢。蓋《紀年》與《周書》、《國語》及《穆天子傳》等,皆爲普通史書傳記,偶以殉葬,不可據此以斷定何王之冢也。惟汲冢中既有玉律、鐘、磬③,則爲王者之冢自無疑義。而汲爲魏地,《紀年》爲魏國人所記,則謂爲魏王冢,亦屬合理。惟苟無其他實證,則謂爲襄王冢或爲安釐王冢,皆屬武斷,不足爲訓。蓋所謂魏王冢者,自襄王、昭王、安釐王、景湣王皆可,惟不能出於襄王以前耳。

附　魏哀王魏令王考

《史記·魏世家》之"哀王"爲"襄王"之誤,今本《穆天子傳》荀勖序之"令王"爲

---

① 盧無咎《齊太公呂望碑》云"縣之西偏,有盜發冢,而得竹策之書。書藏之年,當秦坑儒之前八十六歲",即本荀説。杜預《左傳後序》亦云:"《紀年》至魏哀王之二十年,是周赧王之十六年,上去孔丘卒百八十一歲,下去今太康三年五百八十一年。哀王二十三年乃卒,故特不稱諡,謂之今王。"

② 如《晉書》卷五十一《束晳傳》所載《梁丘藏》一篇,中有敘魏之世數者。然諸家皆據《紀年》而不引《梁丘藏》,蓋所記世數,亦不足證明爲襄王冢爲安釐王冢也。

③ 見下物品條。

“今王”之誤。《史記》卷四十四《魏世家·集解》云：“太史公書惠成王，但言惠王，惠王子曰襄王，襄王子曰哀王。惠王三十六年卒，襄王立，十六年卒，並惠、襄爲五十二年。今案古文惠成王立三十六年改元，稱一年，改元後十七年卒，《太史公書》爲誤分惠成之世，以爲二王之年數也。《世本》惠王生襄王，而無哀王。然則今王者，襄王也。”《索隱》云：“《系本》襄王生昭王，而無哀王。”據此則哀王實爲襄王，形近而誤。元吳師道校正鮑注《戰國策》亦云：“愚按秦惠之十四年，亦改後元年，即惠王之比（案皆以稱王而改元耳）。而‘襄’之爲‘哀’，直以字近而訛耳。”清崔述《孟子事實錄》，以爲孟子見梁惠王在稱王改元後十二年楚敗魏襄陵之後，故惠王語孟子曰：“及寡人之身，東敗於齊，長子死焉①；西喪地於秦七百里②，南辱於楚③；寡人恥之。”若依《史記·魏世家》惠王三十五年（公元前三三六年）孟軻至梁，及襄王元年（公元前三三四年）王與諸侯會徐州，相王也，追尊惠王爲王，則孟子對惠王語何故曰“王何必曰利”，曰“王好戰”乎？若襄王之年即惠成王改元後之年，則孟子見梁襄王即《魏世家》之哀王，孟子門人所記，不當誤“哀”爲“襄”。《世本》有襄王無哀王，則《史記》因字形相似，誤“襄”爲“哀”耳。案：吳、崔之説是也。

　　《史記》卷四十四《魏世家·集解》：“荀勖曰，和嶠云《紀年》起自黃帝，終於魏之今王，今王者，魏惠成王子。”此蓋出於荀勖《紀年序錄》。《玉海》引《中興書目》，《紀年》三卷，題荀氏《序錄》可證④。蓋《紀年》爲和嶠主編，故稱和嶠云云。勖爲《紀年序錄》既稱“今王”，不應於《穆天子傳序錄》稱“令王”。近人《穆天子傳西征講疏》：“高繢古《史略》云：‘按襄王即惠成王子靈王也，《世本》以爲襄王。又按《史記·六國表》，自靈王二十一年至秦始皇三十四年燔書之歲，八十六年，至太康二年初得此書，凡五百七十九年。’高氏述此書，幾於全引荀勖《序》，而兩稱靈王。靈王即‘令王’，令靈古字通。《廣雅釋詁》云‘靈，善也’，即《爾雅釋詁》‘令，善也’，是其證。然則一作‘今王’，一作‘令王’，且有作‘靈王’者，是亦竹書之異同也。”案：此説非也。“令”爲“今”字形近而誤；“靈”又爲“令”之同音義而改寫耳，實亦誤也。

　　右文繕寫已，又思《周書》謚法“蚤孤短折曰哀”、“恭仁短折曰哀”。案《史記·魏世家》，哀王在位二十三年而卒，又係善終，不可謂短折，何以謚“哀”？其必爲“襄”字

① 案：《史記》卷四十四《魏世家》在惠王二十八年。
② 案：《史記·魏世家》襄王五年：“秦敗我龍賈軍四萬五千於雕陰，圍我焦、曲沃，予秦河西之地。六年，……秦取我汾陰、皮氏、焦。……七年，魏盡入上郡於秦。”
③ 案：即十二年楚敗魏襄陵事。
④ 案：劉向校書，每一書已，向輒條其篇目，撮其旨意，錄而奏之，故有《別錄》一書。荀勖蓋師其意而爲之。其《穆天子傳序錄》末，有“謹以二尺黃紙寫上，請事平以本簡書及所新寫並付秘書繕寫”云云，是亦錄而奏之也，故《紀年》等書亦有《序錄》。

之誤無疑。

附　周赧王周隱王考

周赧王或稱周隱王，赧王見於《太史公書》，隱王見於古本《紀年》①。赧與隱皆非諡也。《史記》卷四《周本紀》：“慎靚王立六年崩，子赧王延立。王赧時東西周分治，王赧徙都西周。”五十九年（公元前 256 年），秦昭王攻西周，“西周君奔秦，頓首受罪，盡獻其邑三十六，口三萬。秦受其獻，歸其君於周。周君、王赧卒。”案：王赧與西周君皆卒，三十六邑已盡獻於秦，周既亡，故王赧無諡。“王赧”云者，“王延”之同音假借字也。秦滅六國，《史記》皆書其君曰王某，如韓王安、魏王假、趙王遷、燕王喜、齊王建、楚王負芻。而周亡不書曰王延者，《周本紀·索隱》云：“按《尚書中候》以‘赧’爲‘然’。鄭玄云‘然’讀曰‘赧’。王邵按：古音人扇反，今音奴板反。”據此則古稱赧王爲“然王”。考“然”字“赧”字，與“延”音近相轉，然則王赧即王延也。《史記》稱“王赧卒”，不書“崩”，已降同諸侯，與《春秋》隱公三年《經》書“宋公和卒”同科。《史記》慎靚王尚書“崩”，而《春秋經》書天子崩，皆曰“天王崩”，不稱名，諸侯則稱名。王延卒書爲王赧卒，以王延生時七國之人均以小國諸侯視之，故往往稱其名爲王延，或爲延王。然周究爲宗主之國，故以同音之字書之，聊爲避諱。於是或書爲“然”，或書爲“赧”，或書爲“隱”②。自晉以來，學者住往不明古音韵，昧於延、隱、然、赧四字音韵相通之理及當時稱謂書法升降之故，輒望文生義。如晉皇甫謐云：“赧非諡，諡法無赧，正以微弱竊鈇逃債，赧然慚愧，故號曰赧。”③隋王邵云：“《爾雅》面慙曰赧。”④唐劉伯莊云：“赧是慙恥之甚，輕微危弱，寄住東西，足爲慙赧，故號曰赧。”⑤又晉人如王隱等，見《紀年》有周隱王之稱，以“隱”爲赧王之諡，遂疑此等竹書必出於魏安釐王冢；因赧王之卒在五十九年，爲魏安釐王之二十一年（公元前 256 年），安釐王三十四年卒，竹書發於安釐王冢，故稱赧王之諡爲“隱”。考晉人初得竹書，皆稱出魏襄王冢，謂出於安釐王冢者，蓋自王隱始也。此皆不明古音韵、古書法之例，輒妄相推測，糾紛錯亂，古

① 《太平御覽》八百八十引《紀年》載周隱王二年事，晉干寶《搜神記》亦載周隱王二年事而較詳盡，蓋亦引自《紀年》。

② 案：“隱”字在段玉裁古韵十三部；“赧”字“然”字在十四部；“延”則古韵在十六部，今韵轉入十四部。《説文》：“延，從延，厂聲。”段玉裁云：“厂、延、遰、曳，古韵在十六部，延讀如移也。今音以然切，則爲十四部。”段氏之例，古韵十三、十四部爲同類而部近，十三部在第五類，十六部在第六類，則爲類近，其音皆可轉，所謂古合韵也。

③ 《史記》卷四《周本紀·索隱》引。

④ 《史記》卷四《周本紀·索隱》引。

⑤ 同上引。

史爲之蒙蔽，千百年來莫之能明。甚矣，治古史之難也！

五　葬物

《晉書》卷五十一《束晳傳》云："冢中又得銅劍一枚，長二尺五寸。"《晉書》卷十六《律曆志序》云："武帝太康元年（公元 280 年），汲郡盜發六國時魏襄王冢，亦得玉律。"又《審度篇》云："荀勖部著作郎劉恭，依《周禮》制尺，所謂古尺。依古尺更鑄銅律呂以調聲韵，以尺量古器，與本銘尺寸無差。又汲郡盜發六國魏襄王冢，得古周時玉律及鐘磬，與新律聲韵同。"①據此則汲冢所出古器，官得四種：曰玉律，曰鐘，曰磬，曰銅劍。

《束晳傳》又云："初發冢者燒策照取寶物，及官收之，多燼簡斷札。"然則當時所出古器，除官得之樂器、銅劍外，必尚有禮器及日用之器孔多。然徒爲盜所得，不能考見古代制作，如荀勖之考樂器，而竟化爲烏有，惜哉！

六　書制

汲冢書簡册制度，以荀勖《穆天子傳序》言之稍詳，其言曰：

> 汲縣民不準盜發古冢，所得書皆竹簡素絲編。以臣最前所考定古尺度其簡，長二尺四寸，以墨書，一簡四十字。

案：戰國之時，書以古文，著之竹簡，故稱爲篇。至於漢代，書以今文，著之帛素，故稱爲卷。觀《漢書・藝文志》，凡戰國古文舊書皆稱篇，及漢以今文寫之，始稱卷，如《尚書》古文經四十六卷爲五十七篇。五十七篇者，古文竹簡出於孔壁者也；四十六卷者，孔安國以今文讀之，書於帛素，故稱爲卷。此其證也。汲冢之書，書以古文，著於竹簡，除斷簡殘編不能校理外②，其完整者究有若干篇，荀勖、束晳皆不明言，此其最疏略者。王隱《晉書・束晳傳》僅云大凡七十五卷。《史記・周本紀・正義》亦云按汲郡汲縣發魏襄王冢，得古書册七十五卷。唐修《晉書・束晳傳》昧於篇卷不同之制，妄改僞七十五篇。不知七十五卷者，指晉時寫以今隸，改爲紙本而言，其汲冢古文竹簡原書究有若干篇，仍不能知也。例如《周書》七十一篇，包括於雜書十九卷之中，荀勖《中經新簿》：《汲冢周書》十卷，采於《隋書・經籍志》者，實已改爲今隸紙本，而古文竹簡，乃爲七十一篇。其他各書，若皆以此例推之，則篇多卷少可知也。《隋書・經籍志》有《古

---

① 案：《荀勖傳》所記與此略同。
② 《晉書》卷五十一《束晳傳》："初發冢者，燒策照取寶物。及官收之，多燼簡斷札，文既殘缺，以不復詮次。"

文瑣語》四卷，王隱《晉書·束皙傳》稱爲十一卷，蓋荀勖本合十一篇爲四卷，束皙本仍依十一篇爲十一卷，亦其一證。唐修《晉書》，篇卷淆亂，遂致《周書》七十一篇包括於雜書十九篇之中，而不知其謬，致使後人疑汲冢無《周書》。此皆不明簡册制度之過也。

荀氏所謂竹簡素絲編者，謂竹簡以素絲編爲册也。册之篆文爲冊，象形。編竹簡以爲册，橫線二道，即象絲編之形，册之兩邊以韋（皮也）包之。孔子讀《易》，韋編三絕，蓋謂所包之韋、一所編之絲三絕也。汲冢書册兩邊有韋與否，荀氏未言。《齊書·王僧虔傳》：“文惠太子鎮雍州，有盜發楚王冢，獲竹簡書青絲編，節廣數分，長二尺。有得十餘簡，以示王僧虔，僧虔曰是科斗書《考工記》。”案：汲冢書以素絲編，楚冢書以青絲編。楚冢書廣數分，汲冢書不言廣而僅言長，是亦荀氏之疏漏也。荀氏所謂“以臣勖前所考定古尺度其簡，長二尺四寸”者，案《晉書》卷十六《律曆志》：“武帝泰始九年（公元273年），中書監荀勖校太樂八音不和，始知後漢至魏，尺長於古四分有餘。勖乃部著作郎劉恭，依《周禮》制尺，所謂古尺也。……勖銘其尺曰：‘晉泰始十年（公元274年），中書考古器揆校今尺長四分半。所校古法有七品：一曰姑洗玉律，二曰小呂玉律，三曰西京銅望臬，四曰金錯望臬，五曰銅斛，六曰古錢，七曰建武銅尺。姑洗微強，西京望臬微弱，其他品皆①與此尺同。’（《志》云此尺者，勖新尺也；今尺者，杜夔尺也。）銘八十二字。”此即勖所稱“前考定古尺”也。古尺短於晉、齊之尺，齊代所出楚冢書亦爲戰國時物，以齊尺度之，長二尺，易爲戰國時尺，當亦長二尺四寸。汲冢書以古尺度之，長二尺四寸；而以晉尺度之，當亦長二尺②。故勖《穆天子傳序》謂“謹以二尺黃紙寫上”，二尺爲晉尺，當古尺二尺四寸。蓋當時黃紙寫上者，仍仿竹簡古式，其一簡四十字者，蓋分爲兩行書，每行二十字，則黃紙所寫，亦每行二十字。若有折簡奪文，則可依其尺寸而知其奪若干字，則寫成今隸，亦空口若干字，此實謹嚴之至也。

荀氏所謂以墨書者，案王隱晉《晉書·束皙傳》云“得竹書漆字科斗之文”，唐修《晉書·束皙傳》亦云漆書。近人《穆天子傳西征講疏》云：“蓋古者墨書即漆書也，《儀禮·士昏禮》鄭注‘墨車，漆車’可證。”案此説是也。

汲冢書文字考第二

關於汲冢書文字，舊有三説：

---

① 宋小字本《晉書》奪“他品皆”三字。
② 《晉書》卷十六《律曆志》：“荀勖新尺，惟以調音律，至於人間，未甚流布。”然則晉代人間通用之尺，必長於古尺也。

一、小篆説。《晉書》卷三《武帝紀》："咸寧五年（公元279年）冬十月，汲郡人不準掘魏襄王冢，得竹簡小篆古書十餘萬言，藏於秘府。"此稱汲冢書文字爲小篆，一説也。

二、科斗文説。杜預《春秋左氏經傳集解後序》："汲郡汲縣有發其界内舊冢者，大得古書，皆簡編科斗文字。"又云："科斗文久廢，推尋不能盡通。"此稱汲冢書文字爲科斗文，又一説也。

三、古文説。荀勖《穆天子傳序》："古文《穆天子傳》者，太康二年（公元281年）汲縣民不準盜發古冢所得書也。"此稱汲冢書文字爲古文，又一説也。

案：汲冢書文字實爲古文而非小篆，稱科斗文，俗名也。王隱《晉書·束晳傳》云："太康元年（公元280年），汲郡民盜發魏安釐王冢，得竹書柒字科斗之文。科斗文者，周時古文也，其頭粗尾細，似科斗之蟲，故俗名之焉。"①衛恆《四體書勢》云："漢時魯恭王壞孔子宅，得《尚書》、《春秋》、《論語》、《孝經》，時人以不復知有古文，謂之科斗書。"此其證也。

王國維《科斗文字説》云："科斗文字之名，先漢無有，惟漢末盧植上書有'科斗古文，近於爲實'之語，而其下所言乃《毛詩》、《左傳》、《周官》，不及壁中書。鄭康成《書贊》云'初出屋壁，皆周時象形文字，今所謂科斗書'，始以古文《尚書》爲科斗書。然盧、鄭以前未嘗有此名也。僞孔安國《尚書序》亦云'虞、夏、商、周之書，皆科斗文字'，始以科斗之名爲先漢已有。實則此語盛行於魏、晉以後，杜預《春秋後序》、王隱《晉書·束晳傳》及今《晉書·束晳傳》，皆云汲冢書爲科斗書，是科斗書之名起於後漢，而大行於魏、晉以後。且不獨古文謂之科斗書，即篆書亦蒙此名。《束晳傳》云：'有人於嵩高山下得竹簡一枚，上兩行科斗書。司空張華以問束晳，晳曰："此漢明帝顯節陵中策文也。"檢驗果然。'夫漢代策文，皆用篆不用古文（見《獨斷》及《通典》），而謂之科斗書，則魏、晉間凡異於通行隸書者，皆謂之科斗書，其意義又一變矣。"案：王説是也。晉時古文、篆文，皆稱科斗文。《武帝紀》本於晉時《起居注》，故以俗稱科斗書誤爲小篆，而不知當時所稱科斗文，實古文也。

《晉書》卷五十一《王接傳》："秘書丞衛恆考正汲冢書，未訖而遭難。"案：衛恆世傳古文，故當時秘書監摯虞撰定《官書》②特請其考正汲冢書也。恆撰《四書體勢》，其《古文字勢》云："秦用篆書，焚燒先典，而古文絶矣。漢時魯恭王壞孔子宅，得《尚書》、《春秋》、《論語》、《孝經》，時人以不復知有古文，謂之科斗書。漢世秘藏，希得見之。

① 《左傳後序》、《正義》引。
② 見《晉書》卷三十六《張華傳》。

213

魏初傳古文者，出於邯鄲淳，恆祖敬侯①寫淳《尚書》，後以示淳，而淳不別。至正始中立《三字石經》②，轉失淳法，因科斗之名，遂效其形。太康元年（公元 280 年），汲縣人盜發魏襄王冢，得策書十餘萬言。案：敬侯所書，猶有髣髴。古書亦有數種，其一卷《論楚事》者，最爲工妙③，恆竊悦之，故竭愚思，以贊其美。"④案：衛覬寫邯鄲淳古文《尚書》，其字勢與汲冢古文相髣髴，是漢壁中古文與晉汲冢古文相同也。正始中（公元 240—248 年）《三字石經》雖失淳法，因科斗之名，遂效其形。然字勢雖略異，而字體則全同。魏、晉皆都洛陽，太康二年（公元 281 年）離正始初立《三字石經》不過四十年，其字完全無缺。荀勖、和嶠、臣瓚、衛恆、束晢等校讀汲冢古文寫爲隸書者，全賴《三字石經》古文、隸書并列，檢得古文即知隸字，檢得隸字即知古文，無勞考釋，故得迅速成書。《穆天子傳》不過一年即完全寫成，其他各書蓋亦同時或不久即寫畢，故中書監荀勖於太康八年（公元 287 年）前未遷尚書令時，即將新寫定汲冢書全部列入《中經》⑤。太康十年（公元 289 年）汲縣令盧無忌立《齊太公呂望碑》，已引汲冢諸書若《紀年》及《周志》也⑥。

《隋書·經籍志》："《三字石經尚書》九卷，梁有十三卷。《三字石經春秋》三卷，梁有十二卷。"又云："後漢蔡邕所書《石經》、魏正始《石經》，後魏之末，齊神武執政，自洛陽徙於鄴都，行至河陽，值岸崩，遂没於水，其得至鄴者，不盈太半。至隋開皇六年（公元 586 年），又自鄴京載入長安，置於秘書内省，議欲補緝，立於國學。尋屬隋亂，事遂寢廢，營造之司，用爲柱礎。貞觀初，秘書監魏徵始收聚之，十不存一。其相承傳拓之本，猶在秘府。"是《三字石經》至北齊始因遷移而致殘缺，晉中朝之初固安然無恙也，故衛恆得以《三字石經》之古文字勢比較汲冢之古文字勢。王國維《魏石經經數石數考》，經數據《西征記》、《洛陽伽藍記》爲《尚書》、《春秋》二部，《隋志》同。《唐書·經籍志》、《新唐書·藝文志》有《三字石經左傳》。《隸續》録洛陽蘇望所刊《魏石經遺字》，除《尚書》、《春秋》外，亦有《左氏》桓七年《傳》九字，桓十七年《傳》二十六字。石數則據《水經·穀水注》爲四十八碑，《西征記》⑦爲三十五碑，《洛陽伽藍記》爲二十五碑。考《魏石經》每碑三十五行，行六十字，表裏刻字，則每碑四千二百字。《尚書》、

① 案：衛恆父瓘，晉太保；祖覬，魏尚書。見《晉書》卷三十六《衛瓘傳》。
② 案：魏《三字石經》，每字列古文、篆文、隸書，當正其名曰"三體石經"。
③ 案：《晉書》卷五十一《束晢傳》，汲冢書七十五篇，其雜書十九篇中有《論楚事》一種。
④ 見《晉書》本傳。
⑤ 《隋書·經籍志》荀勖《中經新簿》，其丁部末爲汲冢書。
⑥ 案：《周志》即《束晢傳》雜書中之《周書》，《左傳》晉狼曋引《周志》，今見《周書》，可證。
⑦ 《太平御覽》五百八十九引。

《春秋》、《左傳》三經，須一百五十石乃能容之。疑當時所刻《左傳》，實未得全書十之二三。《隸續》所録《左傳》，乃桓公末年事。案隱、桓二公《傳》，共九千三百三十九字，加以《尚書》一萬八千六百五十字①，《春秋》一萬六千五百七十二字，篇題等字未計，共四萬四千五百六十一字。每字三體，得十有三萬三千六百八十三字。今依《西征記》三十五碑字數計之，得十有四萬七千字，蓋所刊《左傳》，當至莊公中葉而止。若如《洛陽伽藍記》所云二十五碑，則尚不足容《尚書》、《春秋》三經字數。而《水經注》之四十八碑，實爲《漢石經》數。據王氏推算，則當時《三字石經》古文，約有四萬九千字（以十四萬七千字三分之一計），而其字皆出於《尚書》、《春秋》及《左氏》之隱、桓、莊《傳》，以之考釋《紀年》古文，最爲適宜，而《穆天子傳》容有未備，故書中依古文形體而寫爲"隸古定"②者尚多也。

許慎《説文解字敍》云："七國之時，文字異形。"王國維謂戰國時秦用籀文，六國用古文③，其言甚諦。然匪特六國古文與秦籀文異形也，六國古文，亦各有異其形者。《説文解字敍》所謂"亡新居攝時有六書：一曰古文，孔子壁中書也；二曰奇字，即古文而異者也……"案：古文之異，固有由國土不同而異者，亦有由時代不同而異者。例如《穆天子傳》中前有"華騮"，而後又作"鷁騮"；前有"赤驥"，而後又作"赤蘪"；前有"白義"，而後又作"白俄"。華、鷁、驥、蘪、義、俄，皆同字而異形者。同一時代之文字，而書寫不能畫一，今存三代鼎彝銘刻，亦多此例，此亦古文中之古今字並用耳。惟其如此，故汲冢書古文雖有《三字石經》可以檢尋對照，荀勖等亦不能盡識，寫定之時，務爲"隸古定"以存其真。或謂《穆傳》中空口缺文，皆勖等不識古文而缺之，此實非也。空口缺文，所缺自一字以至數十字不等，近人《穆傳十論》言之詳矣。蓋當時以隸字寫古文，其古文字形爲《三字石經》所有者，即依古文下之隸字寫之，其古文字形爲《三字石經》所無者，雖讀其上下文而可知其字義爲某字，然務爲"隸古定"，而不敢徑改爲某字，如上述鷁、蘪、俄三字之例，此亦審慎之至者。且其義之是非，亦可以留待後人重行考正也。

《隋書·經籍志》："《古文官書》一卷，後漢議郎衞敬仲撰。"《唐書·經籍志》："《詔定古文官書》一卷，衞宏撰。"《新唐書·藝文志》："衞宏《詔定古文字書》一卷（案"字書"乃"官書"之誤）。"孫詒讓《籀廎述林》有《衞宏詔定古文官書考》，謂此書實係

---

① 唐石經《尚書》二萬七千一百三十四字，除僞古文二十五篇並孔安國序八千四百八十四字得此數。又王氏《漢魏石經經本考》，謂魏石經《尚書》用古文學家馬融、鄭玄、王肅本。

② 依古文形而作隸字曰"隸古定"，見《僞孔安國尚書序》。

③ 見王國維《漢代古文考》。

晉衞恆所録汲冢書古文，以備小學之一家耳，非漢衞宏撰①。余流離巴蜀，未携此書，不知所謂録汲冢書古文有何證據。然觀馬國翰《玉函山房輯逸叢書・詔定古文官書》一卷，首引許慎《説文解字》三條：“嚴”字下云“衞宏撰”云云②，“用”字下云“衞宏説”，“黺”字下云“衞宏説”。馬氏皆以爲出衞宏《詔定古文官書》，然實不足據。馬氏又云“唐玄應《衆經音義》引衞宏《詔定古文官書》三條，曰‘尋得同體’，曰‘枹桴同體’，曰‘圖畾同體’。而引古文者二百餘條，與所引《詔定古文官書》體例不異，知皆引自一書，省稱古文”云云。案：《史記正義・論字例》云“衞宏《官書》數體，吕忱或字多奇”，則《古文官書》體例，實如《衆經音義》所引，皆古文而異形者。唐韓愈《科斗書後記》云：“於時李監陽冰，獨能篆書。開封令服之者，陽冰子，授余以其家科斗《孝經》、漢衞宏《官書》。”則唐時《古文官書》實以古文寫之，故俗稱科斗書也。考許冲《奏上説文解字書》云：“慎又學《孝經》孔氏古文説。古文《孝經》者，孝昭帝時魯國三老所獻，建武時給事中議郎衞宏所校，皆口傳，官無其説，謹撰具一篇並上。”呈唐代所傳科斗《孝經》及《官書》，必皆以爲本衞宏所書，故合而傳之。然考《漢書・儒林傳注》引衞宏《詔定古文官書》序“秦既焚書”云云，《後漢書・陳蕃傳》注同；而《史記》卷一百二十一《儒林傳・正義》引作衞宏《詔定古文尚書序》。《史記》卷一百一《晁錯傳》：“太常遣錯受《尚書》伏生所。”《正義》引衞宏《詔定古文尚書序》云：“徵之，老不能行，遣太常掌故晁錯往讀之。年九十餘，不能正言，言不可曉，使其女傳言教錯。齊人語多與潁川異，錯所不知者，凡十二三，略以其意屬讀而已也?”《儒林傳注》亦略引此文，則作衞宏《定古文尚書序》；《經典釋文》引此文，則作衞宏《古文尚書序》。

　　案：衞宏之時無詔定《古文官書》之事，衞恆時則有之。諸家所引，皆衞宏《古文尚書序》，惟陸德明《釋文》爲不誤。自《隋書・經籍志》誤以《古文官書》爲衞敬仲（即宏）撰，於是衞宏《古文尚書序》遂誤爲衞宏《古文官書序》。自唐代有衞宏《詔定古文官書》之名，於是《史記正義》等遂誤以衞宏《古文尚書序》爲《詔定古文尚書序》，轉輾糾紛，不可判別。《後漢書・儒林傳》，衞宏從大司空杜林受古文《尚書》，作《訓旨》。則所謂《古文尚書序》即《古文尚書訓旨序》；《説文》所引衞宏説，亦即《古文尚書訓旨》説也。又《杜林傳》：“林前於西州得漆書古文《尚書》一卷，常寶愛之，雖遭艱困，握持不離身。出以示宏等曰：‘林流離兵亂，常恐斯經將絶，何意東海衞子、濟南徐生復能傳之。’宏、巡益重之，於是古文遂行。”則宏所定爲《古文尚書》，非《古文官書》明矣。

---

① 見日本神田喜一郎《汲冢書出土始末考》引。

② 案：《説文》“嚴”字下無此説。

汲冢書古文,本詔荀勖、和嶠以隸字寫定,其後摯虞爲秘書監,撰定官書①,蓋亦承詔爲之。時衛恆爲秘書丞,考正汲冢書,遂撰《詔定古文官書》。而汲冢古文十餘萬言,與《三字石經》中古文對比,其同爲一字而異形者必多,故撰爲此書,以備小學之一家。玄應《衆經音義》所引已有二百餘條,其原書必不止此。蓋衛恆所見古文有十六種②,十餘萬言,故得同字異形之古文如是之多。若衛宏所見,僅杜林所得漆書古文《尚書》一卷及魯國三老所獻古文《孝經》一篇,何能至此?馬氏所輯衛宏《詔定古文官書》③有云:"佶、譽、炶三形,今作酷,同口篤反。"④又云:"舁,古國名,與杞同。"⑤又云:"飍、聏二形,今作聚,才句反。"⑥案:帝嚳、杞國、鄹邑,古文《尚書》皆無之,決非衛宏《古文尚書説》,且衛宏在東漢初,不應有反音也。此等字蓋皆出於汲冢古文,魏秘書孫炎始作反音,此足證《詔定古文官書》爲晉衛恆撰,非漢衛宏撰。況摯虞撰定《官書》,同時即令衛恆撰《詔定古文官書》,斯爲確證,不可移易。他日得《籀廎述林》所考觀之,其證必更多也。

汲冢古文寫成今隸者十有九種,七十五卷,其成績已可觀矣。尚有專門研究文字者,既有衛恆《詔定古文官書》一卷,復有續咸《汲冢古文釋》十卷。《晉書》卷九十一《儒林傳》:"續咸字孝宗,上黨人。好學,師事京兆杜預,專《春秋》、鄭氏《易》,教授常數十人,博覽群言,高才善文論,……著《遠遊志》、《異物志》、《汲冢古文釋》,皆十卷,行于世。"近人謂晉人得汲冢古文,而不知整理文字,勒成字書,此則不知衛恆、續咸已有成書也。

汲冢書篇目考第三

汲冢書之來歷與文字既明,請更進一步考其篇目。

汲冢書篇目,載於《晉書》卷五十一《束皙傳》最爲詳備。今根據該傳,將其篇目詳加考證於下:

---

① 見《晉書》卷三十六《張華傳》。
② 據《晉書》卷五十一《束皙傳》。其實雜書一種内包括四種,共十九種。
③ 或單稱古文,如"枹、桴二形同體,扶鳩反,謂鼓椎也"一條,《大般涅槃經音義》、《道行般若經音義》所引並稱《詔定古文官書》,《成實論音義》所引則稱古文。蓋詳言之則稱《詔定古文官書》,略言之則稱古文,其實一書也。
④ 《大方便報恩經音義》、《增一阿含經音義》並引古文,《大莊嚴經音義》引古文有"今作酷"三字。
⑤ 《集韻》五旨"舁"字注引衛宏説。《類篇》引同。
⑥ 《正法華經音義》、《佛般泥洹經音義》、《雜阿含經音義》並引古文。

（一）《紀年》十三篇。"記夏以來至周幽王爲犬戎所滅，以（晉）事接之。三家分，仍述魏事，至安釐王之二十年。蓋魏國之史書，大略與《春秋》皆多相應。其中經傳大異，則云夏年多殷；益干啓位，啓殺之；太甲殺伊尹；文丁殺季歷；自周受命至穆王百年，非穆王壽百歲也；幽王既亡，有共伯和者攝行天子事，非二相共和也。"

案：《紀年》十三篇，篇數疑誤。王隱《束晳傳·紀年》十二卷，《隋書·經籍志·紀年》十二卷並《竹書同異》一卷，則此當作十二篇，方與下總數七十五篇相合。若作十三篇，則總數爲七十六篇，又與王隱《束晳傳》"大凡七十五卷"不合，故知三字爲二字之誤。

又云："記夏以來至周幽王爲犬戎所滅，以（晉）事接之。三家分，仍述魏事，至安釐王之二十年。"此蓋束晳考正重定本，故起於夏。和嶠初寫定本則起於黃帝①。"以事接之"，"事"上當奪"晉"字，"安釐王"當作"襄王"，皆誤。《史記》卷四《周本紀》"犬或殺幽王驪山下"，《集解》引《紀年》云"自武王滅殷，以至幽王，凡二百五十七年"，可知《紀年》古本繫西周總年於幽王爲犬戎所殺之下，與《束晳傳》謂周幽王爲犬戎所滅，以晉事接之合。蓋周至幽王被殺，王室東遷，號令不行，諸侯各自爲政，爲一劃分時代之變局，故可以晉事接之也。杜預《春秋左氏經集解後序》云："《紀年》起自夏、殷、周，皆三代王事，無諸國別也。唯特記晉國，起自殤叔，次文侯、昭侯，編年相次。晉國滅，獨記魏事。"考杜預卒於晉武帝太康五年（公元 284 年）②，其所見《紀年》當爲和嶠本，起於黃帝；束晳重定本《紀年》，乃起於夏，蓋成於惠帝元康末，永康初（公元 299—300 年）③。疑此《後序》非杜預撰。又考殤叔元年爲周宣王四十四年（公元前 784 年），而《後漢書·西羌傳》引《紀年》"晉人敗北戎于汾隰"，在周宣王三十八年（公元前 790 年），則記晉事起於殤叔以前也。又《太平御覽》二引《紀年》"懿王六年（公元前 929 年），天再旦于鄭"，太公呂望墓表引《紀年》"康王六年（公元前 1073 年），齊太公望卒"，則所謂"殤叔以前皆記三代王事，無諸國別"，亦不盡然。自《後序》"起自殤叔"之説興，後人遂曲解自武王滅殷以至幽王凡二百五十七年，以爲至幽王即位前年，即宣王四十六年（公元前 782 年）止，凡二百五十七年④。而幽王元年（公元前 781 年）即殤叔四年，始以晉事接之。甚或謂自此以後，不以周紀年，而以晉紀年。然觀

---

① 《史記》卷四十四《魏世家·集解》引荀勖曰："和嶠云《紀年》起自黃帝。"

② 見《晉書》卷三《武帝紀》。

③ 余别有考。

④ 例如《史記》卷五《秦始皇本紀》末云"有秦襄公至二世六百一十歲"，自指二世三年（公元前 207 年）被弒之年，不應曲解爲二世即位之前一年，即始皇之三十七年（公元前 210 年）也。

《太平御覽》所引幽王八年(公元前774年)立褒姒之子伯服以爲太子①，幽王十年(公元前772年)九月桃李花②，則知起自殤叔之謬説，亦由誤解自武王滅殷以至幽王爲至幽王元年前之一年。高明如杜預，恐不出此。

　　又云：“蓋魏國之史書，大略與《春秋》皆多相應。”案此書體例與《春秋》不同。《春秋》爲斷代編年史，故起於魯隱；《紀年》爲通史式編年史，故上起黄帝。《春秋》爲國別式編年史，故以魯紀年；《紀年》爲通史式編年史，故以五帝及夏、商、周紀年。東周以後，雖因魏人所記，故多記晉、魏事，然亦兼記列國事；雖終於今王二十年，然仍以周紀年。何則？通史之例使然也。《御覽》引《紀年》云：“周隱王二年(公元前313年)，齊地暴長，長丈餘，高一尺。”③晉干寶《搜神記》：“周隱王二年，齊地暴長，長丈餘，高一尺五寸。”④蓋亦出於《紀年》。稱周報王爲周隱王，他書所絶無，爲《紀年》所獨有。考《紀年》亡於宋世，南宋初陳騤撰《中興書目》，《紀年》止有第四、第六及雜事三卷，下皆標云“荀氏敘録”，一紀年，一紀令應，三雜事，皆殘缺。《宋史·藝文志》“《竹書》三卷，荀勖、和嶠編”，即此三卷也。又宋黄伯思《東觀餘論》云：“今觀中秘所藏《師春》中，有雜鈔《紀年》篇者。惟杜預云《紀年》起自夏、商、周，而此自唐、虞以降皆録之。預云《紀年》皆三代王事，無諸國別，而此皆有諸國。預云《紀年》特記晉國，起殤叔，次文侯、昭侯，而此記晉國世次自唐叔始。”考伯思嘗爲秘書郎，故得觀中秘書，其卒在徽宗政和八年(公元1118年)，《紀年》一書，王應麟謂《崇文總目》已不著録⑤，然宋室中秘雖無其書，而民間則尚有之；劉恕《通鑑外紀》成於宋神宗熙寧末元豐初(公元1077—1078年)⑥，羅泌《路史》成於宋孝宗乾道六年(公元1170年)，皆徵引《紀年》甚多，出於各書所引之外，此其證也。伯思蓋亦見及《紀年》足本，故知宋代《師春》雜抄《紀年》，惟不知杜預《左傳後序》所引爲束皙重編本，故兩相比較而致疑耳。

　　近人有疑《竹書紀年》爲僞書者，經詳加分析研究後，可加以解答如下。《紀年》原本，發現於晉咸寧五年(公元279年)，亡於北宋末期(公元十一世紀末期)，各家徵引甚多，決無可懷疑。今本《竹書紀年》，蓋後人得宋三卷殘本及《師春》所録，又雜采他書以補綴之。然起自黄帝，及東周以後，仍以周紀年，稱報王爲隱王，皆仍荀、和舊本，

<hr>

①　《太平御覽》卷一四七引《紀年》。
②　同上卷九六八引《紀年》。
③　《太平御覽》卷八八〇引《紀年》。
④　據此《御覽》奪“五寸”二字。
⑤　見《玉海》卷四七。
⑥　見司馬光《序》。

合於編年通史體例,不盡僞也。自束皙考正改定本,始起自夏、商,幽王滅亡,改用晉紀年,學《春秋》以魯紀年之法。不知此是魏國私人所撰編年通史①,非魏國官修之國史,且非編年之斷代史也。觀其所書魏文侯卒(《史記》卷四十四《魏世家‧索隱》引《紀年》),與同時秦敬公卒(《史記》卷五《秦本紀‧索隱》引《紀年》),齊宣公薨(《史記》卷四十六《田敬仲完世家‧索隱》引《紀年》),宋悼公卒(《史記》卷三十八《宋世家‧索隱》引《紀年》),書法無異,蓋明明平視各國,上冠周年,非若《春秋》以魯紀年,某公薨但書"公薨",而不言魯某公薨也。由此可知杜預《後序》亦見束皙本東周以後用晉、魏紀年,更可證非杜預自撰矣。《後序》又云:"曲沃莊伯之十一年十一月,魯隱公之元年(公元前721年)正月也,皆用夏正建寅之月爲歲首。"案束皙本改用晉、魏紀年,故用夏正;和嶠本則東周以後既仍以周紀年,當用周正。《史記‧孫子吳起列傳‧索隱》"王劭按:《紀年》梁惠成王二十七年十二月,齊田朌敗魏馬陵",而《魏世家‧索隱》引《紀年》則作"二十八年與齊田朌戰于馬陵"。二十七年十二月在周正爲二十八年二月,是《索隱》所見本此條尚未改周正爲夏正,王劭所見本已改周正爲夏正。此《紀年》一本以周紀年用周正,一本以晉、魏紀年用夏正之明證。可見《紀年》原本亦有荀勖、和嶠舊本與束皙改定本之別。一起自黃帝,一起自夏、商。一在西周末年以後仍用周紀年,故用周正,一在西周末年以後,改用晉、魏紀年,故用夏正,此不可不察也。

又云:"幽王既亡,有共伯和者攝行天子事,非二相共和也。"案幽王當作厲王,此處蓋有誤。其他與篇目無關,故略之。

(二)《易經》二篇。"與《周易》上下經同。"

案:王隱《晉書‧束皙傳》題爲"《周易》上下經二卷",爲所稱四部差爲整頓之一②。而《藝文類聚》引王隱《束皙傳》,稱古書有《易卦》,似《連山》、《歸藏》。考漢代雖有古文《易經》,未嘗知其由何而來。此汲冢所出之《易經》,當時學者盛講三玄之學,何無人一校其同異,而竟任其蕩滅? 惜哉!

(三)《易繇陰陽卦》二篇。"與《周易》略同,《繇辭》則異。"

案:杜預《春秋左氏集解後序》云:"《周易》及《紀年》,最爲分了。《周易》上下篇與今正同。"此釋《易經》二篇,亦未能同中求異。又云:"別有陰陽説,而無《彖》、《象》、《文言》、《繫辭》,疑于時仲尼造之於魯,尚未播之於遠國也。"末二句文理,竟不可通。仲尼造之於魯,尚未播之遠國,則當於漢代孔壁中發見方合,今既於汲冢中發

---

① 《新唐書‧劉知幾傳》:"子貺⋯⋯以《竹書紀年》敍諸侯列會,皆舉諡,後人追修,非當時正史。"其説甚是,可破魏國史官所紀之謬説。

② 見《玉海》卷四七。

見，何云尚未播之遠國？既已播之遠國，於何證明爲仲尼所造？杜預文章精審，決不出此謬論。

（四）《卦下易經》一篇。"似《説卦》而異。"

（五）《公孫段》二篇。"公孫段與邵陟論《易》。"

（六）《國語》三篇。"言楚、晉事。"

案：今本《國語》，亦有《楚語》、《晉語》，與此三篇不知異同如何。當時編校寫定之人，未嘗明言，已覺其不稱厥職。況今本《國語》，余嘗考其爲戰國末年人所撰（別有考），此《國語》三篇，魏襄王二十年（公元前 30 年）前已有，則更可寶貴。惜乎晉人無識，不爲校其異同，表章而流傳之也。

（七）《口名》三篇。"似《禮記》，又似《爾雅》、《論語》。"

案："名"上疑有奪字。

（八）《師春》一篇。"書《左傳》諸卜筮。'師春'似是造書者姓名也。"

案：宋黃伯思《東觀餘論》云："晉太康二年（公元 281 年），汲郡民不準盗發魏襄王冢，得古竹書凡七十五篇。晉征南將軍杜預云別有一卷純集《左氏傳》卜筮事，上下次第及其文義皆與《左傳》同，名曰《師春》。'師春'似是鈔集人名也。今觀中秘所藏《師春》，乃與預説全異。預云全集卜筮事，而此乃記諸國世次及十二公歲星所在，並律吕諡法等，末乃書《易象》變卦，又非專載《左氏傳》卜筮事。緣是知此非預所見《師春》之全也。然預記汲冢他書中，有《易》陰陽説而無《象》、《繫》，又有《紀年》，三代並晉、魏事，疑今《師春》蓋後人雜鈔《紀年》篇耳。……及觀其記歲星事，有'杜征南洞曉陰陽'之語，緣是知此書亦西晉人集録，而未必盡出汲冢也。"陳振孫《書録解題》"《汲冢師春》一卷"，亦云"此書敘周及諸國世系，又論分野律吕爲圖，又雜録諡法卦變"。案陳氏所言分野，即黃氏所説十二公歲星所在。然案《玉海》卷四十七引《中興書目》"《汲冢師春》一卷，雜敘諸國世系及律吕諡法，未載卦變雜事"，則所謂分野，所謂十二公歲星所在及"杜征南洞曉陰陽"之語，皆無之，則當時亦有二本不同也。

（九）《瑣語》十一篇。"諸國卜夢妖怪相書也。"

案：《隋書·經籍志》《古文瑣語》四卷，注："汲冢書，蓋合十一篇爲四卷耳。"尋劉知幾《史通》云"案《汲冢瑣語》，記太丁時事，爲《夏》、《殷春秋》"（《六家篇》）；"《汲冢瑣語》云舜放堯於平陽"（《疑古篇》）；"案《汲冢竹書》《晉春秋》及《紀年》之載事也，如重耳出奔，惠公見獲，書其本國，皆無所隱"（《惑經篇》）；"孟子曰晉謂春秋爲乘，尋《汲冢瑣語》，即乘之流邪？其《晉春秋篇》云'平公疾，夢朱羆窺屏'，《左氏》亦載斯事，而云夢黃熊入門，必欲捨傳聞而取所見，則《左傳》非而晉史實矣"（《雜説篇》）。

案：《瑣語》載平公疾夢朱羆窺屏，斯與所謂諸國卜夢妖怪相書合。而其篇目有《夏》、

《殷春秋》、《晉春秋》等,故王隱《晉書·束晳傳》云:"汲冢古書有《春秋》,似《左傳》"①,蓋即指此《瑣語》言也。其書唐代尚存,《宋史·藝文志》已不載此書,蓋亦亡於宋也。馬國翰有輯本,僅十五條。嚴可均《全晉文》輯二十五事,凡十九條,又附錄六條。

(十)《梁丘藏》一篇。"先敘魏之世數,次言丘藏金玉事。"

(十一)《繳書》二篇。"論弋射法。"

(十二)《生封》一篇。"帝王所封。"

(十三)《大曆》二篇。"《鄒子談天》類也。"

(十四)《穆天子傳》五篇。"言周穆王遊行四海,見帝臺、西王母。"

案:《玉海》卷四十七引王隱《晉書·束晳傳》云:"太康元年(公元280年),汲郡得竹書漆字科斗之文……大凡七十五卷,(《晉書》有其目錄……)有《周易》上下經二卷,《紀年》十二卷;《瑣語》十一卷,《周王遊行》五卷,(說穆王遊行天下之事,今謂之《穆天子傳》。)此四部差爲整頓。"尋杜預《春秋左氏經傳集解後序》,亦引此傳文,其周時古文也。"《晉書》有其目錄"及"說穆王遊行天下之事全謂之《穆天子傳》"等注文,皆作大字,與傳文混而爲一,後人遂謂王隱原文已如是,不知王隱之時,尚無《晉書》。《隋書·經籍志》所列紀傳體《晉書》,在晉時所作者,以王隱爲最早,有九十三卷;次爲虞預,四十四卷;又次爲朱鳳,十四卷。而編年體則皆稱《晉紀》或《晉陽秋》,不稱《晉書》。然則此注文蓋爲孔穎達所加,所指《晉書》,唐修《晉書》也。蓋惟唐修《晉書》卷五十一《束晳傳》乃有汲冢書全部目錄,其他未聞也。據此則王隱《束晳傳》僅稱《周王遊行》五卷,與上《周易》、《紀年》、《瑣語》三部同其句法,皆無注文,故下文云"此四部差爲整頓也",明其聊舉大概,不暇細釋。其他各書,且皆從略矣。近人《穆天子傳西征講疏》謂"遊行"下脫"記"字,晁公武《郡齋讀書志》云《穆天子傳》本謂之《周王遊行記》可證。余謂此"記"字蓋亦晁氏自加,《左傳正義》及《玉海》所引,皆無"記"字。觀汲冢書十餘種,若《紀年》,若《公孫段》,若《師春》,若《梁丘藏》,若《生封》,若《大曆》,皆無傳記書說等名,則何獨於《周王遊行》下加一"記"字邪?至唐修《晉書·束晳傳》,則改稱《穆天子傳》,而反以"周王遊行"爲注矣。

余考《紀年》有和嶠、束晳二本。《穆天子傳》亦有荀勖、束晳二本:荀勖本名《穆天子傳》,束晳本名《周王遊行》。蓋此書所載,實記穆王遊行事,若名《穆天子傳》,則必將穆王生平大事全行記入,方副其名。束晳以若正汲冢書爲己任,則改正名辭,亦一要事。束晳之時,《穆天子傳》已盛行荀本,郭璞注《穆天子傳》,張湛注《列子》亦稱《穆

---

① 《藝文類聚》卷十又卷四十引王隱《晉書·束晳傳》。

222

天子傳》,可證。而王隱《晉書·束皙傳》不稱《穆天子傳》而稱《周王遊行》,明此名爲束皙所改,此一證也。束皙改訂《穆天子傳》,不特改其名稱,即其事迹亦有增減。唐修《晉書》卷五十一《束皙傳》言穆王遊行四海,見帝臺、西王母,今本《穆天子傳》不載見帝臺事。郭璞注《山海經》多引《穆天子傳》,然《中山經》云:"休與之山,其上有石焉,名曰'帝臺之棋'。"郭璞《注》云:"帝臺,神人名;棋,謂博旗也。"《經》云:"帝臺之石,所以禱百神者也。"郭璞《注》云:"禱祀百神,則用此石。"《經》云:"鼓鐘之山,帝臺之所以觴百神也。"郭璞《注》云:"舉觴燕會則於此山,因名爲鐘鼓也。今案其山在伊闕西南。"據此則郭璞所注《穆天子傳》爲荀勖本,無言帝臺事,故其注《山海經》僅云"帝臺,神人名",而不引《穆天子傳》穆王見帝臺事以爲佐證也。《文選》顏延之《赭白馬賦》云"覲王母於崑墟,要帝臺於宣岳",此正謂穆王見帝臺、西王母也。沈約《宋書》"顏延之字延年,好讀書,無所不覽,後爲秘書監",則劉宋時秘書監或尚有束皙本《周王遊行》五卷,或其時民間尚有其本,延之既無書不覽,故得見此書也[1],此二證也。荀勖本《穆天子傳》六卷,其第六卷即《束皙傳》雜書十九篇中《周穆王美人盛姬死事》一篇也。束皙既改《穆天子傳》爲《周王遊行》,復去《盛姬死事》一篇入雜書中,故爲五卷。荀勖《穆天子傳序》云"其書言周穆王遊行之事",疑《汲冢竹書》原名爲《周王遊行》,易以《盛姬死事》加入其内,故改名爲《穆天子傳》,束皙特復其舊名,又去《盛姬死事》,以副遊行之實耳,此三證也。

(十五)《圖詩》一篇。"畫贊之屬也。"

案:或謂此即周穆王遊行及見西王母畫贊。王懿榮《漢石存目》有《穆王見西王母》畫像,《隋書·經籍志》有《周穆王八駿圖》,蓋皆此類也。余謂此亦臆説,若果與《穆天子傳》有關,則《束皙傳》、《圖詩》下必爲之説明,今僅云畫贊之屬,其與《穆天子傳》無關明矣。

(十六)《雜書》十九篇。"《周食田法》,《周書》,《論楚事》,《周穆王美人盛姬死事》。"

案:雜書十九篇,昔人往往分爲三種,曰《周食田法》,曰《周書論楚事》,曰《周穆王美人盛姬死事》。余案《晉書》卷三十六《衛瓘傳》"子恆爲《四體書勢》云:太康元年(公元280年)。汲縣人盜發魏襄王冢,得策書十餘萬言,古書亦有數種,其一卷《論楚事》者,最爲工妙,恆竊悦之。……"則《論楚事》別爲一書,且僅一卷。是十九篇中實包括書四種:曰《周食田法》,曰《周書》,曰《論楚事》,曰《周穆王美人盛姬死事》。

---

[1] 《文選》李善《注》不引《穆天子傳》以爲證,可見束皙本唐時已亡。

荀勗撰《中經新簿》,列汲冢書於丁部之末①,蓋將寫成今隸之書全行列入也,故總稱曰汲冢書。《隋書·經籍志》目錄類有《晉中經》十四卷,荀勗撰。《唐書·經籍》、《藝文》二志同,則唐代此書尚存。《隋志》、兩《唐志》皆載《汲冢周書》十卷,必本於《晉中經》,非無所據而云然。則當時汲冢所得寫成今隸者,自有《周書》十卷無疑。宋王應麟《困學紀聞》云:"《周書》、《隋》《唐志》繫之汲冢,而《束晳傳》及《左傳正義》引王隱《晉書》所載《竹書》之目無《周書》,然則繫於汲冢誤矣。"清《四庫全書總目·周書》篇亦云:"《晉書·束晳傳》載竹書七十五篇,具有篇名,無所謂《周書》。"實皆未嘗深考也。荀勗編《穆天子傳》爲六卷,采《穆王美人盛姬死事》一卷爲《穆天子傳》第六卷。束晳考正汲冢書,既重編《紀年》,又改《穆天子傳》六卷爲《周王遊行》五卷,抽出《穆王美人盛姬死事》一卷入雜書中,於是雜書中既有《論楚事》一卷、《穆王美人盛姬死事》一卷,尚有十七卷則《周書》十卷,《周食田法》七卷也。此等雜書,在史學家視之,均大有價值。束晳文學之士,而又篤古,不重視此四種,一概歸入雜書,不加考正,此實無識之甚,不及荀勗、和嶠遠矣。

或謂《周書》七十一篇,而汲冢雜書僅有十九篇,則汲冢雖有《周書》,其非七十一篇之《周書》明矣。不知篇與卷有別,唐修《晉書·束晳傳》稱汲冢書七十五篇,及其他各書各稱若干篇,其"篇"字皆當爲"卷"字。王隱《晉書·束晳傳》、杜預《左傳後序》,皆稱汲冢書七十五卷,其分列各書,亦皆稱卷,其明證也。蓋寫今隸於紙,自當稱卷;若指原簡,雖可稱篇,然必篇多而卷少。即如雜書,決不止十九篇,至少當有八十篇(《周書》已多出六十一篇)。及寫成今隸,則《周書》篇短,其每篇僅有數十字者甚多,集合數篇,方可成卷。②此《周書》七十一篇所以僅有十卷,而雜書十九卷自可包括《周書》七十一篇也。唐修《晉書》不明篇變爲卷之例,故卷爲篇,致使後人疑雜書十九篇不能包括《周書》七十一篇,遂謂汲冢無《周書》,此皆强用古義,名不副實,遂鑄成此大錯也。

或又曰,《周書》七十一篇,明載於《漢書·藝文志》。荀息引《武稱》"美女破舌","美男破老",見《戰國策·秦》一"田莘之爲陳軫説秦惠王"章;狼瞫引《大匡》"勇則害上,不登於明堂",見《左傳》文公二年《傳》;魏絳引《程典》"居安思危",見《左傳》襄公十一年《傳》。皆在孔子前,則春秋時已有此書。"綿綿不絕,蔓蔓奈何",蘇秦以説魏;"必參而伍之",蒙恬以告秦;他若《墨子》、《韓非子》、《吕氏春秋》③亦引《周書》,

---

① 見《隋書·經籍志》引《中經新簿》。
② 古書篇變爲卷之例:篇短則合數篇爲一卷,篇長則分一篇爲數卷,篇卷相等則一篇爲一卷。
③ 《墨子·七患篇》、《韓非子·説林》《外儲篇》、《吕氏春秋·慎大》《適威篇》。

則戰國時亦有此書。"天予不取，反受其咎"，蕭何以爲格言；"安危在出令，存亡在所用"，主父偃以爲確論；"記人之功，忘人之過"，見於《陳湯傳》；"左道事君者誅"，見於《王商傳》；《淮南·覽冥訓》《氾論訓》，劉向《説苑·善説篇》，亦引此書；而司馬遷《史記》紀武王克商事，亦本此書。此皆在西漢時。許慎《説文》第一示部"士分民之祢"，第六木部"竹箭如櫇"，第十心部"來就惹惹"，立部"竘匠"，火部"昧辛而不爝"，皆引《周書》。馬融注《論語》引《周書·月令》，鄭玄注《周禮》引《周書·王會》，蔡邕《明堂月令論》曰《周書》七十一篇，而《月令》第五十三與今本篇第皆合。此皆在東漢時。然則此書之不出於汲冢明矣。此亦只知其一，不知其二。汲冢各書，有秦、漢以後所未見者，如《紀年》、《穆天子傳》等是；有秦、漢以後所已見者，如《周易》、《周書》是。《周易》既可重出於汲冢，何獨《周書》不可重出於汲冢乎？當晉之時，漢以來所傳《周易》、《周書》皆存。王應麟《困學紀聞》云："杜元凱解《左傳》時，汲冢書未出也，亦以《周書》爲據①。郭璞注《爾雅》，稱《逸周書》，不稱《汲冢周書》②。此皆晉人所見漢以來《周書》之舊本。"孔晁注《周書》，今原本已亡，不知其所稱爲《周書》乎，爲《逸周書》乎③？晁爲五經博士，其篤古之情必深，其所注本，必亦爲漢以來所傳舊本，然汲冢本蓋亦見之。故其解《克殷篇》"百夫荷素質之旗于王前"云"一作以前于王"，解《大武篇》"三擯厥親"云"擯一作損"。然則晉時《周書》，蓋有二本：一爲漢以來所傳今隸本，一爲汲冢所出古文本，當無疑義。《隋書·經籍志》僅載《汲冢周書》十卷，不載孔晁注本，《唐書·經籍志》僅載孔晁注《周書》八卷，不載《汲冢周書》十卷，蓋皆互有遺漏。惟《唐書·藝文志》既載《汲冢周書》十卷，又載孔晁注《周書》八卷，蓋汲冢十卷爲無注本，孔晁注本唐時已有闕篇，故並載焉。顏師古《漢書·藝文志·周書》注云"今存者四十五篇"，蓋指孔晁注本言也④。劉知幾《史通·六家篇》云"又有《周書》者，凡爲七十一章，上自文、武，下終靈、景"，不言有闕，蓋所見爲汲冢十卷本。是唐時尚二本並傳也。汲冢本無注而有十卷，孔晁本有注卷數反少，而僅有八卷，知八卷本即師古所見之孔注四十五篇也。師古以後，孔注又亡三篇。自宋以來，蓋以汲冢本補孔晁注本，而去其重複，故孔注僅有四十二篇，而無注者十七篇，及序一篇，合成今本六十篇，仍題曰《汲冢周書》。其所亡十一篇汲冢原本或有或無，已不可知。今《四部叢刊》

---

① 《玉海》卷四十六《周書》："'勇則害上，不登于明堂'，此《周志》也。《左氏》載於文公二年，杜氏以爲《周書》。'國子賦轡之柔矣'，此逸《詩》也，《左傳》載於襄公二十六年，杜氏以爲見於《周書》。'千里百縣，縣有四郡'，《作雒篇》之書，杜氏以爲上大夫受縣之注。"案：此即所謂杜氏解《左傳》以《周書》爲據也。

② 《逸周書》之稱始於東漢許慎《説文》，《漢書·藝文志》但稱《周書》，無"逸"字也。

③ 今本《周書》以孔晁注四十二篇補以《汲冢周書》無注本十七篇，序一篇，而仍名《汲冢周書》，非孔晁之舊稱。而無注之十七篇，各篇皆稱爲某某解，則又用孔晁注之款式，雜糅而無條理甚矣。

④ 顏師古蓋未見汲冢十卷本。

景印明嘉靖翻宋嘉定丁黼本即如此。由此言之，今本《周書》孔晁注四十二篇，其爲漢以來所傳舊本，抑爲汲冢本，尚待深考。其無注之十七篇及序一篇，幸賴《汲冢周書》以傳，此爲不可掩之事實也。

又據太康十年（公元 289 年）汲令盧無忌《齊太公呂望碑》："太康二年（公元 281 年），縣之西偏，有盜發冢，而得竹策之書。其《周志》曰'文王夢天帝服玄禳以立于令狐之津，帝曰："昌，賜汝望。"文王再拜稽首'云云。其《紀年》曰'康王六年（公元前 1073 年），齊太公望卒'。"案：《周志》即《周書》，《左傳》文公二年《傳》文"狼瞫曰：《周志》有之，'勇則害上，不登於明堂'"，今在《周書·大匡篇》。盧氏依古稱《周書》爲《周志》，且所引爲文王夢天帝賜太公望事，今不見於《周書》，蓋在《程寤》以下八篇亡書之中，此八篇前後皆記文王事，則此篇亦當記文王事。據此，則汲冢之有《周書》，又得一確證矣。

（十七）"大凡七十五篇，七篇簡書折壞，不識名題。"

案：王隱《晉書·束晢傳》云："大凡七十五卷，其六十八卷皆有名題，其七卷折簡碎雜，不可名題。"（《左傳後序》、《正義》引）。案唐修《晉書》改卷爲篇，非是，説已見上。

又案：《隋書·經籍志·古史篇》云："晉太康元年（公元 280 年），汲郡發魏襄王冢，得古書竹簡，字皆科斗，發冢者不以爲意，往往散亂。帝（指司馬炎）命中書監荀勖、令和嶠撰次爲十五部八十七卷。"案《束晢傳》所列，爲十六部七十五卷，《隋志》本於荀勖《中經新簿》，其分部分卷，皆與束晢重編者異。如《束晢傳》雜書十九卷，荀勖則分出《周書》十卷，獨立一部，《周穆王美人盛姬死事》一卷，則並入《穆天子傳》，《瑣語》則並十一卷爲四卷。但其並爲十五部，不知如何分配，蓋亦有雜書一類，以納入數種也。其分爲八十七卷，不知是《隋志》數目之誤，抑爲《中經新簿》本文如是，則不可考矣。

汲冢書校理年月考第四

關於汲冢書之出土年月，共有三説，已見《來歷考》。據余所考，汲冢書之出土在咸寧五年（公元 279 年）十月，藏於秘書監在太康元年（公元 280 年）正月，命官校理在太康二年（公元 281 年）春。日本神田喜一郎《汲冢書出土始末考》，亦謂汲冢書之出土實爲咸寧五年十月；翌年太康元年，官收其書，藏於秘府；更翌年爲太康二年，始命束晢、荀勖、杜預、衛恆等校讀之（希祖案：當云太康二年始命荀勖、和嶠以隸字寫之。時杜預出鎮襄陽，衛恆、束晢後入秘書省，太康二年均不在被命之列）。案：神田之説，頗合實情。王隱《晉書·束皙傳》云:"汲郡初得此書,表藏秘府,詔荀勖、和嶠以隸字寫之,勖等於時即已不能盡識。"(《春秋左氏經傳集解後序》,《正義》引)準此,汲郡初得此書蓋在咸寧五年(公元 279 年)十月,當時地方官吏表聞於朝。及收藏秘府則已在明年太康元年(公元 280 年)春矣。時大舉伐吳,軍事孔亟,未遑文事。三月吳平,論功行賞,庶事更張,故至太康二年(公元 281 年)春,始命荀勖等以隸字寫之。此事理之可推想而得者。然則編校整理之年月,當自太康二年(公元 281 年)春始矣。

《穆天子傳》寫定年月

汲冢書十六種,七十五篇,其寫定年月皆無明文可據。惟《穆天子傳》似最先成,略可推定如次。

今本《穆天子傳序》首有"侍中中書監光禄大夫濟北侯臣荀勖撰"一行,已經被後人改易。惟瞿氏《鐵琴銅劍樓書目》有舊鈔本《穆天子傳》,馮己蒼得之,以錫山秦氏鈔本校過,改正譌字,補錄序首結銜五行,其文云:

> 侍中中書監光禄大夫濟北侯臣勖
>
> 領中書會議郎蔡伯臣嶠言部
>
> 秘書主書令史讁勖給
>
> 秘書校書中郎張宙
>
> 郎中傅瓚校古文《穆天子傳》已訖謹並第錄

希祖案:第一行結銜頗有年月可尋。《晉書》卷三十九《荀勖傳》云:"武帝受禪,封濟北侯,拜中書監,加侍中,領著作。久之,進位光禄大夫。俄領秘書監,與中書令張華依劉向《別錄》整理記籍。吳滅,以專典詔命,論功封子一人爲亭侯,又封孫顯爲潁陽亭侯。乃得汲郡冢中古文竹書,詔勖撰次之,以爲《中經》,列在秘書。太康中,詔以勖爲左光禄大夫儀同三司開府,辟召守中書監,侍中、侯如故。時太尉賈充、司徒李胤並薨,太子太傅又缺,勖表陳三公保傅宜得其人。"又《晉書》卷三《武帝紀》:"太康三年(公元 282 年)夏四月庚午,太尉魯公賈充薨。閏月景子,司徒廣陸侯李胤薨。"據此,則勖爲左光禄大夫必在太康三年(公元 282 年)春夏之交,而爲《穆天子傳序》之結銜尚稱光禄大夫,則此書必成於太康三年(公元 282 年)四月以前也。距太康二年(公元 281 年)詔荀勖、和嶠以隸字寫之,不過一年。

又案:第二行"領中書會議郎蔡伯臣嶠言部",其中有誤脫倒置之字。《晉書》卷四十五《和嶠傳》云:"嶠父逌,魏吏部尚書。嶠少有盛名,襲父爵上蔡伯,起家太子舍人,累遷中書令。時荀勖爲監,嶠鄙勖爲人,以意氣加之。吴平,以參謀議功轉侍中。太康末爲尚書。"據此,則"領中書會"當係"領中書令"之誤,"蔡伯"上脱一"上"字,即上蔡伯也。"言部"二字,或爲衍文,或爲"侍中"二字之誤,而又誤倒於下,宜移於"領中書令"之上,蓋當太康三年(公元 282 年)春,嶠之結衘當云"侍中領中書令議郎上蔡伯臣嶠"也。賈謐爲秘書監轉侍中,領秘書監如故,嶠之以侍中領中書令,亦此例也。若依舊鈔本《穆天子傳序》首結衘無"侍中"二字,則當在太康元年(公元 280 年)三月吴平以前未轉侍中也。然《穆傳序》明言太康二年(公元 281 年)汲縣民不準盜發古冢云云,又云自今王二十一年至太康二年(公元 281 年)得此書凡五百七十九年,此序荀勖自撰,故序中亦稱"臣勖",則太康二年必非後人誤書。故斷定此書成於太康三年(公元 282 年)春,而嶠之結衘之首必有"侍中"二字也。

日本小川琢治《穆天子傳考》謂序文作於太康十年(公元 289 年),毫無根據。《晉書》卷三《武帝紀》:"太康十年(公元 289 年)十一月景辰,守尚書令左光禄大夫荀勖卒。"小川蓋以勖卒年撰此序文也,不悟其時勖已轉尚書令左光禄大夫,嶠亦於斯時轉尚書,與序首結衘不相合也。

紀年寫定年月

王隱《晉書·荀勖傳》云:"太康二年(公元 281 年),又得汲冢中古文竹書,勖自撰次注寫,以爲《中經》,別在秘書,以較經傳闕文,多所證明。"[1]《史記》卷四十四《魏世家·集解》:"荀勖曰:和嶠云《紀年》起自黄帝,終於魏之今王。"考荀勖爲中書監,兼掌秘書,至太康八年(公元 287 年),始轉爲尚書令[2];和嶠爲中書令,至太康末,始轉尚書[3]。自太康二年(公元 281 年)至此,蓋已閲七八年,汲冢古文,必已次第寫成隸書,列入《中經》,別在秘書,故得較經傳闕文,多所證明。觀太康十年(公元 289 年)汲令盧無忌立《齊太公吕望碑》,其文已引《紀年》及《周志》可證。惟《紀年》一書,殆爲和嶠所成,故荀勖引其語,以爲起自黄帝云。

考《紀年》一書,有初寫之本,有重定之本。初寫之本成於和嶠,起自黄帝;重定之本成於束皙,起自夏代。其他不同之處尚多,《隋書·經籍志》"《紀年》十二卷"下所以有《竹書同異》一卷也。《史記》卷四十四《魏世家·集解》:"荀勖曰:和嶠云《紀年》起自黄帝。"不知《集解》引自何書,或謂即出於《竹書同異》,蓋亦近理。

---

① 《太平御覽》卷七四九,《文選王文憲集序注》引王隱《晉書·荀勖傳》。
② 見萬斯同《晉將相大臣年表》。
③ 見《晉書》卷四十五《和嶠傳》。

228

　　《晉書》卷五十一《王接傳》云:"時秘書丞衞恆考正汲冢書,未訖而遭難。佐著作郎束晳而成之,事多證異義。"案:恆爲衞瓘子,《晉書》將衞恆事迹即附於《瓘傳》。其爲秘書丞不知在何時,本傳亦不載年月。《穆天子傳序》首五行結衔中無其名,則太康三年(公元282年)春恆尚未爲祕書丞也。《晉書》卷二十四《職官志》:"秘書監,漢桓帝延熹三年(公元160年)置,後省。魏武爲魏王,置秘書令丞,典尚書奏事。文帝黄初初,改爲中書,置監令,典尚書奏事,而秘書改令爲監。及晉武受命,以秘書并中書省,其秘書著作之局不廢。"故太康之初,秘書官吏以中書監令爲長官也。《晉書》卷四《惠帝紀》:"永平元年(公元291年)二月戊寅,復置秘書監官。"《初學記》卷十二引其詔云:"秘書監綜理經籍,考校古今,課試署吏,領有四百人,宜專其事。"據此,恆爲秘書丞,蓋在永平元年(公元291年)復置秘書監之時,時荀勖已卒,和嶠已轉尚書。王隱《晉書·束晳傳》謂汲郡古文勖等於時已不能盡識,故各書雖有寫定,不免有誤讀誤解者,且簡册錯亂,不免有誤編者。恆世習古文(見恆所撰《四體書勢》),故當時新秘書監摯虞復延恆重加考正汲冢書也。惜恆在秘書省不久,考正之事未訖,永平元年(公元291年)六月,即與父太保瓘同爲楚王瑋所害(見《晉書》卷四《惠帝紀》及卷三十六《衞瓘傳》)。初,束晳與衞恆厚善,聞恆遇禍,自本郡赴喪(見《晉書》卷五十一《束晳傳》),後晳即繼其業,述而成之。

　　《晉書》卷五十一《束晳傳》:"張華爲司空(《惠帝紀》'元康六年,中書監張華爲司空'),復以爲賊曹,轉佐著作郎,遷轉博士,著作如故。"是晳爲著作郎,得觀秘書,繼衞恆考正汲冢書必始於元康六七年(公元296—297年)之間也。《晳傳》又云:"遷尚書郎,趙王倫爲相國(惠帝永康元年,即公元300年),請爲記室,晳辭疾罷歸。"

　　希祖案:著作郎始置於魏明帝太和中,隸中書省,及晉武帝,以繆徵爲中書著作郎。元康二年(公元292年)詔曰:"著作舊屬中書,而秘書既典文籍,今改中書著作爲秘書著作。"於是改隸秘書省(《晉書》卷二十四《職官志》)。元康六年(公元296年),張華爲司空時,束晳爲賊曹,旋轉佐著作郎,撰《晉書》帝紀十志(《束晳傳》),遷轉博士,元康九年(公元299年),遷著作郎。王隱《晉書·賈謐傳》"元康末,起爲秘書監,兼掌國史"(《北堂書鈔》引),《束晳傳》"賈謐請爲著作郎"(《文選·補亡詩注》引),此其證也。永康元年(公元291年)夏四月癸巳,梁王肜、趙王倫矯詔廢賈后爲庶人,侍中賈謐誅,倫自爲相國(《惠帝紀》)。束晳遷尚書郎,蓋在謐誅之後,故趙王倫爲相國,復請晳爲記室,晳乃辭疾罷歸也。然則晳爲佐著作郎,考正汲冢古文,勒成十六種七十五篇,必始於元康六七年(公元296—297年),而訖於永康元年(公元300年)。汲冢書之考正完成,全由於晳,《紀年》一書其致力最深,且有重定本。王隱《晉書》及唐修《晉書》將汲冢書七十五篇總篇目皆著於《束晳傳》,蓋歸功於晳也。

《晉書》卷五十一《王接傳》:"秘書丞衛恆考正汲冢書,未訖而遭難。佐著作郎束皙述而成之,事多證異義。"蓋《紀年》有和嶠初定本,有束皙重定本,所謂"事多證異義"也。故後人合二本校之,有《竹書同異》一卷也。又云:"時東萊太守陳留王庭堅難之,亦有證據,皙又釋難,而庭堅已亡。散騎常侍郎潘滔謂接曰:'卿才學理識,足解二子之紛,可試論之。'接遂詳其得失。摯虞、謝衡皆博物多聞,咸以爲允當。"案此乃考正《竹書》古文之餘波,羅列異同,評論得失,亦以見當時以今隸寫古文之不苟也。

綜上列事實觀之,汲冢書之編校寫定,蓋經始於太康二年(公元 281 年),訖於永康元年(公元 300 年),前後約二十年,分爲三期:

第一期　自武帝太康二年(公元 281 年)至太康八、九年(公元 287、288 年)爲荀勖、和嶠分編時期,《穆天子傳》、《紀年》(初定本)皆於此期寫定。

第二期　自惠帝永平元年(公元 291 年)二月至六月爲衛恆考正時期,後以爲楚王瑋所害中止。

第三期　自惠帝元康六年(公元 296 年)至永康元年(公元 300 年)爲束皙考正寫定時期,《紀年》重行改編,於是十六種七十五篇全部告成。

此汲冢書校理之大概經過情形。中間或有間斷,或他人參加編校,則史無明文,不可考矣。

汲冢書校理人物考第五

王隱《晉書·束皙傳》云:"汲郡初得此書,表藏秘府,詔荀勖、和嶠以隸字寫之,勖等於時即已不能盡識。"[①]時勖爲中書監,嶠爲中書令,兼領秘書著作。校理汲冢書之時間,前考已考定始於武帝太康二年(公元 281 年),訖於惠帝永康元年(公元 300 年),前後約二十年。而惠帝永平元年(公元 291 年)復置秘書監,以前之中書監、令及秘書令史、郎中等,與夫復置秘書監以後之秘書監、令,或躬與編校考定,或職司延攬監督,皆與此事有關。蓋當時任編校寫定之役者,皆盡一時人物之選也。輒復考之如下。

荀勖

《晉書》卷三十九《荀勖傳》:"荀勖字公曾,潁川潁陰人,漢司空爽曾孫也。祖棐,射聲校尉。父肸,早亡,勖依于舅氏。岐嶷夙成,年十餘歲能屬文。……既長,遂博學,達於從政。仕魏,……帝(指司馬昭)即晉王位,以勖爲侍中,封安陽子,邑千户。武帝

---

①　杜預《春秋左氏經傳集解後序》,《正義》引。

受禪,改封濟北郡公,勖以羊祜讓,乃固辭爲侯,拜中書監,加侍中,領著作,與賈充共定律令。……久之,進位光祿大夫,既掌樂事,又脩律呂,並行於世。……俄領秘書監,與中書令張華依劉向《別錄》整理記籍。……(吳滅)以專典詔命論功,封子一人爲亭侯。……及得汲郡家中古文竹書,詔勖撰次之,以爲《中經》,列在秘書。……太康中詔曰:'……今以勖爲左光祿大夫,儀同三司開府,辟召守中書監,侍中、侯如故(案在太康三年即公元 282 年春)。'……久之,以勖守尚書令。……太康十年(公元 289年)卒。"

希祖案:王隱《晉書·荀勖傳》云:"勖以魏杜夔所製律呂檢校,定太樂、總章、鼓吹八音,與律呂乖錯,始知後漢至魏,度漸長於古尺四分餘,而夔依爲律呂,故致不韵。部佐著作劉恭依《周禮》制尺,所謂古尺也。依古尺作新律呂,以調聲韵,以律量黍,以尺度古器,皆與本銘尺寸無差。又故冢得古玉律鐘[1],聲亦與新律闇合。遂班下太常,使太樂、總章、鼓吹、清商施用,勖遂典知樂事。"(《太平御覽》十六引)此荀勖對於律呂方面之貢獻,應加補充者一也。

又案:荀勖《穆天子傳序》云:"古文《穆天子傳》者,太康二年(公元 281 年)汲縣民不準盜發古冢所得書也,皆竹簡素絲編。以臣勖前所考定古尺度其簡,長二尺四寸,以墨書,一簡四十字。汲者,戰國時魏地也。案所得《紀年》,蓋魏惠成王子今(原作令)王之冢也,於《世本》蓋襄王也。案《史記·六國年表》,自今(原作令)王二十一年至秦始皇三十四年燔書之歲,八十六年,及至太康二年(公元 281 年)初得此書,凡五百七十九年。其書言周穆王遊行之事。《春秋左氏傳》曰'穆王欲肆其心,周行於天下,將皆使有車轍馬迹焉',此書所載,則其事也。謹以二尺黃紙寫上,請事平以本簡書及所新寫,並付秘書繕寫,藏之《中經》,副在三閣。"此荀勖對於整理古文《穆天子傳》之貢獻,應加補充者二也。

又案:《隋書·經籍志》云:"魏氏代漢,采掇遺亡,藏在秘書中外三閣。魏秘書郎鄭默始制《中經》。秘書監荀勖又因《中經》更著新簿(案'秘書監荀勖'上應有'晉'字),分爲四部,總括群書。一曰甲部,紀六藝及小學等書;二曰乙部,有古諸子家、近世子家、兵書、兵家、術數;三曰丙部,有史記、舊事、皇覽簿、雜事;四曰丁部,有詩賦、圖讚、汲冢書。大凡四部合二萬九千九百四十五卷,但錄題及言,盛以縹囊,書用緗素。"此荀勖在搜集圖書及目錄學方面之貢獻,應加補充者三也。

又案:王隱《晉書·荀勖傳》云:"太康二年(公元 281 年),又得汲冢中古文竹書,勖自撰次注寫,以爲《中經》,別在秘書,以較經傳闕文,多所證明。"(《太平御覽》七四

---

[1] 案:《晉書》卷十六《律曆志》:"太康元年,汲冢得玉律、鐘、磬。"此奪"磬"字。

九、《文選·王文憲集序注》）考勘入汲冢書於《中經新簿》丁部之末，蓋已將十六種六十八篇全行附入。觀太康十年（公元 289 年）汲令盧無忌立《齊太公吕望碑》已引《紀年》之文及雜書十九篇内《周書》之文，惟稱《周書》爲《周志》爲不同耳。據此，則當時六十八篇或全已寫成，列入《中經》也。此荀勖在整理汲冢書方面之貢獻，應加補充者四也。

荀勖著作，據《隋書·經籍志》有下列各種：

一、《晉中經》十四卷。

二、《荀勖集》三卷，録一卷。

三、《雜撰文章家集敘》十卷。

和嶠

《晉書》卷四十五《和嶠傳》："和嶠字長輿，汝南西平人也。祖洽，魏尚書令。父逌，魏吏部尚書。嶠少有風格，慕舅夏侯玄之爲人，厚自崇重，有盛名於世。……襲父爵上蔡伯，入爲給事黄門侍郎，遷中書令，……時荀勖爲監，嶠鄙勖爲人，以意氣加之。……吳平，以參謀議功，……轉侍中，……與任愷、張華相善。……太康末，爲尚書，以母憂去職。及惠帝即位，拜太子少傅，加散騎常侍光禄大夫。……元康二年（公元 291 年）卒。"

希祖案：《史記·魏世家·集解》："荀勖曰：和嶠云《紀年》起自黄帝，終於魏之今王。"蓋《紀年》初寫本成於和嶠，其後束晳重定本則起於夏。其他異同尚多，故《隋書·經籍志》：《紀年》十二卷，附《竹書考異》一卷也。

華廙

《晉書》卷四十四《華廙傳》云："廙字長駿（平原高唐人），……少爲武帝所禮，歷黄門侍郎、散騎常侍、前軍將軍、侍中、南中郎將、都督河北諸軍事。……（免官）久之，拜城門校尉，遷左衛將軍，數年，以爲中書監。惠帝即位，加侍中，光禄大夫，尚書令。……年七十五卒。"

希祖案：萬斯同《晉將相大臣年表》，太康八年（公元 287 年）荀勖以中書監遷尚書令，華廙爲中書監。然《荀勖傳》遷尚書令，《華廙傳》遷中書監，皆不紀年月。惟《華嶠傳》云："（嶠爲）《漢後書》奏之，詔朝臣會議，時中書監荀勖、令和嶠、太常張華、侍中王濟，咸以嶠文質事核，有遷、固之規，實録之風，藏之秘府。"案《張華傳》："華爲太常，以太廟屋棟折免官。"《武帝紀》："太康八年（公元 287 年），太廟殿陷。"則其時荀勖、和嶠尚爲中書監、令，故萬《表》以太康八年勖爲尚書令，華廙爲中書監乎？

臣譴、臣勷、臣給、臣宙、臣瓚

《穆天子傳序》首結銜第三行有"秘書主書令史譴勷給"。

希祖案：主書令史必不止一人，此"譴勷給"當作"臣譴"、"臣勷"、"臣給"，蓋三人也。

又第四行結銜有"秘書校書中郎張宙"。

希祖案："張宙"當作"臣宙"，"張"字後人所改。

又第五行結銜有"郎中傅瓚"。

希祖案："傅瓚"當作"臣瓚"，"傅"字後人所改。宋裴駰《史記集解》序云："《漢書音義》稱臣瓚者，莫知姓氏。"《索隱》云："案即傅瓚。《穆天子傳》目錄云傅瓚爲校書郎，與荀勖同校定《穆天子傳》。又稱臣者，以其職典秘書故也。"顔師古《漢書敘例》亦云："臣瓚不詳姓氏及郡縣。宋祁曰，裴駰《史記序》云莫知姓氏，韋稜《續訓》又言未詳，而劉孝標《類苑》以爲于瓚，酈道元注《水經》以爲薛瓚。姚察《訓纂》云：'案《庾翼集》，于瓚爲翼主簿，兵曹參軍，後爲建威將軍。'《晉中興書》云：'翼病卒，而大將于瓚等作亂，翼長史江虨誅之。'于瓚乃是翼將，不載有注解《漢書》。然瓚所采衆家音義，自服虔、孟康以外，並因晉亂，湮滅不傳江左，而《高紀》中'瓚案《茂陵書》'，《文紀》中'（瓚）案《漢禄秩令》'，此二書亦復亡失，不得過江。明此瓚是晉中朝人，未喪亂之前，故得具其先輩音義及《茂陵書》、《漢令》等耳。蔡謨之江左，以瓚二十四卷散入《漢書》，今之注也。若謂于瓚乃是東晉人，年代前後了不相會，此瓚非于，足可知矣。又案《穆天子傳》目錄云'秘書校書郎中傅瓚校古文《穆天子傳》'，今《漢書音義》臣瓚所案，多引《汲書》以駁衆家訓義。此瓚疑是傅瓚，瓚時職典校書，故稱臣也。[1] 顔師古曰：'後人斟酌瓚姓，附之傅族耳，既無明文，未足取信。'"案師古之意，亦以《穆傳》結銜賞如"臣勖"、"臣嶠"同例，而稱"臣瓚"，"傅"字爲後人所附，猶今本《穆傳》"臣勖"改爲"荀勖"也。荀勖《晉書》有明文，猶足取信；而傅瓚則他書無明文，故未足取信也。兹當闕疑，仍稱"臣瓚"。惟注《漢書》校《穆傳》，皆此臣瓚一人，故其注中，引汲郡古文甚多也。

希祖案：《晉書》卷三十五《裴秀傳》，秀從弟楷有五子，次曰瓚，"字國寶，中書郎，風神高邁，……特爲王綏所重，每從其遊。綏父戎謂之曰：'國寶初不來，汝數往何也？'對曰：'國寶雖不知綏，綏自知國寶。'楊駿之誅，爲亂兵所害。"尋臣瓚爲秘書校書

---

① 希祖案：酈注《水經》以爲薛瓚，《資治通鑑》晉穆帝永和八年有太原薛瓚，即其人也。然亦爲東晉人，故亦不爲宋祁所取。

郎中,永平元年(公元291年)已遷中書郎,官職頗相近,亦可備一説①。又案郎中亦有單稱郎者,時秘書屬於中書省,亦可稱中書郎。

何邵

《晉書》卷三十三《何邵傳》:"邵字敬祖(太宰曾次子,陳國陽夏人)……遷侍中尚書。惠帝即位,初建東宮,太子年幼,欲令親萬機,故盛選六傅,以邵爲太子太師,通省尚書事。後轉特進,累遷尚書左僕射。② 邵博學,善屬文,陳説近代事若指諸掌。永康初,遷司徒。③ 趙王倫纂位,以邵爲太宰。……所撰《荀粲》《王弼傳》及諸奏議文章,並行於世。永寧元年薨④,謚曰康。……"

希祖案:《晉書》卷四十《楊駿傳》:"武帝疾篤,乃詔中書以汝南王亮與駿夾輔王室,駿恐失權寵,從中書借詔觀之,得便匿藏。中書監華廙恐懼,自往索之,終不肯與。信宿之間,上疾遂篤,后乃奏帝以駿輔政,帝頷之,便召中書監華廙、令何邵口宣帝旨,使作遺詔。"又按《晉書》卷四《惠帝紀》:"永熙元年(公元290年)秋八月壬午,立廣陵王遹爲皇太子,以中書監何邵爲太子太師。"則太康之末,永熙之初,邵爲中書監也。又按華廙爲中書監,至惠帝即位,始加侍中光禄大夫,轉尚書令,則邵爲中書監必在永熙元年(公元290年)五月,至八月即遷太子太師。元康三年(公元293年),邵又爲秘書監。《晉書》卷四十四《華嶠傳》:"嶠……元康三年(公元293年)卒。……嶠性嗜酒,率常沉醉,所撰書十典未成而終,秘書監何邵奏嶠中子徹爲佐著作郎,使踵成之。"又案《惠帝紀》:"元康七年(公元297年)九月,以太子太師何邵爲尚書左僕射。"邵於永熙元年(公元290年)八月爲太子太師,元康七年(公元297年)仍稱太子太師,則元康三年(公元293年)又繼華嶠爲秘書監,蓋兼職也。

又案:《隋書·經籍志》有太宰《何邵集》二卷,録二卷。

蔣俊

《晉書》卷四《惠帝紀》,永平元年(公元291年)三月辛卯,誅太傅楊駿、中書令蔣俊。

希祖案:俊爲中書令必在何邵由令升監時,時永熙元年五月,楊駿初爲太傅輔

---

① 整理者案:《晉書》四十《貫謐傳》有王瓚,荀勖做中書監時爲著作郎,參加《晉書》斷限之議。此人似亦有校理汲冢書之可能。

② 《晉書》卷四《惠帝紀》:"元康七年九月,太子太師何邵爲尚書左僕射。"

③ 《晉書》卷四《惠帝紀》:"永康元年四月丁酉,何邵以左光禄大夫遷司徒。"

④ 《晉書》卷四《惠帝紀》:"永寧元年十二月,司空何邵薨。"

政也。

以上中書監、令。

摯虞

《晉書》卷五十一《摯虞傳》：“摯虞字仲洽，京兆長安人也。……少事皇甫謐，才學通博，著述不倦。……舉賢良，……後歷秘書監、衛尉卿，從惠帝幸長安，……後得還洛，歷光禄勳太常卿。……及洛京荒亂，盜竊縱橫，人饑相食，虞素清貧，遂以餒卒。虞撰《文章志》四卷，注解《三輔決録》，又撰《古文章類聚》，區分爲三十卷，名曰《流別集》，各爲之理。”

希祖案：《晉書》卷三十六《張華傳》：“華雅愛書籍，……嘗徙居，載書三十乘。秘書監摯虞撰定《官書》，皆資華之本以取正焉。”考虞爲秘書監，疑在惠帝永平元年（公元 291 年）二月戊寅復置秘書監官之時，時衛恆爲秘書丞，撰《詔定古文官書》。所謂古文即汲冢古文，《官書》即汲冢書藏於秘府者。虞爲秘書監，故撰定《官書》；衛恆多識古文，故撰《詔定古文官書》，虞以《官書》爲主，故參考之書取正張華善本；恆以古文爲主，故列舉古文與他文異同。此一證也。汲冢書初爲荀勖、和嶠等撰定，《王接傳》謂時秘書丞衛恆考正汲冢書，蓋因勖等所定尚有未當者，故初復秘書監官時，虞等奉詔重行考定也。此一證也。《王接傳》又謂：“恆考正汲冢書，未訖而遭難。佐著作郎束皙述而成之，事多證異義。時東萊太守陳留王庭堅難之，亦有證據。皙又釋難，而庭堅已亡。……接乃詳臆其得失，摯虞、謝衡①咸以爲允當。”時虞雖早遷他官，然與其所定《官書》有關，故輒復留意焉。此一證也。永平元年（公元 291 年）復置秘書監官時，張華爲太子少傅，爲楊駿所忌，不與朝政。駿誅，改元元康（公元 291 年），其年六月，華以首謀誅楚王瑋有功，拜右光禄大夫開府儀同三司侍中中書監，與裴頠共輔朝政。六年遷司空，至永康元年（公元 300 年），以司空遇害。虞爲秘書監在永平、元康之初，華未執政，故得從容借其善本書籍取正《官書》。此一證也。賈謐在元康末爲秘書監，永康元年（公元 300 年）與張華同時被殺。虞爲秘書監若在賈謐後，則不得借華書以取正。此又一證也。

又案：唐劉知幾《史通·申左篇》云：“自丘明之後，迄於魏滅，年將千祀，其書寢廢。至晉太康中，汲冢獲書，全同《左氏》（？）。故束皙云：‘若使此書出於漢世：劉歆不作五原太守矣。’於是摯虞、束皙引其義以相明。”觀此則摯虞、束皙皆引《左傳》之義以

---

① 《晉書》卷四十九《謝鯤傳》：“父衡，以儒素顯，仕至國子祭酒。”又《賈謐傳》亦有關於國子博士謝衡之記載。

明《竹書紀年》。此亦《張華傳》摯虞撰定《官書》之一明證也。

《隋書·經籍志》有晉太常卿《摯虞集》十卷,録一卷。

衛恆

《晉書》卷三十六《衛恆傳》:"恆字巨山(河東安邑人,太保瓘子),少辟司空齊王府,轉太子舍人、尚書郎、秘書丞、太子庶子、黄門郎。恆善草隸書,爲《四體書勢》。……及瓘爲楚王瑋所構,恆聞變,以何邵嫂之父也,從牆孔中詣之,以問消息,邵知而不告。恆還,經厨下,收人正食,因而遇害。後贈長水校尉,謚蘭陵貞世子。"

希祖案:《晉書》卷五十一《王接傳》:"時秘書丞衛恆考正汲冢書,未訖而遭難。"而本傳敘其官秘書丞,後歷太子庶子、黄門郎,蓋雖爲太子庶子,又爲黄門郎,而仍守秘書丞,猶和嶠以侍中領中書令,賈謐以侍中領秘書監,皆爲兼官也。恆爲秘書丞,蓋在永平元年(公元 291 年)二月復置秘書監官時,其時摯虞爲秘書監,何邵爲太子太師。若恆在太康末永熙初爲秘書丞,則其時秘書監官未復,秘書屬中書省,何邵爲中書令及監,特辟恆爲丞,必有知己之感、僚屬之情,安有遇難而不告之理?恆爲瓘之長子,所謂何邵爲嫂之父者,蓋爲從兄嫂父,故無告難之情。自永平元年(公元 291 年)二月復秘書監,三月誅楊駿,改元元康,汝南王亮爲太宰,與太保衛瓘輔政,六月楚王瑋殺瓘及恆,則恆爲秘書丞前後不過四月餘,故考正汲冢書未能訖事也。

又案:《隋書·經籍志》:《四體書勢》一卷,晉長水校尉衛恆撰。今全載於恆本傳。摯虞爲秘書監,特請恆考正汲冢書,以恆妙解古文也。其《四體書勢·古文勢》[①]云:"秦用篆書,焚燒先典,而古文絕矣。漢武時魯恭王壞孔子宅,得《尚書》、《春秋》、《論語》、《孝經》,時人以不復知有古文,謂之科斗書。漢世秘藏,希得見之。魏初傳古文者出於邯鄲淳,恆祖敬侯[②]寫淳《尚書》,後以示淳,而淳不别。至正始中,立《三字石經》,轉失淳法,因科斗之名,遂效其形。太康元年,汲縣人盜發魏襄王冢,得策書十餘萬言。案敬侯所書,猶有髣髴。古書亦有數種,其一卷《論楚事》者,最爲工妙,恆竊悦之,故竭愚思,以贊其美。"[③]是恆之善古文,本於家學,且出於漢世壁中古文,其書勢與汲冢古文相髣髴。此語關係至爲重要,可見汲冢古文,與漢世發見之孔壁古文,同屬於戰國時代我國東方古文字系統也。王國維謂秦用籀文,謂之大篆,李斯改爲小篆,山東

---

① 案:《古文勢》,恆自撰,名《字勢》,而《隸勢》亦恆自撰。合之蔡邕《篆勢》、崔瑗《草書勢》爲《四體書勢》。

② 案:《晉書》卷三十六《衛瓘傳》:"父覬,魏尚書。"

③ 載《晉書》卷三十六衛恆本傳。

各國,皆用古文①。故魯壁、汲冢皆用古文。得恆《古文書勢》證明之,則二種古文,相得益彰,皆非僞造明矣。

又案:《隋書·經籍志》:《古文官書》一卷,後漢議郎衛敬仲撰。《唐書·經籍志》:《詔定古文官書》一卷,衛宏撰;《新唐書·藝文志》:衛宏《詔定古文字書》一卷。案詔定《古文官書》,乃晉衛恆撰,非漢衛宏撰,已見前《文字考》。《晉書·張華傳》摯虞爲秘書監,撰定《官書》,亦可作一旁證。蓋虞所撰者爲《官書》(即今隸寫定本),故參考之書多取張華善本;恆所撰定者爲《古文官書》(即古文本),故列舉古文與他文異同也。

華嶠

《晉書》卷四十四《華嶠傳》:"嶠字叔駿(案:嶠祖魏太尉歆,父晉太中大夫表,兄尚書令廙),才學深博,少有令聞。……泰始初,賜爵關内侯,……更拜散騎常侍,典中書著作。……元康初……改封樂鄉侯,遷尚書。後以嶠博聞多識。屬書典實,有良史之志,轉秘書監。……初,嶠以《漢紀》(案即《東觀漢記》)煩穢,慨然有改作之意,會爲臺郎,典官制事,由是得遍觀秘籍遂就其緒。起于光武,終於孝獻一百九十五年,爲帝紀十二卷,皇后紀二卷,十典十卷,傳七十卷及三譜、序傳、目錄,凡九十七卷。……改名《漢後書》奏之,詔朝臣會議。時中書監荀勖、令和嶠、太常張華、侍中王濟,咸以嶠文質事核,有遷、固之規,實錄之風,藏之秘府。後太尉汝南王亮、司空衛瓘爲東宮傅,列上通講,事遂施行。嶠所著論議難駁詩賦之屬,數十萬言。……元康三年卒,追贈少府,諡曰簡。"

希祖案:華嶠奏上《漢後書》,詔朝臣會議,蓋在太康七年,時張華爲太常,至太康八年(公元 287 年)正月,以太廟陷免官(見《武帝紀》及《張華傳》)。《漢後書》列上東宮通講在元康元年(公元 291 年)(見《愍懷太子傳》)。嶠爲秘書監,蓋繼摯虞之後,在元康二、三年之交,史無明文,不能確定也。

繆徵

事迹未詳。

《晉書》卷四十四《華嶠傳》:"後監繆徵又奏嶠少子暢爲佐著作郎,克成十典,並草魏、晉紀傳,與著作郎張載等俱在史官。……暢有才思,所著文章數萬言。"案"徵"字皆作"徵"。《晉書·職官志》:"晉受命,武帝以繆徵爲中書著作郎。"《賈謐傳》亦作

---

① 見王國維《觀堂集林》。

"蘭陵繆徵",則以作"徵"爲是。又案繆徵爲秘書監,蓋在元康七年(公元 297 年)九月何邵遷尚書左僕射時。

　　希祖案:《隋書·經籍志》有秘書監《繆徵集》二卷,録一卷。《太平御覽》卷二三四引王隱《晉書·華嶠傳》云:"嶠《漢書》十典未成,秘書監繆徵奏嶠少子暢爲著作佐郎,卒成十典。"

虞濬

事迹未詳。

　　王隱《晉書·陸機傳》:"士衡以文學爲秘書監虞濬所請爲著作郎,議《晉書》限斷。"①

　　希祖案:陸機《弔魏武帝文序》云:"元康八年(公元 298 年),機始以臺郎遊乎秘閣,而見魏武帝遺令,愾然歎息,於是遂憤懣而獻弔云爾。"(《文選》)是虞濬爲秘書監在元康八年(公元 298 年)也。

賈謐

　　《晉書》卷四十《賈謐傳》:"謐字長深,母賈午,充少女也。父韓壽……南陽堵陽人,魏司徒暨曾孫。……謐好學有才思,既爲充嗣,繼佐命之後,又賈后專恣,謐權過人主……開閣延賓,海内輻湊,貴遊豪戚及浮競之徒,莫不盡禮事之。……渤海石崇、歐陽建,滎陽潘岳,吳國陸機、陳雲,蘭陵繆徵,京兆杜斌、摯虞,琅琊諸葛詮,弘農王粹,襄城杜育,南陽鄒捷,齊國左思,清河崔基,沛國劉環,汝南和郁、周恢,安平索秀,潁川陳眕,太原郭彰,高陽許猛,彭城劉訥,中山劉輿、劉琨,皆傅會於謐,號曰二十四友,其餘不得豫焉。歷位散騎常侍、後軍將軍,廣城君(案:賈充後妻郭槐封廣成君)薨去職,喪未終,起爲秘書監,掌國史。先是朝廷議立《晉書》限斷,中書監荀勖謂宜以魏正始起年,著作郎王瓚欲引嘉平以下朝臣盡入晉史,于時依違,未有所決。惠帝立,更使議之。謐上議請從泰始爲斷,於是事下三府。司徒王戎、司空張華、領軍將軍王衍、侍中樂廣、黃門侍郎嵇紹、國子博士謝衡,皆從謐議。騎都尉濟北侯荀峻、侍中荀藩、黃門侍郎華混以爲宜用正始開元。博士荀熙、刁協謂宜嘉平起年。謐重執奏戎、華之議,事遂施行。尋轉侍中,領秘書監如故。……及趙王倫廢后,以詔召謐於殿前……斬之。"

　　希祖案:王隱《晉書·賈謐傳》:"元康末,起爲秘書監,兼掌國史。"②是謐爲秘書

---

① 《初學記》卷十二、《太平御覽》卷二三四引王隱《晉書·陸機傳》。
② 《北堂書鈔》引王隱《晉書·賈謐傳》。

監在元康九年（公元 299 年），至永康元年（公元 300 年）四月癸巳，梁王彤、趙王倫矯詔廢賈后爲庶人，侍中賈謐及黨羽數十人皆誅（見《惠帝紀》），爲秘書監不過一年。時潘岳爲秘書郎，謐《晉書》限斷之議，乃岳之辭也①。

以上秘書監、丞。

束皙

《晉書》卷五十一《束皙傳》：“束皙字廣微，陽平元城人。……博學多聞，與兄璆俱知名。少遊國學。或問博士曹志曰：‘當今好學者誰乎？’志曰：‘陽平束廣微好學不倦，人莫及也。’還鄉里，察孝廉，舉茂才，皆不就。……皙與衞恆厚善，聞恆遇禍，自本郡赴喪。……性沈退，不慕榮利，作《玄居釋》以擬《客難》（文略）。張華見而奇之，……華爲司空，復以爲賊曹，……轉佐著作郎，撰《晉書》帝紀十志。遷轉博士，著作如故。太康二年（公元 281 年），汲郡人不準盜發魏襄王墓，或言安釐王冢，得竹書數十車。其《紀年》十三篇，記夏以來至周幽王爲犬戎所滅，以（晉）事接之，三家分，仍述魏事，至安釐王之二十年②。蓋魏國之史書，大略與《春秋》皆多相應。其中經傳大異，則云③夏年多殷；益干啓位，啓殺之；太甲殺伊尹；文丁殺季歷；自周受命至穆王百年，非穆王壽百歲也；幽王既亡④，有共伯和者攝行天子事，非二相共和也。其《易經》二篇，與《周易》上下經同。《易繇陰陽卦》二篇，與《周易》略同，《繇辭》則異。《卦下易經》一篇，似《説卦》而異。《公孫段》二篇，公孫段與邵陟論《易》。《國語》三篇，言楚、晉事。名三篇⑤，似《禮記》，又似《爾雅》、《論語》。《師春》一篇，書《左傳》諸卜筮，‘師春’似是造書者姓名也。《瑣語》十一篇，諸國卜夢妖怪相書也。《梁丘藏》一篇，先敘魏之世數，次言丘藏金玉事。《繳書》二篇，論弋射法。《生封》一篇，帝王所封。《大曆》二篇，《鄒子》談天類也。《穆天子傳》五篇，言周穆王遊行四海，見帝臺、西王母。《圖詩》一篇，畫贊之屬也。又雜書十九篇：《周食田法》、《周書》、《論楚事》、《周穆王美人盛姬死事》。大凡七十五篇，七篇簡書折壞，不識名題。冢中又得銅劍一枚，長二尺五寸。漆書皆科斗字。初發冢者，燒策照取寶物，及官收之，多燼簡斷札，文既殘缺，不復詮次。武帝以其書付秘書校綴次第，尋考指歸，而以今文寫之。皙在著作，得觀竹書，隨疑分釋，皆有義證。遷尚書郎。……趙王倫爲相國，請爲記室，皙辭疾

---

① 《晉書》卷五十五《潘岳傳》。
② 案：《紀年》稱今王二十年，今王爲襄王，非安釐王。
③ 案：“其中經傳大異”，“其中”下疑脱“與”字。
④ 案：“幽王”當作“厲王”。
⑤ 案：“名”上疑有脱字。

罷歸,教授門徒,年四十卒。……晢才學博通,所著《三魏人士傳》、《七代通記》、《晉書》紀志遇亂亡失,其《五經通論》、《發蒙記》、《補亡詩文集》數十篇行於世云。"

又《隋書·經籍志》有晉著作郎《束晢集》七卷。

希祖案:本傳言張華爲司空,以爲賊曹,轉佐著作郎,撰《晉書》帝紀十志,遷轉博士,著作如故。而王隱《晉書·束晢傳》則云賈謐請爲著作郎[1]。考張華爲司空爲元康六年(公元296年)正月(《惠帝紀》),晢爲佐著作郎蓋在何邵、繆徵、虞濬爲秘書監時,當元康六、七、八年(公元296—298年)之際。其時華暢、張載、陸機先後爲著作郎,晢咸與之共時,爲時頗久,故能撰成《晉書》帝紀及十志,又考正汲冢書,完成七十五卷。後遷博士,賈謐又請爲著作郎,《晉書·職官志》所謂大著作郎也。蓋其時汲冢書尚未考正完備,故又請之終其事也。

又案:束晢與衛恆厚善,亦必妙解古文。張隲《文士傳》曰:"人有於嵩山下得簡一枚,兩行科斗書,人莫能識。司空張華以問束晢,晢曰:'此漢明帝顯節陵中策文。'驗之果然,朝廷士庶,皆服其博識。"[2]此其證也。蓋《紀年》一書,若欲考正,一方必深通經學,一方必妙解古文,乃能勝任。王隱《晉書》謂汲冢古文荀勖、和嶠已不能盡識,故雖已寫成今文,必請精通古文之衛恆重加考正。恆遇難未訖,繼起無人,雖深於史學如華嶠,深於文學如陸機、潘岳,皆不敢涉筆。惟束晢既著《五經通論》,又習於古文,故能繼衛恆之業,述而成之,其功業之偉,實與孔安國傳古《尚書》媲美。王隱《晉書》、唐修《晉書》,皆將汲冢書總篇目著於《束晢傳》,蓋亦歸其功於晢也。

《紀年》一書,有和嶠初定本與束晢重定本之別,已見前考。二本皆有流傳,故後人有《竹書同異》一卷,《隋書·經籍志》即以附於《紀年》十二卷之後也。今其書皆已亡佚,余別有《竹書紀年考異》一卷。朱右曾《汲冢紀年存真》、王國維《古本竹書紀年輯校》皆不能分別,漫然捆而爲一者也。

又案《晉書》卷五十一《王接傳》"時秘書丞衛恆考正汲冢書,未訖而遭難。佐著作郎束晢述而成之,事多證異義。時東萊太守陳留王庭堅難之,亦有證據。晢又釋難,而庭堅已亡。散騎常侍郎潘滔謂接曰:'卿才學理議,足解二子之紛,可試論之。'接遂詳其得失。摯虞、謝衡皆博學多聞,咸以爲允當。"束晢既於汲冢書多證異義,足證《紀年》有重定本。王庭堅之難,束晢之釋難,王接之平議二家得失,其文今皆不傳(僅《初學記》卷二十一引束晢釋難一條),足見當時考正此書,公開討論,非苟而已也。

---

① 《文選·補亡詩注》引王隱《晉書·束晢傳》。
② 《文選》任昉《薦士表注》引張隲《文士傳》。案:張隲作張隱,《隋書·經籍志》:《文士傳》五卷,張隱撰。

又案《晉書》卷八十二《司馬彪傳》：“彪泰始中（公元 265—272 年）爲秘書郎轉丞，注《莊子》，作《九州春秋》。爲《續漢書》，凡紀、志、傳八十篇。①　惠帝末年卒。初，譙周撰《古史考》二十五篇，以糾司馬遷《史記》之謬誤，彪復條《古史考》中凡百二十二事爲不當，多據《汲冢紀年》，亦行於世。”案束晳考定《汲冢紀年》，蓋告成於惠帝永康元年（公元 300 年），至惠帝末年司馬彪之卒（光熙元年，公元 306 年）不過五年。彪之據《汲冢紀年》以條駁《古史考》有百二十二事之多，必在此五年之内所撰。引《紀年》以治古史不僅司馬彪一人，前乎此者有臣瓚著《漢書音義》二十四卷，後乎此者有徐廣著《史記音義》十三卷，皆爲晉代有名學者，亦常采《紀年》以治《史》、《漢》。蓋當時學者，目睹汲冢出土古文，或身預校書之役，故皆深信不疑，非若漢代今文家，以利禄所關，妄詆古文爲僞也②。

（作者於 1939 年寫成書稿，經其子朱偰整理後，中華書局 1960 年出版。）

作者簡介：

朱希祖（1879—1944），字逖先。浙江海鹽人。著名史學家、國學家、藏書家，章太炎弟子。1918 年任北京大學中國文學系主任，教授中國文學史；後擔任史學系主任，是近代中國大學文科中設有歷史系以來的首任系主任。1930 年加入中央研究院歷史語言研究所，任專任研究員，後改爲特約研究員。1934 年受聘爲南京國立中央大學史學系主任。1944 年 7 月因肺氣腫病發，逝於重慶。著作有《中國史學通論》、《章太炎説文解字授課筆記》（合著）、《朱希祖書信集》、《酈亭詩稿》、《朱希祖六朝歷史考古論集》、《朱希祖文存》、《中國文學史要略》等。朱希祖還是研究南明史的權威，先後撰寫《明季史料題跋》、《南明之國本与政權》、《南明廣州殉國諸王考》、《中國最初經營臺灣考》、《屈大均傳》、《明廣東東林黨傳》等論文。中華書局 2012 年分別出版了《朱希祖日記》、《朱希祖書信集》。中西書局 2019 年出版了《朱希祖史學史選集》。

---

① 案：司馬彪《續漢書》今惟存志八篇三十卷，列於范曄《後漢書》中。
② 案：杜預《春秋左氏經傳集解後序》雖亦表彰《紀年》，以爲《紀年》所記多與《左傳》符同，然此後序疑非杜預撰，見《篇目考》。

汲冢竹書考略

屈萬里

前説

汲冢所出竹書,關係吾國學術者至大。顧其所出之冢,在當時即有魏襄王及安釐王兩説(見《晉書‧束晳傳》)。其出土之時,説者尤多紛歧:《晉書‧武帝紀》及唐張懷瓘《書斷》,以爲在咸寧五年;杜預《左傳集解後序》、《晉書‧律曆志》《衛恆傳》及王隱《晉書‧束晳傳》,則以爲在太康元年;而《晉書‧束晳傳》,又稱在太康二年。關於前者,日人小川琢治,考定其塚屬於襄王(見《穆天子傳考》,譯本載於江俠庵編譯《先秦經籍考》卷下)。關於後者,日人神田喜一郎於所著《汲冢書出土始末考》(譯本見《先秦經籍考》卷下),襲閻百詩箋《困學紀聞》之説,而申論之,謂:"汲冢書出土之時日,實咸寧五年十月;而翌年太康元年,官收其書,藏書秘府;更翌年爲太康二年,始命束晳、荀勖、杜預、衛恆等當時學者,始親校讀之。"諸所推勘,大致近是。今於此二端,不復具論。本文所探討者,乃竹書之情形,及其流傳之緒,與夫其書對於吾國學術之影響也。

出土之書,據《晉書‧束晳傳》所載,爲《紀年》十三篇,《易經》二篇,《易繇陰陽卦》二篇,《卦下易經》一篇,《公孫段》二篇,《國語》三篇,《名》三篇,《師春》一篇,《瑣語》十一篇,《梁丘藏》一篇,《繳書》二篇,《生封》一篇,《大歷》二篇,《穆天子傳》五篇,《圖詩》一篇,《雜書》十九篇,及簡書折壞,不識名題者七篇:都計十餘種七十五篇(《左傳後序》及《束晳傳》並稱七十五篇,今計數實七十六篇。蓋紀年本十二篇,外有異同一篇,合十三篇,當時數算篇數,未將此異同一篇計入也。)可謂盛矣。然其書不久即多所亡逸,至唐初僅存四種(劉子玄《史通‧申左篇》自注云:"汲冢所得書,尋亦亡逸,今惟《紀年》、《瑣語》、《師春》在焉。"按劉氏尚遺《穆天子傳》,合計凡四種。)迄今惟《穆天子傳》,尚在人間;而《紀年》及《瑣語》,僅有零落不完之輯本。故書散失,可慨也已!

竹書之內容及其流傳之情形

竹書除《穆天子傳》外，其餘散逸已久，略如前述。惟鉤稽舊文，亦有可得而稱說者，爰條述如次，然不能詳也。

一、《紀年》十三篇

杜預《春秋左傳集解後序》云："會汲郡汲縣，有發其界內舊冢者，大得古書，皆簡編科斗文字……所記大凡七十五卷，多雜碎怪妄，不可訓知。《周易》及《紀年》，最爲分了。……其《紀年》篇，起自夏殷周，皆三代王事，無諸國別也。惟特記晉國，起自殤叔，次文侯、昭侯，以至曲沃莊伯。莊伯之十一年十一月，魯隱公之元年正月也。皆用夏正建寅之月爲歲首，編年相次。晉國滅，獨記魏事，下至哀王之二十年，蓋魏國之史記也。"《晉書·束晳傳》謂："記夏以來，至周幽王爲犬戎所滅，以晉接之，三家分，仍述魏事，至安釐王之二十年。"按《紀年》終於今王二十年，今王乃襄王。《史記》於魏惠成王之改元，誤以爲襄王元年，又誤添哀王一世，實則所謂襄王之年，乃惠成王改元後之年；而哀王之年，則誠襄王之年也。杜氏之說，蓋因《史記》致誤。《束晳傳》以爲終於魏安釐王二十年者，則又因相傳爲安釐王冢而誤。小川文中辨之已詳，此不贅列。蓋《紀年》一書，以編年之體材，記夏以來之史實；東周以後，則惟記晉事；三家分晉而後，則惟記魏事，以迄於襄王二十年；此其大略也。

《隋書·經籍志》，著錄《紀年》十二卷，云："並《竹書異同》一卷"，合爲十三卷，蓋即中經舊傳之本。其異同一卷者，當是杜預、束晳諸人，考證時之札記也。新、舊《唐書》及《通志》，皆著錄爲十四卷，其增卷之故，莫得詳說。晁氏《書志》、陳氏《書錄》、《崇文總目》、《文獻通考》，均未著錄，而《中興書目》及《宋史·藝文志》，則存殘本三卷，似在宋時，已不甚通行。至今傳之本二卷，乃屬僞託，《四庫書目提要》，曾歷舉其與元人以前所引《竹書》不合處，斷此本爲《春秋胡傳》盛行以後之書，其說甚韙。姚振宗於所著《隋書經籍志考證》中，以爲范欽僞作，或竟然也。

海甯王靜安（國維）氏，有《古本竹書紀年輯校》一編，今刊在《王忠慤公遺書》，雖斷簡殘編，猶可略窺原本真象。錢賓四（穆）氏，後爲之補正（見《先秦諸子繫年考辨》），益復稍稍可讀。《紀年》之子餘，惟此而已。

二、《易經》二篇

《左傳集解序》云："《周易》上下篇，與今正同。別有《陰陽說》，而無《彖》、《象》、《文言》、《繫辭》。疑于時仲尼造之於魯，尚未播之於遠國也。"《晉書·束晳傳》云："《易經》二篇，與《周易》上下經同。"據此，是《易經》文上下篇，與晉初《周易》同也。

《周易》一書，未嘗厄於秦火，於諸經中爲最幸。西漢民間傳《易》者，有費氏之學。《漢書·藝文志》稱，劉向以中古文，校諸家《易》，或脱去無咎悔亡，惟費氏經與古文同。是費氏之《易》爲最完。東漢馬鄭荀及王肅王弼諸家，皆傳費氏之學，魏晉之際，此數家之學，爲最盛行。然則杜氏及《束晳傳》所謂與今《易》同者，即指馬鄭荀王諸家之本，亦即今日所傳之本也。

惟《左傳後序》，則云《周易》；而《晉書·束晳傳》則稱《易經》；二者稱名不同。今按六經十二經等名，雖見於《莊子》及《禮記經解》，而書名下著經字者，則始見於《吕氏春秋》稱引《孝經》。西漢稱六經，猶但曰《詩》、《書》、《易》、《禮》、《樂》、《春秋》，其下不加經字，則汲冢此書，當不至名爲《易經》，而《周易》之稱，則屢見於《左傳》。以是覘之，則云《周易》者是；云《易經》者，蓋以後世之名名之也。

又此書自《隋書·經籍志》，即不著録，其亡已久。然有王輔嗣本及釋文流傳，則《竹書》之存否，已無足輕重矣。

三、《易繇陰陽卦》二篇

《晉書·束晳傳》云："《易繇陰陽卦》二篇，與《周易》略同，《繇辭》則異"，其書自《隋志》即未著録，復未見諸稱引，其詳不可得言。按《周禮》云："太卜，掌三易之法，夏曰《連山》，殷曰《歸藏》，周曰《周易》，其經卦皆八，其別皆六十有四。"《連山》、《歸藏》雖未必夏殷之書，然可知先秦占筮之書，《周易》而外，頗多異本。《國語》、《左傳》，所記筮辭，不同於《周易》者，往往有之。則《易繇陰陽卦》者，蓋仿《周易》之形式，而別爲繇辭，若《連山》、《歸藏》之類也。

四、《卦下易經》一篇

《晉書·束晳傳》："《卦下易經》一篇，似《説卦》而異"，其書自《隋志》以後，亦未見著録。按所謂《易經》，蓋仍以後世之名命之，當非本稱也。《説卦》所重，惟在象類；此謂"似《説卦》而異"者，蓋亦言象類，其象與今説卦傳之象不盡同耳。觀《國語》、《左傳》釋《繇辭》，其取象有坎爲衆，震爲車……等義，皆非今卦傳所有，疑《卦下易經》之象類，與《國語》、《左傳》合，然故書無徵，不能決矣。

五、《公孫段》二篇

《晉書·束晳傳》："《公孫段》二篇，公孫段與邵陟論《易》。"其書亦不見於後世著録。按《韓非子·顯學篇》，謂儒分爲八，中有公孫氏之儒，陶淵明著《聖賢群輔録》，其八儒一節，專申韓非之説，而有"公孫氏傳易爲道，爲絜靜精微之儒"之語。朱氏《經義考》據此，以爲即與邵陟論《易》之公孫段。其後洪亮吉即據以列入《傳經表》，姚振宗亦據以採入《漢書·藝文志拾補》，淵明喜讀異書，觀其"泛覽《周王傳》"之語，證知爾時竹書已頗流行，淵明蓋必曾讀公孫段之書，故斷然以之釋《韓非子》也。惜所論爲何,不可詳矣。

六、《國語》三篇

《晉書·束皙傳》:"《國語》三篇,言晉楚事。"

七、《名》三篇

《晉書·束皙傳》:"《名》三篇,似《禮記》,又似《爾雅》、《論語》。"

以上二種,後世皆不見著録及徵引,其詳無考。

八、《師春》一篇

杜預《春秋經傳集解後序》:"又別有一卷,純集疏《左氏傳》卜筮事,上下次第,及第文義,皆與《左傳》同,名曰《師春》。'師春',似是鈔集者人名也。"《晉書·束皙傳》:"《師春》一篇,書《左傳》諸卜筮。'師春',似是造書者姓名也。"《史通·申左篇》自注云:"《師春》多載春秋時筮者繇辭,將《左氏》相校,遂無一字差舛。"按此,是《師春》之書,即今《左傳》中之筮辭也。

此書《隋書·經籍志》及新、舊《唐書·藝文志》皆未著録。然《史通》述爾時所存之竹書,尚有《師春》;且謂:"將《左氏》相校,遂無一字差舛"(並見前引)。是劉子玄曾目見之,則唐初時尚未亡也。至宋陳氏《書録解題》著録一卷,《通志》著録二卷,疑皆是《文獻通考》所著録之僞本。《通考》(卷一百八十三《經籍考·春秋》類)云:"汲冢《師春》一卷。陳氏曰:'……今此書首敘周及諸國世系。又論分野律吕爲圖,又雜録謚法卦變,與杜預所言純集卜筮者不同,似非當時本書也。'"按此,其爲僞書無疑,《玉海》(卷四十七)云:"蘇洵編定《六家謚法》,於是書時有所取。"覘此,則老泉所見者,亦此僞本也。然《左傳》具在,則此書雖亡而實未亡矣。

九、《瑣語》十一篇

《晉書·束皙傳》:"《瑣語》十一篇,諸國卜夢妖怪相書也。"《左傳集解後序》,有:"多雜碎怪妄,不可訓知"之言,殆亦謂此。此書《隋書·經籍志》及新、舊《唐書·藝文志》,皆著録四卷,不知爲篇卷之省并,抑有所缺損?宋以後書已罕著録,惟《通志》載之(云:"《古文瑣語》四卷,汲冢書。"見卷六十三《藝文一·經類》)。然《通志》著録之書,時注云:"見《隋志》"、"見《唐志》"云云,知其書不必皆當時現存之本。此書雖未注見於某書,然鄭夾漈曾否親見,尚難遽斷。而《西溪叢語》(卷下)有:"《汲冢瑣語·晉春秋篇》載平公夢求熊窺屏,《左氏》、《國語》,並云黃能"之語,是姚寬猶見此書也。其書自《水經注》、《史通》、《太平御覽》《太平廣記》等書中,均有徵引,又《齊太公望表》所引《周志》,以及《文選·思玄賦注》、《赭白馬賦注》所引古文《周書》,疑亦皆《瑣語》之文也,今存者有馬竹吾氏《輯本》一卷,刊於《玉函山房輯佚書》中(《玉函山房輯佚書》中,又有《汲冢書鈔》一卷)。

245

一〇、《梁丘藏》一篇

《晉書·束皙傳》云:"《梁丘藏》一篇,先敘魏之世數,次言丘藏金玉事。"

一一、《繳書》二篇

《晉書·束皙傳》云:"《繳書》二篇,論弋射法。"

一二、《生封》一篇

《晉書·束皙傳》:"《生封》一篇,帝王所封。"

一三、《大歷》二篇

《晉書·束皙傳》:"《大歷》二篇,鄒子談天類也。"

按以上四種,於他書均無可考。

一四、《穆天子傳》五篇

荀勖《穆天子傳序》云:"古文《穆天子傳》者,太康二年,汲縣民不準,盜發古冢,所得書也。皆竹簡素編。以臣勖前所考定古尺,度其簡,長二尺四寸。以墨書,一簡四十字。……其書言周穆王遊行之事……汲郡收書不謹,多毀落殘缺。雖其言不典,皆是古書,頗可觀覽。謹以二尺黃紙寫上。請事平,以本簡書,及所新寫,並付秘書繕寫,藏之中經,副在三閣。"按汲冢諸書,傳於今日者,此爲最完之本,歷代均有著錄,惟自《隋志》以後,咸著爲六卷;今傳之本亦然。蓋郭璞注時,將《雜書》十九篇中論盛姬死事併入,故多一篇,今第六卷中所載者是。《四庫書目提要》已論之矣。(按語本《墨莊漫錄》)又晁氏《郡齋讀書志》及《玉海》引《中興書目》,並稱本書字數,爲八千五百十四字,而今本並荀勖序數之,亦僅七千一百餘字(據小川琢治説),其晁氏及《中興書目》並誤計歟?抑自宋以後,又有殘損歟?是皆不可詳矣。此書自清以來,考訂注釋者頗多,而以清檀萃《注疏》較詳(刊於《碧琳瑯館叢書》),東西洋學者,亦有多家考證,茲不具述。至傳本之較佳者,則有明道藏本,及洪頤煊校訂之平津館本。若天一閣本,已多脱誤;而《漢魏叢書》本,則尤劣矣。

一五、《圖詩》一篇

《晉書·束皙傳》:"《圖詩》一篇,畫讚之屬也。"餘無考。

一六、《雜書》十九篇

《晉書·束皙傳》云:"《雜書》十九篇,《周食田法》、《周書》、《論楚事》、《周穆王美人盛姬死事》。"按《周食田法》,後世無聞,盛姬死事,《四庫總目提要》以爲即《穆天子傳》卷六中所載,其說良是,蓋郭璞注時所併入也。《周書》一書,後世亦佚不傳,姚振宗《隋書·經籍志考證》(卷十三《周書》下)云:"又按汲冢本有《周書》,即《雜書》十九篇是(自注云:"或亦合不識名題之七篇"),嚴氏可均《全三代文編》曰:'古文《周書》,亦汲冢所得。'今僅《文選·思玄賦注》《赭白馬賦注》引有二條,或以《逸周書》當之，非也。此真汲冢書也。"按二賦注中所引古文《周書》，一述穆王田遇黑鳥事，一述周穆王姜后及越姬事，皆與楚無關，當不出於《論楚事》之《周書》，意者皆《瑣語》中文也。

附：《周書》

今傳《周書》七十一篇（已佚十一篇，餘六十篇），《漢書·藝文志》，即已著録，本非汲冢書也。自《隋書·經籍志》，誤以爲出於汲冢，於是新、舊《唐書·藝文志》，晁氏《郡齋讀書志》，陳氏《書録解題》諸書，因訛承謬，遂逕以《汲冢周書》名之，皆不考之過也。《文獻通考·經籍考》（卷一百九十五）引巽巖李氏曰："《隋、唐書·經籍、藝文志》，皆稱此書得之晉太康中汲郡魏安釐冢王，孔晁注解，或十卷，或八卷，大抵不殊。按此，則晉以前初來有此也，然劉向、班固所録，並著《周書》七十一篇，且謂孔子刪削之餘，而司馬遷記武王克殷事，蓋與此合。豈西漢世已得入中秘，其後稍隱，學者不道；及盜發冢，乃幸復出耶？篇目比漢，但缺一耳，必班劉司馬所見者也。繫之汲冢，失其本矣。"按李氏所言，於唐宋諸儒中，可謂獨具卓識。惟所謂漢以後其書稍隱，以及盜發冢，乃幸復出之語，仍非其實。蓋汲冢出書，各有名題，具如上述。其不識名題者七篇，又皆缺略，無容此七十一篇巨書之餘地。故《玉海》述《藝文》，遂謂："《晉書·束皙傳》，以及《左傳正義》引王隱《晉書》，並云《竹書》七十五篇，其篇目皆不言《周書》，則繫《周書》於汲冢，其誤明矣。"乃確知其書不出於汲冢。《四庫書目提要》復歷舉先秦兩漢諸書引《周書》之文，皆與今本相合；斷爲即《漢志》原書，而非汲冢之物，自是款成定讞矣。

又按巽巖李氏，謂篇目比《漢志》缺一之說，亦復失考。陳氏《書録解題》云："《汲冢周書》十卷……凡七十篇，序一篇，在其末，今京口刊本，以序散在諸篇，蓋以仿孔安國《尚書》。"蓋并序文數之，爲七十一篇；散序文於諸篇，則爲七十篇。李氏所見，或爲京口刊本；或不以序爲一篇。要之，非有缺佚也。

李氏又謂："或十卷，或八卷，大抵不殊"者，亦非是，按《舊唐書》著録兩本，一云："《汲冢周書》十卷"，又一云："孔晁注《周書》八卷。"孔晁注本，其卷數反少於無注之本。所以然者，顏師古注《漢書·藝文志·周書》云："今之存者，四十五篇矣。"然其書今猶存六十篇，師古當時所見，不應更少於今本。蓋師古所見者，乃孔晁注本，當時尚存四十五篇（今《孔注》尚存四十二篇）；其七十一篇無注之本，則師古所未見，故如是云云。至合《孔注》於七十一篇之末，即今所流傳者，不知始於何時。又不知何時亡佚其十一篇。（元至正刊本已如此）凡此朱右曾氏於其《逸周書集訓校釋·序》中，已詳論之矣。

《竹書》於學術上之影響

汲冢竹書，影響於吾國學術者甚巨，要而言之，可分四端：

一、可以補正古史之佚失也。今傳通紀先秦年世之書，其較早者，厥爲《史記》。《史記》述戰時各國年世，乖舛彌多。而《竹書紀年》所載魏年，則皆可依據。見於《先秦諸子繫年》中所考辨者，可以覆按，此可以正《史記》先秦紀年之失者也。《穆天子傳》一書，向不爲人所重視，《四庫書目》，至列諸小說家中。迨今中外學者，悉心董理，乃知穆王車轍，遠及西域。所經山川城邑，歷歷可考。當世界榛莽之時，吾先民已有此壯舉。而他書中乃無詳細之記載，獨賴此書詳之。此可以補古史之佚者也。又如啟殺益，太甲殺伊尹等說，皆儒家諸書所擯棄不肯言者，《竹書紀年》中，復備載之。此類史事，雖不能必其真實，然視以禪讓謳歌等說粉飾之者，當近是也。

二、可以證《周易十翼》非孔子作也。《十翼》之文，漢唐諸儒，咸以爲孔子所作。自宋歐陽修、葉水心諸人以後，始疑《文言》、《繫辭》以下諸篇，不類聖人之言。今人乃並《彖》《象傳》而疑之。然迄無有力之據，以破舊說。汲冢所出竹書，《周易》上下篇而外，與《十翼》相近者，惟似說卦而異之《卦下易經》一篇。杜預以仲尼造之於魯，尚未播及遠國說之，殊非其實。蓋子夏曾爲魏文侯師，文侯即位之歲，去孔子之沒，已三十三年（據《先秦諸子繫年》說下同）；設或孔子曾著《十翼》，子夏不容不傳於魏。況魏襄王二十年，上去孔子之沒，已一百四十二歲；《十翼》如早有成書，魏國甯獨不見乎？以是覘之，《十翼》非孔子所作，大致可定。今覘其書，惟《彖》、《象》兩傳，似若較早；《雜卦傳》一篇，殆出於漢人之手；自餘蓋皆戰國晚年之作也。又《說卦》一篇，今人有疑爲漢儒所作者；觀竹書《卦下易經》一篇，已似《說卦》而異；則此類著述，先秦固自有之，不足異也。

三、可以證《左傳》非劉歆僞作也。按《左傳》一書，疑者滋多。大抵謂劉歆析自《國語》，而潤色以成之之說，較爲有力。今以竹書《師春》一篇證之，知其說亦非是。蓋《師春》記《左傳》諸卜筮事，據杜預之言，知其“上下次第，及其文義，皆與《左傳》同”。據劉子玄言，知其“將《左氏》相校，遂無一字差舛”。《晉書·束皙傳》亦謂其“書《左傳》諸卜筮”。是《師春》之書，專記《左傳》諸卜筮，其文字及次序，皆無差忒，且未雜引他書中卜筮事，就杜劉諸人之說覘之，可斷然相信也。今按《左傳》、《國語》兩書，皆著有卜筮之事，如《左》、《國》本爲一書，則《師春》所采，應兼兩書卜筮之事而並有之，何得恰具有《左傳》之說？可知《左傳》、《國語》本各自爲書，《師春》採《左傳》而未采《國語》也。又況《左傳》說繇象之辭，乃最使人疑爲出於漢儒手筆者；而“風爲天於土上，觀也"之語，且有易卦互體之嫌，遂使後人疑者紛紛，乃以《師春》證之，其疑可以冰釋。夫《左傳》有無劉歆潤色之語，雖未易遽斷，然其書與《國語》本非一書，不出於劉歆之竄亂，則可斷言。而最可疑之卜筮之辭，劉歆固一無增損也。明《左傳》之真象，決劉歆之冤獄，然則此斷簡一篇，其功不亦偉哉！

四、可以證簡書之制度也。吾國簡策，據故書所記，知其長度有二尺四寸、一尺二寸、八寸三種。大抵經典皆用二尺四寸之策，傳記則用短者。《論衡》及《儀禮疏》引《鄭注論語序》之言皆然(疏云："《詩》、《書》、《禮》、《樂》、《春秋》，策皆長尺二寸，《孝經》謙半之，《論語》八寸，策又謙焉。"王國維謂尺二寸，當作二尺四寸。考證甚確，詳見所著《簡牘檢署考》)。而竹書《穆天子傳》，據荀勖《序》，以考定古尺度之，恰長二尺四寸。知周時國史記注，策亦二尺四寸。一可以證先儒所傳簡策尺度之長短，信而有徵；一可以證《論衡》"大者爲經，小者爲傳記"之説，尚不盡然也。又其簡以墨書，編以絲繩，一簡四十字(據王國維所考，謂當是兩行書，每行二十字)，凡此皆目驗實物之記載。於吾國圖書史上，實有絕大之關係也。

(原載 1942 年 1 月《圖書月刊》第 2 卷第 1 期，第 14—20 頁。後收入《屈萬里先生文存》第 2 冊，臺北：聯經出版事業公司 1985 年出版，第 651—663 頁。)

作者簡介：

屈萬里(1907—1979)，字翼鵬。山東魚臺縣人。"中央研究院"院士，歷任臺灣"中央圖書館"館長、臺灣大學中國文學系教授及中國文學研究所主任、"中央研究院"歷史語言研究所所長，並先後應聘爲美國普林斯頓高等研究院研究員、普林斯頓大學客座教授、加拿大多倫多大學東亞系訪問教授、新加坡南洋大學客座教授。一生致力於教學及中國古代經典文獻和甲骨文研究工作，成績卓著。研究專長爲先秦史料之考訂、中國古代經典及甲骨文之研究，尤精於中國目錄、校勘之學。其著述中，影響較廣的有《詩經釋義》、《先秦漢魏易例述評》、《古籍導讀》、《尚書集釋》、《尚書今注今譯》、《〈殷墟文字甲編〉考釋》、《漢石經尚書殘字集證》。現有《屈萬里先生全集》(全 22 冊)。

汲冢竹書考

陳夢家

汲冢所出爲真正之戰國典籍,對于研究古史,最爲重要。余近年治年曆之學,爰集録《竹書紀年》,重譜《六國紀年表》,以校六國金文,頗相吻合。年表既成,續作《六國紀年表考證》,復採史籍所載,作《汲冢竹書考》,爲考證之附編焉。

壹 出土年代

一、咸寧五年 《晉書·武帝紀》:"咸寧五年(公元 279 年),……冬十月,汲郡人不準掘魏襄王冢,得竹簡小篆古書十餘萬言,藏于秘府。"《汗簡敍略》:"《晉史》云,咸寧中汲郡汲縣人盜魏安釐王冢,得竹書十餘萬言。"張懷瓘《書斷》:"晉咸寧五年,汲郡人不準盜發魏安釐王冢,得册者十餘萬言。"案《書斷》本諸某氏"晉史"(或即《隋書·藝文志》、梁蕭子顯之《晉史草》),《汗簡》引《晉史》作"咸寧中",當爲"咸寧五年"。又《史記·周本紀·正義》:"咸和五年汲郡汲縣發魏襄王冢,得古書册七十五卷。"咸和應是咸寧之誤。

二、太康元年 杜預《春秋經傳集解後序》(下稱《杜序》):"太康元年(公元 280 年)三月,吳寇始平,……會汲郡汲縣有發其界内舊冢者,大得古書,皆簡編科斗文字。"孔穎達《疏》云:"王隱《晉書》,太康元年汲郡民盜發魏安釐王冢,得竹書漆字科斗之文。"《北堂書鈔》卷一○一引:"王隱《晉書》云,太康元年汲縣民盜發魏王冢,得竹書漆字。"《晉書·衛恆傳》:"太康元年,汲縣人盜發魏襄王冢,得策書十餘萬言。"《晉書·律曆志》:"武帝太康元年,汲郡盜發六國時魏襄王冢,亦得玉律。"《隋書·經籍志》:"晉太康元年汲郡人發魏襄王冢,得古竹簡書,字皆科斗。"

三、太康二年 《晉書·束晳傳》:"初,太康二年(公元 281 年),汲郡人盜發魏襄王墓,或言安釐王冢,得竹書數十車。"《太平御覽》卷七四九引:"王隱《晉書》,太康二

250

年,得汲郡冢中古文竹書。"(《北堂書鈔》卷五七引略同)。荀勖《穆天子傳序》(下稱
《荀序》):"太康二年,汲縣民不準盜發古冢。"《齊太公望表》:"太康二年,縣之西偏有
盜發冢而得竹策之書。"(太康十年汲令范陽盧無忌立石)。《初學記》卷一二引傅暢
《晉諸公贊》:"太康二年,汲郡冢中得竹書。"

四、太康八年　《尚書·咸有一德·正義》:"《紀年》之書,晉太康八年汲郡民發魏
安釐王冢得之。"

以上四説,前三説皆在太康三年以前。《杜序》作于太康三年,皇甫謐已見《竹
書》,而據《晉書》本傳謐卒于太康三年,故《竹書》之出不得晚于此年。八年之説,決不
可信。王隱爲東渡前人,荀勖爲編校《竹書》之人,《大公望表》作于太康十年,故太康
二年之説較爲可信。疑咸寧五年十月爲太康元年十月之誤,故《杜序》此事于"太康元
年三月吳寇始平"之後。元年十月出土,而官收車送當在次年,故諸書均謂二年出
土也。

貳　出土地址

出土地諸書均謂在汲郡汲縣。汲,六國時屬魏,《史記·秦本紀》莊襄王三年"攻
魏高都汲,拔之";《秦始皇本紀》"三年還兵攻汲";《魏世家》"景湣王三年秦拔我汲",
《六國表》同。故汲至秦始皇七年始入于秦。又魏自惠王徙居大梁,以至魏亡,更不徙
都。《魏世家》:"王假三年秦灌大梁,虜王假,遂滅魏。"此始皇二十二年也。

竹書出于汲縣冢中,究爲何人之冢,古有三説:

一、古冢　《杜序》、《大公望表》、《晉諸公贊》。

二、魏襄王冢　《荀序》、今本《晉書》、《隋書·經籍志》。

三、魏安釐王冢　王隱《晉書》、今本《晉書·束晳傳》引或説、《晉史》。

後二説因《紀年》終于何王而異:1.終于惠王子,《史記·魏世家·集解》荀勖引和嶠謂
《紀年》"終于今王,今王者魏惠成王子",故《荀序》曰:"案所得《紀年》,蓋魏惠成王子
今王之塚也。"惠成王子于《紀年》爲襄王,于《史記》爲哀王,故《杜序》謂《紀年》"晉國
滅,猶記魏事下至哀王之二十年",《隋書·經籍志》同。2.終于安釐王,《晉史》:"魏史
至安釐王二十年。"《書斷》同。《晉書·束晳傳》謂《紀年》"述魏事至安釐王之二十
年"。晉世學者以爲《紀年》終于襄王二十年,則書藏于襄王墓;或以爲《紀年》終于安
釐王二十年,則書藏于安釐王墓。此皆以書爲殉葬時王之物也。《大公望表》:"書藏
之年當秦坑儒之前八十六歲。"案秦坑儒在始皇三十五年,其前八十六年即魏哀王二

十一年,此則以書藏于《紀年》終後一年而無殉葬之說。案《竹書紀年》終于梁襄王二十年,據《史記·魏世家》王卒于二十三年,故《紀年》之成當在二十一年、二十二年間,即公元前297—前298年。汲冢竹書,定爲公元前三世紀末之寫本,當爲差近也。

今按魏自惠王至魏亡都大梁,帝王陵不當在汲,《竹書》出土於魏國大臣之墓,非必魏王之墓,杜、范、傅目爲古冢是也。

又盜之發墓,利在取寶,燒竹策以照明,故多損毀。同時出土而爲盜所遺之古物有"銅劍一枚,長二尺五寸"(見《晉書·束晳傳》),又有"古周時玉律及鐘磬"(見《晉書·律曆志》)。

叁　竹簡形制

《荀序》謂汲冢所出《穆天子傳》:"皆竹簡,素絲編,以臣勖前所考定古尺度,其簡長二尺四寸,以墨書,一簡四十字。"荀氏仿古所製古尺與晚周尺、王莽尺同長。先秦經書長二尺四寸;傳記一尺二寸或尺或八寸,謂之短書。《太平御覽》卷六六五引《東卿序》:"得汲冢竹簡亦二尺四寸。"南齊建元元年襄陽楚冢所得竹簡長二尺(詳《南齊書·文惠太子傳》《南史·王僧虔傳》),合周尺亦二尺四寸。汲冢出書是否一律二尺四寸,今不可考。竹簡編以素絲,與楚冢編以青絲者相類。汲冢《穆天子傳》一簡四十字,漢世"中古文《尚書》"一簡或二十二字或二十五字(見《漢書·藝文志》),或三十字(見《儀禮·聘禮·正義》引鄭注),或八字(見《儀禮·聘禮·正義》引服虔注《左傳》)。《荀序》謂墨書,《晉書·束晳傳》謂漆書,王隱《晉書》謂漆字,其實一也。《儀禮·士昏禮》注:"墨車,漆車";《釋名·釋車》:"墨車,漆之正黑無文飾,大夫所乘也。"可證墨即漆也。《杜序》、王隱《晉書》及今本《晉書·束晳傳》並謂《竹書》是科斗文字。案科斗之名始于漢末鄭玄、蔡邕,古所未有。戰國晚期文字爲省改之篆書,實即小篆,故《晉書·武帝紀》謂爲小篆古書是也。又《竹書》並非一體,《晉史》謂"其書隨世盡有變易,以成數體",而《晉書·衛恆傳》謂"其一卷論楚事者,最爲工妙"。

《竹書》字數,《晉書·武帝紀》《衛恆傳》及《晉史》均作十餘萬言。今本《穆天子傳》六卷存字六八一七,空格一七九,共約七千字。宋晁氏《郡齋讀書志》謂:"凡六卷八千五百一十四字。"若以六卷八千字計之,一卷約一千三百餘字。汲冢書共七十五卷,約十萬字。以此計之,《紀年》十二卷當得一萬六千餘字。

肆　整理

　　竹書係盜掘之餘，極爲混亂。《荀序》："汲郡收書不謹，多毀落殘闕。"《杜序》："發冢者不以爲意，往往散亂。"《晉書·束晳傳》："初，發冢者燒策照取寶物，及官收之，多燼簡斷札，文既殘缺，不復詮次。"故當時整理之工作有三，即編次、考證、注寫是也。

　　東漢桓帝延熹二年初設秘書監，掌典圖籍古今文字，考合同異，屬太常，後省。魏武帝置秘書令，典尚書奏事，與東漢秘書監不同。魏文帝黃初初乃置中書令，典尚書奏事，而改秘書令爲監，掌藝文圖籍之事（以上詳《晉書·職官志》）。晉武帝合中書、秘書爲一，《晉書·職官志》："及晉受命，武帝以秘書并中書省，其秘書著作之局不廢。惠帝永平（即元康）中，復置秘書監（亦見《惠帝紀》），其屬官有丞有郎，並統著作省。"元康二年詔曰："改中書著作爲秘書著作，……著作郎一人，謂之大著作郎，專掌史任。又置佐著作郎八人。"又《唐六典》注引《晉起居注》云："武帝遣秘書分圖書爲甲乙丙丁四部，使秘書郎中四人各掌一焉。"（參下引《晉太康起居注》）

　　《晉書·荀勖傳》："武帝受禪……勖……拜中書監，加侍中，領著作，……進位光祿大夫，……俄領秘書監。……及得汲郡冢中古文竹書，詔勖撰次之，以爲中經，列在秘書。……久之以勖守中書令。"《隋書·經籍志》亦謂汲冢出書後"帝命中書監荀勖令、和嶠撰次"。《晉諸公贊》："荀勖領秘書監，太康二年汲郡冢中得竹書，勖躬自撰次注寫，以爲中經，列于秘書，經傳闕文，多所證明。"（《初學記》卷一二）王隱《晉書》："荀勖領秘書監，太康二年汲郡冢中得古文竹書，勖躬自撰次，吏部注寫，以爲中經，經傳闕文，多所證明。"（《北堂書鈔》卷五七引，又《太平御覽》卷七四九所引略同）。上述諸書並謂荀勖領秘書監。考秘書監于晉武帝時併于中書，至惠帝元康二年復置，而荀仕晉與武帝相終始，元康二年荀勖已卒三年（《晉書·武帝紀》及荀勖本傳卒于太康十年），故勖僅于作中書監時領著作兼知秘書，《北堂書鈔》卷一〇一荀勖《讓樂事表》"臣掌著作，又知秘書"是也。《穆天子傳序》勖銜爲侍中中書監光祿大夫濟北侯，亦可以爲證。

　　與勖同時撰校竹書者，尚有和嶠、徐廣、傅瓚等。和嶠于晉武帝時爲中書令，見《晉書》和嶠本傳。荀主中書，和則佐之，故《穆天子傳序》和嶠在合校之列，而《史記·魏世家·集解》有荀勖引和嶠論《紀年》之語。嶠卒于元康二年，見本傳。《晉書·徐廣傳》："孝武世除秘書郎，典校秘書事。"《北堂書鈔》卷五七引檀道鸞《晉陽秋》："孝武好覽文藝，敕著作郎徐野民料簡四部書三萬六千卷。"野民，徐廣字也。裴駰《史記

253

集解》多引徐廣述《紀年》語。瞿氏《鐵琴銅劍樓書目》卷一七、莫氏《邵亭知見善本書目》卷一二有《穆天子傳序》列合校人姓名官職如下：

> 侍中中書監光禄大夫濟北侯臣勖
> 領中書令議郎蔡伯臣嶠（令原作會）
> 言部秘書主書令史譙勳（勳原作勤）
> 給秘書校書郎張宙
> 郎中傅瓚
> 校古文《穆天子傳》已訖，謹並第録。

《史記集解序·索隱》：“按《穆天子傳》目録云：傅瓚爲校書郎，與荀勖同校定《穆天子傳》，即當西晉之朝。”注《漢書》者有“臣瓚”其人，世有四説：一説以爲于瓚，《史記集解序·索隱》引：“劉孝標以爲于瓚。”一説以爲王瓚，《二十二史考異》謂于瓚是王瓚之誤，《晉書·賈謐傳》有校書郎王瓚。一説以爲薛瓚，酈道元《水經注》引薛瓚注《漢書》。一説以爲傅瓚，司馬貞《史記索隱》主之。案“臣瓚”引汲郡古文，傅瓚校汲冢書，傅瓚是也。于瓚，穆帝時人，見何法盛《晉書》；太原薛瓚，穆帝時人，見《資治通鑑》；王瓚，惠帝時人，見《晉書·賈謐傳》。

《晉書·王接傳》：“時秘書丞衛恆考正汲冢書，未訖而遭難，佐著作郎束皙述而成之。”恆官秘書丞，亦見《晉書》本傳。恆卒于楚王瑋之難，在元康元年，詳《晉書·惠帝紀》及《衛瓘傳》。恆卒于秘書監未復之前，則其爲秘書丞或在武帝時也。《太平御覽》卷二二三、《初學記》卷一二、《北堂書鈔》卷五七引《晉太康起居注》：“秘書丞桓石綏啓校定四部書，詔遣郎中四人各掌一部。”是武帝時有秘書丞及秘書郎中也。《晉書·束皙傳》：“皙與衛恆厚善，聞恆遇禍，自本郡赴喪。”而其轉著作佐郎亦在恆卒以後。干寶《晉記》：“束皙字廣微，秘書監賈謐請爲著作佐郎。”（《初學記》卷一二引，《北堂書鈔》卷五七引略同）。張隱《文士傳》：“束皙元康四年晚應司空府，八月餘亦除著作佐郎。”（《初學記》卷一二引，《北堂書鈔》卷五七及《太平御覽》卷二三四所引略同）。《晉書·賈謐傳》：“廣城君薨去職，喪未終，起爲秘書監。”而《北堂書鈔》卷五七引“王隱《晉書》賈謐元康末起爲秘書監”，與《文士傳》四年之説不合，要之必在元康中也。《晉書·束皙傳》：“皙在著作，得觀竹書，隨疑分析，皆有義證。”又《王接傳》：“佐著作郎束皙述而成之，事多證異義。”《王接傳》又曰：“時東萊太守陳留、王庭堅難之，亦有證據，皙又釋難而庭堅已亡。散騎侍郎潘滔謂接曰：‘卿才學理議，足解二子之紛，可試論之。’接遂詳其得失，摯虞、謝衡皆博物多聞，咸以爲允當。”《初學記》卷二一有“束晳《答汲冢竹書難釋書》曰,其後子夏仲尼之徒傳業西河,人疑其聖"。《史通·申左篇》:"於是摯虞、束晳引其義以相明,王接、荀顗取其文以相證,杜預申以注釋,干寶藉爲師範。"

《晉書·束晳傳》:"武帝以其書付秘書校綴次第,尋考指歸,而以今文寫之",即編次、考證、注寫三事也。《荀序》:"謹以三尺黃紙寫上,請事平以本簡書及所新寫並付秘書繕寫,藏之中經,副在三閣。"王隱《晉書》:"勖躬自撰次,吏部注寫。"《晉諸公贊》:"勖躬自撰次注寫。"《杜序正義》引王隱《晉書·束晳傳》:"汲郡初得此書,表藏秘府,詔荀勖、和嶠以隸字寫之。"案合校《穆天子傳》有"言部秘書主書令史譴勳",疑是吏部主書令史,蓋司注寫之事也。主書令史,官名,職司繕寫。

以上是官修之情形。《晉書·儒林傳》有續咸著《汲冢古文釋》十卷,此私家著作之可考者。

伍　著録

《杜序》:"所記大凡七十五卷,多雜碎怪妄,不可訓知,《周易》及《紀年》最爲分了,《周易》上下篇與今正同,別有《陰陽説》而無《彖》、《象》、《文言》、《繫辭》。……又別有一卷,純集疏《左氏傳》卜筮事,上下次第及其文義皆與《左氏傳》同,名曰《師春》,師春似是鈔集者人名也。"此序作於太康三年,故知是年已知汲冢有《紀年》、《周易》、《陰陽説》、《師春》等書。太康十年所立之《大公望表》已引《周志》及《紀年》。《杜序正義》:"大凡七十五卷,(王隱)《晉書》有其目録,其六十八卷皆有名題,其七卷折簡碎雜,不可名題。有《周易》上下經二卷,《紀年》十二卷,《瑣語》十一卷,《周王遊行》五卷。穆王遊行天下之事,今謂之《穆天子傳》。此四部差爲整頓。"此孔穎達述王隱《晉書》語。案荀勖寫定《穆天子傳》,命之曰《古文穆天子傳》,而王隱《晉書》稱《周王遊行》。荀卒于太康十年,似王書作於此以前也。此書所舉書名復益《瑣語》及《周王遊行》二種。至《晉書·束晳傳》則有十六部:

一、《紀年》十三篇,記夏以來至周幽王爲犬戎所殺,以事接之,三家分晉,仍述魏事至安釐王之二十年。

二、《易經》二篇與《周易》上下經同。

三、《易繇陰陽卦》二篇,與《周易》略同,繇辭則異。

四、《卦下易經》一篇,似《説卦》而異。

255

五、《公孫段》二篇,公孫段與邵陟論《易》。

六、《國語》三篇,言楚、晉事。

七、《名》三篇,似《禮記》又似《爾雅》、《論語》。

八、《師春》一篇,書《左傳》諸卜筮,師春似是造書者姓名也。

九、《瑣語》十一篇,諸國卜夢妖怪相書也。

十、《梁丘藏》一篇,先敘魏之世數,次言丘藏金玉事。

十一、《繳書》二篇,論弋射法。

十二、《生封》一篇,帝王所封。

十三、《大曆》二篇,鄒子談天類也。

十四、《穆天子傳》五篇,言周穆王遊行四海見帝臺、西王母。

十五、《圖詩》一篇,畫贊之屬也。

十六、又雜書十九篇:《周〈食田法〉》,《〈周書〉論楚事》,《周穆王美人盛姬死事》。大凡七十五篇,七篇簡書折壞,不識名題。

案所舉十六部六十九篇,並七篇無名題者共七十六篇,總數多出一篇。《紀年》,王隱《晉書》作十二卷,此傳因《隋書·經籍志》附《竹書同異》一卷於《紀年》下,故增多一篇,非也。《汗簡敘略》引《晉史》云:"寫《春秋經傳》、《易經》、《論語》、《夏書》、《周書》、《瑣語》、《大曆》、《梁丘藏》、《穆天子傳》,魏史至安釐王二十年,"與《晉書》略異。《隋書·經籍志》著錄:

《紀年》十二卷(汲冢書,並《竹書同異》一卷),

《周書》十卷(汲冢書,似仲尼刪書之餘),

《古文瑣語》四卷(汲冢書),

《穆天子傳》六卷(汲冢書,郭璞注)。

又謂汲冢書共爲"十五部八十七卷","八十七"疑爲"六十七"之誤,加七卷無名題者及《竹書同異》一卷共七十五卷也。《新唐書·藝文志》所錄同於《隋志》,惟《紀年》作十四卷。《舊唐書·經籍志》不錄《周書》,餘同。唐代所存汲書已不甚多,孔穎達《杜序正義》謂:"勖等於時即已不能盡識,其書今復闕略,又轉寫益誤。"《史通·申左篇》亦謂:"汲冢所得書,尋亦亡逸,今惟《紀年》、《瑣語》、《師春》在焉。"《宋史·藝文志》僅存二種:

《竹書》三卷(荀勖、和嶠編),

郭璞注《穆天子傳》六卷。

而一卷本之《師春》尚在人間，詳後。元代《文獻通考》尚録：

《穆天子傳》六卷，

《師春》一卷，

而《竹書紀年》亡。《師春》亡於明代，今惟存《穆天子傳》。

陸　類別

汲冢所出書，可分爲五類：

一、史類　《紀年》、《周語》、《國語》、《生封》、《梁丘藏》（上部）。

二、地理類　《梁丘藏》（下部）、《圖詩》。

三、卜筮類　《易》、《易繇陰陽卦》、《卦下易經》、《公孫段》、《師春》。

四、小説類　《瑣語》、《穆天子傳》、《周穆王美人盛姬死事》。

五、雜類　《大曆》、《繳法》、《名》、《食田法》。

由此可推知冢中所葬爲魏國顯貴或即大史之類。兹將各書內容存佚之可考者分述如下：

一、《紀年》　《杜序》："《紀年》篇起自夏、殷、周，皆三代王事，無諸國別也。唯特記晉國，起自殤叔，次文侯、昭侯以至曲沃、莊伯，皆用夏正建寅之月爲歲首，編年相次。晉國滅，獨記魏事，下至魏哀王之二十年。"《隋書·經籍志》所記略同，《晉書·束皙傳》所舉已見上引。凡此均以《紀年》起于夏代。然《魏世家·集解》："荀勗曰：'和嶠云，《紀年》起於黃帝，終於魏之今王，今王者魏成王子'。"與杜、束之説異。今本《紀年》及王國維輯本均起自黃帝，皆誤。

晉至唐以前援引《紀年》者有和嶠、徐廣、郭璞、王劭、裴駰、酈道元等，皆稱"紀年"，而裴駰於"紀年"上冠以"汲冢"。酈道元則稱《竹書紀年》，或冠以"汲冢"、"汲郡"、"汲郡墓"，又其稱《穆天子傳》，亦冠以"竹書"（《水經·河水注》）。隋、唐志著錄仍稱"紀年"，而章懷太子注《後漢書》，劉知幾作《史通》，張守節作《史記正義》，或稱之爲《竹書紀年》，其他唐人引述仍稱"紀年"。宋世羅氏父子作《路史》，引《紀年》稱"竹書紀年"、"汲冢紀年"、"竹紀年書"、"汲紀年"、"紀年"等，尤爲不一。晉世學者援用《竹書》材料而不名者爲皇甫謐之《帝王世紀》及干寶之《搜神記》：

1.《帝王世紀》

啓升后十年舞九韶,三十五年征河西(《太平御覽》卷八二引)。

帝相徙於商丘,依同姓諸侯斟尋(《史記·夏本紀·正義》引)。

帝桀……爲瓊室瑶臺(《太平御覽》卷八二引)。

紂果造傾宮,作瓊室瑶臺,飾以美玉(《太平御覽》卷八三引)。

帝盤庚徙都殷,始改商曰殷(《太平御覽》卷八三引)。

共伯和干王位(《史記·三代世表·索隱》引)。

王季歷於帝乙殷王之時賜九命爲西長,始受圭瓚秬鬯(《詩經·周南召南譜·正義》、《論語·泰伯·正義》引)。

2.《搜神記》卷六

周宣王三十三年幽王生,是歲有馬化爲狐(《開元占經》卷一一九引《紀年》作周靈王三十三年)。

晉獻公二年周惠王居於鄭,鄭人入王府,多脱化爲蛾,射人(《開元占經》卷一二〇引《紀年》如此)。

周隱王二年四月齊地暴長,長丈餘,高一尺五寸(《太平御覽》卷八八〇引《紀年》如此)。

周哀王八年鄭有一婦人生四十子,其二十人爲人,二十人死(《開元占經》卷一一三引《紀年》作“晉定公二十五年,西山女子化爲丈夫,與之妻能生子。其年鄭一女而生子四十人”)。

周烈王六年林碧陽君之諸御産二龍(《開元占經》卷一一三引《紀年》作今王四年)。

《隋書·藝文志》在《紀年》十二卷下録《竹書同異》一卷,此卷有數種可能：1.爲晉代考釋《竹書》之異見,如杜、束以《紀年》始於夏,和嶠以爲始於黃帝。2.爲《竹書》與他書之異同,如裴駰《史記集解》引“徐廣曰《紀年》云云”及司馬貞《史記索隱》引“王劭按《紀年》云云”,皆述《紀年》與《史記》之異同。3.《竹書》本身之異同,如《史記·穰侯列傳·正義》：“《竹書》云,宅陽一名北宅。”《路史·後紀》卷一三有“啓曰會”、“帝敬發一曰惠”,並注云“見《紀年》”。此三説中似以2.説爲較勝。《唐書·藝文志》録《紀年》十四卷,或即將《竹書同異》分二卷入之。此十二卷本《紀年》至宋世僅存三卷,改名《竹書》,似不盡皆《紀年》。然《路史·國名記》丁“綸”下引“《汲紀年》三”似提三卷本之《竹書》。

《晉書·王接傳》統稱汲冢出書爲"汲冢書"，臣瓚引"汲郡古文"、"汲冢古文"。郭璞注《穆天子傳》引《紀年》，而注《山海經》則引"汲冢書"、"汲郡竹書"、"竹書"，而不引"紀年"；至《路史》引《紀年》外又引"汲冢書"、"汲書"、"汲冢古文"、"汲古文"、"竹書"。後世學者往往以所稱"竹書"或"汲冢書"者認作《紀年》，茲舉二例：

1.本爲《瑣語》誤爲《紀年》。《史通·惑經篇》注"鄭棄其師"句出《瑣語·晉春秋》，而《唐書·劉貺傳》以爲《竹書紀年》。又《史通·疑古篇》"案汲冢《瑣語》云，舜放堯于平陽"與《海內南經》"《竹書》亦曰，后稷放帝朱于丹水"同例，疑後者亦出《瑣語》。乃《史記·五帝本紀》及《高祖本紀·正義》引"汲冢《紀年》云，后稷放帝子丹朱于丹水"則誤，《路史·後紀》十注引作《竹書》則不誤。

2.本爲《竹書》誤爲《紀年》。《史記·五帝本紀·正義》引《竹書》"昔堯德衰爲舜所囚"，又引《竹書》"舜囚堯，復偃塞丹朱，使不與父相見"，《路史·發揮》五引前者爲《竹書紀年》則誤，引後者爲《竹書》則不誤。又《山海經·海外東經》注"汲郡《竹書》曰，柏杼子征于東海，及三壽得一狐九尾"，宋末劉廣《稽瑞》引作《汲冢周書》則不誤，《路史·後紀》十三注引作《紀年》則誤。

二、《周書》　《晉書·束皙傳》謂"《周語》言楚事"，在雜書十九篇內。《大公望表》引汲冢之《周志》，《文選·赭白馬賦注》及《思玄賦注》兩引"古文《周語》"（一記穆王躓馬事，一記穆王越姬竊孕事），《稽瑞》引《汲冢周書》。凡此四則，其體例近于《瑣語》而所述爲夏、周故事，非楚事，必非《周語》明矣。其書亡于唐世，唐以後遂誤以《漢書·藝文志》七十一篇之《周書》爲"《汲冢周書》"。《隋唐·經籍志》"《周書》十卷。（《汲冢書》，似仲尼删之餘。）"此以七十一篇與《汲冢書》相混淆。案七十一篇之《周書》，晉五經博士孔晁作注，《舊唐書·經籍志》有"《周書》八卷，孔晁注"，不云出自汲冢。《新唐書·藝文志》有"《汲冢周書》十卷"又有"孔晁注《周書》八卷"，則孔注八卷本《周書》非十卷汲冢《周書》。唐人引《周書》無汲冢之稱。至宋世汲冢《周書》既亡，乃以七十一篇之《周書》冒充，析八卷爲十卷以符合之。《崇文書目》："《周書》十卷，孔晁注。"《宋史·藝文志》："《汲冢周書》十卷，晉太康中于汲郡得之，孔晁注。"此以孔晁注本改爲十卷以冒汲冢書之名。然《玉海》卷三七有"孔晁注，或稱十卷，或稱八卷"。《文獻通考》引李燾曰："孔晁注，或稱十卷，或稱八卷，大抵不殊。"可證八卷初分爲十卷並行，而內容不異也。李燾謂以孔晁注之《周書》"繫之汲冢，失其本矣"。

三、《國語》　"《國語》言楚、晉事"，大約與今所傳《國語》相類，然其內容不同，否則《晉書·束皙傳》當明記之。

四、《生封》　此書記"帝王所封"與《梁丘藏》上部"敘魏之世數"不同，而皆爲《世本》之屬。《世本》有世系，有《氏姓篇》，有《居篇》。古文字"生""姓"一字，"生封"爲《氏姓篇》與《居篇》之屬，《梁丘藏》上部即世系之屬。《世本居篇》有某封某地居某地之文，《生封》當屬此類。《水經注》"臣瓚"所引"汲郡古文"多涉及古代地名，疑是《生封》佚文。

五、《梁丘藏》　此書"先敘魏之世數，次言丘藏金玉事"，言丘藏事即"九丘"與"五藏山經"之屬。《左傳》昭公十二年楚左史倚相"能讀三墳、五典、八索、九丘"。東晉孔安國《尚書序》有"九州之志，謂之《九丘》。丘，聚也，言九州所有，土地所生，風氣所宜，皆聚此書也"。案丘者山也，丘藏猶《山海經》之山藏，《山海經》以東南西北中五山爲"五藏山經"，曰"言其五藏"。此書言梁州之丘藏，當與《山海經》之五藏山經相近。

六、《圖詩》　《山海經》古本有圖，故郭璞注此經往往以圖爲説，而陶淵明詩曰"流觀山海圖"，是晉時圖猶在也。郭璞因作《圖贊》二卷，每贊六句，四言一句，二句一韻，《隋書·經籍志》著録，今存。汲冢《圖詩》當屬此類，郭璞作贊或仿此。

七、《易經傳》　汲冢所出《易經》與今本《周易》上下篇同，今本《易傳》有《彖》、《象》、《文言》、《繫辭》、《序卦》、《説卦》、《雜卦》，謂之十翼。《杜序》："《周易》上下篇與今正同，别有《陰陽説》而無《彖》、《象》、《文言》、《繫辭》。"《晉書·束晳傳》謂"《卦下易經》似《説卦》而異"，"《易繇》、《陰陽卦》兩篇與《周易》略同，繇辭則異"。故汲冢《易經》同于《周易》，而傳則異也。然今本《易傳》之《序卦》、《説卦》、《雜卦》三者亦出土于魏地，《論衡·正説篇》："至孝宣皇帝之時，河内女子發老屋得逸《易》、《禮》、《尚書》各一篇，奏之，皇帝下示博士，然後《易》、《禮》、《尚書》各益一篇。"《隋書·藝文志》："及秦焚書，《周易》獨以卜筮得存，唯失《説卦》三篇，後河内女子得之。"案孝宣應是武帝之誤，詳拙作《尚書通論》。河内于戰國時屬魏，河内出土之《説卦》，即魏之《易傳》，故汲冢所出《卦下易經》與之相似。《史記·孔子世家》："孔子晚而好《易》，序《彖》、《繫辭》、《説卦》、《文言》"，是司馬遷作《史記》時尚未分《説卦》爲《序卦》、《説卦》、《雜卦》也。由上所述，今本之《易經》及傳，經則齊、魯與魏同，傳則《彖》、《象》、《文言》、《繫辭》出于齊、魯，《序卦》、《説卦》、《雜卦》出于魏而其時代早于《彖》、《象》、《文言》、《繫辭》也。

八、《師春》　《師春》爲書名，猶《漢書·藝文志》小説家之《師曠》。此書隋、唐志雖不著録，而在唐時猶存，《史通》可證。《唐書·劉眖傳》載眖論汲書云："《師春》一篇録卜筮事，與《左氏》合。"陸淳《春秋啖趙集傳纂例》亦述其語"别有《春秋》一卷，全録《左氏傳》卜筮，並無一字之異"。《史通·申左篇》："《師春》多載春秋時筮者繇辭，將《左氏》相校，遂無一字差舛。"所述與杜、束相同。宋代中秘所藏《師春》，則與《晉書》本大異。黃伯思《東觀餘論·校定師春書序》曰："案晉太康二年汲郡民不準盜發魏襄王冢,得古書凡七十五篇。晉征南將軍杜預云,別有一卷純集《左氏傳》卜筮事,上下次第及其文義,皆與《左傳》同,名曰《師春》,'師春'似是抄集人名也。今觀中秘所藏《師春》,乃與杜説全異。預云純集卜筮事,而此乃記諸國世次及十二公歲星所在並律吕、諡法等(案《玉海》卷四七謂蘇洵編定六家諡法,于是書時有所取云),末乃書易象變卦,又非專載卜筮事,由是知此非預所見《師春》之全也。……及觀其紀歲星時有杜征南洞曉陰陽之語,由是知此書亦西晉人集録而未必盡出汲冢也。"案此《師春》雖非杜、束所見之本,然係雜抄汲冢書而成,其中十二歲星出《大曆》,諸國世次出《生封》及《梁丘藏》,易象變卦出《陰陽説》,卜筮出《師春》,因係晉人所抄集,故有"杜征南洞曉陰陽"之語。此書《直齋書録解題》及《文獻通考》並著録,明梅鼎祚《文紀》引《汲冢師春》一節,即《文選·思玄賦》注所引之《古文周書》,屬《瑣語》之類。後亡。

九、《瑣語》 瑣字當作璅,《説文》云"石之次玉者,通作瑣。此書晉世有十一卷,隋、唐志作四卷,稱《古文瑣語》,《水經注·滍水注》引作《古文璅語》,《顏氏家訓·書證篇》引作《汲冢瑣語》。《史通》云:"汲冢《瑣語》記太丁時事,目爲《夏殷春秋》。"(《六家篇》)"《瑣語》又有《晉春秋》,記晉獻公十七年事。"(《六家篇》)"《瑣語》又有《晉春秋》載魯國閔公時事。"(《惑經篇》)據此,《瑣語》分別時代、國別爲"夏殷"、"晉"等春秋,與《墨子·明鬼篇》所述周、燕、宋、齊四國之《春秋》相同。《墨子》云:"吾見百國春秋史"(《隋書·李德林傳》答魏收書引《墨子》佚文),似百國史與百國春秋是二。《墨子·明鬼篇》四國春秋所述,亦如《瑣語》記"諸國卜夢妖怪相書"。今觀所存《瑣語》二十餘則與《明鬼篇》所引四國春秋相類。考"春秋"一辭本寓褒貶之意,《國語·晉語》七悼公問孰能"日在君側,以其善行,以其惡戒",司馬侯對曰:"羊舌肸習于《春秋》。"《楚語》上申叔時曰:"教之《春秋》而爲之聳善而抑惡焉。"故晚周學者著書立説欲以聳善抑惡爲旨者,往往以"春秋"名其書,如《虞氏春秋》、《吕氏春秋》及《桃左春秋》(《韓非子·備内篇》引)。大約當戰國晚期,"春秋"亦爲訓誡小説之名稱,在此以前或名之爲訓。《左傳》襄公四年引"夏訓"、《國語·鄭語》引"訓語",《楚語》上有"教之訓典,使知族類,行比義焉"。夏訓、訓語所述與《瑣語》同類。魏人稱此訓語爲"瑣語",瑣者小也,瑣語者小語也。《桓子新論》云:"若其小説家,合叢殘小語,近取譬論,以作短書,治身理家有可觀之辭。"(《文選》卷三一江文通《雜體詩》三十首注引)。故《瑣語》實爲小説之濫觴也。《隋志·小説類》有顧協《瑣語》一卷,可證。

自晉代始,始有博物述異之書,如干寶之《搜神記》、張華之《博物志》、王嘉之《拾遺記》、續咸之《異物志》。凡此皆唐人小説之先河,而皆受汲冢書之影響。《史通》謂汲冢出書後"干寶藉爲師範"者,干寶以汲書作《搜神記》之師範也。續咸作《汲冢古文釋》十卷,又作《異物志》十卷,均見《晉書·儒林傳》。

十、《穆天子傳》　王隱《晉書》作《周王遊行》五卷,《晉書·束晳傳》作《穆天子傳》五篇,隋、唐志作《穆天子傳》六卷。今本第六卷記盛姬死事,即《晉書·束晳傳》雜書十九篇之一。故知五卷、六卷之別在有無盛姬死事一卷也。此卷覈其款式與《周王遊行》相類,或本爲一書,竹書初出,誤分爲二,後來又編入也。

十一、雜類　《大曆》屬天文,《漢書·藝文志》曆譜類有《天曆大曆》十八卷。《名》似字書之屬。《繳法》與《漢書·藝文志》兵技巧類各家《射法》及《蒲苴子弋法》四篇相類。

柒　結語

據上所述,汲冢所出竹書,大約有以下之情形。

出土年代當在晉太康二年,即公元 281 年。

出土地點在戰國時魏地之汲,出土之冢當爲魏國之古冢。

出土之竹書,其中《紀年》一種成于公元前 297 至前 296 年之間,則汲冢《竹書》定爲公元前三世紀初之寫本,當爲差近,

出土竹簡,長二尺四寸(王莽尺),墨書,編以素絲。每簡四十字。

汲冢所出竹書共七十五篇,約爲十萬字。其中《紀年》十二卷約爲一萬六千字,《穆天子傳》六卷約爲八千字。今存《穆天子傳》七千字不足,而諸書所引《紀年》佚文約在萬字以上。

竹書出土後,整理工作可分爲:

撰次注寫　荀勖、和嶠。

注寫　吏部主書令史、校書郎。

參校　徐廣、傅瓚。

考正　衞恆、束晳、摯虞、王接、荀覬。

注釋　杜預、續咸。

藉爲師範　干寶、續咸。

書出以後,杜預首先著録其要者四種,王隱《晉書》亦有目録,而《晉書·束晳傳》列舉十六種,最爲完備。《隋書·經籍志》尚録《紀年》、《周書》、《穆天子傳》及《瑣語

四種,而《師春》尚存人間。今所傳者僅《穆天子傳》而已。馬國翰《玉函山房輯佚書》有束皙《汲冢書抄》及《古文瑣語》,而清代輯錄《紀年》者有十數家。

汲冢書可分爲史書、地理書、卜筮書、小説及雜項(曆、弋、田法)等五類,史書中之《紀年》與小説中之《穆天子傳》,最爲重要。

一九四四年五月,昆明龍泉鎮。

(原載 1944 年《圖書季刊》新 5 卷 2、3 期,後載入《六國紀年》,上海:學習生活出版社,1955 年。又收入《西周年代考·六國紀年》,北京:中華書局,2005 年。)

作者簡介:

陳夢家(1911—1966),祖籍浙江上虞,生於江蘇南京。歷史學家、考古學家、古文字學家、詩人。早年從事文學創作活動,與聞一多、徐志摩、朱湘一道被稱爲"新月詩派"的四大詩人。1934 年起走上專治古代史和古文字的道路。對漢代簡牘的研究也有重要貢獻。1949 年後任中國科學院考古研究所研究員。1957 年的反右運動中被錯定爲右派,至"文化大革命"初期受迫害致死。陳夢家研究甲骨文、殷周銅器、漢代簡牘都融會貫通、自成體系。他的著述甚富,包括《夢家詩集》、《西周年代考》、《六國紀年》、《海外中國銅器圖録(第一集)》、《美國收藏中國青銅器全集》、《殷墟卜辭綜述》、《尚書通論》、《中國銅器綜述》、《漢簡綴述》、《西周銅器斷代》、《漢簡綴述》、《中國文字學》、《夢甲室存文》、《白金漢所藏中國銅器圖録》(與 Charles Fabens Kelley 合撰)、《陳夢家學術論文集》。

《續修四庫提要》錄
《竹書紀年》書目提要（一）

楊鍾羲

《竹書紀年補證》四卷　《竹柏山房十五種》本

國朝林春溥撰。春溥以明黃石齋精於數學，其所著《貞圖緯》，上溯堯年，迄於三代，率出入《紀年》，近人梁玉繩《史記志疑》，亦多據《竹書》以正史之誤。《竹書》之出，定之非一人，傳之非一本，故《隋志》載有《竹書同異》一卷。諸書所引，《水經注》最爲可據，《索隱》多有謬誤，今本以《漢魏叢書》爲善。《漢魏叢書》本，黃帝之後有"帝摯少昊氏"五字，釐王之末有"五年晉武公卒子詭諸立爲獻公陟"十五字，而《廿一種秘書》本皆無之。於是訂訛補缺，參稽同異，旁考諸家，疏通證明。以堯元丙子，與世史枘鑿，取邵子《皇極經世》之説，究所由來，證以皇甫謐之《帝王世紀》、劉歆之《三統曆》、鄭樵之《通志》，而折衷於《史記·魯世家》之年，知《紀年》之有合，而《經世》之無徵。編後復取後人所致疑者，辯論之爲《後案》，其謂"夏統中絶，《竹書》能詳其年；殷邦五遷，《竹書》能名其地；周公不書踐阼；共和不以紀年，此等皆史傳所不及。西王母，國名也，見《爾雅》；洛伯用、河伯馮夷，皆諸侯也，故本書又云'湯征有洛'、'殷侯微以河伯之師伐有易'，《穆天子傳》有'河宗伯夭'。今人反執後世之傳訛，疑古書之多妄。"皆篤論也。

《竹書紀年集注》二卷　陳氏家塾刻本

國朝陳詩撰。詩字愚谷，別號大桴山人，蘄州人。乾隆戊戌進士，官工部主事。學問醇博，纂輯繁富。以是書所載證之，經傳合者爲多，取《春秋》内外《傳》及周秦諸子事蹟相類者，與爲證明。又以他書所引與今本互有異同者，附注於下，使學者知是書之存雖非其舊，而其事其文信而有徵。休文之注大概取之《宋書·符瑞志》，疑後人依託爲之。非其本注不列書中，帝相二十八年“寒浞使其子澆弒帝，后緡歸于有仍。伯靡出奔鬲”。《詩》引《春秋經傳集解》：“靡，夏遺臣，事羿者。”伯靡輔夏，爲王蓋臣。《傳》注乃謂“其事夷羿”。考《紀年》，知靡隨后相播越，商斟逆浞滔天，始奔有鬲，“自鬲帥斟鄩、斟灌之師以伐浞”，“殺寒浞”。少康賴其力“自綸歸于夏邑”，恢復舊家，未嘗委質於羿也。《詩》、《書》務求簡括，未能考詳以黜謬誤。永濟崔龍見《序》稱“荊溪任釣臺先生嘗作《紀年證傳》一書，見所作《四書文序》中，屢經訪求，竟不可得”。爲可惜也。

《竹書紀年考證》一卷　　《笙雅堂全集》本

國朝張九鐔撰。九鐔字吾溪，號蓉湖，又號竹南，湘潭人。乾隆戊戌進士，改庶吉士，散館授編修。取《紀年》一書有關於《詩》、《書》、《春秋》者，證其得失，不盡依附本書。如謂“浞弒相後”，書“夏世子少康生，自丙寅至丙午即位。中隔四十年，夏統不絕”。不書羿浞，最得史法，正如《春秋》書“子同生，公在乾侯”之例。謂“桀卒亭山，禁弦歌舞，此盛德事”，謂“伊尹自立，太甲殺伊尹”一事，豈當時有慨於三卿之廢君爭晉，故竄入此以洩其憤。謂“武王十亂皆周臣，獨辛甲殷臣，歸周爲周臣，非膠鬲、向摯之比”。《論語》有“婦人”焉。婦、殷，籀文相近致誤，當作“殷人謂辛甲也”。《大誥》誓師云：“爽邦由哲，亦惟十人”，乃援文母邑姜以實之。臣母之嫌，司晨之戒，於名正言順何有？《多方》“其（天）惟五年須暇之子孫”。紂四十四年西伯發伐黎，五十一年周師渡盟津，使祖伊奔告時，紂即轉狂。而聖天尚可暇之子孫，殷未必即喪。至觀政罔悛，囚箕子，殺比干，微子出奔，於是紂可伐矣。《書》錄《戡黎》微子志殷之亡五年，蓋指戡黎以後，微子未去以前也。自謂得作者立言之指。其行文亦斐亹可觀。

《竹書紀年校補》二卷　　石梁學署校本

國朝張宗泰撰。宗泰字登封，號筠巖，甘泉人。乾隆己酉拔貢生，以知縣用，請改教職，歷官天長縣復設教諭、合肥縣教諭。篤志著述，有《〈周官〉、〈爾雅注疏〉正誤》、《〈孟子〉七篇諸國年表》。是書據《左傳後序》，殤叔以下改用晉魏之年。又增補遺佚二十餘事，其餘仍從吳、何諸本。考唐之季世，《竹書》十二卷之舊已不傳。宋初傳本即多不同，《太平御覽》、《路史》所引，或稱《紀年》，或稱《竹書紀年》，或稱《敦皇紀年》，又曰《燉煌高約之郡府紀年》。金履祥《通鑑前編》所載，有今本所無及與今本異者。而“趙城泫氏”、“韓城平陽田居圍平邑”本皆《紀》文。履祥謂見《水經注》，是此數事，當時傳本不載。《占經》之“女化産龍”，“晝晦四瞑”，《廣宏明集》之“秦仲”，以前本無年世等，宋人書多不引。而《寰宇記》之“築池陽敗武垣”等事，今本又無。古書如郭璞《穆天子傳》引《紀年》者七，近本止存其六；酈氏《水經注》引《紀年》者百二，近本失載者數十；《文選注》引《紀年》者十，近本失載者一；《史記索隱・正義》所引近本遺者强半。他如《真誥》、《史通》、《廣韻》、《漢書》注、《初學記》所引，近本每多不載。蓋宋初止存三卷，而今之二卷，又宋本之殘缺、元明所輯綴者。吳琯所校訛誤頗多，宗泰亦未能一一校補也。

《校正竹書紀年》二卷 《平津館叢書》本

國朝洪頤煊撰。頤煊字筠軒，臨海人。嘉慶五年，頤煊游學杭州，孫星衍屬校是書。《序》稱：“《晉書・束晳傳》云：‘《紀年》十三篇’，《隋志》：‘《紀年》十三卷’，《新唐書・志》：‘十四卷’。今本《紀年》止二卷。束晳、杜預所見《紀年》本，起自夏、殷，至周幽王後，以晉紀年。晉滅，以魏紀年。今本乃起自黃帝，至魏今王二十年，幽王以後，皆以周王紀年。《水經・丹水注》引‘晉烈公二年，楚人伐我南鄙’，《汶水注》‘我師伐齊，我者晉也’，《沁水注》‘梁惠成王元年，趙、韓伐我葵‘，《河水注》‘齊師伐我圍觀，我者魏也’。今本用周王紀年，則我皆爲周，文義盡失。今本《沈約注》，多與《宋・符瑞志》同，疑皆後人羼入。然《史記・魏世家・集解》引和嶠云：‘《紀年》起自黃帝，終於魏之今王。’郭璞注《山海經》引‘《竹書》“昌意顓頊”’，與今本同，與束晳、杜預本異。《隋志》有《竹書同異》一卷，疑當時所得《竹書》，傳寫各異，其本亦不能歸一。今本或猶和嶠、郭璞所見之舊。《新唐書・劉貺傳》：‘貺嘗以《竹書紀年》序諸侯列會，皆墨證，後人追修，非當時正文。如‘齊人殲於遂’、‘鄭棄其師’，皆孔子新意，知按《春秋經傳》而爲。’今本文法相似，是今本所存，其未見前人所引者，亦不能遽定爲後人掇拾他書所爲。今本夏、殷後，皆有總記年數。幽王後，亦云自武王元年至幽王庚午二百九十二年。平王下云：‘東遷以後，始紀晉事，王即位皆不書。’疑今年（應作“本”）唯東遷以後周王紀年，是後人所改。其餘皆《紀年》原文。沈注雖後人僞題。韓愈《黃陵廟碑》引‘帝王之崩曰陟’。《史記・夏本紀・集解》、《文選・六代論》（李）善注引“自禹至桀十七世，有王與無王用歲四百七十一年”。皆作《紀年》，是舊本本有注文。今本雖經後人變改，殘缺失次，非僞書可比。因仍取今本，歷證群書所引，訂正於每年之下，並補脫五十餘條。注中見《宋志》者削之，其可信者存之。”雖無以還汲冢之舊觀，而校正精審,誠讀《紀年》者所當取資者矣。

《竹書紀年集證》五十卷　嘉慶癸酉刻本

　　國朝陳逢衡撰。逢衡字履長,一字穆堂,江都人。謂:"《紀年》自堯以下與《尚書》相表裏,自帝乙以下與《詩》相表裏,自平王以下與《春秋》相表裏。他若高宗伐鬼方之見于《易》,冥勤其官而水死之見於《禮》,不獨《左》、《國》、《史》、《漢》諸書可爲引證。今世所傳無善本,譌誤相承,考訂補正輯爲斯編。以羣書定《紀年》之譌,且以《紀年》證羣書之誤。"明楊慎、胡應麟,國朝孫之騄、徐文靖、鄭環、張宗泰、陳詩、趙紹祖、韓怡、洪頤煊之書,悉爲采入。卷首《集說》,深取《日知錄》引《紀年》與《孟子》互相證明之言。及《史記志疑》,謂:"《紀年》雖不免屚亂,其真確之處頗足取徵之說。"而於閻百詩、全謝山、王鳳喈、錢曉徵不信《竹書》,多所辯論。末二卷爲他書所有、而今本無者,《瑣語》、《師春》、《繳書》附焉。"黄帝接萬神於明庭",逢衡謂:"神指諸侯。言合諸侯於明堂也。《路史》注羣神謂諸侯五等,《孝經》疏明庭,明堂。《國語》'禹致羣神於會稽之山'。《韋注》'羣神謂主山川之君,爲羣神之主,故謂之神'。成伯璵《禮記外傳》:'明堂,古者天子布政之宮,黄帝享百神於明庭,是也'。唐虞爲五府。《史記》:'黄帝時萬諸侯,而神靈之封居七千。其後黄帝接萬靈明庭'。惠定宇《明堂大道錄》以天神地示人鬼當之,誤。""商湯居亳",先儒解三亳殊混。逢衡考明地界,謂:"帝癸十五年,商侯履遷於亳。謂:南亳穀熟,是也。穀熟與寧陵相近。"《一統志》寧陵縣有葛城。故湯得使亳衆往爲之耕。"二十八年,商會諸侯于景亳",謂"北亳蒙縣",是也。景亳即後盤庚所遷者,故曰盤庚遷於殷。《史記》有"盤庚渡河南,復居成湯故居"之語,曰故居者,明湯曾居此也。"湯十八年即位,居亳",謂"西亳偃師",是也。偃師即帝嚳之墟,所謂即先王居,是也。與《孟子》、《史記》、《書序》無一不合。"盤庚十四年,自奄遷於北蒙,曰殷",即景亳,景亳於三亳中爲北亳。束晳云:"《尚書序》盤庚五遷,將治亳。"舊說以爲居亳即《紀年》所謂營殷邑,是也。顧氏炎武嘗謂:"吾讀《竹書紀年》而知周之世有戎禍。蓋始於穆王之征犬戎。"以黷武之兵爲徙戎之事。懿孝之世,戎車屢征至夷。三七年虢公伐太原之戎,則是昔日所内徙者,今爲寇而征之。宣王之世雖號中興,伐太原之戎,伐條戎奔戎,伐姜戎,料民太原。與後世西戎之叛略似。"幽王六年,命伯士率師伐六濟之戎,王師敗逋。"於是關中之地戎得以整居其間,而陝東之申侯至與之結盟而入寇。戎所由來非一日之故。而三川之震,屚弧之謠,皆適逢其會也。讀史知要,非徒考據家言。逢衡是書考其年代世次徵事頗詳,而申辨盤庚定遷之故,總論前後治水之方,亦有知人論世之意焉。

267

《竹書紀年辨正》四卷　劉文楷刻本

　　國朝韓怡撰。怡字□□（未知其字，待查），丹徒人。官國子監學正。《梁書·沈約傳》不言注《竹書紀年》，《隋》《唐書》亦無《紀年·沈約注》。今本注文，多與《宋書·符瑞志》同，疑皆後人羼入。張宗泰本概爲刪削，怡於附注，悉仍其舊，自是闕疑慎言之旨。"帝摯少暤氏"，吳琯本無此五字。怡謂："顓頊佐少暤十年，其氏號不容泯没。明張遂辰本大書補之。但帝摯少暤氏當云'少暤金天氏'。不居帝位，即不以帝稱。暤、摯并見《左傳》，不稱帝摯。以別於帝子摯。"其説爲允。"帝産伯鯀"下，《山海經·大荒西經》注引伯鯀下有"是維若陽"四字，張氏據補。怡謂："郭璞注所引非《竹書》之原文，徑補非是。""堯元年丙子"，諸書引《竹書紀年》皆無甲子紀年，惟《隋書·律曆志》引《竹書紀年》"堯元年景子"。《路史·後紀》注引"帝堯元丙子"，與今本同。怡謂："'帝堯元歲'，據皇甫謐、邵康節、金仁山之説，定爲甲辰。羅泌《路史》在戊寅，章俊卿《山堂考索》在癸未，其論不一。《竹書》去古較近，似可信也。""自武王至穆王享國百年"，《晉書·束晳傳》云："《紀年》記自周受命，至穆王百年。非穆王壽百歲也。"怡謂："《禮記》'九十曰耄'。成王踐祚，年十一歲，在位三十七年。康王二十四年，昭王十九年，武王受命六年。共計八十六年。穆王五十一年作《吕刑》，共一百三十七年。《尚書》言百年者，舉成數也。穆王時年百歲，故不但曰耄、且曰荒。穆王即位，春秋已五十矣，立五十五年，年百五歲而崩。若據昌黎'穆王在位百年'，則其壽百五十歲，年反長於成王。"辨正極精。"宣王四十四年，晉殤叔元年丁巳"，據杜預《春秋後序》："《紀年篇》，晉國起自殤叔。"《汲冢古文》，東周以後，以晉魏紀年，本起此年也。今本改用周正，晉魏改元，皆附注於本年之下。張氏本據《水經注》及隋唐以下諸書，引《紀年》東周以後，皆以晉魏紀年，自晉殤叔元年，至魏惠襄，皆用大書而不旁列。謂："是竹書原文。"怡謂："《竹書》言夏殷周王事，三代相承，非比《春秋》起魯隱、終魯哀。即係魏史，晉亦只宜旁列焉。"與洪頤煊《校正》所見相同。"幽王四年夏六月，隕霜"，怡謂："《詩·小雅》'正月繁霜'，記者所本。《傳》、《箋》皆云'正月，夏之四月'。此言六月，明是周正。"辨"杜預所謂《竹書》皆用夏正之説之非"。"六年冬十月辛卯朔，日食有之"，怡謂："詩人紀事，皆用夏正。公劉居豳，當夏之衰，時係以夏，固已。《小雅》六月、十月、四月，亦皆以夏正言之。但《十月之交》言'交'，則十一月矣，周之正月也。正朔日食，故曰亦孔之醜。《鄭箋》於此忽用周正，若果冬十月爲周之秋八月，十月、八月，何足云醜。記者取經文殊誤。張氏據杜用夏正，改作秋八月，尤誤。《竹書》原文，當云'七年春正'。若據夏正，當云'冬十一月'。"其説亦有依據。

惟謂“《紀年》不載孔子之卒”爲疏,宜據《左傳》大書以補之曰:“敬王四十一年夏四月己丑,孔子卒”。則書生之見,知尊聖而非所以論史矣。

《竹書紀年校正》十四卷　《郝氏遺書》本

國朝郝懿行撰。汲冢得書之年,杜預欲述平吳之事,故云:“太康元年。”《束晳傳》據得書之實,則指言二年。《史記·周本紀·正義》誤以太康爲咸和。《束晳傳》言十三篇,《隋·經籍志》十二卷。隋之十二與晉之十三,蓋不殊,以《同異》一卷在焉,故也。《宋·藝文志》三卷,今本又止上下二卷,蓋經補綴而成,皆非晉、隋、唐篇卷之舊。懿行分爲十四卷,自黃帝至帝舜一卷,帝禹至帝相一卷,帝少康至帝廑一卷,帝孔甲至帝癸一卷,殷商成湯至雍己一卷,大戊至陽甲一卷,盤庚至庚丁一卷,武乙至帝辛一卷,周武王至康王一卷,昭王至孝王一卷,夷王至幽王一卷,平王至貞定王一卷,考王至烈王一卷,顯王至隱王一卷。以是書傳習者希,每爲後人羼亂。據唐以前所引比附校勘,因脫隨補,即缺繕完,以存古也。自來議古書者多失之誣,信異説者多失之徇。此書與經傳大異者,惟太甲殺伊尹一事。魏之史臣誤信當時游談,筆之於篇,其誣罔不待言。陸機《豪士賦序》曰:“伊尹抱明允以嬰戮。”《抱朴子·良規篇》曰:“伊尹終於受戮,大霧三日。”士衡、稚川失於過信。懿行謂:“士衡,晉初人,即本此書爲説。”杜元凱在太康中竹書方出時便得見之,《春秋後序》引《紀年》此文,復與今本無異,是不得以爲後人所益、不爲本書廻護。“成王十三年,魯大禘於周公廟”,《日知録》云:“周公未薨,何以有廟? 蓋周廟也。(公字衍)。”梁玉繩謂:“後人僞竄。”懿行謂:“周公亦必無自禘先公之理。”禮不王不禘,魯既自禘矣。而平王四十二年又書:“魯惠公使宰讓請郊廟之禮,而王猶使史角如魯諭。”孰謂成王賢君,而令魯得禘周公廟也。“《呂氏春秋·當染篇》:‘魯惠公使宰讓請郊廟之禮於天子,桓王使史角往,惠公止之,其後在於魯,墨子學焉。’據此,是史角如魯諭王命,而魯止而留之,不遵王命,故是後遂用郊廟之禮也。《竹書》所紀甚明。《傳記》多言成王以周公故,賜魯郊廟之禮,誤矣。”類能援引各籍,訂其舛錯,使秩然就緒,與所著《山海經箋疏》略同。至於囚堯偃、末交喜,皆《汲冢瑣語》之文,不得以誣《紀年》。《晉書》出唐人手,《束晳傳》稱“益干啓,啓殺益”事,明胡應麟已謂汲冢絕無此文也。

《考訂竹書紀年》十四卷　亦囂囂齋刻本

國朝雷學淇撰。學淇字瞻叔,號介菴,順天通州人。嘉慶甲戌進士,歷官山西和順縣、貴州永從縣知縣。晉太康得《竹書紀年》，列於中經，副在三閣。荀勗、和嶠、衛恆、束皙遞相詮次，杜預、傅瓚、劉逴、摯虞、干寶、郭璞及徐廣、裴駰、陶宏景、酈道元多稱述之，以爲證據，隋唐諸經《正義》、《史》、《漢》注說亦多徵引。然訾議橫加，五代以來遂多殘缺。原書十二卷，《宋史·藝文志》止載三卷，乃散佚後輯而存者。學淇以其爲先秦古書，多三代真蹟，甲子事實可以證經學之誤、史書之誤、歷法之誤者不少。以《竹書》長歷推驗列宿之歲差，歷代之日蝕，自唐虞以來無有差貳。博考唐以前諸書所稱引，九閱寒暑爲之釐訂。事必有證，言必有符。《隋志》謂《紀年》皆用夏正，今傳本二卷幽王後仍紀周年用周正，悉爲校正。附注謂出沈約，相傳既久，姑且仍之。唐宋人稱引別加注字。并爲戡定復作《考證》一卷，《辨誤》一卷，《紀年甲子年表列國年表》一卷，《紀年歷法天象圖》一卷，《紀年地形都邑圖》一卷，《紀年世繫名號圖》二卷。又以《紀年》與秦漢以來傳注多殊，故當時王庭堅輩頗詰難之，束廣微隨疑分析作《釋難篇》，論者謂皆有義證，惜今不傳。因述束氏之意作《義證》四十卷，嘗謂孟子先至梁，後至齊。《竹書紀年》曰：“梁惠成王後元十五年齊威王薨，十七年惠成王卒。”然則惠王後元十六年齊宣始即位，以此證之，較然可觀。自史遷移齊年於前，温公移齊年於後，迄今未有定論。據《紀年》則伐燕在宣王七年，實周赧王之元年。凡《孟子》書所紀古人年歲，以《史記》、《漢書》之説推之皆不合者，以《紀年》推之無不合。自云好爲討論之學，每得一解必求其會通，務於諸經之文無所抵忤。傳箋注疏取舍多殊，非敢訾議前賢，期於事理之合云爾。以治經之法治古書，較孫之騄之《考定》、徐文靖之《統箋》爲遠勝矣。

《校補竹書紀年》二卷　古墨齋刻本

國朝趙紹祖撰。《紀年》一書經元明以來增益竄改，非汲冢之舊，然非盡出偽託。紹祖歷引《史》、《漢》、《山海經》、《水經注》、《宋書·符瑞志》、《史記正義》、《索隱》爲《校補》二卷。“帝啓二年，費侯伯益出就國。六年，伯益薨，祠之。”考《晉書·束皙傳》謂《竹書》“益干啓位，啓殺之”，《戰國策·燕策》有此説，《史通·疑古篇》、《雜説篇》兩引益爲后啓所誅。紹祖謂：《晉書》云云，“其時《竹書》始出，紀者當非謬增。而今本無之，反與經傳合，疑爲後人所删。”所見極允。《春秋經傳集解後序》：“《紀年》無諸國別，惟特紀晉國起自殤叔，次文侯昭侯，以至曲沃莊伯。莊伯之十一年十一月，魯隱公之元年正月也。皆用夏正建寅之月爲歲首。編年相次，晉國滅，獨紀魏事。”考《史記·十二諸侯年表》，“宣王四十三年，晉穆侯卒，弟殤叔自立。宣王四十四年，晉殤叔元年。”殤叔在位四年。其四年爲幽王元年。據《左傳後序》晉年起自殤叔，《史記集解》自武王滅殷以至幽王。知《竹書》自宣王以上別爲一篇,以晉紀年,自殤叔四年始,"今本仍書周年"。紹祖欲考訂以復舊觀。然年月俱改,未免紛擾,仍存原本而取諸書異同,繫於各年之後而辯正之,亦見矜慎。《史記·孟嘗君列傳》:"田嬰與韓昭侯、魏惠王會齊宣王于東阿,盟而去。"《索隱》引《紀年》當惠王之後元十一年,作平阿。紹祖謂:"在周顯王四十四年,今本無之。昭侯當爲威侯,宣王當爲威王。"其説亦確,惟平阿故城在鳳陽懷遠西北,當依《史記》作東阿。洪亮吉《序》稱其好古若渴,廣搜博採有益於是書者不少。若羅泌《路史》半多臆造,是以考據家不欲引之,今採其説以證《紀年》,則千慮一失也。

《汲冢紀年存真》二卷　歸硯齋刻本

國朝朱右曾撰。右曾字亮甫,嘉定人。道光戊戌進士,改庶吉士,散館授編修,官至貴州鎮遠府知府。《古文紀年》亡於北宋,不知何年何人捃拾,依附爲今本《紀年》。右曾歷舉今本之可疑,真古文之可信。取古籍所引《紀年》之文,標明所出,注明所異,以時代次之,附以考訂,名曰《汲冢紀年存真》。又別爲《周年表》一卷,辨顓頊非黃帝孫,亦非黃帝曾孫,舜,顓頊六代孫,鯀非顓頊子。黃帝至禹爲世三十,譜牒所紀闕略甚多。舜妻祖姑,契稷爲堯親弟。舉可一撤其障,馮夷者始爲國君而後爲水神,不窋非弃子,公劉亦非弃之曾孫。湯代桀至紂十七世,公劉至文王十六世,世數略相當。武王十一年伐殷。禽受與《書·泰誓序》合,足破《僞古文》十有三年之謬。文王即位十四年而生武王,時年六十一。武王年三十七即位,五年而生成王,又七年而克殷,時年四十八。後六年而崩,年五十四。與《周書·度邑解》言自發之未至於今六十年者合。武王十七,成王三十七,康王二十六,昭王十九,至穆王元年適得百年。《春秋》以前凡三百三十有四年,至赧王三年孟子去齊之歲共七百五十五年,故孟子曰:"由周而來七百有餘歲。"周靈王二十一年八月庚子,孔子生,上距文王没年五百十九歲。周烈王四年,孟子生,上距孔子卒百有八歲。《孟子》七篇都不及齊威王,而梁惠王之薨,梁襄王之立,適當齊宣王元年。孟子游蹤非先齊後梁可知。伐燕之役在周赧王元年,燕王噲七年,齊宣王六年,足證《史記》荀子以伐齊爲湣王及《通鑑》增年之謬。太史公《年表》、《世家》往往自相乖迕,乃如田恆之十二世而有齊,越之三弑其君。魏文侯武侯之年,惠王之改元稱王,齊威宣二王之前却十餘載,不有《竹書》,孰補其闕而正其失。凡所考辨皆足裨益經史。書中於地理山川極明確。著有《〈詩〉地理徵》。陳奐《詩毛氏傳疏》屢引其説也。

《古本竹書紀年輯校》一卷　　《王忠愨公遺書》本

　　國朝王國維撰。朱右曾曾輯録古本《紀年》，一一注其所出，考其異同，以見真古文之可信，而今本之無徵。國維復爲之校補，删去所引《鴻書》與《楊升菴外集》諸條，增入《敦煌唐寫本》、《修文殿御覽》殘卷諸條，古籍所引有隱括原書之語，均爲標出。《水經·河水注》所引"晉烈公五年，田公子居思伐邯鄲圍平邑"，國維謂："田居斯即《戰國策》之田期思，《史記·田敬仲世家》之田臣思。《水經·濟水注》引《紀年》作田期。《史記·田敬仲世家》引《紀年》謂之徐州子期。而據《濟水注》'齊田期伐我東鄙'在惠成王十七年，距此凡五十二年。且此時三家尚未分晉，趙不得有邯鄲之稱，疑《河水注》'晉烈公五年'或有誤字。"考辨甚精，其謂："《紀年》用晉紀元，訖於烈公之卒；以魏紀年，自武侯八年後始。"皆足補朱書所未備。

《今本竹書紀年疏證》二卷　　《王忠愨公遺書》本

　　國朝王國維撰。錢氏大昕嘗言今之《竹書》乃宋以後人僞託，非晉時所得之本。宋晁氏、陳氏、馬氏皆無此書。《梁書》《南史·沈約傳》俱不言曾注此書。《隋》《唐·志》載《紀年》亦不言沈約有附注，多采《宋書·符瑞志》。《宋書》約所撰，故注亦託名休文。國維本其説，謂："今本《紀年》爲後人蒐輯。其迹甚著。一一求其所出。知今本所載，殆無不襲他書。其不見他書者不過百一，又率無事實。所增加者不過年月而已，其所出本非一源。違異糾紛皆可剖析。""黄帝五十年秋七月庚申，鳳鳥至，帝祭於洛水。(《宋書·符瑞志》五十年秋七月庚申，'天霧三日三夜'"云云，均見附注，此條即隱括爲之。"帝嚳十六年，帝使重帥師滅有鄶。(《逸周書·史記解》：'昔有鄶君嗇儉，滅爵損禄，重氏伐之，鄶君以亡。'重氏，蓋國名，作僞者删'氏'字，以爲重黎之重，遂繫之帝嚳時。)""帝堯七年，有麟。(《拾遺記》一：'堯在位七十年，麒麟遊於藪澤。'《路史》本之，而謬'七十年'爲'七年'。僞《紀年》遂云：'七年有麟'矣。)""帝舜五十年，帝陟。(附注：'鳴條有蒼梧之山，帝崩，遂葬焉，今海州。[《隋書·地理志》：'東海郡，梁置南、北二青州，東魏改爲海州。'此附注如出沈約，不當有'今海州'語。考《困學紀聞》云：'蒼梧山在海州界。'此作僞者所本。])"自禹至桀四百三十一年之都數，與古《紀年》四百七十一年不能相應，復與諸帝在位年數不合。"《大荒北經注》引《竹書》曰：'和甲西征，得一丹山。'隸書'和'、'祖'二字形相近，'和甲'疑'陽甲'之譌。"今本《紀年》據郭注誑字,繫之陽甲,乃有陽甲名和之説。或雜綜諸書未加修正,或故與古本立異,有易其本文者,有加以案語者,參差無例,前後未照,事實既具他書,年月又多杜撰,用惠棟《古文尚書考》、孫志祖《家語疏證》之法以治此書,與所校補古本《竹書紀年》並行焉。

　　(撰於 1931—1945 年期間,後刊於臺灣商務印書館《續修四庫全書總目提要》第 4冊,1972 年,第 77—78 頁。原稿影印本載於中國科學院圖書館整理:《續修四庫全書總目提要(稿本)》,齊魯書社,1996 年,第 3 冊,第 743—744 頁、第 763—766 頁;第 4冊,第 43—45 頁、第 217—221 頁。)

作者簡介:

　　楊鍾羲(1865—1940),字子勤。祖籍奉天遼陽,出生於湖北省武昌。清光緒年間曾入湖北巡撫兩江總督端方的幕僚,歷任襄陽、淮安、江寧知府。近代學者、目録版本學家、藏書家、文學家。平生著述中以《雪橋詩話》爲其力作。參與主撰《續修四庫全書總目提要》。1920 年代於北京開設雪橋學舍。參與撰述《奉天通志》,曾任《蕭山縣志》總纂。

《續修四庫提要》録
《竹書紀年》書目提要（二）

沈兆奎　撰

《汲冢紀年存真》二卷　附《周年表》一卷歸硯齋原刻本

清朱右曾撰。（右曾有《詩地理徵》、《春秋左傳地理徵》，已著録。）【如未著録，右曾爲首見，應敍略歷如下。】（右曾字尊魯，嘉定人，道光十八年進士，翰林院編修，官至貴州遵義府知府。）此書自序云："《紀年》古本亡于北宋，不知何年何人捃拾殘文，依附《史記》，倣紫陽《綱目》，爲今本之《紀年》。"按《宋史·藝文志》但有《竹書》三卷，與《隋》、《唐·志》：《紀年》十二卷、十四卷者迥異。《玉海》曰："《竹書紀年》，《崇文總目》不著録，《中興書目》止有第四、第六及雜事三卷，下皆標云：'荀氏《敍録》，一紀年，二紀令應，三《雜事》，皆殘缺。'"安知非後人取此雜事，僞附注文，以售其欺邪。姚振宗言："有明一代，獨見于《天一閣書目》，蓋范欽所爲。"足補前編提要之所未及，非深文周納也。乾嘉諸儒善讀古書，勤於考訂。洪頤煊、郝懿行、林春溥並有校本，漸近雅馴。右曾從而治之，舉今本之可疑者十二端，真本古文之可信者十六端，以開荊棘之藩。于是廣搜古籍，剔抉爬羅，注其所出，辨其異同。如成王伐紂在十一年，足破僞《古文尚書》之謬。"成王陟，年五十四"，與《逸周書》、《中庸》合，足闢文王世子及漢儒"武王八十二生成王"之説。田成子十二世有齊國，世次可數，足明《莊子》之言。燕子之之亂在齊宣王七年，足證《史記》、《荀子》以伐燕爲湣王，及《通鑑》增年之誤。此皆宏綱要旨，裨經益史，其用大彰。若舜囚堯、启殺益、伊尹交末喜、太甲殺伊尹、文丁殺季歷，傳聞之世，容有異辭。《孟子》之於《武成》，且不盡信，況此晉之《乘》乎！錢大昕《養新録》曰："《紀年》實始于夏后，今本乃始于黄帝，亦僞託之一證。"右曾此書亦始于黄帝，雖知束皙、杜預所見不然，而援諸書有則輯之，莫能割焉。其兼取《鴻書》、《升庵外集》，則沙汰未淨。《周年表》用《魯世家》推知幽王以前之年爲二百七十五歲。司馬貞引《竹書》作二百五十七者，傳寫誤倒。鉤稽精密，猶康成之算渾天，一轉便合矣。

《竹書紀年》一卷 《黃氏逸書考》本

清黃奭輯。據黃奭他書自序推之，奭蓋其紀奭之名。《晉書·束皙傳》，竹書凡七十五篇，中有《紀年》十三篇。《隋志》作十二卷，注云：“《汲冢書》並《竹書同異》一卷。”又言：“荀勖、和嶠奉詔撰次，最爲分了。”今世所行，題曰沈約著，已與《隋志》不符。註文大抵鈔襲《宋書·符瑞志》，其爲後人假託無疑。前編提要考辨極詳，於是治是書者遂有古本、今本之别，南轅北轍，判然兩途。如徐文靖之《統箋》、陳逢衡之《集證》、雷學淇之《義證》，皆取今本而詮釋之，繁徵博引以矜腹笥者也。如洪頤煊之《校本》、郝懿行之《校正》、朱右曾之《存真》，皆采輯古注類書，比而觀之，求合古本者也。以注則勞而無功，以校則取舍貴當。其樞紐率在《路史》一書。《路史》繁蕪，未可盡信，故見仁見智，出入各有不同。奭此本，亦從後例，而較之洪本，則蒐集簡略；較之朱本，又綜覈未嚴。惟“鄭棄其師”一條，出《唐書·劉貺傳》，疑貺所云“乃《春秋》非《紀年》”，其言良是。其補采“秦滅芮”一條，自注從《史記》作秦穆公二十年，即魯僖公二十年，蓋據《春秋大事表》。《表》謂《竹書》作二年，考之各本，皆無此文。《路史》引《紀年》“武公八年秋，秦侵芮”，與《左傳·桓公四年》之文正合。顧棟高一誤，而奭再誤矣。

《竹書紀年義證》四十卷 傳鈔本

清雷學淇撰。（學淇有《夏小正經傳考》，已著録。【如未著録，則學淇爲首見，應叙略歷如下。】）（學淇字瞻叔，順天通州人。嘉慶十九年進士，官貴州永從縣知縣。）古本《紀年》亡於北宋，今本題沈約注者，傳自天一閣，爲范欽所僞託。治此書者，不先明古本今本之别，雖博考詳説，徒滋紛擾。徐文靖《統箋》、陳逢衡《集證》是也。學淇此編，既據今本，而入晉以後，多所删移。又於舊注有棄有取，與所自作並列無分，殊非體也。如帝廑一名胤甲，乃不出舊注，而改帝孔甲爲胤甲，引《夏本紀》爲證。《本紀》固作孔甲，不足證也。“十日並出”亦移在孔甲九年，繁徵《離騷》、《淮南子》、郭璞《山海經注》，亦無當於移年之説。夏癸十五年、十七年間，忽提行大書成湯元年，幾使讀者以十七年以下認爲湯年。其實成湯即位首書十八年，逆推順數，盡人所能，何必多此一舉乎？武王十七年冬十有二月陟，《路史》引《紀年》作五十四，此古本之最勝處。而今本依附《禮記》，改五爲九。學淇不加考辨，乃云《紀年》附記所聞漢儒陋說，戰國豈得先聞，可謂買櫝還珠矣！曲沃三世。自成師初封至武公滅晉，凡六十七歲。成師之卒，在孝侯八年，當平王三十九年。武公之立，在哀侯三年，當桓王五年。《史記》與《紀年》並同，惟其間莊伯繼世，朱右曾本推之，得十八年，蓋不用諸侯逾年即位之例，取義甚當。而移其事於前二年，則自相違戾。此本列爲十六年，又無説以處之，此其失之鉅者。至於説巳姓、姬姓青陽有二，伯益、柏翳爲一。七廟周制，不通於夏商，王肅僞託《家語》，乃有舜立七廟之文。尋近洛汭，灌近帝鄉，周地有尋而無灌，衛地有灌而無尋。湯從磬居，是爲宋亳。盤庚遷殷，未嘗居此，商以前無二亳，亦無二殷，其他周鄭燕秦之亳，及《書序》之亳肜、亳姑紛紛之名，皆起周後，皋、發不居西河，帝辛非遷朝歌。甫呂在汝甯，與申呂之在南陽者無涉。七國、中山皆有長城，而始皇所筑者不與，其説大抵以地理爲長，具此後學。宜如《繹史》之自爲一書，鎔鑄群言，詎非盛業，乃托此僞本以傳哉！好龍而爲葉公，刻抉而類宋人，縱極神巧，本質先虛，姑著録之，以不没其捃摭之勤，然明辨之，庶使來者知所從事云。

《竹書紀年辨證》二卷，《補遺》一卷 　嘉業堂刊本

清董豐垣撰。（豐垣有《尚書大傳考》，已著録。）【如未著録，則豐垣爲首見，應進叙略歷如下。】（豐垣字曁之，號菊町，歸安人。乾隆辛未進士，官扶溝縣知縣。）是書《自序》謂：“《竹書》違經背傳，頗疑其僞，而所據今本，不知其與古本不同。又以僞《古文尚書》以衡《紀年》，而不知閻若璩《疏證》之説。”其凡例十七條，備言采用群書進退之意，亦疑沈約注文非實，而不知爲明人依託，又謂《周書》與《穆天子傳》同出汲冢，而不知《隋書·經籍志》之誤。其卷前輯有諸家總論，即敘録也。引杜預《春秋後序》，而不知今本不以晉國紀年，顯與太康故簡有異。其據《左傳》杜注以辨伯靡未嘗事羿。《紀年》有奪禹之文，不免厚誣古賢。據《漢志》槐里縣周曰犬丘。《紀年》懿王十五年遷於槐里，以漢地名紀周事，亦作僞之一證。辨別皆頗精當，而不知諸條爲古本所無。《補遺》一卷，則見他書而不見《紀年》者，別爲排纂以備參考。此書編次固具條理，而大本不立，已無足觀。豐垣父燫之師唐紹祖《序》云：“生年方踰冠，而用心之勤如此。”則少作也。向無刻本，劉承幹借涵芬樓藏舊鈔本而校之梓。

（撰於 1931—1945 年期間，原稿影印本載於中國科學院圖書館整理：《續修四庫全書總目提要（稿本）》，齊魯書社，1996 年，第 22 册，第 120—122 頁，第 128 頁，第

210—211 頁。)

作者簡介:

　　沈兆奎(1885—1955),字無夢,號羹梅。江蘇吳江人。民國時期藏書家。早年步入政界,跟隨清廣西學政汪貽書門下,並隨同汪氏赴日本考察教育,歸國後以七品官分管學部。辛亥革命後,經其叔父沈家本推薦至民國政府大理院任書記官、司法部秘書、河南菸草局局長等職。後入安徽、黑龍江省長幕下多年。1949 年以後,就職於上海文物保管會。沈兆奎頗喜文史翰墨,收藏豐富,曾與葉恭綽、沈尹默、汪東、于右任、李思浩、陳清華等人往來頻繁。他爲鑒定古籍、書畫,而和陳清華、李思浩等人多有書信往來。他又與徐森玉、張允亮等,成爲傅增湘所稱"藏園三友"之一。其所藏有明塗楨刻本《鹽鐵論》真本、盛昱"意園"收藏元刊本《吳淵穎集》、宋元間刻本《書集傳》等書,因珍秘被張元濟刻入叢書。著有《無夢庵遺稿》、《江西青雲譜志》、《志略》等。

汲冢書

吕思勉

　　古書湮没復見，最早者無過於晉世之汲冢書。其事見於《晉書》之《武帝紀》《律曆志》，及衛瓘、荀勖、束晳、王接、司馬彪、續咸諸傳。《紀》云：咸寧五年十月，"汲郡人不準掘魏襄王冢，得竹簡小篆古書十餘萬言，藏於秘府。"《志》云："武帝太康元年，汲郡盜發六國時魏襄王冢，亦得玉律。"《衛瓘傳》載瓘子恆所作《四體書勢》云："太康元年，汲縣人盜發魏襄王冢，得策書十餘萬言。"《束晳傳》云："太康二年，汲郡人不準盜發魏襄王墓，或言安釐王冢，得竹書數十車。"諸説年代雖不相符，①然古事傳者多不審諦，不能以此遂疑其事之真。《律曆志》言："荀勖校太樂，八音不和，始知後漢至魏，尺長於古四分有餘。勖乃部著作郎劉恭依《周禮》制尺，所謂古尺也。依古尺更鑄銅律呂，以調聲韻。其尺量古器，與本銘尺寸無差。又，汲郡盜發六國時魏襄王冢，得古周時玉律及鐘磬，與新律聲韻闇同。"則當時所得，書籍外尚有他物。書籍縱有偽作，他物不必皆有人作偽。以此互證，亦足見汲冢得書，事非烏有。所得之數，《本紀》與《衛瓘傳》，二説符同。簡策重滯，而每策所容，不過數十字；十萬餘言，自可盈數十車。《束晳傳》説，亦非歧異。十餘萬言之書，即在楮墨盛行之時，得諸地表，亦云匪易，況在楮墨未行之世，而又得諸地下之藏乎？誠足令人神往矣。

　　然則世之所傳，所謂出自汲冢之書，其物果可信乎？曰：否。汲冢得書，實有其事，係一事；世之所傳，所謂出自汲冢之書，其可信與否，又是一事。汲冢得書，固實有其事，然世之所傳，謂其出於汲冢者，則不徒明以來之偽《竹書紀年》不可信，即其早於此者，如世所謂《古本竹書紀年》等，其不可信，亦未嘗不相等也。此其爲説，觀於《晉書》之《束晳傳》，即可知之。《荀勖傳》言竹書之得，"詔勖撰次之，以爲《中經》，列在秘書。"《束晳傳》言："初發冢者燒策照取寶物，及官收之，多燼簡斷札，文既殘缺，不復銓

---

① 《二十二史考異》云："《束晳傳》作太康二年，《衛恆傳》作太康元年，興《紀》互異。趙明誠《金石録》，據《太公廟碑》及荀勖序《穆天子傳》，俱云太康二年，以正《晉紀》年月之誤。"然亦未檢《束》《衛》兩傳也。注云："杜預《春秋後序》亦作太康元年。"案杜預《春秋後序》、荀勖《穆天子傳序》，並是偽物。——原稿爲文中小字夾註，爲方便閱讀，今改爲腳註。（編者注）

次。武帝以其書付秘書校綴次第，尋考指歸，而以今文寫之。晳在著作，得觀竹書，隨疑分釋，皆有義證。"《王接傳》云："時秘書丞衞恆考正汲冢書，未訖而遭難。佐著作郎束晳述而成之，事多證異義。時東萊太守陳留王庭堅難之，亦有證據。晳又釋難，而庭堅已亡。散騎侍郎潘滔謂接曰：卿才學理議，足解二子之紛，可試論之。接遂詳其得失。摯虞、謝衡皆博物多聞，咸以爲允當。"是觀其大略，加以次第者荀勖；就其所載，加以研求者，則衞瓘、束晳、王庭堅、王接也。《四體書勢》云："魏初傳古文者，出於邯鄲淳。恆祖敬侯寫淳《尚書》，後以示淳，而淳不別。至正始中，立三字石經，轉失淳法，因科斗之名，遂效其形。太康元年，汲縣人盜發魏襄王冢，得策書十餘萬言。案敬侯所書，猶有髣髴。古書亦有數種，其一卷論楚事者最爲工妙，恆竊悦之。"玩其言，似能次第成書，藉以考見古事者，不過數種，餘則僅堪借證書法。簡斷編殘，銓次已覺不易，況於考索？此實録也。人之度量相越，不能甚遠，束晳繼業，所就豈能遠過？乃《晳傳》述諸書之目，大凡七十五篇，不識名題者七篇而已，餘則皆能舉其崖略，果可信乎？《司馬彪傳》云："初譙周以司馬遷《史記》書周秦以上，或采俗語百家之言，不專據正經，周於是作《古史考》二十五篇，皆憑舊典，以糾遷之謬誤。彪復以爲未盡善也，條《古史考》中凡百二十二事爲不當，多據《汲冢紀年》之義，亦行於世。"夫曰多據，則非盡據，且所據者《紀年》一書耳。《續咸傳》言咸"著《遠游志》、《異物志》、《汲冢古文釋》，皆十卷，行於世"。六七十篇之書，豈十卷之書所能釋？是彪與咸即誠見汲冢書，所見者亦不多也。

更就《束晳傳》論諸書之語觀之。諸説皆云所發爲魏襄王冢，《晳傳》獨多"或言安釐王冢"六字，説果何所據乎？《傳》又云："其《紀年》十三篇，紀夏以來至周幽王爲犬戎所滅，以事接之。三家分，仍述魏事，至安釐王之二十年。蓋魏國之史書。"此六字之所由來也。據《史記》，安釐王爲襄王曾孫。襄王子哀王，在位二十三年；哀王子昭王，在位十九年；昭王子則安釐王，在位三十四年，其卒在秦始皇之四年，距襄王之卒，七十有六年矣。此時魏已去亡不遠，能否厚葬，如史所云，實有可疑。古人作僞，多不甚工，往往少加校勘，説即不讎。竊疑《紀年》書本無傳，造作者初不詳覈，乃誤下三世七十六年，而後人反據之以爲説也。

《束晳傳》又云《紀年》："大略與《春秋》皆多相應。其中經傳大異，則云夏年多殷；益干啓位，啓殺之；太甲殺伊尹；文丁殺季歷；自周受命，至穆王百年，非穆王壽百歲也；幽王既亡，[1]有共伯和者攝行天子事，非二相共和也。"案《史記集解》引《紀年》，謂夏有王與無王，用歲四百七十一年；湯滅夏以至於受，用歲四百九十六年；而《路史》引

《易緯稽覽圖》,謂夏年四百三十一,殷年四百九十六。造竹書者,蓋謂自相之亡,至於少康復禹之績,歷年四十,故竊緯候之説,而易其四百三十一爲四百七十一,此其作僞之顯證。啓、益、太甲、伊尹、文丁、季歷之相賊,則其時之人"舜禹之事,我知之矣"之見解耳。古人紀年,初不審諦,而好舉成數,故於人君享國長久者,率以百年言之。如《詩·生民》疏引《中候·握河紀》云:"堯即政七十年,受河圖。《注》云:或云七十二年。"案堯立七十年得舜,辟位凡二十八年崩,則堯年九十八,若云七十實七十二,則適得百歲矣。《史記·五帝本紀》云:"舜年二十以孝聞,年三十堯舉之,年五十攝行天子事,年五十八堯崩,年六十一代堯踐帝位。踐帝位三十九年,南巡狩,崩於蒼梧之野。"即位踰年改元,時舜年六十二,在帝位三十九年,舜年亦百歲也。此古傳説本以堯舜爲百歲,而説書者從而爲之舜也。《大戴記·五帝德》:"宰我問於孔子曰:昔者予聞諸榮伊曰黃帝三百年,請問黃帝者,人邪? 抑非人邪? 何以至於三百年乎? 孔子曰:生而民得其利百年,死而民畏其神百年,亡而民用其教百年。"《小戴記·文王世子》:"文王謂武王:女何夢矣? 武王對曰:夢帝與我九齡。文王曰:女以爲何也? 武王曰:西方有九國焉,君王其終撫諸? 文王曰:非也。古者謂年齡,齒亦齡也。我百,爾九十,吾與爾三焉。文王九十七乃終,武王九十三而終。"《書·無逸》曰:"文王受命惟中身,厥享國五十年。"言其爲君時年五十有一也。又云:"殷高宗之享國,五十有九年。"《石經》殘碑作百年。然則《吕刑》謂穆王享國百年,正合古人語例。造《紀年》者疑其誤而改之,正見其不知古義耳。厲王見流,周、召二相共和行政,猶之魯昭公時之三家,衛獻公時之孫林父、甯殖。古者世族權大,此等事蓋甚多,特不能盡見於書傳。謂他國之君釋位而未攝政,卻史無前例。有之,則有夏之衰,后羿自鉏遷於窮石,因夏民以代夏政耳,曾聞其反政於夏乎? 此説也,《史記正義》引《魯連子》同之,不知造《魯連子》者襲僞《紀年》乎? 造僞《紀年》者襲《魯連子》乎? 其爲造作則無疑也。

《束皙傳》又云:"《名》三篇,似《禮記》,又似《爾雅》、《論語》。"此合僞《孔子家語》與《孔叢子》爲一書也。又云:"《師春》一篇,書《左傳》諸卜筮,'師春'似是造書者姓名也。"玩其言,似所記與《左氏》全同,古書有如是略無出入者乎? 又云:"《瑣語》十一篇,諸國卜、夢、妖怪、相書也。"下文云:"七篇簡書折壞,不識名題。"則名題皆係固有,卜、夢、妖怪、相書,古人是否視爲《瑣語》,殊難質言。《史通·疑古》引《汲冢瑣語》,有舜放堯於平陽之事,又非卜、夢、妖怪、相書之倫也。又云:"《穆天子傳》五篇,言周穆王游行四海,見帝臺、西王母。"又有《周穆王美人盛姬死事》。合此二者,正今所謂《穆天子傳》。世多以其言域外地理有合而信之,而不知此正其書出於西域既通後之鐵證也。凡此皆今《晉書·束皙傳》不足信之徵也。杜預《後序·疏》引王隱《晉書·束皙傳》云:汲冢竹書,"大凡七十五卷,其六十八卷皆有名題,其七卷折簡碎雜,不可名題。有《周易》上下經二卷，《紀年》十二卷，《瑣語》十一卷，《周王游行》五卷，説周穆王游行天下之事，今謂之《穆天子傳》。此四部差爲整頓。汲郡初得此書，表藏秘府，詔荀勖、和嶠以隸字寫之，勖等於時即已不能盡識。其書今復闕落，又轉寫益誤。《穆天子傳》，世間偏多。"述竹書篇卷凡數，名題可考與否之數，與今《晉書·束皙傳》同，而能言其指歸者，多少迥異。官家校理，往往徒有其名，六十八卷曾否悉行隸寫，殊爲可惑。觀王隱《晉書》與今《晉書》之説之不同，而可見造作者之各自爲説也。①

漢魏之世，習稱異於大小篆之字爲古文，《説文解字》之例可證也。《晉書·武帝紀》言竹書，並稱小篆、古書，可見二者俱有。其時既在戰國，小篆之數，度必遠多於古文，而今《晉書·束皙傳》乃謂其皆科斗字，亦憑臆爲説之一端也。

再論汲冢書

近代治《古本竹書紀年》者，以錢君賓四、楊君寬正用力爲最深。二君於戰國史事，推校皆極密。皆謂《紀年》所記年代，較《史記》爲可信。余於戰國史事，未嘗致力，於二君所言，無以平其是非，以其用力之勤，深信所言必非無見。然竊謂考證之學，今古皆有之，而著述體例，則今古不同。古人於其考證所得者，往往不明言爲己見，而或託之他人；又或將推論之辭，與紀載相混。故竊疑竹書所言，雖或可信，亦係後人考證所得，而未必真爲汲冢原文也。嘗以此意語二君，二君未能信其然，而亦無以難之。近予將舊作《汲冢書》筆記一則，刊諸報端，旋得楊君來書，疑出土《紀年》，本僅記戰國事，自魏文侯至襄王之二十年，其餘則出後人增竄；且其增入並非一次。此言殊有意理。天下無赤手僞造之事，晉人既稱其書爲《紀年》，其中自必有若干按年記事者也。然必不能超出共和以上。《晉書·束皙傳》説《紀年》云："紀夏以來至周幽王爲犬戎所滅，以事接之。三家分，仍述魏事，至安釐王之二十年。"此中惟"安釐王"三字，誠如楊君所疑，原文或爲襄王，而爲後人所臆改，餘則似皆出舊文。觀其所言，絶無謂自夏以來皆有年紀之意。然則真竹書即記夏以來事，亦不過存其梗概而已。《史記·晉世家》謂自靖侯以來，年紀可推；《漢書·律曆志》言"《春秋》、《殷曆》，皆以殷、魯自周昭王以下無年數，故據周公伯禽以下爲紀"，知列國年代，有可推尋，皆不能早於周世，且已爲曆人之言，而非史家之籍矣。魯爲周禮所在，猶且如此，晉居深山之中，王靈不及，

拜戎不暇,安得所記乃遠至夏殷? 故知楊君所言,深有意理,足證所謂《古本紀年》者所紀甚遠之不足信,而又足正予疑其專出後人推校所得之僞也,故樂得而再著之。

楊君書又云,“《紀年》與《趙世家》最爲相合,以此見其可信”,然又以其“與《史記》嬴秦世系,亦有出入,史公記六國時事,多本《秦記》,秦之世系,不應有誤”而疑之。予謂小小奪誤,古書皆所不免。如《史記·秦始皇本紀》後所記秦之先君,不盡與《秦本紀》相合,即其切近之一證。古人著書,有一最要之例,曰:“信以傳信,疑以傳疑。”惟如是,故所據雖有異同,皆各如其原文録之,而初不加以刊改。此在後人,或以此議古人之疏,甚且加以痛詆,然正因此,而古籍之有異同者,乃得悉葆其真,以傳於後。較之以意刊改者,爲益弘多矣。《古本紀年》,在戰國之世者,似當兼采鄙説及楊君之説,謂其中有《竹書》原文,兼有後人推校所得。二者分別誠爲不易,然即能分別之,盡得魏氏史官之舊,亦不過古代各種史文之一耳,未必其纖毫不誤也。此意亦不可不知。

(《汲冢書》原刊上海《東南日報》1946 年 7 月 25 日文史副刊,《再論汲冢書》原刊上海《東南日報》1946 年 8 月 8 日文史副刊。兩文後收於《吕思勉讀史札記》,上海古籍出版社,1982 年,第 909—913 頁、第 914—915 頁。)

作者簡介:

　　吕思勉(1884—1957),字誠之,出生於江蘇常州一户書香門第,少時受教於父母師友,15 歲入縣學。早年執教於常州溪山小學堂、常州府中學堂,學生中有後來成爲文史大家的錢穆、趙元任等人。1926 年後長期執教於光華大學,中華人民共和國成立後任華東師範大學教授。他讀書廣博,着重綜合研究,講究融會貫通,在近現代史學界享有盛譽,被稱作“中國現代四大史學家”之一(另外三位是錢穆、陳垣、陳寅恪)。他一生著有兩部中國通史、四部斷代史、五部專門史,加上大量史學札記,共計 1000 多萬字。上海古籍出版社 2016 年出版的《吕思勉全集》收録吕思勉著作 54 種,其中史學著作 32 種,教科書 7 種,學術札記 2 種,文字學 4 種,文學類 5 種,史地讀物 5 種。全集以張耕華編纂的《吕思勉年譜簡編》作爲附録。

今本《竹書紀年》辨僞

魯實先

《竹書紀年》，著於束晳《敘目》者十三篇，著於《隋志》者十二卷，著於《唐志》者十四卷，《宋志》及《玉海》引《中興書目》，所載僅殘存三卷，此外則宋元二代未見著錄。而今本《紀年》二卷之鏤版，則始於明季范欽，范氏《天一閣書目》亦曾入録。前此則明代簿籍，未見有列其目者。故姚振宗《漢書藝文志拾補》定其爲范欽所輯録，《四庫提要》亦疑爲明人鈔合諸書爲之，其説是也。其著文辨僞者，若崔東壁之《考古續説》卷二，據杜預《春秋經傳後序》、劉知幾《史通》，及《史記正義》、《索隱》，列舉十端，辨其舛漏。若王國維之《疏證》，仿惠定宇《古文尚書考》之例，抉其采綴之原。而新城新藏，以《大衍曆議》校之，亦謂其伐殷之歲爲誤。

案《支那學》第四卷四號，載新城氏《周初之年代》一文，謂今本《紀年》之作者，誤以《大衍曆議》所推克殷之年，爲西元前一○五一年庚寅歲，與《大衍曆》所云克殷之歲，爲西元前一一一一年者不合。因據定以作僞者爲疏於曆數，其説是也。

是今本《紀年》之僞，已昭然若揭。惟諸家所考，猶有餘蘊。何以言之。夫古書顯晦，世所恆有。固不得如姚氏專以流傳之迹論之。古籍迭經喪亂，屢更傳鈔，篇章竄易，文字奪譌，在所不免。且唐宋以前之籍，徵引古書，有隱括其義，省易文辭者。有亂其次第，雜廁他書者。類書之徵引史子，其例皆然。

姑舉宋本《御覽》之引《史記》者以例一班，則有隱括其義而大背原文者。若三百六十九引《吳起傳》、三百七十引《張耳傳》、四百二引《孔子世家》、四百四引《曹參世家》、四百六引《張儀傳》、七百六十八引《陳平世家》，是也。有連合兩卷以爲一篇者，若七百七十七引《陸賈傳》與《南越傳》相連，七百五十六引《封禪書》與《始皇本紀》相連，是也。有顚倒原文次第者，若七百四十四引《李廣傳》是

283

也。有以注文雜入正文者，若三百七十二引《蘇秦傳》、七百七十六引《孟荀傳》是也。有甲卷所引與今本異，乙卷所引與今本同者，《呂后紀》云："召孝惠帝觀人彘"，《御覽》一百五十引觀作視，八十七則仍作觀，《蔡澤傳》云："魋顏蹙齃"，《御覽》三百六十七鼻門引齃作戲，頰門及三百八十二，則仍作齃，是也。有雜入他書之文者，若皇王部所引自殷帝太庚以次多著在位年數，蓋屏雜《紀年》之文者是也。有誤引他書而冠以《史記》之名者，則此例彌多，殆不勝舉。若一百七十七、三百六十七、三百七十三、三百八十六、三百九十一、四百四、七百五十，其例也。

不應於《紀年》，獨爲嚴謹。若此之流，固未可一概視轉引者爲佚文，疑今本有誤衍。準此而言，則《四庫提要》謂今本《紀年》非宋以前之舊，殆非定論。崔述舉其闕誤謂非原書之文，雖有理實，然古籍之傳於今者，其闕誤固所多有，亦不足正言今本之全爲僞作也。王氏《疏證》，疏其所出典策凡五十種，要皆燾瓶散見。如爲後人掇輯，自非博識前言，悉心鉤索者，莫能致。雖明人造僞，相習成風。然皆嫭陋空疏，率爾急就。不俟方聞，其僞即見。而今本《紀年》采摭甚廣，文例簡嚴，校以古本，幾可亂真，蓋非明人所能辦。是以前代之考論此書者，疑信參半，亦有由矣。更有進者，王氏《疏證》以爲"今本所載，無一不襲之他書。其有未然，不過百分之一"。用此斷爲僞書。雷氏(學淇)《義證》，則推驗古事，謂"凡書在秦火以前者，無不符合"。以是定爲信史。二家論證，塗轍不殊，而一以爲真，一以爲僞，則王氏所考，如惠閻之疏古文《尚書》者，終未能杜難者之口，此毛奇齡所以有《古文尚書冤辭》之作也。毛氏雖立言疏獷，未饜人意。然如嘉興李氏之《鶴徵錄》(李集孫、過孫、富孫所輯)猶或右之。以爲"毛氏駁正潛邱，遠出其上"。以彼例此，則王雷二氏之論證，其可不一判其是非歟。雷氏所證信者，舍徵諸古籍外，更以曆算求之，謂："帝堯以來甲子朔食，無不符驗。"檢其持說，亦有未諦者。則以雷氏第錄陳言，以爲論斷。而未及考《紀年》所載共和以前之下距年數，以據曆推步。

所謂下距年數者，乃謂自其所推考之年，下至於今之年數。亦猶今人之言西曆紀元前若干年，或言民國紀元前若干年也。夫共和以前帝王享國永短，異論紛陳。故其立元之歲，莫衷一是。儻不考其下距年數，而徒憑《紀年》所載歲次，據曆以推其朔食，必將無所適從。何則，以歲次乃六甲一旬周故也。例如考今本《紀年》仲康五年癸巳歲之日食，苟不先求其下距年，爲相當於西元前一九四八年，而即昧然從事。前此則西元前二〇〇八年、後此則一八八八年皆癸巳歲，即其比近者言之，前後相差凡六十歲，必難審其是非矣。

是亦不翅引古籍爲左驗也。苟依王氏之説律之,則雷氏所引以勘其朔食者,固亦作僞者所及見,不得據此以證其爲信史矣。新城氏摘今本《紀年》伐殷之歲爲繆,然未據曆推其朏魄日名,亦不足必今本之爲僞。其云《大衍曆議》所言伐殷之歲,爲西元前一一一一年,雖與《授時曆議》所言積年密合,惟未據《大衍曆》入算,猶不免啓或人之疑。且新城未及遍考今本《紀年》月日之誤,僅摘伐殷之歲與《大衍曆議》不協,因據定爲僞書,亦非達論。何則,共和以前,譜牒乖異。《竹書紀年》校《大衍曆議》,雖有歲次一周之差,然不能遽定孰爲是非也。夫欲張新城之説,鉗雷氏之口,當必據曆而言。而據曆以推史之朔食,必先知其曆之積年,欲求曆之積年,必先知史所載下距之年數。共和以後史表年次相接。鄭玄《詩譜》亦謂:“得太史年表,次序乃明。”自後典策雖繁,未有異説。今本《紀年》,亦無二致。故共和以後所載朔蝕,無可非難,固不能據曆以爲真僞之辨。是則欲考《紀年》之下距年數,以證其朔蝕,當斷自共和以前。而《紀年》所載帝堯以降,諸王享國之歲,皆完整勿紊。自共和上溯,依次陳列,則其下距年數,顯然易見。兹取其所載立元陟位之歲,並附西曆紀元,及洎宋以前典籍下距年數之異同,揭櫫左方,以馮考核。至若諸書所載享國年數,有與《紀年》勿協,而其下距年不可考者,則王國維《今本竹書紀年疏證》,箋注已詳,此不備列。

帝堯元年丙子(2145 B.C.)一百年陟

《通鑑前編》、王應麟《困學紀聞》謂帝堯元甲辰,在西曆紀元前二三五七年。(《困學紀聞》卷九《曆數篇》云:“自帝堯元年甲辰,至宋德祐丙子,凡三千六百三十三年。”)《通鑑外紀》及元許衡《魯齋集》謂堯元戊辰,乃西元前二三三三年。(《魯齋集》云自唐堯戊辰距至元壬申凡三千六百五年)呂奉天謂堯元丙子,乃西元前二三二五年。(《宋史·律曆志》卷三呂奉天上言:“臣探索百家,用心十載,乃知唐堯即位之年,歲在丙子,迄太平興國元年亦在丙子,凡三千三百一年。”)皇甫謐謂堯元甲辰,乃西元前二三〇三年。(《史記·五帝紀·集解》引皇甫謐曰堯以甲辰即帝位。兹以顧觀光所輯《帝王世紀》之前後年數考之,則皇甫氏所謂堯元當在西元前二三〇三年。然是年黃帝、殷、魯曆及東漢以後諸曆,皆歲次戊戌。《三統》以前諸曆,是年亦絶不直甲辰。蓋其所據者,爲何休《長曆》也。案《公羊·襄公二十一年傳》曰:“十有一月庚子孔子生”,何休注曰:“時歲在己卯。”阮元校記曰:“疏及鄂本閩本同,監毛本作乙卯。”錢大昕曰:“於《三統術》是年歲在乙巳,乙卯當爲乙巳之譌。”實先案魯襄二十一黃帝、殷、魯及東漢以降諸曆,歲次己酉,《周曆》作丙午,《太初曆》丙戌,《顓頊曆》戊申,《三統曆》乙巳,無值乙卯,或己卯者。考古曆歲次,相差數算者有之。若是年爲己卯歲,則與己酉相

285

差三十算,不容相差如是之遠。而王引之《經義述聞·太歲考》第十七論,則謂《公羊傳注》歲在己卯爲殷曆,而不言有誤文。然考《命曆序》所載殷曆上元爲甲寅,以《開元占經》所載殷曆積年推之,則其歲次適與東漢以降諸曆合。王氏乃以殷曆當之,其説非是。若乙卯與乙巳,則形聲不近,亦無容有誤。而作乙卯者,僅差後己酉七算,當爲何氏原本。其歲次與古曆不同,愚別有詳考)《易緯稽覽圖》以堯元年爲壬午,乃西元前二一九九年。(《稽覽圖》云堯一百年,舜五十年,禹四百三十一年,殷四百九十六年,周八百六十七年,秦五十年。考稽《覽圖》所言夏周年數,與《漢書·律曆志》同。謂秦五十年者,以周盡於赧王五十九年,自此之後至二世三年,爲五十年也。依此逆推,則殷元年當在西元前一六一八年癸亥歲,堯元年乃西元前二一九九年。)檢諸家所言堯元,少則前於紀年五十四歲,多則前於紀年二百一十二歲。案《宋書·律曆志》載何承天元嘉二十年上表曰:“堯典云日永星火以正仲夏,今季夏則火中。又宵中星虛,以殷仲秋,今季秋則虛中;爾來二千七百餘年,以中星檢之,所差二十七八度。”據此則何氏以堯時距元嘉二十年,爲二千七百餘年也。如以今本《紀年》所次堯元年考之,則其相距僅二千五百八十八歲,不合何氏之言矣。是知何氏所見帝王譜牒,所載唐堯設元之歲,固在今本《紀年》之前,或與皇甫謐等所云相去不遠也;考《紀年》出於晉代,何氏當及見原本。而其所言年數與今本不協,知今本之爲僞作矣。至若據《堯典》中星,以考帝堯之時代,則殊難必其精確。蓋以日出没之確時,星宿之距度胥足以影響之。即其歲差之數,亦曆代不齊,假令據爲考論,則必有數百年之猶夷,將令是非莫辨。以其無預於辨僞,姑置勿論。

帝舜元年己未(2042 B.C.)五十年陟

唐王希明謂舜元年,乃西元前二二九五年丙午歲。(王氏《太乙金鏡式經》卷七云:“舜帝五十七年壬寅入第七百六。”愚案《太乙經》又云:“周宣王二十九年壬寅入第十二百六。”據此推之則舜帝五十七年,乃西元前二二三九年,其元年爲西元前二二九五年,)《通鑑前編》、《皇極經世》、《皇王大紀》,帝舜元丙戌乃西元前二二五五年。《通鑑外紀》,舜元戊申,乃西元前二二三三年。皇甫謐謂舜行天子事,亦西元前二二三三年。(《史記·五帝紀·集解》引曰甲寅舜代行天子事)其即真,則爲西元前二二〇五年;(《藝文類聚》十一、《御覽八》十一引《帝王世紀》曰:“舜年八十一即真。”《史記·五帝紀·集解》引曰:“舜以堯之七十九年壬午即真。”案壬午乃東漢以後諸曆之丙子歲也。)《易緯稽覽圖》舜元乃西元前二〇九九

年壬戌歲。(說見前,下仿此)

帝禹元年壬子(1989 B.C.)八年陟

《皇王大紀》禹元丙子乃西元前二二〇五年。《漢書·律曆志》、皇甫謐、《通
鑑外紀》謂禹元年乃西元前二一八三年戊戌歲,即《三統曆》癸未歲。依《漢志》,
夏后氏繼世十七王四百三十二歲推之,則禹元年當在是歲。考《帝王世紀》所言
自禹至桀之年數與《漢志》同,則禹元年亦當與《漢志》同。案《史記·夏本紀·集
解》引皇甫氏曰:"夏啓元年甲辰十年癸丑崩。"顧觀光曰:"以前後甲子推之,啓當
作禹。"愚案《初學記》九、《藝文類聚》十一、《御覽》八十二引《帝王世紀》云:"伯
禹夏后氏繼鯀治水十三年而洪水平,及堯崩,舜復命居故官,禹年二十始用,三十
二而洪水平,年七十四舜始薦之於天,薦後十年舜老,始使禹代攝行天子事。五年
舜崩禹除喪,明年始即真。以金承土,年百歲崩於會稽。"據此則禹即真之年,年
九十二歲,越十年滿百歲而崩。《史記·夏本紀》亦云:"帝禹立舉益任之政,十年
帝禹東巡狩至于會稽而崩。"是亦以禹爲在位十年也。是知啓當作禹。而謂元年
甲辰,崩年癸丑者,據何休《長曆》所次干支也。案《御覽》八十二引《帝王世紀》
云:"啓升后十年舞九韶,三十五年征河西。"又曰:"啓在位九年,年八十餘而崩。"
《路史·後紀》十三引《紀年》:"啓在位二十五年。"《真誥》十五引《竹書》:"啓即
位三十九年,亡年七十八。"今本《紀年》:"啓十六年陟。"無言啓在位十年者。唯
陶弘景《古今刀劍錄》云:"啓在位十年,以庚戌八年鑄一劍。"言啓在位十年者僅
此一見。然案《路史》引《刀劍錄》云:"禹在位十年以庚戌八月鑄一劍",其文與
今本相似,當即同屬一條。唯今本譌禹爲啓,誤八月爲八年也。審是則知《夏本
紀·集解》所引《世紀》:"夏啓元年甲辰",當作夏禹元年甲辰。至若《通鑑外紀》
引皇甫謐說以啓在位爲十年,乃依《夏本紀·集解》轉引,非據別本也。古文啓作
启,古書稱夏禹爲夏后氏,《史記集解》所引《世紀》之夏啓,當爲夏后之譌。又案
皇甫謐所言帝王享國年數,及五德相生,皆本之《漢志》。故《世紀》以自禹至桀四
百三十二年,自湯得位至紂凡六百二十九年,自剋殷至秦滅周之歲,凡八百六十七
年,並與《漢志》同。唯其所次紀歲干支,則雜用《三統曆》、《何休曆》及東漢以降
諸曆,是以令人目眩也。《大衍曆議》謂夏禹元年乃西元前二一七〇年辛亥歲;
(《大衍曆·日度議》曰:"夏后氏四百三十二年日邻差五度。"夫夏后享國四百三
十二年之說,出自《漢書·律曆志》。《大衍曆議》以成湯伐桀爲歲在壬戌,當於西
元前一七三九年伐桀之歲,即夏后祚終之年;據伐桀歲上推四百三十二年算上,在

殷術、黄帝術及東漢以後諸曆，爲歲次辛亥。案今本《紀年》帝禹元年爲壬子，乃據《大衍曆議》立説，壬子之與辛亥，相差僅一算，故知是歲即《大衍曆議》所謂之夏禹元年也。)《稽覽圖》禹元年乃西元前二〇四九年壬子歲。

帝啓元年癸亥(1978 B.C.)十七年陟

《經世》、《大紀》：夏啓元甲申，西元前二一九七年。《外紀》：啓元丁未，西元前二一七四年。

太康元年癸未(1958 B.C.)四年陟

《經世》、《大紀》：太康元癸巳，西元前二一八八年。《通鑑外紀》：太康元丙辰，西元前二一六五年。《大衍曆議》：太康元丁丑，西元前二一四四年。(《大衍曆·日度議》曰："夏后氏四百三十二年，日卻差五度，太康十二年，戊子歲冬至應在女十一度。"據此推之，則太康元年爲丁丑歲，即西元前二一四四年。)

仲康元年己丑(1952 B.C.)七年陟

《經世》：仲康元壬戌，西元前二一五九年。《外紀》：仲康元乙酉，西元前二一三六年。《大衍曆議》、《授時曆議》：仲康元己丑，西元前二一三二年。(説詳下文)

帝相元年戊戌(1943 B.C.)

《經世》、《大紀》：帝相元乙亥，西元前二一四六年。《外紀》：帝相元戊戌，西元前二一二三年。王希明謂帝相元，乃西元前二一二二年己亥。(《太乙金鏡式經》卷七云："夏王相四年壬寅入第四陽九，後二十四年爲羿所篡。")

少康元年丙午(1875 B.C.)二十一年陟

《經世》、《大紀》：少康元壬寅，西元前二一一九年。《外紀》：少康元丙午，西元前二〇五五年。

帝杼元年己巳(1852 B.C.)十七年陟

《經世》、《大紀》：帝杼元甲辰，西元前二〇五七年。《外紀》：杼元丁卯，西元前二〇三四年。

帝芬元年戊子(1833 B.C.)四十四年陟

　　《經世》、《大紀》:帝槐元辛酉,西元前二〇四〇年。《外紀》:槐元甲申,西元前二〇一七年。

帝芒元年壬申(1789 B.C.)五十八年陟

　　《經世》、《大紀》:芒元丁亥,西元前二〇一四年。《外紀》:芒元庚戌,西元前一九九一年。

帝泄元年辛未(1730 B.C.)二十五年陟

　　《經世》、《大紀》:泄元乙巳,西元前一九九六年。《外紀》泄元戊辰,西元前一九七三年。

帝不降元年己亥(1702 B.C.)五十九年遜位于弟扃。

　　《經世》、《大紀》、《太乙金鏡式經》(《太乙經》云夏王不降三十年庚寅入第八百六):不降元辛酉,西元前一九八〇年。《外紀》:不降元甲申,西元前一九五七年。

帝扃元年戊戌(1643 B.C.)十八年陟

　　《經世》、《大紀》:扃元庚申,西元前一九二一年。《外紀》扃元癸未,西元前一八九八年。

帝廑元年己未(1622 B.C.)八年陟

　　《經世》、《大紀》:廑元辛巳,西元前一九〇〇年。《外紀》廑兀甲辰,西元前一八七七年。

孔甲元年己巳(1612 B.C.)九年陟

　　《經世》、《大紀》:孔甲元壬寅,西元前一八七九年。《外紀》孔甲元甲子,西元前一八五七年。

帝昊(一作皋)元年庚辰(1601 B.C.)三年陟

《經世》、《大紀》:帝皋元癸酉,西元前一八四八年。《大紀》:皋元乙未,西元前一八二六年。

帝發元年乙酉(1596 B.C.)

《經世》:帝發元甲申,西元前一八三七年。(《皇王大紀》云:"帝皋十三載王崩,子發立,發元載甲辰。"愚案《皇王大紀》載帝皋二載太歲爲甲戌,與《經世》同。此云十三載王崩,蓋三乃二之譌,甲辰乃甲申之誤。)《外紀》發元丙午,西元前一八一五年。

帝癸(一名桀)元年壬辰(1589 B.C.)

《經世》、《大紀》:桀元癸卯西元前一八一八年。《外紀》桀元己未,西元前一八〇二年。

商湯十八年癸亥王即位(1558 B.C.)

《經世》、《大紀》:湯十八年乙未,放桀即位,乃西元前一七六六年。《三統曆議》、《帝王世紀》、《通鑑外紀》、《博古圖》:湯伐桀爲庚戌歲,即《三統曆》之戊戌歲,乃西元前一七五一年。(《漢書・律曆志》曰:"三統上元至伐桀之歲十四萬一千四百八十歲,歲在大火房五度,故傳曰,大火閼伯之星也,實紀商人。"錢大昕曰:"以三統術推得湯伐桀之歲,太歲在戊戌,入地統一千四百三十一年。"愚案此即西元前一七五一年也。是歲入地給乙酉章六年算外。《初學記》九、《藝文類聚》十二、《御覽》八十三,引《帝王世紀》曰:"湯伐桀,乃即天子位。"又《初學記》九引曰:"自禹至桀數有窮,凡十九王,合四百三十二年。"《博古圖》曰:"湯建國始於庚戌。")《大衍曆議》成湯伐桀爲壬戌歲,西元前一七三九年,湯建國元祀爲癸亥歲,乃西元前一七三九年。湯建國元祀爲癸亥歲,乃西元前一七三八年。(《大衍曆・五星議》曰:"成湯伐桀歲在壬戌,《開元曆》星與日合于角次于氐十度,而後退行,其明年湯始建國爲元祀,順行與日合于房,所以紀商人之命也。後六百一算,至紂六祀。"又《日度議》曰:"商以六百二十八年,日卻差八度。"案《大衍曆議》以伐商之年,爲西元前一一一一年庚寅歲,次年辛卯,周始革命,自辛卯上溯六百二十八年,當西元前一七三八年爲殷湯元年。)《稽覽圖》殷元年爲西元前一六一八年癸亥歲。

外丙元乙亥(1546 B.C.)

《外紀》:外丙元癸亥,西元前一七三八年。

仲壬元年丁丑(1544 B.C.)

《外紀》:仲壬元乙丑,西元前一七三六年。

太甲元年辛卯(1540 B.C.)

《經世》、《大紀》:太甲元年戊申,西元前一七五三年。《三統曆議》及《宋書·曆志》載太甲元癸亥,即《三統曆》辛亥歲,乃西元前一七三八年。(《漢書·律曆志》:"成湯崩歿之時,爲天子用事十三年矣。商十二月乙丑朔旦冬至,故《書序》曰:'成湯既歿,太甲元年使伊尹作《伊訓》。'《伊訓》篇曰:'惟太甲元年十有二月乙丑朔,伊尹祀于先王誕,資有牧方明。'言雖有成湯、太丁、外丙之服,以冬至越茀祀先王于方明,以配上帝,是朔旦冬至之歲也。"錢大昕曰:"商以十二月爲正,故以天正十一月爲十二月。以曆推之,是歲入地統一千四百四十四年,積月一萬七千八百六十,無閏餘,積日五十二萬七千四百二十一,大餘二十一,小餘十九,推得殷十二月乙丑朔冬至,同日入統七十七章首也。"《宋書·曆志》載何承天《元嘉曆法》曰:"上元庚辰甲子紀首,至太甲元年癸亥三千五百二十三年,至元嘉二十年癸未,五千七百三年算外。"案此則太甲元年下距元嘉二十年爲二千一百八十年也。元嘉二十年,爲西曆紀元四四三年,則何氏所謂太甲元年,乃西元前一七三八年,與《三統曆議》同。)呂奉天所謂太甲元年,乃西元前一七三六年乙丑。(《宋史·律曆志》呂奉天曰:"從太甲元年距今至道二年,凡二千七百三十二年。"案呂氏之言,則太甲元年,當爲西元前一七三六年,僅差後《漢志》二歲。蓋"二千七百三十二"爲二千七百三十三之譌。而以算外計,則其所云太甲元年與《漢志》同也。)《通鑑外紀》、《博古錄》:太甲元年己巳,乃西元前一七三二年。《大衍曆議》太甲元年辛巳,乃西元前一七二〇年(《大衍曆·日度議》曰太甲二年壬午冬至應在女六度)。

沃丁元年癸巳(1528 B.C.)

《經世》、《大紀》:沃丁元辛巳,西元前一七二〇年。《通鑑外紀》:沃丁元壬寅,西元前一六九九年。王希明所謂沃丁元年,乃西元前一六九一年庚戌歲。

(《太乙金鏡式經》卷七云:"殷沃丁二十九年戊寅入第五陽九",案陽九之數,以四五六年爲一周。檢《太乙經》以周平王二十年庚寅歲入第七陽九,其年乃西元前七五一年。據此推之,則其入第五陽九,爲西元前一六六三年之戊寅歲。其沃丁元年乃西元前一六九一年之庚戌歲也。又案《金鏡式經》云:"殷王小甲四年戊寅入第九百六。"考太乙百六之厄法,以二八八年爲一周。其云:"周宣王二十九年壬寅,入第十二百六,周敬王九年庚寅,入第十三百六,秦始皇二十四年戊寅入第十四百六。"其上下相距並合二八八年之數,則其所謂第九百六,亦當在西元前一六六三年之戊寅歲,與第五陽九同年。然是年《金鏡式經》既以爲沃丁二十九年,又以爲小甲四年,同出一書,不應牴牾如此。考本書卷七載太乙積年法,有大宋景祐元年甲戌歲之文,則其書曾經宋人羼亂。以西元前一六六三年爲小甲四年者,乃宋人之説。因其與《通鑑前編》、《皇極經世》、《皇王大紀》,相合也。然則以是歲爲沃丁二十九年者,當爲王氏原書之文。)

小庚(《史記》作太庚)元年壬子(1509 B.C.)

《經世》、《大紀》:太庚元庚戌,西元前一六九一年。《通鑑外紀》:太庚元辛未,西元前一六七〇年。

小甲元年丁巳(1504 B.C.)

呂奉天所謂小甲元年,西元前一六四九年壬辰歲。(《宋史·律曆志》卷三呂奉天上言云:"經史年曆自周秦以前,多無甲子,臣耽研既久,引證尤明。起商王小甲七年二月甲申朔旦冬至,自此之後,每七十六年,一得朔旦冬至,此乃古曆一蔀。直至春秋魯僖公五年正月辛亥朔旦冬至,了無差爽。"愚案《奉天》稱小甲七年二月甲申朔旦冬至,遍考古籍所記小甲七年,於諸古曆皆不直甲申蔀,或甲申章也。其謂古曆每七十六年爲一蔀,乃古四分術之法。謂"魯僖公五年正月辛亥朔旦冬至",與《周曆》、《太初曆》、《三統曆》同。循此上推九八八年,爲西元前一六四三年,三曆直甲申章首,是即奉天所謂之商王小甲七年也。又案《奉天》謂"自此之後,每七十六年一得朔旦冬至",蓋《奉天》以西元前一六四三年之甲申,及魯僖五年之辛亥,爲蔀首而非章首也。然古天正起算之曆,無甲申蔀,唯《顓頊術》有之。案甲申蔀,乃《顓頊術》第六蔀,其置蔀在西元前一一二六年。考之《漢書·律曆志》、《大衍曆議》、《易緯·乾鑿度》、《外紀》、《前編》、《經世》、《大紀》,其時乃姬周之初年,非商王小甲之世也。即據《顓頊術》,則魯僖五年朔旦冬至不直辛亥。且《顓頊術》以立春起算,其設章之歲,非至朔同日之年,故知《奉天》所據者,爲《周曆》、《太初曆》或《三統曆》,決非《顓頊曆》。奉天謂堯元年丙子,當西元前二三二五年,自丙子至魯僖五年丙寅,於三曆固無二甲申章也。以是知《奉天》所謂之小甲七年必在西元前一六四二年,其元年乃西元前一六四九年。)《前編》、《經世》,《大紀》之小甲元乙亥,乃西元前一六六六年。《外紀》小甲元丙申,乃西元前一六四五年。

雍己元年甲戌(1487 B.C.)

《經世》、《大紀》:雍己元壬辰,西元前一六四九年。《外紀》:雍己元壬申,西元前一六〇九年。

太戊元年丙戌(1475 B.C.)

《經世》、《大紀》:太戊元甲辰,西元前一六三七年。《外紀》:太戊元乙酉,西元前一五九六年。

仲丁元年辛丑(1400 B.C.)

《經世》、《大紀》:仲丁元己未,西元前一五六二年。《外紀》:仲丁元庚子,西元前一五二一年。

外壬元年庚戌(1391 B.C.)

《經世》、《大紀》:外壬元壬申,西元前一五四九年。《外紀》:外壬元辛亥,西元前一五一〇年。

河亶甲元年庚甲(1381 B.C.)

《經世》、《大紀》:河亶甲元丁亥,西元前一五三四年。《外紀》:河亶甲元丙寅、西元前一四九五年。

祖乙元年己巳(1372 B.C.)

《經世》、《大紀》:祖乙元丙申,西元前一五二五年。《外紀祖》:乙元乙亥,西元前一四八六年。

祖辛元年戊子（1353 B.C.）

《經世》、《大紀》：祖辛元乙卯，西元前一五〇六年。《外紀》：祖辛元甲午，西元前一四六七年。

開甲（《史記》作沃甲）元年壬寅（1339 B.C.）

《經世》、《大紀》：沃甲元辛未，西元前一四九〇年。《外紀》：沃甲元庚戌，西元前一四五一年。

祖丁元年丁未（1334 B.C.）

《經世》、《大紀》：祖丁元丙申，西元前一四六五年。《外紀》：祖丁元庚午、西元前一四三一年。

南庚元年丙辰（1325 B.C.）

《經世》、《大紀》：南庚元戊辰，西元前一四三三年。《外紀》：南庚元壬寅，西元前一三九九年。

陽甲元年壬戌（1319 B.C.）

《經世》、《大紀》：陽甲元癸巳，西元前一四〇八年。《外紀》：陽甲元辛未，西元前一三七〇年。

盤庚元年丙寅（1315 B.C.）

張杖《經世紀年》：盤庚元己亥，西元前一四〇二年。《經世》、《大紀》：盤庚元庚子，西元前一四〇一年。《外紀》：盤庚元戊寅，西元前一三六三年。

小辛元年甲午（1287 B.C.）

《經世》、《大紀》：小辛元戊辰，西元前一三七三年。《外紀》：小辛元丙午，西元前一三三五年。

小乙元年丁酉（1284 B.C.）

《經世》、《大紀》：小乙元己丑，西元前一三五二年。《外紀》：小乙元丁卯，西元前一三一四年。

武丁元年丁未(1274 B.C.)

《經世》、《大紀》:武丁元丁巳,西元前一三二四年。《外紀》:武丁元戊子,西元前一二九三年。

祖庚元年丙午(1215 B.C.)

《經世》、《大紀》:祖庚元丙辰,西元前一二六五年。《外紀》:祖庚元丁亥,西元前一二三四年。

祖甲元年丁巳(1204 B.C.)

《經世》、《大紀》:祖甲元癸亥,西元前一二五八年。《外紀》:祖甲元甲午,西元前一二二七年。

馮辛(即《史記》廩辛)元年庚寅(1171 B.C.)

《經世》、《大紀》:廩辛元丙申,西元前一二二五年。《外紀》:廩辛元庚戌,西元前一二一一年。

庚丁元年甲午(1167 B.C.)

《經世》、《大紀》:庚丁元壬寅,西元前一二一九年。《外紀》:庚丁元丙辰,西元前二一〇五年。

武乙元年壬寅(1159 B.C.).

《外紀》:武乙元壬戌,西元前一一九九年。《經世》、《大紀》:武乙元癸亥,西元前一一九八年。

文丁(即《史記》太丁)元年丁丑(1124 B.C.)

《外紀》:太丁元丙寅,西元前一一九五年。《經世》、《大紀》:太丁元丁卯,西元前一一九四年。

文丁十二年原注曰:周文王元年(1113 B.C.)

《經世》：西伯昌元年丁丑，西元前一一八四年。《大紀》：西伯昌嗣位，爲西元前一一八二年己卯歲。（《大紀》云：帝乙十祀，周季歷薨，世子昌嗣）《三統曆議》文王元庚寅，即《三統曆》壬午，乃西元前一一七一年。其受命元年爲丁卯，即《三統曆》己未，乃西元前一一三四年。（《漢書·律曆志》云："《春秋曆》，周文王四十二年十二月丁丑朔旦冬至，孟統之二會首也，後八歲而武王伐紂。"又曰："《三統》上元至伐紂之歲，十四萬二千一百九歲，歲在鶉火張十三度，文王受命。九年而崩，再期，在大祥而伐紂。"愚案所謂文王四十二年，乃西元前一一三〇年辛未歲，即三統之癸亥歲。是歲《三統曆》入人統第二十八章丁丑章首。其所謂文王受命之年，乃西元前一一三四年丁卯歲，即三統己未歲。自西元前一一三〇年上溯四十一年，爲文王元年。）

帝乙元年庚寅（1111 B.C.）

《外紀》：帝乙元己巳，西元前二九二年。《經世》、《大紀》：帝乙元庚午，西元前一一九一年。

帝辛元年己亥（1102 B.C.）

《外紀》：紂元丙午，西元前一一五五年。《經世》、《大紀》：紂元丁未，西元前一一五四年。

帝辛四十二年西伯發受丹書于呂尚（1061 B.C.）

徐文靖《統箋》曰："周武王元年"，愚案據《紀年》"武王十二年辛卯"之文推之，知其元年在是歲。《皇王大紀》："紂王二十四祀，周西伯發元年"，乃西元前一一三一年庚午歲。《大衍曆議》武王元年，乃西元前一一二一年庚辰歲。（考《大衍曆議》云："武王十一年庚寅周始伐商"，其所謂武王十一年，乃西元前一一一一年。則其元年，當在西元前一一二一年。）

帝辛五十二年庚寅周始伐殷（1051 B.C.）

《三統曆議》、《帝王世紀》、《外紀》、《經世》：武王伐殷元年，在西元前一一二二年之己卯歲，即《三統曆》辛未歲。（《漢書·律曆志》："三統上元至伐紂之歲，十四萬二千一百九歲，歲在鶉火張十三度，文王受命。九年而崩，再期，在大祥而

伐紂"云云。又曰:"自伐桀至武王伐紂,六百二十九歲。"愚案據《三統曆議》所載
朒魄日名,及六百二十九歲之言,則其伐殷之歲,爲西元前一一二二年。)《大衍曆
議》伐商爲西元前一一一一年庚寅歲。(《大衍曆·日度議》云:"《國語》曰武王
伐商……辰在斗柄……《竹書》十一年庚寅周始伐商……武王十一年得周正月庚
寅朔,日月會南斗一度,故曰辰在斗柄。"愚案《日度議》所云:"夏正十月戊子",謂
武王十年。下云:"又三日得周正月庚寅朔",乃謂武王十一年,即《曆議》所言之
《竹書》十一年庚寅,周始伐商之歲也。其所謂之武王十年,乃西元前一一一二年
己丑歲。是年《大衍曆》積算九六九五九九〇五,歸餘卦五七七一〇,朔大餘三
二,小餘八二五,周正正月丙申朔,以次推至夏正十月辛酉朔,次年周正正月庚寅朔。
自戊子至庚寅凡三日,故《曆議》曰:"又三日得周正月庚寅朔"也。)

成王元年丁酉命冢宰周文公總百官(1044 B.C.)

《三統曆議》、《外紀》、《經世》、《大紀》:周公攝政元丙戌,即三統之戊寅,乃
西元前一一一五年。(《漢書·律曆志》:"武王即位十一年,周公攝政五年,正月
丁巳朔旦冬至,距煬公七十六歲,入孟統二十九章首也。"愚案《三統曆議》所謂周
公攝政五年,乃西元前一一一一年。是年爲人統第二十九章丁巳章首,其攝政元
年,爲西元前一一一五年。)《大衍曆議》以周公攝政元年爲西元前一一〇四年丁
酉歲(説見下文)。

成王七年周公復政於王(1038 B.C.)

《三統曆議》:周公復政爲西元前一一〇九年壬辰歲,即三統甲申歲。(《漢
志》:"周公七年,復子明辟之歲。是歲二月乙亥朔,庚寅望,後六日得乙未,故《召
誥》曰:'惟二月既望,粵六日乙未。'又其三月甲辰朔,三日丙午朒,古文《月采篇》
曰:'三日曰朒。'是歲十二月戊辰晦,周公以反政。故《洛誥篇》曰:'戊辰,王在新
邑,烝祭歲,命作策,惟周公誕保文武受命,惟七年。'"愚案周公攝政七年,即入人
統丁巳章二年算外。)又《三統曆議》,(《漢志》:"成王元年正月己巳朔。"愚案是
歲入人統丁巳章三年算外。)《帝王世紀》(《御覽》八十四、《類聚》十二引曰:成王
元年周公居冢宰攝政八年春正月朔,王始躬親王事。)、《通鑑外紀》:並次成王親
政元年於西元前一一〇八年癸巳歲。《大衍曆議》:以周公復政爲西元前一〇九
八年癸卯歲。(《大衍曆·日度議》:"周公攝政七年二月甲戌朔,己丑望,後六日
乙未,三月定朔甲辰,三日丙午,故《召誥》曰:'惟二月既望,越六日乙未,王朝,步

自周至于酆。三月惟丙午朏,越三日戊申,太保朝至于洛',其明年成王正位。"愚案西元前一〇九八年,《大衍曆》積年九六九五九九一九,歸餘卦七一七八三,朔積日三五四一四〇六八一八一,小餘一九四。周正正月乙巳朔,二月甲戌朔,三月甲辰朔,與《曆議》合。)

康王元年甲戌(1007 B.C.)

《帝王世紀》:康王元庚子,西元前一一〇一年。(《御覽》八十四、《類聚》十二引曰:"成王七年崩,年十六矣,太子釗代立。")《皇王大紀》康王元甲寅,西元前一〇八七年。《三統曆議》、《外紀》:康王元癸亥,西元前一〇七八年。(《漢書·律曆志》:"康王十二年六月戊辰朔,三日庚午,故《畢命豐刑》曰:'惟十有二年六月庚午朏,王命作策《豐刑》。'"愚案西元前一〇六七年,《三統曆》入人統丙子章七年。積月七一二四,積日二一〇三七七,小餘七一,周正六月己巳朔,夏正六月戊辰朔,《三統曆議》乃就夏正而言也。是年即《三統曆》之丁卯歲。《大衍曆議》康王元甲戌,西元前一〇六七年。(《大衍曆·日度議》曰:"成王三十年四月己酉朔,甲子哉生魄,故《書》曰惟四月才生魄,甲子作《顧命》。"愚案此成王崩之歲也,乃西元前一〇六八年,故知康王元爲一〇六七年。檢西元前一〇六八年,《大曆曆》積年九六九五九九四九,歸餘卦七六二九〇,朔積日三五四一四〇七九一三六,小餘二七七七,周正正月大庚辰朔,二月小庚成朔,三月大己卯朔,四月大己酉朔,與《曆議》合。《日度議》又曰:"康王十二年歲在乙酉,六月戊辰朔,三日庚午,故《畢命》曰惟十有二年六月庚午朏,越三日壬申,王以成周之衆命畢公。自伐紂及此五十六年。"愚案《曆議》所云康王十二年,乃西元前一〇五六年。是年《大曆曆》積算九六九五九九六一,積月一一九九二三三七七八,積日三五四一四〇八三五三六,小餘二九五四,周正正月大庚子朔,二月大庚午朔,以次推至六月大戊辰朔,與《曆議》合。)

昭王元年庚子(981 B.C.)

《帝王世紀》:昭王元丙寅,西元前一〇七五年。(《御覽》八十五引曰康王在位二十六年崩,子瑕代立,是謂昭王。)《外紀》、《前編》、《經世》、《大紀》:昭王元己丑,西元前一〇五二年。《續高僧傳》昭王元辛卯,西元前九九〇年。(《續高僧傳·齊釋法上·答高勾驪國丞相王高德》云:"佛以周昭王二十四年甲寅歲生,十九出家,三十成道,當穆王二十四年癸未。四十九年在世,滅度已來,至今齊代武平十年丙申,凡經一千四百六十五年。"愚案武平十年當爲武平七年之譌,以古文七十二字形似易譌也。北齊溫公武平七年丙申歲,爲西元五七六年,上推一四六五年,爲西元前八八九年壬申歲,即佛滅度之年。又上推四九年,當西元前九三八年癸未歲,即《齊釋法上》所云之穆王二十四年,爲佛成道之年又上推三〇年,當西元則九六七年甲寅歲,即法上所云之昭王二十四年。則其元年,爲西元前九九〇年之辛卯也。)

穆王元年己未(962 B.C.)

《帝王世紀》:穆王元丁巳,西元前一〇二四年。(《史記・周本紀・正義》,《御覽》八十五、又七百六十八引曰:"昭王在位五十一年南征,濟於漢,沒於水中而崩。太子滿代立,是謂穆王。")《外紀》、《前編》、《經世》、《大紀》:穆王元庚辰,西元前一〇〇一年。《續高僧傳》:穆王元庚申,西元前九六一年。(説見上文。案此所云穆王元年,與今本《紀年》,僅差後一算。然其所云昭王年數,則與今本《紀年》大相逕庭。是知今本《紀年》所云穆王年次,雖相差甚鮮,乃偶合古籍也。)

共王元年甲寅(907 B.C.)

《帝王世紀》:共王元壬子,西元前九六九年。(《御覽》八十五引曰穆王五十五年,年百歲崩于祇宫)《外紀》、《前編》、《經世》、《大紀》:共王元乙亥,西元前九四六年。

懿王元年丙寅(899 B.C.)

《帝王世紀》:懿王元壬申,西元前九四九年。(《御覽》八十五引曰:"自周恭王至夷王,四世年紀不明。是以曆依魯爲正,王在位二十年崩。"又《通鑑外紀・周紀》卷一共王下,引皇甫謐曰:"在位二十五年。"愚案兹依在位二十年之説,則懿王元年爲西元前九四九年。)《外紀》:懿王元乙酉,西元前九三六年。《經世》、《大紀》:懿王元丁亥,西元前九三四年。

孝王元年辛卯(870 B.C.)

《外紀》:孝王元庚戌,西元前九一一年。《經世》、《大紀》:孝王元壬子。西元前九〇九年。

夷王元年庚子(861 B.C.)

《外紀》:夷王元乙丑,西元前八九六年。《經世》、《大紀》:夷王元丁卯,西元前八九四年。

厲王元年戊申(853 B.C.)

《外紀》:厲王元庚辰,西元前八八一年。《經世》、《大紀》:厲王元癸未,西元前八七八年。

案《紀年》自唐帝堯,至夏帝發。每當先王陟位,後帝嗣元之際,輒逾二三載始書"元年某歲帝即位",蓋三年居喪之説也。(徐文靖《統箋》、雷學淇《義證》已言之。)此後則砠嗣相接,但録其元祀,而其享國之歲已明。故自帝發以後,不復著其陟年,從省也。其有先朝將替,後主代興,新王立元,而舊社未屋,置元有二,止録前朝,此亦紀年之例。今兹所録,並遵原書。因以商湯周武之元,厠於夏桀殷辛之世。征夏伐殷之歲,亦即商周成君之時。故節録二事,所以便覽觀,免疑辨也。其下距年數,既已審知,兹據古今各曆,以考其月日。爰刺取《紀年》本文及雷氏《義證》,後附鄙説,條辨左方。略舉例言,以見旨趣。案《紀年》於共和以前,載其月朔者,僅仲康五年一條。畦畛既嚴,論證必審。是以遍徵群曆,詳覈是非。此後第據三統諸術,以爲考校。義取近古,文從簡約也。其有所記日數,偶符古曆,無關真偽之辨,理在屏除之科。若殷帝辛五十一年之十一月戊子,周康王二十六年之九月己未,皆其例也。

《紀年》云:"殷帝辛五十一年冬十一月戊子,周師渡盟津而還。"愚案是年爲西元前一〇五二年己丑歲。《黄帝曆》入辛酉蔀庚申章十四年,《殷曆》入戊午府丁巳章三年,《周曆》入丁酉蔀丙辰章三年,《魯曆》入甲午蔀癸酉章十一年,皆周正十一月庚午朔,夏正十一月己巳朔。《三統曆》入人統丙庚章三年,周正十一月己巳朔,夏正十一月戊辰朔。並有戊子日,與《紀年》合。唯不如雷氏所云戊子爲十六日也。《紀年》云:"成王五年夏五月,王至自奄。"雷學淇曰:"《書·多方》曰惟五月丁亥,王來自奄,至于宗周。《序》曰成歸自奄,在宗周誥庶邦,作《多方》。是《多方》本作于成王五年,故篇中有五年五祀等文。"愚案是年爲西元前一〇四〇年辛丑歲,《黄帝曆》入庚子蔀七年,《周曆》入丁酉蔀丙辰章十五年,《三統曆》入人統丙辰章十五年,皆周正五月癸亥朔,夏正五月壬戌朔。《殷曆》入戊午府丁巳章十五年,《魯曆》入甲午蔀癸丑章四年,皆周正五月甲子朔,夏正五月癸亥朔。其周夏二正之五月,俱有丁亥日。《紀年》云:"康王二十六年,秋九月己未王陟。"

愚案是年爲西元前九八二年己亥歲,《黄帝曆》入庚子蔀己亥章八年,《周曆》入丙子蔀乙卯章十六年,《三統曆》入人統乙卯章十六年,皆周正九月乙卯朔,夏正九月甲寅朔。《殷曆》入丁酉府丙辰章十六年,周夏二正九月皆乙卯朔。《魯曆》入庚子蔀己亥章八年,周正九月丙辰朔,夏正九月乙卯朔。於諸曆周夏二正之九月,並有己未日,與《紀年》合。案此三條,故籍皆不記其肭魄,固未能定其爲何旬何日,雖與古術無差,俱不能據爲真僞之辨。

《紀年》於周穆之時,繫事頗徵《穆傳》,月日未契,亦爲臚陳。惟《穆傳》既屬殘篇,又多錯簡,罔載年次,鮮記四時。故於不詳時序之辰,概付芟剟之列。而近人劉師培、邵次公,俱以古曆,詮次《穆傳》月日,是乃盲翁説場,未可矩矱。今兹論列,亦從略焉。

一、《紀年》云:"仲康五年九月庚戌朔,日有食之。"

雷學淇曰:《左傳》引《夏書》曰:"辰不集于房",謂在四月,而不言何帝。後出《尚書·允征篇》謂:"仲康時,季秋月朔,辰弗集于房",而不言何年。虞劓推得此食在仲康元年,與《紀年》不合。傅仁均《戊寅曆》、僧一行《大衍曆》、郭守敬《授時曆》皆言仲康五年癸巳歲九月朔日庚戌,日食房二度,與《左傳》所引《夏書》及《紀年》皆合。

實先案:仲康五年癸巳,乃西元前一九四八年。是歲《黄帝辛卯元曆》,入壬子蔀十一年,積月一二三,積日三六三三,小餘二七七,周正九月庚辰朔,夏正九月己卯朔,閏九月己酉朔。《殷曆》入庚午府己巳章十九年,積月九二七,積日二七三七五,小餘九三,周正九月辛巳朔,夏正九月庚辰朔。《周曆》入己酉蔀戊子章十九年,積月六九二,積日二〇四三五,小餘三二八,周正九月庚辰朔,夏正九月己卯朔。《魯曆》入丙午蔀乙丑章八年,積月五五六,積日一六四一九,小餘四四,周正九月辛巳朔,夏正九月庚辰朔。《三統曆》入地統戊辰章十九年,積月一五二六二,積日四五〇七〇〇,小餘四,周正九月庚辰朔,夏正九月己卯朔。元和《四分曆》入戊子蔀丁卯章十九年,積月四五七,積日一三四九五,小餘五六三,周正九月己卯朔,夏正九月戊寅朔,閏九月戊申朔;吳《乾象曆》入甲子紀乙亥章十九年,積月六三三二,積日一八六九八七,小餘五七七,周正九月丁亥朔,夏正九月丙戌朔。魏《景初曆》入甲戌紀十九年,積月二二二二,積日六五五五五,小餘三六一五,周正九月丙戌朔,夏正九月乙酉朔。晉劉智《正曆》積年九五一八九,積月一一七七三,積日三四七六七四四六,小餘一〇六一一,周正九月丙戌朔,夏正九月乙酉朔。

姜岌《三紀甲子元曆》積年八一五〇九，積月一〇〇八一三七，積日二九七七〇八八五，小餘五二七三，周正九月丙戌朔，夏正九月乙酉朔。趙歐《元始曆》積年九五〇七九，積月七三〇七〇八，積日二一五七八二四五，小餘六五六三二，積沒三〇九八二八，小餘二三六一，天正冬至二十四日壬子，周正九月乙卯朔，夏正九月甲寅朔。宋何承天《元嘉曆》積年三三一三，積月四〇九七六，積日一二一〇〇四五，小餘一九二，積沒六五二七，小餘二五，人正正月廿三日辛亥雨水，周正九月丙戌朔，夏正九月乙酉朔，閏九月乙卯朔。祖冲之《大明曆》積年四九五二九，積月六一二五八八，積日一八〇九〇〇八五，小餘三九三三，積沒二五九六七一，小餘一四八一五，天正冬至二十七日乙卯，周正九月乙卯朔，夏正九月甲寅朔。梁虞劇《大同曆》積年一〇二三二〇九，積月一二六五五三九二，積日三七三七二一三〇五，小餘一二四八，積沒五三六六〇八七，小餘二二一四五七，天正冬至二十三日辛亥，周正九月乙卯朔，夏正九月甲寅朔。東魏李業興《正光曆》積年一六五二八一，積月二〇四四二四七，積日六〇三六七八二五，小餘七二七一九，積沒八六六六六八八，小餘五〇五七，天正冬至二十四日壬子，周正九月乙卯朔，夏正九月甲寅朔。又《興和曆》積年二九一五〇九，積月三六〇五四七八，積日一〇六四七一九四五，小餘二一六二七六，積沒一五二八七二七，小餘一四〇三三，天正冬至二十三日辛亥，周正九月乙卯朔，夏正九月甲寅朔。又《九宮行碁曆》積年三二一四，積月三九七五一，積日一一七三八七〇，小餘四三一七五，積沒一六八五三，小餘二四七〇，天正冬至二十四日壬子，周正九月乙卯朔，夏正九月甲寅朔。（《九宮曆》，積年闕佚，愚爲推補，説見民國三十三年《真理雜誌》第一卷一期，拙作《九宮行碁曆積年考》。）案宋景業《天保曆》積年一〇八〇二九，積月一三三六一三九，積日三九四五六九八五，小餘二二一〇一，積沒五六六五六七，小餘一九三〇三，天正冬至二十三日辛亥，周正九月乙卯朔，夏正九月甲寅朔。甄鸞《天和曆》積年八七三二七九，積月一〇八〇〇九六四，積日三一八九六〇一四二，小餘一五七五六四，積沒四五七九七二六，小餘一六六八〇，天正冬至二十五日庚戌，周正九月壬子朔，夏正九月辛亥朔，馬顯《大象曆》積年三九〇二七，積月四八二六九七，積日一四二五四三四五，小餘一五八一八，積沒二〇四六四八，小餘五六一三，天正冬至二十四日壬子，周正九月乙卯朔，夏正九月甲寅朔。隋張賓《開皇曆》積年四一二六四六九，積月五一〇三七三九九，積日一五〇七一六五五四五，小餘一〇五九一，積沒二一六三六八二九，小餘一九九〇七，天正冬至二十五日癸丑，周正九月乙卯朔，夏正九月甲寅朔。劉孝孫《甲子元曆》，積年四三二五六九，積月五三五〇一五八，積日一五七九九三三三四五，小餘一〇三四，積沒二二六八五二七,小餘七六〇〇,天正冬至二十三日辛亥,周正九月丙戌朔,夏正九月乙酉朔。《大業曆》積年一四二五〇八九,積月一七六二五九一七,積日五二〇五〇三八〇五,小餘一〇九一,冬至二六日三九〇三分,周正九月乙卯朔,夏正九月甲寅朔。《皇極曆》積年一〇〇六二八九,積月一二四四六一二七,積日三六七五四一五四五,小餘一〇八九,氣積日三六七五四一五六六,小餘三三三一四分,六秒,天正冬至廿二日庚戌,周正九月丙戌朔,夏正九月甲寅朔。唐傅仁均《戊寅元曆》積年一六一七七五,積月二〇〇〇八八八,積日五九〇八七四二五,小餘九〇五〇,積沒八四八四四六,小餘九一八一,天正冬至廿二日庚戌,周正九月乙酉朔,夏正九月甲寅朔。李淳風《乙巳元曆》積年七六六六八,積月九四八二五六,積日二八〇〇二五六五,小餘一〇七六,積沒四〇二一〇六,小餘六六四,天正冬至廿二日庚戌,周正九月丙戌朔,夏正九月甲寅朔。《麟德曆》及《寶應五紀曆》積年二六七二六九,積月三三〇五六七六,積日九七六一八五八五,小餘一〇九六,積沒一四〇一七六六,小餘九二,天正冬至廿二日庚戌,周正九月丙戌朔,夏正九月甲寅朔。《神龍乙巳元曆》積年四一一七〇八,積月五〇九二一四八,積日一五〇三七四一八五,小餘七二分八八秒,氣積日一五〇三七四二〇六,小餘一一八四,天正冬至廿二日庚戌,周正九月乙酉朔,夏正九月甲寅朔。《大衍曆》積年九六九五九〇六九,積月一一九二一二二七四五,積日三五四一三七五七七二五,小餘二八八玉,積沒五〇八四九二九〇六,小餘二八二七,天正冬至廿二日庚戌,周正九月丙戌朔,夏正九月甲寅朔。《正元曆》積年四〇〇一六九,積月四九四九四三〇,積日一四六一五九六〇五,小餘一〇〇五,積沒二〇九八七八五,小餘九九二,天正冬至廿一日己酉,周正九月丙戌朔,夏正九月甲寅朔。《宣明曆》積年七〇六七三六九,積月八七四一一六七〇,積日二五八一三一八六四五,小餘七一九〇,積沒三七〇六五八二六,小餘二八九五,天正冬至廿二日庚戌,周正九月丙戌朔,夏正九月甲寅朔。後周《欽天曆》積年七二六九五五四九,積月八九九一二三四三二,積日二六五五一六四九四二五,小餘六四〇〇分九六秒,積沒三八一二五一八〇六,小餘五二五九分六〇秒,天正冬至廿二日庚戌,周正九月丙戌朔,夏正九月甲寅朔。宋《應天曆》積年四八二二六四九,積月五九六四八一六六,積日一七六一四四五七六五,小餘九〇六〇,積沒二五二九二一四六,小餘九〇〇三,天正冬至廿二日庚戌,周正九月丙戌朔,夏正九月甲寅朔。《乾元曆》積年三〇五四一〇四九,積月三七七七四二三三一,積日一一一五四九六二三〇五,小餘七二〇,積沒一六〇一八四六八五,小餘一六八〇,天正冬至廿一日己酉,周正九月乙酉朔,夏正九月甲寅朔。《儀天曆》積年七一三五四九,積月八八二五四一九,積日二六〇六一九八六五,小餘九〇二一,積沒三七四二二四六,小餘五九三〇,天正冬至廿二日庚戌,周正九月丙戌朔,夏正九月甲寅朔。《乾興曆》積年三〇九〇三六八九,積月三八二二二七四〇九,積日一一二八七四〇二五八五,小餘七〇四九,積沒一六二〇七四五六六,小餘六〇九四,天正冬至廿二日庚戌,周正九月丙戌朔,夏正九月甲寅朔。(《乾興曆》積年、朔餘、之數《宋志》、《玉海》及《疇人傳》,所載互有不同,而其日法並誤爲八千。愚有考定,見《東方雜志》第四十卷二十四號。嚴敦傑氏亦引申拙作之義,作《申考》一篇,見《東方雜志》第四十一卷七號)。《崇天曆》積年九七五五三三六九,積月一二〇六五七三六七二,積日三五六三〇八三八三二五,小餘九一三八,積沒五一一六二五五〇六,小餘五七二〇,天正冬至廿二日庚戌,周正九月丙戌朔,周正九月甲寅朔。《明天曆》積年七〇八七四九,積月八七六六〇二九,積日二五八八六六〇〇六,小餘三〇九七,積沒三七一六三八八,小餘三八五〇〇,天正冬至廿三日壬子,周正九月乙卯朔,夏正九月甲寅朔。《奉元曆》積年八三一八二〇四九,積月一〇二八八一二一六一〇,積日三〇三八一七〇九八八六,小餘五五〇,積沒四三六一七二二六九,小餘七七,天正冬至廿四日癸丑,周正九月乙卯朔,夏正九月甲寅朔。《觀天曆》積年五九四一七六九,積月七三四八九六五三,積日二一七〇一九二八二六,小餘四二九,積沒三一一五六〇〇九,小餘二五〇,天正冬至廿四日癸丑,周正九月乙卯朔,夏正九月甲寅朔。《占天曆》積年二五四九八七〇九,積月三一五三七六〇〇九,積日九三一三二三九九八六,小餘九一,積沒一三三七〇四七六八,小餘二七七二〇,天正冬至廿三日壬子,周正九月乙卯朔,夏正九月甲寅朔。《紀元曆》積年二八六一〇四一三,積月三五三八六二五八四,積日一〇四四九七七〇八三一,小餘三六三三,積沒一五〇〇二二一七三,小餘六一六八,天正至廿三日壬子,周正九月乙卯朔,夏正九月甲寅朔。《統元曆》積年九四二四八五〇九,積月一一六五六九四九八九,積日三四四二三六六二六八五,小餘六八三三,積沒四九四一九九四六八,小餘六八〇二,天正冬至廿四日壬子,周正九月乙卯朔,夏正九月甲寅朔。《乾道曆》積年九一六四二七〇九,積月一一三三三四六五六九三,積日三三三四七一九一二九二五,小餘二九四〇七分六八秒,積沒四八〇五三七七〇九,小餘一三七二,天正冬至廿五日癸丑,周正九月乙卯朔,夏正九月甲寅朔。《淳熙曆》積年五二四一八八四九,積月六四八三三二二六七〇,積日一九一四五六四九九八五,小餘四七三五分二〇秒,積沒二七四八六四三三六八,小餘四八〇六:天正冬至廿四日壬子,周正九月乙卯朔,夏正九月甲寅朔。《會元曆》積年二五四九一六二九,積月三一五二八八五二一,積日九三一〇六五七四〇五。小餘三五〇一五,積沒一三三六七〇九八八,小餘二〇六二八,天正冬至六廿四日壬子,周正九月乙卯朔,夏正九月甲寅朔。《統天曆》積年六八九,距差三一四一,躔差三九,氣積日二五一六二二,小餘六八〇,天正冬至十九日丙午,積月八五二〇,朔積日二五一六〇四,小餘四七六九,周正九月甲申朔,夏正九月癸未朔。《開禧曆》積年七八四五〇二九,積月九七〇二九六三四,積日二八六五三四二五〇六,小餘七八,積沒四一一三二〇九〇,小餘八六三二,天正冬至廿五日甲寅,周正九月乙卯朔,夏正九月甲寅朔。《淳祐曆》積年一二〇二六四四四九,積月一四八七四六四八二六,積日四三九二五七二一二〇五,小餘三〇六八,積沒六三〇五一九五九一,小餘一四一三,天正冬至廿七日乙卯,周正九月乙卯朔,夏正九月甲寅朔。《會天曆》積年一一三五二九二九,積月一四〇四一六二九七,積日四一四六五五七六八六五,小餘八四一六,積沒五九五二二四五〇,小餘九三一四,天正冬至廿六日甲寅,周正九月乙卯朔,夏正九月甲寅朔。(《會天曆》日法、宋元《志》及《玉海》所載不同,李銳謂《玉海》有脫誤,因據宋元《志》推其歲實朔實,其說是也。說有詳考,愚見《說文月刊》第四卷合刊本拙作《宋寶祐四年會天曆跋》。)《成天曆》積年七一七五四九二九,積月八八七四八五二四六,積日二六二〇七九六五五八五,小餘七〇八二,積沒三七六一九二七一,小餘四二〇九,天正冬至廿七日乙卯,周正九月乙卯朔,夏正九月甲寅朔。金楊級《大明曆》積年三八三七六五四二九,積月四七四六五三〇六九二,積日一四〇一六七八六四七六五,小餘四九九〇,積沒二〇一二三一〇三四八,小餘四八五六,天正冬至廿四日壬子,周正九月乙卯朔,夏正九月甲寅朔。趙知微《重修大明曆》積年八八六三六五二九,積月一〇九六二八四二七五,積日三二三七二九二四四四五,小餘五〇二五,積沒四六四七七四〇二八,小餘四六五六,天正冬至廿四日壬子,周正九月乙卯朔,夏正九月甲寅朔。耶律履《乙未元曆》積年四〇四四九八九八,積月五〇〇二九六四四,積日一四七七四〇六六一七七,小餘一八五二,積沒二一二一〇二九二〇,小餘一九二二〇,天正冬至廿四日壬子,周正九月乙卯朔,夏正九月甲寅朔。(《乙未元曆》,術數殘闕,李銳推其歲實爲七五五六八八〇,推其朔實凡二數,載於阮元《疇人傳》及羅士琳《續疇人傳》。汪曰楨《古今推步諸術考》、近人朱文鑫《曆法通志》及民國三十二年六月十七日《益世報》文史副刊載嚴敦傑之說,並從之,而未審其爲誤也。愚考定其朔實爲六一〇九八七分九四秒,歲實則從李銳所推,而以甲子日命算,說見《中央大學文史哲季刊》第一卷二期。會有致難者因作辨疑一文,說見《東方雜志》第四十卷第一號。其後反覆推求頗覺舊說之謬。因據金《大明曆》斗分率,以定其歲實爲七五五六八九〇,較李氏所推者增多十分。朔實則仍從李銳,而以壬申日命算,説見《東方雜志》第四十卷第十二號。嚴敦傑亦本愚所定斗分,推演其算式作《金乙未元曆斗分考》,見《東方雜志》第四十一卷二十二號。)元《授時曆》距算三二二八,通積一一七八九五八〇五九六,天正冬至四一日九四〇四分,閏餘一五九九〇九分二五秒,天正經朔二五日九四九四分七五秒,天正冬至十七日乙巳,周正九月丙戌朔,夏正九月乙酉朔。據此則是年古今諸曆之周正夏正九月,並不值庚戌朔。案《左氏魯昭十七年傳》引《夏書》,及僞《古文尚書・胤征》篇,言仲康日食,並無年次,及庚戌朔之文。惟《大衍曆議》有之,是乃據曆推定,非有舊籍可憑。今本《紀年》載其年次及月朔,當爲據《曆議》移録,而未考校授《曆議》所云距算。故其所列年次,與《大衍曆議》不符。月朔有差,固其所也。(《大衍曆・日度議》曰:“新曆仲康五年癸巳歲,九月庚戌朔,日蝕在房二度。”《元史・曆志》卷二曰:“《尚書・胤征》:‘惟仲康肇位四海,乃季秋月朔,辰弗集于房。’今按《大衍曆》作仲康即位之五年癸巳,距辛巳三千四百八年,九月庚戌朔,泛交二十六日五千四百三十一分入食限。”愚案《大衍曆議》所言新曆,即《大衍曆》也。據九月庚戌朔之文及《授時曆議》所言仲康五年,下距至元十八年辛巳之年數,則仲康五年癸巳歲,乃在西元前二一二八年。是歲《大衍曆》積年九六九五八八八九,歸餘卦一三六七四〇,積日一三五四一三六九一九九〇,小餘二五八七,夏正九月小庚戌朔。《授時曆》是歲通積一二四四七〇二九六七二,天正冬至五七日三二八分,閏餘六一八三三分四三秒,天正經朔大餘五〇、小餘八四九四分,五七秒,夏正九月小庚戌朔。天正交泛三日三五八四分五一秒,夏正九月交泛二六日五四二一分四一秒,以二曆校之,並與其《曆議》密合。斯可證二曆所云仲康五年爲西元前二一二八年,非西元前一九四八年也。)而雷氏謂:“《戊寅曆》、《大衍曆》、《授時曆》所言仲康五年癸巳歲,九月朔日庚戌,日食房二度,與《紀年》合。”是未考今本《紀年》之距算,與三曆不符,而繆謂即當此年也。至若自餘考訂仲康日食之年者,家具異說,靡能折衷,以其無預於紀年,茲勿贅及,要之諸家所考,雖非碻切之論,然未有以仲康日食,從今本《竹書》,次於西元前一九四八年者。良以其月朔交分俱相鑿枘故也。

二、《紀年》云:“殷帝辛五十二年冬十有一月周師有事于上帝,庸、蜀、羌、髳、微、盧、彭、濮、從周師伐殷。”

雷學淇曰:《長曆》是年十月丁酉朔,十一月丁卯朔,十二月丙申朔,冬至在十一月十八日甲申女二度。蓋王自七月次于鮮原,至十二月十二日戊申始發師,又

306

勒兵境上以待諸侯。故《國語》曰："日在析木之津,辰在斗柄。"戊申之日,日躔箕斗之間,丁卯合朔,日月會于斗之十九度也。迨十有一月諸侯畢至,甲申冬至,王乃有事上帝,底商之罪,告于皇天后土,(中略)是日也,辰星在日前十四度,而旅于虛,虛者元武之宿也。故《國語》曰:"星在天黿。"古制軍行日三十里,周去孟津千里,自冬至次日乙酉進師,故至十二月二十三日戊午,始渡孟津。《書序》曰:"惟十有一年武王伐殷,一月戊午師渡孟津,作大誓三篇。"《周本紀》曰:"武王即位十一年,十二月戊午師畢渡盟津",即謂此。是日下距十二年正月丙寅朔,凡九日。故《國語》曰:"月在天駟",天駟者房也。

實先案帝辛五十二年爲西元前一〇五一年庚寅歲,是年《魯曆》入甲午蔀癸酉蔀十一年。以夏正言之,十月甲午朔,十一月甲子朔,十三日丙子冬至,十二月癸巳朔,次年正月癸亥朔。《黃帝辛卯元曆》入辛酉蔀庚申章十四年,十月癸巳朔,十一月癸亥朔,十七日己卯冬至,十二月壬辰朔,次年正月壬戌朔。《殷曆》入戊午府丁巳章三年,十月甲午朔,十一月甲子朔,十五日戊寅冬至,十二月癸巳朔。《周曆》入丁酉蔀丙辰音十三年,十月癸巳朔,十一月癸亥朔,十五日丁丑冬至,十二月癸巳朔,次年正月壬戌朔。《三統曆》入人統丙辰章三年,十月癸巳朔,十一月癸亥朔,十五日丁丑冬至,十二月壬辰朔,次年正月壬戌朔。以校雷氏所云:"十月丁酉朔,十一月丁卯朔,十二月丙申朔,冬至在十一月十八日甲申"者,並相距縣遠。案《紀年》帝辛五十二年庚寅歲,即武王嗣爲西伯之十一年。《大衍曆·日度議》云:"《竹書》十一年庚寅,周始伐商",而今本《紀年》亦次伐殷之歲,於武王十一年庚寅,乃據《大衍曆議》移錄也。然《大衍曆議》所云庚寅歲,乃西元前一一一一年,而今本《紀年》作西元前一〇五一年,乃晚於《大衍曆議》所指者,凡六十歲。此可證作偽者憒於推步,但牽合故籍所云歲次年序,而不悟其鉏鋙也。夫《大衍曆議》所列周初年數,校以《逸周書·寶典解》,及《史記·周本紀·集解》所引古本《紀年》,咸相扞格。然則《大衍曆議》所言伐商之歲,已非《竹書》之舊。(見《東方雜志》四十卷二十一號拙作《四分一月説辨正商榷》)而況移錄其文,違繆年次,校以古籍及曆朔,又復大相差池如今本《紀年》者乎。

三、《紀年》云:"周武王十二年辛卯夏四月,王歸于豐,饗于太廟。"

雷學淇曰:夏四月者,孟夏之月也。據《長曆》是年正月丙寅朔,二月丙申朔,三月乙丑朔,四月乙未朔。《周書·世俘》曰:"惟四月乙未日,武王成辟四方",此謂四方諸侯知王將歸,皆于四月之朔日,會于鎬京而朝見之也。又曰:"庚戌武王朝至燎于周廟,越翼日辛亥祀于天位。"此謂王以十六日饗廟,十七日祀天也。其說與《紀年》《長曆》符合。乙未日即乙未朔之譌文,此與庚戌上"既旁生魄越六日"七字,非《周書》本文可知。《三統曆》謂文王時已稱王改元,以夏時之仲冬爲一文,武王以文王改元之十三年伐紂,以一月之三日癸巳發師,以二月之四日甲子克紂,是年閏二月,以四月之二十二日庚戌,至豐祭廟,欲日辛亥祀天。其所引之《武成》逸篇,半與《周書·世俘》篇同。東晉後出之《泰誓》《武成》等篇用其說,惟祀廟祭望,謂在月之三日,及丁未庚戌,其實皆僞作也。

實先案:《紀年》周武王十二年辛卯歲,爲西元前一〇五年。是年《殷曆》入戊午府六十二年,《魯曆》入甲午蔀三十二年,並周正正月甲子朔,二月癸巳朔,三月癸亥朔,四月壬辰朔。夏正正月癸亥朔,二月壬辰朔,三月壬戌朔,四月辛卯朔。《黃帝曆》入辛酉蔀七十三年,周正正月癸亥朔,二月壬辰朔,三月壬戌朔,四月壬辰朔。夏正正月壬戌朔,二月壬辰朔,三月辛酉朔,四月辛卯朔。《周曆》入丁酉蔀四十三年,周正正月癸亥朔,二月癸巳朔,三月壬戌朔,四月壬辰朔。夏正正月壬戌朔,二月壬辰朔,三月辛酉朔,四月辛卯朔。《三統曆》入人統丙辰章五年,周正正月癸亥朔,二月壬辰朔,三月壬戌朔,四月辛卯朔。夏正正月壬戌朔,二月辛卯朔,三月辛酉朔,四月辛卯朔。據此則是年古曆月朔,並與雷氏所據《長曆》不合。然古曆之周正及夏正四月,並有乙未、庚戌,辛亥諸日,校以《周書·世俘》篇略無扞格。惟《三統曆議》所言伐紂之歲,爲西元前一一二二年之己卯歲,而非西元前一〇五〇年之辛卯歲。雷氏既以三統所載月朔爲非,而不知辨駁,乃牽合以爲一年之事,此其繆也。

四、《紀年》云:"成王元年丁酉春正月庚午,周公誥諸侯于皇門。"

雷學淇曰:庚午者日也,據《長曆》,成王元年正月己巳朔,則庚午者,月之二日也。《三統曆》與此亦同。

實先案:《紀年》,成王元年爲西元前一〇四四年。是年《黃帝曆》入庚子蔀三年,《周曆》入丁酉蔀丙辰章十一年,《三統曆》入人統丙辰章十一年,並周正正月戊子朔,夏正月丁亥朔。《殷曆》入戊午府丁巳章十一年,《魯曆》入甲午蔀癸酉章十九年,並周正正月己丑朔,夏正九月戊子朔。據此則是年周夏二正之正月,並無庚午日,而雷氏謂:"庚午爲月之二日,《三統曆》與此亦同",不知《三統曆議》所云之"成王元年正月己巳朔",爲西元前一一〇八年之癸巳歲,非西元前一〇四四年之丁酉歲。而雷氏牽合言之,此未審其下距年數,以據曆推步也。

五、《紀年》云:"成王七年春二月王如豐。三月召康公如洛度邑。甲子周文公誥多士于成周,遂城東都。"

雷學淇曰:《書序》曰:"成王在豐,欲宅洛邑,使召公先相宅,作《召誥》。"《誥》曰:"惟二月既望,越六日乙未,王朝步自周,則至于豐。"後出《孔傳》曰:"周公攝政七年二月二十一日,成王朝行從鎬京,則至于豐。"《誥》又曰:"惟太保先周公相宅,越若來三月惟丙午朏,越三日戊申,太保朝至于洛,卜宅。厥既得卜,則經營。越三日庚戌,太保乃以庶殷攻位于洛汭,越五日甲寅位成。"蓋王既告廟,即以作都之事,命周公召公。召公即于二月二十一日,自豐啓行,至三月五日戊申,朝至于洛,遂相宅而卜之,既得吉卜,乃經營規度城郭、郊廟、朝市之處所。至三月七日庚戌,遂以殷之衆民,攻治各位于洛水之北。又五日爲三月二十一日甲寅,所攻之位,悉皆成就。甲子者,三月二十一日也。蓋召公于三月十一日,既攻定洛汭王城之位,周公于次日乙卯,亦至洛周視召公所定之位,卜之皆吉。《召誥》曰:"甲寅位成,若翼日乙卯,周公朝至于洛則達觀于親營。"《洛誥》曰:"予惟乙卯,朝至于洛師,我卜河朔黎水,我乃卜澗水東瀍水西,惟洛食。"此之謂也。所卜王城之位既吉,于是又卜五年所營成周之位亦吉。《洛誥》曰:"我又卜瀍水東,亦惟洛食。"此之謂也。二卜並吉,公于十四十五兩日,乃郊祀天地社稷。至十六日,遂攻定成周之位,且繪以爲圖,與所得之吉卜,並使人獻于成王。《召誥》曰:"越三日丁巳用牲于郊,牛二,越翼日戊午乃社于新邑,牛一,羊一,豕一。"《洛誥》脱簡曰:"惟三月哉生魄,周公初基作新大邑于東國洛。"《洛誥》曰:"伻來以圖及獻卜。"此之謂也。

實先案:《紀年》:成王七年,爲西元前一〇三八年癸卯歲。是年《魯曆》入甲午蔀癸丑章六年,周正二月甲申朔,三月癸丑朔,夏正二月癸未朔,三月癸丑朔。《黃帝曆》入庚子蔀九年,周正二月癸未朔,閏二月癸丑朔,三月壬午朔,夏正二月壬子朔,三月辛巳朔。《殷曆》入戊午府丁巳章十七年,周正二月甲申朔,三月癸丑朔,夏正閏正月癸未朔,二月壬子朔,三月壬午朔。《周曆》入丁酉蔀丙辰章十七年,周正二月癸未朔,三月癸丑朔,夏正二月壬午朔,閏二月壬子朔,三月辛巳朔。《三統曆》入人統丙辰章十七年,周正二月癸未朔,三月壬子朔,夏正二月壬午朔,閏二月壬子朔。案是年諸曆置閏,頗有差池,故其月朔亦迥異。然以周夏正之二月,或周夏正之閏二月諸曆朔日推之,並不能合於《召誥》"惟二月既望越六日乙未"之文。(據《僞孔傳》乙未爲二月廿一日,則是以既望爲十五日也。準此推之,則二月朔爲乙亥,與古曆是年之二月朔,並相差甚遠。案王國維《觀堂集林》中之《生霸死霸考》，謂自十五六日至廿二三日爲既望。新城新藏《東洋天文學史研究》，則以大月十七日，至廿三日爲既望，小月十六日，至廿二日爲既望。民國卅年《華西大學中國文化研究所集刊》第二卷載董作賓《四分一月說辨正》一文，以既望在大月爲十七日，在小月爲十六日。愚於三家之說，兹姑不辨其是非，然今本《竹書》以《召誥》爲作于西元前一〇三八年，藉令以三家異說老之，校以古曆，亦不合二月既望，越六日乙未之文也。)案各曆之周正三月朔爲癸丑、壬午、壬子，其夏正三月朔爲癸丑、辛巳、壬午、壬子，並不能推合五日爲戊申，七日爲庚戌，十一日爲甲寅，廿一日爲甲子，而雷氏云云者，乃據《三統曆議》及《尚書傳疏》爲說也。然《三統曆議》所云作《召誥》、《洛誥》之歲，爲西元前一一〇九年之壬辰歲，而非西元前一〇三八年之癸卯歲。《尚書》孔疏謂作《召誥》、《洛誥》之歲，爲入戊午蔀五十六年。案孔穎達疏經，凡言古曆之處，不外《易緯·乾鑿度曆》，及《五經算術》之《周曆》。如以《乾鑿度曆》推之，則入戊午蔀五十六年，爲西元前一一〇八年之癸巳歲，與《三統曆議》所言，相差僅一歲。如以《周曆》推之，則入戊午蔀五十六年，爲西元前一一一三年之戊子歲，與《三統曆議》所言相差四算。

六、《紀年》云：“成王三十七年夏四月乙丑王陟。”

雷學淇曰：四月乙丑者，十九日也。《書·顧命》曰：“惟四月哉生魄，王不懌，甲子乃洮頮水，越翼日乙丑王崩。”《三統曆》謂此事在成王三十年，蓋除周公攝政之七年，以八年爲成王即政之元年，故云然。統前計之，亦三十七年，與《竹書》合。至謂是年四月庚戌朔，以經之甲子爲十五日哉生魄，顯然刺謬矣。鄭注又以此四月爲成王之二十八年，謂以攝政之六年爲年端，謂王之在位共三十三年尤誤。

實先案：《紀年》，成王三十七年，爲西元前一〇〇八年癸酉歲。是年《魯曆》入甲午蔀癸巳章十七年，周正閏三月己未朔，四月戊子朔，夏正四月戊子朔。《黃帝曆》入庚子蔀巳未章首，《殷曆》入丁酉蔀丙子章九年，《周曆》入丙子蔀九年，《三統曆》入人統乙亥章九年，並周正四月戊子朔，夏正四月丁亥朔。據此，則是年周正及夏正四月並無甲子乙丑日，與《紀年》所云四月乙丑，《書·顧命》所云四月甲子，俱不合。而雷氏謂：“《三統曆》謂此事在成王三十年，蓋據周公攝政之七年，故云然。統前計之亦三十七年，與《竹書》合。”愚案《三統曆議》，統周公攝政之七年，并成王親政之三十年，凡三十七年。其年數與《竹書》合，信如雷說。惟《三統曆議》云成王崩位之年，乃西元前一〇七九年之壬戌歲。(亦即《三統曆》之乙卯歲，案《三統曆議》云：“成王三十年四月庚戌朔，十五日甲子哉生霸。故《顧命》曰惟四月哉生霸,王有疾不豫,翌日乙丑成王崩。"愚案是年《三統曆》入人統丙申章十四年,積月六九七五日,積二〇五九七七,小餘六三,天正正月辛巳朔,四月庚戌朔。)非西元前一〇〇八年之癸酉歲。而雷氏牽合言之,此其繆也。

七、《紀年》云:"康王十二年夏六月壬申,王如豐,錫畢公命。"

雷學淇曰:壬申者月五日也。《大衍曆》以是年爲乙酉,與紀文合。《漢志》引《三統曆》云:康王十二年六月戊辰朔,三日庚午,故《畢命豐刑》曰:"惟十有二年六月庚午朏,王命作册《豐刑》。"

實先案:《紀年》:康王十二年,爲西元前九九六年乙酉歲。是年《魯曆》入癸酉蔀十年,《殷曆》入丁酉府丙辰章二年,並周正六月戊寅朔,夏正六月丁丑朔。《黃帝曆》入庚子蔀己未章十二年,《周曆》入丙子蔀乙卯章二年,《三統曆》入人統乙卯章二年,並周正六月丁丑朔,夏正六月丙子朔。據此,則是年周夏二正之六月,並無壬申日,與《紀年》不合。而雷氏云:"壬申月之五日",乃據《三統曆》而言。然《三統曆議》所言之康王十二年六月戊辰朔,爲西元前一〇六七年甲戌歲,(說見前)非西元前九九六年之乙酉歲。而雷氏以爲《三統曆議》所云之康王十二年,即《竹書》之康王十二年,其繆一。《大衍曆·日度議》所云康王十二年歲在乙酉,乃西元前一〇五六年,(說見前)非西元前九九六年。而雷氏亦牽合以爲一年,其繆二。

八、《紀年》云:"穆王十二年冬十月北巡狩,遂征犬戎。"

雷學淇曰:《穆天子傳》曰:"戊寅天子北征,乃絕漳水。庚辰至于□,觴天子于盤石之上。天子乃奏廣樂,載立不舍,至于鈃山之下。癸未雨雪,天子獵于鈃山之西阿,於是得絕鈃山之隧,北循虖沱之陽。乙酉天子北升于□,天子北征于犬戎。"

實先案:《紀年》,穆王十二年,爲西元前九五一年庚午歲。是年《魯曆》入癸酉蔀壬辰章十七年,《殷曆》入丙子府九年,周正十月乙酉朔,夏正十月甲申朔。《黃帝曆》入己卯蔀戊午章首,《周曆》入丙子蔀乙亥章九年,《三統曆》入人統乙亥章九年,周正十月甲申朔,夏正十月癸未朔。案《紀年》云:"冬十月北巡狩",乃采《穆天子傳》爲說。考《穆天子傳》,自戊寅日天子北征,是則戊寅、庚辰俱在十月之限。而是年古曆周夏二正之十月朔,爲乙酉、甲申、癸未,俱無戊寅庚辰日。月日不符,可論其僞矣。

九、《紀年》云:"穆王十四年夏四月王畋于軍邱,五月作范宮。"

雷學淇曰:《穆天子傳》曰:"夏庚午,天子飲于洧上。辛未天子北還,釣于漸澤。丁丑,天子里圍田之路。口辰天子次于軍邱,以畋于藪口。甲寅,天子作居范宮。仲夏甲申,天子口所。庚寅天子西游,乃宿于祭。"愚案上文云夏庚午天子飲于洧上,此即孟夏之庚午也。自庚午至甲寅,已四十五日,則范宮之作,在五月無疑。實先案:《紀年》,穆王十四年,爲西元前九四九年壬申歲。是年《魯曆》入癸酉蔀壬辰章十九年,周正四月丙子朔,五月丙午朔,夏正四月丙子朔,五月乙巳朔。《殷曆》入丙子府十一年,周正四月丙子朔,五月丙午朔,夏正四月乙亥朔,五月乙巳朔,《黃帝曆》入己卯蔀戊午章三年,《周曆》入丙子蔀乙亥章十一年,《三統曆》入人統乙亥章十一年,周正四月丙子朔,五月乙巳朔,夏正四月乙亥朔,五月甲辰朔。按《穆天子傳》云:"夏庚午天子飲于洧上,辛未天子北還,釣于漸澤。"今考古曆,周夏二正之四月,並無庚午辛未日。以此證之。可覘《紀年》之僞矣。

據此言之,則今本《紀年》所載月日,校以經籍曆術,並有差違。而雷氏藉爲證信之資,適見掍淆玄素矣。且也竹書出冢,已屬燼餘。(見《晉書·束晳傳》)兼之裝經傳録,難保殘闕。即今所傳《穆天子傳》,固多挩文,亦其明論,古本《紀年》,其見引於汲宋以前之書者,經王氏裒録,知其闕佚甚多。而今本無一字脱殘,無一年闕亂,此正明人造僞之例。可決其僞者一也。先秦之籍其傳於今者,雖數經輮譯,然古文寺字,所在亦多,即汲冢《穆天子傳》,亦不乏此例。而今本《紀年》,不假音釋,即可渙然,此可決其僞者二也。嬴政以前,但有歲星旅次之文,無以干支紀年之例。

《左氏襄二十八傳》曰:"歲在星紀,而淫於元枵",又曰:"歲棄其次,而旅於明年之次",此言歲星之行度也。《離騷》云:"攝提貞于孟陬兮,惟庚寅吾以降。"王逸注曰:"太歲在寅曰攝提格。"《呂覽·序意》篇云:"惟秦八年,歲在涒灘。"此俱以十二支紀年之例,絕無以干支並紀者。

而今本《紀年》,每於元祀,皆綴干支,此可決其僞者三也。至若其餘罅隙,前人詁索已詳,此不具論。要之此書爲明人僞爲,已成定讞。特以雷氏《義證》,梓行最晚,爲辨僞諸家所勿見。

據雷氏《義證序》,題爲嘉慶十五年,則其成書,固遠在姚振宗、王國維之前。然至民國二十六年,北京大學始爲印行,前此僅有稿本,藏於北平圖書館。姚王所述,並未引及此書,蓋未之見也。

其論證之法,亦辨僞者所未及。是以不憚辭曠,綴爲此篇。更考《新唐書·劉貺傳》,謂此書爲按《春秋經傳》而爲。陸氏《春秋啖趙集傳纂例》之《趙氏損益義》篇,引趙匡説,亦申其義。謂爲約諸家書追修,其記多詭異鄙淺,殊無條例,不足憑據。是則《竹書》舊本,唐人亦勿信之。二氏所舉七事,又爲今本所無。趙匡所舉三事,則洪頤煊所校,王國維所輯,並未收録。更以王氏所輯古本,與明人所梓今本對勘,則今本之闕録鉏牾者,亦不尠見。二者異撰,是已不煩言辨,而可決其僞,矧其繫年與宋前諸書勿協。自南渡以降,嘉靖以前,三朝典策,亦未見有徵引《紀年》者。而數百年後,獨見於嘉靖時之刊本,洵爲異數。然則姚振宗謂今本爲范氏所輯録,信不刊之論矣。

蒼龍乙酉太陰曆春正月十五日寫畢於北碚梅莊

(原載《復旦學報》1947 年第 3 期,第 423—456 頁。)

作者簡介:

魯實先(1913—1977),名祐昌,字實先,晚號靜農、瀞廔,以字行,生於湖南省寧鄉縣。曾任復旦大學中文系教授。1951 年赴臺灣,歷任臺中省立農學院、東海大學教授。1961 年 9 月起,長期任臺灣師範大學國文系暨國文研究所教授。精通甲骨文、殷周金文、古文字學、上古曆法、《史記》研究。著有《史記會注考證駁議》、《史記廣注》、《文字析義》、《殷曆譜糾譑》、《卜辭姓氏通釋》。

關於《竹書紀年》

[日]橋本增吉　著　吳　鵬　譯

一

　　筆者嘗於《東洋文庫論叢》第二十九號發表《中國古代曆法史研究》,其中尚存兩三點不足之處,而未觸及周初年代之問題,乃爲其中文一。在筆者後來於《立正大學論叢》第十號發表《周初年代研究》①之際,新城新藏亦撰文立論"欲論究帝王積年,須參考西晉傳世之《竹書紀年》",並遺憾漢儒劉歆未能參考該書。新城氏十分推崇中國大儒王國維之《竹書紀年》研究,嘗謂:"余不通中國古典文獻,却能攻究自古異説紛紜之《竹書紀年》,且取得些許心得,完全依仗王國維研究《竹書紀年》之成果。"②對此,筆者竊以爲:"新城氏以《逸周書》、《緯書》、《竹書紀年》等文獻爲考證周初年代之史料,且尤重所謂古本《竹書紀年》之研究,却不知此等文獻之史料價值頗爲存疑。譬如,《逸周書》與古本《竹書紀年》皆爲戰國時代書簡,據説長期保存於魏哀王(公元前296年薨)墓中,令人不禁懷疑是否能一直保持原貌。由此可見,此等戰國時代文獻究竟能否視爲考據周初年代之史料,實值商榷。然而鑒於拙稿篇幅有限,無法贅言,今後别稿再詳。"③兹撰文淺探《竹書紀年》之究竟。

二

　　新城氏亦採王國維《今本竹書紀年疏證》之説,謂:"今本《竹書紀年》既已失其原貌",故主張不以現行本爲據。繼而大加推崇王國維《古本竹書紀年輯校》,稱其具有絶對可信性。蓋因王國維於此書中,參照朱右曾《汲冢紀年存真》中所引古本《竹書紀

---

① 拙稿《周初年代研究》,《立正大學論叢》第十號,第190—218頁。
② 新城新藏:《周初之年代》,《東洋天文學史研究》,第49頁。
③ 拙稿《周初年代研究》,《立正大學論叢》第十號,第209—210頁。

年》之章句,以精密校訂《竹書紀年》。是以學界遂成共識:"王國維之兩部論著,使《竹書紀年》之真僞昭然若揭,實爲學界之大幸也。"經學家、漢學家多持此論。然筆者猶質疑古本《竹書紀年》作爲史料之可信度。

首先,就《竹書紀年》之來歷,《晉書·武帝紀》曰:

> 咸寧五年冬十月(中略)汲郡人不準,掘魏襄王冢,得竹簡小篆古書十餘萬言,藏於秘府。

另,《晉書·束皙傳》詳曰:

> 初,太康二年,汲郡人不準,盜發魏襄王墓,或言安釐王冢,得竹書數十車。其《紀年》十三篇,記夏以來至周幽王爲犬戎所滅,以事接之,三家分,仍述魏事至安釐王之二十年。蓋魏國之史書,大略與《春秋》皆多相應。其中經傳大異,則云夏年多殷;益干啓位,啓殺之;太甲殺伊尹;文丁殺季歷;自周受命,至穆王百年,非穆王壽百歲也;幽王既亡,有共伯和者攝行天子事,非二相共和也。其《易經》二篇,與《周易》上下經同。《易繇陰陽卦》二篇與《周易》略同,《繇辭》則異。《卦下易經》一篇,似《説卦》而異。《公孫段》二篇,公孫段與邵陟論《易》。《國語》三篇,言楚、晉事。《名》三篇,似《禮記》,又似《爾雅》、《論語》。《師春》一篇,書《左傳》諸卜筮,"師春"似是造書者姓名也。《瑣語》十一篇,諸國卜夢妖怪相書也。《梁丘藏》一篇,先敍魏之世數,次言丘藏金玉事。《繳書》二篇,論弋射法。《生封》一篇,帝王所封。《大曆》二篇,鄒子談天類也。《穆天子傳》五篇,言周穆王遊行四海,見帝臺、西王母。《圖詩》一篇,畫讚之屬也。又雜書十九篇:《周食田法》、《周書》、《論楚事》、《周穆王美人盛姬死事》。大凡七十五篇,七篇簡書折壞,不識名題。冢中又得銅劍一枚,長二尺五寸。漆書皆科斗字。初發冢者燒策照取寶物,及官收之,多燼簡斷札,文既殘缺,不復詮次。武帝以其書付秘書校綴次第,尋考指歸,而以今文寫之。皙在著作,得觀竹書,隨疑分釋,皆有義證。遷尚書郎。

然《左傳正義》疏《左傳後序》,其中援引王隱《晉書》,乃置《束皙傳》於《武帝本紀》太康元年,杜預伐吳得勝,自江陵返襄陽記事之後,再記:

> 太康元年,汲郡民盜魏安釐王冢,得竹書漆字科斗之文。

《晉書·衛恆傳》又引《四體書勢》之文,曰:

> 太康元年,汲郡人盜發魏襄王塚,得策書十餘萬言。

《晉書·律曆志》亦曰：

> 武帝太康元年，汲郡盜發六國時魏襄王冢，亦得玉律，則古者又以玉爲管矣。

同書另記：

> 汲郡盜發六國時魏襄王冢，得古周時玉律及鐘磬，與新律聲韻闇同。

而杜預《左傳後序》曰：

> 太康元年三月，吳寇始平，余自江陵還襄陽，解甲休兵，乃申抒舊意，脩成《春秋釋例》及《經傳集解》。始訖，會汲郡汲縣有發其界内舊冢者，大得古書，皆簡篇科斗文字。發冢者不以爲意，往往散亂。科斗書久廢，推尋不能盡通。始者藏在祕府，余晚得見之，所記大凡七十五卷，多雜碎怪妄，不可訓知。《周易》及《紀年》最爲分了。《周易》上下篇與今正同，別有《陰陽説》，而無《彖》、《象》、《文言》、《繫辭》。疑於時仲尼造之於魯，尚未播之於遠國也。其《紀年》篇，起自夏、殷、周，皆三代王事，無諸國別也。唯特記晉國，起自殤叔，次文侯、昭侯，以至曲沃莊伯。莊伯之十一年十一月，魯隱公之元年正月也，皆用夏正建寅之月爲歲首。編年相次，晉國滅，獨記魏事，下至魏哀王之二十年。蓋魏國之史記也。推校哀王二十年，大歲在壬戌，是周報王之十六年，秦昭王之八年，韓襄王之十三年，趙武靈王之二十七年，楚懷王之三十年，燕昭王之十三年，齊湣王之二十五年也。上去孔丘卒百八十一歲，下去今大康三年五百八十一歲。哀王，於《史記》襄王之子、惠王之孫也。惠王三十六年卒，而襄王立，立十六年卒，而哀王立。古書《紀年》篇惠王三十六年改元，從一年始至十六年，而稱“惠成王卒”，即惠王也。疑《史記》誤分惠成之世以爲後王年也。哀王二十三年乃卒，故特不稱諡，謂之今王。其著書文意，大似《春秋經》，推此足見古者國史策書之常也。[1]

---

[1] 亦有學者認爲，《左傳後序》乃後世學人僞作，並非杜預所撰。譬如日本江户時代大儒中井履軒《左傳雕題略》曰：“杜氏《後序》，非杜氏筆(所撰)，蓋僞撰《竹書紀年》者，又作此，托元凱，以取信於世耳。其行文潦草，姑捨之。今舉一證。有言《紀年》稱伊尹自立，大甲殺伊尹。大與《尚書》敍太甲事乖異。不知老叟之伏生，或致昏忘。夫伏生所傳二十九篇，無敍説大甲事者，而元凱目不賭《古文尚書》，安得有《尚書》敍説大甲之語？又元凱之温稚，必不至輕詆伏生矣。僞撰者巧掩藏，至此手足皆露。”履軒所言誠然，世稱伏生所傳《今文尚書》二十九篇之中，並無《太甲》。然漢景帝時，破孔子舊宅壁，而得孔安國所謂《古文尚書》，其亦散佚於西晉末年永嘉之亂。然於西晉初年，杜預未嘗目睹《古文尚書》者，何也？或當時今文、古文之見解異於今日。元凱認爲《太甲》乃伏生所傳，履軒謂其“行文潦草”、“不至輕詆伏生矣”，蓋履軒過於尊重元凱，未必可視爲有力證據。或《左傳》注文中未言及《後序》，是以爲疑。然《後序》言“乃申抒舊意，修成《春秋釋例》及《經傳集解》，始訖”之後，才言著者偶見竹書，因“爲其粗有益於《左氏》”，故略記之，附於《集解》之末。因此，《集解》中不見《後序》之文，乃理所當然，不足爲異。即使《後序》爲後人僞作，然僞撰者所見《竹書紀年》，亦非後世僞撰之《竹書紀年》，而乃古本《竹書紀年》也。由《紀年》篇所載“自夏、殷、周三代王事，無諸侯别事”，可見之。是故，杜預《左傳後序》實乃研究《竹書紀年》之重要史料，不可或缺。或言履軒所謂僞撰《竹書紀年》，是否指古本亦爲僞書？此乃疑論也。

然盧無忌《齊太公呂望表》曰：

> 太康二年，縣之四偏，有盜發冢，而得竹策之書。書藏之年，當秦坑儒之前八十六歲。

最後，荀勖《穆天子傳序》亦可見“太康二年”之記載：

> 太康二年，汲縣民不準，盜發古冢，所得書也。

由是可見，晉武帝時期，自汲郡古墓中出土之書簡、銅劍及其他文物者，乃確然之事。然其中尚有諸多值得深究之處。試問，此等文物究竟出土於晉武帝幾年？墓主究竟爲魏襄王，抑或安釐王？出土書簡與墓主是否有直接關係？若無關係，何以陪葬墓中？何時陪葬入墓？書簡成書於何時？現行本是否與出土之初無異？若以上疑問未能解決，恐難以證實《竹書紀年》作爲史料之可信度與可靠性。

三

神田喜一郎嘗於《支那學》第一卷第二、三號發表論文《汲冢書出土始末考》，詳細考論《汲冢書》出土年代。[1] 小川琢治、新城新藏等亦贊同其説。[2]

今觀神田氏所論，大體以爲閻若璩之説“通達事理”，[3]遂推定“《汲冢書》出土時日，實爲咸寧五年十月。翌太康元年，官收其書，藏於秘府。至翌二年，束晳、荀勖、杜預、衛恆等當時之學人始得親見、校讀之”。[4] 此説早爲清儒雷學淇所倡，原富男亦有指摘。[5] 然雷學淇及神田氏之所以達此推定，乃因認爲三種不同盜發年代之史料價值均等，且求相互調和所致。然筆者以爲，此點尚有再考之餘地。蓋《晉書》編撰於唐太宗時，去汲冢盜發年代約三百五十年，其内容頗有杜撰之嫌。《武帝紀》記“咸寧五

---

[1]　神田喜一郎：《汲冢書出土始末考》，《支那學（中國學）》第一卷，第二、三號，大正九年（1920）。

[2]　新城新藏：《周初之年代》，《支那學》，第四卷第四號，昭和三年（1928）五月，後收録於《東洋天文學史研究》。

[3]　閻若璩：《困學紀聞五箋集證》卷二下。

[4]　張守節《史記正義》注《史記·周本紀》曰：“晉咸和五年，汲郡汲縣發魏襄王冢，得古書册七十五卷。”其中“咸和”當爲“咸寧”之訛誤。神田氏亦如此指摘。畢竟西晉一朝並無“咸和”之年號。

[5]　原富男《今、古本〈竹書紀年〉考》所引雷學淇《考訂竹書紀年》曰：“竹書發於咸寧五年十月。明年三月吳郡平，遂上之。《帝紀》之説録其實也，餘就官收。以後上于帝京時言，故曰太康元年。《束晳傳》云二年，或命官校理之歲也。”

年”,《束皙傳》却記“太康二年”,而《衛恆傳》及《律曆志》則記“太康元年”,足見史書繫年混亂不堪,而治史之人居然能夠漠然視之!由此亦可見,中國學人對史料性質欠缺檢討,有雜記種種史料之通弊也。故吾等學人更應進一步檢討此問題,毋徒附和雷同。

神田氏所引“咸寧五年”之説,除據《晉書》之外,尚有唐代張懷瓘《書斷》及宋代郭忠恕《汗簡・略敘》爲證。就張懷瓘《書斷》,神田氏云:“倘若張懷瓘生於《晉書》成書之後,或疑其説乃基於《晉書・武帝紀》。”而就郭忠恕《汗簡・略敘》所引《晉書》章句,神田氏則斷言:“此《晉史》究竟何人所作,尚難詳考。清儒鄭珍注曰:‘此當出它家《晉史》’,蓋所謂‘十八家《晉書》’之佚文也,當疑之。”然郭忠恕爲五代末宋初之人,仕於宋太宗,太平興國二年(977年)獲罪流放登州,中途卒。故《汗簡・略敘》當撰於周末宋初。① 晉至六朝,修《晉史》者數十家,即所謂“十八家《晉書》”也。然此等十八家《晉書》乃至安史之亂兩京陷,遂散佚不傳,唯唐太宗敕撰《晉書》流傳後世。故而此後諸文獻中所稱《晉史》者,多據此書,殆無疑問。就張懷瓘《書斷》,神田氏尚謂:“倘若張懷瓘生於《晉書》成書之後,或疑其説乃基於《晉書・武帝紀》。”然則郭忠恕《汗簡・略敘》成書於十八家《晉書》散佚之後,年代遠晚於《書斷》。神田氏何以採鄭珍《汗簡箋正》之説,主張“蓋所謂‘十八家《晉書》’之佚文也,當疑之”?筆者以爲,“咸寧中,汲郡汲縣人盜魏安釐王冢”等記事,乃據今本唐修《晉書》,從其最早之日期,殆無可疑。故傳“咸寧五年”之説者,除唐修《晉書》外,無其他史料可資佐證也。

然而小川琢治云:“唐代猶存《隋書・經籍志》所録李軌撰《晉泰始起居注》二十卷、《晉咸寧起居注》十卷(《唐志》作二十二卷)等,乃必爲當時學人參考之古典,可信無疑。是以,荀勖《穆天子傳序》、盧無忌之汲縣《齊太公呂望表》等皆謂‘太康二年’。神田氏所論之其書三年後始入寫定者手中,較爲妥當。而‘太康元年’之説,雖見於杜預《左傳後序》、王隱《晉書・束皙傳》,以及唐修《晉書・衛恆傳》所引衛恆《四體書勢》之中,然杜預《後序》更應視爲支持‘太康二年’説之有力佐證。”且小川氏另據《晉書・王隱傳》記載,指出當時“史料不備”,稱王隱爲“頭腦怪異之著述家,難信其書”,進而指出,今本《晉書・律曆志》以及《衛恆傳》所引《四體書勢》亦稱“太康元年”者,或因唐修諸《志》、《列傳》之人與修《帝紀》之人不同,缺乏統一;或因徒採王隱《晉書》之説,而全無批判所致。

然而,《隋書・經籍志》載録李軌所撰《晉泰始起居注》及《晉咸寧起居注》,未必可直接作爲“咸寧五年”説之力證。縱使《晉咸寧起居注》載有其事,亦不能據此斷言

---

① 《宋史》卷四百四十二《文苑列傳四・郭忠恕傳》。

其説之確鑿;抑或《晉泰始起居注》中未必無同一事件之記載。小川氏以爲,唯《本紀》撰者以《起居注》爲史料,而諸《志》、《列傳》之撰者未嘗參考《起居注》。然筆者則以爲,同時代、同監修之下所編撰諸《志》、《列傳》,其撰者理應同參《起居注》。且"太康元年"之説,非僅見於王隱《晉書》,亦見於衛恆《四體書勢》及《晉書·律曆志》。故衛恆及《晉書·律曆志》之撰者,於編著之際,殆無可能"徒採王隱《晉書》之説,而全無批判",必有所考量。據《隋書·經籍志》及兩《唐志》記載,王隱撰《晉書》之外,尚有虞預撰《晉書》、朱鳳撰《晉書》、何法盛撰《晉書》、謝靈運撰《晉書》、臧榮緒撰《晉書》、蕭子雲撰《晉書》、蕭子顯撰《晉史草》、干寶撰《晉書》、許敬宗等撰《晉書》、陸機撰《晉帝紀》《晉録》、干寶撰《晉紀》、劉謙之撰《晉紀》、曹嘉之撰《晉紀》、徐廣撰《晉紀》、鄧粲撰《晉紀》《晉陽春秋》、檀道鸞撰《晉春秋》、郭季產撰《晉續糾》《晉録》等,即所謂"十八家《晉書》"是也。然則,當時"十八家《晉書》"以及其他相關文獻既然存世,唐修《晉書》之撰者焉能視而不見? 僅據王隱《晉書》而斷者,未免過於大膽無謀矣。

殊小川氏引神田氏所論,述及神田氏關於"太康元年"説之論:"以《汲冢書》出土之時日,繫於太康元年,殆無可疑。"又提及神田氏據杜預《左傳後序》及衛恆《四体書勢》之記載所論:"《汲冢書》出土之時,杜預、衛恆皆在世。杜預親見之,《晉書·王接傳》亦謂衛恆親自考證之,其言與杜預《左傳後序》大抵一致,皆自稱得以親見,故當無誤。是故,《晉書·律曆志》、王隱《晉書·束皙傳》等,以《汲冢書》出土之時日繫於太康元年,殆無可疑。"而對於神田氏如上論旨,小川氏並未採信,而推定曰:"案曰,《汲冢書》出土之時日,實爲咸寧五年十月。翌太康元年,官收其書,藏於秘府。至翌二年,當時學人始得親見、校讀之。"并且曲解神田氏結論曰:"《武帝本紀》所録咸寧五年十月出土,與《齊太公呂望表》所載太康二年出土,二者皆有依據。前者爲出土時間,三年後束皙、荀勖等學者始校讀。此乃妥協、折衷之論也。"遂論斷:"荀勖《穆天子傳序》、盧無忌汲縣《齊太公呂望表》中太康二年之記録,乃如神田氏所解,出土三年後寫定者得之。此解實爲妥當。"筆者則以爲,小川氏過於相信自身之推測,無法正確理解他人之論旨,遂至誹謗他人,亦不自知,更不覺自身對於他人論斷之理解頗爲不足,實令筆者深感遺憾。[1]

就雷學淇首倡之汲冢出土時代説而言,神田氏亦同論,原富男氏亦推崇之。然《汲冢書》於咸寧五年十月出土,翌太康元年官收,隨即呈於皇帝,再翌太康二年官命校理之説,實爲清朝考證學通弊之典型實例。蓋考證學派所謂之"考證",執著於"諸

①　神田喜一郎:《汲冢書出土始末考》,《支那學》第一卷,第67—68頁;小川琢治:《穆天子傳考》,《支那學論叢:狩野(直喜)教授花甲紀念》,第97—98頁。

說皆應予以發揮",期求於諸說之中覓得最爲妥當之結論。故常忽視事實眞相,僅滿足於諸史料間之妥協與調和。考證汲冢發掘年代之際,其缺陷尤爲顯露無遺。

"咸寧五年"、"太康元年"、"太康二年"之三説,皆如神田氏所詳論,固有根據,蓋爲當時並行之説也。但其眞實情況如何,乃問題所在。或如雷氏、神田氏所考,咸寧五年十月發掘,翌太康元年官收,隨即移至帝都。然諸多史料皆謂太康元年爲盜發之年。或最初盜發於咸寧五年,翌太康元年再繼續發掘。而荀勗《穆天子傳序》及盧無忌《齊太公呂望表》所錄"太康二年"之説,最爲可疑。其所錄者,僅言《汲冢書》於是年盜發,並非言撰次寫定者入手之年。故以"太康二年"爲官命寫定校理之年,實爲考證學家無視史料旨趣之恣意解釋也。然則何故有此異説,却實難解明。但事實上,太康十年太公望碑立於汲縣之時,此等異説既已存在。史實僅此而已,決不可據此判定汲冢盜發之實際年代。故以"太康二年"爲寫定校理之年者,乃過於無視史料,甚至歪曲史料之做法也。

對於不同時代、不同出處之諸多史料,殆不加批判、雜然並記而不爲怪者,蓋爲中國史家之通弊也。因此,於同一紀傳之中,亦常見前後矛盾、内容相違之記事。而因撰者不同而導致記事相違者,更可謂數不勝數。尤唐修《晉書》者,相傳爲唐太宗敕命房玄齡等人所撰,其内容蕪雜,世間早有定評。然此書亦因不加撰者私意,併記諸種史料,反而有益於傳承史實。《汲冢竹書》發掘之年代,《本紀》、諸《志》、《列傳》各有三種不同記載,且此三説皆有可溯及當時之傍證。此或顯示其盜發當時,早已有此三説並存於世。故此,筆者以爲,此三説皆可憑信。

然若究其孰説最能傳汲冢出土年代之眞,筆者則首推唐修《晉書·武帝紀》之記事。《武帝紀》所記"咸寧五年冬十月",不僅傳其年代,亦言及其月名,是乃其他史料所未見,故可加重此説之分量。唯杜預《左傳後序》曰:"太康元年三月,吳寇始平。"此三月乃指平定東吳之月,故"會汲郡汲縣,有發其界内舊冢者"之事,未必指三月。蓋其間有"余自江陵還襄陽,解甲休兵,乃申抒舊意,修成《春秋釋例》及《經傳集解》。始訖"之文,應釋爲《春秋釋例》及《經傳集解》成書時,聞汲郡舊冢盜發之事,而後"余晚得見之,所記大凡七十五卷"。又曰"下去今太康三年五百八十一歲",可見其指太康三年。因此,其盜發年代或爲太康元年、二年,抑或咸寧五年。牽強釋之,則三説皆通。故而此非可判定年代之史料也。其他記載皆僅錄年代,而傳"太康二年"説者,除唐修《晉書·束皙傳》外,尚有盧無忌《齊太公呂望表》及荀勗《穆天子傳序》二書。

其中,盧無忌《齊太公呂望表》(太公望碑)立於太康十年三月,乃太公望後裔盧無忌,任汲縣令之時,據《汲冢書》傳説而立。其所記汲冢盜發於太康二年者,殆無可憑信。首先,盧無忌與汲冢盜發之事並無特殊關係,故其所記年代亦無絲毫權威性可言。

其次，荀勖校定《穆天子傳》，作《穆天子傳序》，亦記汲冢竹書出土於“太康二年”。《晉書・荀勖傳》載其卒於太康十年（289 年）。故其必定於太康十年之前完成校定《穆天子傳》。然《晉書・王接傳》曰：

> 時秘書丞衛恆考正汲冢書，未訖而遭難。佐著作郎束晳述而成之，事多證異義。時東萊太守陳留王庭堅難之，亦有證據。晳又釋難，而庭堅已亡。散騎侍郎潘滔謂接曰：“卿才學理議，足解二子之紛，可試論之。”接遂詳其得失。摯虞、謝衡皆博物多聞，咸以爲允當。

衛恆罹難於惠帝元康元年（291 年）六月。據《晉書・衛恆傳》及《惠帝本紀》所載，較荀勖卒年（太康十年）晚二年。另據《王接傳》可知，當時《汲冢書》校理未畢。又，杜預《左傳後序》曰：

> 發冢者不以爲意，往往散亂。科斗書久廢，推尋不能盡通。始者藏在秘府，余晚得見之，所記大凡七十五卷，多雜碎怪妄，不可訓知。《周易》及《紀年》最爲分了。

由此可見，《穆天子傳》之名並不在所謂“最爲分了”者之中。因此，世稱荀勖所撰《穆天子傳序》，是否果真出於荀勖之手，殊難確信。尤《晉書・荀勖傳》亦曰：“及得汲郡冢中古文竹書，詔勖撰次之，以爲《中經》，列在秘書”，其中並未言及《穆天子傳》，更增疑念。[1]《隋書・經籍志》曰：

> 魏氏代漢，採掇遺亡，藏在秘書中、外三閣。魏秘書郎鄭默，始制《中經》。秘書監荀勖，又因《中經》，更著《新簿》，分爲四部，總括群書：一曰甲部，紀六藝及小學等書；二曰乙部，有古諸子家、近世子家、兵書、兵家、術數；三曰丙部，有史記、舊事、皇覽簿、雜事；四曰丁部，有詩賦、圖讚、汲冢書，大凡四部合二萬九千九百四十五卷。

即，汲冢出土竹書一併收錄於《中經》丁部，然其中是否包含《穆天子傳》，尚未可知。再觀《穆天子傳》之內容：

> 其書言周穆王遊行之事。《春秋左氏傳》曰：“穆王欲肆其心，周行於天下，將

---

[1]　《昭明文選・王文憲集序》注文所引王隱撰《晉書・荀勖傳》曰：“荀勖字公曾，領秘書監，與中書令張華，依劉向《別錄》，整理錯亂，又得汲冢竹書，身自撰次，以爲《中經》。”

皆使有車轍馬迹焉。"此書所載,即其事也。王好巡守,得騑驪、騄耳之乘,造父爲御,以觀四荒。北絶流沙,西登昆侖,見西王母,與《太史公記》同。①

今《春秋左氏傳·昭公十二年》之條記有楚靈王與右尹子革之間一段對話:

> 左史倚相趨過。王曰:"是良史也,子善視之。是能讀《三墳》、《五典》、《八索》、《九丘》。"對曰:"臣嘗問焉,昔穆王欲肆其心,周行天下,將皆必有車轍馬跡焉。祭公謀父作《祈招》之詩,以止王心,王是以獲没於祇宫。臣問其詩而不知也;若問遠焉,其焉能知之?"王曰:"子能乎?"對曰:"能。其《詩》曰:'祈招之愔愔,式昭德音。思我王度,式如玉,式如金。形民之力,而無醉飽之心。'"

繼而又記:

> 王揖而入,饋不食,寢不寐,數日。不能自克,及至於難。
>
> 仲尼曰:"古有志云:'克己復禮,仁也。'信善矣! 楚靈王若能如此,豈會受辱於乾谿?"

以上《左傳》之文乃後世儒家所作,觀之甚明,且與所謂荀勗《穆天子傳序》所引字句略有差異,兹姑置不論。《左傳》記載穆王欲周行天下,祭公謀父作祈招詩以諫,遂止其意,方得無事。然楚靈王缺乏穆王之克己精神,故遭乾溪之難。至於《穆天子傳》中如何記述穆王遊行之事,則稱"此書所載則其事也"。

又,太史公《史記·周本紀》曰:

> 穆王即位,春秋已五十矣。王道衰微……穆王將征犬戎,祭公謀父諫曰:"不可。先王燿德不觀兵。……吾聞犬戎樹敦,率舊德而守終純固,其有以禦我矣。"王遂征之,得四白狼、四白鹿以歸。自是荒服者不至,諸侯有不睦者。

另,《秦本紀》曰:

> 造父以善御,幸於周穆王,得驥、温驪、驊騮、騄耳之駟,西巡狩,樂而忘歸。徐偃王作亂,造父爲繆王御,長驅歸周,一日千里以救亂。繆王以趙城封造父,造父族由此爲趙氏。②

---

① 小川琢治:《穆天子傳考》,《支那學論叢:狩野(直喜)教授花甲紀念》。

② 《史記·周本紀》有"穆王"者,《秦本紀》則爲"繆王",前者當爲正也。《國語·周語》之卷首,殆有同樣記事。

《穆天子傳序》中所謂："王好巡守,得騎驪、騄耳之乘,造父爲御,以觀四荒。北絶流沙,西登昆侖,見西王母"等,《史記》全然未記。而《穆天子傳序》却曰："與《太史公記》同。"《晉書》本傳評荀勖曰:

> 太康中,詔曰:"勖明皙聰達,經識天序,有佐命之功,兼博洽之才,久典内任,著勳弘茂,詢事考言,謀猷允誠,宜登大位,毗贊朝政。"

荀勖既如此大才,安能有如斯謬誤? 誠不可不疑也。且《穆天子傳序》曰:

> 案所得《紀年》,蓋魏惠成王子令王之冢也,於《世本》蓋襄王也。案《史記·六國年表》,自令王二十一年至秦始皇三十四年燔書之歲,八十六年,及至太康二年,初得此書,凡五百七十九年。其書言周穆王遊行之事……

然《史記·六國年表》中,惠王三十六年之後,襄王在位十六年,繼之哀王在位二十三年,昭王在位十九年,乃至安釐王元年。若謂《穆天子傳序》之"令王"爲"今王"之訛,則"今王"即《世本》所謂襄王也。然則《史記·六國年表》記載襄王在位僅十六年,無襄王二十一年之年代。然此事既已言於前——"於《世本》蓋襄王也",故或可另解爲《史記·六國年表》中哀王年紀即爲襄王年紀,即以哀王二十一年爲襄王二十一年而計算。然所謂今王二十一年果真爲襄王二十一年乎? 斯事誠未可知也。《左傳後序》曰:"其《紀年》篇起自夏、殷、周……下至魏哀王之二十年。蓋魏國之史記也。"《晉書·束皙傳》曰:"其《紀年》十三篇,記夏以來(中略),……至安釐王之二十年。蓋魏國之史書。"杜預承襲太史公之說,以今王爲哀王,束皙則以今王爲安釐王,皆於假想不合。加之,清儒莫友芝《郘亭知見傳本書目》著録有"張金吾藏書志,《穆天子傳》舊抄,前有《荀楊序》",並未提及《荀勖序》。或可以"荀楊"爲荀勖之訛而改? 筆者實不敢妄斷。因而,此亦誠不可不疑也。[1]

《汲冢竹書》出土之初,荀勖、衛恆、和嶠等人校考撰次,遂由束皙、王接等人述而成之。《晉書·荀勖傳》曰:"及得汲郡冢中古文竹書,詔勖撰次之,以爲《中經》,列在秘書。"《王接傳》亦曰:

> 時秘書丞衛恆考正《汲冢書》,未訖而遭難。佐著作郎束皙述而成之,事多證異義。時東萊太守陳留王庭堅難之,亦有證據。皙又釋難,而庭堅已亡。散騎侍

---

[1] 《晉書》卷三十九《荀勖傳》中記載"勖有十子",然留名者僅有"荀輯"、"荀藩"、"荀組"。其餘七人,或名"楊",或名其他,亦未可詳知。無論如何,就序文内容而言,大抵爲荀勖同時代之作。

郎潘滔謂接曰:"卿才學理議,足解二子之紛,可試論之。"接遂詳其得失。摯虞、謝衡皆博物多聞,咸以爲允當。

然《和嶠傳》中並無任何相關記載,唯記:

> 入爲給事黃門侍郎,遷中書令,帝深器遇之。舊監令共車入朝,時荀勖爲監,嶠鄙勖爲人,以意氣加之,每同乘,高抗專車而坐。乃使監令異車,自嶠始也。

可見,是時和嶠已爲中書令,故與中書監荀勖共同校定撰次《汲冢書》之事,殆無可疑。又,《左傳正義》疏杜預《左傳後序》文曰:

> 汲郡初得此書,表藏秘府,詔荀勖、和嶠,以隸字寫之。勖等於時即以不能盡識,其書今復闕落,又轉寫益誤。

《史記集解》疏《魏世家》亦曰:

> 荀勖曰:"和嶠云:'《紀年》起於黃帝,終於魏之今王。今王者,魏惠成王子。'"

以上兩説之依據雖不明瞭,而《隋書·經籍志》亦曰:

> 至晉太康元年,汲郡人發魏襄王冢,得古竹簡書,字皆科斗。發冢者不以爲意,往往散亂。帝命中書監荀勖、令和嶠,撰次爲十五部,八十七卷。多雜碎怪妄,不可訓知,唯《周易》、《紀年》,最爲分了。其《周易》上下篇,與今正同。《紀年》皆用夏正建寅之月爲歲首,起自夏、殷、周三代王事,無諸侯國別。唯特記晉國,起自殤叔,次文侯、昭侯,以至曲沃莊伯,盡晉國滅。獨記魏事,下至魏哀王,謂之"今王"。蓋魏國之史記也。其著書皆編年相次,文意大似《春秋經》。諸所記事,多與《春秋》、《左氏》扶同。學者因之,以爲《春秋》則古史記之正法,有所著述,多依《春秋》之體。今依其世代,編而敘之,以見作者之別,謂之古史。

另外,翟鏞《鐵琴銅劍樓藏書目録》中,亦以荀勖、和嶠爲《穆天子傳》六卷之撰次校定者,曰:

> 侍中中書監光禄大夫濟北侯臣荀勖
> 領中書令議郎上蔡伯臣嶠言部
> 祕書主書令史譴勤給

祕書校書郎中張宙

郎中傅瓚校古文《穆天子傳》已訖謹並第録

此外,莫友芝《邵亭知見傳本書目》中,解説《穆天子傳》六卷,曰:

張金吾藏書志,《穆天子傳》舊抄,前有《荀楊序》,首有結銜五行,云:

侍中中書監光禄大夫濟北侯臣荀勖

領中書令議郎上蔡伯臣嶠言部

祕書主書令史謹勤給

祕書校書郎中張宙

郎中傅瓚校古文《穆天子傳》已訖謹並第録

此五行,世行本無。按:《史記索隱》引《穆天子傳·目録》云:"傅瓚爲校書郎,與荀勖共校定《穆天子傳》。"蓋即指此板心有"元覽中區"四字。

由上可知,隋唐時代普遍以爲荀勖、和嶠同爲汲冢出土竹書之校定撰次者。當時,荀勖、和嶠同任中書監、中書令,同賜詔書,自屬當然。然據《晉書·和嶠傳》記載,和嶠卒於太康二年。因此,即使他受詔,亦無多大參與撰次校定之可能。是以,《晉書·和嶠傳》中並無《汲冢書》相關記載之故也。

雖知和嶠卒於太康二年,然卒於何月未詳。若和嶠果真卒於太康二年,且受賜《汲冢竹書》撰次校定之詔,亦僅略有參與而已。故《史記集解》所言荀勖採和嶠關於《竹書紀年》之見解,並非實然。同時,汲冢盜發、竹書出土於太康二年之説,亦愈見其可能性甚微。反觀太康元年或咸寧五年之説,更顯合理。至於太康元年與咸寧五年究竟孰正孰錯,則無明確史料可考,且此問題並非十分重要,可姑置不論。然則,汲縣古冢之主究竟何人?襄王之冢乎?安釐王之冢乎?抑或非此二者?此問題於確定《汲冢書》之性質與價值方面,頗爲重要。

四

以下列舉關於古冢之記事。

杜預《左傳後序》曰:"會汲郡汲縣有發其界内舊冢者,大得古書。"

荀勖《穆天子傳序》曰:"汲縣民不準,盜發古塚,所得書也。"

《齊太公吕望表》曰:"縣之西偏,有盜發冢,而得竹策之書。"

《晉書·武帝紀》曰：“汲郡人不準，掘魏襄王冢，得竹簡小篆古書十餘萬言。”

《晉書·束皙傳》曰：“初，太康二年，汲郡人不準，盜發魏襄王墓，或言安釐王冢，得竹書數十車。”

王隱《晉書·束皙傳》曰：“汲郡民盜魏安釐王塚，得竹書。”

《晉書·衛恆傳》曰：“汲郡人盜發魏襄王塚，得策書十餘萬言。”

《晉書·律曆志》曰：“汲郡盜發六國時魏襄王冢，亦得玉律。”另曰：“汲郡盜發六國時魏襄王冢，得古周時玉律及鐘磬。”

以上諸記之中，杜預《左傳後序》記作“舊冢”；荀勖（太康十年卒）《穆天子傳序》記作“古塚”；《齊太公呂望表》（立於太康十年）單記“冢”；王隱（距太康元年四十年後，東晉元帝太興初年任著作郎，七十餘歲卒）《晉書》記作“魏安釐王塚”；唐修《晉書·武帝本紀》《衛恆傳》及《律曆志》皆記“襄王冢”，唯唐修《晉書·束皙傳》兼記二者，留疑焉。

竊以爲，古冢發掘之初，未必即稱魏襄王冢或安釐王冢，僅傳汲郡汲縣古冢而已。後經三四十年，或始稱襄王冢，或始稱安釐王冢，蓋基於《竹書紀年》之記事內容而定。至於《竹書紀年》末尾所記何人何事，固有疑焉，然大抵以“今王”爲記事終篇。杜預以“今王”爲哀王，謂“下至哀王二十年”。《穆天子傳序》則以之爲襄王。而《晉書·束皙傳》謂“至安釐王二十年”，即以之爲安釐王。王隱《晉書·束皙傳》亦云“盜發魏安釐王塚”。束皙乃繼荀勖、和嶠之後，完成《汲冢書》撰次校定之人。其校書之初或基於《史記》，以“今王”爲哀王，抑或基於《世本》而以之爲襄王，之後愈加生疑，遂乃兼記兩者。《四庫全書總目提要》謂《竹書紀年》傳本內容相異者十數種。尤其束皙校定之《汲冢書》，前揭《王接傳》謂之成書於荀勖、衛恆死後，與荀勖、杜預等最初所見者，內容或有相異。[1] 若然，則無任何確鑿證據顯示此古冢或爲襄王冢，抑或安釐王冢，故而，吾等後世學人，絕不可盲目承襲舊說，不能直接視此汲冢爲襄王或安釐王之冢。

當時魏國王都乃大梁，即今河南省開封。故古冢所在汲郡汲縣，應地處今河南省河北道汲縣西南二十里。《史記·秦本紀》莊襄王三年（魏安釐王三十年，公元前247年）有載：“蒙驁攻魏高都、汲，拔之。”《史記·始皇本紀》七年（魏景湣王三十年，公元前240年）有載：“將軍驁死，以攻龍、孤、慶都，還兵攻汲。”《魏世家》景湣王三年亦有

---

① 《四庫全書總目提要》卷四十七《史部三·編年類》謂《竹書紀年》二卷本之異本有顧炎武《日知錄》所引本、束皙校定本、杜預所見本、郭璞所見本、《隋書·經籍志》收錄本、酈道元所見本、劉知幾所見本、李善所見本、瞿曇悉達所見本、司馬貞所見本、楊士勛所見本、王存所見本、羅泌羅苹所見本、鮑彪所見本、董逌所見本等，其文本內容皆有相異之處。

載：“秦拔我汲。”由以上史料不難推測，若此地距前都安邑或惠王三十一年後之新都大梁較遠，則於魏末襄王、安釐王之時，四面飽受秦國威脅。於如此危險之地營造王陵冢墳，實令人存疑也。

加之，以出土竹書之古冢爲魏襄王或安釐王之冢者，蓋因《竹書紀年》大抵爲魏國史書，且以其記事終篇之“今王”爲魏襄王或安釐王之故。即，以此等竹書爲古冢陪葬品之故也。然而，以書籍隨葬，是否真有其事？據筆者所知，無論中國或其他地區，未聞有此事例。《束皙傳》曰：“時有人於嵩高山下得竹簡一枚，上兩行蝌蚪書，傳以相示，莫有知者。司空張華以問皙，皙曰：‘此漢明帝顯節陵中策文也。’檢驗果然，時人伏其博識。”或以此爲帝王陵墓中有竹簡書籍陪葬之證。然此記事，未必可信。即使所言屬實，亦不知墓中一枚竹簡是否屬於某部書籍，令人不僅生疑也。[①]

又，《玉海》卷四十七“晉《竹書紀年》”之注文曰：

> 韓愈《黃陵廟碑》引《竹書紀年》，齊文惠太子鎮雍州，有盜發楚王冢，獲竹簡書，青絲編，簡廣數分，長二尺。王僧虔曰：“是科斗書。”

除《汲冢書》外，似乎尚有稱爲《竹書紀年》之書存在。然而，雍州有楚王冢者頗爲可疑，且除此記載之外，再無楚國《竹書紀年》之記事。故此説或僅爲《汲冢竹書紀年》之異説而已。

要之，太康元年，汲縣古墓出土竹書，其中有魏國史書《紀年》。據考，其所記之事大抵與魏襄王或安釐王相關，且記事終於“今王二十年”，而古墓恰好地處戰國時代魏國領地，故推測其爲魏襄王或安釐王之冢。後世學人大抵承襲此説。此蓋事實之真相。

五

繼而再考，出土竹書與古墓墓主是否有直接關係。《晉書·束皙傳》記古冢發掘當初之情形曰：

> 初發冢者燒策照取寶物，及官收之，多燼簡斷札，文既殘闕，不復詮次。武帝以其書付秘府，校綴次第，尋考指歸，而以今文寫之。

---

① 若此傳聞屬實，恐乃墓誌、陵誌之類也。束皙以此解爲漢明帝顯陵中策文，亦有其理焉。

由此可見，竹簡或非與其他寶物共葬於槨內，而埋於槨外土中。盜墓者先發現竹簡，遂以之爲火炬照明，再入槨內尋找寶物。是故，官收之時，槨內殘存物品僅二尺五寸長銅劍、玉律及鐘磬耳。

倘若以上推測成立，則出土竹簡未必與墓主有直接關係，蓋因某種特殊原因而埋葬於古冢之中。故考證其埋葬時間，未必基於《竹書紀年》之年份。但無論如何，進一步探究竹書埋葬之緣由及時期，是爲重要問題。

筆者以爲，《竹書紀年》之記事若終於襄王二十年（前299），或安釐王二十年（前257）①，則其埋藏時間應在此之後。而必須埋藏如此多書籍之時代，乃當在秦始皇三十四年（前213）《挾書律》頒布之後。秦末、漢末等亂世，雖常有書籍散佚，然此緊急情況下，根本無暇埋藏書籍。唯《挾書律》云：“所不去者，醫藥、卜筮、種樹之書。”而據《束晳傳》所載，《汲冢竹書》中有《易經》二篇、《易繇陰陽卦》二篇、《卦下易經》一篇、《公孫段》二篇、《師春》一篇、《瑣語》十一篇等與卜筮相關之篇目。故主張由於秦挾書之禁令而埋藏者，仍有所疑。然以上諸篇，如《易經》之名所示，既已成爲儒家經典，或於《挾書律》之下，亦有必要埋藏保存。

另外，以《汲冢書》之名所傳書籍，其種類、内容各異。《束晳傳》所載凡十七種七十六篇，其中未見《論語》、《夏書》、《周書》、撰述《春秋》經傳的著作。然唐代張懷瓘《書斷》及宋代郭忠恕《汗簡略敘》所引《晉史》之中，則有十種書名，其中亦包含上揭書名，而其餘六種則與《晉書·束晳傳》所載相同。由此可見，所謂《汲冢書》似乎有各種傳本，或有亦稱汲冢出土之後世僞作。如《汲冢周書》與《穆天子傳》，或爲其一也。毋庸置疑，今本《竹書紀年》亦乃後世僞作。小川氏尤重《穆天子傳》，斷言“汲冢出土諸書中，唯此書爲可憑信之先秦文獻，無庸多言”。然隋代王謨於其《〈穆天子傳〉後識》曰：

> 右《穆天子傳》六卷，與《周書》、《紀年》同出於汲冢，疑亦戰國時人因《列子·周穆王篇》有駕八駿，賓西王母事，依託爲之，非當日史官《起居注》也。其生而稱謚，紕繆更瞭然易見。然其文沈博奇麗，薦紳先生，猶有述焉。謨獨怪其書盛姬事，以《春秋》所諱，而爲美談。度穆王，雖耄甚荒欲，肆其心，亦未必其漁色，至不辨姓如此也。抑所謂盛姬者，不過如詩言彼美淑姬，爲婦人美稱，且其得姓受氏

---

① 唯杜預《春秋左傳後序》記“哀王二十年”，蓋以《史記》爲據也。“哀王”實爲“襄王”之誤者，既已爲諸前賢所論定。《史記集解》亦曰：“今案《古文》，惠成立三十六年，改元稱一年，改元後十七年卒。《太史公書》誤分惠成之世，以爲二王之年數也。”《世本》：惠王生襄王而無哀王，然則今王者魏襄王也。”《史記索隱》亦持此説。

已久，如《左傳》中，驪姬、巴姬、密姬，皆不知於周何別。而《郭氏注》遽引《公羊傳》實之，則竟以"盛"爲"郕"，出文昭後矣。五世親盡，即通婚姻，有是理乎。

又，姚首源(際恆)《古今偽書考》論《穆天子傳》及其他汲冢書云：

> 陳直齋曰："相傳以爲孔子刪《書》所餘，未必然，似戰國後人做做爲之。"李巽岩曰："戰國處士私相緝綴。"恆案：不止此，殆漢人所爲也。《穆天子傳》本《左傳》"穆王欲肆其心，周行天下，將皆有車轍馬迹焉"。又本《史·秦紀》，"造父爲穆王得驥，溫驪、驊騮、騄駬之駟，西巡狩，樂而忘歸。"諸說以爲之也，多用《山海經》語，其體制亦似《起居注》。《起居注》者，始於明德馬皇后，故知爲漢後人作。又多與《紀年》相合，亦知爲一人之作也。《紀年·沈約注》、《周書·孔晁注》、《穆天子傳·郭璞注》，皆淺陋之甚，至有經史而不知引者，亦皆偽也。《穆天子傳》稱郭璞注者，蓋即取璞所注《山海經》，以移入之，故因謂璞注也。汲冢又有《師春》一卷，杜預稱"純集《左傳》卜筮事"，黄長睿曰："《師春》記諸國世次，及十二公歲星所在，並律呂、變卦、謚法等，非專載《左傳》卜筮事。其紀歲星事，有'杜征南洞曉陰陽'之語，由是知此書亦西晉人集録，而未必盡出汲冢也。"《師春》之書，宋世有之，今則未見，故不録。然據《紀年》、《師春》二書，皆與杜預所述不合，予於《紀年》，以爲後人增改，非汲冢本書。長睿又以《師春》爲西晉人集録，未必出於汲冢。二者又不同。

另，杜佑《通典》中，於門下省侍中之下記有"起居"官職，釋曰：

> 今起居，周官有左、右史，記其言、事，蓋今起居之本。漢武帝有《禁中起居注》，後漢馬皇后撰《明帝起居注》，則漢起居似在官中，爲女史之任。

《文獻通考》所記亦同。《後漢書》卷十上《明德馬皇后紀》亦曰"自撰《顯宗起居注》"，可知馬皇后乃親撰《明帝起居注》。然姚首源據此斷言此乃《起居注》之始者，固有疑問。周代有左史、右史之分，或謂"動作左史書之、言則右史書之"，或謂"左史記言、右史記事"。此説是否可靠，尚未可考，或可謂儒家之理想而已。然漢武帝時，禁中既有起居之官，撰《起居注》之制，未必始於東漢明德馬皇后。故姚氏據此斷言《穆天子傳》爲"漢後人作"，未免過於草率。

姚氏又謂："《紀年·沈約注》、《周書·孔晁注》、《穆天子傳·郭璞注》皆淺陋甚矣，至於經史而不知引者，亦皆偽也。"此言未免過於嚴苛。其他姑且不論，《穆天子傳郭璞注》於《詩》、《尚書》、《禮記》、《周禮》、《論語》、《爾雅》、《左氏傳》、《穀梁傳》、

《公羊傳》、《國語》、《史記》、《韓非子》、《淮南子》、《管子》、《新語》、《竹書紀年》、《山海經》、《歸藏》之中皆有所引,可見其未必無視經史。殊其所謂"《穆天子傳》稱郭璞注者,蓋取璞注《山海經》移入之,故稱璞注。"此殆姚氏歪曲事實之誣言也。《穆天子傳·郭璞注》引用《紀年》文凡六處,蓋此兩書確有相合之處。且此兩書未必由一人所撰,蓋撰者所處之時代大抵相同耳。又郭注中引《山海經》文最多,凡十四處,蓋由於其地名解釋之所需,亦示其年代相近也。

另外,王謨曰:"因《列子·周穆王篇》有駕八駿,賓西王母事,依託爲之。"然則,《列子》一書究竟內容如何,實有疑問。《漢書·藝文志》著錄"《列子》八篇",其注曰:"名御寇,先莊子,莊子稱之。"然並未略記其書是何內容。《莊子·雜篇》及其他書籍中雖可見"列御寇"之名,據此卻僅可知其人片鱗。今日所見《列子·周穆王篇》比《穆天子傳》之內容更加富於空想,且是否保留劉向校定時之原貌,亦未可知。但無論如何,《列子》成書當在《穆天子傳》之後,殆無可疑。

《穆天子傳》凡六卷,卷二末尾曰:

> 乃遂西征。癸亥,至於西王母之邦。

繼而卷三之始曰:

> 吉日甲子,天子賓於西王母。乃執白圭玄璧以見西王母。好獻錦組百純,□組三百純。西王母再拜受之。□。乙丑,天子觴西王母於瑤池之上。西王母爲天子謠,曰:"白雲在天,山陵自出。道里悠遠,山川間之。將子無死,尚能復來?"天子答之,曰:"予歸東土,和治諸夏。萬民平均,吾顧見汝。比及三年,將復而野。"西王母又爲天子吟曰:"比徂西土,爰居其野。虎豹爲群,於鵲與處。嘉命不遷,我惟帝女,彼何世民,又將去子。吹笙鼓簧,中心翔翔。世民之子,唯天之望。"天子遂驅升於弇山,乃紀其迹於弇山之石,而樹之槐。眉曰:西王母之山。[①]

又,卷四曰:

[①] 《山海經·郭璞注》所引《穆天子傳》曰:"吉日甲子,天子賓於西王母。執玄圭白璧以見西王母。獻錦組百純,金玉百斤。西王母再拜受之。乙丑,天子觴西王母於瑤池之上。西王母爲天子謠,曰:'白雲在天,山陵自出道里,悠遠山川間之。將子無死,尚復能來?'天子會之,曰:'予緣東土,和理諸夏。萬民均平,吾顧見汝。比及三年,將復而野。'西王母又爲天子吟曰:'徂彼西土,爰居其所。虎豹爲群,鳥鵲與處。嘉命不遷,我惟帝女,彼何世民,又將去予。吹笙鼓簧,中心翔翔。世民之子,惟天之望。'天子遂驅外於奄山,乃紀迹於弇山之石,而樹之槐。眉曰:西王母之山。"據此可知,今本《穆天子傳》之文本,於傳寫印刻之際,多有誤脫。

自群玉之山以西,至於西王母之邦,三千里。□自西王母之邦,北至於曠原之
野,飛鳥之所解其羽,千有九百里。

《穆天子傳》全篇之中關於西王母之記事,唯此而已。至於《史記·秦本紀》所載"西巡
狩樂而忘歸"之傳說,《史記·周本紀》及《國語·周語》所載"穆王將征犬戎,祭公謀
父諫曰:'不可。'……王不聽,遂征之,得四白狼、四白鹿以歸"之故事,皆未載也。

然則,《列子·周穆王篇》中之故事,情節展開更爲宏大。以"周穆王時,西極之國
有化人來,入水火,貫金石;反山川,移城邑;乘虛不墜,觸實不礙。千變萬化,不可窮
極。既已變物之形,又且易人之慮。穆王敬之若神,事之若君"之記事爲故事開端,後
遊遍天地,遂至西王母,以"能窮當身之樂,猶百年乃徂,世以爲登假焉"爲故事結局。
其情節構想較《穆天子傳》遥爲雄大複雜,發展之迹象尤爲顯著。

此外,關於《穆天子傳》之地理構想,或謂"遂宿於昆侖之阿,赤水之陽",或謂"吉
日辛酉,天子升於昆侖之丘,以觀黃帝之宫",且認可縣圃之存在。故其地理構思較
《禹貢》更爲宏大。然其置西王母之邦於更西方處,曰:

自河首襄山以西,南至舂山珠澤崑崙之丘,七百里。自舂山以西至赤烏氏舂
山,三百里。東北還至群玉之山,截舂山以北。自群玉之山以西至西王母之邦,三
千里。

即認爲西王母之邦位於昆侖之丘以西三千餘里處,與《山海經》之記載相異。《山海
經》之地理觀念,蓋基於騶衍之世界觀。關於昆崙及西王母,《西山經》(第二)記載,自
華山至騩山,凡十九山,二千九百五十七里,是爲第一次;自鈴山至萊山,凡十七山,四
千一百四十里,是爲第二次;自崇吾之山至翼望之山,凡二十三山,六千七百四十里,是
爲第三次;自陰山至崦嵫之山,凡十九山,三千六百八十里,是爲第四次。第三次之中,
自崇吾之山經長沙之山、不周之山等,凡西行二千三百十里,至槐江之山,再往西南四
百里,至昆崙之丘。其文曰:

西南四百里,曰昆侖之丘,是實惟帝之下都,神陸吾司之。其神狀虎身而九
尾,人面而虎爪。是神也,司天之九部及帝之囿時。

其後西行三百七十里,至樂遊之山,更往西水行四百里,曰流沙,再行二百里,至嬴母之
山,復西行三百五十里,至玉山。玉山即爲西王母之所居也。所謂西王母者,"其狀如
人,豹尾虎齒而善嘯,蓬髮戴勝,是司天之厲及五殘"。且自玉山至第三次最終之翼望

331

之山,尚隔西方二千九百十里,故昆侖丘與玉山大抵位於第三次山系之中央地區也。與《穆天子傳》中“自群玉之山以西至西玉母之邦,三千里”之記事相異,亦與《列子·周穆王篇》所謂西王母之國近極西地,“乃觀日之所入”之記錄不合。然“已飲而行,遂宿於昆侖之阿,赤水之陽”、“別日升昆侖之丘,以觀黃帝之宮”、“而封之以詒後世”,以及“遂賓於西王母,觴於瑤池之上,西王母爲王謡”等記事,亦散見於《穆天子傳》卷二、卷三之中,故王謨認爲,戰國時人依照《列子·周穆王篇》僞作《穆天子傳》,但事實恐與其相反也。劉向《列子目録·原序》曰:

> 所校中書《列子》五篇,臣向謹與長社尉臣參校讎太常書三篇,太史書四篇,臣向書六篇,臣參書二篇,内外書凡二十篇。以校除復重十二篇,定著八篇……

又曰:

> 章亂布在諸篇中,或字誤,以盡爲進,以賢爲形……

或曰:

> 孝景皇帝時,貴黃老術,此書頗行於世。及後遺落,散在民間,未有傳者。

由此可知,漢末既已有名爲《列子》之書,劉向校讎此書,遂定本《列子》八篇,故《漢書·藝文志》載其書名。[①]

然據東晉張湛《列子序》所載,其書遭永嘉之亂而散佚,曰:

> 先君所録書中有《列子》八篇,及至江南,僅有存者。《列子》唯餘《楊朱》、《説符》、《目録》三卷。比亂,正輿爲揚州刺史,先來過江,復在其家得四卷。尋從輔嗣女婿趙季子家得六卷。參校有無,始得全備。

故今張湛注《列子》八篇,當視爲後世之書,其内容既已發生巨大變化。張湛所謂“往往與佛經相參”者,亦理所當然。故今日之《列子》或依據《穆天子傳》等書而撰。至於《師春》,《晉書·束晳傳》明記“《師春》一篇,書《左傳》諸卜筮”,杜預《左傳後序》亦云:“別有一卷,純集疏《左氏傳》卜筮事,上下次第及其文義皆與《左傳》同,名曰‘師春’。”然姚首源却謂:

---

① 太田玄九等學者以爲,劉向《列子目録原序》乃於景帝時所作,而太史公未於《史記》中作傳,實難令人信服。故後世學人大抵以此序爲僞作。然而,無論如何,劉向、劉歆父子所撰《漢書·藝文志》中,既已有“《列子》八篇”之名。因此,筆者以爲,漢末已有《列子》之書,且劉向序亦存在。

又有《師春》一卷,杜預稱"純集《左傳》卜筮事",黃長睿曰:"《師春》記諸國世次,及十二公歲星所在,並律吕、卦變、謚法等,非專載《左傳》卜筮事……"

可見晉代《師春》與宋代《師春》書名雖同,卻内容迥異。[1] 今《穆天子傳》之注者郭璞,卒於東晉明帝太寧二年(324),享年四十九。之後《穆天子傳》之内容與今日傳本無顯著差異。蓋《山海經》、《竹書紀年》等書可展現戰國末期至漢初思想之一端。而《師春》原本集録《左傳》中各種卜筮之事,於漢末《左傳》文本撰定之前,戰國末期既已出現此類卜筮書之彙編,《師春》即爲此類書籍之代表。[2]

汲冢竹書凡以漆書科斗文字記之。而所謂"科斗文"之書體,漢代完全不爲人知。《漢書·藝文志》有"八體六技"之條目,韋昭注曰:

八體:一曰大篆,二曰小篆,三曰刻符,四曰蟲書,五曰摹印,六曰署書,七曰殳書,八曰隸書。

其本文曰:

六體者,古文、奇字、篆書、隸書、繆篆、蟲書。

顏師古注曰:

古文謂孔子壁中書。奇字即古文而異者也。篆書謂小篆,蓋秦始皇使程邈所作也。隸書亦程邈所獻,主於徒隸,從簡易也。繆篆謂其文屈曲纏繞,所以摹印章也。蟲書謂爲蟲鳥之形,所以書幡信也。

然始終不見科斗之名。或疑所謂蟲書,實爲科斗文字之意,卻不用科斗文之名,且秦漢時代尚不爲人知。晉代發現汲冢竹書後,方才確認此書體之存在,乃至引發汲冢竹書爲晉代僞書之疑,亦屬自然。

先秦時代,毛筆墨書尚未通行,主以利刀刻書爲常。雖然如此,未有確證證明漆書全然不存。漆書之特性,自然易成蝌蚪字形。是故,科斗文之名稱雖見於晉代,然作爲蟲書之一,先秦時代既已存在。此推測或符合事實,未必牽强荒謬。倘若果真如此,則汲冢竹書之原本,極有可能存於戰國末年。及至秦始皇頒《挾書律》,方隱匿書籍。

---

[1] 據《宋史·黃長睿傳》記載,黃長睿,宋哲宗元符三年(1100)進士,徽宗政和八年(1118)卒。
[2] 或汲冢竹書出土後,加以考證之際,據《左傳》操作之。

六

戰國時代,孟子王道思想興起,漸次發展成爲天下大一統之思想。尤其於戰國末期,此傾向愈加顯著。其思想特別爲騶衍所强調。當時騶衍勢威,順應時代風潮,極爲隆盛,可謂一世傾倒之狀。另外,當時來自於西方之刺激,亦不可忽視。亞歷山大(Alexander)東征西南亞,斯基泰(Scythian)進出西北亞,共同對戰國時代文化發展有所貢獻。秦始皇統一天下大業既成,四方巡遊,以示威容,可視爲此風潮之現實表現。殊對東方海上之憧憬,亦因騶衍之學説及神仙説之影響所致。是以,《竹書紀年》、《穆天子傳》中,穆王周遊天下,尤爲憧憬西方,遂越崑崙,遠遊西王母處。此乃始皇帝時代思想之先驅,表現戰國末期之思潮也。然《山海經》地理思想尚未達到印度須彌山(Sumeru)思想之境界,仍以中原爲世界中心,囿於所謂中國思想之藩籬,以崑崙丘爲《西山經》第三次山系之中央。《海外南經》曰"崑崙墟在其(岐舌國)東",《海外北經》曰"衆帝之臺在崑崙山之北",《海内西經》曰"海内崑崙之墟在西北,帝之下都。崑崙之虚,方八百里,高萬仞",謂赤水出於崑崙東南隅,河水出於其東北隅,洋水、墨水出於其東南隅,弱水、青水出於其西南隅。又曰"崑崙南淵深三百仞,開明獸身,大類虎,而九首,皆人面東嚮,立崑崙上",又《海内北經》曰"西王母梯几而戴勝杖。其南有三青鳥,爲西王母取食。在崑崙虚北",又曰"帝堯臺、帝嚳臺、帝丹朱臺、帝舜臺,各兩臺,臺四方,在崑崙東北",又曰"在窮奇東。一曰狀如人,崑崙虚所有";《大荒西經》曰:"西海之南,流沙之濱,赤水之後,黑水之前,有大山,名曰崑崙之丘。有神,人面虎身,有文有尾,皆白,處之……有人戴勝,虎齒,有豹尾,穴處,名曰西王母。"可見,對崑崙之重視尤爲顯著。然其構想並非如同《淮南子·墜形訓》以"崑崙之丘"爲"太帝之居"之説,尚未到達"天地之中"之思想高度。殊西王母之形象,"其狀如人,豹尾虎齒而善嘯,蓬髮戴勝",與《穆天子傳》及古本《竹書紀年》之穆王西遊中所見西王母之特徵迥異。或穆王西遊之故事早於此書成立,然二者大體構想相同,殆皆爲戰國末期大一統思想之表現,恐其問世時間不相前後。

然因秦始皇之文化高壓政策,是等先秦諸子古書一時隱匿散佚,遂失其蹤。直至漢初,尤其在惠帝時(前191年),廢《挾書律》,廣搜先秦古書,天下文運復興,戰國末期思想得以再現。蓋中國歷代學者傳言始皇帝之壓迫致使諸子百家古書盡失,先秦諸學殆忘者,恐不屬實。自公元前221年秦一統天下,至公元前207年秦二世而亡,僅十四年耳,先秦諸學不傳之説,實難信也。時值秦一統六國三十歲之人,秦亡時方四十四歲。可見,傳先秦諸子百家之説者,秦末漢初猶存者理應爲數不少。焚書發生於始皇三十四年(前 213)，翌三十五年(前 212)坑殺咸陽諸生四百六十餘人。此事距秦亡僅五六年而已，至漢惠帝四年廢《挾書律》之時，亦僅十年。故不難想象，漢初戰國諸生猶存，再現戰國末期諸子百家思想之狀況。

先秦古書於兩漢或魏晉之時雖重現於世，然其內容必受時代影響，多有所改，甚至全新僞作者，亦非罕見。故拙稿所論汲冢竹書，雖謂戰國末期之作，然未必能夠完全傳承其原始文本內容。更何況竹書出土之際，其書體亦爲當世學人所忘，故謂之蝌蚪文，且斷簡殘缺甚多，"雜碎怪妄，不可訓知"，撰次考正費時十年有餘，其內容受晉代思想之影響，亦屬自然。若《竹書紀年》文本內容終於魏襄王或安釐王二十年，則其原本無疑編撰於戰國末期。然言其隸寫定本，即所謂古本《竹書紀年》完整傳承原始文本內容者，殊難信也。混入當時之思想，乃必然也。然何處爲後世混入，亦實難明確。殊其出土原本已失，今文寫定之古本亦亡，僅餘斷片存世，故考證更增困難。

就《竹書紀年》之文本內容，《晉書·束晳傳》曰："記夏以來，至安釐王之二十年。"杜預《左傳後序》曰："起自夏、殷、周，下至魏哀公之二十年。"《隋書·經籍志》亦承襲此說，曰："起夏、殷、周三代王事，下至魏哀王，謂之今王。"而《史記·魏世家》之裴駰《集解》注曰："荀勗曰：'和嶠云：《紀年》起於黃帝，終於魏之今王。今王者，魏惠成王子。'"又晉代郭璞《山海經注》所引《竹書紀年》，既已有五帝記事。另據朱右曾、王國維輯校之《古本竹書紀年》可知，《竹書紀年》原始文本出土之後，其文本內容漸生衍變。至於卷數方面，王隱撰《晉書·束晳傳》曰："《紀年》二十卷。"唐修《晉書·束晳傳》曰："《紀年》十三篇。"①《隋書·經籍志》曰："《紀年》十二卷。"其注曰："《汲冢書》並《竹書同異》一卷。"《舊唐書·經籍志》曰："《紀年》十四卷。"《新唐書·藝文志》亦同。《宋史·藝文志·編年類》曰："《竹書》三卷，荀勗、和嶠編。"清代《四庫全書總目提要》亦謂其異本頗多。或如林春溥《竹書紀年補證》、《竹書後案》所論，亦有可能混入附注。故吾輩學人欲於《竹書紀年》中尋求歷史真相，實爲難事。若以之爲史料，須特別細心，勿忘慎重。

要之，《竹書紀年》、《穆天子傳》等汲冢出土書簡，恐撰於戰國末期，表現當時大一統之時代思潮。後遭秦始皇文化壓迫，不得已隱於古冢。乃至晉太康元年，汲郡人不準盜發古冢而問世。然出土文本大抵燼簡斷札，文字殘缺，又以蝌蚪文書寫，故謂之"雜碎怪妄，不可訓知"。嗣後荀勗、和嶠、束晳、衛恆、王接等學者，歷十數年，方得撰

---

① 唐修《晉書·束晳傳》所記《紀年》十三篇，與汲冢出土竹書總數七十五篇不合，當作"十二篇"。就此，原富男既已於《今、古本〈竹書紀年〉考》(第 18—26 頁)中加以詳論。筆者則以爲，此不過爲傳寫中之訛誤而已。畢竟王隱《晉書·束晳傳》不僅記"十二卷"，且總數記爲"七十五篇"或"七十五卷"。

次考正之,遂成隸寫定本。故此等諸書文本内容,當時既已多生衍變,後世異本更多。今欲以之爲史料,須倍加謹慎。

七

《竹書紀年》諸多記事中,亦有關於干支之記録。譬如,朱右曾、王國維輯校之古本《竹書紀年》中,有《隋書·經籍志》所引"帝堯元年丙子"之記事及《唐書·曆志》所引"周武王十一年庚寅,周始伐商"之記事。今本《竹書紀年》則記有"帝堯元年丙子"、"帝舜元年己未"、"帝禹元年壬子"、"帝啓元年癸亥"、"帝太康元年癸未"、"帝仲康元年己丑",各帝之元年皆附干支。殷商之記事亦如是,如"成湯十八年癸亥,王即位居亳",繼之"外丙元年乙亥,王即位居亳",以下各王之元年皆附干支。唯就帝辛(紂王)之事,則曰:"元年乙亥,王即位居殷",或曰:"五十二年庚寅,周始伐殷"。至於周代之記事,自武王"十二年辛卯,王率西夷諸侯破殷",至"成王元年丁酉春正月,王即位",以下各王之元年皆附干支。

原富男《今、古本〈竹書紀年〉考》曰:

> 今本《竹書紀年》中仍有可信之處。具體而言,周宣王以前,凡唐虞三代之年數,堯元年丙子、舜元年己未、仲康五年癸巳、武王十一年庚寅、康王十二年乙酉、幽王六年乙丑,以及禹至桀、湯滅夏至受、武王滅殷至幽等文,皆與《竹書紀年》舊文與古書所引《紀年》章句完全一致。故此,自堯至幽、屬之記事,仍可視爲《竹書紀年》關於上古三代之原始記録,絶非後人之僞作。[1]

關於此説之依據,原氏並未明言。而王國維《今本竹書紀年疏證》中却未載"仲康五年癸、武王十一年庚寅、康王十二年乙酉、幽王六年乙丑"等字句。然則,若仲康元年爲"己丑",則其五年應爲"癸巳";若武王十二年爲"辛卯",則其十一年應爲"庚寅";若康王元年爲"甲戌",則其十二年應爲"乙酉";若幽王元年爲"庚申",則其六年應爲"乙丑"。故此等記事之依據雖然未明,然其干支紀年法,無疑與王氏《疏證》之紀年系統大抵相同。無可置疑,此干支紀年法係後世基於現行紀年逆算附加,計算其所載年數而成。然筆者嘗考定現行干支紀年法,乃漢武帝太初元年(前104)之後才開始使用。[2] 在之此前,現行干支紀年法之"丁丑"太初元年,當爲"丙子"。加之,干支紀

---

① 原富男:《今、古本〈竹書紀年〉考》,第39頁。
② 詳見拙稿《支那古代曆法史研究》第四節三:《干支紀年法之問題》。

年法始於秦始皇元年,此前並無。故此等記事斷非太初前之作。單就此點而言,今本《竹書紀年》文本內容,包括宣王以前之部分,皆有後世僞作之成分,亦殆無可疑。唯《古本竹書紀年輯校》所載《新唐書·曆志·日度議》所引"周武王十一年庚寅,始伐商"之記事,乃據僧一行《大衍曆》,其原文曰:

> 《國語》曰:"武王伐商,歲在鶉火,月在天駟,日在析木之津,辰在斗柄,星在天黿。"舊說歲在己卯,推其朏魄,乃文王崩,武王成君之歲也。其明年,武王即位,新曆孟春定朔丙辰,於商爲二月,故《周書》曰:"維王元祀二月丙辰朔,武王訪於周公。"《竹書》:"十一年庚寅,周始伐商。"而《管子》及《家語》以爲十二年,蓋通成君之歲也。

新城氏以爲,文中"《竹書》:'十一年庚寅……'"爲僧一行之言,且其斷言劉歆誤判武王伐紂之年爲"己卯"(前1122),應在"庚寅"(前1111)之年。然此處之"庚寅"並非源於《竹書紀年》原本,乃僧一行據《三統曆》之"己卯",向後推算十一年所得之干支,《竹書紀年》原文僅有"十一年,周初伐商"而已。① 筆者以爲,新城氏之見解恐正中鵠的。若僧一行所見《竹書紀年》原文有"庚寅"干支,此紀年則必然依據現行干支紀年法,必爲太初後之後學附加,絕非《竹書紀年》原本所記也。況乎《隋書·律曆志》所引"帝堯元年丙子"之言,初見《竹書紀年》者皆謂之自夏、殷、周三代始,故其中之干支紀年,皆後人詭託無疑也。

此外,尚有吾輩學人尤當注意者,即原氏所斷言:"古本始終一貫用夏正,今本則於平王以後改用周正。"②然原氏所依據之朱右曾、王國維《古本竹書紀年輯校》乃記夏、殷、周三代之事,並無可推測曆法之記事。而至"晉莊伯八年"之條,記"十月,莊伯以曲沃叛",然晉莊公八年相當於魯隱公元年之前一年,故不足以爲堪當推測曆法之史料。又,"獻公二十五年正月"之條,記"狄人伐晉",與《春秋經·僖公八年》所載"夏狄伐晉"之事相合。《春秋》以冬至月爲正月,即所謂周正。若《竹書紀年》之此條記事以孟春月爲正月,即用所謂夏曆,則《竹書紀年》之正月與《春秋》之二月相當。然季春之節氣,尚未及夏,故而此說不能成立。又"晉昭公六年"之條記"十二月,桃杏華",然與其年相當之《春秋經·昭公十六年》並無此記事,故無可比較其曆法之處。唯該條又記"秋八月己亥,晉侯夷卒",若以夏曆計,當爲六月,則夏曆之晉昭公六年十二月,相當於周曆魯昭公十七年二月。然《春秋經·昭公十七年》所記"十一月,於粵

---

① 新城新藏:《周初之年代》,《東洋天文學史研究》,第147—152頁。
② 前揭原富男論著,第40頁。

子句踐卒”，實則晉出公十年，即魯悼公三年（前 465）之事，已超出《春秋》記載範圍，故無可比較之記事。由是可見，古本《竹書紀年》是否終始一貫採用夏曆者，殆無可證。原氏之説，筆者實難信服。然則《紀年·平王五十一年》之條，記有“春二月乙巳，日有食之”，平王五十一年相當於魯隱公三年，而《春秋經·隱公三年》之條亦明記“春王二月乙巳，日有食之”，是可證今本《竹書紀年》之曆法，自平王以後之部分，乃據周曆也。

是以古本《紀年》所據曆法，固不得而知。然古本《紀年》文本内容，大抵如今本所見，絶非魯地儒家參照《春秋》等書所撰。古本《紀年》所載，或與儒家傳統背馳，或否定之。故而，殆無可能成立於以儒教爲正統之漢代。竊以爲，或成立於戰國時代思想尚未統一之際，抑或成立於魏晉時代蔑視儒教教條之時也。換言之，所謂古本《紀年》文本之成立，或於晉時代汲冢出土之時，或爲戰國末期。然就其文辭内容而言，若視爲晉代之作，明顯與晉代風格不符，而與戰國末期之《楚辭》、《莊子》、《吕覽》等書，有一脈相通之處。故筆者以爲，古本《竹書紀年》亦爲傳承戰國末期思想之作，於晉代出土以後，隨時代變遷，文本内容漸次衍變，多生異本。

然則，即便古本《紀年》爲戰國末期之作，亦不可如小川氏與梁啓超所論，對《紀年》文本不加批判與檢討，僅因其文辭怪異，便信之爲古老傳説，或因其成書年代早於《史記》，而以爲其更具可信度。[①] 另外，新城氏亦頗爲重視古本《竹書紀年》，以之爲考定周初年代不可或缺之重要史料。筆者則以爲，新城氏須進一步檢討《竹書紀年》之史料性質。

（原載 1949 年 1 月《東洋學報》第 32 卷第 2 號，第 65—102 頁。）

作者簡介：

橋本增吉（1880—1956），日本長崎縣人。東洋史學者。專攻中國古代曆法史，日本古代史。東京帝國大學文科大學支那史學科 1908 年畢業，1941 年獲該校文學博士。曾任教於慶應義塾大學。代表作有《東洋史視野下的日本上古史研究》、《支那古代曆法史研究》。

譯者簡介：

見前《汲冢書出土始末考》篇末介紹。

---

① 詳見梁啓超《中國歷史研究法》。

《竹書紀年》所見殷王名疏證

楊樹達

　　此所稱《竹書紀年》，兼古本今本兩本言之。今本出於後人之綴輯，非是真書，然其所記殷王之名，或見於傳記，或見於卜辭，知其當有所本，非鄉壁虛造者可比矣。又諸王名有證者記之，無證者則闕。

　　湯名履。

　　今本《紀年》云：成湯名履。按《論語・堯曰篇》云：“予小子履敢用玄牡敢昭告于皇皇后帝。”《集解》孔安國云：“履，殷湯名。”又按《太平御覽》八十三引古本《竹書紀年》云：“湯有七名而九征。”今湯名可知者，湯（卜辭作唐）、太乙、履，三名而已。

　　大甲名至。

　　今本《紀年》云：大甲名至。按《殷虛文字甲編》壹伍陸零版云：“册至，又（有）雨？”又壹肆捌叁版云：“貞△册至，右（有）大雨？”《殷契萃編》貳陸伍片云：“册至，王受又？（祐）弜（弗）册？”又柒捌肆片云：“甲申卜，今日亥不雨，重册至？”按以上諸辭之至，皆謂大甲也。册馭皆讀爲晉。《説文》云：“晉，告也。從曰，從册，册亦聲。”甲文字或作晉，從口與從曰同。《鐵雲藏龜》壹柒陸葉貳版云：“乎雀晉兄丁。”文例同。按今本《紀年》出自後人之綴輯，人多疑之，然其書記且丁名新，而卜辭有“且丁召斅宗”之文，斅即新也。又記陽甲名和，三年西征丹山戎，與《山海經・大荒北經》郭璞注引《竹書》云“和甲西征得一丹山”之文相合。知其書雖出自後人，要爲有本，非杜撰無稽者可比矣。

　　沃丁名絢。

　　《太平御覽》八十三引古本《紀年》：“沃丁絢即位，居亳。”今本《紀年》云：“沃丁名絢。”按甲文未見絢字，《殷虛書契後編》下卷廿壹葉壹版云：“△△卜㞢貞，徇△伐△。”按徇與絢聲類同，徇疑即沃丁之名。徇下缺字當是祭名，伐下缺字當是幾人字，此以卜辭文例推知之。

　　小甲名高。

　　《太平御覽》八十三引古本《紀年》云：“小甲高即位，居亳。”今本《紀年》云：“小甲名高。"按《殷虛文字甲編》伍伍壹片云:"△申,其索于高,寮牛?"又柒捌伍片云:"乙卯,卜,貞,索禾于高,寮九牛?"《殷契粹編》陸伍柒片云:"其炆高,又(有)雨?"《殷契卜辭》叁捌叁片云:"貞告△△于高。"《簠室殷契徵文典禮》百拾叁云:"貞御婦好于高。"以上諸辭之高,皆小甲也。

雍己名伷。

《太平御覽》八十三引古本《紀年》云:"雍己仙即位,居亳。"今本《紀年》云:"雍己名伷。"按《龜甲獸骨文字》貳卷貳拾伍葉拾貳版云:"辛丑卜,貞从伷?从。"辭義不明,伷不知是否指雍己,尚待證明。惟卜辭屢見又宗之文。《甲編》壹叁壹捌片云:"貞即又宗。"又壹貳伍玖片云:"貞王其酒△于又宗,又(有)大雨?"《殷契粹編》拾陸片云:"貞即于又宗,又(有)雨?"又陸捌伍片云:"其即于又宗,又有大雨?"説者皆釋又宗爲右宗,果如其説,卜辭何以絕未見左宗之文,知説者之説非也。考《甲編》柒柒玖片云:"于羔宗酒,又有雨?"羔宗者,帝嚳之廟也。《後編》上卷拾捌葉伍片云:"癸卯,卜,宁貞,并方于唐宗,彘。"唐宗者,成湯之廟也。他如丁宗中丁宗且辛宗且丁宗之文亦屢見於卜辭,然則又宗之又必殷王之名,疑即雍己名之伷,又宗即雍己之廟也。古音又在咍部,伷在幽部,然二部音相混,自古已然,今二字音同,其遺迹也。

大戊名密。

今本《紀年》云:"大戊名密。"按《書契前篇》壹卷肆拾玖葉叁版云:"貞出于蔑。"肆版云:"貞出△于蔑。"又肆拾肆葉柒版云:"貞勿酓蔑?"按甲文未見密字,而蔑字屢見,確爲殷人所事之神名,而不知其人爲誰。然蔑與密音近,甲文之蔑殆即《紀年》所記大戊名之密矣。

外壬名發。

今本《紀年》云:"外壬名發。"按《書契前篇》肆卷肆拾貳葉陸版云:"灭罘炎,惠小宰,又有大雨?"《粹編》壹伍叁玖片云:"弜(弗)敕?其叙炎?"按甲文未見發字,而炎字屢見,不得其主名,發與炎同从炏聲,音相近,疑甲文之炎即《紀年》外壬名之發矣。

河亶甲名整。

《太平御覽》八十三引古本《紀年》云:"河亶甲整即位,自囂遷于相。"今本《紀年》云:"河亶甲名整。"按《呂氏春秋·音初篇》云:"殷整甲徙宅西河,猶思故處,寔始作爲西音。"按整甲即河亶甲,徙宅西河,即《紀年》所記自囂遷相之事。甲文未見整字,《書契後編》上卷肆葉拾陸版云:"已卯,卜,睍貞,帝甲雙△其罘祖丁。"王靜安以祖丁之前一帝名甲者爲沃甲,因釋此帝甲爲沃甲。余疑雙字與整形近,殆前人因雙字形不可識,以形近誤釋爲整,猶釋《尚書》者誤以文王爲寧王。然則此辭之帝甲乃河亶甲,非沃甲也。

祖乙名滕。

《太平御覽》八十三引古本《紀年》云："祖乙滕即位,是爲中宗,居庇。"今本《紀年》云："祖乙名滕。"按甲文未見滕字,惟《書契續編》壹卷拾陸葉陸版云："甲寅,且乙召,▨关宗。"按召爲祒之省字,且乙召謂行祒日之祭于祖乙也。《説文》滕從朕聲,甲文有朕字,左從舟,右從▨,右所從與关宗之关正周,然則甲文之关即紀年之滕,关宗謂且乙之廟,與羔宗唐宗文例同,且乙召关宗謂於祖乙之廟行祒日祖乙之祭也。《鐵雲藏龜》壹柒肆葉貳版云："貞且乙朕弗衛",字又作朕,朕亦即《紀年》之滕矣。(《藏龜》此辭,又見《續編》陸卷廿伍葉貳版。)

祖辛名旦。

今本《紀年》云："祖辛名旦。"按《書契前編》伍卷捌葉肆版云："癸卯,卜,貞,彈邕百牛百用。"又陸卷陸壹葉肆版云："△王賓示彈。△隹王△。八月。"按甲文未見旦字,然有彈,又稱示彈,確爲殷人所稱之神名,而彈與旦音同,疑甲文之彈即《竹書》之旦矣。

祖丁名新。

今本《紀年》云："祖丁名新。"按《殷契佚存》貳壹柒片云："之寴宗,王受又?"同片又云："祖丁召,在弜,王受又?"又壹叁叁片云："祖丁召寴宗。"《甲編》壹零肆零片云："寀宗又?"按辭稱寴宗,又稱寀宗,與羔宗唐宗及前舉之又宗文例同,寴與寀自當是殷先王之名。寴字從新,新字從新,亲新寴音並同,然則甲文之寴寀即《紀年》之新,寴宗寀宗殆皆謂祖丁之廟也。又"祖丁召寴宗"與"祖乙召关宗"文例同,彼关爲祖乙之名,知此寴亦當爲祖丁之名,寀新爲一事又無疑矣。《佚存》貳壹柒片既云"寴宗",又云"祖丁召"此與"且丁召新宗"一辭相符契,亦可證也。

南庚名更。

《太平御覽》八十三引古本《紀年》云："南庚更自庇遷于奄。"一今本《紀年》云："南庚名更。"按卜辭未見更字,然有羿字,其人爲殷人之所尊祀。《鐵雲藏龜》拾玖葉貳版云："辛△,羿其降昌敗?"考更字《説文》作叓,從攴丙聲,而金文師《虎師師嫠》二段及《趞尊舀鼎》四器更字皆從羿作叓,字蓋從羿聲。甲文之羿疑是叓之省形,羿即謂南庚也。

陽甲名和。

今本《紀年》云："陽甲名和。"按《山海經・大荒北經》郭《注》引古本《紀年》云："和甲西征,得丹山。"按和甲之稱,與《吕氏春秋》稱河亶甲爲整甲者辭例同,非後人所能杜撰,此可證今本《紀年》陽甲名和之説爲可信。王靜安略無證據,謂郭《注》和甲爲祖甲之誤,疑撰今本《紀年》者據誤字造爲陽名名和之説,徑以西征得丹山之事屬之祖

341

甲,武斷甚矣。

盤庚名旬。

《太平御覽》八十三引古本《紀年》云:“盤庚旬自奄遷于北蒙,曰殷。”今本《紀年》云:“盤庚名旬。”按卜辭有多介父,或稱多介,或稱多父,吳其昌考定爲陽甲至小辛閒之人,而不能質言其爲何人。余按《鐵雲藏龜》壹伍壹葉貳版云:“戊子,卜,庚于多父旬。”依古人名字兼稱先字後名之例,知多父爲字而旬爲名。《紀年》記盤庚名旬,知多介父即盤庚。辭云“卜庚于多父旬”,亦以其爲盤庚,故於戊子日卜翌日庚祭之也。吳氏所謂陽甲至小辛閒之人者正陽甲小辛閒之殷王也,而盤庚名旬亦於此得其證矣。

小辛名頌。

《太平御覽》八十三引古本《紀年》云:“小辛頌即位,居殷。”今本《紀年》云:“小辛名頌。”按《書契前編》柒卷(廿捌葉壹版)云:“△大貞,乍[illegible]小[illegible],亡栜?”《龜甲獸骨文字》卷壹廿陸葉柒版云:“丁酉卜,△貞,小[illegible]△,隹丁△。八月。”《簠室殷契徵文人名》叁版云:“△午卜,大貞,翌癸未,㞢于小[illegible],三宰,葡一牛。”(又見《續編》貳卷拾捌之壹。)又肆版云:“丙申△,出貞,翌小[illegible],日叀癸,八月。”按小[illegible]即小辛也。[illegible]字从[illegible],又所从之辛字下皆作曲出之形。《殷契叕存》貳拾肆版云:“△丑,侑于五后,至于龔[illegible]。”[illegible]字同,余謂龔[illegible]即小辛也。知者,小辛名頌,頌从公聲,古讀與公同。《史記·吕后紀》云:“未敢訟言誅之”,《集解》引徐廣云:“訟一作公”,是其證也。龔與公音同,小辛名頌稱龔[illegible],猶河亶甲名整稱整甲,陽甲名和稱和甲矣。

祖甲名載。

《太平御覽》八十三引古本《紀年》云:“帝祖甲載居殷。”今本《紀年》云:“祖甲名載。”按卜辭有[illegible]字,舊釋爲春,然今[illegible]之貞下記月份有四月五月十一月十二月者,於事理不合。余據此字或作[illegible]若[illegible],而[illegible]字或作[illegible],知[illegible]與[illegible]當同音,因釋爲載字,今載即今年,則四月五月十一月十二月之貞文皆可通也。胡厚宣釋[illegible]篇引一辭云:“△酉,卜,賓貞,子[illegible]不死。”[illegible]爲[illegible]之繁文,賓爲武丁時貞人,辭稱子載,謂武丁之子,正是祖甲也。

馮辛名先。(《史記》作廩辛。)

《太平御覽》八十三引古本《紀年》云:“馮辛先居殷。”今本《紀年》云:“馮辛名先。”按卜辭云:“貞其于西宗[illegible]示?王卟曰:弘吉。”《前編》叁之廿柒之陸與肆之拾捌之壹合。釋者或釋西爲東西之西,余以羔宗唐宗關宗䉼宗文例推乏,知彼説非是。古音西與先同,西宗即先宗,謂廩辛之廟也。《文選·四子講德論》云:“毛嬙西施”,西或作先。李《注》云:“先施西施一也。”《匡謬正俗》卷八云:“西有先音”,並其證也。又按《殷契粹編》伍叁陸片云:“[illegible]示先,芍六。”字作先,稱示先,確是廩辛也。

帝辛名受。

今本《紀年》云:"帝辛名受。"按《書·牧誓》云:"今商王受惟婦言是用。"受即紂也。

一九五〇年六月二十一日

(原載 1951 年 1 月 20 日《光明日報·學術》副刊,後載入《積微居甲文説》,上海古籍出版社,1986 年,第 52—59 頁。)

作者簡介:

楊樹達(1885—1956),字遇夫,號積微,晚年號耐林翁。湖南長沙人,著名語言文字學家。早年留學日本,曾在多所高校執教。1942 年獲中華民國教育部首批部聘教授,1948 年當選中央研究院首批院士。1953 年任湖南省文史館館長,調至湖南師範學院任教。陳寅恪評價楊樹達:"漢事顓家,公爲第一,可稱'漢聖'","當今文字訓詁之學,公爲第一人,此爲學術界之公論,非弟阿私之言","論今日學術,公信爲赤縣神州文學、音韻、訓詁學第一人也。"著有《積微居小學述林》、《中國文字學概要·文字形義學》、《詞詮》、《高等國文法》、《論語疏證》、《漢書窺管》、《鹽鐵論要釋》等。《楊樹達文集》(全 19 册)收集了他的主要著作。

書《古本竹書紀年輯校》後

楊樹達

今本《竹書紀年》云:"陽甲名和,三年,西征丹山戎。"按《山海經·大荒北經·郭注》引原本《竹書》云:"和甲西征,得一丹山",與今本《紀年》説頗相合。王静安云:"隸書和祖二字形相近,和甲疑祖甲之譌。今本據《郭注》譌字,乃有陽甲名和之説矣。"王君補校古本《紀年》,遂將《郭注》引《竹書》之文屬之祖甲。余按静安先生平生治學,態度謹嚴,故其所論證大都精審可信,獨此説似不免失之武斷。今本《紀年》固是後人纂輯,非是原書,然大都有所據依,非出臆撰。其所載殷王之名,成湯名履,帝辛名受,見於書傳,不待論矣。其外丙名勝,沃丁名絢,小庚名辨,小甲名高,雍己名伷,河亶甲名整,祖乙名滕,開甲名逾,南庚名更,盤庚名旬,小辛名頌,小乙名斂,祖庚名曜,祖甲名載,馮辛名先,皆與《太平御覽》卷八十三所引原本《紀年》相合,則他王之名非盡出於杜撰可知。知者,今本《紀年》載祖丁名新,古書中略無明證。然《卜辭》云:"且丁召(辥)蒥宗,"(《佚存》壹叁叁)蒥宗與且丁連文。又云:"且丁召,在弜,王受又?"又云:"之蒥宗,王受又?"(並《佚存》貳壹柒)此二辭雖似各爲一事,然契在一版之中,其爲同事異卜,顯白無疑。而辭一言且丁,一言蒥宗,蒥新字同,足證今本《紀年》祖丁名新之説爲可信。蓋祖丁之廟稱蒥宗,猶卜辭於成湯之廟稱唐宗也。一事如此,他事可知。況和甲之名,既明見於原本《竹書》,爲郭璞所稱引,而河亶甲名整,《吕氏春秋·音初篇》稱之曰整甲。和甲之稱,與整甲一律,尤非後人所能臆撰。王君既不詳考,遽疑和甲爲誤文,又略無憑證,定和爲祖字之誤,不亦疏乎! 夫僞書之當辨,固也。余則謂吾人評定故書,當如法官之決獄。法官定人死罪,易事也,難者於死中求其生。學人判斷僞書,亦易事也,難者於僞中求其真。惜静安先生墓有宿草,不得以此説面質之也。

一九四六年三月一日

(原文發表于《積微居小學述林》,中國科學院 1954 年 2 月。)

作者簡介:

見前文篇末介紹。

《竹書紀年》之今古本問題及其評價

趙榮琅

一　引言

　　《竹書紀年》一書,爲戰國時代魏國史書,記黃帝以下大事,編年相次,以至魏襄王二十年,初以漆書科斗字於竹簡之上。襄王薨,《紀年》及《穆天子傳》等他籍多種,並殉葬於汲地冢中。晉武帝太康二年,汲縣民名不準者盜冢,始發見之,因有"汲冢書"之稱。初,發冢者不以爲意,或燒策照取寶物,及官收之,多燼簡斷札,散亂殘缺,武帝以其書付秘書,校綴次第,尋考指歸,而以今文寫之。荀勗、和嶠、衛恆、束晳等,均嘗先後與其役,此外,獲見其書者,尚有王接、王庭堅、潘泊、摯虞、謝衡、續咸、杜預,皆一時名流。彼等之著述與夫史傳之記載中,於竹書之出土時日、地點,以及《紀年》之内容,間有異辭,而於《紀年》之爲先秦古籍,則未嘗置疑也。

　　《紀年》記先秦二千餘年間大事,其中頗多可與其他史籍相印證者,亦有與傳統舊説迥異者。其文固未必盡信,要亦治古史者之重要資料也。出土之後,學者頗多引據:或引之以注他書,如晉郭璞之注《山海經》、《穆天子傳》,元魏酈道元之注《水經》,劉宋裴駰之作《史記集解》,唐司馬貞之作《史記索隱》,張守節之作《史記正義》,六臣之注《文選》;或據之以爲參考,如劉宋范曄之作《後漢書》,唐僧一行之推《大衍曆》,宋司馬光之著《通鑒》。此外,類書亦多徵引:如唐之《藝文類聚》、《北堂書鈔》、《初學記》,宋之《太平御覽》等是。惜爲當時識見環境所囿,未得充分之重視與研究利用,而歷六朝迄唐宋,此一可貴之典籍遂爾湮佚。今所傳本則宋以後人據古殘本爲底,益以諸書所引古本,間摭他書之説,重爲編次而成者,非復古本之舊觀矣。

　　今本《紀年》,自清以來疑之者衆,甚者斥爲毫無價值之僞書。實則今本雖出後人纂輯,其用心未必在作僞欺世,蓋采酌佚文故事以整理古史年代者。自今視之,以其爲第一手史料誠斷乎不可,以其爲研究古史年代之一家言,則未始不宜也。

　　清季朱右曾氏廣輯諸書所引《紀年》之文,成《汲冢紀年存真》二卷;王國維氏繼之,更成《古本竹書紀年輯校》一卷。由是古本面目稍稍可識。然王本所輯止得三四百條,其編年次第亦未盡確當,去汲冢所出原書猶遠也。

昔賢考證《紀年》之作夥矣,惟於竹書出土之事及古本原貌之探討,仍有未安不盡之處。茲篇之作,即在慎采諸家之說,參以愚見,再加考訂,冀以略得其真相並重估其價值耳。

二 竹書出土年代之考訂

汲冢書出土之年,有晉武帝咸寧五年(西元二七九)、太康元年(二八〇)、太康二年(二八一)三說:

甲 咸寧五年說

咸寧……五年……冬十月,……汲郡人不準,掘魏襄王冢,得竹簡小篆古書十餘萬言,藏于秘府。(《晉書·武帝紀》)

按汲冢書,晉咸和五年,汲郡汲縣發魏襄王冢,得古書冊七十五卷。(《史記·周本紀·正義》)

晉咸寧五年,汲郡人不準盜發魏安釐王冢,得冊書千餘萬言(琅按"千"當爲"十"之譌),或寫《春秋經傳》、《易經》、《論語》、《夏書》、《周書》、《瑣語》、《大曆》、《梁丘藏》、《穆天子傳》,及魏史至安釐王二十年。其書隨世變易,已成數體。(《法書要錄》卷七,唐張懷瓘《書斷》上。)

《晉史》云:咸寧中,汲郡汲縣人盜魏安釐王冢,得竹書十餘萬言,寫《春秋經》、《易經》、《論語》、《夏書》、《周書》、《瑣語》、《文歷》(琅按"文"當是"大"之譌)、《梁丘藏》、《穆天子傳》、《魏史》至安釐王二十年。其書隨時盡有變更,以爲數體。(宋郭忠恕《漢簡略敘》)

按"咸和"爲東晉成帝年號(三二六—三三四),上去武帝太康(二八〇—二八九)達四五十年;《史記正義》之"咸和五年"當是"咸寧五年"之譌。張懷瓘、郭忠恕二說大體相同,殆共出一源。郭既稱"《晉史》云",而唐修《晉書》無此文,其根據當出自今已不傳之十八家《晉書》。郭云"咸寧中",當是"咸寧五年"之略。

乙 太康元年說

至晉太康元年,汲郡人發魏襄王冢,得古竹簡書,字皆科斗。(《隋書·經籍志二》)

又武帝太康元年,汲郡盜發六國時魏襄王冢,亦得玉律。(《晉書·律曆志》上)

太康元年,汲縣人盜發魏襄王冢,得策書十餘萬言。(《晉書·衛恆傳》引衛恆《四體書勢》)

太康元年三月,吳寇始平,予自江陵還襄陽,解甲休兵,乃申舒舊意,修成《春秋釋例》及《經傳集解》。始訖,會汲郡汲縣有發其界內舊冢者,大得古書,皆簡編科斗文字。(杜預《春秋左氏經傳集解後序》)

太康元年,汲郡民盜發魏安釐王冢,得竹書漆字科斗之文。(《春秋後序正義》引王隱《晉書·束晢傳》)

杜預《後序》措辭含糊。太康元年三月,平吳之役,預爲鎮南大將軍。寇平之後,至其解甲休兵埋首著作,當經若干時間;至於修成《春秋釋例》及《經傳集解》,又須經過相當時日,殆已至太康二年若三年。案序文中有"推校哀王二十年,……下去今太康三年,五百八十一歲"之語,知序蓋作於太康三年,而預之獲見竹書,亦在彼時。至於何時發冢,序文僅著一"會"字,並未確言,且依文意,乃在其著述告成之際;故《杜序》不當視爲主張太康元年之說者。

丙　太康二年說

初,太康二年,汲郡人不準盜發魏襄王墓,或言安釐王冢,得竹書數十車。(《晉書·束晢傳》)

太康二年,縣之西偏,有盜發冢,得竹策之書。(《金石萃編》卷二十五《齊太公呂望表》)

古文《穆天子傳》者,太康二年,汲縣民不準盜發古冢所得書也。(荀勖《穆天子傳序》)

太康二年,汲郡冢中得竹書。(《初學記》一二引傅暢《諸公贊》)

太康二年,得汲郡冢中古文竹書,勖自撰次注寫以爲中經。(《太平御覽》七四九引王隱《晉書》。《北堂書鈔》五七引略同)

由上舉史料觀之,汲冢竹書出於西晉武帝時,殆無可疑。所可疑者究在何年耳。宋王應麟於此早經置疑。《困學紀聞》卷二"《周書》七十一篇"條引《晉書·束晢傳》太康二年之文,注曰:"《紀》云'咸寧五年',《左傳後序》云'太康元年',當考。"清閻若璩箋《困學紀聞》此條曰:

案王氏云當考，余因遍考同一《束晳傳》。王隱撰者曰“太康元年”，房喬修者曰“太康二年”，互異已如此。當以當日目擊之言爲據。《晉武帝紀》本起居注，杜預爲《左傳後序》，皆其所目擊者也。冢蓋發于咸寧五年；冬十月，官輒聞知。明年，太康改元；三月，吳平，預始得知。又二年，始見其書；故序曰：“初藏在秘府，余晚獲見之。”此與情事頗得。

陳逢衡（《竹書紀年集證·集說》）及日人神田喜一郎（《汲冢書出土始末考》）、小川琢治（《穆天子傳考》）均同意此說，以爲汲冢書出于咸寧五年。

閻氏之說固“與情事頗得”，究乏堅實證據。彼云“當以當日目擊之言爲據”，然當日目擊者，除彼所舉《武帝紀》所本之起居注作者及杜預外，至少尚有序《穆天子傳》之荀勗，作《四體書勢》之衛恆，及修《太公呂望表》之盧無忌。荀勗、衛恆皆在秘書，親與汲冢古文考正撰次之役，而彼此所述仍不相同，蓋彼等雖睹簡策，猶未必盡悉其出土始末也。然則最可靠之記載舍《太公呂望表》莫屬矣。據表文，太康十年，汲縣令盧無忌重修太公廟，立表於廟前。汲縣爲竹書出土之地，立表距發冢之時不及十歲，地方人士記憶猶新，必能爲盧令娓娓縷陳。此種直接聞見之記録自較其他爲可信，況復有《束晳傳》、《穆傳序》爲其佐證乎？即驗諸杜預《後序》之說亦不相鑿枘。故宋董逌《廣川書跋》云：“《晉紀》言咸寧五年，盜發汲郡冢，與此碑異，知史誤也。”（《金石萃編》卷二十五引）汲冢書之出土當在晉武帝太康二年。

三 汲冢之墓主與竹書埋藏之年代

竹書出土於汲縣古冢，向無異說。所不能決者，冢爲何人之冢，亦即竹書埋藏於何時也。

晉之汲郡汲縣，即今河南省北部平漢路上之汲縣，戰國時爲魏地。《史記·秦本紀》，莊襄王三年，“蒙驁攻魏高都、汲，拔之。”《始皇本紀》，七年，“將軍驁死，以攻龍孤、慶都，還兵攻汲。”《六國年表》，魏景湣王三年，“秦拔我汲”，所言之汲，均指此地。據《清一統志》（卷一五八），冢在今縣西二十里。汲冢爲魏王之冢，歷來亦無異議。然而魏於惠王三十一年自安邑徙都大梁，王陵何以在汲？抑當時有古來傳說爲據，或由陵墓規模及出土器物推定者，則不可知。或疑汲冢實魏公族或史官之冢，固非不可能者，要亦無據資憑。故今唯姑仍舊說，承認其爲魏王之冢耳。

汲冢究屬魏之何王，歷來有二不同之說。一說以爲魏襄王：《穆天子傳序》、《晉書·武帝紀》《律曆志》、《四體書勢》、《隋書·經籍志》、《史記·周本紀·正義》等主之。一説以爲魏安釐王:王隱《晉書·束皙傳》、《書斷》、《漢簡略敘》等主之。《晉書·束皙傳》游疑於二説之間;而生於當日之杜預,於《春秋後序》中,止稱"舊冢",亦不敢遽加斷言。(以上原文均見前節所引)

由上舉諸家記載觀之,當時墓中出土之物,並無足以直接證明其墓主爲誰者,而所借以爲推測之根據者,即冢中所出之《竹書紀年》。

據杜預《後序》及《晉書·束皙傳》,《紀年》自殤叔以下特記晉事,晉國滅,獨記魏事,下至"今王"之二十年,蓋魏國之史記也。今案,一國之史,應有史官專任其責,逐年記錄,不容間斷;《紀年》既斷於今王二十年,倘非簡編殘闕,必是當年或翌年即被埋藏,史官因而不得續記。復案,《杜序》、《荀序》、《皙傳》、《隋志》,皆曰發冢者不以爲意,或燒策照取寶物,乃至毀落殘缺;然其語及《紀年》,則並詳其起訖,從無疑辭。《隋志》且云:"唯《周易》、《紀年》,最爲分了",是《紀年》確係終於今王二十年,未嘗闕殘。"今王"今考爲魏襄王,凡二十三年。(説詳下節)《紀年》止於襄王二十年,計短三年,豈襄王之末三年無事足記耶?是不可能,蓋《紀年》亦如他史,略於古而詳於今也。唐司馬貞於《魏世家·索隱》曰:"《汲冢紀年》終於哀王二十年,昭王三年喪畢始稱元年也。"彼蓋以今王爲哀王者,其説以今王二十年後爲三年喪期,不失爲解決問題之一途徑,惜乏證據支持之耳。

要之,吾人於此可得而言者,《紀年》爲戰國魏襄王時(西元前三一八—二九六)之史書。書成於丁元前三世紀初。襄王生時大約頗嗜讀書,死後遂以其所有之書殉葬,而《紀年》與焉。原書或非孤本,然經戰亂秦火而不傳,至晉太康間始重見於世。

唐孔穎達《春秋後序正義》曰:

> 《史記·魏世家》云:"哀王二十三年卒,子昭王立,十九年卒,子安釐王立。"哀王是安釐王之祖,故安釐王之冢,藏哀王時之書。

孔氏所以定爲安釐王之冢者,乃據《杜序》認今王爲哀王也。今"今王"既知爲襄王而非哀王,此説亦不攻自破矣。

四　惠王之改元與"今王"爲襄王

杜預《春秋經傳集解後序》曰:

> 其《紀年》篇起自夏殷周,皆三代王事,無諸國別,惟特記晉國,起自殤叔,次文侯、昭侯,以至曲沃莊伯。莊伯之十一年十一月,魯隱公之元年正月也。皆用夏

正建寅之月爲歲首,編年相次。晉國滅,獨記魏事,下至魏哀王之二十年;蓋魏國之史記也。推校哀王二十年,太歲在壬戌,是周赧王之十六年,秦昭王之八年,韓襄王之十三年,趙武靈王之二十七年,楚懷王之三十年,燕昭王之十三年,齊湣王之二十五年也;上去孔丘卒百八十一歲,下去今太康三年五百八十一歲。哀王於史記,襄王之子,惠王之孫也。惠王三十六年卒而襄王立,立十六年卒而哀王立。古書《紀年》篇,惠王三十六年改元,從一年始,至十六年而稱惠成王卒,即惠王也。疑《史記》誤分惠成之世以爲後王年也。哀王二十三年乃卒,故特不稱諡,謂之今王。

是杜預所見《紀年》,始自夏殷周,而終於魏"今王"二十年。彼以《史記》推校,以《紀年》之"今王"當《史記》之哀王,故云"下至魏哀王之二十年"。又因《史記》哀王在位凡二十三年,而《紀年》"今王"終二十年,遂作"哀王二十三年乃卒,故特不稱諡,謂之今王"之推論。同時復發現《紀年》自魏惠成王以下之年世與《史記》不符,乃曰:"疑《史記》誤分惠成之世以爲後王年也。"

關於《紀年》與《史記》所載魏惠王以下年世之參差,茲參照杜預《後序》及《史記‧魏世家》、《六國年表》,附以西曆紀年,作圖表之於次:

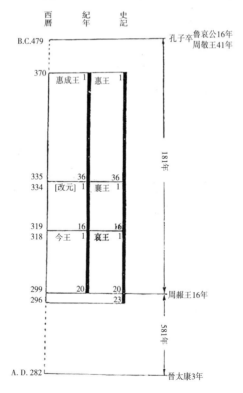

"今王"一名,杜預解釋甚諦;"今王"猶言"當今之王",亦猶後世所謂"今上"也。荀勖序《穆天子傳》作"令王","令"字當是"今"字之譌。觀右圖所示,"今王"應是相當於《史記》哀王時之魏王。

依《史記》,惠王卒,子襄王立。襄王卒,子哀王立:前後凡三世;《紀年》則僅有惠成王與今王二世。《魏世家·集解》引荀勖述和嶠語曰:"今王者,魏惠成王子。"和嶠固親見竹書者,第此語蓋僅由惠成王今王二世相接而作之引申耳,《紀年》中恐未必若是明白言之。雖然,二者相差一世,至少必有一誤。

宋司馬光《通鑑考異》(卷一《周紀》)説《紀年》曰:"彼既魏史,所書魏事,必得其真。"《紀年》成書於公元前三世紀之初,前已言之,先於《史記》約二百年,其所記惠成王以下數十年事,應較《史記》爲可信。此外,吾人尚有其他理由足資證明《紀年》所載世系不誤,而誤在《史記》。

《紀年》之魏惠成王即《史記》之魏惠王。惠王爲惠成王之省稱,《史記》不乏類此之例,如秦惠文王之稱惠王,昭襄王之稱昭王及楚頃襄王之稱襄王等是。據《杜序》,《紀年》惠成王三十六年改元,又十六年卒,計前元三十六年,後元一十六年,前後凡五十二年。若據《魏世家·集解》及《索隱》所述,謂《紀年》惠成王立三十六年,改元稱一年,改元後十七年卒,則前元三十五年,後元十七年,前後亦共五十二年。二説未知孰是;就史料本身之價值及其與《史記》之比較而言,似以前説爲長,今從之。

惠王之改元由於稱王。《史記·秦本紀》:"(惠文君)四年,天子致文武胙。齊魏爲王。"《索隱》:"齊威王,魏惠王。"秦惠文君四年,當周顯王三十五年,爲西元前三三四年丁亥,於《史記》中魏襄王元年,齊宣王九年,於《紀年》則爲魏惠成王後元年,齊威王二十二年。可證魏惠成王確於是年稱王改元,《紀年》所記若合符節。《秦本紀》及《六國表》於惠文君十三年又云:"四月戊午,魏君爲王。"與前述惠文君四年齊魏爲王事自相矛盾,顯屬錯誤。《魏世家》又云:"襄王元年,與諸候會徐州,相王也。追尊父惠王爲王。"案追尊爲王之事例,戰國諸邦並未之見。意者,司馬遷修《史記》時,既采秦惠文君十三年魏襄始稱王之説,復見載籍已有惠王之稱,乃故作此調停之詞也。

《孟子·梁惠王篇》記孟子答惠王問,有:"王何必曰利"、"王亦曰仁義而已矣"、"王好戰"、"王請勿疑"等語,皆以"王"稱惠王。《魏世家》既云襄王元年始尊惠王爲王,復謂惠王三十五年,"卑禮厚幣以招賢者,鄒衍、淳于髡、孟軻皆至梁",與孟子稱梁惠王爲"王"之事不合。案《孟子》書中稱鄒穆公、滕文公爲君,稱齊宣王、梁惠王爲王,判然有別;倘惠王生時未嘗稱王,孟子亦不得尊之爲王。可見惠王確已於生時稱王,而孟子適梁則在其稱王之後也。清顧炎武《日知録》曰:

據《紀年》,周慎靚王之二年而魏惠王卒。其明年爲魏襄王之元年。又二年,燕王噲讓固於其相子之,又二年,爲赧王之元年,齊人伐燕,取之。又二年,燕人畔。而孟子之書,先梁後齊,其事皆合。然孟子在二國皆不久,書中齊事特多,又嘗爲卿於齊,當有四五年。若適梁在惠王之末,而襄王立即行,故梁事不多。謂孟子以惠王三十五年至梁者,誤以惠王後元年爲襄王之元年也。

清崔述更以《史記》所載史事與《孟子》中惠王之言對勘,考校孟子適梁之年,亦證實《紀年》惠王改元之説。《孟子事實録》曰:

> 《史記》:梁予秦河西地,在襄王五年;盡入上郡於秦,在襄王七年;楚敗魏襄陵,在襄王十二年:皆惠王身後事。而惠王之告孟子,乃云:"西喪地於秦七百里,南辱於楚。"未來之事,孟子何由預知之而預言之乎?按杜預《左傳後序》云:"《古書紀年》篇,惠王三十六年改元,從一年始,至十六年而稱惠成王卒,即惠王也。疑《史記》誤分惠成之世以爲後王年也。"然則《史記》所稱襄王之元年,即惠王之後元年;而予河西,入上郡,敗於襄陵,皆惠王時事,非襄王時事矣。蓋惠王本稱魏侯,既僭稱王,則是年乃稱王之始年,故不稱三十七年而稱元年。《史記》不知惠王改元之故,但見其於三十六年之後又書元年,遂誤以为襄王之元年耳。然則孟子之至梁;非在惠王三十五年,而在後元十二年襄陵既敗之後,則孟子與惠王之所云者,無一語不符矣。

《紀年》之惠王立三十六年,改元,又十六年而卒,既經證明。其下之"今王"一代,《魏世家·集解》認爲魏襄王,乃據《世本》惠王生襄王而無哀王立説。清雷學淇亦曰:

> 《世本》曰:"惠王生襄王嗣,襄王生昭王遫。"而《趙世家》謂魏哀王名嗣,可知史遷誤以襄爲哀矣。(《竹書紀年義證》卷三十九)

崔述更引《孟子》以證之。《孟子事實録》曰:

> 余按:杜氏(《左傳後序》)以《史記》襄王之年爲惠王後元之年,是已;至謂《竹書》之"今王"爲哀王,而無襄王,則非也。《孟子》書稱"見梁襄王",孟子門人記此書者,皆當時目睹之人,不容誤"哀"爲"襄",則是梁固有襄王也。《世本》稱:惠王生襄王,襄王生昭王,則是梁有襄王無哀王也。"襄""哀"二字,其形相似,蓋有誤書"襄王"爲"哀王"者,《史記》因疑梁有襄哀兩王。又不知惠王之改元,故誤以惠王後元之十六年爲襄王之年,以襄王之二十三年爲哀王之年耳。然

則《紀年》之所謂"今王"，即《孟子》所記之襄王，不得以爲哀王也。

崔氏之言，辨析頗明，"今王"之爲襄王，及《史記》之誤襄王爲哀王，可無疑義矣。

五　起自黄帝與起自夏殷周

杜預《春秋後序》云："《紀年》篇起自夏殷周，皆三代王事，無諸國別，惟特記晉國，起自殤叔，次文侯、昭侯，以至曲沃莊伯。莊伯之十一年十一月，魯隱公之元年正月也。皆用夏正建寅之月爲歲首，編年相次。晉國滅，獨記魏事，下至魏哀王之二十年。"《隋書·經籍志》所述略同。《晉書·束皙傳》亦曰："《紀年》十三篇，記夏以來至周幽王爲犬戎所滅，以事接之。三家分，仍述魏事。"今考《水經注》、《史記集解》、《索隱》、《正義》所引《紀年》之文，於春秋時皆記晉君之年，三家分後則記魏君之年，與杜預等所述符同，《紀年》之體例當即如是。唯《史記·魏世家·集解》引荀勖曰："和嶠云，《紀年》起自黄帝"，與杜預等説迥異。胡應麟（《三墳補逸》）謂《紀年》實起軒轅，杜預記載舛誤。陳逢衡（《竹書紀年集證·集説》）稱胡持論平允。蓋俱以今本爲據，不足以難晉人。然古本《紀年》之見引於他書，如郭璞《山海經注》、《隋書·律曆志》、《北堂書鈔》、《太平御覽》、《通鑑外紀》、《路史》等者，亦往往述及黄帝、顓頊、帝堯、后稷、咎陶，皆夏以前事也。郭璞與束皙、杜預同爲晉人，《律曆志》、《經籍志》並屬隋書，稱引竟相齟齬，此歷來論《紀年》者所不得其解者也。

當代學者之言此者，亦各執一端，未愜人意。丁山先生曰：

> 《世本》録自黄帝。《紀年》杜預謂始於夏，《史記·魏世家·集解》引和嶠謂"起自黄帝"。驗以郭璞《山海經注》引昌意、顓頊、后稷事，則和嶠之説較信；《紀年》亦録自黄帝。（《由陳侯因𦎧鎬銘黄帝論五帝》，《中央研究院歷史語言研究所集刊》第三本第四分。）

和嶠之説可信，有郭注爲證，杜預之説何以不信，則無以説之，陳夢家先生持相反之意見，曰：

> 《紀年》所載，當如束皙、杜預所説，起自夏代。……凡夏以前事諒不出於《紀年》。但《魏世家·集解》引"荀勖曰：'和嶠云，《紀年》起于黄帝。'"則似《紀年》經荀和編定後自黄帝始。（《六國紀年表》，《燕京學報》第三十四期。）

徐中舒先生更進而謂《集解》所引荀勖之言爲後人僞造。其説曰：

《集解》所引荀勖之言,不詳所出。……荀勖與束皙同時曾與撰次汲冢之書,《紀年》在竹書中最爲分了,當爲勖所親見,何須託之於和嶠云云?……束皙、杜預皆與於考正竹書之役,其所述必不誤。……《集解》所引荀勖之言,必爲後人所僞造。張懷瓘《書斷》云:"其書隨世變易,已爲數體";是此書塗改竄亂,由來已久,當以束皙、杜預所述爲是。(《陳侯四器考釋》,《集刊》三本四分。)

徐氏以束皙、杜預所述爲是,誠然;而謂《集解》所引荀勖之言必爲後人所僞造。則猶待商榷。案《集解》是條注於《魏世家》"襄王卒,子哀王立"下,原文爲:

荀勖曰:"和嶠云:'《紀年》起自黃帝,終於魏之今王。今王者,魏惠成王子。'"案《太史公書》……。

裴駰引荀勖之文,在采"今王者,魏惠成王子"一語,以證《史記》之誤。此語發自和嶠,非出荀勖。荀和二人同見竹書,而於《紀年》中"今王"一辭之解釋,則和氏先荀而得。荀勖之引述和嶠語,亦若重於此一解説,故特標明和嶠云云,示不敢掠美也;否則,《紀年》起於何時,終於何時,荀勖知之甚諗,誠如徐氏所云,無須託諸和嶠也。徐氏蓋誤讀《集解》之文,不知"今王者魏惠成王子"一語亦和嶠所云,致啓此疑。

徐氏復謂杜預亦與於考正《竹書》之役,此事史傳無載,不知何據;然彼之親見竹書,則由《春秋後序》可知,不容置疑。儻謂淵博如杜氏者,述其親見之書,而於如斯之要點致如斯之謬誤,甯非不可思議者乎?然則杜預之説可信也。杜預之説既信,和嶠之説復不僞,諸書所引《紀年》之文亦具在,吾人究將何所從焉?竊以爲《紀年》實起黃帝,惟自黃帝至夏以前史事,記述簡略,不成系統,故束杜等置而弗論耳。朱右曾《汲冢紀年存真》疑《紀年》"編年紀事始于夏禹,而五帝之事別爲一編乎?"則庶幾得之矣。

黃帝乃至堯舜之存在,疑古者斥爲晚周諸子所杜撰。由此偏見出發,上古年代世系並可毋庸研究。丁山先生,由《陳侯因咨錞銘》,推證黃帝之爲有虞氏祖,爲陳侯因咨祖,皆確鑿有據。又由《世本》及《紀年》,推證黃帝之爲人,乃列國史記之公説,非《帝繫》、《國語》一家之言,從而斷曰:"古帝王世系,於淵源有自,絕非晚周諸子,驕衍之徒,所得憑空虛構矣。"(《由陳侯因咨錞銘黃帝論五帝》)徐中舒先生稱之爲不可搖撼之説。(同上附記)是黃帝傳説由來尚矣。《紀年》既上記三王,自亦得溯至黃帝。陳侯因咨錞,據徐中舒先生考訂,當爲西元前三七五年頃所作器(《陳侯四器考釋》),先於紀年成書數十年,已有黃帝之記載,故《紀年》之起自黃帝,其可能性不容置疑。

再就《紀年》本身觀之。王國維所輯古本,都三百八十四條,其間列於夏以前五帝目下之文,僅得九條。此九條中,韓愈《黃陵廟碑》所引"帝王之崩曰陟"一條,乃隱括之語,非《紀年》本文。又《隋書·律曆志》及《路史·後紀》所引"帝堯元年丙子"一條,亦非《紀年》原文,蓋干支紀年起於東漢之初,《紀年》不應有之;且輯本《紀年著》有干支者僅此與《新唐書·曆志》、《大衍曆議》所引"十一年庚寅周始伐商"二條,與全書體例不合,明是晉以後人推算增注者也。其餘七條中,紀有年數者。唯《路史後紀》六所引"黃帝死七年,其臣左徹乃立顓頊",亦非必繫年之例。又《路史·發揮三》引《紀年》"黃帝至禹,爲世三十"。王國維案,"此亦羅長源隱括本書之語,非原文。"以三十世之久,而其史事載於《紀年》經他書徵引傳諸今日者不過七八條,記載之簡略可以想見;裴駰、司馬貞、張守節等注《五帝本紀》未加引據,則其佐證。由是吾人推論,《紀年》原本確記有黃帝以來古帝王事,惟所記簡略,僅紀世而不繫年。蓋以上古年湮代遠,戰國之際,傳說已多舛異,《紀年》撰者,殆亦猶太史公之矜慎,甯缺勿濫,擇其言尤雅馴者始錄之,故所錄雖起自黃帝,而其有系統編年相次之記事,則始自夏殷周。《紀年》記夏以前事既簡略不成系統,故謹嚴之史家注家不采其說,致諸書所引而見於今日者獨少。稱述之者,《杜序》、《晳傳》、《隋志》取其詳確部份,故云起自夏,荀勖、和嶠舉其完整全體,故云起自黃帝。所說不同,勢似不能並容,實則說者觀點異趣,《紀年》本身初無矛盾也。此說固乏有力證據,亦就現存材料比研而得之結論,非徒憑臆測而爲調停折衷之主張,距離事實當不致過遠也。

六　古本之傳流與今本之出現

汲冢竹書出土之際,簡編散亂;與《紀年》同出者,尚有《穆天子傳》、《周書》、《瑣語》、《師春》等篇,彼此竄錯,頗有可能。《杜序》、《隋志》所云:"《紀年》最爲分了",殆亦比較言之,錯亂當仍不免。《晉書·王接傳》云,"衛恆考正汲冢書,束晳述而成之,王庭堅難之,晳釋難,接又詳其得失。"據此知當時於考訂竹書之學者間,已歧見迭生。其所辯難之問題,除古文之辨釋外,錯簡奪訛當亦在內。《晉書·儒林傳》載續咸有《古文釋》十卷行于世。其書久佚,然與荀和等所釋汲冢書有別可知也。《隋書·經籍志》於《紀年》十二卷"下注云:"汲冢書。並《竹書同異》一卷。"此一卷者,殆即輯錄竹書諸般異同之文者也。皆見竹書之釋者不一其辭,而《紀年》於晉時即非定本也。惟當時爭辯同異之文,今既不傳,見存之本復係展轉輯錄而來,其舛誤竄亂之處已莫由考辯矣。洪頤煊曰:

《史記·五帝本紀·正義》引:"《竹書》云:'昔堯德衰,爲舜所囚。'"又引:

“《竹書》云：‘舜囚堯，復偃塞丹朱，使不得與父相見也。’”《史通·疑古篇》引：“《汲冢書》云：‘舜放堯於平陽。’”《雜説篇》引：“《汲冢瑣語》云：‘舜放堯於平陽。’而書云某地有城以囚堯爲號。識者憑斯異説，頗以禪受爲疑。”《廣宏明集》十一引：“《汲冢竹書》云：‘舜囚堯於平陽，取之帝位。’今見有囚堯城。”皆與今本異。據《史通》所引，是《瑣語》之文。（《校正竹書紀年》“帝堯一百年”注）

囚堯偃朱之事，諸書所引，無言其出自《紀年》者，故王國維《輯校》本不采焉。而劉知幾、楊慎、胡應麟皆嘗疑益干啓位及太甲文丁之事係出《瑣語》；陳逢衡亦據《御覽》八十三引“《瑣語》曰：‘仲壬崩，伊尹放太甲，乃自立四年’”，因斷殺伊尹一事出於《瑣語》，不出《紀年》。（《竹書紀年集證·集説》）案《束晳傳》稱此諸事明言載諸《紀年》，是《紀年》、《瑣語》均載其事。劉陳等謂其出於《瑣語》則可，必謂其不出《紀年》則不可矣。

前節所引徐中舒先生文，引《書斷》之語爲證，謂竹書塗改竄亂，由來已久。竊案張懷瓘之言，蓋謂汲冢之書種類不一，非一時所成，其書法因亦隨世變易而爲數體。故下文又云：“其《周書》、《論楚事》者最妙，於是古文備矣。甄酆删定舊文，制爲六書，一曰“古文”，即此也；以“壁中書”爲正。周幽王時又有“省古文”者，今汲冢書中多有是也。”衛恆《四體書勢》亦曰：“古書（琅按：即汲冢書）亦有數種，其一卷《論楚事》者最爲工妙。”可見《書斷》之言，乃謂汲冢原書已有數體，而非塗改竄亂之謂也。然就事實而言，古本《紀年》傳至唐宋已經增改失真，前述干支紀年二條可以證之；且並此增改之本，今亦不傳。今本《竹書紀年》蓋宋以後人所輯者。至古本亡於何時，今本成於誰手，則皆不可詳考，惟得就歷來書目著録稍稍窺其崖略耳。

出於汲冢之竹乃以墨書科斗字於竹簡上。荀勖序《穆天子傳》描寫其形式曰：“皆竹簡素絲編。以臣勖前所考定古尺度其簡，長二尺四寸。以墨書，一簡四十字。”其全部以字數計，《晉書·武帝紀》《衛恆傳》等皆曰“十餘萬言”。以體積計，《束晳傳》曰“數十車”。以篇或卷數計，則《晳傳》又曰“大凡七十五篇”，杜預《春秋後序》曰“大凡七十五卷”，《春秋後序·正義》引王隱《晉書·束晳傳》曰“《竹書》七十五卷”，《史記·周本紀·正義》亦曰“七十五卷”，四説都數同爲七十五，或言篇，或言卷，名目雖異，其實無別。古者竹簡木牘均得稱篇，亦得稱卷，陳槃先生已有考證（《先秦兩漢簡牘考》，“‘篇’‘卷’附考”，《學術季刊》一卷四期），蓋從其編簡言之則曰篇，從其簡編可以舒卷言之則曰卷也。惟《隋書·經籍志》曰：“帝命中書監荀勖、令和嶠，撰次爲十五部、八十七卷。”爲數迥異；其根據今不可知，要以《隋書》唐修，不如《杜序》之可信從耳。

《杜序》僅舉《竹書》總數，不言篇目卷次；《束皙傳》則詳述之，曰：

> 其《紀年》十三篇，……其《易經》二篇，……《易繇陰陽卦》二篇，……《卦下易經》一篇，……《公孫段》二篇，……《國語》三篇，……《名》三篇，……《師春》一篇，……《瑣語》十一篇，……《梁丘藏》一篇，……《繳書》二篇，……《生封》一篇，……《大曆》二篇，……《穆天子傳》五篇，……《圖詩》一篇，……又雜書十九篇，……大凡七十五篇。七篇簡書折壞，不識名題。

今考《紀年》篇數，《隋書·經籍志》曰"十二卷"，《春秋後序正義》引王隱《晉書·束皙傳》亦作"十二卷"，並稱："《竹書》七十五卷，六十八卷有名題，七卷不可名題。"疑唐修《束皙傳》所云"十三篇"者，"三"字爲"二"之譌。傳言《竹書》"大凡七十五篇"，與《杜序》等所載都數符合。然其列舉諸書有名題者十六種，共六十九篇，合不識名題者七篇，當爲七十六篇。此溢出之一數，或即由《紀年》之十二篇誤爲十三所致。故古本《紀年》當爲十二篇（卷）。

《舊唐書·經籍志》著録"《紀年》十四卷，汲冢書"；《新唐書·藝文志》同。鄭樵《通志》亦云"《紀年》十四卷"。是《紀年》傳至唐宋之際已多二卷。此二卷是否因分卷不同而溢出者，不可確考；疑或有後人增竄之成分在内。

《宋史·藝文志》著録"《竹書》三卷，荀勗、和嶠編"，列史部編年類，當即《紀年》。《玉海》四十七，《竹書紀年》條曰："崇文目不著録。《中興書目》止有第四、第六及雜事三卷，下皆標云荀氏敘録。一、紀年，二、紀令應，三、雜事；皆缺。"《宋志》所録當即此三卷，恐是十四卷之殘本，而所謂雜事者，則其增竄之部分也。宋尤袤《遂初堂書目》（《說郛》第八）編年類亦載《竹書紀年》，未言卷數。錢大昕曰："宋晁氏、陳氏、馬氏書目皆無此書。"（《十駕齋養新録》）蓋古本《紀年》至是並其殘卷亦不多覯矣。惟今本《紀年》之輯者似仍有古殘本爲據（說詳下節）；然則古本之全佚當在今本輯成之後也。

今傳二卷之本，題沈約注，起自黄帝，幽王以下仍用周年，且自堯舜以次，元年皆紀甲子。錢大昕以爲明人所葺，辨之甚諦，其言曰：

> 《晉書·束皙傳》稱《竹書》之異云："益干天位，啓殺之。"《史通》引《竹書》云："益爲后啓所誅。"（見《疑古》、《雜説》等篇）今本《竹書》云："夏啓二年，費侯伯益出就國；六年，伯益薨。"與束皙、劉知幾所引全別。然則今之《竹書》乃宋以後人僞託，非晉時所得之本也。

> 《水經注》引《竹書紀年》之文，其於春秋時皆紀晉君之年，三家分晉以後則紀

魏君之年,未有用周王之年者。蓋古者列國各有史官,紀年之體,各用其國之年,孔子修《春秋》亦用其法。今俗本《紀年》改用周王之年,分注魏晉於下,此例起於《紫陽綱目》,唐以前無此式也,況在秦漢以上乎?《紀年》出於魏晉,固未可深信,要必不如俗本之妄。惟明代人空疏無學而好講書法,乃有此等迂謬之識。故愚以為是書必明人所葺。宋晁氏、陳氏、馬氏書目皆無此書,知非宋人偽撰也。(《十駕齋養新録》)

錢氏又曰:"此書蓋采摭諸書所引補湊成之。"王國維作《今本竹書紀年疏證》,取其輯自他書之文,一一疏其所出,謂今本所載,殆無一不襲他書,其不見他書者不過百分之一,因斷此書無用無徵,純係作偽,毫無價值。其論不免過苛;而今本之為後人所輯,則不移之説也。

七　《竹書紀年》之評價

汲冢竹書之出土,其價值不下於近世之殷虛甲骨,居延漢簡及敦煌秘笈等發見,惜為當時識見環境所囿,學者不知善為利用耳。傅斯年先生曰:"其時古史學派,西土為盛,若不遽遭永嘉之亂,當成顯學。"(《殷曆譜·序》)後世乃並任其散佚,殊堪惋歎也。《晉書·束皙傳》引《紀年》曰:"益干啓位,啓殺之。太甲殺伊尹。文丁殺季歷。"事與經傳大異。姑置其真偽不論,已別立異説於漢魏以降定於一尊之儒家正統之外。此《紀年》不僅有裨於考年證史,亦足破儒家對古史之褊狹觀念,而導人於一新境界者也。無如儒家思想根深蒂固,牢不可拔,故姚際恆曰:"《紀年·晉史》,稱益干啓位,啓殺之;太甲殺伊尹。即此二事荒誕已甚,其他可無論。"(《古今偽書考》)崔述亦曰:"其記述三代事多荒謬。"(《考古續説》卷二《竹書紀年辨偽》)梁玉繩曰:"《晉書·束皙傳》稱《竹書》之異云:益干啓位,啓殺之。""此事之妄,同於舜放堯平陽,太甲殺伊尹,文丁殺季歷,必戰國時橫議者所造而剿入之。"(《史記志疑》)陳逢衡篤信《紀年》,然於太甲殺伊尹事則曰:

竊謂《紀年》一書,簡奧精當,立言純正,非若《山經》、《穆傳》之奇肆,而乃違經背聖,有此四十四字(琅案:指《紀年》"伊尹放太甲"以下四十四字)及後文丁十一年王殺季歷之語乎? ……夫以此事為妄則誠妄矣,而斷以為出《紀年》,則未之深考也。……兹因歷考前人論説,三復斯文,而後知其出于《瑣語》,斷斷不易也。愚意欲刪去此條,以快心目。緣不欲改竄原本,恐啓閲者之疑,故仍其舊而申

其義焉。(《竹書紀年集證》卷十六)

彼既深信《紀年》，復不能容忍其所謂"違經背聖"之語，於是斷為出于《瑣語》，乃至欲刪去此條以快心目，其崇經衛道之熱忱如斯，安得與語客觀之批評？實則《紀年》之有此類"違經背聖"之紀載，適足證其書為真。梁啟超論之甚審。其言曰：

> 《竹書紀年》中，啟殺益，太甲殺伊尹兩事，後人因習聞《孟子》、《史記》之說，驟睹此則大駭；殊不思孟子不過與魏安釐王時史官同時(琅案：梁氏謂安釐王時，殆未深考)，而孟子不在史職，聞見本不逮史官之確。司馬遷又不見秦所焚之諸侯史記，其記述不過踵孟子而已，不足據以難《竹書》。而論者或因此疑《竹書》之全偽，殊不知凡作偽者必投合時代心理。經漢魏儒者鼓吹以後，伯益、伊尹輩早已如神聖不可侵犯，安有昔時作偽書之人乃肯立此等異說以資人集矢者！實則以情理論，伯益、伊尹既非超人的異類，逼位謀篡何足為奇？啟及太甲為自衛計而殺之，亦意中事。故吾儕寧認《竹書》所紀為較合於古代社會狀況。《竹書》既有此等記載，適足證其不偽，而今本《竹書》削去之，則反足證其偽也。(《中國歷史研究法》第五章)

前人論《紀年》，但及古今本問題，至其中大異經傳之處，則殊口同聲，斥之為戰國邪說；即有明知其真者，亦必無敢冒不韙而持此異說。梁氏斯論，匪特一洗《紀年》之誣，且益彰其於史學上之價值也。

《紀年》所記魏事之可信，前已言之。其關於三代古事之記述，自王國維取以證殷卜辭中之先公先王，及吾師董作賓先生取以證卜辭中之殷代年曆後，知其確有極具價值之史料存焉。王國維作《殷卜辭中所見先公先王考》，嘗引《山海經》及《竹書紀年》，證明卜辭中之王亥即《大荒東經》之王亥，及郭璞注所引《竹書》之殷王子亥，亦即今本《紀年》之殷侯子亥。而《世本》作核，《漢書‧古今人表》作垓，《史記‧殷本紀》更譌為振，均不及《山經》、《紀年》之與卜辭為近。又卜辭有"中宗祖乙"；稱祖乙為中宗，全與古來《尚書》家之說違異。惟《太平御覽》八十三引《竹書紀年》曰："祖乙滕即位，是為中宗，居庇。"今本《紀年》注亦云："祖乙之世，商道復興，廟為中宗。"是故由卜辭證之，《紀年》一書所涵之史料，由來尚矣。彥堂師曰：

> 嘗考古本《竹書》所記年數，自殷庚遷殷，至武王伐紂以及共和以前，除徵引者或傳鈔一二誤字外，均極可信。此蓋魏史出於晉，晉史出於周，尚有可資徵信之史料在也。《紀年》僅取年代上之"段"，而不考其"點"與"線"。今由合天曆譜之

"線",史實月日之"點",一一推證,無不與其年數之段,密合無間;是其所記年數必爲自古流傳真實之記録無疑。(《殷曆譜》上編卷四)

《紀年》一書,除所記魏事部分外,皆非古代實録,而係當時所有與籍曆術編纂成者。其所據之書雖不可考,就前舉王亥中宗之例推之,必有淵源甚古之信史,故其所記古代年世事迹亦多可靠。秦火而後,古籍散佚,至晉發冢,若干古代史實乃得藉《紀年》復傳世間;《紀年》之功亦云偉矣。

至於今本《竹書紀年》,錢大昕、崔述等之力斥其僞,猶林春溥、陳逢衡等之篤信其真,皆失之過當。今本《紀年》自經王國維爲之疏證,一一揭其出處,其爲元明間人所輯,無可諱言。顧輯者之動機初未必即爲作僞欺世,其方法亦未必絶不足道者也。考王氏《疏證》中未能得其出處者約十之一,而既疏得其出處者亦不必盡爲鈔襲。今本《紀年》之輯者蓋別有其所本;其所本者當即古本《紀年》之殘卷。王國維曰:"今本《竹書紀年》,帝芒三十三年,商侯遷于殷,其時商侯即王亥也。《山海經》注所引真本《竹書》亦稱王亥爲殷王子亥,稱殷不稱商。則今本《紀年》此條,古本想亦有之。"(《殷卜辭中所見先公先王考》王恆條注)是王氏亦信今本之纂輯係以古本爲根據者也。又案今本於帝禹夏后氏,既曰八年陟於會稽,復云禹立四十五年。《疏證》謂此足見雜綜諸書,未加修正。是已。然亦足見其非蓄意作僞;否則何必遺此昭然之破綻而貽人口實耶?

今本《紀年》輯者之動機,殆亦如今日吾人然,乃在研考古史年代。其方法係據殘存之古本爲基礎,搜羅古籍所引《紀年》佚文,思以恢復古本舊觀。惟輯者間又采摭他書之説,而於其中矛盾不能自圓,正文注文互相竄亂,推殷年誤一甲子,推夏年誤三甲子:舛謬迭見,遂招識者之譏,甚乃斥爲作僞。然則平心論之,其人實懷整理古史年代與夫恢復古本之志,惜其心有餘而力不逮,未能遂所願耳。

(原載 1954 年 5 月《大陸雜志》第 8 卷第 10 期,第 297—304 頁。)

作者簡介:

趙榮琅(1922—1998),安徽太湖縣人。漢語語言學家。1952 年獲臺灣大學歷史學碩士,後任德國漢堡大學漢學系教授。逝世於美國。主要著作有《語言暨語言學》(合著)、《苗栗縣南莊鄉東河村賽夏族語言學調查報告》、《漢簡曆譜》。

戰國大事年表中有關年代的考訂

楊　寬

戰國時代各國史事,是用國君在位的年數來紀年的。我們爲了弄清楚歷史事件發生的年代,除了用公元來紀年以外,不得不附上各大國國君在位年數,以便查考。但是《史記·六國年表》所載各國國君的世次年數有很多錯誤,過去許多學者曾根據《古本竹書紀年》來加以考訂,校正了不少錯誤。但是所有的考訂都是不够完善的,因此我們在編排這個大事年表時,不能不作一次必要的考訂。

一、關於魏文侯、魏武侯、魏惠王、魏襄王的年代

《史記·六國年表》記魏文侯元年在周威烈王二年,即公元前 424 年。記魏武侯元年在周安王六年,即公元前 386 年。記魏惠王元年在周烈王六年,即公元前 370 年。記魏襄王元年在周顯王二十五年,即公元前 334 年。又有魏哀王元年記在周慎靚王三年,即公元前 318 年。《史記》把魏文侯、魏武侯、魏惠王、魏襄王的年代如此安排,是錯得厲害的。

《孟子》記有梁惠王對孟子説的一席話:"晉國,天下莫强焉,叟之所知也。及寡人之身,東敗於齊,長子死焉,西喪地於秦七百里,南辱於楚,寡人恥之,願比死者一灑之,如之何則可?"(《梁惠王上篇》)這裏所謂"東敗於齊,長子死焉",就是指《史記·魏世家》所載魏惠王三十年太子申戰死馬陵之役,至於"西喪地於秦七百里",當是指魏獻西河、上郡給秦的事,"南辱於楚",當是指楚柱國昭陽破魏於襄陵的事。可是照《史記》説來,魏獻納西河給秦已是魏襄王五年的事,魏獻納上郡給秦已是魏襄王七年的事,楚破魏於襄陵已是魏襄王十二年的事,魏惠王怎麼能把身後的事説給孟子聽呢?很顯然的,是《史記》把年代弄錯了。

《史記·魏世家》説:魏惠王三十六年卒,子襄王立,襄王十六年卒,子哀王立,哀王二十三年卒。而《竹書紀年》(以下簡稱《紀年》)却説"惠王三十六年改元,從一年始,至十六年而稱惠成王卒"(杜預《春秋經傳集解後序》),《世本》也説"惠王生襄王,襄王生昭王"(《史記·魏世家·索隱》引),其間並無哀王一代。原來魏惠王到三十六

361

年沒有死,只是改元又稱一年,又十六年才死的。《史記》誤把惠王改元後的年世當作襄王的年世,又誤把襄王的年世作爲哀王的年世。自從《紀年》出土以後,歷來研究戰國史的都根據《紀年》來糾正《史記》的錯誤,這是正確的。因爲《史記》的錯誤,從《史記》本身也可以見到。《史記·趙世家》說:"武靈王元年……梁惠王與太子嗣、韓宣王與太子倉來朝信宮",這年據《史記·六國年表》是魏襄王十年,可是魏襄王名嗣(《史記·魏世家·索隱》引《世本》,《蘇秦列傳·索隱》引《世本》也說:"魏惠王子名嗣")。如果這年真是魏襄王十年的話,太子就不該是嗣。這年魏太子是嗣,分明這年率太子嗣朝趙的是梁惠王了。如果根據《紀年》,這年是魏惠王後元十年,那末,這時太子正是嗣。從這裏,我們也可以看到《紀年》的正確性。

是不是依照前人的考訂,根據《紀年》把《史記》魏襄王的年世改作魏惠王改元後的年世,把《史記》魏哀王的年世改作魏襄王的年世,問題就解決了呢? 如果我們把《紀年》和《史記》所載魏惠王時的事校對一下,兩者的年代還是不能相合的,有的相差二年,有的相差一年,這是什麽原因呢?

《紀年》和《史記》所載魏惠王時的事相差一年的有五件事:

(一)《水經·河水注》和《路史·國名紀丁》引《紀年》:"梁惠成王二年齊田壽率師伐我,圍觀,觀降。"而《史記·魏世家》作"惠王三年齊敗我觀"。

(二)《史記·魏世家·索隱》引《紀年》:"魯恭侯、宋桓侯、衛成侯、鄭釐侯來朝皆在(梁惠王)十四年。"而《史記·魏世家》和《六國年表》作"惠王十五年魯、衛、宋、鄭君來朝"。

(三)《史記·孫子吳起列傳·索隱》記王劭引《紀年》說:"梁惠王十七年齊田忌敗梁桂陵。"《水經·濟水注》引《紀年》也說:"惠成王十七年齊田期(即田忌)伐我東鄙,戰於桂陽(《水經注》說:桂陽'亦曰桂陵','陽'乃'陵'字之誤)。我師敗逋。"而《史記·魏世家》作:"惠王十八年,拔邯鄲,趙請救於齊,齊使田忌、孫臏救趙,敗魏桂陵。"《六國年表》略同。

至於《魏世家·索隱》說:"《紀年》二十八年,與齊田朌戰於馬陵;上二年,魏敗韓馬陵;十八年趙(當作齊)又敗魏桂陵。桂陵與馬陵異處。"這段話上文引的是《紀年》,下文"上二年"、"十八年"云云,只是根據《魏世家》上文用來說明"桂陵與馬陵異處"的。前人每多把《索隱》的"上二年"、"十八年"云云作爲《紀年》的文字,是錯誤的。我們不能據此認爲《紀年》和《史記》相合。

(四)《水經·淮水注》引《紀年》說:"梁惠成王十七年,宋景㪨、衛公孫倉會齊師圍我襄陵。十八年,王以韓師敗諸侯師於襄陵。"而《史記·魏世家》作惠王"十九年,諸侯圍我襄陵"。《六國年表》同。

(五)《水經·濁漳水注》和《路史·國名紀己》引《紀年》說："梁惠成王三十年秦封衛鞅于鄔，改名曰商。"《史記·商君列傳·索隱》也說："《紀年》云：秦封商鞅在惠王三十年。"而據《史記·六國年表》"秦封大良造商鞅"在秦孝公二十二年，即魏惠王三十一年、楚宣王三十年。《秦本紀》也說："孝公二十二年封鞅爲列侯，號商君。"《楚世家》也說："宣王三十年秦封衛鞅於商。"

《紀年》和《史記》所載魏惠王時的事，相差二年的有兩件：

(一)《史記·孫子吳起列傳·索隱》記王劭引《紀年》說："梁惠成王二十七年十二月，齊田盼敗於馬陵。"《魏世家·索隱》引《紀年》又說："(梁惠成王)二十八年與齊田盼戰於馬陵。"《孟嘗君列傳》"敗之馬陵"下《索隱》也說："《紀年》當梁惠王二十八年。"而《史記·魏世家》作："惠王三十年……太子果與齊人戰，敗於馬陵。"《六國年表》略同。

(二)《史記·魏世家·索隱》引《紀年》說："惠王二十九年五月，齊田盼伐我東鄙。九月，秦衛鞅伐我西鄙。十月，邯鄲伐我北鄙，王攻衛鞅，我師敗績。"《水經·泗水注》引《紀年》也說："梁惠王二十九年五月齊田盼及宋人伐我東鄙，圍平陽。"《史記·商君列傳·索隱》引《紀年》也說："梁惠王二十九年秦衛鞅伐梁西鄙。"而《魏世家》作："(惠王)三十一年秦、趙、齊共伐我。"《六國年表》也說："(魏惠王)三十一年秦商鞅伐我，虜我公子卬。"又說：這年齊"與趙會伐魏"。

我們把《紀年》和《史記》所載魏惠王時的事兩相校對，相差一年的有五件，相差兩年的有兩件，年代相合的一件事也沒有。前人做考訂的，對於這個問題也曾接觸到(如雷學淇《竹書紀年義證》等)，或者認爲《史記》所據的是《秦記》，用的是"周正"，《紀年》用的是"夏正"，因爲這些事都發生在"夏正"的仲冬或季冬，由"周正"來計算已是次年的一月、二月了，但是何以《紀年》上所載梁惠王時的事都巧在仲冬或季冬發生的呢？何以《紀年》和《史記》的年代竟沒有一件事不相差呢？或者認爲一件事可能連續兩年，戰爭是可能連續到次年的，但是秦封商君這樣的事是不可能跨年度的；魯、衛、宋、鄭四國國君朝見魏惠王的事，也不可能持續到第二年。我們知道，《史記》所根據的是《秦記》，大事的年代既不會錯；《紀年》是魏國的歷史記錄，所記的魏國的歷史事件年代也不會錯，那末，《紀年》和《史記》所記魏惠王時的事怎樣會相差一年至二年呢？如果不把這個問題弄清楚，要想根據《紀年》來校正《史記》的年代是不可能正確的。這是校訂戰國年代的關鍵問題。

不僅《紀年》和《史記》所載魏惠王時的事年代有相差，所載魏文侯、魏武侯時的事年代也還有相差的。《史記·魏世家》和《六國年表》記魏文侯在位三十八年，魏武侯在位十六年，而《魏世家·索隱》於"文侯卒"下說："《紀年》五十年卒。"於"武侯卒"下又説:"《紀年》云:武侯二十六年卒。"雷學淇《竹書紀年義證》和王國維《古本竹書紀年輯校》,都認爲《紀年》爲是,都根據《史記》武侯的卒年,就《紀年》的年數上推文侯、武侯的年世,因而定文侯元年在周定王二十三年(公元前 446 年),武侯元年在周安王六年(公元前 396 年)可是《史記·魏世家·索隱》引《紀年》説:"魏武侯元年當趙烈侯之十四年。"趙烈侯元年在周威烈王十八年(《史記·趙世家》、《六國年表》在烈侯後誤多武公一代),烈侯十四年應是周安王七年。爲什麼雷學淇、王國維的推算又和這相差一年呢? 如果説《史記》魏武侯的年世較《紀年》短少了十年,那末《史記》和《紀年》所載魏武侯時的事應該相差十年。可是我們校對的結果只是相差九年。例如:

(一)《史記·魏世家》説:"武侯二年城安邑、王垣。"而《索隱》引《紀年》作"十一年城洛陽及安邑、王垣"。

(二)《史記·韓世家》説:"韓哀侯二年滅鄭,因徙都鄭。"《史記》韓哀侯二年當魏武侯十二年。而《索隱》引《紀年》説:"魏武侯二十一年韓滅鄭,哀侯入於鄭。"

爲什麼按照雷學淇、王國維所考訂的魏武侯年代和《史記·索隱》所引的《紀年》又相差一年呢? 我們認爲這和前面所説的《紀年》和《史記》所載魏惠王時的事相差一年是有關連的。

《史記·魏世家》説:"襄王元年與諸侯會徐州相王也。"《秦本紀》也説這年"齊、魏爲王"(《史記·田齊世家》和《孟嘗君列傳》略同)。《史記》既誤把惠王改元當作襄王元年,可知這年的惠王改元是由於齊、魏兩國相互尊王號的緣故,正同秦惠文君因稱王而改元一樣。《紀年》既説惠王三十六年改元又稱一年,那末魏惠王在三十六年改元時沒有逾年改元,正同田和的稱侯改元一樣。如此説來,魏惠王改元前的第三十六年,也就是改元的元年,如果把這年算作改元的元年,改元前實只三十五年。由於司馬遷把"魏惠王三十六年改元"誤作了"三十六年卒",於是《史記》魏惠王在改元前的年世就多出了一年,把魏惠王紀元和魏武侯的卒年都提上了一年。《紀年》和《史記》所載魏惠王時的事的年份所以會相差一年,雷學淇、王國維考訂的魏文侯、魏武侯年代和《史記索隱》所引《紀年》的年份所以會相差一年,都是由於這個緣故。至於《紀年》和《史記》所載魏惠王時的事相差二年的,都是關於戰爭的記載,這是由於戰爭連續到了次年,《史記》根據的是《秦記》,《秦記》是秦國的史記,對於他國戰爭只記勝負之年,所以都記在次年了。

我們説《史記》魏惠王的紀元誤上一年,也還有科學的根據。《史記·六國年表》説:"秦獻公十六年民大疫,日蝕。"照《六國年表》的年代,這年已是魏惠王二年。可是《開元占經》卷一〇一引《紀年》説:"梁惠王元年晝晦。"晝晦即是日蝕,《六國年表》謂

"秦厲共公三十四年日蝕晝晦"，"秦獻公三年日蝕晝晦"，都把日蝕和晝晦連稱，可爲明證。查這年是公元前369年，四月十一日十三時九分確是日有環食（朱文鑫《歷代日食考》中《戰國及秦日食考》）。《紀年》既説魏惠王元年晝晦，那末魏惠王元年決在公元前369年。《六國年表》定魏惠王元年在周烈王六年，即公元前370年，顯然是誤上了一年。

《魏世家》"襄王卒，子哀王立"下《集解》："荀勖曰：和嶠云：……今案古文，惠成王立三十六年改元稱一年，改元後十七年卒。"《索隱》也説："《紀年》云：惠成王三十六年又稱後元一，十七年卒。"《魏世家》"惠王卒"下《索隱》又説："《紀年》云：惠成王三十六年改元稱一，未卒也。"《田世家》"魏惠王卒"下《索隱》也説："此時梁惠王改元稱一年，未卒也。"這都足以證明《紀年》的記載確是魏惠王三十六年改元。雷學淇認爲魏惠王在改元前實只三十五年，這是很對的。但是據此便認爲改元後有十七年，那就錯了。《史記集解》和《索隱》的"十七年"該都是"十六年"之誤，杜預《春秋經傳集解後序》引《紀年》作"十六年"，可以證明。魏惠王因"齊、魏相王"而改元，改元後只有十六年。《史記》雖然把魏惠王的後元誤作魏襄王的年世，但十六年是不錯的。

總之，《史記》短少了魏文侯的年世十二年，又短少了魏武侯的年世十年，把"魏惠王三十六年改元"誤作"魏惠王三十六年卒"，把魏惠王的紀元和魏武侯的卒年提上了一年，又誤把魏惠王改元後的年世作爲魏襄王的年世，因而在魏襄王之後多出了一個魏哀王，把魏襄王的年世算作了魏哀王的年世。《史記》上這一連串的錯誤，我們是可以根據《紀年》來加以校正的。

我們根據上面的考訂，可以明確知道：（一）魏文侯元年應在周定王二十四年，即公元前445年。（二）魏武侯元年應在周安王七年，即公元前395年。（三）魏惠王元年應在周烈王七年，即公元前369年，到魏惠王三十六年即公元前334年，改元又稱一年，即是魏惠王後元元年。（四）魏襄王元年應在周慎靚王三年，即公元前318年。

二、關於齊威王、齊宣王、齊湣王的年代

《史記·六國年表》記齊威王元年在周安王二十四年，即公元前378年。記齊宣王元年在周顯王二十七年，即公元前342年。記齊湣王元年在周顯王四十六年，即公元前323年。《史記》把齊威王，齊宣王、齊湣王的年代如此安排，也是錯得很厲害的。

我們看《戰國策·燕策一》説："子之三年，燕國大亂，……儲子謂齊宣王因而仆之，……王因令章子（即匡章）將五部之兵，因北地之衆伐燕，……"（《史記·燕世家》同）。《戰國策》認爲伐燕子之的是齊宣王，可是《史記·六國年表》記這事在周赧王元年，照《六國年表》所排列的齊國年代，這年已是齊湣王十年了。究竟伐燕子之的是齊宣王還是齊湣王呢？據《孟子》記載：沈同曾私下問孟子："燕可伐與？"孟子説："可。

子噲不得與人燕，子之不得受燕於子噲。"（《孟子·公孫丑下篇》）接着"齊人伐燕"，"五旬而舉之"，齊宣王曾爲此問孟子應否"取之"。後來"齊人伐燕取之，諸侯將謀救燕"，齊宣王又爲此問孟子"何以待之"？（《孟子·梁惠王下篇》）。接着"燕人畔"，王說："吾甚慙於孟子。"（《孟子·公孫丑下篇》）那末伐燕子之的一定是齊宣王。很顯然的，《史記》所排列的齊國年代是有錯誤了。前人也曾注意到這個問題，想校正《史記》齊國的年代，例如《資治通鑒》曾把齊威王的年世加多十年，把齊宣王的年世移後十年。《大事記》又把齊湣王的年世縮短十年，把齊宣王的年世延長十年。目的都在求齊伐燕的年代能和《孟子》、《戰國策》相合，但是這樣的移動都是勉强凑合，没有根據的。

我們要糾正《史記》齊國年代的錯誤，正如同糾正《史記》魏國年代的錯誤一樣，唯有根據《紀年》了。《史記·索隱》引《紀年》說："齊康公五年田侯午生，二十二年田侯剡立，後十年齊田午弑其君及孺子喜而爲公。"（《史記·田世家·索隱》引《紀年》）"梁惠王十二年當齊桓公十八年，後威王始見，則桓公立十九年而卒。"（《史記·田世家·索隱》引《紀年》。《魏世家·索隱》說："按《紀年》，齊幽公之十八年而威王立。"、"幽公"當是"桓公"之誤。）"威王十四年，田盼伐梁，馬陵。"（《史記·田世家·索隱》引《紀年》。《孫子·吴起列傳·索隱》引《紀年》說："（梁惠王）二十七年十二月齊田盼敗梁馬陵"）。"梁惠王後元十五年齊威王薨"（《史記·孟嘗君列傳·索隱》引《紀年》）據此可知，《史記》在田太公（田和）和田桓公之間脱去了田侯剡一代，《史記》所説桓公在位年數六年和威王在位年數三十六年，都是錯誤的。田侯剡立於齊康公二十二年，即周安王十九年，其元年當在周安王二十年，即公元前382年。桓公元年在周烈王二年，即公元前374年。桓公十八年相當於魏惠王十三年，即周顯王十二年，這年齊威王始立，那末齊威王元年當在周顯王十三年，即公元前356年。馬陵之役在齊威王十四年，相當於魏惠王二十七年，即周顯王二十六年，也即公元前343年。到魏惠王後元十五年即周慎靚王元年，齊威王卒，齊宣王始立，那末齊宣王元年當在周慎靚王二年，即公元前319年。總計田侯剡在位首尾十年，田桓公在位首尾十九年，齊威王在位首尾三十八年。《史記》總共短少了田侯剡九年、田桓公十二年、齊威王一年，因而把齊威王、齊宣王和齊湣王的年世都拉上了，於是所記歷史事件的年代不能和《孟子》、《戰國策》相合了。

根據《紀年》，齊宣王元年既在周慎靚王二年，即公元前319年。那末周赧王元年（即公元前314年）的齊伐燕事件，是在齊宣王六年。這樣，和《孟子》、《戰國策》所有齊宣王伐燕的記述也完全符合了。《戰國策·齊策二》載："韓、齊爲與國，張儀以秦、魏伐韓，齊王曰：'……吾將救之。'田臣思（即田忌）曰：'……子噲與子之國，百姓不戴，諸侯弗與，秦伐韓，楚、趙必救之，是天以燕賜我也。'王曰：'善。'乃許韓使者而遣之，韓自以爲得交於齊，遂與秦戰，楚、趙果遽起兵救韓，齊因起兵攻燕，三十日而舉燕國。"所記也是這件事。而《史紀·田世家》也有一段和這相似的記載，記在"桓公午五年"。這是由於司馬遷誤把這事和周安王二十二年"齊伐燕取桑丘"的事併爲一談，又誤定田桓公元年在周安王十八年，就誤以爲田桓公五年的事了。

齊宣王的卒年，《史記·索隱》沒有引《紀年》來比勘。據《史記·田世家》，齊宣王在位十九年，依《紀年》齊威王的卒年下推，那末齊宣王的卒年和齊湣王的即位年應在周赧王十四年，即公元前 301 年。這年齊相田文曾聯合韓、魏，派匡章攻楚的方城，殺楚將唐蔑於泚水旁的垂沙。據《荀子·王霸篇》，"破楚"已是齊閔王（即湣王）的事，可證這年齊湣王確已即位。如此説來，齊湣王元年應在周赧王十五年，即公元前 300 年。

我們根據上面的考訂，可以明確知道：（一）齊威王元年在周顯王十三年，即公元前 356 年。（二）齊宣王元年在周慎靚王二年，即公元前 319 年。（三）齊湣王元年在周赧王十五年，即公元前 300 年。

特別要指出，近人有把齊威王、宣王、湣王三王的年世改作齊威王和宣湣兩王的年世，更改《六國年表》而自稱新表的，這完全出於憑空設想，毫無史料的根據，不符合歷史事實，已在本書（《戰國史》）第六章第八節"沿用謚法的禮制"及注解中加以明辨，請注意。

三、關於趙襄子、趙烈侯的年代

《史記·六國年表》趙國年表中趙襄子、趙桓子、趙烈侯三個國君的年代有錯誤。

《史記》把趙簡子的卒年定在晉出公十七年，即公元前 458 年，這是不可信的。《史記·趙世家》一方面説："晉出公十七年簡子卒，太子毋卹代立，是爲襄子。"一方面又説："趙襄子元年越圍吳，襄子降喪食，使楚隆問楚王。"查《左傳》記越圍吳事在魯哀公二十年、晉定公三十七年，即公元前 475 年。這年趙襄子正居簡子的喪，可知趙簡子已去世，而趙襄子元年應在公元前 474 年。

《史記·趙世家》説："（烈侯）九年烈侯卒，弟武公立，武公十三年卒，趙復立烈侯太子章，是爲敬侯。"《索隱》説："譙周云：《世本》及説趙語者，並無其事，蓋別有所據。"查《魏世家·索隱》引《紀年》説："魏武侯元年當趙烈侯十四年。"可知趙烈侯九年並未去世，《史記》所説"弟武公立"事，是不可信的。《趙世家》説趙烈侯名籍，趙敬侯名章，只是武公沒有名，而且趙烈侯、趙敬侯都稱侯，何以其中會夾着一個稱公的國君呢？分明是《史記》中多出了武公一代，把趙烈侯年世劃分了十三年給武公。因此我們決定取消《六國年表》中武公這一代，把武公的十三年歸還給烈侯。

還有,《史記·晉世家·索隱》引《紀年》説:"韓哀侯、趙敬侯並以桓公十五年卒。"晉桓公十五年即魏武侯二十二年,也即公元前 374 年,較《六國年表》所記趙敬侯卒年要遲一年。因爲没有其他更精確的材料來校訂,姑且仍從《六國年表》。

四、關於韓哀侯、韓懿侯、韓昭侯的年代

《史記·六國年表》記韓哀侯在位六年,卒年在周烈王五年,即公元前 371 年。記韓莊侯在位十二年,卒年在周顯王十年,即公元前 359 年。而韓昭侯元年,即在次年。《六國年表》這樣安排韓君的年世,是有錯誤的。

《韓世家》記哀侯六年"韓嚴弑其君哀侯,而子懿侯立"。《索隱》説:"《年表》懿侯作莊侯。又《紀年》云:'晉桓公邑哀侯于鄭,韓山堅賊其君哀侯而韓若山立。'若山即懿侯也,則韓嚴爲韓山堅也。"又説:"《紀年》:魏武侯二十一年韓滅鄭,哀侯入于鄭。二十二年晉桓公邑哀侯于鄭。"《晉世家·索隱》説:"《紀年》云:魏武侯以桓公十九年卒,韓哀侯、趙敬侯並以桓公十五年卒。"可知韓哀侯的卒年在魏武侯二十二年。晉桓公十五年,即周烈王二年,亦即公元前 374 年。

韓懿侯,《水經·沁水注》引《紀年》又作韓懿侯若,《史記·晉世家·索隱》和《水經·濁漳水注》引《紀年》又作韓共侯。韓懿侯在公元前 374 年殺死哀侯而自立,應該没有隔年改元。

《水經·濟水注》引《紀年》説:"(梁惠成王九年)王會鄭釐侯於巫沙。"鄭釐侯也即韓昭侯。梁惠王九年當公元前 361 年。《史記·趙世家》説,趙成侯十三年"成侯與韓昭侯遇上黨"。趙成侯十三年當公元前 362 年,可知《韓世家》把韓昭侯元年定在公元前 358 年是錯誤的。我們没有正確的材料可據,姑且定韓昭侯元年在公元前 362 年。

五、關於秦簡公、秦惠公的年代

《史記·六國年表》記秦簡公在位十五年,秦簡公之後是秦惠公,秦惠公在位十三年。而《古本竹書紀年》所記也有所不同。《史記·秦本紀·索隱》説:"又《紀年》云:簡公九年卒,次敬公立,十二年卒,次惠公立。"《秦始皇本紀·索隱》説:"王劭案《紀年》云:簡公後次敬公,敬公立十三年乃至惠公。"王劭是連敬公即位的一年計算的,司馬貞只計敬公改元後的年數,所以二人同樣引《紀年》,敬公的年數會有出入。《六國年表》記簡公、惠公二人共在位二十八年,如果按照《紀年》的記載,簡公只有九年,簡公之後加上敬公十三年,那末惠公只剩七年了。因爲這方面没有足够的材料訂正,姑且依從《六國年表》。

六、關於燕國國君的年代

《史記·六國年表》記燕獻公在位二十八年,燕孝公在位十五年,燕成公在位十六年,燕溘公在位三十一年,燕釐公在位三十年,燕桓公在位十一年,燕文公在位二十九年。而《古本竹書紀年》所記大有不同。《史記·燕世家·索隱》説:"王劭按《紀年》:簡公後次孝公,無獻公。""按《紀年》,智伯滅在成公二年也。""按《紀年》作文公二十四年卒,簡公立十三年而三晉命邑爲諸侯。""《紀年》作簡公四十五年卒。"從這裏我們可以瞭解,關於燕國國君的年代是這樣的:(一)燕國世系中沒有獻公一代。(二)燕成公元年在三晉滅知伯的上一年,即周定王十五年,亦即公元前454年。(三)《紀年》燕溘公作燕文公,在位二十四;其次是燕簡公,在位四十五年。(四)燕簡公的即位年在"三晉命邑爲諸侯"前的十三年,其元年應在周威烈王十二年,即公元前414年;由此上推,可知燕文公元年在周考王三年,即公元前438年。至於燕簡公以後的燕國年代應怎樣改訂,已沒有正確的材料可據,只得依從《六國年表》。但據《紀年》,燕簡公卒於公元前370年,這年在《六國年表》已是燕桓公三年,因此我們在這裏只能縮短燕桓公的年世三年了。

(原載《戰國史》,上海人民出版社,1955年初版,第273—280頁。又收入《戰國史》2003年增訂版,第723—731頁。)

作者簡介：

楊寬(1914—2005),字寬正。江蘇青浦人。1932年考入上海光華大學國文系,1936年畢業,求學期間曾師從呂思勉、蔣維喬、錢基博。曾任上海博物館館長、上海社會科學院歷史所副所長、復旦大學歷史系教授。晚年赴美國定居。治學領域中國上古史包括西周史、戰國史、科技史和古代制度史。曾是"古史辨"派的重要人物,被稱爲"古史辨殿軍"。楊寬的主要著作有《戰國史》、《中國冶鐵技術發展史》、《中國古代陵寢制度史研究》、《中國古代都城制度史研究》、《西周史》、《中國上古史導論》、《戰國史料編年輯證》等。

《竹書紀年》與《六國年表》之魏紀年

[日]山田統　著　吴　鵬　譯

一、《竹書紀年》問世

二、《竹書紀年》與《資治通鑒》

三、《史記》與《孟子》的矛盾

四、《竹書紀年》的後世影響説(另載於《國學院雜誌》第 61 卷第 11 號)

一、《竹書紀年》問世

近來,學界多有考論認爲,《史記》中的"戰國紀年"即《六國年表》中存在誤差,並試圖以《竹書紀年》加以修正。然《竹書紀年》之可信度究竟如何,仍需進一步考察。此即爲拙稿之主旨所在。

《竹書紀年》之所以日益獲得諸多學人之信賴,固有其相應的原因。雷學淇所著《竹書紀年義證》(1810),雖以《今本竹書紀年》爲據,提出"凡正經史之疑義,舊説之違誤者,又五百餘事",[1]然筆者姑且不論其他,兹僅述與拙稿尤爲相關者。

首先,王國維(1877—1927)於《古本竹書紀年輯校》與《今本竹書紀年疏證》(1917)[2]兩書中,辨析《今本》之僞與《古本》之真,且爲學界公認。雖然王氏並非全然信賴《古本紀年》,卻屢次視《古本紀年》之"真處"爲可靠的史料,故而認爲《今本》難以信服,惟《古本》當爲古代紀年的真實記録。此風潮亦由王氏於古代史學界中的卓越成就、學術地位以及深遠影響所推動,進而大大提升了《古本》作爲史料的可信度。

其次,《竹書紀年》史料價值的提升與殷墟甲骨文之間亦有關聯。甲骨文問世後,

---

① 雷學淇《竹書紀年義證序》云:"凡正經史之疑義,舊説之違誤者,又五百餘事。由是觀之,《紀年》豈非信史哉?"

② 《竹書紀年》者,《古本》與《今本》各有所異。然於下文中,若無須區分二者,則悉以"《竹書紀年》"爲統稱。

隨著學人對其可信度認識的逐漸深入，廣泛喚起了學界對於出土文物的關注，其史料價值亦不斷提高。特別是《竹書紀年》中所載的殷周關係，説明文王之前，殷周之間既已存在一定程度的往來。此類内容在雖未詳載於《史記》，但於《詩經》隱約歌詠文王之前時代的詩句中有所體現，而且此類記載與作爲同時代史料的甲骨文記載相符，①以至於更凸顯其真實性。此外，《史記》所載盤庚遷都河南亳、武乙遷都河北等事，王氏以爲其乃疑似誤讀《書序》所致。② 據《竹書紀年》所載，自盤庚遷都殷，至紂王滅亡的二百七十五年間，殷都未曾遷移。③ 此記事與殷墟發掘結果相符，年數亦與考古發現一致。因此，不少學人認爲，於呈現史實方面，《竹書紀年》比《史記》更加忠實，進而大幅度提升了其作爲史料的可信度。

　　既然確定殷紀年可信，周紀年自然更當可信。然《竹書紀年》中，就周初年數有載：“自武王滅殷，以至於幽王（前 771），凡二百五十七年。”由此推算，武王滅殷應於公元前 1027 年，顯然與當時存世或同期成書的文獻（如《尚書》、《左傳》、《孟子》）所載有所矛盾。近時學者之中，亦不乏認爲此推算結果恰爲正確周初年代者，且有學者指出，此推算結果與基於考古學、金文資料所推定之西周初期年表基本吻合，④故支持者與日俱增。此亦爲《竹書紀年》可信度日益提升之所以。

　　繼而再言戰國紀年。關於田氏齊國，《史記》載田成子以下十世即亡，而《莊子·胠篋》則云：“然而田成子一旦殺齊君而盜其國，所竊者豈獨其國邪？並與其聖知之法而盜之，故田成子有乎盜賊之名，而身處堯、舜之安。小國不敢非，大國不敢誅，十二世有齊國，則是不乃盜齊國，並與其聖知之法以守其盜賊之身乎？”即田齊世系似乎延續至田成子之後十二世。《竹書紀年》所載亦與之相應，記録了《史記》記載之外的二代——田悼子與田侯剡，故學界謂之傳承古實。⑤ 尤其於《史記》中，田齊桓公午在位僅六年，然其器物《陳侯午敦》之銘文云“隹十又四年陳侯午……”，⑥與《史記》所載矛盾，與《竹書紀年》所記桓公在位十八年相符。此外，齊器《陳璋（騂）壺》之銘文有：

　　① 貝塚茂樹：《中國古代史學之發展》，第 308—316 頁；島邦男：《殷墟卜辭研究》，第 409—413 頁；陳夢家：《殷虛卜辭綜述》，第 291—293 頁。

　　② 王國維：《說殷》，《觀堂集林》卷十二；貝塚茂樹：前揭書，第 204—208 頁。

　　③ 七三三年、二七三年、二七五年等，所傳年數或有差異，其中“七”實爲“二”之訛。（范祥雍：《古本竹書紀年輯校訂補》，第 21 頁；董作賓：《殷曆譜·上篇》卷四《殷之年代》第二章《盤庚遷殷後之年》，第 8—9 頁。）

　　④ 陳夢家：《西周年代考》；天野元之助：《中國古代農業之發展》，《東方學報》第三十册，京都，第 67—68 頁。

　　⑤ 崔述：《孟子事實録·遊齊下》；錢穆：《先秦諸子繫年》卷二，五二：田齊爲十二世非十世辨。

　　⑥ 郭沫若：《兩周金文辭大係考釋》下篇《陳侯午敦》，第 218—220 頁；錢穆：前揭書卷二，七〇：田桓公在位十八年辨。

"隹王五年,奠昜(陽)陳昱,再立事歲,孟冬戎啟,齊藏戈子斿。陳璋內、伐匽(燕)邦之獲。"與《竹書紀年》所載齊宣王五年(周赧王元年,前314)齊國伐燕之事相符。[①] 由以上例證可知,《史記·田齊世家(田敬仲完世家)》記載有誤。

1931年,洛陽金村古墓群出土《驫羌鐘》,其作者羌氏於銘文中記有"率征秦迮齊,入長城"之語,與《竹書紀年》所載"(晉)烈公十二年,王命韓景子、趙烈子、翟員伐齊,入長城"之事完全相符。[②] 此外,《史記》記燕昭王之名爲平,然《竹書紀年》記載燕王噲死後,太子平亦被誅殺,立公子職爲昭王。出土燕器中亦可見匽王職之名,證實該器確爲燕昭王職之器,[③]此亦可爲《竹書紀年》記事之佐證。總之,此類戰國時代資料中的例證,降低了《史記》的史料價值,提升了《竹書紀年》的史料可信度。

當然,前述例證中亦不乏異說,且嚴格而言,由此類例證雖可推測《史記》中存在某種程度的缺失或誤記,但並不意味《竹書紀年》即具有十分的可信度。誠然,由某些例證或可推知《竹書紀年》與《史記》之間在某些細節方面存在矛盾。然而,此類矛盾並不能成爲完全否定《史記》的依據。通過資料比較研究,可以發現《史記》中的缺失誤記,而同樣通過資料比對,亦能發現《竹書紀年》中存在與之契合之處。倘若當代有識之士能夠以嚴密的論證和足夠的説服力宣揚此類觀點,則《史記》的史料價值必將大打折扣,《竹書紀年》的相對可信度亦會得以提升。然則,《竹書紀年》作爲史料,究竟是否具備足夠的可信度? 探討此問題,必須回顧《竹書紀年》問世的歷史背景。

拙稿所論之《竹書紀年》,據傳於晉武帝咸寧五年(279),由河南省衛輝府汲縣人不準盜發。當時,盜墓者於魏襄王冢(即安釐王冢、舊冢)一帶進行盜掘,發現竹簡古書數十車、七十五卷、凡十餘萬言。[④] 盜掘過程中,因盜墓者粗暴處理,導致部分資料損毀或錯亂。之後,出土古書被官府收繳,並於太康二年(281)前後,由荀勗(?—289)、和嶠(?—292)等人負責校訂整理,始爲世人所知。《竹書紀年》記錄自黃帝以

---

① 陳夢家:《六國紀年》,第6頁、第95頁。陳氏謂田悼子在位六年,故以宣王五年,爲伐燕之報王元年。而錢穆氏採五年説,視其爲六年。然陳氏以此器爲據,主張伐燕發生於宣王五年至宣王六年之間(前揭書,第364頁)。此外,兩氏皆以爲威王在位三十八年,故此推論成立;然學界一般認爲威王在位三十六年,則會推至宣王七年。郭沫若氏則認爲該器鑄於齊襄王五年(前279),即田單破燕軍之年。(《金文叢考·金文續考·陳璋壺》,第388—390頁)

② 白川靜:《驫羌鐘銘文考釋》上、下,《立命館文學》,164號、165號。關於此器,前輩學人異説紛紜,亦可參詳。

③ 郭沫若:《金文叢考·金文餘釋之餘·釋戠》,第21頁;錢穆:前揭書,一二〇附:燕昭王乃公子職非太子平辨。

④ 關於汲冢出土之經緯,可參詳神田喜一郎:《汲冢書出土始末》(《支那學》第一卷第二、三號);小川琢治:《穆天子傳考》(《狩野博士花甲紀念論集》、《支那歷史地理研究》續集);原富男:《今、古本〈竹書紀年〉考》(《支那學研究》三);陳夢家:《汲冢竹書考》(《六國紀年》附);朱希祖:《汲冢書考》。

來,至魏惠王及其繼任、今王二十年間的歷史年表。若此等資料果真出自魏國舊冢,則其於研究古代紀年方面的史料價值,無疑彌足珍貴。

汲冢出土書簡經校訂整理,即形成所謂《古本竹書紀年》。此文本夾雜著不少異同與錯亂,一直流傳至宋代,遂散佚於兩宋之際。乃至明代,學者根據古文獻中的引文,將殘存其中的《古本竹書紀年》片段與其他資料雜糅合一,再次僞作,遂形成所謂《今本竹書紀年》。此文本雖附梁代沈約(441—513)之注,然畢竟乃後代之僞作與重編,無論如何難以可信。然此《今本》卻爲後人視爲真本。明清學人於研究《竹書紀年》之際,往往視《今本》爲核心問題。而自清代中期以來,隨著《竹書紀年》研究的日益深入,學界才逐漸注意到《今本》與古文獻之間的矛盾、異同,並對其真僞產生疑問。乃至朱右曾著《汲冢紀年存真》(1846),專注於保存《古本》內容,後經王國維進一步擴充、修正,最終能夠明確辨識、確定《古本》與《今本》之區別與真僞。

朱右曾、王國維研究《竹書紀年》,所依據的主要資料是北魏酈道元(469—527)《水經注》、唐司馬貞(約715)《史記索隱》等唐宋時期古文獻中所引的《竹書紀年》片段。其中,《水經注》主要以《竹書紀年》作爲考證地名之依據,茲姑且不論之。然尤爲引人注目者,乃《史記索隱》引用《竹書紀年》時所持之態度。《索隱》因其引用《竹書紀年》內容之多而著稱,但此並非基於對《竹書紀年》之信賴。譬如,《燕世家·索隱》之中,司馬貞明確指出:"然《紀年》之書多是僞謬,聊記異耳。"此外,此書引用《竹書紀年》時,亦多次直言謂之"妄"、"謬"。由此可見,司馬貞對於《竹書紀年》並非持信任態度,而僅以記錄異説的方式加以引用而已。不僅如此,《竹書紀年》散佚於兩宋之際,亦可證明此書於當時並未獲得學界普遍信賴與認可。即便當時學人並未充分認識到出土文資料的史料價值,亦無法改變《竹書紀年》於當時並未被視爲可靠史料的事實。

二、《竹書紀年》與《資治通鑒》

如上所述,唐宋以來,學界一直秉承審慎態度傳承《竹書紀年》文本,而對於《竹書紀年》可信度之提升具有劃時代意義的歷史事件,恰恰也發生於宋代。即司馬光(1019—1086)的編年體史書《資治通鑒》及《資治通鑒考異》(1084)的問世。《史記》中關於戰國時代的記事,與《竹書紀年》存在諸多矛盾。《史記》爲紀傳體史書,其矛盾多見於各本紀、世家、列傳等之間,或與其他書、表相互抵牾。紀傳體史書各部分彼此獨立,未必要求絕對的統一和協調,且於當時的史學水平之下,細緻整合,恐非易事。然編年體史書則要求在一定程度上必須調和矛盾,使之在時間上和邏輯上趨於統一。

因此,司馬光於編撰《資治通鑑》之際,對《史記》中的矛盾進行了諸多細緻的修正,尤其對魏國世系與紀年所作的調整,值得關注。

《史記》記有孟子與魏王會面之事。據《魏世家》和《六國年表》記載,魏惠王(即《孟子》所謂之梁惠王,《竹書紀年》稱之爲惠成王)在位三十六年(前370—前335),且於三十五年(前336)會見孟子。而後,襄王繼位,在位十六年(前334—前319),繼之爲哀王,在位二十三年(前318—前296)。然而,《資治通鑑》卻採杜預(222—284)《左傳後序》(282)中所引《竹書紀年》之說,主張《竹書紀年》中所謂之惠成王於三十六年改元,之後再從元年開始紀年,於十六年薨逝。換言之,《史記》誤將惠王之後的年號,誤作後王年號。且由於《世本》沒有記載哀王在位年數,便根據《竹書紀年》之記載,認爲"今王"當爲襄王。故而,《史記》中的哀王年號及紀年,應當歸於襄王之紀年。另一方面,《資治通鑑考異》則採裴駰《史記·魏世家集解》所引荀勖之說"惠成王立三十六年,改元稱一年,改元後十七年卒",主張惠王于三十六年改元,改元之後十七年薨逝。朱子(1130—1200)於《資治通鑑綱目》(1172)中,亦承襲《資治通鑑考異》之說。

由於《資治通鑑》賦予《竹書紀年》高度的史料可信度,遂使之得以獲得嶄新的歷史定位。同時,《資治通鑑考異》亦謂《竹書紀年》"既魏史所書魏事,必得其真,今從之",即《竹書紀年》作爲魏國史書,其所記魏國之事當然可信,故而如今從其所載。然筆者以爲,此說不過一種辯解之辭而已。倘若《竹書紀年》果真是魏國信史,魏國紀年中可據此補正者,何止惠王一人?譬如,前二代之文侯(《史記》載其在位三十八年,《竹書紀年》則記爲五十年)與武侯(《史記》載其在位十六年,《竹書紀年》則記爲二十六年),此類紀年亦應據此修正。然對此,《資治通鑑》並未言及。由此可見,《資治通鑑》依據《竹書紀年》,僅訂正惠王紀年,並非純粹出於對《竹書紀年》的信賴,其背後必定另有原因。

朱子《孟子集注·孟子序說》(1177)云:"按《史記》:'梁惠王之三十五年乙酉,孟子始至梁。其後二十三年,當齊湣王之十年丁未,齊人伐燕,而孟子在齊。'故古史謂:'孟子先事齊宣王後乃見梁惠王、襄王、齊湣王。'獨孟子以伐燕爲宣王時事,與《史記》、荀子等書皆不合。然《通鑑》以伐燕之歲爲宣王十九年,則是孟子先遊梁而後至齊見宣王矣。然《考異》亦無他據,又未知道孰是也。"可見,《資治通鑑》所依據的杜預《左傳後序》之說,原本以今王爲哀王,但《資治通鑑》並未遵循此說,而是另據《世本》記載,以今王爲《孟子》書中之襄王。此外,對於田齊紀年,《資治通鑑考異》在未明示任何根據的情況下,竟將齊威王(前378—前343)三十六年的在位年限延長十年,改爲四十六年,並將宣王(前342—前324)和湣王(前323—前284)在位年限推遲十年,且湣王在位年限還被縮短了十年。由此可見,此類修改,並非直接依據《孟子》。至於惠王改元的問題,當然與惠王稱王之事有關,卻與《孟子》無直接關係。蓋司馬光另有考量,才做如此修改。

　　然則,《資治通鑑》之所以對《史記》、《孟子》中矛盾之處做如此修正,究竟是出於何種考量? 筆者認爲,其原因大抵有三:

　　首先《史記·孟子荀卿列傳》記載,孟子先遊事於齊宣王,後會見梁惠王。而《孟子》首篇《梁惠王篇》之開篇五章,先記孟子與惠王的會面及問答,後記孟子與梁襄王會面,自第七章起,再記孟子與齊宣王的問答。若以此推斷孟子之遊歷順序,則明顯與《史記》所載矛盾。事實上,《資治通鑑》修訂此處之時,將《史記》問世以來,從無異見(如趙岐《孟子題辭》及《風俗通·窮通篇》所述)的"先齊後梁之"說,改爲"先梁後齊"。乃至朱子所著《資治通鑑綱目》,更進一步指出,惠王薨逝、襄王繼位之年(前319),孟子去魏適齊,故孟子滯留梁國凡十八年。

　　其次,《梁惠王篇》載惠王對孟子述其治世之言:"東敗於齊,長子死焉;西喪地於秦七百里;南辱於楚。"《魏世家》中則改述爲"兵三折於外"。由此可知,惠王統治期間,魏國接連敗於齊、秦、楚三國。雖然"敗於齊""喪地與秦"確有相應的歷史記錄,然關於"南辱於楚"[①]一事,無論《魏世家》或《楚世家》,均未提及。據史料所見,魏國敗於楚國,乃襄王十二年(前323)之事。若依此而論,則惠王竟然述其死後之事。唯將襄王之治世視作惠王之治世,方可化解其中矛盾。

　　此外,魏王稱王的問題亦值得深入探討。《梁惠王篇》中,孟子自與惠王初見,即稱之爲"王"。而《魏世家》則記載:"襄王元年,與諸侯會徐州,相王也。追尊父惠王爲王。"可見,魏國君稱王始於襄王,惠王乃追尊之王號。因此,《史記》修正《孟子》中所稱之"王"爲"君"。但是,若承認孟子於惠王三十五年(前336)曾訪魏,則此矛盾難以化解。後世學人主張,若孟子於惠王改元之後十五年(前320)前後抵達梁國,則前述矛盾或可迎刃而解。然而,即便不採此説,若將惠王治世延至襄王之時,視惠王爲後稱王之國君,[②]則《孟子》中將"君"追尊爲"王",亦爲合理之解釋。

　　另外,司馬光於《資治通鑑》中究竟爲何恣意修改田齊紀年?《燕世家》記載,易王(前332—前321)即位之初,"齊宣王因燕喪攻之,取十城",後因蘇秦遊説而歸還之。

---

　　① 宋翔鳳《孟子趙註補正(一)》以爲,《史記·魏世家》所載"惠王十九年諸侯圍我襄陵"之事,與此相關;而季本《孔孟事蹟圖譜》及金履祥《孟子集註考證》則以爲,惠王十八年魏國攻拔趙都邯鄲之時,"楚因使景舍起兵救趙"、"楚取睢、濊之間"等今本《戰國策》所載者,即指此事,且此段記載亦爲《資治通鑑》所採。

　　② 關於改元之記事,最早見於《史記·周本紀》與《秦本紀》,所載秦惠王於十三年(前325)稱王,翌年改元。而《竹書紀年》與《資治通鑑》所記之改元,當皆承襲此故實。關於其中之微妙差異,請參照錢穆:前揭書,九二:齊魏會徐州相王乃魏惠王後元元年非魏襄王元年辨。

其後,燕王噲(前 320—前 314)五年,因讓國相子之,導致在位第七年時國内大亂。齊湣王受諸將及孟子之勸諫而伐燕,誅殺燕王與子之,滅燕。然兩年後,燕人復立太子平爲燕昭王(前 311—前 279)。關於齊國伐燕,《燕世家》記載以上兩事,《田齊世家》中未見任何相關記録,而《孟子》中卻有與之相應的記事。《梁惠王篇》提及齊宣王伐燕,《公孫丑篇》亦載"齊人伐燕",孟子因而遭受"勸齊伐燕"之非議。① 又記録了燕人叛亂之事,與《燕世家》中第二條記載一致。此外,同篇所述,皆稱齊王爲"王"。朱子亦指出,《荀子·王霸篇》所記伐燕之事,發生於齊閔王時。而《戰國策》關於此事的記載更爲複雜。該書《齊策》記載伐燕之事一項,同書《燕策》則記載兩項。其中《燕策》所記兩項分别對應《燕世家》中兩次伐燕之事,但均以"宣王"爲王名。而《齊策》中之一例,則對應湣王伐燕之事,且與《孟子》所記類似,僅稱王名爲"齊王"。但值得注意的是,東漢《戰國策》高誘註中,齊王注爲"宣王"。

今本《戰國策》乃自北宋曾鞏(1019—1083)以來的再編文本。據《崇文總目》(1041)所引其《序》所言,原三十三卷本《戰國策》已於北宋初期散佚亡闕二十二卷,且所失者未附高誘注,故今本之信憑度不免頗受質疑。又據引用例,司馬光似乎曾參考過此再編本,但其中亦有問題。而附高誘注之部分仍流傳於北宋年間,司馬光理應親目之。是故,無高誘注之《燕策》所記伐燕兩項,暫可視爲後世竄入,無需過多討論。當前須關注者,乃附高誘注之《齊策》所記伐燕一項,其注釋中,將本應爲"湣王"之齊王,註爲"宣王"。若高誘所註無誤,則凡涉及伐燕之王者,皆非宣王所稱,而隨之而來的問題則愈加複雜。

如同後世諸多學人所爭議,《孟子》中兩篇關於伐燕的記載頗具疑點。後世尊奉爲"亞聖"的孟子,居然參與齊國兩次伐燕之事,尤宣王乘燕國喪亂之機伐燕,並發表"取之而燕民悦,則取之"的言論,實在令人費解。更有甚者,《梁惠王篇》中所載者,不僅有孟子的可疑言論,且描述了"齊人伐燕,取之"、"諸侯將謀救燕"之局勢。當時宣王詢問孟子意見時,孟子答曰:"若殺其父兄,繫纍其子弟,毁其宗廟,遷其重器,如之何其可也?"又曰:"王速出令,反其旄倪,止其重器,謀於燕衆,置君而後去之,則猶可及止也。"然若僅就齊國伐燕取十城而言,孟子此番言辭未免過於誇大。此外,《齊策》中記載"三十日而舉燕國",《梁惠王篇》則有"五旬而舉之",二者相符。將其與前述高誘注相稽考,不難得出以下結論:雖然《孟子》書中兩篇分别記載伐燕之事,且將"宣王"與"王"分開描述,頗具疑問,但實際上,兩篇記載指向的應爲同一事件。伐燕者,

---

① 關於此事件之詳細,請參照拙稿:《高叟與子弓》,《敘説》,第五輯。

或即爲宣王。此説似乎不無道理。事實上,《資治通鑑》亦載,宣王伐燕時僅取十城,而孟子在梁,並未參與其事。

若齊國兩度伐燕皆於宣王時代,則《史記》、《荀子》所載自然有誤。然而,根據資料實證,燕國紀年基本無疑點。孟子關涉之燕王噲七年伐燕之事,應發生於《史記》中齊湣王十年。而南宋考古學家葉大慶於《考古質疑》卷二(1226)中既已明確指出,田齊紀年於某些方面確實有待商榷。《越世家》記載,齊威王時,楚威王"破齊於徐州"。此徐州之戰,於《田齊世家》與《六國年表》中均有明確記載,且可確定發生於齊宣王十年(前333)。翌年,即齊宣王十一年,齊伐燕,並取十城。若《燕策》確實可信,則該事件亦可歸屬於宣王時代。因此,可以推論《史記》紀年存在錯誤,齊威王在位年限應該延長十年,且宣王應在此後即位,隨後發動伐燕之戰。事實上,《資治通鑑》所載恰好與之相符,亦將威王在位年限延長十年。若以此類推,則齊湣王與宣王的在位年限皆應順延十年,原本所謂湣王十年伐燕,實爲宣王末年之事。如此,即可解決《史記》與《孟子》書中關於伐燕記事的矛盾。《資治通鑑》乃或基於此種推斷,調整、修正了田齊紀年。

另一方面,如是補正亦導致出現了若干缺陷。《公孫丑篇》所述伐燕之王,爲燕人所叛後,曾感到"吾甚慚於孟子",且此王既非宣王,亦非湣王。另外,孟子在燕人叛亂(前312)之後,致仕離開齊國。途中曰:"由周而來,七百有餘歲矣。"根據當時公認官修史書《漢書·律歷志》所引劉歆(?—23)《世經》所述,武王克殷乃於公元前1122年。由此推算,孟子所謂"七百有餘歲"之下限,當對應《史記》所載之宣王末年(前324)。此乃矛盾之一。另外,孟子當時年事已高,以"叟"之高齡前往魏國,且滯留魏國長達十八年之久,卻未得重用,且其在魏期間可考之事跡亦爲數不多。其中究竟有何因由?就此,後世學人不斷反思和探討。最終援用《竹書紀年》,補正魏紀年,並比對《史記》自身的矛盾,進而調整田齊紀年,最終解決了《史記》與《孟子》之間的矛盾。這不僅讓《竹書紀年》得以展現其輝煌的史料價值,同時亦揭示了《史記》於史料信憑度方面的不足與局限。

誠然,《資治通鑑》補正田齊紀年,確實有所依據。然《資治通鑑考異》中,並未説明根據,僅因其年恰爲十年而改之,故而引發後世學界質疑。朱子質疑其"另無他據",或僅爲契合史實而無根據地延長了十年。朱子友人呂祖謙(1137—1181)於其著《大事記》(1180)中,亦延長十年宣王的在位年限,至二十九年,且維持威王紀年不變。此舉看似無明確理由,但並非無蹤可尋。早在南宋初年,胡宏於《皇王大紀》(1141)中既已主張，關於發生於威王薨逝兩年後的馬陵之戰（前341）的相關記載中，可見宣王之名；燕王噲伐燕事件之相關記載中，亦可見宣王之名，且二者中皆可見《梁惠王篇》中孟子的言辭。這表明伐燕事件實際發生於同一時期，唯其體理由與繫年尚不明確，但宣王在位年限被延長，卻是無可否認的事實。延長宣王在位年限，蓋出於對《資治通鑑》修正馬陵之戰年代做法的質疑。馬陵之戰原本爲宣王時期之事，而於《資治通鑑》中則置於威王時期，與《史記》及《戰國策·齊策》的記載不符。另外，呂祖謙一直傾向於胡宏之學，故採胡宏之説，延長宣王在位年限，亦屬自然。而關於魏紀年，二者雖大抵承襲《資治通鑑》之説，然《大事記》又以《竹書紀年》中的戰國紀年爲信史，並據之，對魏紀年進行了或多或少的補正。

至於田齊紀年，早在南宋時期既已存在異説。然補正魏紀年則採《大紀》、《大事記》及《資治通鑑考異》中所謂的十七年説，且此説亦爲朱子《資治通鑑綱目》所承襲。而朱子於《孟子序説》中，則明確指出《史記》與《孟子》之間的矛盾。不僅如此，《史記》、《孟子》及朱子《孟子集注》，一致認爲《孟子》書中兩篇伐燕之記事，皆發生於燕王噲時期。從朱子其人及其著作之影響力而言，亦不難想象後世學人對其説之態度。

誠然，即使於此時期，邵雍（1011—1077）《皇極經世》及蘇轍（1039—1112）《古史》等論著中，亦沿用《史記》之紀年。即便如此，此等作品同樣認爲《史記》與《孟子》之間存在矛盾，且嘗試補正。此外，《孟子》中兩篇伐燕之記事，同樣被視爲燕王噲時代之事件。在此背景之下，蔡模於《孟子集疏》卷二中，提出伐燕乃湣王時期之事，且推測孟子門人弟子蓋因先師孟子之緣故，而有所避諱，遂改稱伐燕爲宣王時期之事。另據黃震（約1256）於《黃氏日抄》卷三中所引鄉人蔣曉之説，兩篇伐燕應嚴格區別爲宣王與湣王之兩次事件。然而，此類見解並未獲得廣泛認可，反而《資治通鑑》所主張之補正説及伐燕一時説大獲全勝，成爲學界主流觀點。最終，《史記》與《孟子》內容不符，成爲學界共識，如何補正、整合之，亦成爲學者研究之重要課題。

明代以來，孟子生卒年及壽年之傳説開始盛行，導致問題愈加複雜。《資治通鑑》及朱子之時代，或因當時並無相關記載之緣故，尚未視孟子生卒年爲問題。而清代部分學者雖偶爾引用《史記索隱》，然其中亦無相關記載。乃至明代陳士元《孟子雜記》（1571），導致一種新説開始盛行。其書所引孟子四十五代孫——宋人孟寧（1009）所傳《孟氏譜》曰："孟子以周定王三十七年四月二日生，赧王二十六年正月十五日卒，壽八十四歲。"明代都穆《聽雨紀談》及田藝蘅《留青日札》中亦引《孟氏譜》之説，可見此説廣泛流傳於明代。雖然如此，其可信度卻並不高。周定王（前606—前586）於孔子生前三十五年在位,在位僅二十一年,並無在位三十七年之説。若將其視爲貞定王(前468—前441),則僅在位二十八年,亦無三十七年之説。此外,《孟氏譜》之説似與其他記載有所呼應。金貞祐元年(1214)所立孫弼之《鄒國公墳廟之碑記》①有載:"孟子,鄒人也。孔子後三十五年而生,時周定王三十七年。"此文亦見於元代張頤《孟母墓碑記》②(1295),且爲張氏所論駁,蓋此説似有古遠之來歷。

就孟子生卒,陳士元則自赧王二十六年逆推,提出孟子應生於烈王四年之説。然則,若依此推算,孟子初見魏惠王之時,年僅三十七歲,焉能謂之"叟"? 因此,陳氏又謹慎地推測:"竊疑'定'或'安'字之訛",並進一步推論:"疑孟子或生於安王初年,卒於赧王初年,亦未可知也。"筆者看來,陳氏之見解較於後世諸多論議,更爲卓越。

或受陳士元説之啓發,清儒周廣業(1730—1798)於《孟子四考》中,引據潘彦登《孟子生日考》,提出"'定'爲'安'之誤,'三'爲'王'之訛",並判斷孟子應生於"安王十七年(前385)",進而覈之於孟子壽八十四歲之説,假定孟子卒於"赧王十三年(前302)"。此外,周氏亦引孟衍泰《三遷志》中所載瞿九思之説,認爲孟子"生於烈王四年(前372),卒於赧王二十六年(前289)"。如是,關於孟子生卒年及其壽命之諸説,漸次流傳世間,且隨時間之推移,逐漸具備一定合理性。然而,此類推定亦使孟子之生平及其遊歷活動,以及《孟子》與《史記》之間諸多矛盾等問題,因涉及行年問題,而愈加錯綜複雜。

其實,早在明代,既已有季本(1485—1563)《孔孟事跡圖譜》(1554)、郝敬(1558—1639)《孟子説解》卷首所載《孟子遺事》以及孫羽侯《孔孟世論》等,與陳氏之説大抵一致的論著。此類論著皆認爲孟了大致生於安王初年。然言其紀年之依據,季氏之魏國紀年依據《史記》,齊國紀年依據《大事記》;郝氏依據《資治通鑒》;孫氏依據《史記》。此外,據聞另有以元代程復心(約1308)之名所傳《孟子年譜》者,實爲明代譚貞默《孟子編年略》之訛傳本。該書中,魏惠王之年代被直接下移至襄王之時,同時採納了孟子生於烈王四年之説。"烈王四年生"説亦見於以《資治通鑒》爲主要依據的秦榛《孟誌》。譚氏之説以爲,若孟子生於烈王四年,則面見惠王時的年齡過於年輕,故以《竹書紀年》所載文侯、武侯在位年數明顯過長爲由,推測惠王之年代應當下移。事實上,後世亦漸多採《竹書紀年》之説,認爲孟子大致於後元十四、十五年,即惠王晚年時期抵達魏國。此説遂成爲學界主流,其淵源或可追溯至此。

---

① 引自陳鎬《闕里志》(1505)、史鶚《三遷志》(1552)。
② 引自陳鎬《闕里志》(1505)、史鶚《三遷志》(1552)。

　　清儒之中，關於孟子之生年，雖仍有少數學者採"安王初年"説或"安王十七年"説，然"烈王四年"説則成爲絕對的主流學説。其原因之一或在於，《孟子・公孫丑篇下》中提及魯平公之謚號，可見孟子應在世至其後。而若以此推論，《六國年表》載魯平公卒於周赧王十九年（前296），若孟子生於安王十七年，則此時已達九十歲高齡。此年齡不僅與壽八十四歲之説不符，亦難以與其行事契合。如此，若採惠王三十五年會見之説，則孟子年齡亦將出現矛盾。然從孟子與惠王對答內容而言，下移會見時期至後元末年，或更爲妥當。倘若如此調整，則孟子參與齊宣王伐燕取十城之事，完全可以因年齡因素忽略不計。此外，如此調整，亦巧妙解決了自《資治通鑒》以來困擾歷代學者之諸多難題，既合理又具説服力。因此，此説爲大多數學人所接受。

　　清儒之説，實可謂多種多樣，異説紛紜。僅《孟子編年》、《孟子年譜》之類論著，筆者既已粗略翻閱近三十餘種，而其內容竟無一相同，堪稱奇觀。同樣基於《孟子》之書，同樣依據戰國紀年進行推論，爲何結論各異？其中原因，實不難理解。茲試舉若干典型，以作示例。

　　閻若璩（1636—1704）於《孟子生卒年月考》、《孟子考》中，依據《史記》紀年，試圖上調宣王伐燕之年十九年；臧庸（1767—1811）於《拜經日記》中，同樣依據《史記》，認爲《孟子》之記事順序即爲孟子遊歷之順序；王懋竑（1668—1751）《白田草堂存稿》及錢大昕（1728—1804）《十駕齋養新録》之中，皆將《孟子》中的"宣王"改作"湣王"，並認爲所有伐燕之事皆發生於湣王時期；周廣業《四考》主張孟子生於安王十七年，關於魏國紀年，則採《資治通鑒考異》之説，考定齊桓公在位年限爲十九年，將威王與宣王視爲同一人，共計在位三十六年，湣王則在位三十七年；潘眉《孟子遊歷考》中，關於魏國紀年採《資治通鑒》之説，考定齊桓公在位年限爲十八年，以下歷代主君在位年數均下調十二年；張宗泰（1750—1832）《孟子七篇諸國年表》及狄子奇《孟子編年》（1831），皆沿襲《大事記》之説；曹子升《孟子年譜》，將威王與宣王之在位年數各增加十年；仁兆麟於《孟子時事略》（1776）中，主張魏國紀年應依據《資治通鑒》，齊國紀年應依據《史記》，且認爲燕易王與燕王噲實爲同一人。

　　以上所列清儒諸説，可謂異説紛紜，莫衷一是。此外，孟子遊歷尚涉及"先達齊國"或"先至梁國"，"兩度適齊"或"兩度適梁"，以及"伐燕一次"或"伐燕二次"等諸多問題。加之，"安王十七年"説與"烈王四年"説交織混亂，導致研究愈發繁雜，難免陷入極端混沌之境。①

　　諸多清儒論著之中，任啟運（1670—1744）《四書約旨》（1740）卷首之《孟子考略》雖論述簡明，卻嘗試全面依據《竹書紀年》對魏、齊兩國紀年進行補正。隨著時間推移，陳寶泉《孟子時事考徵》（1800）、林春溥（1775—1861）《孟子時事年表》《孟子列傳纂》（1826）、魏源（1794—1856）《孟子年表》、雷學淇《介菴經說》卷九中之《戰國年表》等，僅依據《竹書紀年》進行研究的論考相繼問世。尤魏源者，甚至主張除《竹書紀年》外，其餘紀年皆難以憑信，且對今王二十年以後之年代考定持保留態度。

　　另外，雷學淇《考訂竹書紀年》及朱右曾《汲冢紀年存真》，依據《竹書紀年》編纂《周年表》；林春溥《戰國紀年》、黃式三（1789—1862）《周季編略》、梁玉繩《史記志疑》（1783）等論著，皆視稽合《竹書紀年》爲不可或缺的基礎研究。

　　由此可見，在《竹書紀年》研究方面，清末對戰國紀年的考證達到巔峰，亦成爲順理成章之事。若《竹書紀年》堪信，則至少於戰國紀年方面，應依此進行大規模補正，歷史或因此而被改寫。誠然，《資治通鑑》確實賦予了《竹書紀年》一定的可信度，但關於魏紀年和齊紀年，依然持首鼠兩端之態度。即使《資治通鑑》中就此問題既已作出種種解釋，然並不能消除疑點，徹底解決問題。這也使後世學人在各自的研究中走了不少彎路。而晚近學人之戰國紀年研究，正是承接前人之業績而成。而如今位居主導地位的《竹書紀年》，是否果真具有無可置疑的可信度？筆者以爲，此問題仍值得深究。

三、《史記》與《孟子》的矛盾

　　言歸問題之初。既已亡佚於兩宋之際的《竹書紀年》，之所以再次備受關注，正是由於《史記》與《孟子》間存在矛盾。且今之學者亦普遍認爲二者之間存在矛盾。然二者之間是否確實存在矛盾？筆者以爲，究明此爲題，或可考量、評估《竹書紀年》作爲史料的可信度。爲簡化問題，茲以表格形式呈現，且就其中若干問題進行解釋。

　　關於孟子生卒之二説：一、安王十七年（前 385）—赧王十三年（前 302）；二：烈王四年（前 372）—赧王二十六年（前 289），八十四歲壽終。

---

　　① 關於此狀況，請參照新城新藏：《孔孟紀年》（收録於《高瀨博士花甲紀念支那學論叢》），第 22—23 頁。此研究於問題要點之析論，堪當近代學者論考之最優者。

西紀公元前	周	魏	齊	燕	宋	魯	孟子年齡	紀年 魏	紀年 齊	事件
336	顯王三三	惠王三五	宣王七	文公二六	剔成三四	景公八	50	惠成王三六	威王二一	孟子自鄒適任，自任適齊。（《告子下》）。適魏見惠王（《魏世家》、《六國年表》）。自范適適齊（《盡心上》）。
335	三四	三六	八	二七	三五	九	51	後元一	二二	
334	三五	襄王元	九	二八	三六	一〇	52	二	二三	諸侯會於徐州相王（《六國年表》）。追尊父惠王見齊（《魏世家》）。田嬰相齊（《孟嘗君列傳》）。天子致文武之胙於秦（《周本紀》、《六國年表》）。
333	三六	二	一〇	二九	三七	一一	53	三	二四	蘇秦領六國相印。張儀入秦（《張儀列傳》）。秦惠王以其女為燕太子婦（《燕世家》）。楚破齊於徐州（《楚世家》、《六國年表》）。
332	三七	三	一一	易王元	三八	一二	54	四	二五	齊宣王因燕喪伐取十城（《燕世家》）。蘇秦使齊（《燕召公世家》）。孟子適魏見襄王（《梁惠王上》）。
331	三八	四	一二	二	三九	一三	55	五	二六	
330	三九	五	一三	三	四〇	一四	56	六	二七	魏入少梁、河西地於秦（《魏世家》、《六國年表》）。孟子去魏。
329	四〇	六	一四	四	四一	一五	57	七	二八	楚威王卒（《楚世家》、《六國年表》）。孟子在宋，見滕世子（《滕文公上》）。

续表

西紀公元前	周	魏	齊	燕	宋	魯	孟子年齡	紀年 魏	紀年 齊	事件
328	四一	七	一五	五	王偃元	一六	58	七	二九	魏上郡盡入於秦《魏世家》、《六國年表》。滕定公卒。五月居廬。孟子在鄒問喪。孟子適滕（《滕文公上》）。滕文公服喪二十五個月。
327	四二	八	一六	六	二	一七	59	八	三〇	
326	四三	九	一七	七	三	一八	60	九	三一	孟子在鄒，單戰問井地（《滕文公上》）。文公問治國，陳相改革，許行，陳相適滕《滕文公上》。
325	四四	一〇	一八	八	四	一九	61	一〇	三二	齊襄下寧士之盛《田敬仲完世家》。
324	四五	一一	一九	九	五	二〇	62	一一	三三	蘇秦奉齊《蘇秦列傳》、《燕召公世家》。
323	四六	一二	湣王元	稱王一〇	六	二一	63	一二	三四	燕君稱王《燕召公世家》、《六國年表》。楚破魏於襄陵《魏世家》、《六國年表》。
322	四七	一三	二	一一	七	二二	64	一三	三五	一說魯平公卒《魯周公世家》。
321	四八	一四	三	一二	八	二三	65	一四	三六	齊封田嬰於薛《田敬仲完世家》、《六國年表》。孟子在滕《梁惠王下》。
320	慎靚王元	一五	四	王噲元	九	二四	66	一五	宣王元	齊湣王迎婦於秦《田敬仲完世家》、《六國年表》。
319	二	一六	五	二	一〇	二五	67	一六	二	孟子適齊，於崇，得見王（《公孫丑下》）。不受祿。去時，饋百金而不受（《公孫丑下》）。

续表

西紀公元前	周	魏	齊	燕	宋	魯	孟子年齡	紀年 魏	紀年 齊	事件
318	三	襄王元	六	三	稱王一一	二六	68	今王元	三	宋君稱王（《宋微子世家》、《六國年表》）。孟子在宋（《滕文公下》）。遇宋牼（《六國年表》）。由薛赴齊，於齊爲卿（《公孫丑下》）。遇滕（《公孫丑下》）。孟子遭遇前喪（《梁惠王下》）——喪母，在魯服喪二十五個月。二十一二十五個月。
317	四	二	七	四	一二	二七	69	一	四	孟子服喪在魯。
316	五	三	八	五	一三	二八	70	二	五	孟子爲滕文公師。燕王噲讓國於子之（《燕召公世家》、《六國年表》）。沈同問孟子伐之（《公孫丑下》）。公行子（賓爲滕潛子之）有子之喪（《離婁下》）。服喪一年。孟子執政。饋兼綵棠（《公孫丑下》）。
315	六	四	九	六	一四	二九	71	三	六	秋，滕王執政。
314	報王元	五	一〇	七	一五	平公元	72	四	七	高子由齊使燕（《告子下》、《盡心下》）。伐燕（《公孫丑下》、《盡心下》）。梁襄王（《盡心下》）。孟子遭遇後喪（《公孫丑下》）——喪妻孟仲子，返回魯國安葬。
313	二	六	一一	八	一六	二	73	五	八	孟子自齊葬於魯，返於齊，服喪一年。
312	三	七	一二	／	一七	三	74	六	九	燕人畔，致爲臣而歸（《公孫丑下》）。孟子自齊而歸魯，不復再出。八十四歲壽終。
311	四	八	一三	昭王元	一八	四	75	七	一〇	／

此表乃完全依據《史記》與《孟子》所編,旨於檢討二者矛盾之所在,故未參據其他資料,尤《戰國策》者,實不堪參考。表中內容,若視《史記》記載爲可堪信之史料,則其與《孟子》之間最值得關注之處,有以下七點:

(1)魏惠王三十五年,孟子赴魏。

(2)齊宣王十一年伐燕,孟子是否參與伐燕,是爲疑點。

(3)齊湣王三年,田嬰封於薛,是時滕文公在位,孟子亦在滕。文公爲世子時,嘗於宋國與孟子會面,其具體年代或可追溯更早。

(4)宋君偃十一年稱王,是時孟子在宋。同年,楚爲盟主,五國擊秦。

(5)(6)(7)燕王噲五年讓國之時,孟子在齊;七年伐燕之時,亦然;其後兩年,燕人畔,孟子辭臣而離齊。

此外,孟子之遊歷行程亦大抵呈現於表中。然筆者並無意論駁前輩學人關於孟子遊歷事跡之著述,而僅就重點問題,淺談鄙見而已。

首先,需討論“先齊或先梁”之問題,即孟子是先達齊國,還是先至梁國? 就此,需注意《離婁篇下》中所載:“儲子曰:‘王使人瞷夫子,果有以異於人乎?’孟子曰:‘何以異於人哉? 堯舜與人同耳。’”以及《盡心篇上》中所載:“孟子自范之齊,望見齊王之子,喟然嘆曰……”之兩段文字。

《孟子》中關於“齊王”的表述,大抵可分爲兩類:或稱“齊宣王”,或簡稱“王”。此點於《梁惠王篇》與《公孫丑篇》關於伐燕的記事中,表現得尤爲突出。黄震據此推論,兩篇所述之伐燕,實爲兩次不同事件,而後者所指之王,應爲當時仍在位,且未受謚號之湣王。而周廣業則於《四考》中,援引《梁惠王篇下》所記“莊暴見孟子,曰:‘暴見於王,王語暴以好樂,暴未有以對也。’曰:‘好樂何如?’孟子曰:‘王之好樂甚,則齊國其庶幾乎!’他日,見於王曰……”之文,駁斥黄氏之説。雖君臣對話中臣子稱主君爲王乃理所當然,然此處除對話外,其他敘述文之中亦屢次提及“王”。孟子嘗仕於此“王”,此點從後文中“臣請”之語可見端倪;然而,此“王”當爲宣王,此點從前後文語境中亦可推知。此與前述兩段文句呼應,尤需細心推敲。《史記》有載,孟子曾經既臣事於宣王,亦仕於湣王,故一般不應輕易以“齊王”稱之。然正如前文所引,“孟子望見齊王之子”,並爲此喟然而歎。由此可見,當時孟子尚未入仕齊國,對齊國事務尚不熟悉。另外,如“孟子將朝王,王使人來曰”等文,亦顯示孟子彼時尚未與王面識,何談仕於齊王?

《告子篇下》中亦有相關記述:“孟子居鄒,季任爲任處守,以幣交,受之而不報。處於平陸,儲子爲相,以幣交,受之而不報。他日,由鄒之任,見季子;由平陸之齊,不見儲子……”鄒、任、平陸三地位置相近。就行文脈絡而言,所記事件乃連續發生。不過,無論如何,儲子確實"以幣交"孟子。此處需註意,前文之中,孟子與儲子嘗有對話,而於此處卻言"不見儲子"。由此可見,引文中所謂"由平陸之齊"的時間,應早於前文。

據以上兩段引文可知,孟子曾於故鄉鄒地居住,是時季任嘗"以幣交"之。其後,孟子自鄒出發,經由任地,再至平陸,於平陸稍作滯留,是時儲子以"以幣交"之。隨後,孟子赴齊,但此時並未與儲子相見。然而,根據之後儲子的描述,王曾命人召見孟子,說明王當時尚不識孟子,顯然爲孟子赴齊前之事。而儲子又對王有所了解,因此此事件應當發生於孟子滯留平陸期間。文中言及之"王",並未指明具體人物。然而,考慮到湣王已故,孟子嘗仕於湣王的父王,且孟子理應既已成爲當時的名人,因此可推測,此"王"應當爲宣王,而所記之事乃孟子與宣王初次會面之經緯。

關於孟子遊歷路徑,亦可從"自范之齊……"之記述探討。孟子稱齊之主君爲齊王,且見其子而感歎,顯然此乃孟子仕齊之前的事,對齊國政事尚不熟悉,亦表明孟子仕齊之前,曾兩度訪齊。而此處之關鍵問題則在於"范"。[①]"范"爲春秋時期晉國大夫士會之邑,位於今山東曹州府范縣東南,乃魏國通往齊國之交通要衝。可見,此段記事應發生於孟子自魏來齊的時間內。另一方面,平陸則位於今山東省汶上縣北,此處齊、魯交界,乃孔子嘗任"中都宰"之地。

因此,綜合三段文獻,可推知孟子的遊歷行程:孟子先居鄒,經任、平陸,遂至齊。然孟子滯齊時間甚爲短暫,尚未熟悉齊國政務,亦未仕齊。隨即赴魏,自魏經范,遂再次抵達齊國。

學界研究孟子年譜者,就孟子幾度赴齊、幾度適魏之問題,常持不同看法。或以爲孟子僅一次赴齊,一次適魏;或主張兩次赴齊,兩次適魏;或認爲多次赴齊、魏。然若論及赴齊之相關記錄,除上述文獻以外,尚有《公孫丑篇》中的"於崇,吾得見王"、"孟子自齊葬於魯,返於齊,止於嬴"以及"孟子爲卿於齊,出吊於滕"等記載,可推測孟子曾多次前往齊國。儘管以上三段引文之間的關係尚待明確,且前兩段引文與孟子和齊國的關聯性不大,但從文獻資料的角度來看,孟子確實多次赴齊。

另外,與之相應者尚有《荀子·大略篇》,該書記有,"孟子三見宣王,不言事",且對於孟子未發言的原因,孟子答曰"吾先攻其邪心"等。孟子後爲宣王所用,且以雄辯之才著稱,而三見宣王時卻未曾開言。由此可見,《大略篇》所記顯然是在孟子與宣王初次會面時的情景。此事已成爲後世掌故,因此亦被收錄於《荀子》中。荀卿於公元前283年訪齊,蓋彼時所聞,後彙編入書。

---

① 宋翔鳳:《過庭録》五:《孟子事蹟考》;魏源:《古微堂外集》卷二:《孟子年表考》第一:適梁。

　　《孟子》僅録對話言語，不記事件經緯，是爲該書特色所在。倘若孟子初會宣王時，確實一言不發，此事則不會編入《孟子》書中，孟子本人亦不會爲宣王所用。因爲，宣王在會見前使人試探，説明其心懷不正。孟子自然會遠離如此“邪心”之主君，或赴魏國。因此，孟子對齊國之事務無所知曉，亦爲理所當然。

　　就當時歷史背景而言，孟子“先齊後魏”之説，亦不無根據。當時，宣王、惠王皆有招賢之舉。既然孟子名聲在外，自然頗受推薦。且齊、鄒相近，宣王亦有可能早已耳聞孟子大名，故而於會面事之前，遣人打探孟子情況。孟子亦可能因欲效力齊國，而自願前往平陸等待時機。然而，之後孟子雖受儲子幣交，卻終不見其人，故頗感冷遇。加之，孟子初會宣王時，又發覺其心存不正之念，故心生失望，遂離開齊國，且不以路遥爲懼，轉而奔赴魏國。以上内容，自《孟子》書中所載，亦可推測。由此可見，《史記》所言“先齊後魏”之説，並無不妥。唯孟子所謂之“游事”，絶非長期滯留齊地，而是短暫停留後，隨即赴魏。是時，惠王謂孟子“叟”，故孟子行年已過五十。若以惠王三十五年（前283），孟子年逢五十歲爲基準計算，孟子應生於安王十七年，故烈王四年之説不能成立。

　　孟子赴魏後，滯留時間極爲短暫。關於此點，可從《梁惠王篇》中關於孟子與魏襄王會見的記載中得以印證。文中有云：“望之不似人君，就之而不見所畏焉。”有學者認爲，孟子嘗滯留魏國，且長期仕於惠王，直至惠王薨，襄王立，孟子見襄王愚昧無能，方才決意離去。然而，如若孟子在魏停留時間稍長，至少應對太子的性格有所耳聞，甚至曾親目其人。而就會見之描述而言，孟子與魏襄王乃初次識荆。正如《孟子》書中所載其與惠王的對話極少，且其中提及“鴻雁麋鹿”，説明孟子當時確實身處魏國，卻並未聽聞太子之事，也未曾親目其人，隨後便離開魏國，經汜至齊。

　　如若孟子於惠王後元年間，即襄王於秦楚兩地連戰連敗之時，仍滯留於魏國，則絶無可能發“可使制梃以撻秦楚之堅甲利兵矣”之語。因爲，此類言辭顯然無法適應當時連年戰敗的現實局面。

　　另據《史記》記載，惠王當時尚未稱王，爲何於《孟子》中謂之“王”？此處亦令人存疑。所謂“徐州相王追尊”之事，僅見於《史記》，而學界對於《史記》就此事之記載大抵持懷疑態度，且《史記》本身於相關記述中亦多有矛盾。既然如此，何以視《孟子》中與“惠王”相關之記事爲可信？

　　無論翻閱何種經典，惠王皆以“惠王”之名記載，未見其他稱謂。毋庸置疑，《孟子》書中關於孟子與惠王會面的記録，無論具體發生於何時，惠王當時至少於國中既已尊稱爲“王”。其時，宣王亦已稱王。

　　如是，孟子短暫滯留魏國，或同年再度赴齊，而一場重大事件正等待著孟子——

387

《梁惠王篇》所載伐燕之事。此段記載乃同篇中齊宣王與孟子間的首次對話,蓋亦爲孟子第二次面見齊宣王時的對話。《齊宣王問》章中,宣王問曰:"齊桓、晉文之事,可得聞乎?"此問即顯示宣王已有稱霸天下的雄心。孟子則答曰:"然則王之所大欲可知已:欲辟土地,朝秦、楚,莅中國,而撫四夷也。以若所爲,求若所欲,猶緣木而求魚也。"孟子所答正是對宣王的直諫,提醒宣王,追求霸業,猶如於樹上尋找魚類,徒勞無功。此時宣王正野心勃勃,一心成爲天下霸主,焉能納孟子之諫。宣王十一年,燕文公薨,易王即位,宣王乘燕國國喪之機,入侵燕地,連奪十座城池。然這場乘他國國喪而發動的不義侵略,激怒了諸侯。加之,易王乃當時强秦之少婿,故而秦國或成諸侯盟主,聯合其他諸侯,共同援燕伐齊。動蕩之中,燕國遣蘇秦要求歸還十座城池。最終,宣王不得不屈服,採納孟子的建議,歸還燕國十城。此即爲整個事件之經緯。

然則,誠如孟子所言:"若殺其父兄,係累其子弟,毀其宗廟,遷其重器,如之何其可也? 天下固畏齊之强也。今又倍地而不行仁政,是動天下之兵也。王速出令,反其旄倪,止其重器,謀於燕衆,置君而後去之,則猶可及止也。"若就當時齊國伐燕取十城之情形而言,似乎過於誇張。齊國僅奪燕地十城,孟子之言卻仿佛在描述攻陷燕都後的情形。然而,所奪十城之中,未必包括燕國都或下都。另外,孟子所言以"若"爲始,乃假設語氣,並非確定之語。孟子是時身處齊都,僅據風聞而未經戰事,對戰事之推測,顯然夾雜了想象與誇張的成分。雖然如此,所言亦爲合情合理。

此外,湣王時之伐燕,乃於燕國亡國兩年後,燕人叛亂之時。齊伐燕後,諸侯既已有救燕之舉動,而齊國並未即刻退兵。至於"置君",則應理解爲齊國對燕國主君輕蔑的稱呼,並非燕國無君之意。若是湣王時伐燕,彼時燕國仍稱王,"置君"應改作"置王",或更符合當時的實際情況。

儘管有此確證與黃震之指摘,然自《資治通鑑》以來,仍有不少學者將其混同於《公孫丑篇》中所載湣王伐燕之事。周廣業嘗駁斥黃震之説,然其論駁未能成立。除周氏例證之外,尚有其他關於稱宣王爲"王"或"齊王"的例子,此類例證與前文所述情況大抵相似。然而,需特別注意的是,周氏所引《莊暴見孟子》章中之例證,乃始於一段對話。因此,繼而出現的敘述文中之"王"並未稱謚。即便此證足以説明此"王"確係宣王,然亦不可僅憑此孤證,便視《公孫丑篇》中之"王"爲宣王。

是故,《梁惠王篇》與《公孫丑篇》中所載之伐燕,即宣王與"王"之伐燕,宜以宣王與湣王之事,嚴加區別。隨著先齊後梁之歷史狀況,及《孟子》書本身之情況愈發明晰,關於該書的諸多疑問亦大半可解。因此,筆者以爲,補正田齊紀年與魏紀年皆屬無用之舉,主張湣王十年當與宣王五、六、七年相對應的《竹書紀年》,亦無可憑信。且筆者還以爲,此問題若自《孟子》書中求解,仍有進一步探討的餘地。

前文所提及魏襄王會見孟子之事,是時孟子尚未知曉襄王之風貌與賢愚。此足以令人感覺孟子於惠王之側停留時日未久。同時,亦可見此次會見乃襄王初年之事。試想,若襄王已在位多年,則其賢愚之名,孟子理應有所耳聞;若此次會見發生在連年敗於秦楚之後,襄王斷不會卒然發"天下惡乎定"等暴露野心之言。

襄王即位之年,正值宣王伐燕二年之後。正如不少學人所言,孟子若確曾滯留魏國至襄王即位,其必久居魏國,至少二年。其間,襄王之外貌、賢愚,孟子必已耳聞目睹。且惠王葬禮曾因雨雪延期之事,亦見於《呂氏春秋・論部・開春論》中,無疑孟子當時既已知曉王之事,理應對王有所了解。至於孟子與襄王初次會見之年,魏國初敗於秦,喪失河西之地,恰逢襄王即位五年。而孟子於初見襄王時,觀其外貌,知其愚昧。當時,襄王之愚既已爲天下所知。若是此後孟子遙望襄王風貌,自然不會再驚訝於襄王之愚。

另外,《梁惠王篇》中所載宣王與孟子之問答,雖涉及伐燕之事,卻再無後續展開。孟子於再見宣王之初,便已察其霸心,並諫其行仁政,此事於宣王問答中已有明示。然而,儘管孟子如此進諫,宣王仍未能避免伐燕之失敗。故伐燕失敗後,失望至極的孟子隨即離宣王而去,轉投魏國新君襄王門下。是時襄王三年。

然孟子初會襄王時,答王問曰:"不嗜殺人者,能一之,孰能與之?"若襄王納諫,稍疏鬆軍備,則結果如何?遂敗戰之責歸咎於孟子。孟子或於襄王三年赴魏,襄王五年,爲秦所敗前後離去。

至少,有資料可推斷,襄王六年時,孟子已不在魏國。《滕文公篇》有"滕文公爲世子,將之楚,過宋而見孟子"之記事。另據《梁惠王篇下》所述,湣王三年,齊國爲封田嬰而"將築薛",此時文公已爲國君,並與孟子談及滕國面臨的威脅。誠如所見,文公作世子在此之前,具體時間無從考證。然而,同篇之中,文公提到滕國地處齊、楚之間,爲齊、楚兩國所視爲威脅,並問孟子若必選其一,應"事齊乎?事楚乎?"孟子答曰:"是謀非我所及也。"此言表明,無論如何選擇,滕國依然是齊、楚的威脅,無法改變。

文公身爲一國世子,必定有特殊原因才會親赴楚國,且其原因應足以打消齊國的疑慮。若文公入楚爲質,其往返途中拜訪孟子亦非不可能。此外,尚有一史實可作合理解釋:襄王六年,楚威王薨。若文公因此赴楚吊唁,齊國自然不會心生疑慮;若文公未赴楚吊唁,則必定激怒楚人。因此,文公或於赴楚吊唁途中,順路拜見孟子。儘管此舉有失謹慎,然其仰慕孟子之情,卻由此可見一斑。畢竟,文公受孟子影響,之後進行大規模的國政改革。

文公的國政改革絕非一蹴而就,而是經過多年積累,在不斷努力中漸次進行。首先,文公於三年之喪後,方才請教孟子,並依其教誨進行改革。而據許行所言,"今也滕有倉廩府庫"，顯示改革持續已久，並取得了相當的成果。從威王薨逝至"築薛"，經歷八年，這段時間無疑是改革的鋪墊與實踐階段。由此可見，孟子於宋會見文公，應當發生於襄王六年。襄王五年，孟子離開魏國後，便來到宋國。文公進行國政改革期間，孟子曾短暫離宋，回鄒故里，但隨後仍往復於鄒滕之間，繼續爲文公爲政獻計獻策。因此，這一階段孟子的行蹤並無可疑。

繼之，孟子的行蹤可追溯至築薛三年後，宋君偃稱王之時。是時孟子恰在宋。然《公孫丑篇下》載陳臻之語云："前日於齊，王饋兼金一百而不受；於宋，饋七十鎰而受；於薛，饋五十鎰而受……"。由此可推知，孟子當時初在齊，隨後由齊至宋，在宋地稍作停留，未久便前往薛地。是以，正如引文所示，孟子的行蹤順序應爲由齊至宋，再至薛。

與此相關之事，尚可見於《公孫丑篇下》所載"於崇，吾得見王。退而有去志，不欲變，故不受也"。此時孟子並未受禄。然此語似爲孟子於燕人叛亂、決意離開齊國時所言。此處之"王"，當指伐燕之湣王。孟子嘗於崇見湣王，且有離去之意，故未受禄。雖然如此，亦短期滯留齊國。《公孫丑篇下》中又有"我無官守，我無言責也"，可見孟子停留齊國數月之久。其後，雖被授百金，但並未接受，轉而前往宋國。此事應發生於湣王五年。次年，宋君偃稱王，另有以楚國爲盟主發動的五國擊秦之役。《告子篇下》有載，此時，孟子恰遇宋牼、石丘兩位和平主義者，此二人致力於阻止秦、楚之間的軍備競賽。此事應發生於孟子由宋赴薛的途中。

孟子仕於齊湣王之年，確可知爲湣王八年，即燕王噲讓國之年。其後兩年伐燕，繼又兩年，燕人叛亂，孟子因此辭官離開齊國。雖然孟子自兩年前開始仕齊，但其間之詳細經緯，無需詳述。正如前文所述，《公孫丑篇》中之"王"乃湣王，所述伐燕事件，亦發生於湣王時期，當與《梁惠王篇》中的伐燕事件相區別。

要之，《史記》與《孟子》兩書之間並非互相矛盾，而是相互契合，亦與《荀子》所載相符。視二者爲矛盾者，無非源自宋儒以來的曲解。而究其源頭，當可追溯至《戰國策·齊策》中的高誘注。高誘之所以刻意將"齊王"釋爲"宣王"，無疑受到當時《戰國策》文本之影響，而《戰國策》之原始文本形態，至今仍無法確定。事實上，早期《齊策》中有"三十日而舉燕國"，説明既已存在將《孟子》兩篇中的記載混合、交織的跡象。正如不少學者所言，今本《戰國策》與《竹書紀年》的記載，確有諸多相符之處，且此類相符之處，亦爲原始文本的遺存部分。因此，可以説，劉向於漢末所校録的秘藏宮中的《戰國策》與《竹書紀年》，無疑存在某種程度的内在關聯。

然而，《竹書紀年》中，無論魏紀年，或齊紀年，皆與《史記》、《孟子》、《荀子》所述存在顯著差異。無論是對歷史細節的處理，亦或對事件之理解，皆有失確實，其後世性顯而易見,絕非可信的史料。

（原載中國古代史研究會編《中國古代史研究》,東京:吉川弘文館,1960 年,第 189—221 頁。）

作者簡介:

山田統(1906—1976),日本東京人。東京帝大文学部中國哲学科 1932 年畢業。先後任法政大商業學校教諭,國學院大學教授、日本學研究所所員,新思想談話会幹事。學術研究領域爲中國哲學和中國上古史。著有《論語與孔子其人》、《中庸與墨子的思想》、《周代封建制度與血族聚團制》、《周初的絕對年代》。《山田統著作集》由明治書院於 1981 年出版。

譯者簡介:

見前《汲冢書出土始末考》篇末介紹。

《竹書紀年》的後世影響説

[日]山田統　著　吴　鵬　譯

　　筆者嘗撰文《〈竹書紀年〉與〈六國年表〉之魏紀年》（收録於中國古代史研究會編《中國古代史研究》），旨於探究《竹書紀年》的史料可信度，本文則爲該篇第四章。

　　所謂《竹書紀年》者，傳聞爲晉武帝咸寧五年（279），今河南省衛輝府汲縣人不準，於該地發掘魏襄王冢（亦有非魏襄王冢之説），出土竹簡古書十車七十五卷，凡十萬餘言。出土古書隨後爲官府所收，至太康二年（281），經荀勖（？—289）、和嶠（？—292）等儒者校訂整理後，方爲世人所知，是爲《古本竹書紀年》。然此《古本》散佚於宋代。乃至明代，學界開始蒐輯殘存於古代文獻中的《古本竹書紀年》斷片章句，並與其他文獻糅合，遂成《今本竹書紀年》之形。此《今本》長久以來爲學界奉爲真本。然清代中期以後，隨著《竹書紀年》研究之隆盛，清儒開始注意到，《今本》與唐宋以來古代文獻中所引《竹書紀年》章句之間存在矛盾，故疑其真僞。乃至清末，朱右曾撰《汲冢紀年存真》（1846），主張唯《古本》所載可信，唯《古本》是真。隨後，近代學人王國維（1877—1927），基於朱氏之説，對《古本》進行擴充與補正，而成《古本竹書紀年輯校》（1917），同時另撰《今本竹書紀年疏證》，力證《今本》乃後世僞作。自此，《古本》與《今本》之别及其真僞，方得以明確，且《古本》逐漸獲得學界廣泛認可。近時學人亦常以《古本》爲據，嘗試修正《史記》的古代年表，不斷推動相關研究的發展與深入。

　　誠然，《竹書紀年》於近時學界的聲譽與可信度日益提高，其中王國維的影響不可忽視。然而，賦予《竹書紀年》重大史料可信度的事件，實際發生於宋代，乃其書已近亡佚之時。即，司馬光（1019—1086）所編《資治通鑑》（1084）的問世。司馬光認爲，《史記》記事與《孟子》所載之間存在矛盾，故而依據《竹書紀年》，可訂正《史記》魏紀年中的惠王、襄王紀年。惠王與襄王皆爲《孟子·梁惠王》中所提及的人物，且孟子曾與二位君主會見。此亦爲《孟子》書中所載之著名史實。然而，《竹書紀年》所載魏國歷史，乃從惠王（《竹書紀年》中稱"惠成王"）之後的"今王"，即襄王開始推定，直至其在位二十年爲止。更爲重要者，《竹書紀年》所謂之"今王"未詳其名，且未記載其在位期間的全部事件,可見該紀年可能編纂於該王在世期間。因此,倘若此書果真出土於魏王舊冢,則可信度極高,作爲與孟子同時代的史料,對於研究孟子時代的魏國歷史,極富可信度。

《竹書紀年》所載魏王在位年限,與《史記》所記略有不同。據《史記》記載,惠王在位三十六年(前 370—前 335),襄王在位十六年(前 334—前 319),而哀王則在位二十三年(前 318—前 296)。然而,《竹書紀年》記載惠王於三十六年改元,又自元年開始紀年,直至十六年薨逝[此説源自杜預(222—284)《左傳後序》(282)所引《竹書紀年》,而《史記·魏世家·集解》亦引據《竹書紀年》,謂惠王於三十六年改元,又以元年開始紀年,改元後十七年卒]。隨後繼位的主君即所謂之"今王"。由此推斷,《史記》作者未知惠王改元之事,因此將惠王後元的紀年誤作襄王在位的年份。基於此,《史記》所載襄王之年應修訂爲惠王後元的紀年,而哀王之年則應改爲今王,即襄王之年。

由此可見,《資治通鑒》乃以《史記》與《孟子》中的矛盾爲出發點,對魏國兩位君主的紀年進行了修訂。朱子(1130—1200)於《資治通鑒綱目》(1172)中,雖採"後元十七年"之説,但亦承襲《資治通鑒》的基本觀點。另外,朱子於《孟子集注》(1177)卷首之《孟子序説》中,亦言明《史記》與《孟子》的記載不符,且以此爲出發點,詮釋、疏通《孟子》的經義。

眾所周知,形成於兩宋的"通鑒史學"與"朱子學",乃兩大學術權威,兩者均採信《竹書紀年》之説,其對後代學人的深遠影響,不言而喻。明代學人甚至輯佚《古本》章句,僞作《今本竹書紀年》,亦爲如此學術風潮的表象之一。

換言之,無論有無近世學人輯佚、重編的《古本竹書紀年》問世,《竹書紀年》自宋代以來,至少於"孟子研究"的學術範疇内,始終一貫具備史料可信度。直至清代中期以後,殊以近時爲甚,方始全面建立《竹書紀年》的權威史料地位,並以此爲依據,對《史記》戰國紀年,甚至溯及其古代紀年之整體,進行修訂與補正。此學術潮流的興起,可謂《竹書紀年》歷久彌新,成爲後世考證古代歷史不可或缺的依據。

然則,《竹書紀年》是否真的可堪憑信?筆者嘗於拙論《〈竹書紀年〉與〈六國年表〉之魏紀年》中,比較研究《史記》與《孟子》,證明兩者之間並非如某些學者所言存在矛盾之處,且其所謂矛盾之見解,實爲宋代以來之學者誤讀《孟子》所致。而《竹書紀年》則與上述古典的記載完全矛盾,故其信憑性難以立足。本文則主要深入探討《竹書紀年》所載古代紀年,説明其中的種種不實與矛盾,從而證明《竹書紀年》無論於時間之真實性,或於史實之準確性,都難堪憑信,其後世影響,顯而易見。

一

據傳，《竹書紀年》乃地下出土之物，僅就出土資料而言，似乎具有一定的可信度。尤其在考古學資料廣泛應用於古代史研究的當今學界，此書的史料可信度往往受到高度評價。然而，筆者對此仍存有諸多疑慮。

其出土地汲縣，據《史記·秦本紀》所載，莊襄王三年（前247），"蒙驁攻魏高都、汲，拔之"，自此汲縣便成爲秦、魏爭奪之地。又有《始皇本紀》七年（前240）記載"還兵攻汲"，與同年《魏世家》景湣王三年所云"三年，秦拔我汲"相符。此事亦載於《六國年表》，可見汲縣自此時起，始屬秦地，故其先前必爲魏地，無可疑問。

然而，據《竹書紀年》自述，魏國於惠王六年（前365）或九年（前362），既已遷都河南大梁，且改國號爲"梁"。若爲事實，則七十年後左右，魏王或大官①之墳塋竟能跨越河流，遷至遥遠的汲縣，實難令人信服。此事的可能性，無疑引發諸多質疑。

然就此點，《西京雜記》（卷六）〔據傳爲西漢末劉歆（？—23）或晉代葛洪所撰，實則或爲梁代吳均（？—520）所作〕中，記載西漢廣川王棄（疾）（前92—前70）嘗發掘魏襄王、魏哀王等之古墓。② 廣川王封地位於河北，正屬昔日魏地，從這一點來看，魏王之墓若設於河北，似乎並無不妥。然而，即便在此傳説中，該事件無論内容，或真實性，皆甚爲可疑。若採信此傳説，則關於所謂發掘魏王冢，與汲縣不準盗掘事件，二者之間究竟有何關聯，乃成一大疑問。

另外，關於孟子與襄王，即《竹書紀年》中所稱"今王"的會面問題，亦不容忽視。孟子不僅嘗會見襄王，亦曾與其父惠王會面。即便粗略計算，孟子亦當滯留魏國一至二年，且身爲賢者，必定頗受優遇。然如本文後文所論，孟子絕然不會對古代紀年問題漠不關心。然而其身處魏國，竟然完全不知此地紀年迥異於古代紀年，此亦爲疑問之一。

---

① 《竹書紀年》等出土古書，若可憑信，則應爲當時魏國史官所撰，故而出土諸多古書之古冢，或爲當時著名史官之墳墓。襄王時代，有著名史官史起（詳見《吕氏春秋·先識覽·樂成》及《漢書·溝洫志》），乃任河北（河内）鄴（今河南省臨漳縣西四十里）令，其事跡爲後人所知。雷學淇（詳見《介菴經説·孟子》卷九）曾擬定此人爲《竹書紀年》之撰者。若《竹書紀年》記事止於襄王二十年，且出土於河北汲縣舊冢，或許成書於此人之手，且出土於此人之墓。

② 《西京雜記》者，初見於《隋書·經籍志》，且未記撰者，《舊唐書·經籍志》記之爲葛洪所撰。可見，此書來歷尚不明晰。李慈銘於《孟學齋日記》（乙集上）中，曾述及舊冢發掘之事，認爲諸多關於舊冢發掘之記載，或爲兩漢故老所傳。然該文所述之墓制，從戰國墓制之角度考究，似難以令人信服。而後，東晉王隱於《晉書·束皙傳》（引自《左傳後序》之孔穎達《正義》疏文）指出，出土《竹書紀年》古冢之墓主，與今王年代相隔甚遠，實爲安釐王（前276—前243，薨逝於秦占汲地三年前）之墳墓。王隱所傳者，或與《西京雜記》所載有所關聯。

不僅如此，北魏酈道元（469—527）所著《水經注》，與唐司馬貞所撰《史記索隱》，皆因大量援引《竹書紀年》而聞名。此兩書中，常以《竹書紀年》所記地名爲證，且往往以《竹書紀年》爲唯一依據。筆者不禁疑惑，何以僅《竹書紀年》所載地名與後代地名保持一致？此現象，亦值得深入探討。

此外，若仔細推敲，尚有諸多可疑與不解之處。其實，此類問題究其本質，亦屬微不足道，或尚可辯駁。然而，《竹書紀年》於古代紀年方面的不確定性，卻無法輕易反駁，充分顯露出其内在的後世影響。

首先需要討論的問題，是其古代紀年的結構。南朝宋裴駰所撰《史記集解》成書年代與《竹書紀年》出土時代較爲接近，而其中有數條極爲重要的相關記載，對於了解《竹書紀年》的結構，具有極高的參考價值。特別是在《魏世家集解》中，援引當時直接負責輯校《竹書紀年》的荀勖與和嶠之言，其中有云："荀勖曰：'和嶠云："《紀年》起於黃帝，終於魏之今王。今王者，魏惠成王子"'。"然而，其中"黃帝"之名，令人感到極爲可疑。

《史記》的列傳中所記與梁惠王同時代的人物——莊周之書《莊子》中，屢次出現黃帝之名。同時代成書的《左傳》與《國語》等經典中，亦有黃帝之名。此外，同時期的資料中，稍早於惠王的田齊威王（前378—前343）之器——《陳侯因齊敦》銘文，亦將黃帝列爲其祖先。由此可見，黃帝之名，當時既已存在，絕非空穴來風。另據《史記·三代世表·序》所載，"余讀諜記，黃帝以來皆有年數"，説明至少於司馬遷（前146—約前86）在世之時，記載黃帝以來年數的諜記類資料，尚且流傳於世。

然而，《五帝本紀贊》云："太史公曰：'學者多稱五帝，尚矣。然《尚書》獨載堯以來，而百家言黃帝，其文不雅馴，薦紳先生難言之。孔子所傳《宰予問五帝德》及《帝繫姓》，儒者或不傳……。'"如是，黃帝之名自戰國末期開始盛行，並因此產生將黃帝列爲五帝之首的帝王系譜，如《五帝德》、《帝繫姓》等。[1] 然作爲同時代之人，且就古史持諸多看法的孟子，卻對此未及一言。另外，田齊主君僅視黃帝爲先祖，而此時的魏國既已有類似後來《諜記》、《五帝本紀》等，以黃帝爲初代帝王的繫年體系存在，不禁令人生疑。

然杜預《左傳後序》可打消此疑問。杜預乃汲冢出土同時代學者，且親目汲冢之書，其《左傳後序》云："其《紀年篇》，起自夏、殷、周"。即，前述荀勖之言，或許僅因後

---

① 關於此問題，請參詳：平岡武夫《五帝本紀之新研究》（《支那學》第八卷第二號）、森安太郎《黃帝傳説》（《京都女子大學紀要》第十八號）等。另外，郭沫若以爲，《陳侯因齊敦》銘文之"高祖黃帝"，乃"高（遠）則祖述軒轅皇帝"之意。（《兩周金文辭大系考釋》（下篇），第220頁；《十批判書》，第158頁。見原野四郎、佐藤武敏、上原淳道等日譯《中國古代思想家：十批判書》，第227頁。然而此日譯本中，譯者將威王與宣王混淆了。）

世已習慣於以黃帝爲繫年起始，而於不自覺間，習慣性所發之言辭。

　　然上引《左傳後序》之文尚未終結，繼而云：“……無諸國別也。唯特記晉國，起自殤叔（前 784—前 780），次文侯、昭侯，以至曲沃莊伯……晉國滅，獨記魏事，下至魏哀王之二十年。”此語再度引發新的疑問。此類繫年之例，不見於《史記》，而最早見於《漢書·律曆志》所引劉歆《世經》。其中簡略記載堯、舜、夏、殷之年數，延續至周初，周初以後則繼以魯君之年，隨後又繼周王之年，乃至周室滅亡後，轉繼秦國之年。此繫年之例，於《史記》中未見傳承共和（前 841）以前之年數，僅於《魯世家》中傳述魯公紀年。由此可見，糅合若干繫年法，乃後世無奈之舉。然而，三百年前的魏史之中，是否既已存在類似的繫年，實爲一大疑問。

　　另外，惠王改元亦爲問題。《史記》中所見改元之事，唯魏惠王改元，其晚於《竹書紀年》所載改元事件約十餘年。《竹書紀年》載，秦惠文王於其十三年（前 325）始稱王，次年改元。此惠文王，於諸多文獻之中，亦有稱惠王之情形。然未見於任何文獻中的魏惠王之複謚——魏惠成王，卻出現在《竹書紀年》中，且看似其改元乃發生於稱王之年。這種情形，或許是《竹書紀年》承襲、模範《史記》的史實所致。

　　此外，尚有由於引述者不慎，導致引文內容不够明確之情形。《竹書紀年》之中，趙遷都邯鄲後，便以邯鄲稱趙；韓遷都鄭地後，亦以鄭稱韓；魏遷都大梁後，則以梁稱魏。顯然，此三國皆以新都之名作爲國號。[①] 此種情況，在古籍中並非完全無例可尋，關於梁，當時的金文亦有與此相符的歷史記錄。然而，在諸多古典文獻中，魏之國號仍有出現，《孟子》、《呂氏春秋》等書中，亦時有稱其爲晉國的情形。而決定性地以梁爲魏國國號者，似乎乃參照《孟子》書中“梁惠王”、“梁襄王”等稱號的結果。若《竹書紀年》之主旨在於記錄魏紀年，則應當直接從周朝轉至魏國年表，方才最合邏輯與常理。然而，西周末期殤叔以下的年表，曾暫時轉至晉國，此點與《孟子》書中所提及惠王自稱所轄之地爲“晉之國”，及其自認繼承亡晉之統系者，有相當契合之處。

　　基於以上疑點與問題，筆者認爲更爲重要，且值得深究者，乃《竹書紀年》所記古代紀年的本身。《史記》之時代，既已存在若干記載黃帝以來年數的《諜記》類文獻。然司馬遷對其並未全然信任，謂之：“稽其曆譜諜終始五德之傳，古文咸不同，乖異。夫子（孔子）之弗論次其年月，豈虛哉！”紀年自共和起步，並未記載之前的年數，因此太史公於《史記》中，亦未將共和之前的年數視爲直接問題。故而，關於夏、殷、周三代之總年數，及周初年代等，亦未有任何記載。現存文獻中，最早記載此類年數者，當屬劉歆所撰《世經》。

---

　　①　參詳：陳夢家《六國紀年》，第 63 頁。

　　帝堯在位七十年,帝舜在位五十年,夏后有十七王,凡三十二年;殷有三十一王,凡六百二十九年;周有三十六王,凡八百六十七年。依此計算,周武王克殷之年應爲公元前 1122 年。

　　然《史記集解》所引《竹書紀年》則記載,夏后有十七世,凡四百七十一年;殷有二十九王,凡四百九十六年;周始於武王滅殷,終於幽王(前 781—前 771),凡二百五十七年。依此計算,武王滅殷之年則應爲公元前 1027 年,聯繫《史記》之記載且可知,周代總年數爲七百七十二年。

　　然而,《竹書紀年》所記總年數,尚未見於《史記》之中,唯一提及者,僅《三代世表》。其中載有"夏代十七世"、"殷代二十九世",唯此可見。而首次顯示總年數之文獻,乃爲《世經》,此事已足以引發初步疑問。更爲重要者,《竹書紀年》於周年代數的記載方面,殊爲重視武王克殷之年,並將其視爲周初起點。然而,自《尚書》、《詩經》、《左傳》、《吕氏春秋》、《韓非子》、《史記》等古典文獻之所見,《史記·三代世表》對《周表》的記載,始於成王,即,直觀、明確地表明,周之王業始於成王時期。[1] 因此,以武王克殷之年作爲周初起點之做法,顯然出自《世經》之後,而非傳統古籍所傳,令人不禁生疑。

　　然司馬遷於《史記》中亦指出,在其時代,已有若干諸如記録黄帝以來年數的《諜記》流傳,足以證明《竹書紀年》中關於年數的記載,尤三王總年數之類,在此之前,亦可能曾有記載。然則,即便如此,亦不能排除《竹書紀年》逆向借助《史記》中對此類《諜記》的記述,或諸如《魯世家》中魯公紀年等記録(各諸侯皆各有其歷史記録),推演出自身史書内容的可能性,且此疑點愈加深重。尤爲值得注意者,据信奉《竹書紀年》的學者所言,出於晋、周地理位置相近,且晋國與周王室關係殊爲親近,周代歷史記載因此可能傳入晋國,且傳入時代距《竹書紀年》所述之周初,不過七百餘年而已。此情形與司馬遷所處之時代大爲不同。司馬遷撰《史記》之際,大量古籍既已毀於秦火,諸多文獻遺失。而彼時,周初的確切年代既已傳入魏國(繼承亡晋國統),且納入魏國史書之中。

　　而《史記集解》中所引《竹書紀年》所載之周初年代,與《新唐書·曆志》所見僧一行(?—727)《大衍曆議》中之説,有所不同。一行亦援引《竹書紀年》,但其説實屬别論。文中有云:"《竹書》:十一年庚寅,周始伐商。"一行考定庚寅之年,若從周初曆日

---

[1]　參詳:拙稿《周初之絶對年代》(收録於三上次男、栗原朋信編著《中國古代史之諸問題》,第 14—16 頁。)惟一似乎例外者,乃後文屢次所言及《孟子·公孫丑下》所載"由周而來,七百有餘歲矣"一例。然如後世學者所言,此"周"非自武王克殷之年起算,而應爲《孟子》自身遵循當時一般古典慣用的通例,自成王元年(筆者愚見以爲公元前 1059 年)起算,實際年數應爲七百四十八年。(詳見:前揭拙稿,第 24 頁。)

考定,則舊説(《世經》)所謂之己卯年(前 1122),即爲文王崩逝、武王即位之歲,而武王克殷之年,當在庚寅,即從己卯年起,向後推算十一年,即公元前 1111 年。

誠然,此庚寅之年,實可對應公元前 1111 年、公元前 1051 年,以及公元前 991 年等。而一行以《逸周書》及《世經》所引《古文尚書・武成篇》中關於曆日之記載爲據,基於當時的曆法知識,精心推定出此年數。然明代僞作《今本竹書紀年》,則將此庚寅年向後推算六十年(一干支),定公元前 1051 年爲伐殷之年,定翌年(前 1050)爲克殷之年。

而此處所見"庚寅"之干支,實爲一大問題。干支紀年法的歷史可追溯至戰國時代,然其運用方式、方法未必穩定、規範。一行所計算之固定的干支紀年法,實始於東漢,因此倘若原本《竹書紀年》中使用此干支紀年,則必定存疑。然《竹書紀年》中所見此類干支紀年者,除上述所引外,僅於《隋書・律曆志》所引《竹書紀年》中可見"堯元年景子(丙子)"之例。由此可見,此類記載或乃後人計算年數後所補註,故不必過於深究。然則,此記載若果真爲後人計算年數後所補註,則必須深入探討該年數的計算基礎。

上文所述《竹書紀年》之古代紀年,與《左傳》、《孟子》等以概數表示紀年的方式有所不同。譬如,《左傳》宣公三年"楚子問鼎之大小輕重焉"之條目中,載王孫滿之言,云:"桀有昏德,鼎遷於商,載祀六百。商紂暴虐,鼎遷於周。德之休明,雖小,重也。其奸回昏亂,雖大,輕也。天祚明德,有所底。成王定鼎於郟鄏,卜世三十,卜年七百,天所命也。"[①]又,《孟子・盡心下》有載:"孟子曰:'由堯舜至于湯,五百有餘歲,若禹、皋陶,則見而知之;若湯,則聞而知之。由湯至于文王,五百有餘歲,若伊尹、萊朱則見而知之;若文王,則聞而知之。由文王至于孔子,五百有餘歲。'"[②]此類以概數表示的古代紀年,實與《竹書紀年》相去甚遠。殊殷代總年數,《竹書紀年》竟與《毛詩正義・大雅・文王》所引《周易・乾鑿度》等緯書所記東漢殷曆家之説一致。[③]這一點,特別值得關注。另外,《竹書紀年》的古代紀年中,關於武王克殷之年,存在兩種不同記載。而此兩種記載實際上與《左傳》、《世經》等古代紀年並非毫無關聯,或具有一定的内在聯繫,此亦值得深究。

---

① 據此所推定的夏、商、周三代實際年數,請參詳:前揭拙稿第 23—29 頁。此外,《竹書紀年》的總年數,似乎有意回避《孟子》書中所提及的數字"五百",此或許與東漢王充《論衡・刺孟》中批判孟子的言論有密切關聯。王充云:"如孟子之言,是謂天故生聖人也。然則五百歲者,天生聖人之期乎?"其中所隱含的批判意味,極有可能對後來的《竹書紀年》撰者產生影響,使其刻意避免此數字的出現,以顯示合理性。此亦可視爲揭示《竹書紀年》對後世影響的力證之一。

② 同上註。

③ 關於此點,請參詳:新城新藏《周初之年代》九,《緯書與殷曆》(《支那學》第四卷第四號,亦收錄於《東洋天文學史研究》)。

二

首先,第一種"公元前 1027 年克殷"之説,[①]乍看似與其他古代紀年甚爲不同,[②]實則與前述《左傳》中王孫滿所言有所關聯。此點中,首先需注意其所謂"卜世三十,卜年七百"。[③] 就此,陳夢家指出,此或意味武王至顯王四十四年(前 325),經過三十代,或意味預感秦惠王稱王之年,故而可將《竹書紀年》之"紀元前 1027 年克殷説"視爲周初正確年代的依據。[④] 其年《周本紀》云:"四十四年,秦惠王稱王。其後諸侯皆爲王",可見周王室權威已完全失墜。無疑此爲重要着眼點。根據陳氏之説及《周本紀》所示之跡象,逆算"卜年七百",成王元年則爲公元前 1024 年。再推三年,即爲公元前

---

① 以公元前 1027 年爲克殷之之年者有:見高本漢《殷代的武器和工具》;陳夢家《西周年代考》、《殷墟卜辭綜述》等。另外,亦可參詳:天野元之助《中國古代農業之展開》,第 67—68 頁(《東方學報》第 30 號,京都出版)、唐蘭《中國古代歷史上的年代問題》(《新建設》1955 年第三期)。唐氏以殷曆家之説爲據,考定武王克殷之年爲公元前 1075 年。

② 因爲有所不同,故而新城新藏以爲,其所謂"自武王滅殷,以至幽王,凡二百五十七年"中,有文字之訛誤,應採"公元前 1066 年克殷"之説(參詳:前揭新城新藏之論文,第 144 頁),進而指出,所謂"凡二百九十七年"有誤,必定當爲"凡二百九十六年"。董作賓則與僧一行觀點一致,皆主張"公元前 1111 年克殷"之説(參詳:董作賓《殷曆譜》上篇卷四《殷之年代》),認爲文中"厲王"爲"幽王"之訛,正確者當爲"自周受命(前 1122,己卯年),至幽王十一年(前 771,庚午年),西周三百五十二年。自武王滅殷(周公反政,前 1098,癸卯年),至厲王三十七年(前 842,己未年),凡二百五十七年。"(第 13 頁)總之,所舉諸説,各有牽強附會之處。

③ 《左傳》中有若幹條諸如此類預言性質的記事。顧炎武於《日知録》(卷四)"《左傳》不必盡信"之條,指摘其重要性。其後,亦此預言性質的記事爲據,推考《左傳》成書年代的論考開始問世。新城新藏根據關於歲星的記録,論究《左傳》、《國語》的成書年代,追跡干支紀年法的發展歷史(收録於《東洋天文學史研究》)。作爲結論之一,考定《左傳》、《國語》成書於"公元前 365 年至公元前 330 年之間"(第 396 頁)。飯島忠夫則於《〈左傳〉〈國語〉的著作年代》(收録於《支那曆法起源考》)中主張,兩書應成書於"公元前 300 年左右"(第 374 頁)。兩氏之論著,皆以考察《左傳》中預言性質的記録爲研究方法。

④ 參詳:陳夢家《西周年代考》,第 21—24 頁。另外,主張公元前 1066 年武王克殷説的新城新藏,於《周初之年代》(第 18 頁)中,認爲秦既已重用商鞅,遷都咸陽之顯王十九年(前 350),即在其時。筆者主張公元前 1062 年武王克殷(成王元年,前 1059),自成王三十代之世的顯王九年(前 360),王既已屈服於獻公稱伯後的强秦,周天子致文武之胙於異姓秦孝公之時,恰在其時。若以其他觀點看來,或可謂《史記》巧妙地使用了《左傳》中關於預言性質的記事。另外,主張采"公元 1050 年克殷説"的今本《竹書紀年》中,載有成王十八年(前 1027,據其書之説)洛邑定鼎,以及顯王四十二年(前 327)九鼎淪泗之事,其間凡七百零一年。魏源於《古微堂外集》卷二,《孟子年表(四)》中,主張其爲卜年七百之年。關於九鼎淪泗,《史記·封禪書》云:"或曰宋太丘社亡,而鼎没於泗水彭城下。其後百一十五年而秦並天下(前 221)。"據此計算,其年當在顯王三十三年(前 336),即,孟子向梁惠王宣揚其王道思想之年。《六國年表·秦表》記其年有宋太丘社亡,以及周天子賀秦惠王之事。《史記·周本紀》以成王七年(筆者愚見,以爲前 1053),爲洛邑定鼎之年,故合計七百一十八年。

399

1027 年。

然而,《史記·封禪書》記載“武王克殷二年,天下未寧而崩”,又《淮南子·要略》記載“武王立三年而崩”。即,武王克殷之年,應爲成王元年之前三年。由此可知,第一種説法乃基於此類記載之上推衍而成,且巧妙綜合了《左傳》、《史記》及《淮南子》中的相關記載,其中明顯呈現出《左傳》、《史記》、《淮南子》的要素。

其次,“公元前 1111 年”之説,與《世經》所記“公元前 1122 年”之説,相去十一年,且《世經》之説如下所示:

魯公世次	《魯世家》	《十二諸侯年表》	《世經》
伯　禽			（46）
考　公	4		4
煬　公	6		60
幽　公	14		14
魏　公	50		50
厲　公	37		37
獻　公	32		50
真　公	30	30	30
武　公	9	10	2
懿　公	9	9	9
伯　御	11		11
孝　公	27	38	27
惠　公	46	46	46
合　計	275		340

撰者劉歆基於其獨創的三統曆術計算,將《魯世家》中所見魯公的在位年數,增加了自考公至春秋初期隱公元年(前 722)間的六十五年,最終得出了一個完全理論性的年代。[1] 此點特別值得注意。然進一步審視《世經》,可以發現其中值得深思的異樣之處。

《世經》云:“凡伯禽至春秋,三百八十六年。春秋隱公,春秋即位十一年,及桓公

---

[1]　因此,今本《世經》將公元前 1050 年,即由一干支推算出之年,定爲克殷之年,從而賦予其合理性。至於表中所載武公在位之年,根據《十二諸侯年表》所列爲十年,當視爲正確。由此推算,考公以下的魯公總年數應爲二百七十六年,進而可推定周公之子伯禽之卒年當在公元前 998 年。

軌立。此元年上距伐紂四百歲。”正是值得注意之處。《魯世家》中無任何關於伯禽的記録，而《世經》記載，伯禽在位四十六年，並指出其於成王元年（即《世經》所記公元前1108 年）即位。在此之前，周公攝政七年及武王克殷之年，合計在内，在位時間凡七年，克殷之年在公元前 1122 年。故而此處所謂“此元年”顯然指隱公元年。而奇異之處在於，此事竟然記於桓公即位之後，如此順序令人不解，且使人產生某種抵觸感。此種抵觸感，似乎説明劉歆依據其獨創的曆日計算所作之工夫，或許某處存在十一年的誤差。即，倘若桓公元年（前 711）距武王克殷四百年，則可能正確的古代紀年應該向後推移十一年。如此，問題則可進一步發生連鎖反應，從而開啓更多的研究空間。

此論乃以《竹書紀年》爲可靠綫索，然如僧一行所論，通過比較、照和、整理諸多文獻之説，亦可推論《世經》於計算文王崩年與武王克殷之年方面，或存在誤差。若該推論如同一行於《曆議》中所言，與當時的天文曆象記載相符，則從此角度觀之，此説可能獲得支持，並可能進一步展開。① 而更重要的問題，則潛藏於《史記》與《世經》、《孟子》與《世經》的比較研究之中。

爲避免問題混亂，筆者從《史記》與《世經》之間的關係著手，加以解明。根據《周本紀》記載，文王在位五十年，受命之年即稱王，十年後去世。文王四十年爲受命之年，受命十一年則崩。然同爲《周本紀》卻另載，文王於受命之後的“明年，伐犬戎。明年，伐密須。明年，敗耆國……明年，伐邘。明年，伐崇侯虎。而作豐邑，自岐下而徙都豐。明年，西伯崩……”，似乎説明文王於受命七年内便崩逝，且隨後於武王治世的九年，突然出現了“東觀兵”之記事。因此，後世便產生了將武王紀年自文王受命之年起計算的誤解。乃至漢初所傳《尚書大傳》②中記載，文王應於受命十年崩，而《世經》則小爲文土受命九年崩，四年後，即受命十三年，武王克殷，並於其後七年崩逝。如是，關於此問題，可謂異説紛紜。

《逸周書》中，明確區分文王紀年與武王紀年。即，其《文傳篇》記載文王受命九年，次之《柔武篇》中記載“維王元祀一月”。由此可見，文王於受命九年後崩逝，繼之武王即位。雖然《逸周書》並未明確記録武王克殷之年，但其十三年，武王既已行克殷的巡撫巡狩之事，可以推測武王克殷之年與《尚書·周書·泰誓·序》所述“惟十有一年，武王伐殷。一月戊午，師渡孟津，作《泰誓》三篇”一致。而《世俘》則記有：“惟一月丙午，旁生魄，若翼日丁未，王乃步自於周，征伐商王紂。”此外，《逸周書·明堂解》則提及：“既克紂六年，而武王崩。”

---

① 董作賓《殷曆譜》乃基於一行之説，且有所展開的當今典型論著。
② 關於《史記》未以《尚書大傳》爲史料，以及文王崩逝之年的諸説，請參詳：前揭拙論，第 17 頁。

就《逸周書》之成書年代,迄今尚無明確定論。據《隋書·經籍志》所載,此書與《竹書紀年》一併出土於汲冢,故註爲"汲冢書"。《新唐書·藝文志》則以《汲冢周書》之名著錄,實爲誤記。學界一般以爲,《漢書·藝文志》所記《周書七十一篇》,經歷後世缺失與纂改,方才流傳至今。另有學者指出,其中曆日記載等,明顯可見人爲纂改之痕跡,纂改之人,蓋爲劉歆以後,或與《竹書紀年》出土之時代相近者,且爲疏略曆法知識之輩。[1]

《逸周書》固然包含若干不確定因素,然若以此書爲依據,則會發現《史記》之武王紀年,乃以武王即位之年爲起點,問題亦隨之而生。

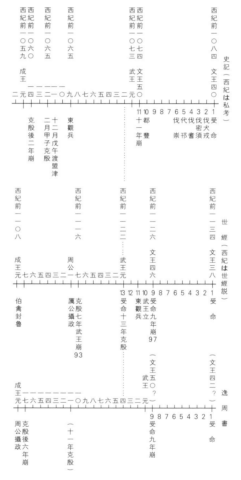

(上圖《史記》下括號内譯作"西曆紀元爲鄙見";《世經》下括号内譯作"西曆紀元源自《世經》之説"。)

---

① 新城新藏《周初之年代》,第93—105頁;橋本增吉《支那古代曆法史研究》,第222頁。

對照上圖可知,《周本紀》記載文王即位五十年,受命十一年崩逝;武王即位九年東觀兵,十一年十二月戊午渡盟津,十二年二月甲子克殷。而《世經》則記載文王受命九年崩逝,四年後,即文王受命十三年時,武王克殷。由此可見,《世經》之説,不僅誤解《周本紀》之記載,更誤將文王受命至武王克殷的年數提前十年。

然則,問題不僅止於十年之誤差,尚有更爲複雜之處。劉歆於《世經》中援引《尚書・洪範》所載"惟十有三祀,王訪於箕子"之文,並以《國語・周語》、《古文尚書・武成》及其他曆日記事爲證,結合《禮記・文王世子》等典籍中所見文王、武王之年齡關係,以精緻而周密的論證,提出"文王受命十三年"之説,並認爲克殷之年應爲文王受命十三年。自東漢以來,劉歆之學識與聲望無人能及,導致伐殷之年被普遍定爲十三年。然而,清儒閻若璩(1636—1704)於《尚書古文疏證》中,既已證明其爲基於《世經》説而成的僞作。而閻氏之説的依據有,今本《尚書・泰誓》有載"惟十有三年春,大會於孟津",以及《史記・齊世家》中"十一年正月甲子,誓於牧野,伐商紂"之裴駰《集解》疏文之中所引當時與《竹書紀年》出土時期相近的徐廣之説——徐廣云:"一作'三年'。"由此可見,東漢以後,確實曾有將克殷之年定爲十三年的《史記》文本存世。

如是,於"克殷十三年説"盛行之際,若以《周本紀》之十二年與《洪範篇》及《(僞)泰誓篇》相類推,必應爲十三年,則《周本紀》所載年數亦可視爲誤記。而同時《世經》之"受命十三年説",雖同爲"十三年",卻因其受命之年説,而誤將克殷之年推前十一年。若將其下推十一年,則與《史記》或《(僞)泰誓篇》之記載相符。此點,透過《逸周書》之媒介,方才爲人所察覺,可謂其中匠心獨運。然則,《竹書紀年》所謂之"庚寅説",即公元前1111年克殷之説,當非其所指。

如此,倘若如一行所言,若《竹書紀年》所記,能與諸文獻所載當時之曆日記事相符,則亦不失爲有利的解釋。然而,考察《國語・周語》、《逸周書》諸篇、《古文尚書・武成》等經典中所舉曆日記事,則不難發現,此類文獻很可能是基於共通的、類似的資料,於後世編纂而成。由此可見,《竹書紀年》之"庚寅説",實際包含了《史記》、《世經》、《逸周書》,乃至今本《(僞)泰誓篇》的相關內容,其成書明顯晚於此類文獻,其後世性顯而易見。

進一步而言,此十一年之問題,亦與《孟子》有所關聯。《孟子》中關於古代紀年之重要記事有三,皆爲後世學人研究古代紀年所必參考者。其一,《盡心篇》載:"由堯舜(公元前2265年禪讓)至湯(公元前1680年),五百有餘歲(五百八十五年),若禹、皋陶,則見而知之;若湯,則聞而知之。由湯(公元前1668年)至文王(公元前1123年),五百有餘歲(五百四十五年),若伊尹、萊朱則見而知之;若文王,則聞而知之。由文王(公元前1074年)至孔子(公元前551年),五百有餘歲(五百二十三年)。";其二,《離

403

婁篇》云:"舜(公元前 2216 年)生於諸馮,遷於負夏,卒於鳴條,東夷之人也。文王(公元前 1123 年)生於岐周,卒於畢郢,西夷之人也。地之相去也,千有餘里;世之相後也,千有餘歲(一千零九十三年)。";其三,《公孫丑篇》曰:"由周(公元前 1062 年)而來(公元前 312 年),七百有餘歲矣(七百五十一年)。"引文中所列西曆年份,僅爲參考之意,所附考證亦爲筆者所擬。[①] 然《世經》與《竹書紀年》是否曾對此等文獻有所關注,仍爲一個值得深思、必須關注的問題。

前述《世經》所載,文王於其四十六年,即受命九年崩逝,而該年爲公元前 1126 年,故文王元年應爲公元前 1171 年。至於殷商,據説國祚六百二十九年,此年數乃以殷紂亡國之公元前 1122 年爲終點,因此成湯元年當爲公元前 1750 年。由此可見,湯至文王,文王至孔子,皆在"五百有餘歲"的範圍之内。若再加上夏后四百三十二年,則舜與文王之間亦可謂"千有餘歲"。夏后壽四百三十二年,且之前的舜更在位五十年,故而堯、舜兩代國君至成湯之間有"五百有餘歲"之説,顯然不能成立。然《孟子·萬章》中有云:"舜相堯二十有八載。"由此可知,自舜攝政,堯舜並立之時起算,"五百有餘歲"之説無疑是明確的。換言之,《世經》撰者在此類問題方面,參照並考慮了《孟子》書中關於古代紀年的記載。

而與之相對,《竹書紀年》所述之"公元前 1027 年克殷説",即使加上武王之十一年,亦難以契合文王至孔子之間"五百有餘歲"的範圍。若以"公元前 1111 年克殷説"爲基準,且將殷代國祚計爲四百九十六年、夏后計爲四百七十一年,則從堯、舜至文王,或從成湯至文王,皆無法契合"千有餘歲"或"五百有餘歲"之説。換言之,《竹書紀年》並未考慮《孟子》書中的紀年。

如前註所述,東漢初之王充對《孟子》所載紀年有駁斥之論。不僅如此,於《孟子》中亦可見魏襄王諡號,顯然《孟子》文本當成立於魏襄王薨逝之後。而《竹書紀年》卻記襄王爲"今王",故此書當爲襄王在世時所撰。由此可見,對成立在先的《竹書紀年》未嘗參酌而考慮成立於其後的《孟子》所載紀年,乃理所當然。如果真有參酌、考慮,反而可疑。

然而,若據《竹書紀年》與《孟子》之間的密切關係,亦可推測,孟子或於《竹書紀年》等書成書之時赴魏。對古代紀年如此關注的孟子,理應了解當時魏地傳承的紀年,若魏地確實存在與孟子完全不同的紀年,爲何孟子未曾聽聞或知悉?此疑問尚無法完全消除。然若設想孟子所赴之地爲梁都,而《竹書紀年》隱秘傳承於汲縣史官手中,梁都與汲縣之間又有河流相隔,距離遥遠,則或可爲之合理解釋,尚有辯明的餘地。

---

① 參詳:前揭拙論,第 24 頁。

如上所述，《世經》參酌了《孟子》紀年説，而《竹書紀年》則未參酌。而實際上最大問題在於，《公孫丑篇》中的紀年記録——“由周（公元前 1062 年）而來（公元前 312 年），七百有餘歲矣（七百五十一年）”。此紀年記録距今最近，且其内容與《孟子》書中記事相符。據《孟子》所載，此紀年記録乃齊湣王十二年（前 312），孟子於“致爲臣”離開齊國的途中所發之語。

至於《孟子·公孫丑》所謂之“周”，若以《世經》所述公元前 1122 年克殷，武王即位之年爲起點，計算“七百有餘歲”的下限，則可得出公元前 324 年，即齊宣王薨逝之年（宣王十九年）的結論。換言之，對照《史記》與《孟子》，所推斷出的孟子去齊之年，較先前所述年代又向前推了十二年。雖説“十二年”，然此“十二年”若依照先前《世經》中所謂“此（隱公）元年（前 722）上距伐紂（前 1122）四百歲”的計算方法，其下限之年當在公元前 323 年，恰好相差十一年。此計算誤差，尤爲值得關注。總而言之，計算結果顯示，實際前推了十一二年的時間。

此問題，後世亦與諸多相關事項有所牽連。據《史記》所述，伐燕顯然必有兩次。而《孟子·梁惠王》與《公孫丑》篇之中，“宣王”與“王”在伐燕事宜上有所區分。此種區分最初或許與此問題有關，因爲有人曾試圖將兩次伐燕事件歸爲同一宣王時期之事。《資治通鑑》試圖採《竹書紀年》之説，以應對兩次伐燕的問題，遂修訂魏紀年與齊紀年。然閻若璩卻對其進行批駁，認爲如此修訂並不合理。閻若璩在其所著《孟子生卒年月考》中，爲解決此問題，將後者的湣王伐燕之年前推約十九年，將其歸屬於宣王時代。[①] 閻氏的做法亦顯示，此問題與後世學人研究緊密相關。

於是，若以此推論，是否可謂《世經》未曾考慮《孟子》之説？然或許，《世經》不僅據三統曆日計算，且可能前推孟子的生卒年。《史記》謂孟子爲“受業子思之門人”，而班固（32—92）於因襲劉歆《七略》之上所撰之《漢書·藝文志》《自注》中，首次記載孟子爲“子思弟子”。此處尤需注意。自東漢以來，孟子曾直接受教於孔子之孫子思之説日益流行，然此説最早見於《漢志》，其源頭或可溯及劉歆。若孟子確爲子思之弟子，則其生卒年必會提前。倘若前推孟子生卒年，則會與前述之伐燕時期矛盾。然而，劉歆之父劉向編纂的《戰國策·齊策》殘本之中，既已將《孟子》兩篇中分別提及的伐燕事件視爲一次，且納入宣王時代。此處亦需留意。如能將《孟子》中所記伐燕事件皆前推至宣王時代，則與閻若璩之説相同，進而孟子生卒年亦被提前，從而孟子之語的

---

① 此説於江永的《群經補義》中被駁斥。《資治通鑑》自魏文侯、韓景侯、趙列侯封侯的公元前 403 年爲始，而關於之前的紀年，則未作記載。因此，無從得知關於此問題的處理方式。或可從僧一行之説，主張無矛盾。至於孟子去齊之年，按照此説，則被提前了兩年，至公元前 314 年。

下限問題，亦無庸再議。

　　觀當時學界之風氣，《世經》或可採納此説，將《孟子》中的伐燕事件皆歸於宣王時代，並據此前推孟子的生卒年。於此，《孟子》書中未見湣王之名，亦堪爲參照。

　　然則，並未參酌、考量孟子之説的《竹書紀年》，是否對此難題亦無所關心？倘若基於“公元前 1027 年説”計算，公元前 312 年恰好在“七百有餘歲”的下限範圍内，且無任何疑義。雖説如此，亦有可能早已將此問題納入考量之中。至於“公元前 1111 年説”，若按照前述《世經》的計算方法推算，公元前 312 年恰爲其下限。如是，此兩者處於若即若離的關係之中。然而，若依一般計算方式推演，公元前 312 年則會略微超過下限之年，更顯示二者之間的微妙關聯。

　　然而，問題恰恰出於此。《史記·趙世家》武靈王條云：“十年（前 316），齊破燕。燕相子之爲君，君反爲臣。十一年，王召公子職於韓，立以爲燕王，使樂池送之。”此條記事稍顯混亂。齊破燕之事，實應發生於十二年，而十年當爲燕王噲將國政讓與其相子之之年。由此可見，此條記事乃應記載趙武靈王見燕國亂，遂立公子職爲燕王，遣之赴燕治國。

　　然則，《史記·燕世家》之司馬貞《索隱》所引《竹書紀年》記載，《史記》所述燕國大亂之後，燕國太子平爲子之所殺，諡號昭王。《史記·六國年表》之裴駰《集解》所引《竹書紀年》則記載：“徐廣曰：‘《紀年》云立燕公子職。’”此事記於武靈王十二年，齊滅燕之條。若如此，則《竹書紀年》或許於承襲前述《趙世家》記載的基礎上，視武靈王立公子職之年、太子平被殺之年、齊滅燕之年、燕王噲、子之皆遭殺害之年，皆爲齊湣王十年、燕王噲七年（前 314）之事。更甚者，如此詮釋，恰似與《孟子·梁惠王》記載的“齊人伐燕，取之，諸侯將謀救燕”一事相契合，而其中所謂救燕之主謀，似乎即爲趙武靈王。事實上，今本《竹書紀年》並未言及宣王時期的伐燕事件，顯然是《竹書紀年》撰者誤讀《孟子》書中所載伐燕事件，而視兩次事件爲同一時期發生，與《世經》及《戰國策·齊策》之解釋相同。總之，如此解釋，解決了早前的疑難問題，即《孟子·公孫丑》中所記孟子離齊的原因——“燕人畔”之事，將其發生時間提前至《史記》所記之公元前 312 年的一至二年，與《資治通鑒》所記時間一致。實際上，《資治通鑒》記録了宣王與孟子之間關於“燕人畔”的問答，並將此事列在與《史記》湣王十年相對應的赧王元年的條目中，《資治通鑒綱目》進而説明，孟子次年便去齊赴宋。呂祖謙的《大事記》亦記載，孟子於翌年去齊赴宋。此類記載，皆爲稽考《竹書紀年》的產物。

　　換言之，《竹書紀年》巧妙利用《史記》記載，並加以改動，使孟子去齊之年，明顯符合從公元前 1111 年克殷算起的“七百有餘歲”的下限之内。此舉間，甚至了無痕跡地坦白其對《孟子》的誤讀。《竹書紀年》改訂“克殷十一年”，顯然與《孟子》書中的此問題息息相關。可見,原本看似並未參酌、考量《孟子》所記古代紀年問題的《竹書紀年》,卻根據《世經》獨特的見解,對"七百有餘歲"的問題進行了奇異的處理,最終完全露出馬腳。至於通過《竹書紀年》與《孟子》之對照,所揭示其對後世影響的性質,前文既已詳討,兹恕不贅言。然圍繞古代紀年,此問題再次得到印證。是故,《竹書紀年》所載古代紀年,實可謂於細緻考量《史記》、《世經》、《左傳》、《戰國策》、《孟子》等經典文獻基礎之上的改訂版。

三

雖爲另一個例,然如是圍繞《孟子》之問題,而改寫歷史之實例,亦可見於《史記》。《魯世家》所記悼公(《六國年表》,前 466—前 429)條云:"三十七年,悼公卒。"《集解》云:"徐廣曰:'一本云悼公即位三十年,乃於秦惠王卒,楚懷王死年合。又自悼公以下盡與劉歆《曆譜》合,而反違年表,未詳何故。'"

此語出自徐廣,故可推知,早在徐廣之前,即《竹書紀年》出土之時,或出土之前,既已有人如此考定。其所言之意,亦可見於《魯世家》之後文——"平公十二年(《六國年表》,前 303),秦惠王卒(前 311)"、"文公七年(《六國年表》,前 289),楚懷王死(前 296)",即連續繫年於秦國之事。然據《六國年表》觀之,明顯互有矛盾。若依照徐廣所謂"一本",將悼公在位年數改定爲三十年,且以下各在位年數依此遞增七年,則與秦惠王、楚懷王之卒年相符,且與劉歆《世經》記載亦不衝突。

然如下表所示,對照今本《史記》的《六國年表》及《魯世家》,其記載未必與徐廣所言完全一致。

魯公世次	《六國表》	《魯世家》	《世經》
哀　公	28	27	27
悼　公	38	37	37
元　公	21	21	21
穆　公	31	33	33
共　公	24	22	22
康　公	9	9	9
景　公	29	29	29
平　公	19	22	20
文　公	23	23	23

魯公世次	《六國表》	《魯世家》	《世經》
頃　　公	24	24	(24)
共　　計	246	247	245
魯　　亡	前 249	前 248	前 250

其中與徐廣所言一致者,乃哀公在位年二十八年,而與諸書所記明顯相差一年的《六國年表》中之魯公在位年數,若不作修改,則必須依照《世經》修改《魯世家》所記平公在位二十二年,修改《六國年表》所記平公在位十九年爲二十年,方能成立。若依《魯世家》記載,則平公在位年數亦應如是修正,且徐廣所述"一本"中之悼公在位年數,應改爲"三十一年",①方能符合此説。

此情況令人不禁聯想,徐廣所見《史記》文本與今本之間或許存有差異,或徐廣所言或有一年之誤。然無論如何,徐廣所謂"一本",當時確實存世。

然則,此"一本"之説究竟如何產生? 顯而易見,其與《世經》關聯深厚。如前揭表格所示,《魯世家》與《六國年表》,於魯公在位年代方面,確有些許矛盾,此問題長久以來難以解決,而《世經》與"一本"亦可謂修正其中一處矛盾的嘗試。

然而,值得注意的是,《世經》中悼公在位年數爲三十七年,絕非三十年,説明"一本"修正上述矛盾稍晚於《世經》。然"一本"因何嘗試如此修正? 如若根據前述《魯世家》中所載兩條秦國繫年,以及《世經》所載平公在位二十年之説,修正魯公在位年數,則原《魯世家》所記平公在位二十二年(前 316—前 295)、原《六國年表》所記十九年(前 314—前 296),修正後,均介於公元前 322 年至公元前 303 年之間,此點尤爲值得關注。

《孟子・梁惠王》中可見魯平公②之諡號。若視《孟子》書爲孟子自著,則意味著孟子於平公薨逝後,直至其諡號確立之前,仍然健在。然則,同篇之初,孟子與梁惠王會面時,被稱爲"叟"。所謂"叟"者,乃對五十歲以上長者之敬稱。據《史記・魏世家》記載,此事發生於惠王三十五年(前 336),假設孟子是時五十歲,根據《六國年表》與《魯世家》所載平公薨逝年份,孟子年齡將達九十或九十一歲。如依照"叟"之名,假

---

① 關於此事,請參詳:武内義雄《六國年表訂誤》(收録於《諸子概説》)、錢穆《先秦諸子繫年》之一五三"魯滅在楚烈王七年非八年非十四年辨"。此類考論試圖依據"一本"之異説,訂正魯公紀年之誤,提前魯國滅亡的年代,實乃大錯特錯。

② 《梁惠王篇》篇末所見魯平公諡號的三段文字,實則應視爲樂正子之補筆。此處提及平公諡號,與孟子生卒年無關。就此,請參詳:拙論《高叟與子弓・敍説》(收録於《中國思想特輯》第五輯,第 109 頁)。

定孟子是時六十歲,則其年齡將達百歲或一百零一歲。如此高壽,顯然有違常理。此外,孟子事跡之中,唯一確定年代者,乃"燕人畔","孟子去齊"之年。此事與平公卒年相隔十六七年。而孟子於此十六七年間的具體行蹤卻無從考證。如果情況確如其所述,則平公卒年可視爲考定孟子年壽的重要指標。即,平公卒年提前幾年,孟子年壽亦隨之縮短幾年。前述所謂"一本"説,即如是操作,提前平公卒年七八年,極力致使孟子年壽相應縮短七八年,亦可與前述《魯世家》所載兩條與其他記載矛盾的文獻相對應。其實,諸如此類的調整,亦精心應用於戰國初期悼公在位年數的考訂之中。因爲,悼公不僅在位時間長久,且今本《孟子·萬章》記載,孔子之孫子思嘗仕於悼公之後的穆公,此又關係到子思年齡[①]問題。而《世經》則試圖直接打通子思與孟子的師承關係,故不作此調整。

　　明代末期,學界逐漸確立孟子生卒年的兩種説法:一説爲,安王十七年(前385)生,赧王十三年(前302)卒,享年八十四;另一説爲,烈王四年(前372)生,赧王二十六年(前289)卒,壽終八十四歲。若將平公卒年提前至公元前303年,第一種説法中的孟子卒年,恰在平公卒年前一年。換言之,此種情況之下,無論孟子殁於何時,其傳世著作中可見平公謚號,皆合乎常理。而事實上,孟子壽終八十四之説[②],蓋從《梁惠王篇》中"叟"之稱謂,以及前述《魯世家》之改訂中,經巧妙推敲而形成的。

　　且言,《魯世家》中之改訂意圖,與《竹書紀年》中對《魏世家》改訂的意圖,完全不同。《竹書紀年》中,將魏襄王在位年代(《六國年表》載襄王薨於平公即位前五年)設定爲惠王後元之年,且將哀王(前318—前296)在位年代設定爲襄王之年。即便如此,亦未引發任何明顯疑義。《孟子》書中可見襄王謚號,且孟子生卒年與襄王卒年關係密切,後推襄王卒年二十三年,孟子則必須爲襄王薨逝後之人,從而必須相應推遲孟

----

①　關於此問題,請參詳:錢穆,前揭書之四七"魯繆公元爲周烈王十一年非十九年亦非十七年辨"、五八"子思生卒考"等。

②　明代所謂孟子壽終八十四歲之説,與此問題及其與冬至等節令的關聯,或可從《管子·幼官》中,窺其一端。《幼官篇》有云:"十二始卯,合男女。十二中卯,十二下卯……十二小郢,至德。十二絕氣下,下爵賞。十二中郢,賜與。十二中絕,收聚。十二大暑至,盡善。"從這段文字及文中一連串的數字,令人不禁感到撰者略帶戲謔意味的構想,此蓋與孟子壽終八十四歲説有所關聯。另外,若從某一角度解讀前引《盡心篇》所云:"由堯舜(公元前2265年禪讓)至湯(公元前1680年,然於前一年,即公元前1681年即位改曆),五百有餘歲(五百八十五年),若禹、皋陶,則見而知之;若湯,則聞而知之。由湯(公元前1668年)至文王(公元前1084年受命稱王),五百有餘歲(五百八十四年),若伊尹、萊朱則見而知之;若文王,則聞而知之。由文王(公元前1084年)至孔子(公元前551年),五百有餘歲(五百三十四年)。"(關於該引文中公元紀年之依據,請參照前述拙論)所謂"有餘歲"三字之中,可能隱含(廋辭)了數字八十四,這或許是《孟子》書編纂之初既已設定的年壽。因此,與歷史相對接的關鍵即在於"叟"字。即《孟子》書的開篇與結尾,已隱晦地預示了孟子的生卒年。此或撰者有意爲之。

子的生卒年,此即爲第二種"烈王生卒年説"的産生原因。但若如此推測,則孟子應於六十一歲時離開齊國,然而於隨後的二十三年中,孟子究竟從事何事？此仍爲無法解答的疑問。如是一切,皆源於《竹書紀年》作者對於《孟子》的誤讀。與此相比,《魯世家》通過前移平公卒年,從而縮短孟子年壽,使孟子的生涯事跡更具合理性,其改訂意圖,可謂對《孟子》更爲精準的理解與闡釋。

關於此改訂意圖,與徐廣所謂"一本"之説前後相互照應,且於其間發揮重要作用的前述《魯世家》中的兩段文字,蓋爲後學之竄入。《世經》改訂平公在位年代之後,方才顯現相互照應的效果,足以令人想到,此兩段文字當晚於《世經》問世。換言之,於《世經》成立的時代,《魯世家》中尚無此兩段文字。倘若當時《魯世家》中既已存在此文,則以追求新奇學風著稱的劉歆,定然以此類新資料爲依據,對《魯世家》加以改訂,且大肆宣揚其新學説。

不僅如此,此兩段文字以秦王繫年,亦頗爲可疑。根據《史記》紀年法,類似情況下,應以周王繫年,亦或繫年於滅魯之楚。現今之《魯國年表》即著錄於《六國年表·楚表》之中。而此兩段文字卻將楚懷王薨於秦國等事,皆繫年於秦,實在令人不解。《六國年表·序》云:"(諸侯之)史記獨藏周室,以故滅。惜哉,惜哉！獨有《秦記》,又不載日月,其文略不具。"由此可見,凡諸侯國國史,皆出自《秦記》①。太史公似乎爲博取學界信任,有意讓人感覺自身編撰《史記》之際嘗與《秦記》對照,而亦正因此而露出馬腳。然無論如何,圍繞孟子問題,歷史幾度被改寫,乃不爭的事實。

如是,圍繞孟子一人,歷史被嚴重改寫之論,或爲傳統經學者斥爲謬見,引發強烈反對。此論,無疑會動搖近代中國的戰國紀年研究之根基,因而引發更大的抵觸。然而,筆者認爲此舉並無大礙。在中國學界,史學自古以來未曾脱離儒學範疇,直到現代,才成爲獨立學科。在此之前,史學者無不首先是儒學者。對儒者而言,確定孟子與荀卿等儒學先師的年代,事關重大。關於孔子及其後嗣,《史記·孔子世家》記載中雖有些許矛盾,然其年代大致可以追溯知曉。然孟子與荀卿,儘管《孟子荀卿列傳》中並列傳述之,卻未曾記載其生卒及年齡,故其年代難以確定。隨著儒學道統日漸鞏固,孟子與荀卿作爲道統的重要人物,其地位愈加顯赫,爲確立其年譜,改寫歷史的文獻操作亦隨之而生。於此過程之中,出現了前述《魯世家》中之改訂,《竹書紀年》亦屬其中之一,而其意圖亦可見於《世經》之中。

《先秦諸子繫年》的著者錢穆嘗論及,孟子壽終之歲上下浮動十餘年,亦不會影響世局(第188頁)。然而,儘管此論乃學界常識,而事實上,孟子生卒年問題,幾度導致

---

① 關於《秦記》,請參詳:栗原朋信《秦漢史研究》。

歷史被改寫,包括錢氏在内的眾多學者,無不爲之奔走勞碌,疲於探索。

　　基於前文所述可知,《竹書紀年》實乃後世學人之僞作,其作爲史料產生的後世之説,毋庸置疑。若果真如是,則須重新審視錢穆《先秦諸子繫年》、陳夢家《西周年代考》,以及董作賓《殷曆譜》等關於殷周年代研究之考論。誠然,此等著作各自皆以極其豐富的史料,加以近代合理主義的方法論,進行精密、細緻的文獻考證,足以令人信服。然論其出發點,則無不犯有根本性之錯誤,即皆以《竹書紀年》爲最核心之論據而立論。自八百年前的司馬光、朱子以來,如幽靈般自古墓而出的《竹書紀年》,至今仍在迷惑學界。如此現象,當於此時此刻徹底終結。無論是否自覺,無論有意或無意,吾輩學人皆當嚴肅、徹底地批判"通鑒史學"、朱子學的權威主義學術風尚。

　　　　　（原載 1960 年 11 月《國學院雜誌》第 61 卷第 11 號,第 1—21 頁。）

作者簡介:

　　見前文篇末介紹。

譯者簡介:

　　見前《汲冢書出土始末考》篇末介紹。

《竹書紀年》考異

柏蔭培

一、《竹書紀年》之出土年月

《竹書紀年》之出土,並非晉太康二年,或元年,而爲晉咸寧五年冬十月。

據《晉書·束皙傳》:"初,太康二年,汲郡人不準盗發魏襄王墓,或言安釐王冢;得竹書數十車,其《紀年》十三篇,記夏以來,至周幽王爲犬戎所滅。以事接之,三家分,仍述魏事;至安釐王之二十年,蓋魏國之史記,大畧與《春秋》,皆多相應。其中經傳大異,則云夏年多殷,益干啓位,啓殺之;太甲殺伊尹,文丁殺季歷。自周受命至穆王百年,非穆王壽百歲也。幽王既亡,有共伯和者攝行天子事,非二相共和也。其《易經》二篇,與《周易》經上下篇同。《易繇陰陽卦》二篇,與《周易》畧同;《繇辭》則異。《卦下易經》一篇,似《説卦》而異。《公孫段》二篇,公孫段與邵陟論《易》。《國語》三篇,言楚晉事。《名》三篇,似《禮記》,又似《爾雅》、《論語》。《師春》一篇,書《左傳》諸卜筮,'師春'似是造書者姓名也。《瑣語》十一篇,諸國卜夢妖怪相書也。《梁丘藏》一篇,先叙魏之世數,次言丘藏、金王事。《繳書》二篇,論弋射法。《生封》二篇,帝王所封。《大曆》二篇,鄒子談天類也。《穆天子傳》五篇,言周穆王游行四海,見帝臺西王母。《圖詩》一篇,畫贊之屬也。又雜書十九篇,《周食田法》、《周書》、《論楚事》、《周穆王夫人盛姬死事》,大凡七十五篇。七篇簡書折毁,不識名題。冢中又得銅劍一枚,長二尺五寸,漆書皆科斗文字。初發冢者,燒策照取寶物。及官收之,多燼簡斷札;文既殘缺,不復銓次。武帝以其書付秘書校綴次第,尋考指歸,而以今文寫之。皙在著作,得觀竹書,隨疑分釋,皆有義證。"

又杜預《左傳後序》:"太康元年三月,吳寇始平。余自江陵還襄陽,解甲休兵,乃申杼舊意,脩成《春秋釋例》及《經傳集解》。始訖,會汲郡汲縣有發其界内舊冢者,大得古書,皆簡編科斗文字。發冢者不以爲意,往往散亂。科斗書久廢,推尋不能盡通。始者藏在秘府,余晚得見之,所記大凡七十五卷,多雜碎怪妄,不可訓知。《周易》及

《紀年》，最爲分了；《周易》上下篇，與今正同；別有《陰陽說》，而無《彖》、《象》、《文言》、《繫辭》，疑于時仲尼造之於魯，尚未播之於遠國也。其《紀年》篇，起自夏殷周，皆三代王事，無諸國別也。唯特記晉國，起自殤叔，次文侯、昭侯，以至曲沃莊伯。莊伯之十一年十一月，魯隱公之元年正月也。皆用夏正建寅之月爲歲首，編年相次；晉國滅，獨記魏事，下至魏哀王之二十年，蓋魏國之史記也。推校哀王二十年大歲在壬戌，是周赧王之十六年，秦昭王之八年，韓襄王之十三年，趙武靈王之二十七年，楚懷王之三十年，燕昭王之十三年，齊湣王之二十五年也。上去孔丘卒百八十一歲，下去今太康三年五百八十一歲。哀王於《史記》，襄王之子，惠王之孫也。惠王三十六年卒，而襄王立；十六年卒，而哀王立。古書《紀年》篇，惠王三十六年改元，從一年始至十六年而稱惠成王卒，即惠王也。疑《史記》誤分惠成之世以爲後王年也。哀王二十三年乃卒，故特不稱諡，謂之今王。其著書文意，大似《春秋經》，推此足見古者國史策書之常也。文稱魯隱公及邾莊公盟于姑蔑，即《春秋》所書‘邾儀父，未王命，故不書爵，曰儀父，貴之也’。又稱晉獻公會虞師伐虢，滅下陽，即《春秋》所書‘虞師晉師滅下陽，先書虞賄故也’。又稱周襄王會諸侯于河陽，即《春秋》所書‘天王狩于河陽，以臣召君，不可以訓也’。諸若此輩甚多，畧舉數條，以明國史皆承告據實，而書時事。仲尼脩《春秋》，以義而制異文也。又稱衛懿公及赤翟戰于洞澤，疑‘洞’當爲‘泂’，即《左傳》所謂熒澤也。齊國佐來獻玉磬紀公之甗，即《左傳》所謂賓媚人也。諸所記多與《左傳》符同，異於《公羊》、《穀梁》，知此二書近世穿鑿，非《春秋》本意審矣。雖不皆與《史記》、《尚書》同，然參而求之，可以端正學者。又別有一卷，純集疏《左氏傳》卜筮事，上下次第及其文義，皆與《左傳》同，名曰《師春》。‘師春’似是抄集者人名也。《紀年》又稱殷仲壬即位，居亳，其卿士伊尹，仲壬崩，伊尹放太甲于桐，乃自立也。伊尹即位，于太甲七年，太甲潛出自桐，殺伊尹，乃立其子伊陟、伊奮，命復其父之田宅而中分之。《左氏傳》‘伊尹放太甲而相之，卒無怨色’，然則太甲雖見放，還殺伊尹，而猶以其子爲相也。此爲大與《尚書敘》說太甲事乖異。不知老叟之伏生或致昏忘，將此古書，亦當時雜記，未足以取審也。爲其粗有益於《左氏》，故畧記之，附《集解》之末焉。”

案：《束晳傳》中有“初太康二年”，及杜預《序》中首云“太康元年三月”，因之竹書《紀年》之出土，即有太康元年與二年之二說，錢賓四先生《先秦諸子繫年自序》，亦作“太康時汲縣人發古冢”。（港大增訂本第二頁）但《晉書·武帝本紀》：“咸寧五年冬十月，……汲縣不準掘魏襄王冢，得竹簡小篆古書十餘萬言，藏于秘府。”推此則是書爲咸寧五年十月（是年爲己亥當西元二七九年）出土爲可信。因太康元年（是年爲庚子當西元二八〇年）太康二年（是年爲辛丑當西元二八一年）均較後于咸寧五年，而咸寧之說見於《武帝本紀》。且太康元年見之《杜序》，以文意觀之，並無太康元年出土之

413

意。因"太康元年三月,吴寇始平……修成《春秋釋例》及《經傳集解》始訖……下去今太康三年……",則極可能,預於是時始見,又"藏在秘府,余晚得見之",故至其核竣時,已爲太康三年矣。再《晉書‧王接傳》:"時秘書丞衛恆考正汲冢未迄,而遭難,佐著作郎束晳述而成之。"推此,太康二年,亦可爲束晳始參與斯事之時。況晉於平吴之後,三分一統,正偃武修文之際也。如上論斷是否妥帖,當仍俟諸異日,以就教高明也。

二、《竹書紀年》之異同

《竹書紀年》自宋佚後,真僞互出,版本各異,其所知所見者已夥(詳見第四章《知見書目》)。其未知未見者,更不知凡幾,而原迹散見各書,更卷帙浩繁,此時此地張羅匪易。且自夏至周赧前後,據今本《竹書》所紀時間,已逾二千年,更非愚魯若我者之才力一時所能鈎稽,今姑溯流而上,先作篇(一)。① 由晉定公三十六年(即周元王元年),下迄《紀年》今王二十年(即周赧王十六年),其間一百七十八年(約當《太史公書》之六國年表前期)之事,先爲考異。以王國維氏《古本竹書紀年輯校》爲經,排比互證,考其真僞。未敢視爲定稿,不足登大雅之堂,惟記之以備忘,並請正於師友而已。

周敬王享國,似爲四十三年,而非四十四年。

因起自元王。惟元王元年,究當晉定公三十六年,(即周敬王享國四十三年,周元王享國八年)抑當三十七年(即周敬王享國四十四年,周元王享國七年),此兩説紛紜,必先確定周敬王享國之年而後可。

甲、作周敬王享國四十四年(即元王享國七年)者:

徐文靖氏《竹書紀年統箋》。第十一卷第八頁陰面。(浙江書局木刻板)

林春溥氏《竹書紀年補證》。第四卷第九頁陰面。(世界書局影印本)

朱右曾氏《汲冢紀年存真》。卷下第十二頁陰面。(歸硯齋板影印本)

錢賓四氏《先秦諸子繫年》。通表第二。(港大增訂版)

羅香林氏《中國通史》。上册七二頁。(正中書局臺六版)

王國維氏《今本竹書紀年疏證》。卷下第三四頁陽面。(世界書局影印本)

皇甫謐(《史記‧周本紀‧集解》、徐廣曰"皇甫謐曰:'敬王四十四年,元己卯,崩壬戌也'。")

《世本》。陳其榮增訂本第二六頁。

《世本》。秦嘉謨輯補本第二一頁。

---

① 編者注:第四章及篇(二)以下均未刊出。

《世本》。張澍稡集補注本第九頁。

《世本》。雷學淇校輯本第一三頁。

《世本》。茆泮林輯本第一八頁。

上列《世本》五種皆輯本，未明言敬王四十四年，僅言敬王後爲貞王，貞王後爲元王。且均據《左傳》哀十九年《正義》，及《史記索隱》等輯出。其中輯錄最完備之秦本，秦氏於“敬王崩在魯哀公十九年”下注云“此條疑注文，故列於下”。雖未肯定，但亦足見五氏之看法耳。

乙、作周敬王享國四十三年（即元王享國八年）者：

司馬遷氏《太史公書》、《十二諸侯年表》、《六國年表》。

《世本》。王謨輯本第九頁。

王本係於《史記》中輯出，並注云“按此條《史記》、《世本》最相抵牾，難于審定，故備錄諸説，俾學者得有所考焉。”蓋王氏所引，雖與陳秦五家，出處相同，特其同意《史記》耳。

《溫公稽古録》（見徐文靖氏引）。

《世本》。秦嘉謨輯補本第一四八頁。

秦本所輯之《大夫譜篇》，雖本《六國年表》，然亦足徵其對《年表》之信任。

王國維氏《今本竹書紀年疏證》。卷下第三四頁陽面。（世界書局影印本）

王氏《疏證》此條“在位之年，從皇甫謐，歲名從《史記》也。”則王氏對此兩説，似無意見。

覈上兩説，除近人錢、羅二氏，未詳所本外。其焦點，則仍在皇甫、司馬之間。其餘諸家，則不過各有所屬，且亦有同意兩家之見者。故欲其可靠，小惟有在《竹書紀年》，及《太史公書》中着手耳。

《太史公書》：“《秦本紀》：秦悼公立十四年卒，子厲共公立。孔子以悼公十二年卒。厲共公……二十四年，晉亂殺智伯，分其國與韓魏。”

“《吳世家》：闔廬十五年，孔子相魯。十九年，夏，吳伐越……傷吳王闔廬……而死……三年，乃報越……夫差……二年，吳王悉精兵以伐越，敗之夫椒……卒許越平……二十三年十一月，丁卯，越敗吳……自遂到死。”

“《齊世家》：平公八年，越滅吳。”

“《魯世家》：哀公十六年，孔子卒。二十二年，越王勾踐，滅吳王夫差。”

“《晉世家》：定公十二年，孔子相魯。……三十三年，孔子卒。三十七年，定公卒，子出公鑿立。……哀公四年，趙襄子、韓康子、魏桓子共殺知伯，盡並其地。（《索隱》：如《紀年》之説，此乃出公二十二年事。）”

《左傳》:哀公元年"吳王夫差,敗越於夫椒……三月,越及吳平,二十二年冬,十一月丁卯,越滅吳。"

徐本《竹書紀年》"元王四年,於越滅吳。"(第十一卷第八頁陰面)

林本《竹書紀元》"元王四年,於越滅吳。"(第四卷第九頁陰面)

王《今本疏證》"元王四年,於越滅吳。"(卷下第三十四頁陰面)

案:越滅吳,爲春秋戰國間大事之一。蓋吳以敗楚去郢(《吳世家》:楚恐而去郢徙鄀)之餘威,北進中原,與齊、晉爭霸,然未幾即傾社稷。此舉震驚列國,首爲大事之一。孔子週遊列國,相魯盟齊,刪《詩》、《書》,修《春秋》,諸侯敬仰,尤以《太史公書》,即因《春秋》而作,亦列國大事之一。今以此二事爲軸,排比對證,其年世悉合,可靠程度瞭然若掌。至元王四年,於越滅吳,雖古本不載,但亦實有可信之處。因《紀年》與史合則不注,不注則古本(即輯本)無由錄也。而古本(原本)必載,蓋《晉世家》云"晉六卿平王室亂,立敬王"。且今本雖僞,然其間亦有存真之處。觀其前後矛盾,則此條存真成分居多。又徐本《竹書紀年統箋》,第十一卷第八頁,載元王"三年晉出公元年據溫公《稽古錄》補",則又元王享年八年之明證也。再者,皇甫氏之説:

《太史公書》:"《周本紀》:敬王四十一年,楚滅陳。孔子卒。四十二年,敬王崩,(《集解》:徐廣曰:'皇甫謐曰敬王四十四年,元己卯,崩壬戌也。')子元王仁立。元王八年,崩,子定王介立。(《集解》:徐廣曰:'《世本》云元王赤也。'皇甫謐曰:'元王十一年癸未,三晉滅智伯,二十八年崩,三子爭立,立應爲貞定王。')(《索隱》:'《系本》云元王赤,皇甫謐云貞定王。考據二文,則是元有兩名,一名仁,一名赤。如《史記》,則元王爲定王父,定王即貞王也;依《系本》,則元王爲貞王子。必有一乖誤。然此"定"當爲"貞"字誤耳。豈周家有兩定王。代數又非遠乎?皇甫謐見此,疑而不決,遂彌縫《史記》、《系本》之錯謬,因謂貞定王,未爲得也。')定王十六年,三晉滅智伯,分有其地。二十八年,定王崩。"

又案:三晉滅智伯,亦當時之大事也。蓋三家分晉,不自威烈王二十三年,三晉命邑爲諸侯,實由滅智伯始也。故《史記》、《紀年》均特書之。定王十六年,爲戊子,當西元前四五三年,正晉出公之二十二年,與《紀年》合也。以《秦本紀》推之,亦正與厲共公二十四年合。而皇甫謐元貞互易,十一年固爲癸未,但實相差五年。且皇甫謐更謂周敬崩壬戌也,其屬可疑已不攻而自破矣。何況史公奉"故疑則傳疑,蓋其慎也"。(《三代世表敘》)爲圭臬乎?固"史公博採,所據異本,未能論定,以歸一是者"。(錢氏《繫年自序》第七頁)但大一統思想籠罩之史公,對正朔尤注意焉。遑論敬、元,正《十二諸侯年表》,與《六國年表》,衘接之際耶。史公是也。至《周本紀》,敬王四十二年崩,之"二"字,恐係"三"字傳抄之訛也。

出公

"二年,於越滅吳。"

案:王本(此係指《輯校》本,至王氏《疏證》本,即稱《疏證》本,以下同。)朱本均不列,徐本、林本、《疏證》本,均依周紀年,作元王四年,於越滅吳,元王四年,即出公二年,故據以補此。

"五年,澮絕于梁。"(《水經·澮水注》。)

王本,五年上,有"晉出公"三字。朱本無。

案:王本爲清楚眉目,乃增列,固未可厚非。然是書,既爲輯録,自應力求存真,原本似不應有"晉出公"三字,朱本是也。故從之不列。(以下均同此不列。)

"丹水三日絕,不流。"(《水經·沁水注》。)

案:王本作"絕"在"丹水"下,與《通鑑外紀·目録》:"晉出公五年,澮、丹水絕,三日不流。"同。但既引《水經·沁水注》,則應如是。朱本不誤。

"六年,齊、鄭伐衞。"(《水經·沛水注》。)

"荀瑤城宅陽。"(《水經·沛水注》。)

"宅陽一名北宅。"(《史記·穰侯列傳·正義》。)

王本:國維案此亦注文。

案:王氏之説,較是。故一併列之。

"十年十一月,於粵子勾踐卒,是爲菼執,次鹿郢立。"(《史記·越世家·索隱》。)

案:《索隱》原文,爲"十年十一月,於粵子勾踐卒,是爲菼執,次鹿郢立,六年卒。"王本、朱本均作此,殆適於編年體歟?今姑從之。

又案:王本"次"作"了",今依原文更正。

"衞悼公卒于越。"(《史記·衞世家·索隱》。)

"十二年,河絕於扈。"(《水經·河水注》。)

"十三年,智伯瑤城高梁。"(《水經·汾水注》。)

"十六年,於粵子鹿郢卒,子不壽立。"(據《史記索隱》補,詳見前引。)

荀瑤伐中山,取窮魚之邱。(《水經·巨馬水注》,《初學記》八,《太平御覽》六十四。)

朱本注"此未詳何年",徐本、林本、《疏證》本均作貞定王十二年,即晉出公十八年。

案:王、朱二氏雖未肯定何年,蓋皆同意,在十六至十九年之間,故繫此。今仍從之。

"十九年,韓龐取盧氏城。"(《水經·洛水注》。)

朱本龐作龐,並注"龐一作龐"。徐本、林本、《疏證》本均作取秦武城。徐氏《箋》云"此本作武城者,誤也"。

"二十年,燕孝公卒,次成侯載立。"(《史記·燕世家·索隱》曰《紀年》智伯滅在成公"二"年,又曰案《紀年》成侯名載。)

王本作十九年,注引智伯滅在成公"三年"。朱本作二十年,燕成侯載立。注亦引作智伯滅在成公"三"年。錢氏《先秦諸子繫年·王氏〈古本竹書紀年輯校〉補正》案"《索隱》作智伯滅在成侯二年,《輯校》誤作三年,成侯之立,應在晉出公二十年,明年稱元,又明年,智伯滅,則成侯之二年也。"

案:錢說是也。今據以更此。

"二十二年,趙襄子、韓康子、魏桓子共殺智伯,盡並其地。"(《史記·晉世家·索隱》。)

"二十三年,出公奔楚,乃立昭公之孫,是爲敬公。"(《史記·晉世家·索隱》。)

敬公

"(三年)於粵子不壽(立十年)見殺,是爲盲姑,次朱句立。"(《史記·越世家·索隱》。)

"六年,魏文侯初立。"(《史記·晉世家·索隱》引敬公十八年魏文侯初立。)

王氏案"《魏世家·索隱》引《紀年》,文侯五十年卒,武侯二十六年卒。由武侯卒年上推之,則文侯初立,當在敬公六年。《索隱》作十八年,'十八'二字,乃'六'字,誤離爲二也。"朱本第二十頁陰面,亦有"則文侯初立,應在晉敬公六年,又與《晉世家》所引不合,應闕疑。"錢氏力贊王說。又雷學淇《介庵經說·戰國年表》,亦繫此事,於晉敬公六年。

案:以年推之,王、錢之說是也。

"十三年"燕成公(十六年卒)燕文公立(《史記·燕世家·索隱》。)

朱本、王本均作晉敬公十二年,並注晉世家索隱。錢書"案《燕世家·索隱》,燕成公不注年數,知《紀年》與《史》合。則成公十六年卒,爲晉敬公十三年,輯校誤前一年。注稱'晉'世家,亦字誤。"

案:錢說是也,詳見晉出公二十年,燕孝公卒條。今據以更此。

幽公

王本未注當周何年,蓋同意朱本,作二十二年敬公卒,次幽公立。徐本作考王十一年,晉敬公卒。《箋》按己丑元,辛亥卒,在位二十三年。林本、《疏證》本均作十一年,晉敬公卒。錢書"敬公六年,當魏文侯元年,敬公十八年卒,當世家哀公之年數。子幽公立,幽公十八年卒,《紀年》、《史記》全同"(卷二第一一六頁)。另陳夢家依《竹書紀年》復原之《六國年表》,亦同此。即幽公元年,當周考王八年。(是年爲戊申,當西元前四三三年。)

案:錢氏考辨甚詳,是也。

"三年,魯季孫會晉幽公于楚邱,取葭密,遂城之。"(《水經·沛水注》。《太平寰宇記》曹州乘氏縣下引作幽公十三年。)

案:《太平寰宇記》作十三年,又《通鑑外紀》目録,亦作十三年。然王本、朱本、徐本、林本、《疏證》本均同此,故仍采《水經注》説。

"七年,大旱,地長生鹽。"(《北堂書鈔》一百四十六。)

朱本作"晉大旱地生鹽",與徐本、林本、《疏證》本同。今采王本。

"九年,丹水出,相反擊。"(《水經·沁水注》。)

"十年九月,桃杏實。"(《太平御覽》九百六十八。)

"十二年,無雲而雷。"(《太平御覽》八百七十六引《史記》。)

"十八年,晉夫人秦嬴,賊公于高寢之上。"(《史記·晉世家·索隱》。)

徐本、林本、《疏證》本均作威烈王六年,晉大夫秦嬴,賊幽公於高寢之上。時與《六國年表》同,人則誤夫人爲大夫。(《史記》作盜。)

烈公

"元年,趙獻子城泫氏。"(《水經·沁水注》。)

王本作趙簡子,《水經注》作趙獻子。錢氏案:其時實獻子,簡係字誤。

朱本注:是年,周威烈王十五年,魏文侯二十四年,趙獻侯十三年,韓武子十四年。

案:錢氏考辨,認係當年改元。幽公被弒,當年改元是也。則是年應爲周威烈王十年,魏文侯三十一年,韓武子九年,趙獻侯八年。爲乙丑,當西元前四一六年。

"韓武子都平陽。"(《水經·汾水注》。)

"二年,於粵子朱句(三十四年)滅滕。"(《史記·越世家·索隱》。)

王本、朱本均作幽公四年。錢氏案:"朱句立在晉敬公三年,翌年稱元,至晉幽公十四年,實爲朱句二十九年。《輯校》誤爲三十四年者,蓋誤依今本《紀年》謂敬公在位二十二年之故。又按即依《輯校》作晉敬在位二十二年,朱句立在晉敬三年,翌年稱元,晉敬四年爲朱句元年。晉敬二十二年,則朱句之十九年也。明年幽公元,爲朱句之二十年。則幽公十四年,乃朱句之三十三年也。今《輯校》以朱句三十四年繫之,誤前一年矣。以後越事即依次遞誤。"

又今本除徐本外;林本、《疏證》本均作幽公十四年。

案:錢説是也。詳見前考周敬王享年之歷引各説,據改列此。

"燕文公(二十四年)卒,簡公立。"(《史記·燕世家·索隱》。)

王本、朱本均作幽公十四年，蓋從晉敬公二十二年，及智伯滅在燕成公三年之説也。據以更此。

“秦靈公卒。”（《史記·秦始皇本紀》“肅靈公”《索隱》曰：“《紀年》及《系本》無‘肅’字。立十年”。）

王本、朱本均作幽公十五年。又烈公六年，秦簡公卒。十八年，秦敬公卒。蓋均從晉敬二十二年，及未將烈公當年改元計入，故作幽公十五年。

案：秦之世年，《太史公書》，至爲紊亂。錢書《自序》，由第九頁至第十七頁，以九頁之衆，言之綦詳。故秦之簡、敬、惠在位年數，無法確定。錢氏云：“《竹書》乃魏史，其記秦事較《史記》可信與否，不可決，姑志其異，無可詳奪矣。”（錢書四一四頁）然太史公自謂“余於是因《秦記》踵《春秋》之後”，而《史記》之《秦記》，又何如耶？今仍本《紀年》細校，亦備一格耳。

又案：《六國年表》，周考王十三年（是年爲癸丑，當西元前四二八年），爲秦懷公元年，生靈公。周威烈王二年（是年爲丁巳，當西元前四二四年），爲秦靈公元年，生獻公。豈秦靈五歲，即能生子乎？錢書未予指出，姑一併附以誌疑。

“趙城平邑。”（《水經·河水注》、《初學記》作四年。）

王本未載，朱本作二年。徐本、林本、《疏證》本均作威烈王八年。錢氏以今本威烈七年，注當晉烈元年，推校之作二年。詳見原書四一三頁，不具載。

“三年，於粵子朱句（三十五年）滅郯。”（《史記·越世家·索隱》）。以郯子鴣歸（《水經·沂水注》）。

王本、朱本均作幽公十五年，並注《水經·沂水注》，作晉烈公四年，一云系年與《索隱》不合。一云疑傳刻僞也。徐本、林本、《疏證》本均作威烈王十二年。錢氏論定爲烈公三年，並作《考辨》第四九詳論之。案：以晉烈公當年改元推校之，錢説是也。

“楚人伐我南鄙，至於上洛。”（《水經·丹水注》，《路史·國名紀》。）

“五年，於粵子朱句（三十七年）卒。”（《史記·越世家·索隱》。）

王本、朱本均作幽公十七年，詳見前條改。

“六年，田莊子卒。”（《史記·田敬仲完世家·索隱》引《紀年》齊宣公十五年田莊子卒。案齊宣公十五年當晉敬十一年）

王本、朱本均作晉敬十一年。朱本注：元文曰：“齊宣公十五年，田莊子卒。明年，田悼子立。”案是年爲魯悼公二十七年，後三十七年，悼子卒，當魯繆公之五年。《禮記·檀弓》云：“陳莊子死，赴于魯，繆公召縣子而問焉。”亦誤以悼子爲莊子也。錢氏作《考辨》五一，考定爲齊宣公四十五年事，當晉烈公六年。

案：錢氏《田莊子卒年考》，引證綦詳，立論精闢，至爲允當。固與《禮記·檀弓》篇合,而田齊年世,亦合於《莊子·胠篋》篇:"田成子弒齊君,十二世,有齊國。"及與《鬼谷子》等皆合,故據以列此。

"七年,田悼子立。"(《史記·田敬仲完世家·索隱》)

王本、朱本均作晉敬十二年。錢氏《通表》第二(第五三七頁),田莊子卒,悼子立,同列於晉烈公六年。

案:《索隱》引《紀年》"田莊子卒,明年,立田悼子。"明言"明年,立",王本、朱本亦均隔年。錢表當年即立,未敢貿然同意。

"十一年,秦簡公(九年)卒,次敬公立。"(《史記·秦本紀·世家》。)

王本、朱本均作烈公六年。詳見烈公二年,秦靈公條。又萬國鼎根據陳夢家依《竹書紀年》復原之《六國年表》,所編之《中國歷史紀年表》,亦同此。

"十一月"田悼子卒,〔次田和立〕。田布殺其大夫公孫孫,公孫會以廩邱叛於趙。田布圍廩邱,翟角、趙孔屑、韓師救廩邱,及田布戰于龍澤,田布敗逋。(《水經·瓠子水注》;《史記·田敬仲世家·索隱》引"齊宣公五十一年公孫會以廩邱叛于趙"十五字。"次田和立"四字亦據《索隱》補。)

朱本作烈公七年。王本作十一年,錢氏亦爲十一年。均無"十一月",説見後條。

"王命韓景子、趙烈子、翟員伐齊,入長城。"(《水經·汶水注》。)

王本、朱本皆作十二年。錢氏案:此實一事也(與前田悼子卒條)。翟員即翟角字訛,趙韓皆系國名,而翟角否者,以《紀年》乃魏史,故省畧也。齊宣王五十年,當晉烈公之十一年,其年田悼子卒,田會反,皆在宣公卒前。《索隱》引《紀年》,乃在宣公五十一年者,疑索隱此條實衍一"一"字。宣公實薨於五十年之十二月,而於周正則爲明年二月,是即《史記》所謂五十一年矣。《輯校》以宣公五十一年當晉烈公十一年,誤前一年。

案:"《史記》載春秋後事,最疏失者,在三家分晉,田氏篡齊之際。其記諸國世系錯誤最甚者,爲田齊魏宋三國。"(錢氏語,見錢書《自序》第三頁九行)故錢氏考證亦最詳。除散見該書各篇外,專論者有"五一":《田莊子卒年考》;"五二":《田齊爲十二世非十世辨》;"五六":《田和始立在齊宣公五十一年非四十五年辨》;"七〇":《田桓公在位十八年非六年》《其弒君自立在魏武侯二十一年,非二十二年辨》。及"八四"、"八五"、"八六"、"九二"、"九六"、"九七"、"九八"、"一二〇",等等,考證嚴謹,立論綦詳、洋洋大觀,爲該書於孔子之外用力最多者。然管見所及,亦有不釋於懷,而不得已于言者。如錢書一九八頁至一九九頁依《索隱》引《紀年》,梁惠王之十三年,當齊桓十八年後威王始見;錢氏遂定田桓在位十八年,田桓弒君自立在魏武侯二十一年;二十二年紀元則田桓十八年,當梁惠王十三年及田桓十九年卒,兩説均通,對雷氏(大約係雷學淇氏,因未見雷氏原書,不敢肯定)考訂田午弒君在魏武侯二十二年,及當年改元,認可解於梁惠王十三年當齊桓十八年之説,而無解於桓公立十九年而卒之説。今按錢氏《考辨》與《通表》亦有出入之處,如:

《通表》第二(五三七頁三行),威烈王十五年,田莊子卒悼子立,而明年亦未注稱元(蓋此時田齊尚未列侯也)。而《考辨》五一引《紀年》明載"明年立田悼子",此其一。

《考辨》五六:"與《索隱》引《紀年》'宣公五十一年悼子卒'。(一七○頁十四行)案:《索隱》僅有"宣公五十一年公孫會以廩邱叛于趙",未有悼子卒字樣。蓋田悼子卒,係《水經·瓠子水注》引《紀年》,錢書一六九頁言之甚詳,恐係筆誤,此其二。

又"《索隱》原文當爲'《紀年》,宣公五十年,公孫會以廩邱叛於趙。十二月,宣公薨,於周正爲明年二月。'蓋《紀年》魏史,用夏正。宣公卒在十二月,以魏史言,尚爲宣公之五十年。而以周正計之,則已爲五十一年。《索隱》故特著'於周正爲明年二月'之語,以見《紀年》之五十年,與《史記》之五十一年,雖異而實同。自今本《索隱》誤衍一字。"(一七○頁三至六行)"今既定田悼子卒在齊宣公五十年,則田和立爲齊宣公之五十一年也。下至康公二十年田和卒,凡二十一年。"(一七一頁三至四行)依錢氏之説,推此,則悼子卒於是年十一月也。以宣公之例概之,則《史記》、《紀年》均合也。且因夏正與周正之故,故田和亦於是年立也。因田和是時尚未稱侯,無翌年稱元之説也。亦即《索隱》有明年立田悼子,及下文紀元年之語。與錢氏田和立當齊宣公五十一年,亦不悖。且宣公五十年,即晉烈公十一年,是年爲乙亥,當西元前四○六年。田和雖明年稱立,但至康公二十年,即晉桓公五年,是年爲丙申,當西元前三八五年。則田和由即位至卒,實爲二十二年矣。田悼子於是年十一月卒,則與錢氏此三事"知爲一時事"。(一六九頁十四行)及田和立凡二十一年,皆符也。且《紀年》,晉、魏史也,以夏正紀年。而田齊,周正也。故晉烈公十一年之十一月、十二月,在田齊已爲宣公五十一年矣。故特著"於周正爲明年二月",即以魏史自言也。則《索隱》引《紀年》,非衍一"一"字矣,此其三。

又第一八九頁五行"翌年十九年,田和始立爲侯,紀元年。田和之二年,則爲康公二十年,而田和卒也。"一九九頁四至五行"田和卒,田剡即立。下逮魏武侯二十一年,田午弒剡,前後適得十年。與雷氏所謂自侯剡始立之年數之,至此共十年者正合。"(魏武侯二十一年,爲周安王二十六年,乙巳,當西元前三七六年)但錢氏爲證梁惠王十三年,當田桓公十八年,乃不采田桓當年改元之例。(因田剡被弒,諸書皆作此説,錢氏亦未有異見,而仍以翌年改元,當爲變例也。)今按《史記·田敬仲完世家·索隱》"案《紀年》,梁惠王十二年(非十三年)當齊桓公十八年。(中華書局依金陵局版排印本，卷四十六，第一八八八頁第三行。及瀧川資言《史記會注考證》卷四十六，第十八頁。均同。）則與錢氏所見毛氏汲古閣重刻北宋秘省《史記索隱》，及雷氏《介庵經說》均同。錢氏謂："恐毛氏此本，實係誤字，未足據。要之一年之差，與余書前後比論大體不相妨。終不採，是則是矣。然與田桓弒君自立，不能當年改元之變例，不可通也。今仍如此推定，以田桓爲當年改元，即魏武侯二十一年稱元也。"與《紀年》、《史記》固可通，同錢氏、雷氏之説亦不異。即與《輯校》因晉烈未當年改元，而相差一年外，亦皆一致。惟與錢氏《考辨》、《通表》，稍出入耳。

"景子名虔。"（《史記·韓世家·索隱》。）

國維案此司馬貞據《紀年》爲説非原文。

案：王氏之説是也。

"十二月，齊宣公薨。"（《史記·田敬仲完世家·索隱》。）

"十三年，宋悼公（十八年）卒。"（《史記·宋世家·索隱》。）

王本、朱本均作魏武侯十一年。錢氏以《左傳》哀二十六年，宋景公卒年推之得此。

"十四年，三晉命邑爲諸侯。"（《史記·燕世家·索隱》。）

王本、朱本均作九年。徐本、林本、《疏證》本均作"威烈王二十三年，王命晉卿，魏氏、趙氏、韓氏爲諸侯。"錢氏考證爲晉烈公十四年事，並列表以證。（見錢書四一四頁至四一五頁。）

案：王氏、朱氏、錢氏之説，均是也；徐本、林本、《疏證》本等，亦是也。惟王、朱二氏，誤於晉敬二十二年，及晉烈未能當年改元耳。故王、朱之本率多相差五年，即此故也。"知考古之事，其究歸於　是，無可逃避遁逸，有如此也。"（錢氏語，見錢書四一○頁）至徐、林等所謂今本者，特以周紀元耳。間有所僞，然亦有其存真之處。吾人固不應有"後人徒舉其一，而疑其餘者，皆刻舟之見"。（林春溥《竹書紀年補證·序語》）如前所引"於越滅吳"之事，則其明證也。

又余前於烈公二年，考證燕文公卒，簡公立。對錢氏論斷簡公當年改元，頗不以爲然，竊有異議焉。殆後至此，始服膺錢氏之精確嚴謹，而後知考據之難也。

"十七年（齊康公五年）田侯午生。"（《史記·田敬仲完世家·索隱》。）

王本作十六年，朱本作十二年，錢本作十七年。以年校之，從錢本也。

"二十年，魏文侯（五十年）卒。"（《史記·魏世家·索隱》。）

王本、朱本均作十五年，徐本、林本、《疏證》本則均作周安王十五年。惟錢氏考證爲二十年。

案：以年推之，錢説是也。

"二十二年，國大風，晝昏，自旦至中。明年，大子喜出奔。"（《太平御覽》八百七十九引《史記》，今《史記》無此文，當出《紀年》。）

朱本作十二年，注云：以爲晉烈公二十二年，誤衍一"二"字耳。

徐本、林本、《疏證》本均作"周安王十五年，大風，晝昏，晉太子喜出奔"。

王本：國維案《史記·晉世家·索隱》引《紀年》"魏武侯以晉桓公十九年卒。"以武侯卒年推之，則烈公當卒於是年。烈公既卒，明年，太子喜出奔，立桓公，後二十年爲三家所遷。是當時以桓公爲未成君，故《紀年》用晉紀元，蓋訖烈公。明年，桓公元年；即魏武侯之八年，則以魏紀元矣。《御覽》引晉烈公二十二年，知《紀年》用晉紀元訖於烈公之卒。《史記索隱》引魏武侯十一年、二十二年、二十三年、二十六年，而無七年以前年數，知《紀年》以魏紀元自武侯八年後始矣。至《魏世家·索隱》引"武侯元年，封公子緩"，則惠成王元年之誤也。

錢氏案：王氏以武侯卒年，推烈公當卒於魏武侯之七年者，是也。……謂晉烈公二十二年而卒，則誤也……《御覽》僅云二十二年國大風，晝昏，自旦至中，並未明言君卒，何以知烈公卒於是年？其下云明年太子喜出奔，此亦不足爲烈公卒於前年之證。……又按朱右曾録此條在晉烈公十二年，云"《御覽》誤衍一二字"，未詳其何據。

又朱本於魏武侯七年，有晉烈公卒，次桓公立。注云：據《晉世家·索隱》，魏武以桓公十九年卒，推校補此。

案：錢氏、王氏之説均是也。以年推之，晉烈公卒于魏武侯七年，享二十七年。至王氏之説，蓋仍以晉敬公享二十二年，及晉烈公非當年改元計之。故二十二年之説，非如錢氏所推，以大子喜出奔，而作二十二年。因王本原案"魏武（錢書誤印爲'文'）侯，以晉桓公十九年卒，以武侯卒年推之，則烈公當卒於是年"故也。

又案：如王氏之説，烈公既卒，明年，大子喜出奔，極有可能。因徐本、林本、《疏證》本均作周安王十五年事，蓋亦在烈公卒後也。而所謂今本僞《紀年》者，非盡如朱右曾氏所云："不知何年何人，捃拾殘文，依附《史記》。"（見朱氏《汲冢存真·序》）之甚，特亦傳抄之誤，妄認爲非耳。如林本：周威烈王二十年，秦簡公卒；周安王八年，秦敬公卒；則並不如朱氏所謂依附《史記》。又徐本、林本、《疏證》本，均作安王十五年，魏文侯卒；倘係衍一"十"字，則安王五年，正晉烈之二十年，與今之古本各家推校皆同。至大子喜出奔，徐本、林本、《疏證》本，均單行頂格列"晉太子喜出奔。"又焉知非安王十三年之"三"字訛爲"五"乎？事欠佐證，不敢立斷。至錢氏所云太子喜出奔，蓋尚在魏武侯三年，亦難以遽信，姑誌以存疑也。

"二十三年，秦敬公（十二年）卒，乃立惠公。"（《史記·秦本紀·索隱》。）

王本作十八年，朱本作魏武侯三年。均是，説見前。

魏

武侯

案:以下皆魏紀元也,説見前。

“十一年,城洛陽及安邑、王垣。”(《史記·魏世家·索隱》。)

王本十一年上,有“武侯”二字,如前説不列。

“十二年(齊康公二十年)田候剡立。”(《史記·田敬仲完世家·索隱》。)

王本作十八年(齊康公二十二年)。朱本作十四年(齊康公二十二年)。錢書四一八頁,考爲十二年,並作《考辨》六五以證之。

案朱錢二氏均是也,惟朱氏依康公二十二年推之,故列十四年,今從錢氏。參見田悼子卒條。

“十六年,宋桓侯壁兵立。”(《史記·宋世家·索隱》。)

王本列於“無年世可繫者”後。朱本列二十四年。錢氏以《紀年》、《史記》年世合推校之,休公卒當安王二十一年。桓侯立,明年元,當十七年,即周安王二十二年。並作《考辨》六九以明之。

案:錢説是也。《史》與《紀年》合則不注,如《史記》悼公八年,《索隱》則注《紀年》爲十八年。即此之類也。

“十八年,於粵子翳(三十三年)遷于吴。”(《史記·越世家·索隱》。)

王本、朱本均作十七年,徐本、林本、《疏證》本均作安王二十三年,錢氏推在十八年。

案:以年推之,錢説是也。由此足證今本於越事,頗可靠。至前考周敬享年四十三年,又一佐證矣。

“二十年,趙與中山公戰于訪子。”(《太平寰宇記》。)

王本不載,朱本列此,並注云:“訪子,《史記》作房子,故城在直隸趙州高邑縣西南。”

案:錢氏《考辨》五四(一六五頁至二六八頁),考中山興亡至詳。論斷爲姬姓中山滅於魏文,魏封中山滅於趙主父。而《史記》載趙伐中山,畧中山,攻中山,數見不鮮。卧榻之側,豈容他人酣睡,此蓋形勢使然也。復列於此。

“二十一年,(於粵子翳三十六年)七月,於粵太子諸咎弒其君翳。十月,粵殺諸咎,粵滑吴人立孚錯枝爲君。”(《史記·越世家·索隱》。)

王本、朱本均作二十年,徐本、林本、《疏證》本均作安王二十六年,錢氏推爲二十一年。

案:以年推校,錢説是也。詳見前引。

"齊田午弑其君及孺子喜而爲公。"(《史記·田敬仲完世家·索隱》。)

王本：國維案《史記·田敬仲世家·索隱》："《紀年》：齊康公五年，田侯午生。二十二年，田侯剡立。後十年，齊田午弑其君及孺子喜而爲公。"又據《索隱》引《紀年》齊宣公薨與公孫會之叛同年，而據《水經·洮子注》引，則公孫會之叛在晉烈公十一年。宣公於是年卒，則康公元年當爲晉烈公十二年。二十二年當爲魏武侯十八年。此事又後十年，當爲梁惠成王二年。然《索隱》又引梁惠王十三年，當齊桓公十八年，後威王始見。(又案《魏世家·索隱》引"齊幽公之十八年而威王立"，幽公或桓公之譌)則桓公(即田午)十八年當惠成王十三年，其自立當在是年矣。年代參錯，未知孰是？錢氏案：田侯剡立當在齊康公二十年，即魏武侯十二年。其後十年，爲魏武侯二十一年，(即田侯剡之十年)是年，桓公午弑君自立。自此下至惠成王十三年，適得十九年。以即位之翌年稱元，故爲桓公十八年也。其間並無參錯。

案：錢説爲是。惟桓公係當年改元，已詳前不復述。

"韓滅鄭，哀侯入于鄭。"(《史記·韓世家·索隱》。)

王本作"魏"世家係韓字誤。朱本作二十二年。錢本作史"田"係記字誤。

"二十二年，晉桓公邑哀侯于鄭，韓山堅賊其君哀侯而韓若山立。"(《史記·韓世家·索隱》、《晉世家·索隱》引"晉桓公十五年，韓哀侯卒"。)

王本、朱本均作二十三年。錢氏考爲二十二年。

案：以年推之，及《索隱》原文，二十二年是也。

"趙敬侯卒。"(《史記·晉世家·索隱》。)

王本、朱本均同前條作二十三年。

案：原文韓哀侯趙敬侯，並以桓公十五年卒。

"於粵大夫寺區定粵亂，立無余之。"(《史記·越世家·索隱》。)

王本、朱本均作二十一年。徐本、林本、《疏證》本並爲烈王元年，當二十二年不誤。又三本無余之之下有"是爲莽安"。錢本訂二十二年，惟"安"王亦係烈王字誤。

"二十四年，燕簡公(四十三年)卒。"(《史記·燕世家·索隱》。)

王本、朱本均作二十六年。錢氏考"桓公以下燕君年數，《索隱》不復引《紀年》爲説，知《史》與《紀年》相同。"故推定魏武侯二十四年，燕簡公享四十三年卒。

案：錢氏論點，是也。

又案：錢氏以三晉命邑爲諸侯在簡公十三年，及桓公以下《史記》不復引《紀年》爲説，推定簡公享四三年，固是。然錢氏《通表》第二(五三六頁)，仍列燕簡公元在晉烈公三年，當周威烈十二年。則是簡公翌年改元，然同書四一四頁、四一五頁、四一九頁明列燕文公二十四年，當晉烈公二年，簡公即以是年立。暨晉燕兩國世次年數表第五行,備注欄"即文公二十四年簡公以是年立"。此錢氏《通表》與本文不符,《通表》誤也。又四一九頁第十一行至十二行"桓公元在周烈王四年,自周威烈王二十三年燕簡公立,下數至周烈王三年卒,得四十三年。"此"二十三年",余依年推之,恐係周威烈王"十一年"之筆誤也。

"二十六年,武侯卒。"(《史記·魏世家·索隱》。)

梁惠成王

"元年,韓共侯、趙成侯遷晉桓公于屯留。"(《史記·晉世家·索隱》,《水經·濁漳水注》。)

"晝晦。"(《開元占經》一百一。)

"封公子緩。趙成侯偃、韓懿侯若伐我葵。惠成王伐趙,圍濁陽。"(《水經·沛水注》,《史記·魏世家·索隱》。)

王本依《索隱》作:"封公子緩。趙侯種、韓懿侯伐我,取蔡。而惠成王伐趙,圍濁陽。"

案:《水經注》成書於前,而徐本、林本、《疏證》本均同。故采朱説。

"鄴師敗邯鄲之師于平陽。"(《水經·濁漳水注》。)

"二年,齊田壽帥師伐我,圍觀,觀降。"(《水經·河水注》。)

"魏大夫王錯出奔韓。"(《史記·魏世家·索隱》。)

"敗韓馬陵。"(《史記·魏世家·索隱》。)

王本作惠王二十六年。朱本作十八年。徐本、林本、《疏證》本均作顯王二十四年。錢氏以《史記·韓、魏世家》考之,列此,蓋報濁澤之役也。

"三年,鄭城邢邱。"(《水經·沛水注》。)

王本誤作河水注,朱本是也。

"秦子向命爲藍君。"(《水經·渭水注》。)

"四年,河水赤于龍門三日。"(《水經·河水注》。)

"五年齊桓公(十一年)弑其君母。"(《史記·田敬仲完世家·索隱》。)

王本列八年,注作十二年,朱本列七年,注亦作十二年。錢氏意應在六年,《通表》亦列在六年。

案:田桓弑君自立,應屬當年改元,十一年,應當梁惠王五年。詳見前。

"六年,四月甲寅,徙都于大梁。"(《水經·渠水注》,《漢書·高帝紀》注,《史記集解》,《孟子疏》。)

王本、朱本均作六年。徐本、林本、《疏證》本亦均作顯王四年。又林本、《疏證》本"都"作"邦"。

錢氏論點與朱氏同,謂"遷梁非畏秦,乃欲爭强也。"惟錢氏從《史記集解》、《索隱》,認應在九年。

案:《水經注》成書,早於《索隱》,而所謂今本者,亦均繫於是年。故仍從朱氏之説。

"王發蓬忌之藪以賜民。"(《左傳》哀十四年疏,《漢書·地理志》注。)

王本移此條於無年世可繫者後。十四年誤作十一年,發作廢,蓬作逢。朱本、徐本、林本、《疏證》本均列於此年。朱本注:"蓬一作逢。"

案:朱氏列於此是也。既與今本合,而是時正遷梁圖强之際,發藪賜民以增國力,固其宜也。廢與發可通。

"七年,於粵寺區弟思殺其君莽安,次無顓立。"(《史記·越世家·索隱》。)

王本、朱本均列六年。徐本、林本、《疏證》本亦列於是年。錢氏繫於七年。

案:以年校之,錢説是也。

又案:朱氏注引《莊子》云:越人三弑其君,王子搜患之,逃乎丹穴,不肯出。越人薰之以艾,乘以王輿。(亦見《吕覽》)樂資曰即無顓也。"足徵《紀年》之可靠,亦夥矣。

"雨碧于鄞。"(《廣韵》二十二昔"碧"注,《路史·發揮一》注。)

王本注另引"《太平御覽》八百九",朱本於《廣韵》上有八字空白處。

"地忽長十丈有餘,高尺半。"(《太平御覽》八百八十。)

"公子緩如邯鄲以作難。"(《史記·魏世家·索隱》。)

王本移此條於"雨碧于鄞"前。

案:王氏移此,未詳何故。梁惠與公子緩爭立,緩之作難,似應在惠王初年,故雷氏有七年作七月之説。朱氏列"雨碧"、"地長"兩條於"作難"之前,意其先見災異,而公子緩作難矣。未知是否? 然較王氏似有所本也。依朱本改列。

又:於《廣韵》二十二昔,增"碧"下者,蓋便於查閱也。

"八年,伐邯鄲,取列人。伐邯鄲,取肥。"(《水經·濁漳水注》。)

王本伐邯鄲上有"惠成王"三字,朱本無。

案:《紀年》,魏史也。似不應有惠成王三字,朱本是也。

"雨黍于齊。"(《太平御覽》八百四十二又八百七十七。)

"雨骨于赤髀。"(《路史·發揮》注。)

"九年,與邯鄲榆次、陽邑。(《水經·洞渦水注》。)

"晉取泫氏。"(《太平御覽》一百六十三,《太平寰宇記》四十四,《路史·國名紀》注七。)"

王本、朱本均列。朱本並注云:"晉即魏也,以榆次陽邑,易泫氏也。"

案:錢氏《考辨》三六:《晉出公以下世系年數考》。云:"《索隱》謂:'桓公二十年,趙成侯、韓共侯遷桓公於屯留,以後無晉事。'蓋其時晉已不國也。然余考《史記》,證以《紀年》,知晉遷屯留,猶未全滅,晉事尚有可得而言者。《趙世家》:'成侯十六年,與韓魏分晉,封晉君以端氏。'考是年爲梁惠王十二年。《水經·濁漳水注》引《紀年》:'梁惠成王十二年,鄭取屯留尚子涅。'前韓趙遷桓公於屯留,至此十一年,而韓取屯留,可證晉君遷端氏之説不誣也。又《趙世家》:'肅侯元年,奪晉君端氏,徙處屯留。'前韓趙分晉,取屯留,封晉君端氏。至此又十年,《晉世家·索隱》引《趙世家》:'列侯十六年,(即成侯。)與韓分晉,封晉君端氏,其後十年,肅侯徙晉於屯留。'即謂此也。是晉自屯留徙端氏,又自端氏徙屯留矣。又考《韓世家》:'昭侯十年,韓姬弑其君悼公。是年正趙肅侯元年,疑悼公乃晉君。……梁氏《志疑》頗主其爲晉君,而未能據《趙世家》爲説。……'又《水經·沁水注》引《紀年》:'惠成王十九年,晉取泫武濩澤。'其事尚在韓姬弑晉君前三年,固知晉君至是尚在。雷氏《義證》亦定其時晉君即靜公。謂'泫氏在今山西高平縣東十里,濩澤在今陽城縣三十里。二邑已屬韓趙,晉襲取之。靜公亦可謂不量力,所以卒廢絕。'其言信矣。余考其時正梁惠王拔趙邯鄲後一年,梁趙之兵結而不解,故晉君亦乘時奮起。明年,梁即歸趙邯鄲,與盟漳水上,自是晉君復被遷逐,而乃見弑。疑玄武濩澤其時或屬趙,因韓與梁合,晉君或不敢加兵也。(又案陳逢衡《集證》,謂《御覽》百六三引《紀年》,惠王九年晉取泫氏。《太平寰宇記》四四引同。泫以脱去水旁而爲元,武與氏形似而誤。事在惠十九年,脱去十字,故云九年。)"是則錢氏雖未肯定,以其文意推之,此實爲衍一"十"字,則係爲重文矣。且徐本、《疏證》本於是年均不載,至林本雖載,但注云依《御覽》、《寰宇記》、《路史》等補也,而三今本於顯王十七年,即惠王十九年,均載"晉取元武澤",與王本、朱本同。是則更爲重文無疑矣。而朱氏未見及此,遂有"晉即魏也"之失。

"王會鄭釐侯于巫沙。"(《水經·沴水注》。)

"十年,入河水于甫田,又爲大溝而引甫水。"(《水經·渠水注》。)

"瑕陽人自秦道岷山青衣水來歸。"(《水經·青衣水注》。)

"十一年,鄭釐侯使許息來致地:平邱、户牖、首垣諸邑及鄭馳道。我取軹道,與鄭鹿。"(《水經·河水注》。)

徐本、林本、《疏證》本均作顯王十一年,誤後二年,此蓋傳抄時,周魏易元之誤也。

"東周惠公傑薨。"(《史記·六國年表·集解》。)

"十二年,龍賈帥師築長城于西邊。"(《水經·沴水注》。)

"楚師出河水以水長垣之外。"(《水經·河水注》。)

"鄭取屯留、尚子、涅。"(《水經·濁漳水注》,《太平寰宇記》四十五。)

"十三年,王及鄭釐侯盟于巫沙,以釋宅陽之圍,歸釐于鄭。"(《水經‧沛水注》。)

"齊桓公卒,次威王立。"(《史記‧魏世家‧索隱》、《田敬仲完世家》索隱補。)

王本、朱本均注梁惠王十三年,當齊桓公十八年。詳見前。

"十四年,魯恭侯、宋桓侯、衞成侯、鄭釐侯來朝。"(《史記‧魏世家‧索隱》。)

"十五年,於粤子無顓(八年)薨,是爲莢燭卯。"(《史記‧越世家‧索隱》。)

王本、朱本均作十四年,徐本、林本、《疏證》本亦繫是年。錢氏則作十五年。

案:以年推之,錢氏是也。

"遣將龍賈築陽池以備秦。"(《太平寰宇記》九。)

"鄭築長城自亥谷以南。"(《水經‧沛水注》。)

"魯恭侯來朝。"(《史記‧六國年表‧集解》。)

"邯鄲成侯會燕成侯于安邑。"(《史記‧六國年表‧集解》。)

"十六年,秦公孫壯帥師伐鄭,圍焦城不克。"(《水經‧渠水注》。)

王本作公子壯,朱本、徐本、林本、《疏證》本皆作公孫壯。

"秦公孫壯帥師城上枳、安陵、山氏。"(《水經‧渠水注》。)

王本、徐本均作山"氏",朱本、林本、疏證本均作山"民"。朱本注民一作氏。

"邯鄲伐衞,取漆富邱,城之。"(《水經‧沛水注》。)

"齊師及燕師戰于泃水,齊師遁。"(《水經‧鮑邱水注》。)

徐本、林本、《疏證》本均列于此年,惟燕下無"師"字。

"邯鄲四暨,室多壞,民多死。"(《開元占經》一百一。)

王本作"室壞多死"。朱本、林本同此。徐本、《疏證》本不載。今依朱本。

"十七年,東周與鄭高都、利。"(《水經‧伊水注》。)

"鄭釐侯來朝中陽。"(《水經‧渠水注》。)

"齊田期伐我東鄙,戰於桂陽,我師敗逋。"(《水經‧沛水注》。)

宋景敫、衞公孫倉會齊師,圍我襄陵。(《水經‧淮水注》。)

王本列桂陽、襄陵兩條於前,與朱本、徐本、林本、《疏證》本均不合,錢氏非之。今仍依朱本、徐本次序排列。

"有一鶴三翔于郢市。"(敦煌唐寫本《修文殿御覽》殘卷。)

案:此條各本皆無,爲王氏所補,當有所本。姑仍列此以待證。

"十八年,王以韓師敗諸侯師于襄陵。"(《水經‧淮水注》。)

"齊侯使楚景舍來求成。"(《水經‧淮水注》。)

"王會齊、宋之圍。"(《水經‧淮水注》。)

朱本以此三條併列一條,王氏分列,是也。徐本、《疏證》本亦分列,惟無"王會齊、宋之圍"條。林本"王"作"公"。

"邯鄲之師,敗我師于桂陵。"(《史記·魏世家·索隱。》)

王本作"趙敗魏桂陵。"《索隱》原文作"十八年,趙又敗魏桂陵。"朱本、徐本、林本、《疏證》本均作"邯鄲之師,敗我師于桂陵。"

案:《索隱》注《史記》也,小司馬引《紀年》以注,非盡用原文。今本僞《紀年》此條,以文意觀之,不誤也;朱氏采之,甚是。因《紀年》魏史也,與王氏所用,口吻不合。

"十九年,晉取玄武、濩澤。"(《水經·沁水注》。)

案:此條已於九年晉取泫氏,引錢氏論點甚詳。

"二十年,齊築防以爲長城。"(《水經·汶水注》。)

"二十二年,韓玘弒其君悼公。"(《史記·韓世家·索隱》。)

朱本據《史記》作韓姬,注"姬一作玘",並繫於十七年。王本繫於十八年。林本列此年。

案:以年推之,此年是也。詳見九年晉取泫氏,引錢氏論點。

"二十五年,楚伐徐州。"(《史記·越世家·索隱》。)

王本、朱本均作二十四年。錢氏推當此年。

案:以年校之,錢說是也。又徐本亦同此。

"絳中地坼,西絕于汾。"(《水經·汾水注》。)

朱本"坼"作"墒"。

"二十七年,會諸侯于逢澤。"(《史記·六國年表·集解》。)

王本、朱本均作"二十九年,秦孝公會諸侯于逢澤"。徐本、林本、《疏證》本亦作秦孝公,惟列于周顯王二十三年。

案:錢氏考證甚詳,論係梁惠王會諸侯,並列于是年。並作《考辨》八三:逢澤之會,乃梁惠王非秦孝公,在梁惠王二十七年,非周顯王二十七年辨。見錢書二五二頁至二五六頁,不具載。

"十二月,齊(威王十四年。)田盼伐我。"(《史記·孫吳傳·索隱》,《田完世家·索隱》)

"二十八年,與齊田盼,戰于馬陵。"(《史記·魏世家》、《孟嘗君傳》、《田完世家》、《孫子吳起列傳·索隱》)〔我師敗逋〕(據王劭説補。)

王本作"二十七年十二月,齊田盼敗梁馬陵。"並注云:"二十八年,與齊田盼戰于馬陵。"二十七年十二月,在周正爲二十八年二月,是《魏世家·索隱》,已改算爲周正也。錢氏案:"王氏謂《索隱》改《紀年》夏正爲周正之説,他無可驗。而《水經·泗水注》引《紀年》:'梁惠成王二十九年五月,齊田盼及宋人伐我東鄙,圍平陽。'與《魏世家・索隱》所引二十九年五月，齊田肦伐我東鄙。同爲一事，而又加詳。《水經注》所引正亦作五月，不得謂其亦已改從周正。若《水經注》所引係《紀年》原文，則《索隱》又何以改於彼，而仍於此！王説不足信。蓋齊師自以上年冬出征，魏師自以翌年敗北耳。詳《考辨》第八四。"

案：錢氏立論極是，今從之。仍依朱本列法載此。

"穰疪帥師及鄭孔夜戰于梁赫，鄭師敗逋。"（《水經・渠水注》。）

王本"疪"作"苴"，朱本、徐本、林本、疏證本均作疪。徐氏《統箋》引朱謀㙔曰："穰苴疑誤。"

"二十九年五月，齊田肦及宋人伐我東鄙，圍平陽。"（《水經・泗水注》，《史記・魏世家・索隱》。）

"九月，秦衛鞅伐我西鄙。"（《史記・魏世家・索隱》，《商君列傳》索隱引無月。）

"十月，邯鄲伐我北鄙。"（《史記・魏世家・索隱》。）

"王攻衛鞅，我師敗績。"（《史記・魏世家・索隱》。）

"三十年，城沛陽。"（《水經・沛水注》。）

"秦封衛鞅于鄔，改名曰'商'。"（《水經・濁漳水注》，《路史・國名紀》己。《後漢書・光武帝紀》注引作"衛鞅封于鄔"）

"三十一年三月，爲大溝于北郛，以行圃田之水。"（《水經・渠水注》。）

"宋剔成肝廢其君璧而自立。"（《史記・宋世家・索隱》。）

王本列此條於"無年世可繫者"下。朱本列此條于十七年。錢氏考在此，詳見前宋桓侯璧兵立條。

"邳遷于薛，改名徐州。"（《水經・泗水注》，《史記・魯世家・索隱》、《孟嘗君傳・正義》。）

王本注："《魯世家・索隱》引：'梁惠王三十一年，下邳遷于薛。'《孟嘗君列傳・正義》引：'梁惠王三十年，下邳遷于薛，改名徐州。'三十下奪一字。"徐本、《疏證》本無改名徐州四字，並列于"三月，爲大溝"條前。

"三十二年，與秦戰岸門。"（《史記・秦本紀・索隱》；此繫年據《六國年表》補。）

"三十六年。"（《春秋經傳集解後序》："惠王三十六年改元從一年始，至十六年而稱惠成王卒。"）

"一年。"（《春秋經傳集解後序》。）

"二年，鄭昭侯武薨，次威侯立。"（《史記・韓世家・索隱》。）

"韓昭侯之世，兵寇屢交。"（《史記・申不害列傳・索隱》。）

王本及他本均無，朱本注云："又《韓非傳・索隱》云：'《紀年》：韓昭侯之世，兵寇屢交。’是小司馬隱括之語,未敢羼入正文”。

案:《史記・老莊申韓列傳》:“終申子之身,國治兵强,無侵韓者。”《索隱》引“王劭按:《紀年》云:‘韓昭侯之世,兵寇屢交。’”異乎此言矣。《史》與《紀年》不合則注,此蓋原文也。異乎此言矣。乃王劭或小司馬之語也,朱氏何其慎之若是乎?惟無年世可繫,姑列於此。

“三年,田公子居思伐邯鄲,圍平邑。”(《水經・河水注》。)

王本、朱本均作晉烈公五年。徐本、林本、《疏證》本均作周威烈王十一年。

王本“國維案:田居思即戰國策之田期思,《史記・田敬仲世家》之田臣思(巨思之譌)。《水經・濟水注》引《紀年》作田期,《史記・田敬仲世家・索隱》引《紀年》謂之徐州子期。而據《濟水注》:“齊田期伐我東鄙”,在惠成王十七年,距此凡五十三年。且三家尚未分晉,趙不得有邯鄲之稱。疑《河水注》所引“晉烈公五年”,或有誤字也。

錢氏案:《水經・河水注》引《紀年》:“晉烈四年,趙城平邑。五年,田公子居思伐邯鄲,圍平邑。十年,齊田肸及邯鄲韓舉戰于平邑,邯鄲之師敗逋。獲韓舉,取平邑、新城。”《輯校》移十年韓舉之敗,於惠成王後元十年。朱氏右曾曰:“此事《水經注》引作晉烈公十年。《索隱》云:《紀年》敗韓舉當韓威王八年,計相距七十八歲,不應有兩田肸,兩韓舉。考《趙世家》云:肅侯二十三年,韓舉與齊魏戰死於桑丘。肅侯元年,當梁惠王二十二年,下逮後元十年,爲肅侯之二十五年。蓋《趙世家》誤五爲三,《水經注》誤惠成後元十年爲晉烈公十年也。至《韓世家》以韓舉爲韓將,則更舛矣。”今案朱氏謂誤以惠成王爲晉烈公,是也。顧《年表》、《世家》肅侯均二十四年卒,無二十五年,則謂世家誤五爲三者非矣。……余意《趙世家》肅侯二十三年本不誤,是歲爲梁惠王後元八年。《索隱》本記韓舉之敗在惠王八年,而後人以其事在《韓世家》,乃妄改爲威王耳。至《水經注》九年十年皆字誤。又考《趙世家》:“肅侯十八年,齊魏伐我,我決河水灌之,兵去。”《田敬仲世家》、《六國年表》均載此事,去韓舉之敗五年,其時爲梁惠王後元三年。則《水經注》五年,田居思伐邯鄲,圍平邑,或即此事,而誤三爲五也。

案:錢氏以《史記・趙世家》、《田敬仲世家》、《六國年表》排列推測此事,以校正兩田肸,兩韓舉,相距七十八歲之事,是也。從之列此。

“五年,公子景賈帥師伐鄭,韓明戰于陽,我師敗逋。”(《水經・沛水注》。)

王本、朱本均列于惠成王五年,徐本、林本、《疏證》本繫年亦同。然下文今王七年,王本、朱本又據《沛水注》列“韓明帥師伐襄邱。”徐本、林本、《疏證》本與錢氏《通表》第三亦同。

案:惠成王五年至今王七年,其間相去五十五年。當韓明敗景賈,即以二十歲計,至是時業七十五矣。有此壽也,仍有此精力乎?知其必不可也,則是年必誤。錢氏亦未察也。且後元五年仍惠成王之五年也。《水經注》其指是乎？今移之于此，蓋其間不超出十九年，是則差可近也。

“八年，齊田肦及邯鄲韓舉戰于平邑，邯鄲之師敗逋，獲韓舉，取平邑、新城。”(《水經·河水注》。)

王本、朱本均列後元十年。徐本、林本、《疏證》本均列威烈王十六年。詳見前條。

“九年，鄭威侯(七年)與邯鄲圍襄陵。”(《史記·韓世家·索隱》。)

“十年五月，王會鄭威侯(七年)于巫沙。”(《史記·韓世家·索隱》。)

“十月，鄭宣王朝梁。”(《史記·韓世家·索隱》。)

王本、朱本均將此三條，列爲一條，繫於九年。徐本、林本、《疏證》本均作“顯王三十三年，鄭威侯與邯鄲圍襄陵。三十八年，王會鄭威侯于巫沙”。錢氏《考辨》一〇一韓始稱王考及一〇二韓宣惠王即韓威侯考。推論會于巫沙係在韓威侯(即鄭威侯)八年五月，後即稱王，十月復至梁。

案：三家分晉後，韓始終勢微，不能如魏、趙之縱橫捭闔。會于巫沙者，即爭取與國，希其認可耳。稱王後，即朝聘，蓋有謝意存焉。錢氏所論，實即亂世列強，相互勾結之寫照也。

“十一年，會鄭宣王、齊威王于平阿。”(《史記·孟嘗君列傳·索隱》。)

王本、朱本均作韓威侯。錢氏案《輯校》改齊宣王爲齊威王是也。……會巫沙後，鄭威侯已稱鄭宣王，則此處亦當作鄭宣王。

案：以意度之，是時鄭雖稱王，列國尚未公認也。平阿之會，殆亦冀齊之認可乎？雖然，《紀年》魏史也。鄭之王魏實主之。《紀年》原文，蓋已稱王矣。

“十三年，會齊威王于甄。”(《史記·孟嘗君列傳·索隱》。)

王本甄作甄，依《索隱》更正。

“四月，齊威王封田嬰于薛。十月，齊城薛。”(《史記·孟嘗君列傳·索隱》。)

“嬰初封彭城。”(《史記·孟嘗君列傳·索隱》。)

朱本此條列在“薛子嬰來朝下”。

王本移此。又王本注“國維案此司馬貞據《紀年》爲説，非本文”。

案：王氏移前是也。至是否本文，王氏之見，仍須斟酌，一併附此。

“十四年，薛子嬰來朝。”(《史記·孟嘗君列傳·索隱》。)

“十五年，齊威王薨。”(《史記·孟嘗君列傳·索隱》。)

“十六年，惠成王薨。”(《春秋經傳集解後序》。)

朱本作“薨”。王本作“卒”。徐本、林本、《疏證》本亦均作“薨”。

案：杜氏《後序》原文云“稱惠成王卒，即惠王也。”其意蓋在“惠成王”即“惠王”

也。其"卒"者,乃信手拈來耳。豈有稱別國之君曰"薨",而稱己君曰"卒"乎? 朱本是也。

今王

"四年,鄭侯使韓辰歸晉陽及向。二月城陽、向,更名陽爲河雝,向爲高平。"(《史記·秦本紀》《趙世家·集解》《范雎傳·正義》《水經·沸水注》。)

朱本注:"韓已稱王,而書鄭侯,未詳。"

案:戰國七雄,唯力是尚;王侯之別,盈虚之間耳。

"碧陽君之諸御産二龍。"(《開元占經》一百十三。)

"六年,秦取我焦。"(《路史·國名紀》戊注。)

王本、朱本同。徐本、林本、《疏證》本均不載。

"齊地暴長,長丈餘,高一尺。"(《太平御覽》八百八十引作"周隱王二年"。)

王本、朱本、徐本、林本、《疏證》本均繫是年。朱本作"長七丈餘"。徐本、《疏證》本作"景長"。林本注云:"暴舊作景,今據《御覽》引及《搜神記》改"又"《御覽》引,丈上有七字。《搜神記》云:周隱王二年四月,齊地暴長,長丈餘,高一尺五寸。當亦本此。"

案:王氏雖未注改之出處,當有所本。

"七年,韓明帥師伐襄邱。"(《水經·沸水注》。)

"燕子之殺公子平。"(《史記·燕世家·索隱》。)

王本、朱本均繫於今王五年。徐本、林本、《疏證》本均作隱王元年,公子平下有"不克"二字。錢氏雖作《考辨》一二〇及附文《昭王爲公子職非太子平辨》,但《通表》仍繫於年。(《通表》第三:趙、齊欄内)蓋錢氏係以齊伐燕在宣王六年爲主。

案:《燕世家·索隱》原文"按:上文太子平謀攻子之,而《年表》又云'君噲及太子、相子之皆死',《紀年》又云:子之殺公子平。今此文云:'立太子平,是爲燕昭王。'則《年表》《紀年》爲謬也。"以文意觀之,《紀年》所載子之殺公子平也,小司馬未引何年。又同條《集解》"徐廣曰:噲立七年而死,其九年燕人共立太子平。"又《趙世家》本文"齊破燕。燕相子之爲君,君反爲臣。十一年,王召公子職於韓,立以爲燕王。使樂池送之。"《集解》"徐廣曰:《紀年》亦云爾。"又《集解》"按《燕世家》,子之死後,燕人共立太子平,是爲燕昭王,無趙送公子職爲燕王之事,當是趙聞燕亂,遥立職爲燕王,雖是樂池送之,竟不能就。"《索隱》云"必是憑舊史爲説,且《紀年》之書,其説又同。"推此,則一、燕昭王元年必在報王四年,即噲王九年後。二、燕昭王必爲公子職,趙立,使樂池送之。但徐廣不之信,故既曰:九年燕人共立太子平。復曰:《紀年》亦云爾。以文意度之,《紀年》必載。又噲王讓國,實有蘇代之謀。蘇代者齊相,而蘇秦之弟,縱横

435

策畧之家也。其爲子之謀者,實爲齊謀耳。故子之殺太子平後,"王(齊王)因令章子將五都之兵,以因北地之衆以伐燕。士卒不戰,城門不閉。"(《燕世家》)是焉知非子之酬齊功也。否則"士卒不戰,城門不閉。"倘非當國者謀,而爲之嚮,其可得乎? 且"以因北地之衆"又何解? 況燕趙之士,懦弱亦至于此乎? 戰國無此例也。有之,則蘇代、子之之傑作也,亦孫子所謂:"不戰而屈人之兵。"既子之如願有燕,復欲自主,不屬齊望,齊怒,"禽子之而醢其身也"。蓋以民悍,而傀儡又不足取,且已飽掠,即《史記》所載之"齊大勝"也。齊去之不守,趙遂得與燕人"共"立公子職也。泊昭王即位,"卑身厚幣以招賢者。……燕兵獨追北,入至臨淄,盡取齊寶,燒其宮室宗廟。"怨之深也。否則齊醢子之,燕人感激之不暇耳。姑妄爲設論如此,以待他證。且杜預氏《後序》云:"推校哀王二十年……燕昭王之十三年",倘事在報王元年,則當昭王十六年也。杜氏校綴竹簡,倘見所異,當作注明,則徐廣、小司馬等氏,及見《紀年》原文,以注《史記》不至若是之疏也。而"燕子之亡二年"之語,與錢氏所考宣王六年伐燕,亦可通也。今仍依杜氏哀王二十年,燕昭王十三年,上推至此,固與《史記》合也。

"齊人禽子之而醢其身。"(《史記·燕世家·索隱》。)

案:子之因齊蘇代等謀而有燕,齊人何故醢之,是必子之前恭而後倨也。詳前見條。

"趙召公子職於韓,立以爲燕王。使樂池送之。"(《史記·趙世家》文,《集解》"徐廣曰《紀年》亦云爾"。)

詳見前,不另注。

"秦王來見于蒲坂關。"(《水經·河水注》。)

"四月,越王使公師隅來獻乘舟始罔及舟三百、箭五百萬、犀角象齒。"(《水經·河水注》。)

王本公師隅作公孫隅,朱本、徐本、林本、《疏證》本均作公師隅。

"齊宣王(八年)殺其王后。"(《史記·田敬仲世家·索隱》)。

"楚景翠圍韓雍氏。"(《史記·韓世家·集解》)

"秦助韓共敗楚屈匄。"(《史記·韓世家·集解》)。

"韓宣王卒。"(《史記·韓世家·集解》。)

"齊、宋圍煑棗。"(《史記·韓世家·集解》。)

"八年,翟章伐衞。"(《史記·魏世家·索隱》。)

"秦褚里疾圍蒲不克,而秦惠王薨。"(《史記·樗里子甘茂列傳·索隱》。)

"九年,洛入成周,山水大出。"(《水經·洛水注》。)

"五月,張儀卒。"(《史記·韓世家》及《張儀列傳·索隱》。)

"楚庶章帥師來會我,次于襄邱。"(《水經·沛水注》。)

"十年十月,大霖雨,疾風,河水溢酸棗郛。"(《水經·沛水注》。)

王本作《河水注》,朱本不誤。

"十二年,秦公孫爰帥師伐我,圍皮氏,翟章帥師救皮氏圍。疾西風。"(《水經·汾水注》。)

"十三年,城皮氏。"(《水經·汾水注》。)

"十四年,秦内亂,殺其太后及公子雍、公子壯。"(《史記·穰侯列傳·索隱》。)

徐本、《疏證》本均不載。林本據《史記》補此。

"十六年,秦拔我蒲坂、晉陽、封谷。"(《史記·魏世家·索隱》。)

"十七年,邯鄲命吏大夫奴遷于九原,又命將軍、大夫、適子、戍吏皆貉服。"(《水經·河水注》。)

朱本注:貉服,即胡服也。

"十九年,薛侯來,會王于釜邱。"(《水經·沛水注》。)

"楚入雍氏、楚人敗。"(《史記·韓世家·集解》。)

"二十年。"(《春秋經傳集解後序》:"今王終二十年。")

案:《索隱》"按:《汲冢紀年》終于哀王二十年,昭王三年喪畢,始稱元年耳。"與杜氏《後序》不相符,小司馬亦欠妥矣。

又:朱本尚輯有多條,注云:元文未引何年,或從雷氏,或依洪氏推校,或姑列之,繫入各年。王氏均不采,統於篇後列入"附無年世可繫者"。除已考定數條列入外,餘俟再證。

三、《竹書紀年》之研討價值

吾國上古最可信之史書,莫如《史記》。然間參以傳疑神話,白璧爲疵。據《三代世表》敘云:"自殷以前諸侯不可得而譜,周以來乃頗可著。孔子因史文次《春秋》,紀元年,正時日月,蓋其詳哉。至於序《尚書》則畧無年月;或頗有,然多闕,不可録。故疑則傳疑,蓋其慎也。余讀牒記,黃帝以來皆有年數。稽其曆譜牒終始五德之傳,古文咸不同,乖異。夫子之弗論次其年月,豈虛哉!於是以《五帝繫牒》、《尚書》集世紀黃帝以來……"則態度亦極嚴謹確實,足爲後法,經羅振玉、王國維等氏之殷物考證後,更稱信史。洎自周口店"北京人"發現,爲吾華古史,更溯上流。惜乎史料不全,探討者鮮,致尚未能大放光芒也。史遷亦嘗自謂:"秦既得意,燒天下《詩》、《書》,諸侯史記尤甚,爲其有所刺譏也。《詩》、《書》所以復見者,多藏人家,而史記獨藏周室,以故滅。

惜哉！惜哉！獨有《秦記》，又不載日月，其文署不具。然戰國之權變亦有頗可采者，何必上古。……余於是因《秦記》，踵《春秋》之後，起周元王，表六國時事……”（見《史記·六國年表敘》）其於諸侯之史記不存，未嘗不惋惜者再。正因其着重於“戰國之權變亦有頗可采者”，故於年世，不無萬一之疏，前人之於《史記》錯誤，言之夥矣，不復贅述。然《竹書紀年》者，即諸侯之《史記》也。雖司馬貞謂“《紀年》之書，多是僞謬”。（《燕世家·索隱》）所謂僞謬者，與《太史公書》不同耳。正因其不同，乃能“時參異說”（司馬貞語），而正救《史記》之失也。登高自卑，行遠自邇，既有之史料，豈能不整理還真乎？探討原委，指辨真僞，責在斯矣，吾儕豈能舍諸？

（原載 1964 年 7 月《文史學報》第 1 期，第 89—131 頁。）

作者簡介：

柏蔭培，生平及籍貫未詳。中國文史研究學者。曾任教於香港蘇浙中學、珠海書院。著有《元人北曲脞談》、《晉書十八家的商榷》、《朱陸學說之異同》（合著）。

論汲冢與其竹書

衛挺生

第一節　汲冢書物之出土

《穆天子傳》者,晉汲郡汲縣①縣之西偏②盜發古"冢"而得竹簡書之一種也。其"冢"在今汲縣城西二十里③實則戰國時之魏國朝廷(惠王襄王時稱"梁")丘藏國寶之丘也。梁人則謂之曰《梁丘藏》。而晉武帝司馬炎時,晉人之發掘及整理竹書者,皆一致誤解其爲魏王室墓葬之冢④並以載入其正史。故自是以來,世人皆呼之爲"汲冢"。因是而其中所出之竹書,皆稱爲"汲冢竹書"云。

其竹書出土之年有三說。其一,謂在晉武帝咸寧五年(公元 279 年)例如唐貞觀修《晉書》(即今通行之廿四史或廿五史本之《晉書》,以下簡稱《晉書》)《武帝紀》咸寧五年十月下云:

> 汲郡人不準,掘魏襄王冢,得竹簡小篆古書十餘萬言,藏之祕府。

其二,謂在晉武帝太康元年(公元 280 年)。例如《晉書》卷六《衛恆傳》內所述其所著之《四體書勢》中有云:

> 太康元年,汲縣人盜發魏襄王冢,得竹簡小篆古書十餘萬言,藏于祕府。

關於衛恆與竹書之關係,《晉書》卷五十一《王接傳》云:

---

① 《水經注·清水》卷九:《經》曰"清水又東過汲縣北"注曰"縣故汲郡治。晉太康中立。城西北有石夾水,飛湍濬急。人亦謂之磻溪,言太公嘗釣於此。"

② 《齊太公呂望表》云云。見小川琢治著《穆天子傳考》第 7 頁(載於《狩野教授花甲紀念支那學論叢》)。

③ 《大清一統志》卷一百二十,衛輝府陵墓周魏襄王墓下云云。

④ 《晉書·束晳傳》曰"魏襄王墓,或言安釐王冢。"

時祕書丞衞恆,考正汲冢書,未訖,而遭難。著作郎束皙述而成之,事多證異義。

關於"祕書省"、"著作"("局"後改"省")、"祕書丞"、"著作郎"等官府及官名,《晉書》卷二十四《職官志》云:

> 元康二年(公元二九二年)詔曰:
>
> "著作(局)舊屬中書(省)。而祕書(省)既典文籍。今改中書著作爲祕書著作"
>
> 於是改隸祕書省,後(著作)別自置省,而猶隸祕書(省)著作郎一人,謂之"大著作"。
>
> 置祕書監。其屬官有丞有郎,並統著作省。

其三,謂在太康二年(公元 281 年)。其例最先見于汲縣西北之齊太公廟内之《齊太公呂望表》。齊太公本汲人。此碑乃"太公之裔孫范陽盧無忌"于"太康十年三月丙寅朔十九日甲申造"。盧無忌原任太子洗馬;造此碑時方任汲縣令。其年(289 年)去汲冢竹書出土之時才七年餘也。其碑文曰:

> 齊太公呂望者此縣人也。遭秦燔書,史失其籍。至大晉受命,吳會既平,四海一統。太康二年,縣之西偏有盗發冢,而得竹策之書。書藏之年,當秦坑儒之前八十六歲(下略)。

今察盧無忌乃當時汲縣縣令,而衞恆乃祕書省兼管著作之當事高級該管長官。其所言自極可信。貞觀修《晉書》[①]乃房玄齡、褚遂良督修,史學名家許敬宗、令狐德棻等八人撰録。所據者爲臧榮緒、王隱、蕭子顯、干寶等十八家《晉書》、《晉紀》等正典,並參考雜説數十部而力求正確盡善。故其撰録亦甚可信。然而三者之間各有一年之差別何耶? 此似可以現代事蹟作比較而解釋之。安陽甲骨卜辭之埋藏,自初發以至于全部出土,掘得者不下十萬片,歷時五十二年(即公元 1898 至 1950 年)[②]"汲冢得竹書數十車",自初發覺而官收,而發掘,而最後交祕書省收管,其間當爲時數年。而其整理、編綴、校寫今文更無論矣。故謂之爲在咸寧五年十月者,當是不準盗發之事初被發覺之時。謂之太康元年者,當是官收後而開始發掘之時。謂之太康二年者,可能發掘完畢

---

① 《史通通釋》卷十二晉史之説明及注釋。
② 陳夢家著《殷虛卜辭綜述》,第 658 頁。

而將竹簡書交歸當時中書省所屬祕書("局"後改"省")收管整理之時。故三説之年不同,而皆是也。

至於發現及發掘整理所得之竹書及其伴出物之情形,則《晉書》卷五十一《束晳傳》載其大要。其原文如下:

> 初,太康二年汲郡人不準盜發魏襄王墓,或言安釐王冢,得竹書數十車。其《紀年》十三篇(挺案:當作"十二"①另詳)記夏以來至周幽王爲犬戎所滅,以〔晉〕事接之。三家分,仍述魏事至安釐王之二十年。蓋魏之史書。大略與《春秋》皆多相應。其中〔與〕經傳大異,則云:夏年多殷。益干啓位,啓殺之。太甲殺伊尹。文丁殺季歷。自周受命至穆王百年,非穆王壽百歲也。幽王既亡,有共伯和者攝行天子事,非二相共和也。其《易經》二篇,與《周易》上下經同。《易繇陰陽卦》二篇,與《周易》略同,《繇辭》則異。《卦下易經》一篇,似説卦而異。《公孫段》二篇,公孫段與邵陟論《易》。《國語》三篇,言晉楚事。《名》三篇,似《禮記》,又似《爾雅》、《論語》,《師春》一篇,書《左傳》諸卜筮,"師春"似是造書者姓名也。《瑣語》十一篇,諸國卜夢妖怪相書也。《梁丘藏》一篇,先敘魏之世數,次言丘藏金玉事。《繳書》二篇,論弋射法。《生封》一篇,帝王所封。《大曆》二篇,鄒子談天類也。《穆天子傳》五篇,言周穆王游行四海見帝臺、西王母。《圖詩》一篇,畫贊之屬也。又雜書十九篇:《周食田法》、《周書》、《論楚事》、《周穆王美人盛姬死事》。大凡七十五篇。七篇簡書折壞,不識題名。冢中又得銅劍一枚,長二尺五寸。漆書皆科斗字。初,發冢者燒策照取寶物。及官收之,多爛簡斷札。文既殘缺,不復詮次。武帝以其書付祕書(當時"局"後改"省"),校綴次第,尋求指歸,而以今文寫之。晳在著作("局",後亦改"省"),得觀竹書,隨疑分釋,皆有義證。遷尚書郎。

關於發掘時與"竹書數十車"伴出之物,除不準所盜去之物無記録,不可考,及上述之銅劍一枚外,尚有金玉之器三件。《晉書》卷十六《律曆志》上,《審度篇》云:

> 汲郡盜發六國時魏襄王冢,得古周時玉律及鐘磬。

此外一切書志之述及汲冢所發現之物,除上述之竹書及金玉四器外,皆別無其他任何物之記載。

---

① 朱希祖著《汲冢書考》第三,第 21 頁;又第一,第 3—8 頁。

荀勖等序《穆天子傳》曰:

> 汲者,戰國時魏地也。案所得《紀年》,蓋魏惠成王之子"今王"之冢也。於
> 《世本》蓋襄王也。

此語"冢"字本身不必含有"墓葬冢"意義。然而後世竟一致解釋其爲墓葬冢,所爭論者乃或云襄王或云安釐王而已。實則學者研究竹書之來歷,皆注意在從《紀年》一書上索解,而皆忽視其中之一不重要之《梁丘藏》一篇之竹書。因此而以汲冢爲魏之王者墓葬冢之錯誤觀念,相傳直至今日。

第二節 "汲冢"非墓葬冢乃"梁丘藏"

挺案:"汲冢"非墓葬冢也。其最重要而不可忽略之理由有二,如下:

(一)首先從出土物綜合詳察,不可能爲魏任何王之墓冢,且不可能爲任何他人之墓冢。此因其所謂"冢"中,從來不聞有棺槨屍體毛髮骸骨,及其服裝飾件食器祭器明器。此數者,乃一切墓葬皆必有之物。然而一切關於汲冢發掘之書志傳記雜著中,絕無一字言及之。若云有之而被盜取去,則隨葬物如陶器木器爲盜所不屑者亦無所見。因此,可以推定此類物實際一無所有。然此類墓葬冢必有之物,既一無所有,則已知其絕對非墓葬冢矣。

(二)次從人事之關係上考察之。其所謂"汲冢"者,不可能爲魏襄王墓,亦不可能爲襄王以下之任何魏王墓,更不可能爲襄王以上之任何魏王墓。近年朱希祖先生之闢謬文[1]最爲痛快淋漓。兹截錄其言如下:

> 言汲冢爲魏襄王墓者,《晉書》卷三《武帝紀》,卷十六《律曆志》,荀勖《穆天子傳序》,衛恆《四體書勢》。言汲冢爲魏安釐王墓者,王隱《晉書·束皙傳》。言汲冢爲魏襄王墓或安釐王冢而不定厥辭者,唐修《晉書·束皙傳》。此諸說皆無確證。言汲冢爲魏襄王冢者,蓋因《紀年》終于魏之"今王"。荀勖《穆天子傳序》云:"案所得之《紀年》,蓋魏惠成王子今王之冢也。於《世本》蓋襄王也。……"尋《史記》之哀王,即《世本》之襄王。哀王二十三年而卒,故二十年時稱爲"今王"。然二十一年今王未卒,何能即以竹書從葬?故荀勖所記諸年,蓋指《紀年》絕筆後之年。後人誤以爲竹書入冢之年,則不可通也。於是又有謂哀王之卒即在

---

① 朱希祖著《汲冢書考》第三,第12頁,又第一,第3—8頁。

二十年，以回護其説者。《史記》卷四十四《魏世家·索隱》云："汲冢《紀年》終於
哀王二十年，昭王三年喪畢始稱元年。"其意謂哀王二十年已卒，《史記》稱哀王二
十三年者，以其子昭王三年喪畢始稱"元年"。案戰國之時鮮有行三年之喪者。
此其説既不足信。又踰年改元則有之。踰三年改元亦未之聞。且哀王既卒，何以
稱"今王"乎？是又不可通也。左暄《三餘偶筆》云："襄王葬時，以此書附之冢中，
未即加諡，故仍其文曰'今王'。其爲襄王冢所得無疑。若以爲安釐王冢，不應缺
昭王並安釐王兩代事不書。且襄王之薨至安釐王之葬已五十餘年，亦無不加諡之
理。"案周制，天子七月而葬，諸侯五月而葬，葬必稱諡。……左(暄)氏泥於《紀
年》爲魏史官所記，則何僅記至哀王二十年？豈二十一年至二十三年史官失職
乎？……從古至今未聞以其國史殉葬者；且亦未聞殉葬之國史必記至其所葬之王
末年者。不知《紀年》一書，爲編年之通史，非編年之國別史爲魏國私家所記，非
爲魏國史官所記。……故諸解釋牽强附會，多不可通。此説既明，則汲冢爲魏襄
王冢或安釐王冢皆屬臆測。

以上朱先生之論最爲暢達。惜其論斷至此仍無法解釋"汲冢"之謎。不得已乃屈己已
成立之理論，而俯首再入"汲冢爲魏王冢"之舊窠臼，而對銷其上論。其言曰：

> 惟汲冢中既有玉律、鐘、磬，則爲王者之冢，自無疑義。而汲爲魏地，《紀年》
> 爲魏國人所記，則謂爲魏王冢亦屬合理。惟苟無其他實證，則謂爲魏襄王冢，或爲
> 安釐王冢，皆屬武斷，不足爲訓。蓋所謂魏王冢者，自襄王昭王安釐王景湣王皆
> 可，惟不能出於襄王以前耳。

以上讓步的曲説，吾人只需以前段朱先生之矛，陷後段朱先生之盾，即可證明其不能成
立矣。

挺之愚見以爲：汲冢之性質，其出土之竹書中，已自有其一篇之説明書，無待後人
爲之穿鑿附會，曲加解釋。此無勞遠求，各《晉書》之《束皙傳》中皆有其説明。是即其
所敘《竹書》之第十目曰《梁丘藏》一篇，"先敘魏之世數，次言丘藏金玉事。"此説明最
爲簡單明瞭。"梁"者魏也，魏廷也。"丘藏"者藏寶于丘中也。（"藏"字爲動詞時讀
如"收藏"之"藏"；爲名詞時讀如"庫藏"之"藏"）

當時魏國僭稱"王"，而四面多是敵國："東敗於齊"，"西喪地於秦"，"南辱於楚"，
而北敗於趙。魏襄王二年，齊敗魏于觀津。五年，秦伐魏取曲沃。六年，秦取魏焦。七
年，秦伐魏襄丘。十二年，秦伐魏皮氏。十六年秦拔魏蒲坂、晉陽、胡谷（《紀年》作"封
谷"）。二十年，楚懷王入秦不得返。齊田文入秦不得返。趙武靈王傳國于其少子何，

是爲趙惠文王。魏襄王與齊湣王、韓襄王會于韓謀自救也。二十一年齊田文逃歸齊，遂相齊，與韓魏共興師擊秦。魏襄王方以其國爲孤注而伐秦。魏都大梁，在黃河之南岸。河水高漲時，最恐敵人決河灌城。[①] 故不得已乃尋高丘祕密鑿庫穴而丘藏其國寶。

時魏國境内黃河南北兩岸近都之地皆低下不可用。惟汲縣之西北有丘陵，比較最近魏都。故魏廷擇其地鑿穴爲庫以丘藏其國寶，且專備竹簡書一篇封存其庫藏内，以説明其儲藏物大致之性質，而題此説明書曰“梁丘藏”。此即所謂“藏之名山以待後來”之名山藏也。

丘中所藏之國寶，凡分二大類：曰文獻之寶，曰金玉之寶。察先秦貨幣，銅幣曰“金”，黃金之幣曰“黃金”[②]，所謂“金寶”乃銅錫不等成分之合金製品，所謂“金有六齊”(見下文)也。所謂“玉寶”乃硬玉軟玉及其他寶石之製品也。

(一)兹先言其金玉之寶之藏在“汲冢”者。除不準盜去部分無法推測外，專就晉廷掘得者而言，“玉律”與“磬”，所謂玉製之寶也。“鐘”與“劍”所謂金製之寶也。

玉律鐘磬何以爲國寶？《尚書·舜典》“五載一巡守，同律度量衡。”古代以律定度，以度定量，以量定衡。“同律度量衡”所以統一天下之標準，乃帝王統治天下之第一要務也。故《史記·律書》曰：

> 王者制事、立法：物、度、軌、則，壹稟於六律。六律爲萬事之根本焉。

《索隱》解之曰：

> 古律用竹又用玉。漢末以銅爲之。(《漢書》)《律曆志》云：“夫推曆、生律、制器、規圜、矩方、權重、衡平、準繩、嘉量，探賾、索隱、鈎深致遠，莫不用焉。是萬事之根本也。”

《晉書·律曆志·審度篇》云：

> 武帝泰始九年，中書監荀勖校太樂，八音不和，始知後漢至魏尺長于古四分有餘。勖乃部著作郎劉恭依周禮制尺，所謂“古尺”也。依古尺更鑄銅律呂以調聲

---

① 《史記》卷二十九《河渠書》云“滎陽下，引河，東南爲鴻溝”《索隱》曰：“文穎云，即今官度水也。蓋爲二流：一南經陽武爲官度水。一東經大梁城，即河溝，今之汴河也。”

② 察李佐賢著《古泉滙·元集》，先秦之銅幣皆銘曰“金”。又《戰國策·秦策》卷三：“蘇秦説秦王，書十上而説不行……黃金百金盡，資用乏絶………見説趙王……趙王大説，封爲武安君，受相印，革車百乘，白璧百雙，黃金萬鎰以隨其後，約從散横以抑强秦。”

韻。以尺量古器，與本銘尺寸無差。又汲郡盜發魏襄王冢，得古周時玉律及鐘磬，與新律聲韻闇同。于時郡國或得漢時故鐘，吹律命之皆應。

玉律所以"同律度量衡"，而鐘磬所以諧律，故爲魏之國寶。近世法蘭西國初制定"米達制"（Metric Suptem）之度量衡標準時，先以白金製成標準公尺型，以置巴黎文獻館中，以爲世界之共同標準，①魏廷之重視周之玉律，其命意正同。

《周禮·考工記》曰：

> 攻金之工……金有六齊：六分其金而錫居一，謂之鐘鼎之齊。五分其金而錫居一，謂之斧斤之齊。四分其金而錫居一，謂之戈戟之齊。參分其金而錫居一，謂之大刃之齊。五分其金而錫居二，謂之削殺矢之齊。金錫半，謂之鑒燧之齊。

同《考工記》，桃氏爲劍：臘、廣、長、重，各有標準。今其所留劍，或即爲金工作標準也。魏既僭號稱王，憑陵東周，而有統一"天下"之雄心，故儲藏周王室統一"天下"之各種標準於其丘藏之山庫，以爲其傳國之大寶焉。

（二）次言其文獻之寶。學者一致重視《紀年》，以其書中詳魏國先世之大事記，是矣。然魏出于畢，畢出于周，周出于五帝之帝嚳黃帝，而《紀年》始于黃帝。又魏之有國，自晉分出。故《紀年》特詳晉事，始于成王十年王命唐叔虞爲侯。竹書中有《周書》有《國語》言晉楚事。凡此，在《梁丘藏》一篇之作者心目中，或皆魏國先世之文獻也。束皙釋《梁丘藏》一篇書之內容而提要曰"先敘魏之世數，次言丘藏金玉事"，然則魏之兩類國寶，既已備在此矣。則以"汲冢"爲梁之丘藏，似無不合。而自竹書出土迄今一千六百餘年矣，不聞別有他處被發現爲魏國之丘藏。況自 1950 年以來，迄今十餘年間，未聞別有梁之丘藏發現。此一事實，似可反證"汲冢"至今，乃唯一之"梁丘藏"。舍此而外更無可指爲《梁丘藏》者。然則《梁丘藏》一篇之竹書，殆專爲説明此"汲冢"乃"梁"廷之"丘藏"而作矣。

第三節　丘藏之竹書與騶衍之講學

研究至此，乃發生更基本之問題。

（1）周穆王之起居注，爲何得至魏廷？

---

① "The bar of an alloy of iridium of platinum kept in the archives in Paris". *The Everyman Encyclopaedial*, vol. 9, "Metrec Supten".

（2）魏人研究其國君之先世，何故成通史年表，而使其本國魏與他國並列？

（3）與魏之先世毫無關係之竹書，何故得與《紀年》同時同地丘藏？

（4）如此其事，有意識乎？無意識乎？若有意識其原因何在？

據吾人所習知者，畢萬、魏犨以前，無魏文獻可言。故追求其遠代文獻，不得不求之於晉之乘與周之史藏。

（5）求之者何人？

（6）始于何世何代？

久懷此等問題，而未有答案。

爲追求此諸問題之答案，乃反覆細讀《史記·魏世家》，於惠王十五年下云：

> 惠王數敗於軍旅，卑禮厚幣以招賢者。騶衍、淳于髡、孟軻皆至梁。

再察錢穆氏所著《先秦諸子繫年·通表三》，錢氏推定梁瑩九年自安邑徙都大梁，自是改稱國號曰“梁”，是爲梁惠王。又推定其三十六年後，齊魏相王，因改元爲後元元年。又推定梁惠王後元十五年時，因齊盛王薨，而稷下之孟子遊梁。然則騶衍、淳于髡之適梁，或亦在是年。

《史記》卷七十四《孟子荀卿列傳》中之《騶衍傳》云：

> 齊有三騶子，其前騶忌……先孟子。其次騶衍，後孟子。騶衍睹有國者益淫侈，不能尚德，若《大雅》整之於身施及黎庶矣。乃深觀陰陽消息而作怪迂之變，《終始》、《大聖》之篇十萬餘言。其語閎大不經，必先驗小物，推而大之，至於無垠。先序今以上至黃帝，學者所共術。大並世盛衰，因載其機祥度制。推而遠之，至天地未生，窈冥不可考而原也。先列中國名山大川通谷，禽獸、水土所殖，物類所珍。因而推之及海外，人之所不能睹。稱引天地剖判以來，五德轉移，治各有宜，而符應若茲。
>
> 以爲儒者所謂中國（州）者，於天下乃八十一分居其一分耳。中國名曰“赤縣神州”。赤縣神州內自有九州，禹之序九州是也。不得爲州數。中國外，如赤縣神州者九，乃所謂九州也。於是有裨海環之，人民禽獸莫能相通者，如一區中者乃爲一州。如此者九，乃有大瀛海環其外，天地之際焉。其術皆此類也。然要其歸必止乎仁義節儉、君臣上下、六親之施，始也濫耳。
>
> 王公大人初見其術，懼然顧化。其後不能行之。是以騶子重於齊。適梁，惠王郊迎，執賓主之禮。適趙，平原君側行撇席。如燕、昭王擁彗先驅，請列弟子之座而受業。築碣石宮，身親往師之。作《主運》。其遊諸侯見尊禮如此。…騶奭

者,齊諸騶子,亦頗采騶衍之術以紀文。……

騶衍之術迂大而閎辯。奭也文具難施。淳于髡久與處,時有得善言。故齊人頌曰:"談天衍,雕龍奭,炙轂過髡"。

如此反覆細讀《騶衍傳》而分析排比之,乃恍然大悟,覺汲縣"冢"中——"汲冢"——所丘藏之梁廷竹書與寶品,殆與騶子之適梁講學有關。請分言其故如次:

(一)首先,當注意者,騶衍於齊威王時在齊稷下不過一無位而更無爵之青年學士。其適梁時"梁惠王郊迎執賓主之禮"。其歡迎王者當亦不過如此。今以其禮歡迎此一青年學人,則梁王之尊重騶子之學說可知。既非常崇信其學說,則亦當然肯遵循其若干易行之主張。孟軻、淳于髡亦於此時適梁,而未以如此之殊禮接待之。其後,(《史記》云)孟子困於梁,淳于髡亦未受官,皆無所成就而去。騶子既享殊遇於梁王,則此學人之在梁,對其學術上之主張,勢當有所發展。

(二)次,騶子之書《大曆》二篇,果見珍而藏之於《梁丘藏》"汲冢"之內,與其他國寶同重。是魏廷重視騶子之學說,而視之爲其國文獻之寶,更加一重事實上之證明矣。

(三)復次,詳察騶子治學之範疇、方法與途徑:

甲、其自然之研究:"必先驗小物(實驗法)推而大之,至于無垠"(宇宙論)。

乙、其地理之研究:"先列中國名山大川通谷(地文學、地形學、自然地理),禽獸(動物),水土所殖(植物),物類所珍(礦物),因而推之及海外,人之所不能睹(世界地理),稱引天地剖判以來(數學、地理、宇宙論)。"

丙、其天學與陰陽之研究:"乃深觀陰陽消息,載其機祥"(《易經》、卜筮、説夢妖怪相書等)。作"《大曆》二篇,騶子談天之類也"(曆法)。"推而遠之,至天地未生窈冥不可得而原也"(宇宙論)。"稱引天地剖判以來"(數理天文、宇宙論)。"五德轉移治各有宜,而符若兹"(陰陽五行論)。

丁、其人文之研究:"先序今以上至黄帝"(歷史之通史研究)。"大並世盛衰"(政治研究)。"載其度制"(政治制度之研究)。"睹有國者益淫侈不能尚德,若大雅整之於身施及黎庶矣","要其歸必止乎仁義節儉君臣上下六親之施"(倫理、社會、政治)。

戊、以上騶子治學之範疇,似皆受儒家所傳大學之啓示,即(甲)(乙)(丙)(丁)之研究乃天地人物之研究,乃大學"格物"以"致知"之研究也。而(丁)之研究除格物致知外,並研究"誠意正心修身齊家治國平天下"之術。乃更進一步爲方法論之改進以成其啓蒙時代之綜合哲學。其綜合哲學之方法與途徑爲:由小而大,由少而多,由近而遠,由今而古,由實驗而理論,由具體而抽象,由分論而綜合。是即由自然研究,地理研究,博物研究,天文研究,陰陽五行研究,與人文研究各分科研究而得之各科結論,乃綜合之而成爲宇宙論，即前無古人的新宇宙觀。然後再從此新宇宙觀，推衍而成新倫理社會政治論。是即由"學者所共術"、"推而遠之"至于"閎大不經"而震驚"王公大人"，使其"初見其術，懼然顧化"。

從以上所分析騶子學術之範疇方法及途徑，而對於汲冢之梁藏竹書逐一比較，則發現有下列各種之關係：

（子）騶子之學"序今以上至黃帝"。而《竹書紀年》所記之大事年月，則起自黃帝（和嶠原本，起自黃帝，而束晳改編本開起自夏，見朱希祖著《汲冢書考・篇目考（一）》）終於今王。假若吾人指《紀年》爲騶子學派治通史及政治史之主要工具，似乎情形恰合。

（丑）騶子之學，"深觀陰陽消息"、"載其機祥"。而《汲冢竹書》有："《易經》二篇與《周易》上下經同；《易繇陰陽卦》二篇，與《周易》略同而《繇辭》則異；《卦下易經》一篇，似《說卦》而異；《公孫段》二篇，公孫段與邵陟論《易》，《師春》一篇，書《左傳》諸卜筮；《瑣語》十一篇，諸國卜夢妖怪相書也"。凡此各篇之竹書，吾人若指爲騶子學派研究"陰陽"、"機祥"之書，似乎情形亦恰合。

（寅）騶子之學，"大並世盛衰"、"載其度制"、"要其歸必止乎仁義節儉君臣上下六親之施"。而汲冢竹書則有《國語》二篇言晉楚事；雜書有《論楚事》，皆"大並世盛衰"之研究資料也。有"《生封》一篇，帝王所封"；雜書中之《周食田法》及《周書》，特別爲《周書》中之《周月》、《時訓》、《謚法》、《明堂》、《官人》、《職方》等解，皆"載其度制"之文也。《周書》之其他各解中：如《嘗麥》述炎黃之代興，《伊尹朝獻》、《王會》述商周徠遠方人物之盛況，《芮良夫》、《殷祝》、《克殷》述殷周之廢興，《史記》一解，歷述亡國鑑戒，所言皆"盛衰"之關鍵也。《周書》自餘各解多述文武周公、成康穆王致西周太平郅治之大經大法，富于"仁義節儉"愛民保民之教訓與事例，皆合騶子所言"大道"之指歸。吾人若指其爲騶子門下之學者所搜集抄錄之資料，以供其人文研究政治研究之用者，似乎情形亦恰合。

然今世學者頗有以爲《周書》七十解不應在汲冢雜書十九篇中，因其七十解實即七十篇也。朱希祖氏則指出："所謂'篇'者乃以絲線綴編竹簡之稱。一編之成，可大可小，能多能少。此雜書之十九篇中，《周書》之編可能特大。又有人謂不準盜發汲冢以前，漢人已早知《逸周書》。例如司馬遷作《史記》即多應用之以成《殷本紀》、《周本紀》。而不悟汲冢之書，往往有與漢人已知之書相同者，如《易經》等是也。

（卯）騶子之學，以爲"儒者所謂中國（州）者，於天下乃八十一分居其一分耳。中國名曰"赤縣神州"（洲）。赤縣神州（洲）自有九州，禹之序九州是也，不得爲州（洲）數。中國外如赤縣神州（洲）者九，乃所謂九州（"九洲"）也。騶子此論，似始作于齊威王時之稷下，故能驚世駭俗，而致梁惠王之郊迎，與燕昭王之師事。其名山之調查，乃成于燕昭王之手。其調查報告當即後來《山海經·中山經》（即《五藏山經》）之所本。其詳說見挺拙著《山海經今考》書中。騶子在梁時間顯然不甚久。其時名山調查尚未及計劃。故欲求證實其世界地理之學說，唯有周穆王遊行所經，曾出禹域九州之外，可以作其"大九州說"之實證實例。故特選録周穆王遊行之起居注，始於穆王十一年畿内及近畿之巡守，（今本卷一五下、上，此乃荀勖和嶠等編綴之錯誤）中於十二年至十四年荒服之北征，（今本卷一），及其逾越禹域九州之西征，（卷一之後段及卷二、三、四）。而終於十五年之東征（今本卷六，盛姬之喪）。今本《穆天子傳》六卷之内容如是。至於三十七年之南征，伐楚伐越之起居注，是否在"七篇竹簡折壞不識題名"之内，則因祕書省之整理竹書者，因其"多爐簡斷札，不復詮次"，而今無從得而知矣。吾人若假定：周穆王之此一部分之起居注，得抄入竹書而入于魏都，而終入于汲冢之《梁丘藏》，乃因騶子曾取用之以證實其"大九州"說之世界地理論，則情形完全符合。

前項假定之理由，又因下述事實，而大大爲之加强。原《穆天子傳》卷四，穆王西征還至于宗周時，乃里西土之數。

> 自宗周至于西北大曠原，萬有六千里，（今本因隸寫誤"六"爲"四"，詳考見後）乃還，東南復至陽紆七千里，還歸于周三千里，各行兼數三萬有五千里。

然而今本《竹書紀年》周穆王十七年，下云：

> 王西征，至于昆侖，見西王母。其年西王母來朝，賓于昭宫。西征還，里天下，億有九萬里。

此顯然出于騶子之門徒之妄改，而妄增其里數五倍半以求證其師說。而《開元占經》所引之古本《竹書紀年》，其妄增之數之大，更爲驚人。其文曰：

> 穆王東征天下二億二千五百里，西征億有九萬里，南征億有七百三里，北征二億七里。

前項妄增之里數，東西征之合數，南北征之合數，均遠超過地球面積可能容之距離。若果見於古本《竹書紀年》如《開元占經》之所引，若果竹書所録實有其文，而梁襄王視爲梁廷至寶，而祕密珍藏之於汲丘，則除兒戲與騶子之門人——包括梁襄王在内，因襄王亦騶子之門人——欲藉以證實禹域之外有"大九州"而宇宙"天下""其大無垠"外，誰能解釋何爲而有人作如此之妄增？

（辰）騶子之論，尤以"談天"最見稱於世。竹書中之《大曆》二篇，束晳説之曰："騶子談天之類也"。天文之實用，以曆法爲第一重要。騶子之門人，未聞有以天文曆法名家者。且《大曆》一書之入丘藏，在騶子適梁講學後不甚久。故可推定此《大曆》二篇乃騶子之著作也。古人以律曆爲一事。鐘磬所以諧律。而律所以定度量權衡，亦所以計曆。《大曆》即爲騶子所作。則同藏之律鐘磬，可能亦騶子之儀器也。

或謂束晳既云"《大曆》二篇，騶子談天之類也"。既曰"騶子談天之類"則其書非騶子所作可知。答之曰，一切分類科學對於曰"某物某類也"則"某物"必然爲"某類"中之一員。如云"虎乃貓類動物"，則"貓"即"貓類動物"之一員，與"虎"同類。"遠志科"植物中，"遠志"即其"科"中之一員。今汲冢竹書中，有《大曆》二篇，不載著作者之姓名。束晳讀之，視其內容有似乎當時學者所已知騶子談天之內容，故不敢鑑定其必爲騶子所著，故舉其類似，而曰"騶子談天之類也。"吾人今據其出土之地，入藏之時，入藏之情形，伴藏之他書物，主持入藏之人梁襄王與騶子之關係，魏國遷都大梁以後之文獻狀況，梁惠襄王時代魏國所有之顯著學人各有之專門學識，綜合而推考之，斷定此《大曆》二篇不可能出自他家，亦不可能出自騶子之門人，故推定其爲騶子學於東周馮相氏而作之書（説見後）。故未可因束晳所未敢確定者，吾人今日研究之而必不得就各種顯然之事證而有所推斷也。

以上所列（一）（二）（三）（子）（丑）（寅）（卯）（辰）各點，既察爲與騶子適梁講學之事皆一一密切相關，而騶子之所與講學者，乃梁惠王、襄王及其侍讀之梁廷高級人員。在其國家危殆時，有權主持其書物之入丘藏者既爲梁襄王。則其他各件之入丘藏皆易解釋。《繳書》論弋射，《圖詩》畫讚之類，乃娛樂之小品。《名》三篇，《爾雅》之類，乃其辭典也。皆其愛好。銅劍一柄亦同。故使其一一伴藏于丘庫中。蓋襄王其人，雖"望之不似人君"，而對於騶子之學説，則萬分崇拜，故藏之名山以爲魏國之至寶也。

右所舉者，一一分類對比，無一不合。凡一事相合，可稱"偶合"。二事三事相合，可稱"巧合"。若多事對比無一不合，則所假定者非復理論，乃實情矣。此幾何學之掩合取證法也。現代刑事法院之取證折獄皆如此。今將出土之竹書數十車，取而與騶衍事一一對校既皆符合矣。然則以上假設騶子之講學與梁廷丘藏，文獻爲相關，殆實情矣。

第四節　竹書之來歷

由以上論斷，愚見以爲可以推知汲冢竹書之來源及其經歷。魏之有邑，始于畢萬之仕晉。故魏國無文獻,近以晉國之文獻爲其文獻,遠以周王朝之文獻爲其文獻。梁惠王徙都大梁後若干年(約二十八年)始僭稱王。王業新造。由於其卑辭厚幣以禮招賢士,而魏國之文獻,開始聚集。

齊之有國,始于太公望呂尚。太公爲周文王武王師,滅殷建周而封於齊。故齊國之文物,與周王朝同時開始。魯乃周旦之子伯禽之封邑,與太公同時就封。故齊魯文物之盛僅次于周室。騶衍生于齊,長于齊,學于齊,遊於于稷下,從齊魯之大師問學,憑藉齊魯文獻之豐,騁其不世出之天才,以青年之學士,著成"閎大不經"之論文"終始大聖之篇十萬餘言",驚世而駭俗。"王公大人初見其術,懼然顧化"。梁惠王其首也,齊宣王其繼也,燕昭王其極也,平原君其終也。

梁惠王既以敬恭王公之殊禮,歡迎此青年學士騶衍之蒞臨大梁。則此青年學士受此殊寵,必思所以報答其君主,以副其所寄之厚望。其報答之方乃在首先搜集各門學術之研究資料。茲試就《梁丘藏》中竹書之性質,而分析其各別之來源如次:

魏國雖無早期之文獻,而晉國則有之。竹書中之《國語》三篇,言晉楚事及雜書論楚事,可能皆晉國史藏之遺文。《春秋左傳》昭公二年,晉韓宣子聘魯,觀書于魯大史氏,見《易象》與《魯春秋》,曰:"周禮盡在魯矣。"是直至春秋晚期,晉人尚未得見《易象》與《春秋》也。而束晳述竹書曰:"其《易經》二篇,與《周易》上下經同"。所謂《易經》者,孔子删述之魯國《易象》也。曰:"與《周易》上下經同",則魯書孔子之遺也。次曰:"《易繇陰陽卦》二篇,與《周易》略同,《繇辭》則異。"曰:"與《周易》略同"似原是魯書,曰:"《繇辭》則異"則入齊或經他國而有增加變化矣。又次曰:"《卦下易經》一篇,似《說卦》而異。"卦下而稱"易經",則似本于孔子所述魯之《易象》而異其《説卦》。又次曰:"《公孫段》二篇,公孫段與邵陟論《易》。"二人爲何國人,不悉。而騶子得之,頗似齊產。又次曰"《師春》一篇,書《左傳》諸卜筮",則顯然魯產也。齊魯學術上之交換最密。孔子、孟子皆嘗在齊。其門弟子亦多齊人。加以百家之學皆來齊,以成稷下學術之盛。然則以上諸書,殆皆騶子"深觀陰陽消息"而著書之所資,而自稷下携至大梁者。其餘各書之出產地,顯然皆自東周。

東周者洛陽也,周成王時所作之周京也。經武王之遺命"度邑",周公旦、召公奭之"作雒",成王于此定鼎,穆王去鎬京以洛陽之王城爲"宗周"。(此事中國歷史上之至今未言及,挺另有文《周之東遷始于穆王考》日內可以脫稿,就教于海內諸大師通儒)兩周文物及三代遺物,集中于此。周之社稷宗廟,悉在洛陽。因此而知穆王平時在東都王城之日多,而在西畿離宮南鄭之日甚少。其起居注與行政之實錄與檔案,當多在洛陽。降至慎靚王赧王,周王室之衰微已極,僅留名義而已。然其先代之文物具在也。大梁之與洛陽,近在比鄰,馬行三日程。而魏方强大,包有周之北東二面,對于東周文物何求不得!

所得竹書中(a)"《瑣語》十一篇,諸國卜夢妖怪相書也"。案《周禮·宗伯春官》之職下,有占夢之官以"辨吉凶";有眂祲之官"掌十煇之法以觀妖祥辨吉凶",有保章氏之官"掌天星",以志星辰日月之變動,以觀天下之遷,辨其吉凶,以星土辨九州之地所封,封域皆有分星以觀妖祥。以十二歲之相("十二歲"謂"歲星"即木星,之遊行一週。"相"謂天象)觀天下之妖祥。以五雲之物辨吉凶水旱豐荒之祲象,以十有二風察天地之和,命乖別之妖祥"。然則此《瑣語》十一篇者,殆得自東周宗伯之屬官占夢眂祲保章氏等官之檔案庫也。(b)"《生封》一篇,帝王所封"。案《周禮》"大宗伯以九儀之命正邦國之位……六命賜官,七命賜國,八命作牧,九命作伯"。"外史……掌四方之志,掌三皇五帝之書……若以書使于四方,則書其令。"然則此《生封》一篇,殆得自東周大宗伯及外史之檔案庫也。(c)"《大曆》二篇,騶子談天類也"。案《周禮》宗伯之屬官有馮相氏(據鄭氏注云"馮"謂登高臺,"相"謂觀天文之星象也)掌十有二歲,(謂歲星公轉一週之十二年也。"歲星"者行星中之木星也。木星之自轉一周爲時九小時又五十五分鐘,其公轉一週,即繞太陽運行一週,爲時十一年又三百一十八日又十分一日之八分,是即四千三百三十三日有零。在中國曆法之計算上爲重要根據)十有二月,(謂一平年中,月繞地行十二週也)十有二辰,(謂黃道四陸之十二辰,即星紀、玄枵、娵訾、降婁、大梁、實沈、鶉首、鶉火、鶉尾、壽星、大火、析木。鄭注"即地支子丑寅卯等十二辰也"。)十日(謂十天干:甲乙丙丁等)二十有八星之位(謂二十八星宿:角、亢、氐、房等)辨其敘事以會天位(謂按天文星次授民時以敘民事也)……以辨四時之敘。"案馮相氏乃掌曆法計算以授民時之官也。齊國未聞有齊曆亦未聞有掌曆法之官。故騶子適梁以前似尚未學天文曆法。然則騶子《大曆》二篇之作,似在適梁後曾赴東周問學於周之馮相氏。其《大曆》二篇之作,當即衍"談天"之始。(d)《丘藏》有"玉律、鐘、磬"。案周禮宗伯之屬官有"典同,掌六律六呂之和,以辨天地四方陰陽之聲以爲樂器"。騶子深觀陰陽消息而辨律呂之正,當曾先學於周之典同之官。是即此三樂器之所自來。(e)《周食田法》出于周司徒之屬官土均所掌之法。(f)《周書》七十解(實即七十篇)。(g)《穆王遊行》五篇。(h)《穆王美人盛姬之死》一篇,今六篇合稱《穆天子傳》,似皆出于周大史之書藏。(i)《紀年》一書之纂著則需數人或多人之合作應用周大史、小史、內史、外史、御史全部檔案之資料而提要彙纂修成之。

今試將各書物之可能來源與經歷列表于下以明之:

甲、書物之來源地

(1)可能得自晉國之遺文者

（一）《國語》三篇言晉楚事

（二）雜書《論楚事》

（2）可能自齊之稷下携來者

（一）《易經》二篇

（二）《易繇陰陽卦》二篇

（三）《卦下易經》一篇

（四）公孫段論《易》二篇

（五）《師春》書《左傳》諸卜筮一篇

（3）可能得自宗周王官者

（一）《瑣語》十一篇

（二）《生封》一篇

（三）《周食田法》

（四）《周書》七十解（篇）

（五）《穆天子傳》五篇

（六）《穆王美人盛姬之死事》一篇

（七）《圖詩》一篇

（八）《繳書》二篇

（九）《名》三篇

（十）玉律、鐘、磬

（十一）《紀年》十二篇（經過門人編纂）

（十二）《大曆》二篇（經過騶子編著）

乙、經歷之取得法

（1）原物之取來者，甲（3）（十）之玉律、鐘、磬是。

（2）有系統之抄録者，甲（1）（2）各項及甲（3）之（一）至（九）各項是。

（意者，騶子可能曾組織訓練若干人從事於其指定之抄録）

（3）有計劃之纂著者，甲（3）（十一）《紀年》十二篇是。

（意者，在騶子之領導下，若干門人，運用周王官各部門之檔案及所存儲之書籍提要纂著成書）。

（4）騶子之新著作者，甲（3）（十二）《大曆》二篇是。

（意者，此騶子躬親入周學習有得而著作成書者）

上所舉者，雖皆根據意見，以作假定，但皆有事實可證其不謬如次：

（子）在世界之今日，紙筆墨印刷複寫均甚易；誠不能想像當日文書移寫之艱難。但單就"得竹書數十車"之一語玩味之，則所謂汲冢竹書者，非有數十至百人以上不能於相當時期内抄録成書。

（丑）所抄諸書，多儒墨大師孔子孟子墨子及其門人之所未得見。非有大師如騶子者指導之，不能作如此之精選。

（寅）所有諸書，多齊魯、宋衛、燕楚、晉秦之所未傳。非至成周，無從得之。

（卯）清代三百年之實録，已整理而編印成書者汗牛充棟。各部之檔案交研究所整理者數十年尚未就緒。周代至慎靚王七百餘年，已成之實録及未整之檔案，其更爲浩繁可想。而且竹書之繁難更若干倍于現代之紙墨印刷裝訂。而且《紀年》之作，不但包括周代之七百餘年之大事記録，具備年月，而且包有黄帝以下五帝夏商之按年大事。其纂著成書，非有曾受訓練者若干人，在一大師之指導下，分工合作，提要纂集，則不能達成任務。

（辰）天文曆法之學，孔子與其門人無言之者，齊魯之學士無談之者，"顯學"各家無説之者。而騶子忽有《大曆》二篇見於《梁丘藏》中。騶子自梁返齊，在齊宣王之世忽以"談天衍"蜚聲于稷下。則騶子適梁以後曾至東周問學于周室之馮相氏，形迹顯然。

（巳）以上各項文獻之集纂非有"王公大人"如梁惠王襄王父子之大力支持其事業，則不可能有以上之各項成績。

上述各項之成就既已成事實。則前各假定，既合于實際之事實矣，非僅意見而已也。

第五節　竹書之影響

騶衍、淳于髡、孟軻以梁惠王後元十五年適梁（以下年份，孟子年代悉按錢穆先生在其《先秦諸子繫年·考辨》與《通表》之推算。騶子年代悉按《史記》之所記與挺根據《史記》之推算。所有胡適、錢穆兩先生由懷疑而否定《史記》、《戰國策》關於騶衍之一切記録，乃根據一個錯誤的假定而推演成全盤的錯誤。實則經挺詳細推算，《史記》、《戰國策》關於騶衍之記録毫無錯誤。拙著《騶衍子今考》書中，及拙作論文《論騶衍之年代》（見《思想與時代》月刊，第一一四期），考辨甚詳，兹不贅），淳于髡至梁不仕。孟子"困於梁"。其明年梁惠王薨。孟子、淳于子無所成就而去梁返齊。騶子似未即去，故在梁有輝煌之成績。此則有汲之《梁丘藏》中數十車之竹書可證。

騶子在梁搜集文獻之功績，似不因一部分竹書之入《梁丘藏》而遂埋没。從其影響當時與後代之學者觀察之,則騶子之去梁返齊時,殆有若干竹書曾寫副本,而携之以返齊稷下。

騶子在梁幾何年?其去梁返齊又在何年?史無記錄。但就汲冢竹書數量之多估計之,則梁襄王之世,騶子繼續爲梁作文獻上之努力者最少有五、六年。然就其新著之《大曆》二篇顯然影響孟子之思想而論,則騶子返齊之年,最遲當不遲於齊宣王七年。因齊宣王八年以後孟子去齊,騶子將不能再影響其思想矣。(請參看《思想與時代》月刊,第一一四期。拙作《論騶衍之年代》年表。)

今察騶子在梁搜集與纂著之竹書,顯然曾影響孟子荀子之思想,入屈原之辭賦,入司馬遷之《史記》,造成秦漢人之陰陽五行觀。茲試分舉其事實於次。

孟子爲孔子以後儒家正統之大師,殆盡人無異議。然而孔子不言"天道"①,《論語》中亦有一次所言,近乎"天道"。其言曰"天何言哉?四時行焉,百物生焉。天何言哉!"②,此則言自然學之"天",非天文學之"天"也。子思作《中庸》,所言之"天"亦完全非學天文學者之言。如所云"高明配天"、"今夫天,斯昭昭之多。及其無窮也,日月星辰繫焉,萬物覆焉"、"質諸鬼神而不疑,知天也"、"上律天時"、"溥博如天"、"天之所覆……日月所照","上天之載無聲無臭"。此皆不學天文學者之言天。然而孟子忽作天文學家之精於天算者高明之論斷曰"天之高也,星辰之遠也。苟求其故,千歲之日至,可坐而致也"。(《孟子·離婁下》)此則顯然在騶子著作《大曆》二篇以後返齊,曾與孟子相見,而予之以談天之影響,或者孟子並得一讀其《大曆》二篇之新著。故曰,騶子之返齊都之稷下,至遲當不遲於齊宣王七年梁襄王六年也。

荀子爲先秦最後之儒家正統大師,世有定論。儒家自孔子以迄孟子皆言"法先王"。而荀卿子忽然獨倡"法後王"之新説。但雖倡言"法後王"而並未指出"後王"中之何王可法。此蓋因受騶子"序今以上至黄帝"、"大並世盛衰"之人文學研究法之啓示與影響,而"食新未化",姑先製此口號也。《荀子·非相篇》曰:

> 人道莫不有辨。(謂"辨別")辨莫大於分。(職分,本分)分莫大於禮。禮莫大於聖王。聖王有百,吾孰法焉?……欲觀先王之迹,則於其粲然者矣,後王是也。

陳登元氏《荀子哲學》,因荀子提倡"法後王",乃統計荀子書中所舉各王之次

---

① 《論語·公冶長》子貢曰:"夫子之言性與天道,不可得而聞也。"
② 《論語·陽貨》。

數①如下：

> 湯九次，武王六次，堯、舜、禹各五次，文王二次，成王一次，周公一次，後王無。

荀子三爲稷下學生之祭酒，而其思想上所受其前任稷下首席學士騶子之影響尚不止此。騶子治學之法：由小而大，由少而多，由近而遠，由今而古，由實驗而理論。荀子之學，亦欲運用其方法。其《不苟》篇曰：

> 故千人萬人之情，一人之情也。天地始者，今日是也。百王之道，後王是也。

既倡"法後王"始自"今日"，而今日後王無可取法者。荀子不得已，乃勉强以七百年前之"周王"、"周道"，充其口號中之"後王"，以七百年前爲"今日"而曲爲之説。於是其《非相篇》又補充其辭曰：

> 欲觀千歲，則數今日。欲知億萬，則審一二。欲知上世，則審周道。

又從而解釋之，《非相》曰：

> 五帝之外無傳人。非無賢人也，久故也。五帝之中無傳政。非無善政也，久故也。禹、湯有傳政，而不若周之察也。

實際上，荀子以"法後王"爲號召，而其所舉以爲法者，堯、舜、禹、湯、文武成王周公也。孔子、孟子以"法先王"爲教，其所舉以爲法者，亦堯、舜、禹、湯、文武周公也。故馮友蘭先生《中國哲學史》②評之曰："荀子言'法後王'，孟子言'法先王'，其實一也。"實質上既無不同，然則荀子何爲而改口號？則因受騶子思想方法之影響太大而又未能消化其方法以靈活運用之，遂成此事例與理論相違之畸形現象也。然騶子自梁携來稷下之竹書副本，固已增加荀子所領導之稷下諸學士研究"周道"之資料矣。

除魏與齊外，當時學者特别顯著受騶子竹書文獻之影響者莫若楚之屈原。《史記》卷八十四《屈原賈生列傳》云：

> 屈原者，名平，楚之同姓也。爲楚懷王左徒。博聞彊志，明於治亂，嫺於辭令。入則與王圖議國事以出號令。出則接遇賓客，應對諸侯。王甚任之。上官大夫與之同列，爭寵，……讒之，……王怒而疏屈平。屈平疾王聽之不聰也，讒諂之蔽明

---

① 陳登元著《荀子哲學》，第97至98頁。
② 馮友蘭著《中國哲學史》，第十二章，第353頁。

也,邪曲之害公也,方正之不容也,故憂愁幽思而作《離騷》。

屈平既絀。……張儀詐之。……懷王怒,大興師伐秦。秦發兵擊之,大破楚師,……遂取楚之漢中地。……明年秦割漢中地與楚以和。楚王曰:“不願得地,願得張儀而甘心焉”。張儀……如楚。……懷王竟聽(其寵姬)鄭袖,復釋去張儀。

是時,屈平既疏,不復在位。使於齊,顧反,諫懷王曰“何不殺張儀?”懷王悔,追張儀不及。……

時秦昭王與楚婚,欲與懷王會。懷王欲行。屈平曰:“秦虎狼之國也,不可信,不如毋行”。懷王稚子子蘭勸王行:“奈何絕秦歡!”懷王卒行,入武關,秦伏兵絕其後,因留懷王……竟死於秦而歸葬。長子頃襄王立,以其弟子蘭爲令尹。……屈平既嫉之(子蘭),雖放流,睠顧楚國,繫心懷王,不忘欲反,冀幸君之一悟,俗之一改也。其存君興國,而欲反覆之,一篇之中三致意焉。……

令尹子蘭聞之大怒,卒使上官大夫短屈原於頃襄王。頃襄王怒而遷之(江南。終於)懷石遂自投汨羅以死。

錢穆先生著《先秦諸子繫年》①考證屈原生於公元前343年即楚宣王二十七年,約在楚懷王十四年(公元前315年)或稍前,爲懷王左徒。於懷王十六年(公元前313年)見疏。於懷王十八年(公元前311年)使齊返楚。於懷王二十二年(公元前307年)或稍前爲三閭大夫。楚懷王三十年(公元前299年)懷王(不聽屈子諫)入秦。屈原於其年前後投水死。死時年約四十五歲。挺案錢氏所考屈子死時年四十五,顯然不合於屈子之自述。其《涉江賦》曰“年既老而不衰。”曰“既老”、“不衰”則非在壯年四十五已死,明甚。

文懷沙先生在其所編之《屈原集》前言中,考屈原生於公元前340年,即楚宣王三十年,死於公元前278年,即楚頃襄王二十一年。其年秦伐楚,拔楚都郢,燒其名城夷陵。楚頃襄王亡,奔陳。屈原投水死於汨羅,湘水下游之支流也。時屈原年六十二歲。挺按屈原是否生於楚宣王三十年吾不敢言。謂其死已逾六十歲,則略合於“年既老而不衰”之自述。謂其死於郢亡後是也。《哀郢賦》曰“民離散而相失”、“遵江夏以流亡”。“哀故都之日遠”、“曾不知夏(同‘廈’)之爲丘兮孰兩東門之可蕪”皆指鄢郢亡夷陵焚後情形而言也。又按1954年《歷史研究》(1)浦江清氏據《離騷》“攝提貞于孟陬兮,惟庚寅吾以降”。依照夏、殷、周三曆法推算,屈原生于公元前339年夏歷正月十

---

① 錢穆著《先秦諸子繫年》,《通表》三、四,《附表》三,《考辨》八七、一二一、一二七。

四日寅時,所謂"寅年寅月寅日生"。然則其死年爲六十一歲。

今察屈原文中引用周穆王西征之地名及《西山經》之地甚多。茲試舉其有關之文句於下:

甲、《離騷》

> 朝發軔于蒼梧兮,夕余至乎縣圃。
> 朝吾濟乎白水兮,登閬風而緤馬。
> 忽反顧而流涕兮,哀高丘之無女。

"閬風"之名,似本當時傳説。《十洲記》云:崑崙山有三角。其一角正北,名曰"閬風巔"。其一角正西,名曰"玄圃堂"。其一角正東,名曰"崑崙宮"。而此項傳説,似由穆王西征之故事中演成。今本《穆天子傳》有關之記載如次:

> 季夏丁卯,天子北升于舂山之上以望四野。曰:"舂山是唯天下之高山也。"(按此屈子所謂"高丘"之所由來)孳木華不畏雪。天子於是取孳木華之實。曰"舂山之澤,溫和無風,飛鳥百獸之所飲食,先王所謂縣圃。"天子於是得玉策枝斯之英(案此乃屈子所謂"玉英")。曰"舂山百獸之所聚也,飛鳥之所棲也。(案此乃'縣圃'得名之所由來。又案自黃帝之宮登舂山而至縣圃必先經 Ak Su'白水')天子五日觀于舂山之上,乃爲銘迹於縣圃之上,以詔後世"。
>
> 壬甲,天子西征。甲戌至于赤烏。……曰:"(蜀)山(案卷四稱此爲'赤烏舂山')是唯天下之良山也,寶玉之所在,嘉穀生之,草木碩美。"天子於是取嘉禾以歸,樹于中國。曰,天子五日休于(蜀)山之下,乃奏廣樂,赤烏之人兀,好獻女子于天子,女聽女列爲嬖人。曰:"赤烏氏美人之地也,(案此乃屈子'流涕''哀高丘之無女'之所指)寶玉之所在也。"庚辰,濟于洋水。(案此或即屈子所云"朝吾濟乎白水兮"之白水。但在登舂山後當先濟之白水乃此水最東之上游。今回語之 Ak Su。)

《離騷》又云:

> 邅吾道夫崑崙兮,路修遠以周流。
> 揚雲霓之腌靄兮,鳴玉鸞之啾啾。
> 朝發軔於天津兮,夕余至乎西極。
> 鳳皇翼其承旂兮,高翱翔之翼翼。
> 忽吾行此流沙兮,遵赤水而容與。

麾蛟龍使梁津兮,詔西皇使涉予。
路修遠以多艱兮,騰衆車使徑待。
路不周以左轉兮,指西海以爲期。

以上道昆侖而至西極,行流沙而遵赤水,皆穆王西征之路線。而"路不周以左轉","指西海以爲期"乃西山經之地理也。

乙、《天問》

穆王巧梅,夫何爲周流?
環理天下,夫何索求?

此句文"巧梅"二字意義不悉。一切注釋,均嫌牽强。"周流"義即"周遊",屈子文中屢見。例如《離騷》"周流乎天吾將下"。今日"周流環理天下",顯然與《左傳》(昭十二)楚右尹子革所言"昔穆王欲肆其心,周行天下將皆必有車轍馬迹焉"文義相同。下文云:

崑崙縣圃,其尻安在?
黑水玄趾,三危安在?

此二問中,崑崙縣圃黑水三名見于今《穆天子傳》,而昆侖黑水三危三名見于《西山經》之三經四經。皆在今新疆省。

丙、《九歌·河伯》

登崑崙兮四望。……

丁、《九章·涉江》

吾與重華遊兮瑶之圃,登崑崙兮食玉英。

《悲回風》

馮崑崙以瞰霧兮。……

《穆天子傳》中之"春山",《西山經》中之"鍾山"與漢以後各書中西域之"葱嶺"乃同音互用,或音近相轉之同一地名,皆今所謂"帕米爾"叢山也。其山東南與崑崙相連,東北與天山相連。三大山脈綿亘不絕,成一未合之圓周形如凵而缺口在東北,是稱"昆侖之虛"。"春山"與"昆侖"本相連，故屈子文中二者不分，皆稱"崑崙"，故有涉江悲回風之句如上。

平日常怪屈原楚人，生於楚，長於楚，學仕於楚，何由得知周穆王西征之路線，及其途中所經之地名？乃竟一、再、三、四、五而引用之于其文中。又方其放逐湘上時，何以忽歌河伯？因當時河伯之祀，乃在中國文化所及之窮北，而屈子身在中國文化所及之最南，何緣而如此紀念窮北之河伯？今統觀前後之各事蹟之經過而參校之，始恍然大悟而明其故。

據錢氏之所考定，屈原之見疏在楚懷王十六年，齊宣王七年疏而使齊，而其使齊返楚在懷王十八年。其年在齊爲齊宣王九年。上文已推定騶子之自梁返齊，約在齊宣王——六七年頃。故屈原使齊時，騶子返齊未久，而爲稷下之首席學士，齊國之不治而議論之首席上大夫。屈原者，中國歷史上有數之第一流文學家而亦政治家也。《史記》稱其"博聞強志，明於治亂，嫻於辭令"，則其人之好學自不待言。從來學者愛好學者。以如此好學之楚使至齊，其前往訪此震驚諸國王公大人之稷下首席學士齊國不治而議論之首席上大夫騶衍子，在人情上人事上殆爲必然。數篇竹書之索閱，在人情上自不可却。竹書之抄録雖不易，而其閱讀並不難。就而觀之，一部周穆王遊記半日可畢。當日騶子處之竹書雖多，而富於詩意及文藝性者，則莫如周穆王西征之起居注。加以屈子強記，因此而穆王西遊之經歷各地遂永留在屈子之詩意的想像中。一旦作賦，信筆即來。河伯豐隆皆《穆傳》中事。當年屈子得讀騶子之竹書或不止此一種。惟其時屈子方不得志於楚王。關於治國平天下之大道縱然有得，亦無從表現也。

然則屈子文中之西征地名，曾有爲今本《穆天子傳》之所無而爲《西山經》之所有何耶？是否屈子曾得見騶子之名山調查報告？

今察騶子在梁不甚久。能向東周抄來如許多之人文研究資料，而且有《紀年》之編纂與《大曆》之編著，已是驚人之意外成就，決無暇從事調查名山，而尤不可能調查遠在西域之名山。屈子之使齊時，騶子返齊未久。雖其在稷下爲首席學士，而與騶子同賜第授官者有七十六人之多，皆"不治而議論"之上大夫。故其職內事，可以講學，可以論道，而不令治事。名山調查、治事也，進乎講學與論道矣，乃齊宣王之所不予支持。然觀《史記·封禪書》之所記，則似亦曾有一二次之入海調查，曰：

> 自〔齊〕威、宣、燕昭使人入海求蓬萊、方丈、瀛洲。此三神山者，其傳在渤海中。……未至，望之如雲。及到，三神山反居水下。臨之，風輒引去，終莫能至云。

右所言者，誠如蘇子瞻所言（見《登州府志》）乃所謂"海市蜃樓"現象。然而《山海經》

之《海內東經》曰，"南倭北倭屬燕"。合兩書之所記比較觀之，再以《東山經》之文詳證之，可知燕昭王確曾使人入海調查山島而有輝煌之成就。但齊威王宣王之使者僅以海中雲氣幻象爲調查尋求之目標，遂致全無結果。終宣王之世，求神山皆無結果。而其對於非仙山之名山調查又不感興趣。故騶子在齊稷下時顯然尚未從事於名山調查也。

至於騶子適燕以後之作名山調查，則遠在屈子使齊之後若干年。屈子投水而死之年，若依文氏之說在公元前 278 年，即楚頃襄王二十一年，時秦伐楚，拔鄢郢，燒夷陵，而頃襄王亡奔陳。其時在燕昭王薨後之次年。燕國在騶子指導下所爲之宇內名山調查，當然結束。騶子被燕之嗣君惠王下獄，出獄返齊，齊襄王使騶衍往趙見平原君，遂客于平原君之門下。屈子久被放逐，無由得見騶子，更無由得見燕王所得之名山調查報告。而且屈子《離騷》之作，遠在其前二三十年，即在楚懷王十八年後約在其二十二年左右（錢氏表列懷王十六年，甚誤）故屈子文中所引用之地名，不可能得自《山經》，而亦非得自《山經》之前身資料——騶子主持下在燕門人所作之名山調查報告——而實得之在稷下所閱騶子所有之原本竹書周穆王西征實錄之全文。蓋今本《穆天子傳》所闕之篇章行字甚多。例如自陽紆燕然山至河首襄山之一段，自襄山而至鷃鵡鳥之山升于昆侖之丘黃帝之宮之又一段，中間五六千里之遊行記事全缺（今本卷一卷二中間之缺文），而"乙巳諸飦獻酒"（卷三）至"庚辰至于滔水"（卷四）中間又缺數月或至半年之記錄。凡此皆今本之《穆天子傳》經過丘藏及出土時之損失。而屈子在稷下借閱騶子手中之原本當無此缺憾。因此，若以屈子《離騷》之文校補今本《穆天子傳》，可以恢復其若干損失。

至於《山海經》之成書甚晚。無論經中何篇，屈子皆未得見。（該經之內外研究，另有拙著《山海經今考》一書作詳細之考證）。茲不具論。

太史公司馬遷作《史記·三代世表》曰"予讀諜記，黃帝以來皆有年數。稽其曆譜諜終始五德之傳，古文咸不同，乖異"。今察其所謂"黃帝以來皆有年數"之"諜記"與《紀年》之所記正同。曰"曆譜諜終始五德之傳"，恰是騶子之學。曰"古文咸不同，乖異"，則似云《紀年》自始不止一本，或因騶子之門人間頗有歧見，而有不相同之主張者數本。司馬遷爲求貫徹其"疑則闕疑"之主張，遂皆不採用。

又察《史記·周本紀》多採用《逸周書》之文，皆世所謂《汲冢周書》也。顯然騶子之抄輯《周書》，曾留副本。既以一本歸梁王，而於其返齊時携去其副本以歸稷下。以後稷下之本，或於漢初獎勵民間獻書時出現；或在秦滅齊時被擄去入秦史藏，至漢兵入咸陽，蕭何於收秦圖籍時收去。後築石渠閣藏之全匱。司馬遷得之於"石室金匱之藏"。凡此，皆可證，騶衍在梁時所得之竹書，多抄有副本。故其書雖有一本入於梁之丘藏,而其另本仍得入正史。此乃孔子及其門人所謂"儒家者"所未曾得見之史料也。

至於騶子之陰陽五行説、五德終始之論,在秦漢時盛行。吕不韋、劉安、董仲舒、司馬遷皆騶子之信徒也。見於《梁丘藏》中若干與陰陽五行有關之竹書之副本,因此而得傳于世也。

(原載 1964 年 8 月、9 月、10 月《思想與時代》第 121、122、123 期,第 9—15,7—10,26—28 頁。)

作者簡介:

衛挺生(1890—1977),字申父、琛甫,號經野。湖北省棗陽縣人。1906 年留學日本,1911 年留學美國,先後就讀于密執根州立大学、哈佛大学,获商业管理及文学两硕士学位。早歲治理財之學。歷史學家。1948 年赴香港,在數所書院講學。1949 年秋到臺灣大學,1953 年轉任菲律宾大學教授,1956 年返哈佛大學,从事植物學研究。1977 年 5 月在美國加利福尼亚州病逝。史學研究的著作有《周自穆王都洛考》、《穆天子傳今考》、《騶衍子今考》,以及《衛挺生文存》。

《竹書紀年》繫年證僞

吳　璵

　　歲次癸卯,本師寧鄉魯先生詔璵曰:世所傳《竹書紀年》引見宋以前之載籍者,王國維爲之纂録,題曰《古本竹書紀年輯校》,其繫年完整之通行本,王氏則逐一注其出處,題曰《今本竹書紀年疏證》,因是而定古本爲汲冢原文,以今本爲後人搜輯,其書刊於丁巳,迨今四十餘年,學者率遵其説,而未知所謂古本者,亦有後人羼亂也。考《晉書‧束晳傳》,及杜預《春秋經傳集解後序》,並云《紀年》起自夏代,而《史記‧魏世家‧集解》引荀勗曰:"和嶠云《紀年》起自黃帝",夫束荀二氏並校竹書,其説不容互異,且竹書爲荀勗所目驗,述其起訖,但須直抒己見,無庸別引和嶠之言,矧夫考之《晉書》,和嶠未曾典校竹書,則亦不宜知其內蘊。然則《史記集解》所載荀勗轉述和嶠之説,殆爲西晉末年之詭託。以竹書出土之後,別本流傳,即有僞纂羼雜,以故《隋書‧經籍志》於《紀年》十二卷之下,別附《竹書同異》一卷,足見傳非一本,文有互殊。《隋志》云:"太康元年發魏襄王冢,得古竹簡書,帝命中書監荀勗令和嶠撰次爲十五部八十七卷",是蓋據其所著録之竹書同異而言,而《竹書同異》則又託之荀勗所撰,《史記集解》引荀勗之説,而轉述和嶠之言,蓋亦《竹書同異》之文,非真爲荀勗和嶠之説,故其言與束杜異撰也。據此而言,則知《御覽》七十九引《抱朴子》所載《竹書》,《路史‧後紀六》及《山海經‧海內經注》、《大荒西經注》所引《竹書》,並言黃帝、顓頊之事,《史記‧高祖本紀‧正義》引《紀年》云:"后稷放帝子丹朱于丹水",《北堂書鈔》十七引《紀年》云:"命咎陶作刑",凡此皆在夏后之前,此可知其非汲冢原文者一也。先秦文獻無干支紀歲之例,而《隋書‧律曆志》上引《竹書》云:"堯元年丙子",《新唐書‧曆志》載《大衍曆議‧日度議》引《竹書》云:"武王十一年庚寅周始伐商",此非汲冢原文者二也。《晉書‧束晳傳》云:《紀年》與經傳大異,則云夏年多殷",而《御覽》八十二引《紀年》云:"自禹至桀十七世,有王與無王用歲四百七十一年",《史記‧殷本紀‧集解》引《紀年》云:"湯滅夏以至于受二十九王,用歲四百九十六年",二者相較,則爲殷年多夏,而非束晳所云:"夏年多殷",此非汲冢原文者三也。《史記‧殷本紀‧正義》引《紀年》云:"自盤庚徙殷,至紂之滅,七百七十三年,更不徙都。"據此,則自盤庚以至帝紂十二代之年數,轉多於二十九王之總年,不應同出一源而差越遼迥,此非汲冢原文者四也。自餘未可塙知其非汲冢原文者,亦多不足視爲信史。案《國語・晉語》云:"商之饗國三十一王",《殷本紀》及《三代世表》,並載湯至紂嗣位者歷世三十,而《三代世表》云:"從湯至紂二十九世",其說與《殷本紀》互異,當非史公原文。又《鬻子・湯政篇》云:"湯之治天下也,二十七世積歲五百六十七歲至紂",是知殷代世次,傳記參差,未可決其何者爲是。考之卜辭所記殷代祀典,於成湯之後復有咸與大丁二世,大丁之後,又有小丁、祖己、下乙、中己四人(說詳《三統曆譜證舛》),夫大丁與小丁爲對偶之名,祖己與中己,蓋以別於雍己之號,是猶大乙之後而有小乙,大甲之後而有小甲,主壬之後而有仲壬,沃丁之後而有中丁,皆爲在位之君,是則殷代諸王,自成湯以降,益以咸與大丁六人,殆在三十六世之上,可證《國語》所云三十一王,《殷本紀》所記三十王,舉有闕略。《史記・殷本紀・集解》引《紀年》云:"湯滅夏以至于受二十九王"者,蓋爲掩襲《三代世表》之謬說,與《鬻子》所云二十七世,相差並遠。準斯而論,知其世次且闕,則其年紀尤必難憑,此其未可徵信者一也。案《尚書・毋逸》云:"肆祖甲之享國三十有三年",據《隸釋》所載熹平石經之次第,其文在中宗之上,是即《史記・殷本紀》及《漢書・韋玄成傳》所謂之太宗。然則其云享國三十三年者,乃謂成湯之孫太甲,非謂武丁之子祖甲,此爲西漢古文,與東漢今文,殊途一致之說,證之《毋逸》文義,亦不宜別有異詮。而《史記・魯世家・索隱》云:"按《紀年》太甲唯得十二年",此蓋後人承馬融、鄭玄之謬解,以祖甲爲武丁之子,故別創太甲在位十二年之文,繫之《紀年》,此其未可徵信者二也。案《毋逸》云:"自時厥後,亦罔或克壽,或十年,或七八年,或五六年,或四三年",以西漢經說,及《熹平石經》證之,乃謂武丁以後之八王,其享國無過十年者。而《御覽》八十三引《紀年》云:"武乙三十四年周王季歷來朝,王賜地三十里,玉十殼,馬八匹。"《後漢書・西羌傳》注引《紀年》云:"武乙三十五年周王季伐西落鬼戎,俘二十翟王",據此是武丁以後之武乙,享國之永,且逾太甲,則是戾於周公所謂:"亦罔克壽"之言矣。此其未可徵信者三也。案《御覽》八十三引《紀年》云:"小庚辯即位居亳",考其世次,是即《史記・殷本紀》之大庚,所以曰大庚者,良以其嗣位在南庚、盤庚、祖庚之前,故別以大名之。猶大乙在祖乙、小乙、武乙、帝乙之前,大丁在沃丁、仲丁、祖丁、武丁之前,大甲在小甲、沃甲、陽甲、祖甲之前,亦皆以大名之,殷之諸后於大庚之前無以庚爲名者,則不應偶之爲小庚也。考之殷虛卜辭,亦屢見大庚,而未一見小庚,如云:"庚子卜貞王宭大庚彡日凵尤"(《續編》一、一一、四片),"庚申卜尹貞王宭大庚彡凵尤"(《粹編》一七六片),己卯卜貞王室大庚彡夕凵尤"(《前編》一、六、二片),"庚子卜貞王宭大庚祭凵尤"(《續編》一、一一、六片),"己卯

卜丙晉大庚十宰伐廿”（《乙編》四三三一片），“辛丑卜丙求于大庚廿牛”（《續編》一、

一一、七片），“丁亥卜殼貞翌庚寅于大庚”（《乙編》六六六四片），“丁亥卜比又大庚”

（《京津》三九九四片），“乙亥貞佳大庚祚耄大庚不作祚耄”（《後編》上二二、五片），

“壬寅卜行貞王窋大庚奭妣壬彝亡尤”（《後編》上二、七片），“壬子卜貞王窋大庚奭妣

壬彝亡尤”（《南北師友》卷一第一九五片），“壬戌卜貞王窋大庚奭妣壬翌亡尤”（《明

氏》四二四片），“壬午卜貞王□大庚奭妣壬□”（《後編》上二、六片），“□未卜求自上

甲、大乙、大丁、大甲、大庚、大戊、中丁、祖乙、祖辛、祖丁、十示率牲”（《佚存》九八六

片），“乙未酌彡羴品上甲十、匚三、匿三、匚三、示壬三、示癸三、大乙十、大丁十、大甲

十、大庚七、米三□”（《粹編》一一二片），“甲戌翌上甲、乙亥翌匚、丙子翌匿、□匚壬午

翌示壬，癸未翌示癸、□翌大丁、甲午翌□翌大庚”（《粹編》一一三片），“己卯卜翌庚辰

彳于大庚、至于中丁宰”（《後編》下四〇、一一片），“貞曲□羌用自咸、大丁、□甲、大

庚”（《粹編》一七三片），“㘥今日彡大庚、大戊、中丁、其告”（《甲編》一五八一片），

“先大庚又自中丁”（《京津》六七五片）是也。然則證之《史記》及卜辭，舉可知《紀年》

作小庚之非矣。此其未可徵信者四也。抑又考之，即汲冢原文亦有不可盡信者。案杜

預《春秋經傳集解後序》云：“《紀年》稱伊尹放大甲于桐乃自立，伊尹即位於大甲七年，

大甲潛出自桐殺伊尹，乃立其子伊陟、伊奮，命復其父之田宅而中分之。”其説大悖經

傳，所以云者，考《左傳》襄二十一年云：“伊尹放大甲而相之，卒無怨色。”《孟子·萬章

上》云：“太甲顛覆湯之典刑，伊尹放之於桐，三年，太甲悔過，自怨自艾，於桐處仁遷義

三年，以聽伊尹之訓已也，復歸于亳。”《書序》云：“太甲既立不明，伊尹放諸桐，三年復

歸于亳，思庸伊尹，作《太甲》三篇。”又曰：“沃丁既葬伊尹于亳，咎單遂訓伊尹事作沃

丁。”《史記·殷本紀》云：“帝太甲既立三年，不遵湯法，於是伊尹放之於桐宮，三年，伊

尹攝行政當國，太甲居桐宮三年，悔過自責反善，於是伊尹乃迎太甲而授之政，太甲修

德，諸侯咸歸殷，百姓以寧，伊尹嘉之，乃作《太甲訓》三篇，褒帝太甲偁太宗，太宗崩，

子沃丁立，沃丁之時伊尹卒，既葬伊尹於亳，咎單遂訓伊尹事，作沃丁。”夫以史公於先

秦載籍靡不通覽，於古今文《尚書》亦所晐明，而其所記太甲、伊尹之事，與《左氏》、《孟

子》、《書序》並無異趣，是知舊典所言，胥無異軌。又案《尚書·毋逸》云：“其在祖甲

不義惟王，舊爲小人，作其即位，爰知小人之依，能保惠于庶民，不敢侮鰥寡。”義謂太

甲不善爲王，舊時淪爲無德之小人，迨其復起即位，於是始悟昔日之行與小人相準，故

悔過遷善，而有保惠庶民，不敢侮鰥寡之善行也。《尚書·酒誥》云：“自成湯咸至於帝

乙，成王畏相。”《多方》云：“乃惟成湯代夏作民主，以至于帝乙，罔不明德慎罰。”其云

“帝乙”者，當如《禮記·檀弓正義》所引鄭玄之説，乃謂殷之六世王祖乙，非謂紂父帝

乙，其云“成王畏相”者，義謂自成湯以至祖乙，皆能成其王德，敬畏輔相也。其云“罔

不明德慎罰"者,義謂自成湯以至祖乙,無不能彰其善德而謹於刑罰也。假令如《紀年》所云:"太甲殺伊尹",則與《毋逸》所云:"不敢侮鰥寡",《酒誥》所云"成王畏相",《多方》所云:"罔不明德慎罰",俱相悖謬矣。夫《毋逸》、《酒誥》、《多方》,皆周初文獻,而其所述太甲行事,與《孟子》、《書序》、《史記》之言,合緒無違,是知《紀年》所云:"太甲殺伊尹"者,乃戰國時相傳之妄説,此所謂汲冢原文亦有不可盡信者是也。《隋書·經籍志》載《紀年》十二卷,《舊唐書·經籍志》、《新唐書·藝文志》並載《紀年》十四卷,《宋史·藝文志》載《竹書》三卷,王應麟《玉海》卷四十七云:"《竹書紀年》,《中興書目》止有第四、第六及雜事三卷,一紀年,二紀令應,三雜事,皆殘缺",其卷數與《宋志》同,是知録於《宋志》者,乃殘闕之本。宋鄭樵《通志》、明焦竑《國史經籍志》並載《紀年》十四卷,乃爲據《唐志》迻録,而未見其原書。尤袤《遂初堂書目》載《竹書紀年》,而未記卷數,蓋即《宋志》之殘本。自餘宋王堯臣《崇文總目》、晁公武《郡齋讀書志》、陳振孫《直齋書録解題》、元馬端臨《文獻通考》、明楊士奇《文淵閣書目》、錢溥《秘閣書目》、孫能傳《内閣書目》、梅鷟《南雍經籍考》、葉盛《菉竹堂書目》、高儒《百川書志》並無《紀年》一書,是《宋志》所録之殘本三卷,殆佚於南宋,以故自陳振孫《書録》以後,迄乎明嘉靖以前,俱未見著録。邵雍《皇極經世》、劉恕《通鑑外紀》於帝堯以後年數,並有纂録,皆未嘗據《竹書》以繫年,胡宏《皇王大紀》、金履祥《通鑑前編》並據《經世》編年,而未嘗雜以《紀年》之説,此可證《宋志》所載殘本《紀年》,即宋代綴學之士亦未見之。今所傳《竹書紀年》二卷,刊於明季者,若《漢魏叢書》之何鏜刻本,《三代遺書》之趙標刻本,《古今逸史》之吴琯刻本,《史拾遺聞》之吴宏基刻本,《五經翼》之蔡文範刻本;刊於清代者,若《秘書廿一種》之汪士漢刻本,凡此皆爲出自嘉靖時天一閣所刻范欽訂本,而又益其譌舛也。明趙琦美《脈望館書目》、朱睦㮮《萬卷堂書目》,皆當嘉靖以後,並載《竹書紀年》,是即范欽校訂之本。其卷數少於宋代殘本,而其繫年完整,知非宋代原書,《四庫提要》、錢大昕《養新録》並謂爲明人茸録,崔述《考古續説》,謂爲近人偽爲,其説是矣,而皆未得其本柢。唯姚振宗《隋書·經籍志考證》,謂即范欽偽纂,陳義通明,允爲定論,則今本《紀年》之偽,固無俟煩言矣。然而清代爲之考校者,若孫之騄《考訂竹書》四卷、徐文靖《竹書紀年統箋》十二卷、張宗泰《竹書紀年校補》二卷、董豐垣《竹書紀年辨證》二卷、張九鐔《竹書紀年考證》一卷、趙紹祖《校補竹書紀年》二卷、洪頤煊校本《竹書紀年》二卷、陳詩《紀年集注》二卷、韓怡《紀年辨正》四卷、郝懿行《竹書紀年校正》十四卷、陳逢衡《竹書紀年集證》五十卷、雷學淇《考訂竹書紀年》十四卷、《竹書紀年義證》四十卷、林春溥《竹書紀年補證》四卷,無不網絡羣書,阿護偽籍,篇章之富,遠逸錢崔之辨,及姚氏之言。王國維雖倣惠棟《古文尚書考》之例,撰《今本竹書紀年疏證》,以明其掩襲之迹,而未有如閻若璩作《古文尚書疏證》之例，以論其誣妄之由者，是以猶未足墮落羣言，俾人信《紀年》之僞也。益以雷氏《義證》，繁稱博引，以張皇僞籍，較之陳氏《集證》，尤有過之，其書雖成於嘉慶庚午，而稿本廖臧歷百二十餘年，至民國丁丑始有印本流傳，此固前此辨僞者所未見，今之不學者，惑其多辭廣說，因復據僞本《紀年》以考論殷周年次，是尤不可不辨也。汝其糾謫范欽繫年之謬，摧陊雷氏《義證》之妄，以與王氏《疏證》協比同歸，共清醜薉，是猶惠閣之異概相依，蕩滌僞書，固亦軌訓庸陋之所當爲也。

璵欽承師誨，因退而論次其文曰：前人謂今本《紀年》爲明人僞纂，其說固無疑辨矣。惟皆臚舉宋前載記所引《紀年》之敘事與今本不合者，以證其爲後人僞纂，而未嘗就其全書之綱紘，以言其繫年之妄謬者，則亦毛舉小節，而略其大端也。案《晉書‧束皙傳》云：“太康二年，汲郡人不準盜發魏襄王墓，或言安釐王冢，得竹書數十車，發冢者燒策照取寶物，及官收之，多燼簡斷札，文既殘闕，不復詮次。”據此，是竹書出冢之日，即爲灰燼之餘，是以汔宋以前之典記，凡引述《紀年》者，於夏禹以降，周厲以前，甚鮮記及在位年數者。《真誥》十五引《竹書》云：“夏啓即位三十九年，亡年七十八”，《史記‧魯世家‧索隱》云：“按《紀年》太甲唯得十二年”，《御覽》八十二引《紀年》云：“禹立四十五年，后芬立四十四年，后芒陟位五十八年，不降立六十九年，后昊立三年”，《路史‧後記十三注》引《紀年》云：“帝泄二十一年”，佗若夏太康至周夷王之年數，考之《御覽‧皇王部》，則皆結集《帝王世紀》及《史記》，以相彌縫，而又舛錯不齊，未能綿聯無間，即此可知唐宋所見《竹書》，其記三代享國年數者，僅有夏氏七帝，殷代一王，自餘羣后之年次，並付銷沈，則其事歷之疏略寡徵，益又可見。而范本《紀年》自唐堯即位，以迄夷王崩殂，年次連延，無或間闕，史事繁集，布覆有章，此其不待諦觀望而知其爲僞纂者一也。

案《御覽》八十二引《紀年》曰：“自禹至桀十七世，有王與無王，用歲四百七十一年。”范本《紀年》逐錄其文，厠於夏桀覆亡之後，而以其所繫年次考之，自夏禹元年壬子帝即位，至帝癸三十一年桀出奔，凡四百三十一年，是與其采録《御覽》所引《紀年》，自相拂戾矣。《史記‧殷本紀‧集解》引《紀年》曰：“湯滅夏以至于受，二十九王，用歲四百九十六年。”范本《紀年》亦録其文，次於周師伐殷之後，而其所序年次，則自成湯十八年癸亥王即位，至帝辛五十二年周伐殷，凡五百有八年，是與其采録《史記集解》所引《紀年》，自逸軌則矣。《史記‧周本紀》集解引《紀年》曰：“自武王滅殷以至幽王，凡二百五十七年”，而考范本《紀年》，自帝辛五十二年庚寅周始伐殷，至幽王十一年，凡二百八十一歲，是與舊本《紀年》顯相乖刺。范欽偶於此文知其儳互不合。因於幽王之後爲之說曰：“武王滅殷，歲在庚寅，二十四年歲在甲寅，定鼎洛邑，至幽王二百五十七年，共二百八十一年。”夫所謂“二十四年歲在甲寅，定鼎洛邑”者，即范本《紀年》所次之成王十八年,以其所列年次考之,自成王十八年至幽王十一年,適得二百五十七歲,故范欽云然。蓋以牽合《大衍曆議》:"武王十一年庚寅伐商"之說,而又援附舊本《紀年》"至幽王二百五十七年"之文,復見其舛錯不合,故乃曲解以冀強通,而未知校以舊本《紀年》,猶相悖謬,此其爲僞纂者二也。

案《御覽》八十二引《紀年》曰:"禹立四十五年",《真誥》十五引《竹書》云:"夏啓即位三十九年,亡年七十八,自崩滅後至今己卯歲,凡二千四百二十五年",其云己卯歲,乃謂齊東昏侯永元元年,據其所言下距之年考之,則《竹書》之夏啓元年,當在西元前1963年戊寅歲,其夏禹元年乃在西元前2008年癸巳歲,而范本《紀年》以帝禹在位爲八年,帝啓在位爲十六年,其所次帝禹元年當於西元前1989年壬子歲,帝啓元年當於西元1978年癸亥歲,是其於禹啓二代享國之年及設元之歲,校之舊本《紀年》,無一相合矣。《路史·後紀十三注》引《紀年》云:"帝泄立二十一年",《御覽》八十二引《紀年》曰:"不降立六十九年",而范本《紀年》以帝泄爲二十五年,以不降爲五十九年,較以舊本《紀年》,又相差越。其以帝啓在位十六年者,乃據《路史·後紀》而言。其以不降在位五十九年者,乃據《通鑑外紀》而言。若夫帝禹及帝泄享國之年,則純爲任臆虛構,絕無典記可循。推類言之,若夏少康二十一年,帝杼十七年,殷河亶甲九年,祖乙十九年,盤庚二十八年,周成王三十七年,康王二十六年,懿王二十五年,並爲緝録《通鑑外紀》之説。共王十二年,則爲承襲《皇極經世》之説。若小甲十七年,雍己十二年,則爲摭拾《御覽》八十三所引《史記》之説,斯乃後人羼雜,而非《史記》原文。若太戊七十五年,祖甲三十三年,則爲襲取《尚書·毋逸》之文,斯乃遵循馬融之謬解,而非《毋逸》初義。若夏帝太康四年,帝仲康七年,帝扃十八年,帝廑八年,帝孔甲九年,帝發七年,帝癸三十一年,殷成湯二十九年,沃丁十九年,小庚五年,外壬十年,祖辛十四年,開甲五年,祖丁九年,南庚六年,陽甲四年,小辛三年,小乙十年,祖庚十一年,馮辛四年,庚丁八年,文丁十三年,帝乙九年,帝辛五十二年,周孝王九年,夷王八年,厲王二十六年,則皆凌虛妄爲,而非敦率遺典。是知范本《紀年》所載三代年次,大抵雜襲錯繆,亦多別創殊裁,且有不上同於古本《紀年》,而下合於宋人臆説者,此其爲僞纂者三也。

若夫范本《紀年》之叙事疏妄者,尤不勝紀極,前人固已言其辜較矣。雷學淇生當《四庫提要》及錢大昕之後,固宜習聞其説,而乃於其辨僞之論,壅蔽不言,徒然濫引浮詞,崇飾僞籍,是其學慙稽古,識謝通方,與陳逢衡不殊。其信之彌堅者,則爲惑於徐發《天元曆理》之説,而謂"以其法推之,帝堯以來,甲子朔食無不符驗"(見雷氏《竹書紀年義證·序》)。然而尋繹其言,是徒掎摭舊文,以佐誣論,而未嘗審其下距年數之互異,考其朔閏之不齊也。且夫《天元曆理》之言天象,則獨信占驗(見《天元曆理》卷三《觀象輯要》及卷四《星經輯要》),言地理則旁徵釋典(見卷一《須彌山圖》),言曆術,則奉朱熹虛泛之言，以爲圭臬，崇邵雍謬戾之説，謂知曆源（見卷六《原法篇》），其創設新曆，則據僞本《竹書紀年》之年數，以定歲差（見卷八《斗建差法考》），據古曆十九年之章法，以定閏率（見卷六《原法篇》），此皆視腐朽爲神奇，以虛妄爲徵實。甚至詭稱得玉山羽士所傳星象，如法推之，與《竹書紀年》密合無間（見卷八三《正圖附記》）。是尤蒙昧無知，適與江湖術數相若。凡此足證其於疇人之學未涉藩籬，於經典之文未知畛畷。雷學淇乃衍述其説，以翼贊僞書，而詆訾信史，是其辭醜義陋，以視徐發而益卑矣。方今其説大行，因推本師説，采擷《紀年》自唐堯以迄周厲之年次，兼及雷氏《義證》之考年論曆者，具駁二十條，成《〈竹書紀年〉繫年證偽》一文。辨章僞謬，所以僅及繫年者，以年次爲序事之綱維，綱維既爲虛張，則其事歷亦皆解紐，固宜議其綱維，而略其小節也。所以不備論全書者，以范本《紀年》於厲王以後年數，悉與《史記》相同，以其緝録舊文，未乖前緒，雖其編次史事，多爲任意綿聯，稽之故實，亦見百度相悖，然爲近人所勿資，故亦略而勿論也。

一、《紀年》云：帝堯陶唐氏元年丙子，帝即位居翼。

雷學淇曰：元年丙子者，此魏史以支干相循之數，推紀帝堯以來之長曆，以傳信於後世者也。故其書名《紀年》。素問之論五運，《史記》之列年表，緯書之分部首，《漢志》之敘統譜，皆以支干紀歲，並在竹書未出以前，則其法由來古矣，而以紀帝王之元年，則自《紀年》始，故梁之陶弘景、宋之裴駰、隋之劉焯、袁充、唐之僧一行、皆據帝堯元年丙子之文推證曆數，其説於經傳並有證據，然則《三統曆譜》增減唐虞商周之年，《帝王世紀》謂堯元年甲辰（見《堯本紀·集解》），《諸曆檢課》謂堯元年戊戌（見《真誥》），《路史注》謂堯元年戊寅者並誤矣。

璵案：先秦載籍紀歲之例，有以事紀歲者，若《左傳》襄公九年云："會于沙隨之歲"，二十五年云："會于夷儀之歲"，二十六年云："齊人城郲之歲"，三十年云："魯叔仲惠伯會郤成子于承匡之歲"，昭公七年云："鄭鑄刑書之歲"，"晉韓宣子爲政，聘于諸侯之歲"，十一年云："蔡侯般弑其君之歲"，是也。有以歲星紀歲者，若《左傳》襄公二十八年云："歲在星紀而淫於玄枵"，三十年云："歲在降婁"，昭公八年云："歲在鶉火"，十年云："今茲歲在顓頊之虛"，十一年云："歲在豕韋"，"歲及大梁"，《國語·周語》云："昔武王伐殷，歲在鶉火"，是也。有以十二支紀歲者，若《楚辭·離騷》："攝提貞于孟陬"，《吕覽·序意篇》云："維秦八年，歲在涒灘"，是也。其在彝器銘文，亦多以事紀年之例，若厚趠鼎云："唯王來格于成周年"（見《續考古圖》卷四），中鼎云："隹王令南宮伐反虎方之年"（見《嘯堂集古録》卷上），旅鼎云："隹公大保來伐反夷年"

(見《三代吉金文存》卷四第十六葉),克鼎云:"王命善夫舍命于成周遹正八自之年"(見《愙齋集古錄》五册五葉),麥尊云:"唯天子休于麥辟侯之年"(見《西清古鑑卷》八第三三葉),敔尊云:"敔从師淮父戍于姑自之年"(見《愙齋集古録》十三册十二葉),曏卣云:"佳明保殷成周年"(見《三代吉金文存》卷十三第三九葉),臣辰卣云:"佳王大龠于宗周祫襃蓑京年"(見《三代吉金文存》卷十三第四四葉),陵貯簋云:"王令東宫追自六自之年"(見《西清古鑑》卷二十七第三〇葉)是也。案國差甗云:"國差立事歲咸丁亥"(見《積古齋彝器款識》卷八)者,所云:"國差立事歲",猶陳猷釜之"陳猷立事歲"(見《愙齋集古録》二十四册三葉),亦爲以事紀年之例,咸爲其月,丁亥爲其日,説者乃謂古人用干支紀歲實始於此(見《攈古録》金文卷三之一所載許瀚説),非其義矣。若夫甲午盨云:"佳甲午八月丙寅"(見《積古齋款識》卷七),乃以甲午紀歲者,斯爲宋政和禮器,非如阮元所謂秦昭襄王之器也。據此而言,可證先秦絶無干支紀歲之例。然則《隋書·律曆志》引《竹書紀年》所云:"堯元年丙子",《新唐書·曆志》載《大衍曆議》引《竹書》所云:"十一年庚寅,周始伐商"者,皆後人所坿益,而非汲冢原文。今所傳《紀年》亦以帝堯元年爲丙子,以周武王十一年爲庚寅者,則爲范欽掇取隋、唐二《志》,而又虛飾列代年數,以成其僞纂者也。雷學淇乃徵及《素問》、《史記·年表》、《緯書·蔀首》皆以干支紀歲,而謂干支紀歲由來已古。是未知《素問》多出王冰補綴,姑勿論非先秦古書,亦非漢晉舊本。《緯書》大抵漢代纂録,復有後世增羼,《史記·年表》所載甲子,皆後人注釋,非史公原文,雷學淇乃引此類漢以後之文,以證僞本《紀年》之可信,是亦憒於考古矣。今傳《紀年》,其列代年數,胥爲雜襲前人謬説,或爲范欽臆增,故其下距之年,稽尋舊典,無一相合。即以帝堯元年考之,劉歆《三統曆譜》當於西元前2303年戊戌歲(《漢書·律曆志》載劉歆《三統曆譜》云帝堯即位七十載,帝舜即位五十載,夏后氏繼世十七王,四百三十二歲。又曰:《三統曆》上元至伐桀之歲十四萬一千四百八十歲,歲在大火,房五度。以其所據三統術推之,則劉歆所謂伐桀之歲,乃西元前1751年庚戌歲,自此上溯帝堯元年,爲西元前2303年戊戌歲),郭緣生《述征記》當於西元前2412年己酉歲(《水經·瓠子河注》云成陽有堯冢,郭緣生《述征記》曰:自漢迄晉,二千石多刊石述堯即位至永嘉三年二千七百二十有一載,見漢建寧五年成陽令管遵所立碑文)。《皇極經世》當於西元前2357年甲辰歲(《史記·五帝本紀·集解》引皇甫謐曰堯以甲辰即帝位,此即《皇極經世》所本。惟皇甫謐《帝王世紀》原書久逸,以顧觀光輯逸本觀之,文多殘闕,年次不相聯系,其下距年數,是否與《皇極經世》相同,則未可知也)。《通鑑外紀》當於西元前2333年戊辰歲,吕奉天之説當於西元前2325年丙子歲(《宋史·律曆志》卷三至道二年,吕奉天上言云唐堯即位元年歲在丙子,迄太平興國元年亦在丙子,凡三千三百一年。案所謂唐堯元年歲在丙子,與

《隋書·律曆志》所引《竹書紀年》，及《隋書·袁充傳》相同，則呂氏所言，當爲掩襲隋人之說，惟其所繫下距年數，則不必與隋人相同也）。陶弘景《真誥》所引《紀年》，當於西元前2143年戊寅歲（《真誥》卷十三云：《諸曆檢課》謂堯元年戊戌歲，至齊之己卯歲，二千八百四十三年，汲冢《紀年》正二千六百四十三年。其所謂齊之己卯歲，即齊東昏侯，永元元年，據其說考之，則堯元年乃西元前2303年戊戌歲，適與劉歆《三統曆譜》相合，是知《諸曆檢課》乃遵劉歆之說。其云：“汲冢《紀年》正二千六百四十三年”者，乃謂堯元年下距齊永元元年之年數，據其說考之，是汲冢《紀年》之帝堯元年，乃西元前2143年戊寅歲）。是即《路史注》所謂堯元年爲戊寅歲之所本也。而以今本《紀年》所載列朝年數，上溯帝堯元年，則爲西元前2145年丙子歲，後於劉歆之說一五八年，後於郭緣生之說二六七年，後於《皇極經世》二一二年，後於《通鑑外紀》一八八年，後於呂奉天之說一八〇年，前於陶弘景之說二年。自餘繫年悖於舊典者，若掇錄《大衍曆議》之說，以《胤征》日食列於仲康五年癸巳，以周始伐殷，列於武王十一年庚寅，校其年次，則仲康五年後於《大衍曆議》一八〇歲，武王十一年後於《大衍曆議》六〇歲。又若摭拾《三統曆譜》之說，以成王並周公攝政爲三十七年，而其成王崩殂之年，則後於《三統曆譜》七十一歲，是可證范欽雖剽竊前文，而又乖剌舊說，非獨帝堯元年爲然也。且《隋書·律曆志》載劉焯《曆議》於《竹書紀年》之下，復說之曰“堯年漢日所在既殊”，此可證當劉焯之時，所見帝堯設元之歲，已多異說，其所見《紀年》，亦必無下距年數可考，則所謂堯元年丙子，固可任意編甾，轉述其說者，亦可趣舍殊途。是以同一唐堯丙子，袁充所述，不必與劉焯相同（袁充亦以帝堯元年爲丙子，見《隋書》本傳），呂奉天所言，又不必與袁劉相合，若斯之比，皆爲冥昕謬論，未可援證定疑。而雷學淇竟乃據“帝堯元年丙子”之文，以訾眾說，已屬齷齪偏見，未能陳義通明。矧夫陶弘景所引《紀年》，乃以帝堯元年爲戊寅，其說尚前於劉焯袁充，是知所謂“堯元年丙子”者，蓋爲劉、袁二人所臆定，亦猶以堯元年爲戊寅，乃陶弘景所臆定，舉未能據信也。至若雷氏謂“梁之陶弘景、宋之裴駰、唐之一行，皆據帝堯元年丙子之文推證曆數”，以實考之，則陶弘景所謂堯元年爲戊寅，裴駰《史記集解》引皇甫謐之說所述堯元年爲甲辰，一行《大衍曆議》所言者，則曰：“自帝堯演紀之端在虛一度”，皆未嘗據帝堯元年丙子，以推證曆數，而乃云然，益爲誣妄矣。

二、《紀年》云：仲康五年秋九月庚戌朔日有食之。

雷學淇曰：《左傳》引《夏書》曰“辰不集于房”，謂在四月，而不言何帝，虞劇推得此食在仲康元年，與《紀年》不合，傅仁均《戊寅曆》、僧一行《大衍曆》、郭守敬《授時

471

曆》皆言仲康五年癸巳歲,九月朔日庚戌,日食房二度,與《左傳》所引《夏書》及《紀年》合。

　　璵案:據《曆術》以考偽《古文尚書·胤征篇》之日食者,始於虞劇,見《新唐書·曆志》所載《大衍曆·日度議》。惟《大衍曆議》僅謂"虞劇以爲仲康元年",而未記其法數,及下距之年,則虞氏所謂仲康元年果屬何歲,迄無可考。若夫傅仁均《戊寅元曆》備見新、舊《唐書·曆志》,而無一言及於《胤征》日食,雷學淇乃謂傅仁均《戊寅曆》亦推《胤征》日食爲仲康元年癸巳歲,是誠妄言無據矣。《大衍曆·日度議》云:"《書》曰乃季秋月朔辰弗集于房,新曆仲康五年癸巳歲九月庚戌朔日食",其所謂新曆即《大衍曆》,所謂仲康五年乃西元前 2128 年癸巳歲,是歲《大衍曆》積年九六九五八八八九,積日三五四一三六九一九九〇,小餘二五八七,周正正月大甲寅朔,夏正九月小庚戌朔。《元史·曆志》載《授時曆·交食議》云:"書《胤征》惟仲康筆位乃季秋月朔,辰弗集于房,今按《大衍曆》作仲康五年癸巳距辛巳三千四百八年",其所謂"距辛巳三千四百八年"者,謂自仲康五年癸巳歲下距元世祖至元十八年辛巳歲,凡三千四百有八年,是《授時曆議》乃襲取《大衍曆議》之說,亦推胤征日食,爲西元前 2128 年癸巳歲也。惟據有年數聯繫之說考之,則西元前 2128 年,於邵雍《皇極經世》爲帝相十九年,於劉恕《通鑑外紀》爲仲康九年,於范本《竹書紀年》爲帝堯十八年,舉非《大衍曆議》所謂仲康五年也。即此可知今所傳《紀年》乃范欽襲取《大衍曆議》之說,而以未通曆術,不能確考《大衍曆議》所謂仲康五年爲西元前 2128 年,故爾有此參錯也。苟以范本《紀年》所繫年數考之,則其仲康五年,乃西元前 1948 年癸巳歲,茲取《黃帝》、《殷》、《周》、《魯》、《三統》、《四分》、《大衍》諸曆,步算氣朔,表具左方:

今本《紀年》仲康五年歲次癸巳(西元前 1948 年)諸曆氣朔表

《黃帝曆》入壬子蔀壬子章十年		
積月一二三		閏餘一三
朔積日三六三二		小餘二七七
氣積日三六五二		小餘一六
正月小甲申朔	大雪初六	冬至廿一
二月大癸丑朔	小寒初七	大寒廿二
三月小癸未朔	立春初八	雨水廿三
四月大壬子朔	驚蟄初九	春分廿四
五月小壬午朔	清明初十	穀雨廿五
六月大辛亥朔	立夏十一	小滿廿六
七月大辛巳朔	芒種十一	夏至廿七
八月小辛亥朔	小暑十二	大暑廿七

续表

九月大庚辰朔	立秋十三		處暑廿九
十月小庚戌朔	白露十四		秋分廿九
十一月大己卯朔	寒露十五		霜降三十
閏月小己酉朔	立冬十六		
十二月大戊寅朔	小雪初二		大雪十七
《殷曆》入庚午府己巳章十八			
年積月九二七		閏餘一二	
朔積日二七三七五		小餘九三	
氣積日二七三九三		小餘二四	
正月小乙酉朔	大雪初四		冬至十九
二月大甲寅朔	小寒初五		大寒廿一
三月小甲申朔	立春初六		雨水廿一
四月大癸丑朔	驚蟄初七		春分廿三
五月小癸未朔	清明初八		穀雨廿三
六月大壬子朔	立夏初九		小滿廿四
七月小壬午朔	芒種初十		夏至廿五
八月大辛亥朔	小暑十一		大暑廿六
九月小辛巳朔	立秋十二		處暑廿七
十月大庚戌朔	白露十三		秋分廿八
十一月小庚辰朔	寒露十三		霜降廿九
十二月大己酉朔	立冬十五		小雪廿九
閏月大己卯朔	大雪十五		
《周曆》入己酉蔀戊辰章十八年			
積月六九二		閏餘一二	
朔積日二〇四三五		小餘三二八	
氣積日二〇四五四		小餘〇	
正月小甲申朔	大雪初四		冬至二十
二月大癸丑朔	小寒初六		大寒廿一
三月小癸未朔	立春初六		雨水廿一
四月大壬子朔	驚蟄初八		春分廿三
五月大壬午朔	清明初八		穀雨廿三
六月小壬子朔	立夏初八		小滿廿四
七月大辛巳朔	芒種初十		夏至廿五
八月小辛亥朔	小暑初十		大暑廿六
九月大庚辰朔	立秋十二		處暑廿七
十月小庚戌朔	白露十二		秋分廿七
十一月大己卯朔	寒露十四		霜降廿九
十二月小己酉朔	立冬十四		小雪廿九
閏月大戊寅朔	大雪十六		

《魯曆》入丙午諦乙丑章七年			
積月五五六		閏餘一一	
朔積日一六四一九		小餘一四四	
氣積日一六四三六		小餘八	
正月小乙酉朔	大雪初三		冬至十八
二月大甲寅朔	小寒初四		大寒十九
三月小甲申朔	立春初四		雨水二十
四月大癸丑朔	驚蟄初六		春分廿一
五月小癸未朔	清明初六		穀雨廿二
六月大壬子朔	立夏初八		小滿廿三
七月小壬午朔	芒種初八		夏至廿三
八月大辛亥朔	小暑初九		大暑廿四
九月小辛巳朔	立秋初十		處暑廿五
十月大庚戌朔	白露十一		秋分廿七
十一月小庚辰朔	寒露十二		霜降廿七
十二月大己酉朔	立冬十三		小雪廿九
《三統曆》入甲辰統戊辰章十八年			
積月一五二六二		閏餘二一	
朔積日四五〇七〇〇		小餘四	
氣積日四五〇七一八		小餘一〇七八	
正月小甲申朔	大雪初四		冬至十九
二月大癸丑朔	小寒初五		大寒廿一
三月小癸未朔	立春初六		驚蟄廿一
四月大壬子朔	雨水初七		春分廿三
五月小壬午朔	穀雨初八		清明二三
六月大辛壬朔	立夏初九		小滿廿四
七月小辛巳朔	芒種初十		夏至廿五
八月大庚戌朔	小暑十一		大暑廿六
九月小庚辰朔	立秋十一		處暑廿七
十月大己酉朔	白露十三		秋分廿八
十一月小己卯朔	寒露十三		霜降廿九
十二月大戊申朔	立冬十五		小雲二十
閏月小戊寅朔	大雪十五		
《四分曆》入戊子都丁卯章十八年			
積月四五七		閏餘一二	
朔積日二二四九五		小餘五六三	
氣積日二二五一四		小餘八	
正月大癸未朔	大雪初五		冬至廿
二月小癸丑朔	小寒初五		大寒廿

续表

三月大壬午朔	立春初六		雨水廿二
四月小壬子朔	驚蟄初七		春分廿二
五月大辛巳朔	清明初八		穀雨廿四
六月小辛亥朔	立夏初九		小滿廿四
七月大庚辰朔	芒種初十		夏至廿五
八月小庚戌朔	小暑十一		大暑廿六
九月大己卯朔	立秋十二		處暑廿七
十月小己酉朔	白露十二		秋分廿八
十一月大戊寅朔	寒露十四		霜降廿九
閏月小戊申朔十	立冬十四		
二月大丁丑朔	小雪初一		大雪十六
《大衍曆》積年九六九五九〇六九			
朔積日三五四二二七五七七二五 氣積日三五四二二七五七七四六		小餘二八八五 小餘二八二七	
正月己丑朔	大雪初七		冬至廿二
二月己未朔	小寒初八		大寒廿三
三月己丑朔	立春初八		雨水廿三
四月戊午朔	驚蟄初十		春分廿五
五月戊子朔	清明初十		穀雨廿五
六月丁巳朔	立夏十一		小滿廿七
七月丁亥朔	芒種十二		夏至廿七
八月丙辰朔	小暑十三		大暑廿八
九月丙戌朔	立秋十四		處暑廿九
十月乙卯朔	白露十五		秋分三十
閏月乙酉朔	寒露十六		
十一月甲寅朔	霜降初二		立冬十七
十二月甲申朔	小雪初二		大雪十七

據右表觀之，則知范本《紀年》所序仲康五年癸巳歲，其周正九月朔日於《黃帝曆》、《周曆》、《三統曆》爲庚辰，於《殷曆》、《魯曆》爲辛巳，於東漢《四分曆》爲己卯，於唐《大衍曆》爲丙戌，其夏正九月朔日，於《黃帝曆》、《周曆》、《三統曆》爲己卯，於《殷曆》、《魯曆》爲庚辰，於東漢《四分曆》爲戊寅，於唐《大衍曆》爲甲寅，並與庚戌相距懸遠。是知范欽掩襲《大衍曆議》之說，以作僞本《紀年》，非唯其所列仲康年次，不與《大衍曆》說相合，即其所記九月庚戌朔，校之漢前諸曆及《大衍曆》並相越遼迴。此又可證范欽不通曆術，惟雜録舊文，妄加歷朝在位年數，以成此歲濫，故爾進退失據，以至如斯也。雷學淇與徐文靖《統箋》，並據《大衍曆議》之說，以證其與僞本《紀年》相合，而未知僞本《紀年》所記仲康五年，後於《大衍曆議》所云仲康五年凡一百八十歲，彼此參商，而以

475

爲相合，是亦鹵莽之甚者。且夫《大衍曆議》所云：“仲康五年九月庚戌朔日食”，乃據僞古文《尚書·胤征篇》而言，考《胤征》云：“仲康肇位，乃季秋月朔，辰弗集于房”，固無仲康年次，及朔日干支，《大衍曆議》定其日食爲仲康五年九月庚戌朔者，乃據《大衍曆》步算而臆定之，亦若劉歆《三統曆議》，據《三統曆》以步算《伊訓》、《召誥》、《顧命》之月日，而臆定太甲成康之年次，舉非有信史可憑也。抑又考之，《左傳》昭公十七年引《夏書》曰：“辰不集于房，瞽奏鼓，嗇夫馳，庶人走，此月朔之謂也，當夏四月是爲孟夏”，審此則所謂“辰不集于房”者，乃夏正四月，而非季秋九月，亦非必仲康之時，此可證《胤征》所云：“仲康肇位乃季秋月朔”，爲作僞者所臆增，其云：“仲康五年九月庚戌朔日食”者，又《大衍曆議》所坿益，繩謬增虛，以成詭譎，不足據信，晃朗無疑。作僞本《紀年》者，輯録其文，而又違戾年次，其爲誕妄，亦有甚之。雷學淇不諳推步，乃謂“僧一行《大衍曆》、郭守敬《授時曆》，皆言仲康五年癸巳歲九月朔日庚戌日食房二度，與《左傳》所引《夏書》及《紀年》皆合”，則尤悖謬叢集，而不勝究詰矣。

三、《紀年》云：成湯十八年癸亥王即位居亳。

　　璵案：《新唐書·曆志》載《大衍曆·五星議》云：“成湯伐桀，歲在壬戌，其明年，湯始建國爲元祀，後六百一算至紂六祀，周文王初禬于畢，十三祀歲在己卯，星在鶉火，武王嗣位。”今本《紀年》所云：“成湯十八年癸亥王即位”，又曰：“帝辛六年西伯初禬于畢”者，即據《大衍曆議》此文而言。《紀年》於成湯即王位而不稱元年者，乃並成湯嗣侯位之年數而言，猶武王即王位于十二年，而不稱元年，乃並其嗣西伯之年數而言也。案《大衍曆·日度議》云：“商六百二十八年日却差八度，《竹書》十一年庚寅周始伐商。”以其所記月朔考之，則其所謂伐商之年，乃西元前 1111 年庚寅歲，次年辛卯爲武王即位之年，《大衍曆·日度議》所謂：“其明年周始革命”者是也。自庚寅上溯六百二十八年，當於西元前 1738 年癸亥歲，是即《大衍曆議》所謂：“湯始建國”之年。自此下推六百一年，當於西元前 1137 年甲子歲，是即《大衍曆議》所謂：“紂六祀周文王初禬于畢”之年。以今本《紀年》所繫年數考之，則其成湯十八年，當於西元前 1558 年癸亥歲，帝辛六年，當於西元前 1097 年甲辰歲，是其成湯即王位，後於《大衍曆議》一八〇年，文王初禬于畢，後于《大衍曆議》四〇年。此可證范欽雜襲舊文，無不悖亂前緒也。

四、《紀年》云：太甲十二年陟。

　　璵案：《史記·魯周公世家·索隱》云：“按《紀年》太甲唯得十二年”，此即今本

《紀年》所云:"十二年陟"之所據也。考《尚書·毋逸》云:"昔在殷王中宗享國七十有五年,高宗享國五十有九年,其在祖甲不義惟王,舊爲小人,肆祖甲之享國三十有三年,自時厥後,立王生則逸",此乃後世《古文尚書》之次第也。洪适《隸釋》載《熹平石經》於"高宗之饗國百年"下,緊接"自時厥後",而無"其在祖甲"一段,洪适説之曰:"此碑獨闕祖甲,計其字當在中宗之上";此乃漢代《今文尚書》之次第也。案《漢書·韋玄成傳》載王舜、劉歆議曰:"殷太甲爲太宗,太戊曰中宗,武丁曰高宗,周公爲《毋逸》之戒,舉殷三宗以勸成王",據此則祖甲於《今文尚書》當作太宗,其世次在中宗之上。《史記·殷本紀》云:"帝太甲修德,伊尹乃作《太甲訓》三篇,褒帝太甲稱太宗",其言太甲爲太宗,亦與《今文尚書》相合。考史公與劉歆並傳古文,而其所述《毋逸》之次第與文字,皆同於今文,是知西漢所傳《毋逸》,無論今文古文,俱以太宗、中宗、高宗爲次,迨東漢時所傳古文,始譌太宗爲祖甲,而又亂其篇序,置祖甲於高宗之下,是以馬融、鄭玄遂誤以祖甲爲武丁之子帝甲(見《史記·魯世家·集解》),《史記·魯世家》所載《毋逸》,與東漢時所傳古文同者,蓋後人所迻易,非史公原文也。王肅説之曰:"先中宗後祖甲,先盛德後有過"(見《史記·魯世家·集解》),皇甫謐説之曰:"太甲一名祖甲,享國三十三年"(見《御覽》八十三所引《帝王世紀》),是皆據西漢之古義,而釋東漢譌亂之篇章,故爲此調停之説也。惟其以享國三十三年屬之太甲,則與西漢古文,東漢今文眇合無閒。夫《毋逸》出自周初,所言太甲享國三十三年最可據信。然則《史記索隱》所云:"《紀年》太甲唯得十二年"者,蓋爲後人附益,藉令果爲汲冢原文,是亦戰國時之異説,較之周初文獻,固已隆窊異等,即此可證范欽據《史記索隱》以太甲爲十二年,未可信也。若夫據篇序傎亂之《毋逸》而以太甲年數繫之祖甲,則爲承後世之謬説,益非唐宋所見之《紀年》,是尤爲范欽僞纂之明證矣。

五、《紀年》云:大戊七十五年陟。

璵案:《尚書·無逸》云:"肆中宗之享國七十有五年",《史記·殷本紀》云:"太戊立,殷復興,諸侯歸之,故稱中宗。"《漢書·韋玄成傳》載劉歆之説,及《商頌·烈祖箋》,《尚書·僞孔傳》亦皆以太戊爲中宗,説與《史記》同。唯《御覽》八十三引《紀年》曰:"祖乙勝即位,是爲中宗",説與《史記》異。考殷虚卜辭有中宗祖乙,而無中宗太戊,如云:"☐卜狄□其又中宗祖乙酢,弗每"(《甲編》一二六四片),"執其用自中宗祖乙,王受又="(《續存》上一七九五片),"其又中宗祖乙又絴続"(《甲編》一四八一片),"口酉卜中宗祖乙歲☐"(《續存》上一八〇二片),"☐中宗祖乙毓☐"(《南北明氏》五五五片),"☐中宗祖乙☐"(《續編》一、一四、六片)是也。夫太戊與祖乙並見卜辭,而於祖乙別有中宗之名,是可證《御覽》所引《紀年》以祖乙爲中宗,信而有徵矣。據此,則《毋逸》所云:"中宗享國七十五年"者,斯爲祖乙而非太戊。《皇極經世》、《通鑑外紀》、《通鑑前編》並以太戊在位七十五年,乃承漢人之謬説,今本《紀年》則又承宋人之謬説,校以宋代所見《紀年》,顯相乖刺,可證今本《紀年》所云太戊年數,乃范欽所僞纂也。范欽既以《毋逸》所云:"中宗享國七十五年"屬之太戊,故於祖乙年數,則又掩襲《御覽》八十三所引《史記》而云:"十九年陟",凡《御覽》所引《史記》於殷周諸王多記在位年數而爲《史記》所無者,皆爲屬雜後世之説,今本《紀年》顧與相合,是又范欽雜摭異説,以成僞纂之明證矣。

六、《紀年》云:祖甲三十三年陟。

雷學淇曰:《書·毋逸》曰:"肆祖甲之享國三十三年",孔鮒《書論》,及後出《書傳》,皆以祖甲爲太甲非是。若是太甲,周公不得謂之祖甲,亦不得次于高宗之後,且據《紀》文,太甲在位十二年,非三十三年也。《周語》曰:"帝甲亂之七世而隕",《孔叢》、《書傳》,因《國語》此文,故以《毋逸》之祖甲爲太甲,不知《國語》所謂亂者,謂其重作湯刑,非別有暴亂淫虐之事也。

璵案:今《尚書·毋逸》云:"其在祖甲,不義惟王,舊爲小人,作其即位,爰知小人之依,能保惠于庶民,不敢侮鰥寡,肆祖甲之享國,三十有三年",考之《隸釋》所載《熹平石經》,及西漢經説,祖甲既太甲,原文當作太宗,此四十四字乃在中宗之上,有《隸釋》洪适之説,及《史記·殷本紀》、《漢書·韋玄成傳》可證,今本《尚書》不與古本同者,乃東漢時所譌易。以東漢時此有譌易,故馬融、鄭玄、王肅並以祖甲爲武丁之子帝甲(並見《史記·魯世家·集解》),唐司馬貞《史記·魯世家·索隱》、宋薛季宣《書古文訓》、林之奇《尚書全解》、夏僎《尚書詳解》、黃度《尚書説》、陳大猷《尚書集傳或問》、金履祥《尚書表注》、元吳澄《書纂言》、董鼎《尚書輯録纂注》、王天與《尚書纂傳》、朱祖義《尚書句解》、清孔廣森《經學卮言》、王鳴盛《尚書後案》、江聲《尚書集注音疏》並遵馬鄭之説,是未知不合古本,違於西漢經訓,且未審《毋逸》文義也。《毋逸》云:"其在祖甲,不義惟王,舊爲小人"者,惟讀如爲,謂太甲初年不善爲王,舊時曾淪爲無德之小人,故爲伊尹放之桐宫,《史記·殷本紀》所謂:"太甲亂德,伊尹放之桐宫"者是也。《毋逸》云:"作其即位爰知小人之依"者,謂太甲復起即位,於是知曩日所行與無德之小人相依準,故悔過遷善,遂能有保惠庶民之善政,《史記·殷本紀》所謂:"太甲悔過反善,於是伊尹乃迎而授之政"者是也。馬融乃據譌易之文而爲之説曰:"祖甲有兄祖庚,而祖甲賢,武丁欲立之,祖甲以王廢長立少不義,逃亡民間,故曰不義惟王,久爲小人"（見《史記·魯世家·集解》）。夫武丁欲立祖庚，與祖甲逃亡民間，皆不見經傳，故孔穎達《尚書正義》訾爲妄造，其説是矣。藉如馬融之説以《毋逸》之祖甲爲武丁之子帝甲，而以傳記考之，則《國語·周語》云："帝甲亂之，七世而隕"，《史記·殷本紀》云："帝甲淫亂殷復衰"，是帝甲以淫亂終生，周公不應舉之以勸勉成王也。《尚書孔傳》及《孔叢子·論書篇》，並以祖甲爲太甲，其説得之，惟據西漢之經説，以釋東漢訛易之篇章，失之迂曲。良以二書爲王肅所譌託，王肅未知東漢時所傳《尚書》篇序慎亂，故其陳義未見融通。雷學淇乃謂《孔叢》、《書傳》因《國語》之文，故以《毋逸》之祖甲爲太甲，且云："《國語》所謂亂者，謂其重作湯刑，非别有暴亂淫虐之事"，是未知僞《孔傳》及《孔叢子》之本柢，而謬爲之説，復曲解《國語》文義也。據此則《毋逸》之祖甲，爲成湯之孫太甲，而非武丁之子祖甲，徵之古訓，審之文義，考之傳記，義無可疑。然則《毋逸》所云："享國三十有三年"者，乃太甲之年數，亦斷乎無疑。今本《紀年》以三十三年繫之祖甲，是違於西漢故訓，悖於先秦舊典，而反下合於後世謬説，此又范欽僞纂之確證矣。《御覽》八十三引《史記》云："祖甲淫亂，在位十六年崩"，《通鑑外紀》亦據以編年，其説雖非史記原文，未足據信，然不以《毋逸》之三十三年屬之祖甲，則固優於《皇極經世》之謬説也。蔡沈《書經集傳》、閻若璩《古文尚書疏證》、並據《皇極經世》所載祖甲三十三年，而以《毋逸》之祖甲爲武丁之子。雷學淇及金鶚《求古録禮説》，復據今本《紀年》所載祖甲年數，而以《毋逸》之祖甲非成湯之孫，是皆據後世妄僞之書，以上論經旨，益見其蒙昧無知矣。案《毋逸》云："自時厥後，亦罔或克壽，或十年，或七八年，或五六年，或四三年"。據《隸釋》所載《熹平石經》及西漢古説，此文乃在高宗享國之下，然則據周公之言，是自武丁以降，嗣位者八王，享國逾十年者，個無一見。而今本《紀年》以祖庚爲十一年，祖甲爲三十三年，武乙爲三十五年，文丁爲十三年，帝辛爲五十二年，《御覽》八十三引《史記》以祖甲爲十六年，庚丁爲三十一年，《皇極經世》作二十一年，《通鑑外紀》引《帝王本紀》云二十三年，《御覽》引《帝王世紀》以帝乙爲三十七年，帝紂爲三十三年，《皇極經世》、《通鑑外記》所記帝乙帝紂年數，悉與《帝王世紀》同，校理諸書，是自祖庚以迄帝紂，於晉宋異説，及今本《紀年》，在此八王之中，享國十年以上者，並有五帝，律以周公之説，乖越迥遼，要皆荒誕妄言，無一可信。而今本《紀年》於祖庚以後年歷彌長，且逾祖甲者，復有武乙與帝辛二代，其爲誕妄，益有甚焉。後之解經證史者，顧紛紛資以立説編年，冀以辨析然疑，彌縫闕典，異論滋多，適見徒涴汙簡墨，若斯之比，胥不足議也。

七、《紀年》云：帝辛五十一年冬十一月戊子周師渡盟津而還。

雷學淇曰：此武王即侯位之十年也，是年仲冬癸酉朔，戊子者，十六日也。

璵案：《尚書序》云："惟十有一年武王伐殷，一月戊午師渡孟津。"《史記·周本紀》云："武王即位九年，東觀兵于盟津，十一年十二月戊午師畢渡盟津。"《書序》所謂"一月戊午"者，乃據周正而言，《史記》所謂"十二月戊午"者，乃據殷正而言，周之一月，即殷之十二月，以其建正互殊，故其名偁亦異，范本《紀年》云："冬十一月戊子周師渡孟津而還"，其月日與《書序》、《史記》迥異者，乃掩襲《漢書·律曆志》所載劉歆之說，而又大悖劉歆原旨。考《漢書·律曆志》載劉歆《曆譜》云："文王受命，九年而崩，再期在大祥而伐紂，故《書序》曰：惟十有一年，武王伐紂，師初發以殷十一月戊子，後三日得周正月辛卯朔，丙午還師，戊午渡于孟津"，據此是劉歆以周師渡孟津，亦爲周正月戊午日與《書序》、《史記》無殊，范欽乃掇錄其上文之"十一月戊子"及下文之"渡于孟津"，施以斬截而連貫成文，故爾詭戾舊說，成此謬妄也。且武王伐紂之歲，據劉歆之說爲西元前1122年己卯歲，雖其立說多尤，未足據信，然以《三統曆》覈之，尚能筌緒月日，蠱惑愚蒙。若以范本《紀年》所記歷朝年數考之，則其所次周師渡孟津之時，乃當西元前1052年己丑歲，於劉歆《曆譜》爲魯煬公七年，於《皇極經世》及《通鑑外紀》爲周昭王元年，茲取《黃帝》、《殷》、《周》、《魯》、《三統》、《四分》、《大衍》諸曆步算是年氣朔，表具左方。

今本《紀年》殷帝辛五十一年歲次己丑（西元前1052年）諸曆氣朔表

《黃帝曆》入辛酉蔀庚申章十三年			
積月八六五 朔積日二五五四四 氣積日二五五六七		閏餘一五 小餘一七五 小餘一六	
正月小乙巳朔	大雪初九		冬至廿四
二月大甲戌朔	小寒初十		大寒廿五
三月小甲辰朔	立春十一		雨水廿六
四月大癸酉朔	驚蟄十二		春分廿七
五月小癸卯朔	清明十三		穀雨廿八
六月大壬申朔	立夏十四		小滿廿九
閏月小壬寅朔	芒種十四		
七月大辛未朔	夏至初一		小暑十六
八月小辛丑朔	大暑初一		立秋十六
九月大庚午朔	處暑初三		白露十八

十月大庚子朔	秋分初三		寒露十八
十一月小庚午朔	霜降初三		立冬十九
十二月大己亥朔	小雪初五		大雪廿十
《殷曆》入戊午府丁巳章二年			
積月七二九		閏餘一四	
朔積日二一五二七		小餘九三一	
氣積日一二五四九		小餘二四	
正月大乙巳朔	大雪初八		冬至廿三
二月大乙亥朔	小寒初八		大寒廿四
三月小乙巳朔	立春初九		雨水廿四
四月大甲戌朔	驚蟄初十		春分廿六
五月小甲辰朔	清明十一		穀雨廿六
六月大癸酉朔	立夏十二		小滿廿七
七月小癸卯朔	芒種十三		夏至廿八
八月大壬申朔	小暑十四		大暑廿九
閏月小壬寅朔	立秋十五		
九月大辛未朔	處暑初一		白露十六
十月小辛丑朔	秋分初一		寒露十六
十一月大庚午朔	霜降初三		立冬十八
十二月小庚子朔	小雪初三		大雪十八
《周曆》入丁酉都丙辰章二年			
積月四九四		閏餘一四	
朔積日一四五八八		小餘二二六	
氣積日一四六一〇		小餘〇	
正月小乙巳朔	大雪初七		冬至廿三
二月大甲戌朔	小寒初九		大寒廿四
三月小甲辰朔	立春初九		雨水廿四
四月犬癸酉朔	驚蟄十一		春分廿六
五月小癸卯朔	清明十一		穀雨廿六
六月大壬申朔	立夏十二		小滿廿八
七月小壬寅朔	芒種十三		夏至廿八
八月大辛未朔	小暑十四		大暑三十
九月大辛丑朔	立秋十五		處暑三十
閏月小辛未朔	白露十五		
十月大庚子朔	秋分初一		寒露十七
十一月小庚午朔	霜降初二		立冬十七
十二月大己亥朔	小雪初三		大雪十九
《魯曆》入甲午蔀癸酉章十年			
積月三五八		閏餘二二	

481

		小餘四二	
朔積日一〇五七二		小餘八	
氣積日一〇五九二			
正月小丙午朔	大雪初六		冬至廿一
二月大乙亥朔	小寒初七		大寒廿二
三月小乙巳朔	立春初七		雨水廿三
四月大甲戌朔	驚蟄初九		春分廿四
五月小甲辰朔	清明初九		穀雨廿五
六月大癸酉朔	立夏十一		小滿廿六
七月小癸卯朔	芒種十一		夏至廿六
八月大壬申朔	小暑十三		大暑廿八
九月小壬寅朔	立秋十三		處暑廿八
十月大辛未朔	白露十四		秋分三十
閏月小辛丑朔	寒露十五		
十一朋大庚午朔	霜降初一		立冬十六
十二月小庚子朔	小雪初二		大雪十七
《三統曆》入甲申統丙辰章二年			
		閏餘一四	
積月七三〇九		小餘七	
朔積日一二五八四一		小餘一三〇二	
氣積日一二五八六二			
正月小乙巳朔	大雪初七		冬至廿二
二月大甲戌朔	小寒初九		大寒廿四
三月小甲辰朔	立春初九		驚蟄廿四
四月大癸酉朔	雨水初十		春分廿六
五月小癸卯朔	穀雨十一		清明廿六
六月犬壬申朔	立夏十二		小滿廿八
七月小壬寅朔	芒種十三		夏至廿八
八月大辛未朔	小暑十四		大暑廿九
閏月小辛丑朔	立秋十五		
九月大庚午朔	處暑初一		白露十六
十月小庚子朔	秋分初一		寒露十七
十一月大己巳朔	霜降初三		立冬十八
十二月小己亥朔	小雪初三		大雪十八
《四分曆》八丙子蔀乙卯章二年			
		閏餘一四	
積月二五九		小餘四六一	
朔積日七六四八		小餘八	
氣積日七六七〇			
正月大甲辰朔	大雪初八		冬至廿三
二月小甲戌朔	小寒初八		大寒廿三
三月大癸卯朔	立春初九		雨水廿五

续表

四月小癸酉朔	驚蟄初十		春分廿五
五月大壬寅朔	清朗十一		穀雨廿七
六月小壬申朔	立夏十二		小滿廿七
七月大辛丑朔	芒種十三		夏至廿八
八月小辛未朔	小暑十四		大暑廿九
九月大庚子朔	立秋十五		處暑三十
閏月小庚午朔	白露十五		
十月大己亥朔	秋分初二		寒露十七
十一月小己巳朔	霜降初二		立冬十七
十二月大戊戌朔	小雪初四		大雪十九
《大衍曆》積年九六九五九九六五			
朔積日三五四一四〇八四九八三		小餘二九五一	
氣積日三五四一四〇八五〇〇五		小餘二七九五	
正月丁未朔	大雪初八		冬至廿三
二月丁丑朔	小寒初九		大寒廿四
三月丁未朔	立春初九		雨水廿四
四月丙子朔	驚蟄十一		春分廿六
五月丙午朔	清明十一		穀雨廿六
六月乙亥朔	立夏十二		小滿廿七
七月乙巳朔	芒種十三		夏至廿八
八月甲戌朔	小暑十四		大暑廿九
閏月甲辰朔	立秋十五		
九月癸酉朔	處暑初一		白露十六
十月癸卯朔	秋分初一		寒露十七
十一月壬申朔	霜降初三		立冬十八
十二月壬寅朔	小雪初三		大雪十八

據右表觀之,則知范本《紀年》所述帝辛五十一年己丑歲,其殷正十一月即周正十二月,於《黃帝曆》《周曆》《三統曆》爲己亥朔,於《分曆》《魯曆》爲庚子朔,於東漢《四分曆》爲戊戌朔,於唐《大衍曆》爲壬寅朔,並無戊子日,是可證范欽惟篡取舊文,妄列年次,而未知其月日謬牾舊說也。通考古今諸曆,自魏《景初曆》,以至清《時憲曆》,其月朔大率與《大衍曆》相近,檢《大衍曆》,是年殷正十一月爲壬寅朔,與戊子日相距復遥,則知西元前1052年殷正十一月無戊子日,古今諸曆並無異軌。雷學淇乃曰:"是年仲冬癸酉朔,戊子者十六日",苟如其說,則是大悖古今,創法魁殊矣。假令雷氏所言:"仲冬癸酉朔",乃據周正或夏正而言,則又乖於《漢志》所謂:"殷十一月戊子"之文矣。審此知雷氏所言月日,進退失據,乃欲校其月日以證僞書之可信,是亦徒肆妄言,以釣虛聲也。

八、《紀年》云：帝辛五十二年庚寅周始伐殷，秋周師次于鮮原，冬十有二月，周師有事于上帝，庸、蜀、羌、髳、微、盧、彭、濮，從周師伐殷。

雷學淇曰：《長曆》是年十月丁酉朔，十一月丁卯朔，十二月丙申朔，冬至在十一月十八日甲申女二度，蓋王自七月次于鮮原，至十月十二日戊申始發師，又勒兵境上以待諸侯，故《國語》曰："日在析木之津，辰在斗柄"，戊申之日，日躔箕斗之間，丁卯合朔，日月會于斗之十九度也。迨十有一月諸侯畢至，甲申冬至，王乃有事上帝，次日乙酉進師，故至十二月二十三日戊午，始渡孟津，《書序》曰："惟十有一年武王伐殷，一月戊午師渡孟津，作《大誓》三篇"，即謂此。是日下距十二年正月丙寅朔凡九日，故《國語》曰："月在天駟"，天駟者，房也。丙寅合朔在營室六度，故戊午之夕月在房，《書序》言一月者，殷以十二月為歲首，故變文謂之一月，所以明商正也，至二十八日癸亥之夕，遂至牧野，《國語》曰："王以二月癸亥夜陳未畢而雨"，次日甲子，王誓眾，故《牧誓》曰："時甲子昧爽，王朝至于商郊牧野乃誓"，是月在夏正為武王十一年之十二月，故《書序》、《史記》皆云十一年，在商正為武王十二年歲首之月，故《書序》曰："一月戊午"，在周正為武王十二年歲首之第二月，故《呂覽·首時篇》繫之十二年，而《國語》、《史記》又謂之二月也。其說雖殊，而實皆此季冬之月，是月在商周二正皆屬十二年，故《國語》曰："歲在鶉火"，據《紀年》、《長曆》武乙元年為超辰之限、自後歲星皆寅年在未，卯年在午，午者，鶉火之次，故《國語》云然，然則《竹書》所紀，可謂古之信史矣。

璟案：《新唐書·曆志》載《大衍·日度議》云："《竹書》十一年庚寅周始伐商"，其所謂"十一年庚寅"，乃謂周武王嗣位之十一年歲次庚寅，偽本《紀年》於帝辛四十二年注曰："周武王元年"，於帝辛五十二年記曰："庚寅周始伐殷"，據此，是偽本《紀年》之帝辛五十二年即武王十一年，此可證其記武王伐殷之歲，即為掇錄《大衍曆議》所引《竹書》，惟以校之舊說，年次大異，核之傳記，月日多乖也。劉歆《三統曆譜》云："三統上元至伐紂之歲，十四萬二千一百九歲，歲在鶉火，張十三度，故《傳》曰歲在鶉火，師初發以殷十一月戊子，日在析木箕七度，故傳曰日在析木，是夕月在房五度，房為天駟，故傳曰月在天駟，後三日得周正月辛卯朔，合辰在斗前一度，斗柄也，故傳曰辰在斗柄，明日壬辰晨星始見，至于婺女天黿之首，故傳曰星在天黿"，以其說考之，則劉歆所次伐紂之時，乃西元前 1122 年己卯歲。以《大衍曆議》考之，則一行所次周始伐商之時，乃西元前 1111 年庚寅歲。而以偽本《紀年》所繫年數考之，其所云"周始伐殷"之時，乃西元前 1051 年庚寅歲，後於《三統曆譜》七十一年，後於《大衍曆議》六〇年，此所謂校之舊說年次大異也。檢先秦載籍，記武王伐紂，而有月日可考，見於《逸周書·世俘篇》者,則有一月丙午、丁未、二月甲子、丁卯、戊辰、壬申、辛巳、甲申及四月乙未。見於《漢書·律曆志》所引《武成篇》者,則有三月甲子。而以古曆上考西元前 1051 年,即僞本《紀年》所次伐殷之歲,其周正月於《黄帝》、《殷》、《周》、《魯曆》並爲己巳朔,於《三統曆》、《四分曆》並爲戊辰朔,於《大衍曆》爲辛未朔,皆無丙午、丁未日,其周正二月於《黄帝》、《殷》、《周》、《三統曆》並爲戊戌朔,皆無戊辰、壬申、辛巳、甲申四日,於《四分曆》無丁卯、戊辰、壬申、辛巳、甲申五日,於《大衍曆》無壬申、辛巳、甲申三日。若夫周正三月而無甲子日,周正四月而無乙未日,乃諸曆所同,此所謂覂之傳記月日多乖也。兹取諸曆氣朔,表具左方,俾資考索。

今本《紀年》殷帝辛五十二年歲次庚寅(西元前 1051)諸曆氣朔表

《黄帝曆》入辛酉蔀庚申章十四年			
積月八七八		閏餘三	
朔積日二五九二八		小餘八二	
氣積日二五九三二		小餘二四	
正月小己巳朔	冬至初五		小寒二十
二月大戊戌朔	大寒初七		立春廿二
三月小戊辰朔	雨水初七		驚蟄廿二
四月大丁酉朔	春分初九		清明廿四
五月小丁卯朔	穀雨初九		立夏廿四
六月大丙申朔	小滿初十		芒種廿六
七月小丙寅朔	夏至十一		小暑廿六
八月大乙未朔	大暑十二		立秋廿八
九月小乙丑朔	處暑十三		白露廿八
十月大甲午朔	秋分十四		寒露廿九
十一月小甲子朔	霜降十五		
十二月大癸巳朔	立冬初一		小雪十六
《殷曆》入戊午府丁巳章三年			
積月七四二		閏餘二	
朔積日一二九一一		小餘八三八	
氣積日二一九一五		小餘〇	
正月小己巳朔	冬至初五		小寒二十
二月大戊戌朔	大寒初五		立春二十
三月小戊辰朔	雨水初六		驚蟄廿二
四月大丁酉朔	春分初七		清明廿二
五月小丁卯朔	穀雨初七		立夏廿二
六月大丙申朔	小滿初九		芒種廿四
七月小丙寅朔	夏至初九		小暑廿四
八月大乙未朔	大暑十一		立秋廿六
九月小乙丑朔	處暑十一		白露廿六

十月大甲午朔	秋分十二		寒露廿八
十一月小甲子朔	霜降十三		立冬廿八
十二月大癸巳朔	小雪十四		大雪三十
《周曆》入甲午蔀丙辰章三年			
積月五〇七		閏餘二	
朔積日一四九七二		小餘二二三	
氣積日一四九七五		小餘八	
正月小己巳朔	冬至初四		小寒十九
二月太戊戌朔	大寒初五		立春二十
三月小戊辰朔	雨水初六		驚蟄廿一
四月大丁酉朔	春分初七		清明廿二
五月小丁卯朔	穀雨初八		立夏廿三
六月大丙申朔	小滿初九		芒種廿四
七月小丙寅朔	夏至初九		小暑廿五
八月大乙未朔	大暑十一		立秋廿六
九月小乙丑朔	處暑十一		白露廿六
十月大甲午朔	秋分十三		寒露廿八
十一月小甲子朔	霜降十三		立冬廿八
十二月大癸巳朔	小雪十五		大雪三十
《魯曆》入甲午蔀癸酉章十一年			
積月三七一		閏餘一	
朔積日一〇九五五		小餘八八九	
氣積日一〇九五七		小餘一六	
正月大己巳朔	冬至初三		小寒十八
二月大己亥朔	大寒初三		立春十九
三月小己巳朔	雨水初四		驚蟄十九
四月大戊戌朔	春分初五		清明廿一
五月小戊辰朔	穀雨初六		夏至廿一
六月大丁酉朔	小滿初七		芒種廿二
七月小丁卯朔	夏至初八		小暑廿三
八月大丙申朔	大暑初九		立秋廿四
九月小丙寅朔	處暑初十		白露廿五
十月大乙未朔	秋分十一		寒露廿六
十一月小乙丑朔	霜降十一		立冬廿七
十二月大甲午朔	小雪十三		大雪廿八
《三統曆》入甲申統丙辰章三年			
積月七三二二		閏餘二	
朔積日二一六二二四		小餘八〇	
氣積日二一六二二八		小餘一四八	

续表

正月大戊辰朔	冬至初五		小寒二十
二月大戊戌朔	大寒初五		立春二十
三月小戊辰朔	驚蟄初五		雨水廿一
四月大丁酉朔	春分初七		穀雨廿二
五月小丁卯朔	清明初七		立夏廿三
六月大丙申朔	小滿初九		芒種廿四
七月小丙寅朔	夏至初九		小暑廿五
八月大乙未朔	大暑十一		立秋廿六
九月小乙丑朔	處暑十一		白露廿七
十月大甲午朔	秋分十三		寒露廿八
十一月小甲子朔	霜降十三		立冬廿八
十二月大癸巳朔	小雪十五		
《四分曆》入丙子離乙卯章三年			
積月二七二 　朔積日八〇三二 　氣積日八〇三五		閏餘二 小餘三六八 小餘二六	
正月小戊辰朔	冬至初四		小寒十九
二月大丁酉朔	大寒初五		立春廿一
三月小丁卯朔	雨水初六		驚蟄廿一
四月大丙申朔	春分初七		清明廿三
五月大丙寅朔	穀雨初八		夏至廿三
六月小丙申朔	小滿初八		芒種廿三
七月大乙丑朔	夏至初十		小暑廿五
八月小乙未朔	大暑初十		立秋廿五
九月大甲子朔	處暑十二		白露廿七
十月小甲午朔	秋分十二		寒露廿七
十一月大癸亥朔	霜降十三		立冬廿九
十二月小癸巳朔	小雪十四		大雪廿九
《大衍曆》積年九六九五九九六六			
朔積日三五四一四〇八五三六七 　氣積日三五四一四〇八五三七一		小餘二六四〇 小餘四九八	
正月辛未朔	冬至初五		小寒二十
二月辛丑朔	大寒初五		立春二十
三月庚午朔	雨水初七		驚蟄廿二
四月庚子朔	春分初七		清明廿二
五月己巳朔	穀雨初八		立夏廿四
六月己亥朔	小滿初九		芒種廿四
七月己巳朔	夏至初九		小暑廿五
八月戊戌朔	大暑十一		立秋廿六

续表

九月戊辰朔	處暑十一		白露廿六
十月丁酉朔	秋分十三		寒露廿八
十一月丁卯朔	霜降十三		立冬廿八
十二月丙申朔	小雪十四		大雪三十

抑有進者,《大衍曆議》云:"武王十年夏正十月戊子周師始起",其下文曰:"二月戊子朔王自克商還至于酆,於周爲四月",是其意乃以周師首途伐殷爲武王十年己丑,而以周師克捷爲武王十一年庚寅,僞本《紀年》既掩襲其武王十一年伐商之説,而又以克殷繫之次年辛卯,蓋以未能諦審《大衍曆議》原文,故爾剿襲舊文,又復別成新謬也。且夫《大衍曆議》所引《竹書》,其以庚寅紀歲,乃爲一行坿益,決非汲冢原文(説見前),是猶《大衍曆議》上考《胤征》日食所云:"仲康五年九月庚戌朔",亦爲一行坿益,而非東晉時僞《古文》之原文也。然則范欽掇拾《大衍曆議》所引《竹書》,非唯年次乖剌一行原旨,即其曲合庚寅者,亦唯詭隨一行羼亂,其不足據信,較之《大衍曆議》,益有甚焉。通檢古曆,其據歲星紀歲,而有超辰之法者,創自劉歆《三統曆譜》。兹據其説考之,是年癸未歲在鶉火,次年甲申歲在鶉尾,《三統曆》之甲申即黃帝、殷、魯諸曆之辛卯,亦即僞本《紀年》所次之武王十二年也。其前此超辰之歲乃西元前 1103 年超庚寅入辛卯,其時即僞本《紀年》所列之帝乙九年,亦即《黃帝》、《殷》、《魯》諸曆之戊戌歲也。雷學淇未知《三統曆》紀歲之法,乃以僞本《紀年》之武王十二年,即《國語》所謂歲在鶉火,是誤以鶉尾爲鶉火矣。雷氏又曰:"據《紀年》、《長曆》武乙元年爲超辰之限",考僞本《紀年》所繫武乙元年,當於西元前 1159 年壬寅歲,亦即《三統曆》之甲午歲,下距帝乙九年超辰之限,凡五十六年,上距西元前 1247 年超辰之限,凡八十八年,乃謂"武乙元年爲超辰之限",則其上下相距皆有數十年之差矣。夫三統超辰之術,明顯易知,而其所言乖越若此,則其所資以考月日而無法數可稽之《長曆》,其爲謬戾當更甚之,乃欲持此以證僞書之可信,固無一不見其愚妄也。

九、《紀年》云:周武王十二年辛卯王率諸侯伐殷,敗之于坶野,王親禽受于南單之臺,遂分天之明,立受子禄父是爲武庚。夏四月王歸于豐,饗于太廟。

雷學淇曰:夏四月者,孟夏之月也,據《長曆》是年正月丙寅朔,二月丙申朔,三月乙丑朔,四月乙未朔,《周書·世俘》曰:"惟四月乙未日武王成辟四方",此謂四方諸侯知王將歸,皆于四月之朔日會于鎬京而朝見之也。又曰:"庚戌武王朝,至燎于周廟,越翼日,辛亥,祀于天位",此謂王以十六日饗廟,十七日祀天也,其説與《紀年》、《長曆》符合。庚戌上"既旁生魄越六日"七字,皆劉歆所改竄陰以證其曆説者,故孔晁作注據《長曆》糾正之,謂此于甲乙十六日也,則既旁生魄七字,非《周書》本文可知。

璵案:雷學淇謂《逸周書·世俘》篇所記"既旁生魄"爲劉歆所改竄,雖其《義證》未詳,然考月相古名之見於彝器者,僅有初吉、既望、既生霸、既死霸四名,其見於今文《尚書》之《康誥》與《顧命》者,僅有"哉生魄"一名,若夫"旁生霸"、"旁死霸"與"既旁生霸"三名,於彝器及今文《尚書》,顧無一見,唯見於《逸周書·世俘篇》,及劉歆《三統曆譜》所引《尚書·武成篇》。通考古訓,死霸乃月光虧損之謂,生霸乃月光浸生之時,惟劉歆始謬其義,而謂死霸爲朔,生霸爲望(見王國維"四分一月"説與魯先生《四分一月説辨正商榷》),夫言月光之初生與已生,故有"哉生魄"、"既生霸"之名,言月光之虧損,故有"既死霸"一名,"既生霸"與"既死霸",非囿於一日之名,則亦不宜有"旁生霸"、"旁死霸"與"既旁生霸"之名也。是則雷氏謂《逸周書》之"既旁生魄"爲劉歆所改竄,其説近是。惟雷氏據其臆定之《長曆》以考《逸周書》月日,而謂"其説與《紀年》長曆並合",則説有未然。案偽本《紀年》所次周武王十二年當於西元前1050年,兹取古曆氣朔表具左方。

今本《紀年》周武王十二年歲次辛卯(西元前1050年)諸曆氣朔表

《黃帝曆》入辛酉蔀庚申章十五年			
積月八九〇 朔積日二六二八二 氣積日二六二九八		閏餘一〇 小餘四三〇 小餘〇	
正月小癸亥朔	大雪初一		冬至十七
二月大壬辰朔	小寒初三		大寒十八
三月大壬戌朔	立春初三		雨水十八
四月小壬辰朔	驚蟄初四		春分十九
五月大辛酉朔	清明初五		穀雨二十
六月小辛卯朔	立夏初五		小滿廿一
七月大庚申朔	芒種初七		夏至廿二
八月小庚寅朔	小暑初七		大暑廿三
九月大己未朔	立秋初九		處暑廿四
十月小己丑朔	白露初九		秋分廿四
十一月大戊午朔	寒露十一		霜降廿六
十二月小戊子朔	立冬十一		小雪廿六
《殷曆》入戊午蔀丁巳章四年			
積月三八三		閏餘九	

朔積日二二二六六		小餘二四六	
氣積日二二二八○		小餘八	
正月小甲子朔	冬至十五		
二月大癸巳朔	小寒初一		大寒十六
三月小癸亥朔	立春初一		雨水十七
四月大壬辰朔	驚蟄初三		春分十八
五月小壬戌朔	清明初三		穀雨十九
六月大辛卯朔	立夏初五		小滿二十
七月小辛酉朔	芒種初五		夏至二十
八月大庚寅朔	小暑初七		大暑廿二
九月大庚申朔	立秋初七		處暑廿二
十月小庚寅朔	白露初七		秋分廿三
十一月大己未朔	寒露初九		霜降廿四
十二月小己丑朔	立冬初九		小雪廿五
《周曆》入丁酉蔀丙辰章四年			
積月五一九		閏餘九	
朔積日一五三二六		小餘四八一	
氣積日一五三四○		小餘二八	
正月大癸亥朔	冬至十五		小寒三十
二月小癸巳朔	大寒十五		
三月大壬戌朔	立春初二		雨水十七
四月小壬辰朔	驚蟄初二		春分十七
五月大辛酉朔	清明初四		穀雨十九
六月小辛卯朔	立夏初四		小滿十九
七月大庚申朔	芒種初五		夏至廿一
八月小庚寅朔	小暑初六		大暑廿一
九月大己未朔	立秋初七		處暑廿三
十月小己丑朔	白露初八		秋分廿三
十一月大戊午朔	寒露初九		霜降廿四
十二月小戊子朔	立冬初十		小雪廿五
《魯曆》入甲午蔀癸酉章十二年			
積月三八三		閏餘八	
朔積日一二一二○		小餘二九七	
氣積日一一三二二		小餘二四	
正月小甲子朔	冬至十三		小寒廿八
二月大癸巳朔	大寒十五		立春三十
三月小癸亥朔	雨水十五		
四月大壬辰朔	驚蟄初一		春分十七
五月小壬戌朔	清明初二		穀雨十七

续表

六月大辛卯朔	立夏初三		小滿十八
七月大辛酉朔	芒種初四		夏至十九
八月小辛卯朔	小暑初四		大暑十九
九月大庚申朔	立秋初六		處暑廿一
十月小庚寅朔	白露初六		秋分廿一
十一月大己未朔	寒露初七		霜降廿三
十二月小己丑朔	立冬初八		小雪廿三
《三統曆》入甲申統丙辰章四年			
積月七三三四		閏餘九	
朔積日一二六五七九		小餘二九	
氣積日二一六五九三		小餘五三三	
正月小癸亥朔	冬至十五		
二月大壬辰朔	小寒初一		大寒十六
三月小壬戌朔	立春初二		驚蟄十七
四月大辛卯朔	雨水初三		春分十八
五月大辛酉朔	穀雨初三		清明十九
六月小辛卯朔	立夏初四		小滿十九
七月大庚申朔	芒種初五		夏至二十
八月小庚寅朔	小暑初六		大暑廿一
九月大己未朔	立秋初七		處暑廿二
十月小己丑朔	白露初八		秋分廿三
十一月大戊午朔	寒露初九		霜降廿四
十二月小戊子朔	立冬初九		小雪廿五
《四分曆》入丙子蔀乙卯章四年			
積月二八四朔		閏餘九	
積日八三八六		小餘七一六	
氣積日八四〇〇		小餘二四	
正月大壬戌朔	冬至十五		小寒三十
二月小壬辰朔	大寒十六		
三月大辛酉朔	立春初二		雨水十七
四月小辛卯朔	驚蟄初二		春分十八
五月大庚申朔	清明初四		穀雨十九
六月小庚寅朔	立夏初四		小滿十九
七月大己未朔	芒種初六		夏至廿一
八月大己丑朔	小暑初六		大暑廿一
九月小己未朔	立秋初七		處暑廿二
十月大戊子朔	白露初八		秋分廿三
十一月小戊午朔	寒露初八		霜降廿四
十二月大丁亥朔	立冬初十		小雪廿五

《大衍曆》積年九六九五九九六七			
朔積日三五四一四〇八五七二二 氣積日三五四一四〇八五七三六		小餘七一六 小餘一二四一	
正月丙寅朔	冬至十五		
二月乙未朔	小寒初一		太寒十六
三月乙丑朔	立春初二		雨水十七
四月甲午朔	驚蟄初三		春分十八
五月甲子朔	清明初三		穀雨十九
六月癸巳朔	立夏初五		小滿二十
七月癸亥朔	芒種初五		夏至廿一
八月壬辰朔	小暑初七		大暑廿二
九月壬戌朔	立秋初七		處暑廿二
十月壬辰朔	白露初八		秋分廿三
十一月辛酉朔	寒露初九		霜降廿四
十二月辛卯朔	立冬初九		小雪廿五

檢《逸周書·世俘篇》載武王克殷之歲,所記月日於一月有丙午、丁未,於二月有甲子、丁卯、戊辰、壬申、辛巳、甲申,而以上表觀之,則西元前1050年即僞本《紀年》所次克殷之歲,其周正正月於《黃帝曆》、《周曆》、《三統曆》爲癸亥朔,於《殷曆》、《魯曆》爲甲子朔,東漢《四分曆》爲壬戌朔,唐《大衍曆》爲丙寅朔,並無丙午、丁未日。其周正二月於《黃帝曆》、《三統曆》、《四分曆》爲壬辰朔,於《殷曆》、《周曆》、《魯曆》爲癸巳朔,並無甲子、丁卯、戊辰、壬申、辛巳、甲申六日。於《大衍曆》爲乙未朔,亦無丁卯、戊辰、壬申、辛巳、甲申五日。惟以諸曆校《逸周書》所記四月諸日,尚無差舛。然則據僞本《紀年》所次克殷之歲,而推校《逸周書》月日,僅爲偶合一端,而詭戾兩月。雷氏乃謂《逸周書》之紀事與《紀年》、《長曆》符合,是亦誇誣之妄言也。

十、《紀年》云:成王元年丁酉春正月庚午周公誥諸侯于皇門。

雷學淇曰:據《長曆》成王元年正月己巳朔,庚午者,月之二日也,《三統曆》與此亦同。

瑑案:《逸周書·皇門》篇云:"惟正月庚午,周公格于左閎門會羣臣",《紀年》所云"周公誥諸侯于皇門"者,即范欽據《逸周書》而纂錄,惟《逸周書》僅有月日而無年次,僞本《紀年》以之繫于成王元年,則爲范欽所臆定也。以僞本《紀年》所繫年次考之,其成王元年當於西元前1044年丁酉歲,亦即《皇極經世》、《通鑑外紀》之昭王九年,是歲《黃帝曆》入庚子蔀二年,積日七〇八,小餘六九六,周正月戊子朔,夏正月丁亥朔,《殷曆》入戊午府丁巳章一〇年,積日二四四五一,小餘五一二,周正月己丑朔,夏正月戊子朔,《周曆》入丁酉蔀丙辰章一〇年,積日一七五一一,小餘七四七,周正月戊子朔,夏正月丁亥朔,《魯曆》入甲午蔀癸酉章十八年,積日一三四九五,小餘五六三,周正月己丑朔,夏正月戊子朔,《三統曆》入甲申統丙辰章一〇年;積日二一八七六四,小餘五二,周正月戊子朔,夏正月丁亥朔,東漢《四分曆》入丙子蔀乙卯章一〇年,積日一〇五七二,小餘四二,周正月戊子朔,夏正月丁亥朔,唐《大衍曆》積年九六九五九九七三,積日三五四一四〇八七九〇七,小餘一五一八,周正月辛卯朔,夏正月庚寅朔。凡此諸曆,其周正月及夏正月並無庚午日,雷學淇乃謂:"成王元年正月己巳朔,庚午者月之二日",其説復異諸曆,而又不載法數,其爲虛詞詭説,斷然可知。案劉歆《三統曆譜》云:"成王元年正月己巳朔",以劉歆所次前後年數考之,其所謂成王元年,乃西元前 1108 年癸巳歲,亦即《三統曆》之乙酉歲,是歲《三統曆》入甲申統丁巳章三年,積日一九五四〇五,小餘五九,周正月己巳朔,故劉歆云然。若僞本《紀年》所次之成王元年,乃劉歆所次之魯煬公十五年,實後於劉歆所次成王元年凡六十四歲。雷學淇未能實考《三統曆譜》所謂成王元年與僞本《紀年》不合,徒據正月己巳朔之文,而曰:"《三統曆》與此亦同",妄説繆稱,以至如此,乃欲據曆術以言僞書之可信,多見其不知量者矣。

十一、《紀年》云:成王七年周公復政于王。春二月王如豐。三月召康公如洛度邑。甲子周文公誥多士于成周,遂城東都。王如東都,諸侯來朝。冬王歸自東都。

琥案:是年紀事乃范摭録《尚書·召誥》《洛誥》而成,《洛誥》云:"惟周公誕保文武受命惟七年"者,義謂周公留雒在成王七年也。是則僞本《紀年》采擷《召誥》、《洛誥》而列於成王七年,尚符古義。惟《洛誥》云:"周公曰朕復子明辟"者,王國維説之曰:"復,白也,復子明辟,猶立政言告孺子王,時成王繼周公相宅至於雒,故周公白之。惟周公誕保文武受命惟七年者,上紀事,下紀年,猶斜尊云:惟王來正人方,惟王廿有五祀矣。自後人不知誕保文武受命指留雒監東土之事,又不知此經紀事紀年各爲一句,遂生周公攝政七年之説"(見《觀堂集林·洛誥解》)。覈以全篇文義,其説最允。然則,《禮記·明堂位》所謂:"周公踐天子之位,七年致政於成王",以及《逸周書·明堂篇》、《韓非子·難二篇》、《尚書·大傳》、《淮南子·齊俗篇》、《史記·周本紀》與《禮記》相同之説,胥爲誤解《洛誥》文義。僞本《紀年》所云:"成王七年周公復政于王"

者,亦爲承襲《禮記》以次之謬解,皆非其實也。僞本《紀年》以《召誥》、《洛誥》繫之成王七年,雖愍訾議,然以所列歷朝年數考之,則其所謂成王七年,當於西元前 1038 年癸卯歲,而以歷術推校是年月日,核以《召誥》,大相乖刺。茲取諸歷氣朔,表具左方。

今本《紀年》周成王七年歲次癸卯(西元前 1038 年)諸歷氣朔表

《黃帝曆》入庚子蔀庚子章八年			
積月九八 朔積日二八九四氣 積日二九二二		閏餘一八 小餘二二 小餘〇	
正月小甲寅朔	大雪十三		冬至廿九
二月大癸未朔	小寒十五		大寒三十
閏月小癸丑朔	立春十五		
三月大壬午朔	雨水初一		驚蟄十七
四月小壬子朔	春分初二		清明十七
五月大辛巳朔	穀雨初三		立夏十八
六月小辛亥朔	小滿初四		芒種十九
七月大庚辰朔	夏至初五		小暑二十
八月小庚戌朔	夫暑初六		立秋廿一
九月大己卯朔	處暑初七		白露廿二
十月小己酉朔	秋分初七		寒露廿三
十一月大戊寅朔	霜降初九		立冬廿四
十二月小戊申朔	小雪初九		大雪廿五
《殷曆》入戊午府丁巳章十六年			
積月九〇二朔 積日二六六三六 氣積日二六六六三		閏餘一七 小餘七七八 小餘八	
正月大甲寅朔	大雪土三		冬至廿八
二月小甲申朔	小寒十三		大寒廿八
三月大癸丑朔	立春十四		雨水三十
閏月小癸未朔	驚蟄十五		
四月大壬子朔	春分初一		清明十六
五月大壬午朔	穀雨初二		立夏十七
六月小壬子朔	小滿初二		芒種十七
七月大辛巳朔	夏至初三		小暑十九
八月小辛亥朔	大暑初四		立秋十九
九月大庚辰朔	處暑初五		白露二十
十月小庚戌朔	秋分初六		寒露廿一
十一月大己卯朔	霜降初七		立冬廿二

续表

十二月小巳酉朔	小雪初八		大雪廿三
《周曆》入丁酉都丙辰章十六年			
積月六六七朔		閏餘一七	
積日一九六九七		小餘七三	
氣積日一九七二三		小餘一六	
正月小甲寅朔	大雪十二		冬至廿七
二月大癸未朔	小寒十三		大寒廿八
三月小癸丑朔	立春十四		雨水廿九
四月大壬午朔	驚蟄十五		春分三十
閏月小壬子朔	清明十六		
五月大辛巳朔	穀雨初二		立夏十七
六月小辛亥𩏂	小滿初二		芒種十七
七月大庚辰朔	夏至初四		小暑十九
八月小庚戌朔	大暑初四		立秋十九
九月大己卯朔	處暑初六		白露廿一
十月小己酉朔	秋分初六		寒露廿一
十一月大戊寅朔	霜降初七		立冬廿三
十二月小戊申朔			大雪廿三
《魯曆》入甲午蔀癸丑章五年			
積月五三一		閏餘一六	
朔積日一五六八〇		小餘八二九	
氣積日一五七〇五	小雪初八	小餘二四	
正月大甲寅朔	大雪十一		冬至廿六
二月小甲申朔	小寒十一		大寒廿七
三月太癸丑朔	立春十三		雨水廿八
四月大癸未朔	驚蟄十三		春分廿九
五月小癸丑朔	清明十四		穀雨廿九
六月大午朔	立夏十五		小滿三十
閏月小壬子朔	芒種十六		
七月大辛巳朔	夏至初二		小暑十七
八月小辛亥朔	大暑初二		立秋十八
九月大庚辰朔	處暑初四		白露十九
十月小庚戌朔	秋分初四		寒露十九
十一月大己卯朔	霜降初六		立冬廿一
十二月小己酉朔	小雪初六		大雪廿一
《三統曆》入甲申統丙辰章十六年			
積月七四八二朔		閏餘一七	
積日二二〇九四九		小餘七五	
氣積日二二〇九七六		小餘五三六	

正月大癸丑朔	大雪十三		冬至廿八
二月小癸未朔	小寒十三		大寒廿八
三月大壬子朔	立春十五		驚蟄三十
四月大壬午朔	雨水十五		春分三十
閏月小壬子朔	穀雨十五		
五月大辛巳朔	清明初二		立夏十七
六月小辛亥朔	小滿初二		芒種十七
七月大庚辰朔	夏至初三		小暑十九
八月小庚戌朔	大暑初四		立秋十九
九月大己卯朔	處暑初二		白露十七
十月小己酉朔	秋分初三		寒露十八
十一月大戊寅朔	霜降初四		立冬十九
十二月小戊申朔	小雪初五		大雪二十
《四分曆》入丙子蔀乙卯章十六年			
積月四三二		閏餘一三小	
朔積日一二七五七		餘三〇八	
氣積日一二七八三		小餘二四	
正月小癸丑朔	大雪十三		冬至廿七
二月大壬午朔	小寒十三		大寒廿九
三月小壬子朔	立春十四		雨水廿九
閏月大辛子朔	驚蟄十五		清明十六
四月小辛亥朔	春分初一		立夏十七
五月大庚辰朔	穀雨初二		芒種十八
六月大庚戌朔	小滿初二		小暑十八
七月小庚辰朔	夏至初三		立秋二十
八月大己酉朔	大暑初四		白露二十
九月小己卯朔	處暑刼五		寒露廿一
十月大戊申朔	秋分初六		立冬廿二
十一月小戊寅朔	霜降初七		大雪廿三
十二月大丁未朔	小雪初八		
《大衍曆》積年九六九五九九七九			
朔積日三五四一四〇九〇〇九二		小餘二三二〇	
氣積日三五四一四〇九〇二二		小餘二三一七	
正月丙辰朔	大雪初六		冬至廿一
二月丙戌朔	小寒初六		大寒廿二
三月乙卯朔	立春初八		雨水廿三
四月乙酉朔	驚蟄初八		春分廿四
五月甲寅朔	清明初十		穀雨廿五
六月甲申朔	立夏初十		小滿廿五

续表

七月癸丑朔	芒種十二		夏至廿七
八月癸未朔	小暑十二		大暑廿七
九月癸丑朔	立秋十三		處暑廿八
十月壬午朔	白露十四		秋分廿九
閏月壬子朔	寒露十四		
十一月辛巳朔	霜降初一		立冬十六
十二月辛亥朔	小雪初一		大雪十六

案《召誥》云:"惟二月既望,越六日乙未,王朝步自周,則至于豐",又曰:"越若來三月惟丙午朏,越三日戊申,太保朝至于洛",據此是成王與太保至洛之歲,其二月爲乙亥朔,三月爲乙巳朔,而以曆術考之,則僞本《紀年》所次之成王七年,於《黃帝曆》二月癸未朔,閏月癸丑朔,三月壬午朔,《殷曆》、《魯曆》並爲二月甲申朔,三月癸丑朔,《周曆》二月癸未朔,三月癸丑朔,《三統曆》二月癸未朔,三月壬子朔,東漢《四分曆》二月壬午朔,三月壬子朔,唐《大衍曆》二月丙戌朔,三月乙卯朔,皆與乙亥乙巳相距懸遠。是知僞本《紀年》所次之成王七年,以古今諸曆考其月日並相鑿枘。雷學淇未據其臆定之《長曆》,以考《召誥》,而據以曲護僞書者,蓋亦知其狠戾不合也。

十二、《紀年》云:成王三十七年夏四月乙丑王陟。

雷學淇曰:四月乙丑者,十九日也。《書·顧命》曰:"惟四月哉生魄,王不懌,甲子乃洮頮水,越翼日乙丑王崩。"《三統曆》謂此事在成王三十年,蓋除周公攝政之七年,以八年爲成王即政之元年,故云然,統前計之,亦三十七年,與《竹書》合。至謂是年四月庚戌朔,以甲子爲十五日哉生魄,顯然刺謬矣。鄭注又以此四月爲成王之二十八年,謂以攝政六年爲年端,謂王之在位共計三十三年尤誤。

璵案:《尚書·顧命》所謂:"四月哉生魄"者,魄乃霸之假借。《說文·月部》云:"霸、月始生魄然也,承大月二日,承小月三日",《禮記·鄉飲酒義》云:"月者,三日則成魄",《論衡·調時篇》、《尚書·康誥》釋文所引馬融注及《白虎通》之說,並與《說文》、《禮記》相合。又案《漢書·王莽傳(上)》云:"羣臣奏言安漢公以八月載生魄庚子,奉使朝用書。"其所云:"八月載生魄庚子",乃謂平帝元始四年,考元始四年,《三統曆》入甲子統壬午章十二年,積日三九〇六九,小餘二七,周正正月癸酉朔,夏正七月大己巳朔,八月小己亥朔,二日得庚子,正合說文所謂"承大月二日"之義。據此可知"哉生魄"爲月始生光,其日與朏相同,即上旬之二日或三日,乃漢儒相承之古訓無異詁也。唯劉歆作《三統曆譜》始臆創新解，而以死霸爲朔，生霸爲望，因據以釋《顧命》所記四月哉生霸後之甲子，爲成王三十年四月十五日（見《漢書·律曆志》），其說本悖古義，而《尚書》僞《孔傳》於《顧命注》曰："四月始生魄月十六日"，是承劉歆之謬，而有一日之差矣。雷學淇曰："四月乙丑者十九日"，蓋其意以哉生魄爲十七日，以甲子爲十八日，斯又承僞《孔傳》之謬，較之劉歆之說，復有三日之差矣。夫同陷乖刺，未可相譏，而乃不援義證，以譎劉歆之非，以訶鄭玄之誤，斯則苟生異端，求勝前說，其謬一也。考僞本《紀年》所次成王三十七年，當於西元前 1008 年癸酉歲，於劉歆《三統曆譜》爲魯煬公五十一年，於《皇極經世》及《通鑑外紀》爲昭王四十五年，是歲《黃帝曆》入庚子蔀己卯章十九年，積旧一三八七九，小餘四七〇，周正月己未朔，四月戊子朔，《殷曆》入丁酉府丙子章八年，積日九八三三，小餘七二七，《周曆》入丙子蔀八年，積日二八九四，小餘二二，《魯曆》入甲午蔀癸巳章十六年，積日二六六三六，小餘七七八，並爲周正月庚寅朔，四月戊子朔，《三統曆》入甲申統乙亥章八年，積日二三一九〇五，小餘七一，《四分曆》入丙子蔀乙亥章八年，積日二三七一三，小餘二五七，並爲周正月己丑朔，四月丁亥朔，《大衍曆》積年九六九六〇〇九，積日三五四一四一〇一〇四八，小餘一八六三，周正月壬辰朔，四月庚寅朔，凡此諸曆之周正四月並無顧命所記之甲子、乙丑、癸酉三日，是僞本《紀年》據《顧命》之紀事，而繫於成王三十七年，核之曆術，差越遼遠。此可證雷學淇所謂"四月乙丑者十九日"之說，既牾劉歆，又乖曆術，其爲凌虛臆説，昭灼無疑。而乃憑臆説以稽古義，以訾前人，其謬二也。夫成王在位年數，載籍無徵，劉歆《三統曆譜》以成王在位爲三十年，並周公攝政之七年，凡三十七年，其説本爲臆創，不足據信，本師魯先生作《〈三統曆譜〉證姝》，具論其非，洵足破千秋之惑，僞本《紀年》以成王在位爲三十七年，正爲范欽移録劉歆之説，雷學淇乃據劉歆之臆説，以證僞書爲信史，其謬三也。案劉歆《曆譜》云："成王三十年四月庚戌朔十五日甲子哉生霸，故《顧命》曰：惟四月哉生霸王有疾不豫，甲子王乃洮沬水作顧命，翌日乙丑成王崩。"以其所記月日校之，則其所謂成王三十年，乃西元前 1079 年壬戌歲，是歲《三統曆》入甲申統丙申章十三年，積日二〇五九七七，小餘六三，周正月辛巳朔，四月庚戌朔，故劉歆云然，據此可知劉歆所次成王崩年，實前於僞本《紀年》七十一歲。然則僞本《紀年》，以成王在位並周公攝政爲三十七年，雖爲掇拾劉歆之臆説，而其所屬年次，則又圮裂劉歆之舊規，蓋以范欽不能據曆步算以圖苟合前言，故爾掎摭蔵濫，又見趣舍異路。雷學淇第見其年數相同，而未知畛畷互異，乃謂《三統曆》與《竹書》相合，其謬四也。

十三、《紀年》云：康王十二年夏六月壬申，王如豐，錫畢公命。

雷學淇曰：壬申者月五日也，《大衍曆》以是年爲乙酉，與《紀年》合。

璵案：僞《古文尚書・畢命》云：“惟十有二年六月庚午朏，越三日壬申，王朝步自宗周，至于豐，以成周之衆，命畢公保釐東郊。”《漢書・律曆志》載劉歆《三統曆譜》引真古文《畢命豐刑》曰：“惟十有二年六月庚午朏，王命作策《豐刑》”，而無“越三日壬申，王朝步自宗周至于豐”及“命畢公保釐東郊”之文，據此可知《紀年》所云“壬申王如豐錫畢公命”者，乃范欽輯錄僞《古文尚書》而爲。夫其記事不同於漢人所見真本，而合於東晉所出僞書，此今所傳《紀年》，爲范欽杜撰之明證矣。案劉歆《三統曆譜》云：“康王十二年六月庚午朏，王命作策《豐刑》”，以其前後年次考之，則其所謂康王十二，乃西元前 1067 年甲戌歲，是歲《三統曆》入甲申統丙子章六年，積日二一〇三七七，小餘七一，周正月辛丑朔，六月己巳朔，八月戊辰朔，而劉歆云，“六月戊辰朔”者，蓋圖牽合庚午朏，故遷就夏正而言也。《新唐書・曆志》載《大衍曆・日度議》云：“康王十二年歲在乙酉，六月戊辰朔”，以其年次月日考之，乃西元前 1056 年乙酉歲，於劉歆曆譜爲魯煬公三年，於《皇極經世》及《通鑑外紀》，爲周康王二十三年，於僞本《紀年》爲殷帝辛四十七年，是歲《大衍曆》積年九六九五九九六一，積日三五四一四〇三五三六，小餘二九五四，周正月庚子朔，六月戊辰朔，雖其繫年亦如《三統曆譜》之未可置信，然其月日尚能密符《漢志》所引《畢命豐刑》，固猶愈於劉歆之遷就夏正而言也。其云：“康王十二年歲在乙酉”，是即僞本《紀年》之所據。惟以僞本《紀年》之年次考之，則其康王十二年乃西元前 996 年，於劉歆《曆譜》爲魯幽公三年，於《皇極經世》及《通鑑外紀》爲穆王六年，是歲《黃帝曆》入庚子蔀己未章十二年，積日一八二五〇，小餘六二，《周曆》入丙子蔀乙卯章一年，積日七二九四，小餘一一三，並爲周正月庚戌朔，六月丁丑，《殷曆》入丁酉府丙辰章一年，積日一四二三三，小餘八一八，《魯曆》入癸酉蔀九年，積日三二七七，小餘八六九，《三統曆》入甲申統乙卯章一年，積日二三六三〇五，小餘七九，並爲周正月庚戌朔，六月戊寅朔，《四分曆》入乙卯蔀一年，積日三五四，小餘三四八，周正月己酉朔，六月丁丑朔，《大衍曆》積年九六九六〇〇二一，積日三五四一四一〇五四四八，小餘二〇四〇，周正月壬子朔，六月庚辰朔，據此是僞本《紀年》所次之康王十二年，其周正六月並無庚午與壬申日。良以范欽罔通曆術，是以竊取《大衍曆議》之説，而未能考辭就班，月日無爽，故爾較之《大衍曆議》所繫康王十二年差後六十歲，而其月日亦拂戾迥遥也。雷學淇謂壬申爲五日者，乃據僞《孔傳》而言，其云：“《大衍曆》以是年爲乙酉與年紀合”者，亦徒見其歲名相同，而未知軌躅互異,其言闇昧,理已昭彰,固無俟辨詞,以澡雪污薉者矣。

十四、《紀年》云:康王十九年魯侯禽父薨。

瑑案:劉歆《三統曆譜》云:"成王元年正月己巳朔,此命伯禽俾侯于魯之歲也。"又曰:"魯公伯禽推即位四十六年,至康王十六年而薨,故《傳》曰燮父禽父並事康王,言晉侯燮魯公伯禽俱事康王也"。惟考成康與伯禽之在位,歷年幾何,伯禽封於何時,殂於何歲,漢前典記悉無明徵,雖《左傳》昭十二年有"燮父禽父並事康王"之説,然未可據此以知伯禽薨於康王十六年,益未可據此懸知伯禽封於成王元年,與在位四十六年,而乃云然,斯亦逞臆橫決之尤矣。又案《史記·魯世家》云:"武王十一年伐紂破殷入商,徧封功臣、同姓,封周公旦於少昊之虚,是爲魯公,周公不就封,留佐武王。"又曰:"周公卒,子伯禽固已前受封是爲魯公,伯禽即位之後,有管蔡等反,淮夷、徐戎亦並興反,於是伯禽率師伐之於肸,作《肸誓》。"據此則伯禽受封,乃在武王克殷之後,管蔡作亂之前,劉歆乃敘伯禽侯魯於周公還政以後之成王元年,核之《史記》,大相舛駁,是其立説徒然殽亂舊聞,虛飾謬妄。考劉歆《曆譜》以周公攝政爲七年,以成王在位爲三十年,今所傳《紀年》,則並周公攝政七年,而以成王在位爲三十七年。以今本《紀年》無周公攝政年數,故於成王八年云:"命魯侯禽父齊侯伋遷庶殷於魯",是范欽之意以伯禽封魯爲成王八年,亦即劉歆所謂之成王元年也。審此則范欽纂録成王與伯禽在位之年數,亦爲蹈襲劉歆之説,而云"康王十九年魯侯禽父薨",較之劉歆《年譜》差後三年者,以僞本《紀年》下文所云"魯築茅闕門"證之,則"十九年"三字當爲衍文,非范欽緣循劉歆之説,而又故爲乖戾也。夫劉歆據其謬釋之死霸生霸,以考《武成》及《顧命》之月日,而曲傳周初年次,固無一可信,然爲之詭辯者,尚可謂其合於《武成》、《召誥》、《顧命》、《畢命》之月日,資以文陋。若夫謂伯禽封於成王元年,薨於康王十六年,則皆劉歆虛構,絕無朏霸可徵,假令今本《紀年》果爲汲冢原文,則其所記伯禽封殁之歲,不應悖於史公所記,而密符劉歆臆説也。

十五、《紀年》云:康王二十一年魯築茅闕門。

雷學淇曰:此魯煬公之元年也,上距禽父之薨六年,《魯世家》曰:"魯公伯禽卒,子考公酋立,考公四年卒,立弟熙是爲煬公,煬公築茅闕門",與此紀文相應。

瑑案:劉歆《三統曆譜》云:"魯公伯禽,康王十六年薨,子考公就立,考公即位四年及煬公熙立",據其説推之,則劉歆乃以考公元年爲康王十七年,以煬公元年爲康王二十一年。考《史記·魯世家》云:"煬公築茅闕門",而未記其年次,僞本《紀年》乃以"魯築茅闕門"繫之康王二十一年者,正爲劉歆《曆譜》之煬公元年。是僞本《紀年》雖未載考公煬公嗣位之年,而以"魯築茅闕門"置於康王二十一年觀之,則知范欽亦爲援附劉歆之説,而以考公即位于康王十七年,以煬公即位于康王二十一年,義甚昭焯。惟僞本《紀年》以魯侯禽父薨于康王十九年,則與考公在位之年,錯牾不合,可證"十九年"三字,乃爲剖劂時未經諦審之衍文,夫考公在位四年,《魯世家》雖有明文,然其嗣爵於周王何年,殁世於周王何歲,舍劉歆《曆譜》之外,前此載記並無可徵,而僞本《紀年》於考公煬公嗣位之歲,悉與劉歆臆説相同,此正范欽僞作之明證也。雷學淇乃謂:"《魯世家》煬公築茅闕門與此紀文相應",是未知魯築茅闕門,非必煬公元年,尤非必當於康王二十一年,乃欲以此證其可信,是亦惛昧之説矣。

十六、《紀年》云:康王二十六年秋九月己未王陟。

璵案:劉歆《三統曆譜》無康王以次之在位年數,唯《御覽》八十五引《帝王世紀》云:"康王在位二十六年崩",斯乃皇甫謐之臆言,非別有信史可憑也。《皇極經世》、《通鑑外記》與僞本《紀年》並沿襲其説。審其年次,則《皇極經世》與《通鑑外記》所謂康王元年,當於西元前1078年癸亥歲,適與劉歆之説合。然則《帝王世紀》雖繫年殘闕,而以《經世》與《外紀》證之,則其所謂康王元年,當亦與劉歆之説相同。惟以其年次考之,則劉歆《曆譜》之康王元年,於僞本《紀年》爲殷帝辛二十五年,《經世》與《外紀》之昭王元年,於僞本《紀年》爲帝辛五十一年,僞本《紀年》之康王元年,於《經世》、《外紀》爲昭王四十六年,僞本《紀年》之昭王元年,於《經世》、《外紀》爲穆王二十一年,據此觀之,是僞本《紀年》於康王年數,雖挈取《帝王世紀》與《經世》、《外紀》之説,而其設元之歲與殂逝之年,固無一與《經世》、《外紀》相同,斯惟撲攝異端,以成薉濫,而未嘗考其年次是否相合也。若夫其云"秋九月己未"者,則又范欽所臆增,以其第記日名,而不記朏霸,則此"己未"者,可游移於九月三十日之中,雖以古曆考之,可以幸合(案僞本《紀年》所次康王二十六年,當於西元前982年己亥歲,是歲《黃帝曆》入庚子蔀己亥章七年,積日二三三五八,小餘八四九,《周曆》入丙子蔀乙卯章十五年,積日一二四〇二,小餘九〇〇,《三統曆》入甲申統乙卯章十五年,積日二四一四一四,小餘六六,並爲周正月戊午朔,九月乙卯朔。《殷曆》入丁酉蔀丙辰章十五年,積日一九三四二,小餘六六五,周正月己未朔,九月乙卯朔。《魯曆》入癸酉蔀壬子章四年,積日八三八六,小餘七一六,周正月己未朔,九月丙辰朔。《四分曆》入乙卯蔀十五年,積日五四六三,小餘一九五,周正月戊午朔,九月甲寅朔。《大衍曆》積年九六九六〇〇三五,積日三五四一四一一〇五五七,小餘一四〇九,周正月辛酉朔,九月丁巳朔。據此則西元前982年,《黃帝曆》迄《大衍曆》之周正九月,並有己未日），亦不足據以證其年次可信,月日無譌也。

十七、《紀年》云：昭王十九年祭公辛伯從王伐楚，天大曀,雉兔皆震,喪六師于漢。王陟。

瑑案:《紀年》所云:"祭公辛伯從王伐楚"者,乃據《呂氏春秋·音初篇》而言。其云:"喪六師于漢"者,乃據《初學記》所引《紀年》而言。考《初學記》七引《紀年》云:"周昭王十九年天大曀,雉兔皆震,喪六師于漢",而未言昭王崩于伐楚之役。《左傳》僖公四年云:"管仲曰:昭王南征而不復,寡人是問,對曰:昭王之不復,君其問諸水濱。"又《史記·周本紀》云:"昭王南巡狩不返,卒于江上。"而未記昭王崩於何年,今所傳《紀年》,乃以"王陟"置之"喪六師于漢"之下者,蓋爲牽合古本《紀年》與《左氏傳》而言。是則范欽之綴錄此條,雖不必密合古本《紀年》,證之傳記,尚鮮差謬。然案《廣弘明集》卷十一釋法琳引《周書異記》云:"周昭王即位二十四年甲寅歲四月八日夜,五色光氣入貫紫微",《御覽》八百七十四引《紀年》云:"周昭王末年,夜有五色光貫紫微,其年,王南巡不返。"夫《周書異記》所云"夜有五色光氣入貫紫微",與古本《紀年》所云"夜有五色光貫紫微",密合無間,當爲同時之事,而《周書異記》以爲昭王二十四年,古本《紀年》以爲昭王南巡不返之歲,聯屬二者觀之,則昭王蓋崩於二十四年。考之他說,則昭王在位年數,《帝王世紀》、《皇極經世》、《通鑑外紀》、《通志》、《通鑑前編》並以爲五十一年（《御覽》八十五引《帝王世紀》云:昭王在位五十一年,《皇極經世》以次並承其說。案《通鑑外紀》卷三引皇甫謐曰:在位二年年三十五,是又《帝王世紀》之異說也）。《周書異記》以爲五十年（《續高僧傳》卷二十三魏《曇無最傳》引《周書異記》云:佛當周昭王二十四年生,穆王五十二年滅度。計入《涅盤經》三百四十五年,始到定王三年,至敬王元年,凡經四百三十年。《法苑珠琳》卷一百二十法琳法師曰:佛以昭王二十四年甲寅歲誕,昭王四十二年壬申歲出家,穆王五十二年壬申歲佛年七十九滅度,又曰始自昭王二十四年甲寅歲誕應以來,至今大唐咸亨二年辛未歲,正經一千六百九十九歲。又《景德傳燈錄》卷一云:《普耀經》云,佛初生刹利王家,即周昭王二十四年甲寅歲,至四十二年十九於檀特山中修道。《普集經》云:於二月八日成佛,時年三十,即穆王三年癸未歲也。住世四十九年,泊然宴寂,即穆王五十二年壬申歲也。自世尊滅後一千十七年教至中夏,即後漢永平十一年戊辰歲也。據諸說推之，則昭王在位爲五十年。)《齊釋法》(上)以爲二十九年(《續高僧傳》卷八《法上傳》云佛以周昭王二十四年甲寅歲生，十九出家，三十成道，當穆王二十四年癸未歲，穆王聞西方有化人出，便即西入而竟不還，四十九年在世，滅度以來，至今齊代武平七年丙申，凡經一千四百六十五年。案武平七年，即陳宣帝太建八年，上推一四六五年，當西元前 889 年壬申歲，爲法上所云佛滅度之年，其云四十九年在世者，乃自佛成道之年起算也。據此推之，則其所云昭王二十四年，爲公元九六七年甲寅歲，穆王二十四年爲西元前 938 年癸未歲，是昭王在位凡二十九年也)。以其所繫年次考之，則僞本《紀年》之昭王元年，當於西元前 981 年庚子歲，穆王元年當於西元前 962 年己未歲。《皇極經世》及《通鑑外紀》之昭王元年，當於西元前 1052 年己丑歲，穆王元年，當於西元前 1001 年庚辰歲，《周書異記》所言之昭王元年，當於西元前 1050 年辛卯歲，穆王元年，當於西元前 1000 年辛巳歲，《齊釋法》上所言之昭王元年，當於西元前 990 年辛卯歲，穆王元年，當於西元前 961 年庚申歲，據此觀之，則昭王享國年數，及其下距之年，異説紛紜，而無一與僞本《紀年》相合。考《開元占經》一百一及《御覽》九百七並引《紀年》云："昭王十九年天大曀，雉兔皆震"，而無"喪六師于漢"之文，唯《初學記》所引《紀年》有之，蓋爲後人所附益。然則昭王十九年非南征喪師之歲，是其非昭王崩年可知。觀夫《御覽》八百七十四所引《紀年》，記其年南巡不返之天象，適與《周書》異紀相合，尤可證昭王南巡不返，其於古本《紀年》，決非十九年也。即此可知今所傳《紀年》，以"王陟"二字綴於昭王十九年，乃范欽所臆定，以故較之古本《紀年》及《帝王世紀》以降之説，俱相悖戾也。

十八、《紀年》云：共王九年春正月丁亥，王使内使良錫毛伯遷命。

王國維《今本紀年疏證》曰：《考古圖·邿敦銘》："惟二年正月初吉，王在周邵宮，丁亥王格于宣射，毛伯内門立中庭，右祝𤰒，王呼内史册命邿"，𤰒從𠂤即遷字，前人當有釋爲遷字者，乃僞爲此條，不知敦銘中毛伯與𤰒實二人非一人也。

　　璵案：𤰒段銘文，其器名爲段，乃簋之古文，宋人皆誤釋段爲敦，故題爲邿邮敦，内史良及毛伯遷於經傳無考，僞本《紀年》所謂："王使内史良錫毛伯遷命"者，當如王國維之説，乃據𤰒段所僞爲。僞本《紀年》以之置於共王時，已屬鑿空妄作，絕無故實可徵。且𤰒段著録於吕大臨《考古圖》、薛尚功《鐘鼎欵識》、王俅《嘯堂集古録》其銘文俱無剝蝕之迹，並云："佳二年正月初吉，王在周邵宮，丁亥王各于宣射。"據此則𤰒之受册命乃在二年而非九年。僞本《紀年》以之繫於共王九年者，蓋以遷就日月，故不得不潛易年序也。所以云者，案僞本《紀年》之共王二年，當於西元前 906 年乙卯歲，是歲《黃帝曆》入己卯蔀戊寅章七年，積日二三三五八，小餘八四九，《周曆》入乙卯蔀甲午章十五年，積日一二四〇二，小餘九〇〇，漢《三統曆》入甲申統甲午章十五年，積日二六九一七三，小餘六七，東漢《四分曆》入甲午蔀十五年，積日五四六三，小餘一九五，其周正月並爲丁酉朔。《殷曆》入丙子府乙未章十五年，積日一九三四二，小餘六六五，《魯曆》入壬子蔀辛卯章四年，積日八三八六，小餘七一六，周正月並爲戊戌朔。唐《大衍曆》積年九六九六〇一一，積日三五四一四一三八三一六，小餘六六九，周正月庚子朔，皆無丁亥日。若夫僞本《紀年》所次之共王九年壬戌歲，其周正月朔日於《黃帝曆》、《殷曆》、《周曆》、《魯曆》、《三統曆》，並爲丁亥（僞本《紀年》之共王九年當於西元前 899 年壬戌歲，是歲《黃帝曆》入己卯蔀戊寅章十四年，積日二五九二八，小餘八二，《殷曆》入丙子府乙亥章三年，積日二一九一一，小餘八三八，《周曆》入乙卯蔀甲戌章三年，積日一四九七二，小餘一三三，《魯曆》入壬子蔀辛卯章十一年，積日一〇九五五，小餘八八九，《三統曆》入甲申統甲戌章三年，積日二七一七四三，小餘一，其周正月並爲丁亥朔。）適符𤔲𣪘所云：“正月初吉王在周邵宮，丁亥王各于宣射”之文，故范欽爲遷就月日，遂以“正月丁亥錫毛伯遷命”繫於共王九年也。是未知初吉之義爲初旬（說見魯先生《四分一月說辨正商榷》），丁亥乃初旬中之一日，非必朔日也。然則范欽以𤔲𣪘紀事置於共王九年，以爲月日允合者，已見謬戾紛張，不勝指責矣。通檢僞本《紀年》於周宣王以前之月日，校以古曆，略無差舛者，僅康王二十六年九月己未，及共王九年正月丁亥二文。蓋以一則無所考按，全憑臆爲，一則援附𤔲𣪘，易其年次，故於二年亦曾據曆推考，以冀苟合無差，自餘采摭經傳，靡不悖亂前規者，蓋以爲直錄舊文，宜無乖忒，故爾未及探賾真僞，校理異同也。即以二事觀之，亦可見今所傳《紀年》爲范欽所僞撰，斷然無疑矣。

十九、《紀年》云：共王十二年王陟。

瑑案：共王在位年數，《御覽》八十五引《帝王世紀》云在位二十年，《通鑑外紀》、《通志》並作十年，《外紀》又引皇甫謐曰：“在位二十五年”，《皇極經世》、《編年通載》、《通鑑前編》並作十二年，要之異說紛如，而皆無一可信。僞本《紀年》以共王爲十二年者，乃承《皇極經世》以次之臆說也。考趞曹鼎云：“隹十又五年五月既生霸壬午，葬王在周新宮，王射于射盧”（見《三代吉金文存》卷四第二五葉），此乃共王在位歷十五年以上之明證。生稱葬王者，猶獻侯鼎之成王（見《三代吉金文存》卷三第五〇葉），宗周鐘之邵王(見《積古齋鐘鼎欵識》卷三),匡卣之懿王(見《周金文存》卷五),皆生前之號,而非死後之謚也。偽本《紀年》於共王年數不上同於周代彝銘,而下合於宋人謬說,此亦范欽偽撰之塙證矣。

二十、《紀年》云：厲王十二年王亡奔彘。

雷學淇曰：《周本紀》謂王之三十四年監謗益嚴,國人莫敢言,三年乃相與畔襲厲王,厲王出奔于彘,蓋謂王之出奔在三十七年也。此說實誤,按《年表》《世家》,王之奔彘在魯真公十四年,齊武公九年,秦仲三年,楚熊勇六年,宋釐公十七年,衛釐侯十三年,以齊、秦、楚、宋、衛五國諸君立卒之年推驗之,與《紀年》無一不合,是厲王實以十二年出奔也。惟《魯世家》較多九年,蓋獻公三十二年卒,乃二十三年之譌,史遷作《本紀》《世家》,誤謂厲王立三十七年,魯獻公立三十二年耳。不然則《本紀》之說,與《年表》《世家》盡皆紛亂乖忤矣。

璵案：《史記·周本紀》云："厲王即位三十年好利,國人謗王,王怒得衛巫使監謗者,以告則殺之。三十四年益嚴,三年乃相與畔襲厲王,厲王出奔於彘,共和十四年厲王死於彘。"據此,是厲王元年當西元前878年癸未歲,其出奔在三十七年,越十四年至共和十四年死於彘。考《史記》齊、魯、曹、陳、衛、宋、晉、楚諸《世家》,並記厲王奔彘之歲,是則三代王朝之有年紀可考者,實始於周厲之時,自此以前,僅有世次可稽,此史公所以有《三代世表》之作也。夫以史公之博識古文,記事矜慎,則其闕錄者,必爲其事湮沈,難以徵信。而其記述者,必爲古無異說,非等傳疑。然則《史記》所述厲王與共和之年數,其爲信史,無可比崇。是以《皇極經世》《編年通載》並遵《史記》之說,而以厲王三十七年流彘,惟《通鑑外紀》與《通志》,則謂厲王四十年流彘,蓋爲誤讀史公之書,以故其年異撰,而非別有所據也。今本《紀年》乃云："厲王十二年王亡奔彘",又曰："十三年共伯和攝行天子事",又曰："二十六年大旱,王陟于彘",據其所述,是厲王元年爲西元前853年戊申歲,共和十四年即含納於厲王二十六年之中,此非特大悖史公信史,亦且大悖於宋人謬說。考《史記》諸《世家》厲王奔彘,乃齊武公九年,魯真公十四年,曹夷伯二十三年,陳幽公十三年,衛釐侯十三年,宋釐公十七年,晉靖侯十七年,楚熊勇六年,次年即共和元年庚申歲,校以《史記·十二諸侯年表》,並無舛錯,非如雷學淇所謂："紛亂乖忤"也。案《魯世家》云："厲公三十七年卒,魯人立其弟,是爲獻公,獻公三十二年卒,子真公濞立。"據真公年數上溯之,則魯厲公卒於西元前888年癸酉歲,即厲王奔彘以前之四十六。今本《紀年》乃記魯厲公薨於懿王十七年,即公元879年壬午歲,亦即周厲王奔彘以前之三十七年,校之《史記》差後九算。此可證范欽雜録舊聞，而未一一諦考其下距之年，以期縮繫無闕，故爾磔裂謬戾，不勝彈數。雷學淇乃據《史記》諸《世家》所載諸君立卒之年，以證其與《紀年》無一不合。且謂："《魯世家》較多九年，蓋獻公三十二年卒，乃二十三年之譌"，是未知《紀年》於厲王時所載齊、楚、蔡、曹諸君卒年，其下距之年不謬者，即據《史記》而僞爲。《紀年》所載魯厲公薨年相差九歲者，則爲范欽失於鈎考也。乃據僞書而詆信史，其妄滋甚矣。

禮記	
左傳	
孟子	
説文解字	
史記	
國語	
漢書	
後漢書	
晉書	
梁書	
隋書	
舊唐書	
新唐書	
宋史	
元史	
逸周書	
吕氏春秋	
淮南子	
論衡	
鶡子	
素問	
孔叢子	
韓非子	
山海經	
真誥	陶弘景撰
唐弘明集	釋法琳撰
水經注	酈道元撰
隸釋	洪适撰
路史	羅泌撰
文獻通考	馬端臨撰
通志	鄭樵撰
帝王世紀	顧觀光輯佚本
通鑑外紀	劉恕撰
編年通載	章衡撰

续表

皇極經世	邵雍撰
皇王大紀	胡宏攘
通鑑前編	金履祥撰
書古文訓	薛季宣撰
尚書全解	林三奇撰
尚書詳解	夏僎撰
尚書説	黃度撰
尚書集傳或問	陳大猷撰
尚書表注	金履祥撰
書纂言	吳澄撰
尚書輯録纂注	董鼎撰
尚書纂傳	王天興撰
尚書句解	朱祖義撰
經學巵言	孔廣森撰
尚書後案	王鳴盛撰
尚書集注音疏	江聲撰
古文尚書疏證	閻若璩撰
求古録禮記	金鶚撰
北堂書鈔	虞世南撰
初學記	徐堅撰
太平御覽	李昉撰
玉海	王應麟撰
續高僧傳	
周書異記	
天元曆理	徐發撰
東壁遺書	崔述撰
十駕齋養新録	錢大昕撰
古今僞書考	姚際恆撰
鄭堂讀書記	周中孚撰
觀堂集林	王國維撰
四分一月説辨正商榷(曆術巵言甲集)	魯[實先]先生撰
三統曆譜證舛(幼獅學誌第二卷三期)	魯[實先]先生撰
國史經籍志	焦竑撰
隋書經籍志考證	姚振宗撰
郡齋讀書志	晁公武撰
遂初堂書目	尤袤撰
崇文總目	王堯臣等撰
直齋書録題解	陳振孫撰
文淵閣書目	楊士奇撰

祕閣書目	錢溥撰
脈望館書日	趙琦美撰
萬卷堂書目	宋睦樫撰
内閣書目	孫能傳撰
南雍經籍考	梅鷟撰
菉竹堂書目	葉盛撰
百川書志	高儒撰
殷虛書契前編	羅振玉撰
殷虛書契後編	羅振玉撰
殷契佚存	商承祚撰
殷虛書契續編	羅振玉撰
殷契粹編	郭沫若撰
殷虛文字甲編	中研院史語所編
殷虛文字小屯乙編	中研院史語所編
京津戰後新獲甲骨集	胡厚宣撰
戰後南北所見甲骨録	胡厚宣撰
考古圖	吕大臨撰
鐘鼎彝器款識	薛尚功撰
嘯堂集古録	王俅撰
續考古圖	
積古齋彝器款識	阮元撰
攈古録金文	吳式芬撰
愙齋集古録	吳大澂撰
周金文存	鄒安撰
三代吉金文存	羅振玉撰
竹書紀年（漢魏叢書本）	何鐘刻
竹書紀年（三代遺書本）	趙標刻
竹書紀年（古今逸史本）	吳琯刻
竹書紀年（史拾遺聞本）	吳宏基刻
竹書紀年（五經翼本）	蔡文範刻
竹書紀年（天一閣本）	范欽刻
竹書紀年（秘書廿一種本）	汪士漢刻
考訂竹書四卷	孫之騄撰
竹書紀年統箋十二卷	徐文清撰
竹書紀年校補二卷	張宗泰撰
竹書紀年辨證二卷	董豐垣撰
竹書紀年考證一卷	張九鐔撰
校補竹書紀年二卷	趙紹祖撰
竹書紀年二卷	洪頤煊校

续表

竹書紀年校正十四卷	郝懿行撰
竹書紀年集證五十卷	陳逢衡撰
竹書紀年補證四卷	林春溥撰
竹書紀年集注二卷	陳詩撰
竹書紀年辨正四卷	韓怡撰
考訂竹書十四卷	雷學淇撰
竹書紀年義證四十卷	雷學淇撰

(原載 1965 年 6 月《臺灣省立師範大學國文研究所集刊》第 9 號,第 691—738 頁。)

作者簡介:

吴璵(1930—2022),字仲寶,江蘇省泗陽人。專長先秦文獻與甲骨文及金文。1964 年,在臺灣師範大學國文系魯實先教授指導下完成《〈竹書紀年〉繫年證僞》,取得碩士學位,留系擔任講師。1967 以《殷商子爵考》升等爲副教授,1971 年以《殷商封爵考》升等爲教授。1976 年借調成功大學,接掌中國文學系,1981 年歸建。1996 年自臺灣師範大學國文系退休。他以考據爲方法,以古文字爲媒介,以甲骨卜辭、鐘鼎彝銘爲材料;考證商代史,正解《尚書》,考正文字,補闕《説文》。著有《殷商子爵考》、《殷商封爵考》、《新譯〈尚書〉讀本》。

六十年來《竹書紀年》之考訂

吴　璵

提要

《竹書紀年》,杜預以來學者皆定爲魏襄王時魏國之史記,係編年體之通史。自秦政燔書,三代事泯,五百年後,《紀年》忽現,於疏闊之古史,約略可睹。惜出現時即已殘闕不全,雖有著録,事已難憑,遂至亡佚。今世所行,早非原書,乃明人范欽所僞造者。

今本《竹書紀年》僞自明人范欽,清人姚振宗氏早於《隋書經籍志考證》中言及,僞迹昭彰,故自民國以來,除王國維氏作《今本竹書紀年疏證》以明其掩襲之迹外,少有論述者,迨 1965 年,余踵王氏《疏證》之後,博采羣籍,佐以曆法,且參證卜辭、彝銘,不僅助王氏證其僞,且爲姚氏定其讞,確其爲范欽所僞。俾後世於此,無復紛紛。是余所以而有是篇之作也。

壹、《竹書紀年》出土之年月考

《竹書紀年》,乃不準盗發晉汲郡汲縣偏西之古冢所得者,冢内所得竹書甚多,因地處汲郡,遂統名之曰“汲冢竹書”。“紀年”乃其中一種,後遂名曰《竹書紀年》。其出土之年月,概有三説:

其一:謂晉武帝咸寧五年(西元 279 年)十月。《晉書·武帝本紀》云:“咸寧五年冬十月,汲郡人不準,掘魏襄王冢,得竹簡小篆古書十餘萬言,藏之祕府”。

其二:謂晉武帝太康元年(西元 280 年)

1.《晉書》卷六《衛恆傳》云:

“太康元年,汲縣人盗發魏襄王冢,得竹簡小篆古書十餘萬言,藏于祕府。”關於衛恆與竹書之關係,《晉書·王接傳》云:

時祕書丞衛恆,考正汲冢書,未訖而遭難,著作郎束晳述而成之,事多證異義。

2.杜預《左傳後序》云:

大康元年三月,吳寇始平。余自江陵還襄陽,解甲休兵,乃申抒舊意,修成《春秋釋例》及《經傳集解》,始訖,會汲郡汲縣有發其界內舊冢者,大得古書,皆簡編科斗文字,發冢者,不以爲意,往往散亂。科斗書久廢,推尋不能盡通。始者藏在祕府,余晚得見之,所記大凡七十五卷,多雜碎怪妄,不可訓知。《周易》及《紀年》最爲分了。《周易》上下篇,與今正同,別有《陰陽説》,而無《彖》、《象》、《文言》、《繫辭》,疑于時仲尼造之於魯,尚未播之於遠國也。其《紀年》篇,起自夏殷周,皆三代王事,無諸國別也。唯特紀晉國,起自殤叔,次文侯、昭侯,以至曲沃莊伯。莊伯之十一年十一月,魯隱公之元年正月也。

其三:謂太康二年(西元 281 年)

1.《晉書·束晳傳》云:

初,太康二年,汲郡人不準盜發魏襄王墓,或言安釐王冢,得竹書數十車,其《紀年》十三編,記夏以來,至周幽王爲犬戎所滅。初發冢者,燒照取寶物,及官收之,多燼簡斷札,文既殘缺,不復銓次。武帝以其書付祕書校綴次第,尋考指歸,而以今文寫之。晳在著作,得觀竹書,隨疑分釋,皆有義證。

2.《齊太公呂望表碑》文云:

齊太公呂望者,此縣人也。遭秦燔書,史失其籍。至大晉受命,吳會既平,四海一統。太康二年,縣之西偏有盜發冢,而得竹策之書。書藏之年,當秦坑儒之前八十六歲。

按:此碑乃"太公之裔孫范陽盧無忌"于"太康十年三月丙寅朔十九日甲申造"。考無忌原任太子洗馬,造此碑時方任汲縣令。其説自極可信。

綜上所述,當以咸寧五年十月(歲次己亥、西曆 279 年)出土爲可信。其所以有三年之差者,蓋在於事實有別也。謂之咸寧五年十月者,當係不準盜發之事初,被發現之時也。謂之太康元年者,當係發現後,官收之時也。謂之太康二年者,當係整理典校之時也。是三説年代有差,要皆非妄言也。

貳、古本今本之分

朱右曾《汲冢紀年存真》序云：

> 秦政燔書三代事迹泯焉，越五百歲古文《紀年》出汲縣冢中，而三代事蹟復約略可睹，學者錮於所習，以與《太史公書》及漢世經師傳説乖牾，遂不復研尋，徒資異論，越六百歲而是書亡。不知何年何人掇拾殘文，依附《史記》，規倣《紫陽綱目》，爲今本之《紀年》。

是則北宋以前所著録者若《晉書·束晳傳》謂《紀年》十三篇，《隋書·經籍志》云《紀年》十二卷，《新唐書·藝文志》載《紀年》十四卷之汲冢原文，所謂古本也。因其出土時即已散失（詳後文）至北宋復亡佚，真迹不復可見，遂有嘉定朱右曾先生之輯録，海寧王國維觀堂先生所校補之《古本竹書紀年輯校》之作。今繫年完整之通行本《竹書紀年》二卷，謂之今本《竹書紀年》，以其爲後人所搜輯者。以致鼠璞涵淆，真贋錯雜，王氏國維則逐一注其出處，題曰：《今本竹書紀年疏證》。

叁、民國前有關之刻本及著作

《晉書·束晳傳》云："太康二年，汲郡人不準盜發魏襄王墓，或言安釐王冢，得竹書數十車，發冢者燒策照取寶物，及官收之，多燼簡斷札，文既殘闕，不復詮次。"是竹書出冢之日，即爲灰燼之餘。故唐司馬貞《史記索隱》云："《紀年》之書，多是謊謬。"後復佚於兩宋。至明而有完整之《紀年》本出，計：

明范欽刻《竹書紀年》（《天一閣》本）

明何鏜刻《竹書紀年》（《漢魏叢書》本）

明趙標刻《竹書紀年》（《三代遺書》本）。

明吳琯刻《竹書紀年》（《古今逸史》本）。

明吳宏基刻《竹書紀年》（《史拾遺聞》本）。

明蔡文範刻《竹書紀年》（《五經翼》本）。

清汪士漢刻《竹書紀年》（《祕書廿一種》本）。

清孫之騄撰《考訂竹書》四卷。

清徐文靖撰《竹書紀年統箋》十二卷。

清張宗泰撰《竹書紀年校補》二卷。

清董豐垣撰《竹書紀年辨證》二卷。

清張九鐔撰《竹書紀年考證》一卷。

清趙紹祖撰《校補竹書紀年》二卷。

清洪頤煊校《竹書紀年》二卷。

清郝懿行撰《竹書紀年校正》十四卷。

清陳逢衡撰《竹書紀年集證》五十卷。

清林春溥撰《竹書紀年補證》四卷。

清陳詩撰《竹書紀年集注》二卷。

清韓怡撰《竹書紀年辨正》四卷。

清雷學淇撰《考訂竹書》十四卷。

清雷學淇撰《竹書紀年義證》四十卷。

案：今本《紀年》，姚振宗氏於《隋書經籍志考證》中已指證係僞自明人范欽，是以上諸書雖網絡羣書，阿護僞籍，但皮已不存，毛何附焉？故謹具目不論。

肆、民國後有關之著作

一、《古本竹書紀年輯校》

嘉定朱右曾尊魯輯録，海寧王國維觀堂校補。乃將古文《紀年》散見于古籍所引者，輯録校補而成。雖其中亦有後人羼入者，以今日甲骨金文證之，尚有其確可信者四：

其一：《山海經·大荒東經注》引：“殷王子亥賓于有易”朱本輯録，但王校本未收。考王子亥即王亥，卜辭屢見，如云：

1.貞：又于王亥卅牛，辛亥用（《前編》四、八、一）

2.貞：袞于王亥（《前編》一、四九、七）

3.甲申卜爭□袞于王亥其珏（《乙編》六七三八）

4.甲辰卜㲉貞：來辛亥袞于王亥卅牛十二月（《後編》上二三、一六）

5.貞：于王亥求秊（《後編》上一、一）

6.乙巳卜爭貞：又于王亥十□（《後編》上十二、十）

7.貞：袞于王亥（《後編》上一九、一）

8.袞于王亥（《後編》上二三、五）

9.貞：登王亥羌（《後編》上二六、五）

10.貞:又于王亥宙三百牛(《後編》上二八、一)

由祭禮之隆,知王亥確爲殷之先祖。易乃當時國名,加有者,乃方名從又繁文之衍變(見魯先生《釋卜人仲》)。

其二:《尚書·無逸》云:"昔在殷王中宗","肆中宗之享國七十有五年"。《史記》謂中宗爲太戊,自餘《毛詩鄭箋》、《尚書》僞孔傳、《漢書·韋玄成傳》所載劉歆之説,皆謂中宗爲太戊。惟古本《紀年》云:"祖乙滕即位,是爲中宗。"(《太平御覽》八十三卷引)考之卜辭,其説信然,蓋卜辭中僅有"中宗祖乙",而無"中宗太戊"。"中宗祖乙"之見於卜辭者。

1.☑卜狄口其又中宗祖乙彫,弗每(《甲編》一二六四)

2.其又中宗祖乙又繞(《甲編》一四八一)

3.☑中宗祖乙告(《續編》一、一四、六)

4.祖其用自中宗祖乙王受☑(《續存》上一七九五)

5,□酉卜中宗祖乙歲☑(《續存》上一八〇二)

6.☑中宗祖乙☑(《南北明氏》五五五)

是則《無逸篇》之中宗,應爲祖乙。蔡沈注爲大戊,乃承前人之謬説。今本《竹書紀年》謂:"大戊七十五年陟",乃范欽苟合《無逸》之"肆中宗之享國七十五年"而云然也。

其三:古本《紀年》殷先王有名文丁(帝辛之祖)者,(《北堂書鈔》卷四十一所引)按:"文丁"《史記》作"太丁",是形近之譌也。蓋湯之太子曰太丁,若然,豈非二"太丁"乎?是古本《紀年》較《史記》爲可信也。

其四:《史記·周本紀》載:"周厲王崩陟,召公、周公行政,號曰共和",是謂召、周二公共同輔政也。然由古本《紀年》所云:"共伯和干王位。"(《周本紀·索隱》所引)視之,則似爲一人。考《宣和博古圖》卷十六毀段確有白龢父行政之事。按:父,乃男子之美稱,共伯和之"共"乃方名,"伯龢"、"伯和"同音,是"共伯和"即"伯龢父"也。是古本較《史記》可信也。

二、《今本竹書紀年疏證》

王氏既成《古本竹書紀年輯校》一卷,尤信今本《紀年》爲後人所搜輯,乃用元和惠棟定宇《古文尚書考》之例,而成是書。彼逐一注其出處,以明其掩襲之迹。《序》云:"今本所載,殆無一不襲他書,其不見他書者,不過百分之一,又率空洞無事實,所增加者年月而已,且其所出,本非一源,古今雜陳,矛盾斯起,既有違異,乃生調停,糾紛之因皆可剖析,夫事實既具他書,則此書爲無用,年月又多杜撰,則其説爲無徵,無用無徵則廢此書可,又此疏證亦不作可也。然余懼後世復有陳逢衡輩爲是紛紛也,故寫而刊

514

之。"是今本《紀年》之爲僞纂不待言矣。今雖未"紛紛",然疑而用之者仍大有人在,王氏神靈有知,又豈能不廢筆而長太息乎?

三、《竹書紀年考異》

本文乃刊於 1964 年 7 月出版之香港珠海學院《文史學報》第一期,作者柏蔭培先生。原本預定四章,今僅見其第一章,首先考《竹書紀年》出土年月,次言《竹書紀年》之異同,以王國維氏《古本竹書紀年輯校》爲經,排比互證,考其真偽,再言《竹書紀年》之研討價值,彼云:"《竹書紀年》者,即諸侯之史記也。雖司馬貞謂'《紀年》之書,多是僞謬'(《燕世家・索隱》),所謂僞謬者,與《太史公書》不同耳,正因其不同,乃能'時參異説'(司馬貞説),而正救《史記》之失也。登高自卑,行遠自邇,既有之史料,豈能不整理還真乎? 探討原委,指辨真偽,責在斯矣,吾儕豈能舍諸?"誠然。吾人必須就既有史料,探討原委,指辨真偽,然原委何在? 豈非甲骨、金文之謂乎! 惟有由此史料素材入手,方能有得,若僅恃排比互證,恐難出新意矣。

四、《論汲冢與竹書》

本文分上、中、下三篇,於 1964 年 8 月分三期刊登於《思想與時代》月刊(原名《新思潮》),作者衞挺生先生。其目次爲:

1. 汲冢書物之出土
2. "汲冢"非墓葬冢乃"梁丘藏"
3. 丘藏之竹書與鄒衍之講學
4. 竹書之來歷
5. 竹書之影響

該文重點在説明"汲冢"乃唯一之"梁丘藏"。進而謂騶衍學術之範疇方法及途徑,與"汲冢竹書"情形相恰合。而非專論《紀年》者,蓋因《紀年》亦出自"汲冢",故一述焉。

五、《竹書紀年繫年證僞》

本文係由寧鄉魯先生指導,筆者草成於 1965 年,刊於《師大國文研究所集刊》第九號。本文係以曆法證繫年之僞,爲便讀者,特條舉要點如下:

甲、提要

1. 今本《竹書紀年》之爲僞作,《四庫提要》曾有論述,崔述曾列舉十證(見《東壁先生遺書》),錢大昕亦舉六證以明之(見《十駕齋養新録》),本不待贅述,然清儒惑其爲真者甚夥,即近人疑而用之者,仍有人焉,故特增證以明之。

2. 據《晉書・束皙傳》:竹書於出冢之日,即殘缺不全,而今本《紀年》竟完整無闕,其非假乎?

3.先秦以前,我國絕無以干支紀年之例,而今本《紀年》竟以干支紀年,此顯係後人之偽造。

4.今本《紀年》所引《尚書》有屬偽古文《尚書》者,其爲偽造昭然若揭。

5.今本《紀年》謂周恭王在位十二年。考趞曹鼎(著録於《三代吉金文存》四卷二十五葉)乃紀恭王之事,而有"十又五年"之銘文,此可確證今本之偽。

6.自宋至明,各書無録,可知此書確已亡佚於宋,迨明,竟有范欽天一閣校本出現,且繫年完整,此非顯係范欽之偽造乎？王國維氏於此未曾言及,姚振宗作《隋書經籍志考證》,雖曾言及,惜語焉不詳,本篇之作"是猶捕盗者之獲得真贜"(《今本竹書紀年疏證》序),在了此懸疑。

7.本篇體例:仿閻若璩之《古文尚書疏證》之例。蓋王國維氏於《今本竹書紀年疏證》一書,一一尋出今本襲録之迹,余特予辨證之,已確其偽。

8.本篇主旨:證今本《紀年》繫年之偽,駁雷學淇《竹書紀年義證》立論之謬。蓋雷本晚出,今之不學者,惑其多辭廣説,因復據偽本以考論殷周年次,故本篇兼及之。

9.本篇立論:凡今《本紀》年有月日之記者,悉以《黄帝》、《殷》、《周》、《魯》、《三統》、《四分》、《大衍》等七曆推之以證其悖於曆法,且明其下距年與正文不合,以證其爲偽。

10.本篇依據:除博采羣籍,佐以曆法外,且參證甲骨、金文,以彰其偽。

乙、紀年非汲冢原文

1.考《晉書·束晳傳》,及杜預《春秋經傳集解後序》,並云《紀年》起自夏代,而《史記·魏世家·集解》引荀勗曰:"和嶠云:《紀年》起自黄帝"。夫束荀二氏並校竹書,其説不容互異,且竹書爲荀勗所目驗,述其起訖,無庸別引和嶠之言。然則《史記集解》所引荀勗轉述和嶠之説,殆爲西晉末年之詭託。以竹書出冢後,別本流傳,即有偽纂屬雜,以故《隋書·經籍志》於《紀年》十二卷下,別附《竹書同異》一卷,足見傳非一本,文有互殊。據此而言,則知《御覽》六十九引《抱朴子》所載《竹書》,《路史·後記六》及《山海經·海内經注》、《大荒西經注》所引《竹書》,並言黄帝、顓頊之事,《史記·高祖本紀·正義》引《紀年》云:"后稷放帝子丹朱于丹水",《北堂書鈔》十七引《紀年》云:"命咎陶作刑",凡此皆在夏后之前,此可知其非汲冢原文者一也。

2.先秦文獻無十干紀歲之例,而《隋書·律曆志》上引《紀年》云:"堯元年丙子",《新唐書·曆志》載《大衍曆議·日度議》引《竹書》云:"武王十一年庚寅周始伐商。"知此非汲冢原文者二也。

3.《晉書·束晳傳》云:"《紀年》與經傳大異,則云夏年多殷",而《御覽》八十二引《紀年》云:"自禹至桀十七世,有王與無王,用歲四百七十一年。"《史記·殷本紀·集解》引《紀年》云："湯滅夏以至于受二十九王，用歲四百九十六年"，二者相較，則爲殷年多夏，而非束晳所云："夏年多殷"。此非汲冢原文者三也。

4.《史記・殷本紀・正義》引《紀年》云："自盤庚徙殷，至紂之滅，七百七十三年，更不徙都"。據此，則自盤庚以至帝紂十二代之年數，轉多於二十九王之總年，不應同出一源而差越遼迴，此非汲冢原文者四也。

丙、紀年之不足信者

1.《國語・晉語》云："商之饗國三十一王"，《殷本紀》及《三代世表》並載湯至紂嗣位者歷世三十，而《三代世表》云："從湯至紂二十九世"，其說與《殷本紀》互異，當非史公原文。又《鶡子・湯政》篇云："湯之治天下也，二十七世積歲五百六十七歲至紂"，是知殷代世次，傳記參差，未可決其何者爲是。考卜辭所記殷代祀典，於湯之後復有咸與大丁二世，大丁之後又有小丁、祖己、下乙、中己四人（詳魯先生《三統曆譜證舛》）。夫大丁與小丁爲對稱之名，祖己與中己蓋以別於雍己之說，是猶大乙之後而有小乙，大甲之後而有小甲，主壬之後而有仲壬，沃丁之後而有中丁，皆爲在位之君，是則殷代諸王，自成湯以降，益以咸與大丁六人，殆在三十六世之上，可證《國語》所記三十一王，《殷本紀》所記三十王，舉有闕略。《史記・殷本紀・集解》引《紀年》云："湯滅夏以至于受二十九王"者，蓋爲掩襲《三代世表》之謬說。準斯而論，知其世次且闕，則其年紀尤必難憑，此其未可徵信者一也。

2.《尚書・無逸》云："肆祖甲之享國三十有三年。"據《隸釋》所載《熹平石經》之次第，其文在中宗之上，是即《史記・殷本紀》及《漢書・韋玄成傳》所謂之太宗。然則其云享國三十三年者，乃謂成湯之孫太甲，非謂武丁之子祖甲。而《史記・魯世家・索隱》云："按《紀年》太甲唯得十二年"，此蓋後人承馬融、鄭玄之繆解，以祖甲爲武丁之子，故別創太甲在位十二年之文，繫之《紀年》，此其未可徵信者二也。

3.《毋逸》云："自時厥後，亦罔或克壽，或十年，或七八年，或五六年，或四三年。"以西漢經說及《熹平石經》證之，乃謂武丁以後八王，其享國無過十年者。而《御覽》八十三引《紀年》云："武乙三十四年周王季歷來朝。"《後漢書・西羌傳》引《紀年》云："武乙三十五年周王季伐西落鬼戎，俘二十翟王。"據此，是武丁以後之武乙，永國之永且逾太甲，則是戾於周公所謂："亦罔克壽"之言矣，此其未可徵信者三也。

4.《御覽》八十三引《紀年》云："小康辯即位居亳"，考其世次，是即《史記・殷本紀》之大庚，所以曰大庚者，良以其嗣位在南庚、盤庚、祖庚之前，故別以大名之。猶大乙在祖乙、小乙、武乙、帝乙之前，大丁在沃丁、仲丁、祖丁、武丁之前，大甲在小甲、沃甲、陽甲、祖甲之前。且殷之諸君於大庚前無以庚爲名者，則不應稱之爲小庚也。考之殷虛卜辭，亦屢見大庚，而未一見小庚（詳證見原文）。由是知《紀年》作小庚之非，此

517

其未可徵信者四也。

丁、今本《紀年》之僞自范欽

《隋書·經籍志》載《紀年》十二卷，《舊唐書·經籍志》、《新唐書·藝文志》並載《紀年》十四卷，《宋史·藝文志》載《竹書》三卷，王應麟《玉海》卷四十七云："《竹書紀年》，《中興書目》止有第四、第六及雜事三卷，一紀年，二紀令應，三雜事，皆殘闕"。其卷數與《宋志》同，是知録於《宋志》者，乃殘闕之本。宋鄭樵《通志》、明焦竑《國史經籍志》並載《紀年》十四卷，乃爲據《唐志》迻録，而未見其原書。尤袤《遂初堂書目》載《竹書紀年》，而未記卷數，蓋即《宋志》之殘本。自餘宋王堯臣《崇文總目》、晁公武《郡齋讀書志》、陳振孫《直齋書録題解》、元馬端臨《文獻通考》、明楊士奇《文淵閣書目》、錢溥《祕閣書目》、孫能傳《内閣書目》、梅鷟《南雍經籍考》、葉盛菉《竹堂書目》、高儒《百川書志》並無《紀年》一書，是《宋志》所録之殘本三卷，殆佚於南宋，以故自陳振孫《書録》以後，迄乎明嘉靖以前，俱未見著録。邵雍《皇極經世》、劉恕《通鑑外紀》，於帝堯以後年數，並有纂録，皆未嘗據《竹書》以繫年，胡宏《皇王大紀》、金履祥《通鑑前編》，並據《經世》編年，而未嘗雜以《紀年》之説，此可證《宋志》所載殘本《紀年》，即宋代綴學之士亦未見之。今所傳《竹書紀年》二卷，刊於明季者，若《漢魏叢書》之何鏜刻本、《三代遺書》之趙標刻本、《五經翼》之蔡文範刻本；刊於清代者，若《祕書二十一種》之汪士漢刻本，凡此皆爲出自嘉靖時天一閣所刻范欽訂本，而又益其譌舛也。明趙琦美《脈望堂書目》、朱睦㮮《萬卷堂書目》，皆當嘉靖以後，並載《竹書紀年》，是即范欽校訂之本。其卷數少於宋代殘本，而其繫年完整，知非宋代原書，《四庫提要》，錢大昕《養新録》，並謂爲明人葺録，崔述《考古續説》，謂爲近人僞爲，其説是矣，而皆未得其本柢。唯姚振宗《隋書經籍志考證》，謂即范欽僞纂，陳義通明，允爲定論，則今本《紀年》之僞自范欽，固無俟煩言矣。

戊、僞纂考實：僅舉十事以明之：

1.《晉書·束晳傳》云："太康二年，汲郡人不準盜發魏襄王墓，或言安釐王冢，得竹書數十車，發冢者燒策照取寶物，及官收之，多燼簡斷札，文既殘闕，不復詮次。"是竹書出冢之日，即爲灰燼之餘，而范本《紀年》自唐堯即位，以迄夷王崩殂，年次連延，無或間闕，史實繁集，布覆有章，此知其爲僞纂者一也。

2.《御覽》八十二引《紀年》曰："自禹至桀十七世，有王與無王，用歲四百七十一年。"范本《紀年》迻録其文，廁於夏桀覆亡之後，而以其所繫年次考之，自夏禹元年壬子帝即位，至帝癸三十一年桀出奔，凡四百三十一年，是與其采録《御覽》所引《紀年》，自相拂戾，此知其爲僞纂者二也。

3.《史記·殷本紀·集解》引《紀年》曰："湯滅夏以至于受，二十九王，用歲四百九十六年"。范本《紀年》迻録其文,次於周師伐殷之後,而其所序年次,則自成湯十八年癸亥王即位,至帝辛五十二年周伐殷,凡五百有八年,是與其采録《史記集解》所引《紀年》自逸軌則,此知其爲僞纂者三也。

4.《史記·周本紀·集解》引《紀年》云:"自武王滅殷以至幽王,凡二百五十七年。"而考范本《紀年》,自帝辛五十二年庚寅周始伐殷,至幽王十一年,凡二百八十一歲,是與舊本顯相乖刺,此知其爲僞纂者四也。

5.范本《紀年》以帝禹在位爲八年,帝啓在位爲十六年。而《御覽》八十二引《紀年》曰:"禹立四十五年",《真誥》十五引《竹書》云:"夏啓即位三十九年,亡年七十八。"是其於禹啓二代享國之年,校之舊本《紀年》,無一相合矣,此知其爲僞纂者五也。

6.范本《紀年》謂:帝辛五十一年冬十一月戊子周師渡盟津而還。

雷學淇曰:此武王即侯位之十年也,是年仲冬癸酉朔,戊子者,十六日也。

案:《尚書序》云:"惟十有一年武王伐殷,一月戊午師渡孟津。"《史記·周本紀》云:"武王即位九年,東觀兵于盟津,十一年十二月戊午師畢渡盟津。"《書序》據周正言,而《史記》依殷正言,周之一月,即殷之十二月。而范本《紀年》月日與《書序》、《史記》紀迥異者,乃掩襲《漢書·律曆志》所載劉歆之説,而又大悖劉歆原旨。考《漢書·律曆志》載劉歆《曆譜》云:"文王受命,九年而崩,再期在大祥而伐紂,故《書序》曰:惟十有一年,武王伐紂,師初發以殷十一月戊子,後三日得周正月辛卯朔,兩年還師,戊午渡于盟津。"是劉説與《書序》、《史記》無殊,然范欽乃掇録其上文之"十一月戊子"及下文之"渡于孟津",施以斬截而連貫成文,故爾詭戾舊説,此知其爲僞纂者六也。

7.范本《紀年》云:成王之年丁酉春正月庚午周公誥諸侯于皇門。

案《逸周書·皇門篇》云:"惟正月庚午,周公格于左閎門會羣臣"。范欽即據此而纂録,惟《逸周書》僅有月日無年次,僞本《紀年》以之繫於成王元年,則爲范欽所臆定也,此知其爲僞纂者七也。

8.《紀年》云:成王七年周公復政于王,春二月王如豐。

案《洛誥》云:"惟周公誕保文武受命惟七年",義謂周公留雒在成王七年也。又云:"周公曰朕復子明辟"者,王國維氏云:"復,白也。復子明辟,猶立政言告孺子王,時成王繼周公相宅至於雒,故周公白之。惟周公誕保文武受命惟七年者,上紀事,下紀年,猶餘尊云:惟王來正人方,惟王廿有五祀矣。自後人不知誕保文武受命指留雒監東土之事,又不知此經紀事紀年各爲一句,遂生周公攝政七年之説"(《觀堂集林·洛誥解》)。因而《禮記·明堂位》有所謂:"周公踐天子之位,七年致政於成王。"僞本《紀年》即承襲此謬解而立説,此知其爲僞纂者八也。

9.范本《紀年》云:康王十二年夏六月壬申,王如豐,錫畢公命。

雷學淇云：壬申者，月五日也，《大衍曆》以是年爲乙酉歲，與《紀年》合。

案：僞古文《尚書·畢命》云：“惟十有二年六月庚午朏，越三日壬申，王朝步自宗周，至于豐，以成周之衆，命畢公保釐東郊。”然《漢書·律曆志》載劉歆《三統曆譜》引真古文《畢命豐刑》曰：“惟十有二年六月庚午朏，王命作策豐刑”，而無“越三日壬申，王朝步自宗周，至于豐”及“命畢公保釐東郊”之文，是知《紀年》所云“壬申王如豐錫畢公命”乃范欽輯録僞古文《尚書》而爲，夫其記事不同於漢人所見真本，而合於東晉所出僞書，此知其僞纂者九也。雷學淇謂壬申爲五日者，乃據《僞孔傳》而言。以《黄帝》、《殷》、《周》、《魯》、《三統》、《四分》、《大衍》諸曆推之，范本《紀年》所次之康王十二年，其周正三月並無庚午與壬申日。雷云“《大衍曆》以是年爲乙酉與《紀年》合”者，徒見其歲名相同，而未知軌躅互異，相差六十年也。

10.范本《紀年》云：康王二十六年秋九月己未王陟。

案：劉歆《三統曆譜》無康王以次之在位年數，唯《御覽》八十五引《帝王世紀》云：“康王在位二十六年崩”，斯乃皇甫謐之臆言，非別有信史可憑也。范欽即沿襲其説，並臆增“秋九月己未”雖以古曆考之，並有己未日，然亦不足據以證其年次可信，月日無譌也。此知其爲僞纂者十也。

己、結論

本文所以僅及繫年者，以年次爲事之綱維，綱維既爲虛張，則其事歷亦皆解紐，固宜議其綱維，而略其小節也。所以不備論全書者，以范本《紀年》於厲王以後年數，悉與《史記》相同，乃爲近人所勿資，故亦略而勿論也。

（原載程發軔主編《六十年來之國學》，臺北：正中書局，1972 年，第 555—574 頁。）

作者簡介：

見前文篇末介紹。

《竹書紀年》不該懷疑嗎？
——《詩經》質疑

趙制陽

李辰冬教授把《竹書紀年》當作三百篇《詩》的時代綱領來看（見《詩經通釋》序文），並且說：

> 這部《詩經》研究的年月，都是依據《竹書紀年》的，懷疑《竹書紀年》，也就懷疑我們的研究，所以我很希望懷疑的人，看看我們將《竹書紀年》與三百篇配合起來，是不是重建了一段中國的歷史！

李先生認爲《竹書紀年》無可懷疑，這信念不知是怎樣產生的？《竹書紀年》本子多，資料駁雜，大別之，有古本有今本；今古本又有不同版本，內容互有出入。不知李先生認爲哪一個本子可信？如認爲古本可信，古本（據世界版清朱右曾輯錄、王國維校補本）裏並沒有召穆公、南仲、尹吉甫等人的記載，只有"共伯和干王位"與"共伯和篡位"的話，這與李先生所敘的《詩經》人物很少扯上關係；"時代綱領"之說似難成立。如認爲今本可信，今本多後人所附益，前人早已辨明，史家絕少當信史讀。例如王國維校的《竹書紀年補證》，記宣王元年至六年間的只有一位召穆公。李先生說這個"穆"字是後人加的，認爲不對，應該是"召公"，這位召公是召穆公的兒子召虎。如果李先生這話可信，也正好證明今本《紀年》連人名都沒有搞清楚，不該令人懷疑嗎？

李先生引金文爲證，認定宣王五年召虎的父母還活着，到了六年，召虎的父母已去世，就推斷召穆公在征淮時陣亡。在這裏，可否請教李先生：金文裏哪一句話是說召虎的父親在征淮時陣亡的？李先生說召虎父母同時亡故，是否他母親也隨夫到了前方，一起陣亡？這樣重要的大臣陣亡殉國，爲什麼《紀年》不先書他的陣亡，卻只書他兒子征淮的事？這是不是作《紀年》的人太粗心？再說，李先生取金文爲證，金文已一再書作"召伯虎"，自然召虎也就是召伯，怎說召伯不是召虎，而是召虎的父親呢？

《常武篇》的開頭四句詩是：

521

赫赫明明,王命卿士,南仲大祖,太師皇父。

《詩經通釋》四〇六頁曾説:

> 《竹書紀年》載説:"王帥師伐徐戎,皇父,休父從王伐徐戎,次于淮。"没有南仲。這是怎麽一回事呢?難道《竹書紀年》靠不住嗎?恰恰相反,適足證明《竹書紀年》的十分正確。開口閉口説《竹書紀年》靠不住的人,我希望他注意這一點!宣王是從方山這個地方南征的,南仲正在這個地方征伐玁狁,當然不能離開。

今本《紀年》宣王之世没有南仲,李先生認爲南仲仍是宣王時人,而且適足以證明《紀年》的十分正確。可是今本《紀年》在商朝帝乙之世記載着説:

> 三年,王命南仲西拒昆夷,城朔方。

這一段話出現在今本《紀年》的商朝末葉,不知李先生看到了没有?如果李先生要貫徹原有的主張,以爲《竹書紀年》絶對可信,那麽你的論證就靠不住了。《詩經通釋》七、八、九三編共計三十二篇詩,都説是尹吉甫爲南仲寫的,恐怕就要重新編寫了!反之,如果李先生堅持自己的論證是十分正確的,那麽,《竹書紀年》就此證明不是李先生所採信的了;總不能説二者都對,只是後人把這條歷史按錯了地方吧?

李先生解釋"王命卿士,南仲大祖,大師皇父"説:

> 王在命令兩位卿士——老祖宗南仲與大師皇父。

爲什麽尹吉甫稱南仲爲老祖宗呢?李先生説:

> 太祖不是官職,也不是祖廟,而是輩分,就是現在所説的祖父。要不是發現尹吉甫的生平事迹,"南仲太祖"這句詩就無法瞭解。原來太祖是尹吉甫隨著他的女友仲氏的稱謂。仲氏是惠孫的女兒,衛武公的孫女,衛釐侯的曾孫女。南仲是衛國人,既稱他爲太祖,當然是衛釐侯的同輩……南仲這時是八十歲的老人,當然可以有曾孫女,"南仲太祖"是這樣來的。

李先生認定南仲是衛國人,不知根據何書?"既稱太祖,當然是衛釐侯的同輩",這種推理的可靠性如何?仲氏既是衛釐侯的曾孫女,自然不是南仲的曾孫女,怎麽説"南仲這時是八十歲的老人,當然可以有曾孫女",隨著就説仲氏也是南仲的曾孫女呢?祖孫之稱在宗族之間都不容含混,怎麽在異姓之間可以這樣隨便稱呼呢?據李先生説仲氏當時還不過是尹吉甫的女朋友,尹吉甫替周天子宣揚武功,在"赫赫明明,王命卿士"之下,好不好把女朋友的私稱"老祖宗南仲"放在文句裏頭呢?

至於共伯的記載,問題更多,古本《紀年》在厲王下記載説:

> 共伯和干王位。
> 共和十四年,大旱,火焚其屋,伯和篡位。立秋,又大旱。其年周厲王死,宣王立。

今本《紀年·厲王》下記載説:

> 十三年,王在彘,共伯和攝行天子事。

其下附有魯連子的一段話:

> 衛州共城縣本周共伯之國也。共伯名和,好行仁義,諸侯賢之。厲王奔彘,諸侯奉和以行天子事,號曰共和元年。

今本《紀年·厲王二十六年》下記載説:

> 大旱,王陟于彘,周定公、召穆公立太子靖爲王,共伯和歸其國,遂大雨。
> 大旱既久,廬舍俱焚。會汾王崩,卜于太陽兆,曰厲王爲祟。周公召公乃立太子靖,共和遂歸國。和有至德,尊之不喜,廢之不怒,逍遥得志于共山之首。

《史記·周本紀·厲王》下記載説:

> 召公、周公二相行政,號曰共和。

李先生取雷學淇《竹書年義證》引魯仲連子的話:

> 諸侯奉和以行天子事,號曰共和元年。十四年,厲王死於彘,共伯使諸侯奉太子靖爲王,而共伯復歸于衛。

又引《史記·衛世家》:

> 釐侯十三年,周厲王出奔于彘,共和行政焉。二十八年,周宣王立。四十二年,釐侯卒,太子共伯餘立爲君。共伯弟和有寵於釐侯,多予之賂。和以其賂賂士,以襲攻共伯於墓上,共伯入釐侯羡自殺。衛人因葬之釐侯旁,謚曰共伯,而立

和爲衞侯,是爲武公。

在這些史料裏,共伯和到底是怎樣的人? 的確成了問題。《史記》明言厲王時的共和行政是召、周二公共同執政,根本沒有共伯和的分兒,只有《衞世家》記弑兄奪位的"共伯弟和",就是後來的衞武公,古本《紀年》說他"干位"、"篡位",自然有奪權霸占的用意。魯連子說他"好行仁義,諸侯賢之",今本《紀年》說他"攝行天子事"、"有至德,尊之不喜,廢之不怒,逍遥得志于共山之首",自然他既不會向周天子奪權霸占,也不會弑兄竊位了。在這裏,李先生究竟是信古本《紀年》呢,今本《紀年》呢,魯連子呢,還是《史記》呢? 依《詩經通釋》人物故事的敘述,共伯和先代周天子行政,後來回到衞國,成爲弑兄竊位的衞武公。這證明李先生對這幾本史書,家家都不信,又家家都要信。李先生爲了說通自己的故事,照自己的意思,將這些史料剪接起來,至於因此而引起的相互的矛盾就不去管它了。連自己所篤信的《竹書紀年》,在剪接之下,也已弄得面目全非了!

《史記》不信共伯和攝政的事,所以《衞世家》敘衞武公的人品性格,自無矛盾可言;如將《竹書紀年》、《魯連子》拉在一起說,矛盾就多了;如再取李先生解說《大叔于田》、《叔于田》等詩來看,矛盾又更多了。共伯和做了十四年的周天子,還政歸國,出外打獵。"他執着馬繮,就像拿着絲繩,兩匹驂馬跑得就像飛舞。老三(共伯和)在草叢裏,猛烈的火燃起來,裸着上身與老虎搏鬥,搏得的獸獻給了公。"(《大叔于田》篇的解釋,李著一四二頁。)"老三在郊野,巷子裏就沒有服馬,怎麼會沒有服馬呢? 沒有像老三那樣漂亮而武勇。"(《叔于田》篇的解釋,李著一四五頁。)李先生怕人不信,特地在中册卷首加了一段補述:

> 當初解釋這首詩(《叔于田》)的時候,只知道是讚美共伯和,實際的背景不得而知,去年世界少棒賽在美國威廉波特舉行,大家看七虎隊與賽的情形,公務員停止了辦公,商人停止了營業,工廠停止了工作,主婦停止了家務,……這時突然使我想起了"叔于田,巷無居人"、"叔于狩,巷無飲酒"、"叔適野,巷無服馬"的情景,原來人們都去看共伯和狩獵了。爲什麼呢? 共伯和原在周室執行天子的任務,實際也就等於天子,他的體力是襢裼暴虎(《大叔于田》語),人格是"如切如磋,如琢如磨";"如金如錫,如圭如璧"(《淇奧》語),深得人民的愛戴。現在他在行獵,還不舉國若狂,爭相去參觀嗎?

李先生從看少棒賽的萬人空巷情形,聯想到叔于田的熱鬧場面,很合情理。但是說這位"裸着上身與猛虎搏鬥"的老三,就是做了十四年周天子的共伯和,這就值得推敲了，想一想，他該多大年紀了？想一想，這種以武勇自炫，"暴虎馮河，死而無悔"的行為，與"如切如磋，如琢如磨"、"如金如錫，如圭如璧"的人品能否調和？李先生在《叔于田》篇的"詩義關鍵"裏引述了"共伯和有至德，尊之不喜，廢之不怒，逍遥得志于共山之首"之後，接着說："足證戰國、南北朝的時候，還知道共伯和的人品。"李先生可否解釋一下："逍遥得志于共山之首"的共伯和，和弒兄奪位的共伯和；有至德，尊之不喜，廢之不怒而南面稱王十四年的共伯和，和赤膊打虎以武勇自我炫燿的共伯和；如果說成是一個人，他的人品究竟是怎樣的？

總之，李先生在搜集資料，編敘人物故事的時候，似乎不太注意資料以及人事之間相互衝突的情形。李先生反對以前的《詩經》學者選取資料"有利時用，無利時不用"的態度，如果我們觀察李先生對資料處理的情形，恐怕也難免有這種現象吧！至於《竹書紀年》這部書，不僅資料駁雜，而且内容怪誕。如舜囚堯，啓殺益，太甲殺伊尹，文丁殺季歷（季歷是文王的父親，即王季），馬化爲狐，玉化爲蛾等，不是與正史相牴觸，就是與我們的常識相違背。如果有人對這部書表示一點懷疑，算不算是一種錯誤呢？進一步說，如果有一部論著以《竹書紀年》作爲全書網領來處理的，而且書裏又常常出現矛盾現象，那麼，若有人對這個論著表示一點懷疑，這懷疑的態度怎麼能說與科學的求證觀念相違背呢？

李先生在本刊（指《中國語文》——編者注）第三十二卷第四期答覆我的文章裏，引曹植、陶潛的詩來證明三良殉死，既忠且義，於是佐證"臨其穴，惴惴其慄"的不是三良，當是作者尹吉甫。李先生在這裏，抓住了"忠義"的論點，來維護自己的主張，但是曹植的詩說："秦穆先下世，三良皆自殘。"陶潛的詩說："厚恩固難忘，君命安可違。"這都是直接證明《黄鳥》篇的"穆公"是"秦穆公"，三良是殉葬穆公的三個人。在曹植、陶潛的腦子裏，如果有召穆公與三戰士征淮陣亡如李先生所說的那段故事，他們決不會只寫殉葬的三良，而忽視爲國捐軀、壯烈成仁的三良了！由此可知，遠在魏晉之世，人們只認《黄鳥》篇的"穆公"爲"秦穆公"。李先生如要一反舊說，就該找出直接歌頌召詩穆公與其三良的詩，才算有效。像李先生現在這樣的引證，只是增加了舊說的可靠性而已！至於李先生說"如趙先生所說'面臨其穴，恐懼戰慄'，這種窩囊廢，那稱得起良人！"、"殉葬的三良"，面臨死亡的威脅，如果他們"恐懼戰慄"，就不配稱爲三良，是"窩囊廢"；那麼，尹吉甫見到"死在戰場上的三良"，就恐懼戰慄，尹吉甫豈不更加是"窩囊廢"？這個窩囊廢之尤者，與李先生所描敘的南征北討、驍勇善戰而被譽爲"萬邦爲憲"的尹吉甫，能相配稱嗎？

李先生說："因爲他們是被人殺害，死得非常慘，所以使人有戰慄之感。"既說死在戰場，當然是被殺；刀槍相加，砍頭斬腰，哪有不慘的？尹吉甫既征戰四方，不知殺死了多少敵人，也不知犧牲了多少自己的弟兄，會對這三位戰士的死，感到特別恐懼戰慄嗎？李先生想用"死得非常慘"來強調自己的説理，不知古籍中哪本書有這樣的記載？如果提不出證據來，我們認爲仍只是李先生片面的設想而已。因爲既講科學方法，就該"無證不信"啊！

我很榮幸，得以多次向李先生請教，希望李先生不吝賜正！

（原載 1973 年 6 月《中國語文》第 32 期，第 45—51 頁。）

作者簡介：

趙制陽（1922—2020），浙江温嶺人。1949 年就讀臺灣省立師範學院。1954 年起任教新竹中學，1976 年退休後在明新工專擔任專任教授。他潛心研究《诗经》經年有餘，著有《詩經賦比興綜論诗》、《詩經名著評介》。

《竹書紀年》辨僞

謝德瑩

　　《竹書紀年》爲我國古代歷史之重要典籍。其書作於戰國時期,爲魏國之史書,頗記三代故實,乃至唐虞之事。以編年爲體,類於春秋。讀歷史概以古爲信,此書稍後於《春秋》,然《春秋》所記唯在魯隱公至魯哀公之間,《尚書》則以載言爲主,非以記事爲本。故此書於古史之考證,甚具價值。蓋戰國時期,各國皆有史,如《晉乘》、《楚檮杌》、《魯春秋》之類。而秦代焚書,尤忌國史,遂皆不傳。漢代重理經書,《春秋》以經得傳,諸史盡亡。而此書則爲《春秋》之外,今世唯一可見之古代史書矣!唯以秦代焚書,此書亦因以不見。漢司馬遷作《史記》,未見此書。晉以後,此書復出,其後唐宋人撰史,頗據以引證。尤以北魏酈道元注《水經》、唐司馬貞撰《史記索隱》徵引最多。

　　《紀年》既經秦火,世莫知之。晉代人發汲郡魏襄王冢,得見此書。以其爲竹簡書,而以編年紀事爲體,故稱《竹書紀年》,又以出自汲冢,亦名《汲冢紀年》,或簡稱爲《紀年》,又簡稱《竹書》。其事見於《晉書·束晳傳》所載:

　　　　初太康二年,汲郡人不準盜發魏襄王墓,或言安釐王冢,得竹書數十車。其《紀年》十三篇,記夏以來至周幽王爲犬戎所滅,以(晉)事接之,三家分,仍述魏事,至安釐王之二十年。蓋魏國之史書,大略與《春秋》皆多相應。其中經傳大異,則云夏年多殷;益干啓位,啓殺之;太甲殺伊尹;文丁殺季歷;自周受命至穆王百年,非穆王壽百歲也;幽王既亡,有共伯和者攝行天子事,非二相共和也。……武帝以其書付祕書校綴次第,尋考指歸,而以今文寫之。晳在著作,得觀竹書。隨疑分釋,皆有義證。

《晉書·王接傳》亦曰:

　　　　時祕書丞衞恆考正汲冢書未訖而遭難,佐著作郎束晳述而成之,事多證異義。時東萊太守陳留王庭堅難之,亦有證據,晳又釋難,而庭堅已亡。散騎侍郎潘滔謂接曰：卿才學理議足解二子之紛，可試論之。接遂詳其得失。

又《荀勗傳》則曰：

> 及得汲郡冢中古文竹書，詔勗撰次之，以爲中經，列在祕書。

是則竹書於晉太康中出自汲冢；由武帝詔付祕書，經衛恆、束晳、荀勗等撰次考訂，論辨疑難，列在祕書之經過。

又其時有杜預者，撰成《春秋左傳集解》，亦見竹書，遂以之比校《春秋》。其《集解後序》云：

> 太康元年，……乃申抒舊意，修成《春秋釋例》及《經傳集解》。始訖，會汲郡汲縣有發其界內舊冢者，大得古書，皆簡編科斗文字。……余晚得見之，所記大凡七十五卷，多雜碎怪妄，不可訓知。《周易》及《紀年》最爲分了。……其《紀年》篇起自夏、殷、周，皆三代王事，無諸國別也。唯特記晉國，起自殤叔，次文侯、昭侯，以至曲沃莊伯。莊伯之十一年十一月，魯隱公之元年正月也，皆用夏正建寅之月爲歲首，編年相次。晉國滅，獨記魏事，下至魏哀王之二十年，蓋魏國之史記也。……其著書文意，大似《春秋經》，推此足見古者國史策書之常也。文稱魯隱公及邾莊公盟於姑蔑，即《春秋》所書邾儀父。……諸所記多與《左傳》符同，異於《公羊》、《穀梁》，……雖不皆與《史記》、《尚書》同，然參而求之，可以端正學者。（按《杜序》魏哀王當爲襄王之誤。據《竹書紀年》魏惠成王三十六年改元，又十七年卒，子襄王立。《史記》誤以惠成王〔惠王〕後元爲襄王之世。而以襄王另作哀王之年。）

然則，此書蓋爲戰國魏之史記，正與《春秋》一類。且又溯記前代晉世，乃至三代之事，而起自夏朝者也。其所記多與《左傳》符同，可爲此書徵信。故或雖不皆同《史記》、《尚書》，而實可以參而求之，以端正學者。又原竹書本以科斗文書之，正是戰國文字，荀勗、束晳等撰次、考正時，乃以今文寫定之，遂傳於世。

今世吾人所見，有《竹書紀年》二卷，題爲梁沈約所注。然而此《紀年》及注，今人俱甚疑之，以爲非《晉書》及《杜序》所稱之《竹書》，亦非沈約所注，而疑出明人僞造，辨者頗眾。兹採輯諸家所説，益以管窺所見，將其疑點，類別條述於後，以證其僞。

壹、例證

一、歷代載籍著録,所稱不一:

1.前代史志著録卷數,代有不同

《隋書·經籍志》有《竹書紀年》十二卷。注曰:"汲冢書,並《竹書同異》一卷。"

《舊唐書·經籍志》、《新唐書·藝文志》並有《竹書紀年》十四卷。注:"汲冢書。"

《宋史·藝文志》有《竹書紀年》三卷,注"荀勖、和嶠編"。

據此,《宋志》、《紀年》卷數與隋、唐相去遠甚,或宋時此書已非原來面目,殘缺殆盡矣!

2.宋元人多未見《紀年》

崔述《考古續説·〈竹書紀年〉辨偽》云:

> 自宋元以來,學士皆不之見,疑其經唐末五代之亂而失之,僅於前人所徵引存千百之一二。

> 宋陳直齋《書録解題》編年類五十二種,無此書。

> 元馬端臨《文獻通考·經籍考》編年類五十一種,亦無此書。

錢大昕《十駕齋養新録》卷十三(下同)曰:

> 愚以爲是書必明人所葺。宋晁氏、陳氏、馬氏書目皆無此書。(按錢氏所云晁氏書目者,乃指晁公武《郡齋讀書志》。陳氏、馬氏書目則見前。)

《四庫提要》云:

> 邵子之學,無所不窺。而所推帝王年數,無不與《竹書》相左,絶無一言之考正。是又今本晚出,邵子未見之證。

按《提要》所稱邵子者,乃邵雍是也,所推帝王年數,見邵著《皇極經世》書。如推帝舜在位四十八年,《竹書》則記五十年。邵推帝禹十一年,《竹書》則載八年。邵推周武王在位七年,《竹書》則載十七年。而帝堯在位一百年,商湯二十九年,則二書所同。其餘諸帝年數,兹略不備述。又邵書亦載有帝堯以來諸帝即位之干支歲名,亦與《紀年》絶不相同。如邵書載堯以甲辰即位,《竹書》則云丙子;邵書載舜以丙戌即位,《竹書》則云己未;邵書帝禹元年癸酉,《竹書》則云壬子;邵書帝啓元年甲申,《竹書》則云癸亥。餘亦全然相舛。邵子考推歷代帝王年數甲子,若有古史紀年具在,豈有不參證之理? 既已不同,豈又無一言之考辨? 其孰是孰非,姑且不論,然邵子未見《竹書》,當無可疑。

然則宋、元人皆不見此書,迨乎今日,其書又現。而今本《竹書》總二卷。卷數既與前《志》不同,且又首尾俱全,是不知究爲何人撰集? 而究爲原書與否? 實堪置疑。

二、誤用後世稱謂、法制:

《竹書紀年》作於戰國時期,已如前述。則凡書中之稱謂、法制,亦當如戰國時人之習用。若其有出於後世之稱謂、法制,則當是出於後人之手。今本《紀年》有若此之誤者:

1.稱益爲伯益,蓋習於後世之稱謂:

今書夏啓二年云:"費侯伯益出就國";六年云:"伯益薨"。

崔述《考古續説》云:

> 經稱益未有冠以伯者。自班固誤以益爲伯翳,後人乃有稱爲伯益者。今云伯益,則是撰書者習於近世所稱,而不知秦、漢以前之語不如是也。其非原書之文,顯然可見。

2.今書以干支紀年,實乃後世之法制:

今本《紀年》凡帝堯以後,帝王即位,皆書甲子以紀其歲名。如"帝堯元年丙子"、"帝舜元年己未"、"帝禹元年壬子"、"帝啓元年癸亥"、"帝太康元年癸未"……等。而考之先秦載籍,但以干支紀日。若紀歲之例,或以事紀歲,如《左傳》襄公九年:"會于沙隨之歲";或以歲星紀歲,如《左傳》昭公八年:"歲在鶉火";或以歲陽歲名,如《呂覽·序意篇》:"維秦八年,歲在涒灘。"而絕無以干支紀年之例。

《四庫提要》曰:

> 考顧炎武《日知録》備論自王莽以前,古人不以甲子名歲,歷引《爾雅》、《周禮注》、《左傳》、《史記》、《呂氏春秋》、賈誼《鵩賦》、《漢書》、許慎《説文》,考據甚明。今本《竹書》不用歲陽歲名,而如後世題甲子,是即明人作僞,非汲冢舊文之證。

按顧炎武《日知録》之論古人不以甲子名義,徵引可謂廣博。而清人林春溥作《竹書紀年補證》四卷,其《竹書後案》則引《爾雅》有曰"太歲在甲"、"太歲在寅",而謂未嘗不以干支紀歲,乃稱元年必繫以甲子,此《紀年》之創例。愚以爲此論不免過於大膽。《爾雅》即有如此之文,而絕未見有合干支以名歲者,未可遽斷必有此法。且更謂《紀年》之創例,尤屬不可。然則凡有不合法度,皆謂之獨創一例,可乎?且《紀年》既創此法,豈後世絕無襲用?必歷二百餘年,至王莽始再用此法,遂大行其道乎?此論殊難採信。當仍以顧炎武之論爲準也。

三、今書體例不純:

凡著書,必有其編撰體例,首尾若一。若前後無準,則疑似雜碎拼湊,非出一人一時矣。然今本《紀年》則體例不一,同類之事,記與不記,殊無定準。

1.日食災異,或記或不記:

崔述《考古續説》曰:

> 凡災異記則當盡記之,否則概不之記。自夏、商逮西周,日食多矣,何以獨記仲康五年日食?然則是作者,見偽《尚書》有此事,故采而錄之,其餘不見經傳,故無從知之而錄之也。春秋時日食書於《經》者亦不乏矣,何以獨記平王五十一年日食?然則是作者,因日食在春秋之初,故憶而錄之,其他不復記憶,故無暇考之而錄之也。其非原書之文,顯然可見。

按今本《紀年》記災異者亦不乏。若日食,除上崔氏所引二條之外,又有幽王六年“冬十月辛卯朔,日有食之”一次。此亦見《詩·小雅·十月之交》篇:“十月之交,朔日辛卯,日有食之。”而據《唐書·曆志》推之,在幽王六年也。(見王國維著《今本竹書紀年疏證》)

雖云《紀年》古史,於撰書體例或有未備。然而於常見如日食之事,但記其見於經籍易於記憶者一二,固無怪其見疑於崔氏也。

2.諸侯之名謚、生卒、廢立,或記或不記:

崔述《考古續説》:

> 據《史記索隱》之文之義例推之,今書所漏者,蓋不可勝數。《燕世家》注云:“《紀年》:成侯名載”;《宋世家》注云“《紀年》作桓侯璧兵”;田侯剡之立,田侯午之生,皆見於《田完世家》注所引。度此書必不獨私此數人而詳之也。然則諸侯之名與謚,皆當有之,生、卒、廢、立,皆當載之。《晉世家》注云:“《紀年》云:‘魏武侯以桓公十九年卒。韓哀侯、趙敬侯並以桓公十五年卒。’”度此書必不於韓、趙獨載此二人之年也。然則韓、趙前後諸君之卒之年,亦必皆備列之。由是推之,《紀年》之文,蓋多且詳。其紀戰國之事,當與《春秋》相垺。而今書乃寥寥數語,年或一事,或無事,諸侯之名謚、卒年率略而不見。其非原書之文,顯然可見。

按今本《紀年》,自戰國以後,述事較繁於前,此亦理所當然。而亦有年無一事者。於諸侯之生卒廢立,亦不但如崔氏所舉,且又有如"鄭莊公卒"、"魯悼公卒"、"於越子無顓卒,是爲菼蠋茆,次無疆立"等。然而戰國以來,記事綦詳,是又不當諸多遺漏,是所以崔氏之致疑也。

3.或稱謚,或稱名,書無定準:

朱右曾《汲冢紀年存真‧序》云:

> 《紀年》本不講書法。故王季、文王亦加王號,魯隱、邾莊皆舉謚法。今本改王季爲周公季歷,改文王爲西伯,改許文公爲許男,改平王爲宜臼。可疑十也。

按不以死後謚法,作爲在世時記事之稱謂,此乃《春秋》書法,《紀年》未必從之,是朱氏所謂《紀年》不講書法者也。《後漢書‧西羌傳》注引《紀年》作"王季"("周人伐余無之戎,克之。周王季命爲殷牧師。")《通鑑前編》引《紀年》曰"文王"("周文王初禴于畢")。今本平王四十九年:"魯隱公及邾莊公盟于姑蔑"。此朱氏所稱加王號,舉謚法者也。此外,今本《紀年》猶有稱謚者,如"周襄王會諸侯於河陽"、"晉獻公朝王如成周"、"楚共王會宋平公于湖陽"等,蓋未及改者也。諸此體例、書法之不一,亦後世偽作之證。

四、本書之中有自相矛盾者:

本書之中,而有自相矛盾,則固非成於一時,蓋雜取拼湊,未及謀合之迹也。

1.周公後死而魯先廟祀:

朱右曾《汲冢紀年存真》序云:

> 自來簡册俱不詳周公薨於何年。今本于成王二十一年書周公薨於豐。而前此,成王十三年,書"夏六月魯大禘於周公廟"。豈有周公尚存而魯已立廟乎?

按此項舛誤,林春溥氏以錯簡釋之(見《竹書紀年補證‧竹書後案》)。然無論錯簡與否,其非原文必矣。林氏且推論魯大禘之文"必二十三年之錯簡",則全憑臆測,殊難信從。

2.諸事既皆已繫年,乃又注曰不知何年:

錢大昕《十駕齋養新錄》曰:

> 此書蓋採摭諸書所引,補湊成之。如"顯王十六年,秦伐韓閼與,惠成王使趙□(編者注:□"靈")破之",注云"不知是何年";又"三十一年,秦蘇胡帥師伐鄭,

532

敗蘇胡于酸水",注云"不知是何年,附此"(《水經注》所引無年);又"三十五年,楚得吾帥師伐鄭,圍綸氏",注云"不知何年,附此"(《水經注》引此條無年月);"赧王七年,翟章救鄭,次于南屈",注云"此年未的"(此《漢書》臣瓚注所引無年月)。如係古本如此,則《紀年》歷歷,何云未的,又云不知何年耶?

按錢氏所舉赧王,今本作隱王。所指顯王三十一年,秦蘇胡帥師伐鄭之文,乃重出,先已見於烈王二年矣。使今本確爲古本史書,何以一事重出?注既云不知何年,當非原來繫年之實也。

3.既已曰"王即位皆不書",又仍以周王世次繫年:

今本於周平王即位之下書曰:"自東遷以後,始紀晉事,王即位皆不書。"此正合杜預《序》所謂"無諸國別,惟特記晉國"。然而今本此下仍以周王繫年,何曾王即位皆不書也?反之,晉公即位,多不書之,但於周王之年下記晉公之年耳。於晉侯之廢立,亦未嘗差詳於別國。又何云始紀晉事耶?其自明義例,又絶不遵從,乃矛盾若此。

4.已繫某王之年,乃又稱"今王":

今本於慎靚王三年下云:"今王元年";隱王十六年下云:"王與齊王會于韓,今王終二十年。"豈有既已繫某王之年,乃又云"今王"之年,而異於所繫之年者耶?然則此年究爲慎靚王之三年乎?元年乎?蓋所謂"今王"者,非周王也,實魏之今王而未有謚號者也,亦即《杜序》所稱終於魏哀王二十年,《束晳傳》所稱魏襄王,或云安釐王者也。其隱王十六年"王與齊王會于韓",所稱之"王",亦魏之今王,而非周隱王也。是作僞者鈔襲他書所引,以魏國之史,繫以周王之年,故致舛誤如此也。

5.已繫周王之年,而又稱"周×王":

今本於襄王二十年書云:"周襄王會諸侯於河陽。"然既以事繫於周襄王之年,但稱"王"可也,何以又稱"周襄王"耶?文殊不類。是又鈔襲他書未及改寫牽合之證也。

五、與《束晳傳》、杜預《序》所言不合:

《束晳傳》與杜預《序》所述,皆汲冢書初出土時之所見,其所稱述,當爲《紀年》原文之面貌,無可置疑。而校之今書,多所不合。

1.二家皆謂《紀年》起於夏朝,而今本乃始於黃帝:

錢大昕《十駕齋養新録》曰:

> 《晉書·束晳傳》云:"《紀年》十三篇,記夏以來至周幽王爲犬戎所滅,以晉事接之(今本脱晉字)。三家分,仍述魏事,至安釐王之二十年。"據此,知《紀年》實始夏后。今本乃始於黃帝,亦後人僞託之一證也。

崔述《考古續説》曰：

> 據杜氏《春秋經傳後序》："《紀年》篇起自夏、殷、周，皆三代王事，無諸國別也。"今書乃起於黃帝，與《序》不同。或以荀勗述和嶠言，有"《紀年》起於黃帝"之語爲今書解，然使果起於黃帝，杜氏親見其書，何得謂之起自夏乎？杜氏之《序》與《春秋經傳》並傳，不容有誤；和嶠之言特出於荀勗之口，荀勗之言又僅見於《魏世家·注》所引，遞相傳述，安知其不失真？不得據此而疑《杜序》也。且又安知其非紀夏之事而追述黃帝以來，若《左傳》之於魯惠公、晉穆侯然者，而遂以爲起於黃帝乎？《晉書》亦云："《紀年》十三篇記夏以來"（按：見《束皙傳》）。今書之起黃帝，其非原書之文，顯然可見。

按《史記·魏世家·集解》："荀勗曰：和嶠云《紀年》自黃帝，終於魏之今王。"洪頤煊《校正竹書紀年·序》遂據以證今本，曰"或猶是和嶠所見之舊"。然考之《晉書·和嶠傳》，並未云嶠嘗典校《竹書》，而《荀勗傳》則稱"及得汲郡中古文竹書，詔勗撰次之，以爲中經，列在祕書。"又《隋書·經籍志》有云："太康元年，汲郡人發魏襄王冢，得古簡書……帝命中書監荀勗令和嶠撰次爲十五部八十七卷……"然則和嶠之撰次《竹書》，唯見《隋志》，且又與荀勗並提，荀勗之撰次《竹書》，猶見於《晉書》本傳，奈何荀勗反述和嶠之言爲信歟？而《史記集解》所引荀勗之言，又不知出自何處？是多重疑慮，殊難採信。何況束皙、杜預親見《竹書》，皆謂起自夏后，何以不信二家之説，反信輾轉傳述之言耶？

2.東周繫年本主晉主魏，而今本乃一貫主周：

《束皙傳》云："至周幽王爲犬戎所滅，以（晉）事接之。三家分，仍述魏事。"杜預《序》亦云："唯特記晉國，起自殤叔。晉國滅，獨記魏事。"二家所稱一致。亦合本書所言"自東遷以後，始紀晉事，王即位皆不書。"而今本於幽王以後，東周之世，仍用周王之年。前文所舉"今王"、"周襄王"稱號之異，蓋亦由此誤而生者也。

錢大昕《十駕齋養新録》曰：

> 《水經注》引《竹書紀年》之文，其於春秋時皆紀晉君之年，三家分晉以後，則紀魏君之年，未有用周王之年者。蓋古者列國各有史官，《紀年》之體，各用其國之年，孔子修《春秋》亦用其法。今俗本《紀年》改用周王之年，分注晉、魏於下，此例起於《紫陽綱目》，唐以前無此式也。況在秦漢以上乎？

《四庫提要》曰：

《水經注》引《竹書》七十六條，皆以晉國紀年，如《春秋》之爲魯史。而此本晉國之年皆附周下。

崔述《考古續説》曰：

據杜氏《序》云……，然則此書紀晉事必以晉紀年，紀魏事必以魏紀年明矣。故《史記索隱》引《紀年》文云："魏武侯二十一年，韓滅鄭，哀侯入于鄭。二十三年，晉桓公邑哀侯于鄭。"正與《春秋》以魯紀年者同。於他國事尚以魏年紀之，況魏事乎？今書概以周年紀之，而晉自觴叔以後，魏自武侯以後，但旁注其元年於周王之年下，與《杜序》所言者迥異。其尤不通者，《水經注》引《紀年》文云："惠成王如衞，命子南爲侯。"今采其文而係之於周顯王十九年之下，書云："王如衞，命子南爲侯。"不知所謂王者，周王乎？魏王乎？其非原書之文，顯然可見。

按《紀年》稱"王"稱"我"，本當指晉指魏，而以繫諸周王之年，乃誤若當指周甚多。如威烈王九年"楚人伐我南鄙"，我者，晉也；十八年"王命韓景子、趙烈子及我師伐齊"，烈王六年"趙成侯偃韓懿侯若伐我葵"，七年"我師伐趙"，我者，魏也。又顯王四年："王發逢忌之藪以賜民"，七年："王會鄭釐侯于巫沙"，此所稱"王"者，皆魏王也。計今本《紀年》，稱我者凡二十六見，除前述一次指晉外，餘皆指魏。稱"王"而非周王，實指魏王者，凡十見。又有直記魏事，而不稱國名者，如顯王四年："夏四月甲寅徙邦于大梁"、隱王九年"城皮氏"。又有云"來"，實來晉來魏者，如定王十八年"齊國佐來獻玉磬紀公之甗"，來獻于晉也。顯王十一年"鄭釐侯使許息來致地平丘户牖首垣諸邑及鄭馳地"，來致地于魏也。如此之文亦多，不及備舉。凡此皆見繫周年之誤。又校此繫王諸文之誤，乃誤於晉世者少，誤于魏世者多，愈至後王，其誤愈多。竟似作僞者，初頗有心於改定文字，以應周王繫年之例，後遂不勝其煩，直録其文繫至周王年下，乃致文意舛誤如此。豈可猶謂今本即古本乎？

3.原本《紀年》用夏正，而今本皆用周正：

杜預《序》云："莊伯之十一年十一月，魯隱公之元年正月也。皆用夏正建寅之月爲歲首，編年相次。"而考之今本，乃用周正。

崔述《考古續説》曰：

據杜氏《序》云……則是莊伯即位之年，先於《史記》二年，所紀之事，皆當先於春秋二月也。故晉以十二月朔滅虢，而卜偃謂在九月十月之交；絳縣老人以周三月生，而自言爲正月甲子。而左氏作《傳》，亦多采晉史之文，而未及改。故申生之殺,卓子之弑,《經》皆在春,《傳》皆在前年冬;韓之戰,《經》在九月壬戌,《傳》在七月壬戌。然則《紀年》之文亦當如是。今書,魯隱公之元年,乃莊伯之九年,與《史記》同。然則是作書者,采《史記》之文,而不知其與本書之年不合也。莊伯之世,仍以平王紀年。五十一年二月日食,三月王陟,與《春秋》同,然則是作書者采《春秋》之文,而不知其與本書之月不合也。

《四庫提要》曰:

> 《隋書·經籍志》曰:"《紀年》皆用夏正建寅之月爲歲首。"今本自入春秋以後,時月並與經同,全從周正,則非隋時所見本也。

《春秋》用周正建子之月爲歲首,《紀年》用夏正建寅之月爲歲首,故《紀年》記事皆當先於《春秋》二月。《左傳》采晉史之文,遂早於經二月,是其迹。而今本年月多同《春秋》,是抄襲《春秋》,而未審其夏正、周正差異之明證也。

又《史記·十二諸侯年表》,以魯隱公元年,當晉曲沃莊伯之九年,與《杜序》所言相差二年。而今本則同《史記》,是作書者抄襲《史記》,而不知其異於《紀年》本文也。

4."夏年多殷"之疑:

《晉書·束晳傳》云:"其中經傳大異,則云夏年多殷。"而今本《紀年》無此文。且總計夏代年數,亦不多於殷世。是異於《晉書》所云。有關夏、殷年數之疑,將辨於第八條。

六、參校前人徵引,多所不符:

《竹書紀年》自晉太康出土以後,頗見徵引。然考今書,與前人之所徵引,多有不符。或前人已引,而今書無之;或今書所載事實,異於前人所引;或有事實俱載,而其人有別;或人、事俱同,而《紀年》有異。兹分別述之於後:

1.前人已引,而今書無之者:

崔述《考古續説》云:

> 有采其文而缺焉者。如《史記·田完世家》注云:"《紀年》:宣公五十一年,公孫會以廩邱叛於趙,十二月宣公薨。"今書止有公孫之叛,而宣公薨無文,是也。

又曰:

> "據《史記索隱》之文,今書漏者甚多。《宋微子世家》注云:"《紀年》云:宋剔成肝廢其君璧而自立。"《趙世家》注云:"《紀年》云:召公子職於韓,立以爲燕

王";《田敬仲完世家》注云:"《紀年》:齊宣公十五年田莊子卒,明年立田悼子,悼子卒,乃次立田和";又云:"《紀年》:齊康公五年,田侯午生。二十二年,田侯剡立。後十年,齊田午弑其君及孺子喜而爲公";又云:"《紀年》:齊桓公十一年,弑其君母,宣王八年殺其王后",今書皆無此文。其非原書之文,顯然可見。

錢大昕《十駕齋養新録》曰:

《史記正義》引《括地志》云:"故堯城,在濮州鄄城縣東北十五里。《竹書》云:昔堯德衰,爲舜所囚也。又有偃朱故城,在縣西北十五里。《竹書》云:舜囚堯,復偃塞丹朱,使不與父相見也。"今《竹書》乃宋以後人所撰,故不取囚堯偃朱之説。

《四庫提要》曰:

郭璞注《穆天子傳》引《紀年》七條,以今本核之,相同者三條。璞稱《紀年》而今在注中者三條。璞時不應先有注,且三條併爲一條,文亦不屬。其穆天子見西王母,西王母止之曰有鴒人一條,今本無之,則非郭璞所見本也。……《水經注》引《竹書》……出公六年,荀瑶成宅陽;梁惠王元年,鄣師邯鄲,師次于平陽;魏襄王六年,秦取我焦;及齊師伐趙東鄙,圍中牟諸條,今本皆無,其他年月亦多舛異,則非酈道元所見本也。……《文選注》引《竹書》五條,今惟有太甲殺伊尹一條,則非李善所見本也。《開元占經》引《竹書》四條,今本皆無,則非瞿曇悉達所見本也。《史記索隱》引《竹書》……秦與衛戰岸門;惠王後元十一年,會齊于平阿;十三年,會齊于甄;齊桓公君母;齊宣王后;宋易成肝廢君自立;樗里疾圍蒲,七條,今本皆無,則非司馬貞所見本也。《穀梁傳》疏引《竹書紀年》周昭王膠舟之事,以駁《呂氏春秋》,今本但曰王陟,無膠舟事,則非楊士勛所見本也。《元豐九域志》引《竹書》陰司馬敗燕公子翌于武垣一條,今本亦無,則非王存所見本也。《路史》引《竹書》……梁惠成八年,雨骨于赤鞞,注又引夏桀末年社坼裂,今本並無,則非羅泌、羅苹所見本也。《戰國策》注引《竹書》魏救中山塞集胥口,今本無之,則非鮑彪所見本也。《廣川書跋》引《竹書》秦穆公十一年取靈邱,今本無之,則非董逌所見本也。

據此,則今本所脱漏者甚多。此外,亦有雖非前人直接徵引,然既據《紀年》而立説,則事當出於《紀年》所載,然今本並未見其事者。崔述《考古續説》有云:

據《史記索隱》之文推之,今書漏者尤多。《燕召公世家》注云:"王劭按,《紀年》:簡公後次孝公,無獻公";又云:"《紀年》:智伯滅在成公二年";《魏世家》注云:"《紀年》:魏武侯元年當趙烈侯之十四年";《田敬仲世家》注云:"《紀年》:梁惠王十三年當齊桓公十八年。後威王始見。"然則列國諸侯之年與世,及智伯之滅,皆當載於此書,然後可以考而知爲何君何年,而梁惠王之十三年必有齊威王事易見也。今書一概無之,彼司馬貞者何所據而推之歷歷如是哉?其非原書之文,顯然可見。

2.前人已引,而今書所載其事相違者:

錢大昕《十駕齋養新錄》曰:"《晉書‧束皙傳》稱《竹書》之異云:'益干天位,啟殺之。'《史通》引《竹書》云:"益爲后啓所誅。"(見《疑古》、《雜說》等篇)今本《竹書》云:'夏啓二年,費侯伯益出就國。六年,伯益薨。'與束皙、劉知幾所引全別。然則今之《竹書》,乃宋以後人偽託,非晉時所得之本也。"

崔述《考古續説》:

據《史記‧正義‧殷世家》注引《竹書紀年》云:"自盤庚徙殷至紂之滅,二百七十三年,更不徙都。"今書"武乙三年自殷遷於河北","十五年自河北遷於沫","文丁元年王即位居殷"。是都已三徙矣,張氏何以謂之更不徙都?且今書盤庚於十四年遷殷,歷十五年至二十八年而王陟,又歷十一君二百三十七年至紂五十二年而殷亡,共三百五十二年,其年數亦不合。其非原書之文,顯然可見。(按三百五十二年當爲二百五十二年之誤)

《四庫提要》云:

《史通》引《竹書》"文王殺季歷",今本作文丁。又引《竹書》鄭桓公厲王之子,今本錫王子多父命居洛在宣王二十二年,王子多父爲鄭公在幽王二年,皆不云厲王子,則知非劉知幾所見本也。(按《史通》引《竹書》當作"文丁殺季歷",舊本或謬作"文王"。今本《紀年》,則於文丁十一年書曰"王殺季歷"。)

《四庫提要》又云:

《史記索隱》引《竹書》:"晉出公二十三年奔楚,乃立昭公之孫,是爲敬公。"今本作"出公薨。"

538

按前人徵引之時，既明言出於《紀年》，而校之今本，事又不同，是可證今本非前人所見而徵引之本也。

3.前人已引，今書亦載其事，而人物有別者：

崔述《考古續說》云：

> 有采其文而誤焉者。如《晉世家》注云："《紀年》：夫人秦嬴賊公于高寢之上。"今書作大夫秦嬴是也。"

又曰：

> "《水經注》引《紀年》文云："惠成王如衛，命子南爲侯。"今采其文而係之於周顯王十九年之下，書云："王如衛，命子南爲侯。"不知所謂王者，周王乎？魏王乎？

按崔氏所舉，後者乃由繫周王之年以致誤，如此者尚多，已見前述，前者"夫人"、"大夫"之異，審其名曰"秦嬴"，或當以"夫人"爲是，蓋秦晉常相姻盟，而秦人嬴姓。又《史記·晉世家》文曰："幽公淫婦人，夜竊出邑中，盜殺幽公。"司馬貞《索隱》乃引《紀年》爲注可證。今書或以形近誤"人"爲"大"，又以"夫大"爲"大夫"也。

4.前人已引，今書亦載其事，而其年有別者：

崔述《考古續說》曰：

> 有采其文而年與之異者。如《韓世家》注引《紀年》文：韓滅鄭在魏武侯二十一年，晉桓公邑哀侯于鄭在魏武侯二十三年。今書滅鄭八年之後始邑哀侯于鄭，是也。

按《史記·韓世家·索隱》曰："《紀年》魏武侯二十一年，韓滅鄭，哀侯入於鄭。二十二年，晉桓公邑哀侯于鄭。"崔述以二十二年作二十三年，蓋所見本誤之，或傳刻之誤。今本《紀年》書"韓滅鄭，哀侯入于鄭"在周安王二十一年，當魏武侯之六年；書"晉桓公邑哀侯于鄭"在周烈王二年，當魏武侯十三年，其年次舛錯如此。蓋元本係魏武侯之年，其條文但作"二十一年"，作書者改以周安王係年，取其年次，而一時疏漏，乃直襲"二十一年"之文，忘其繫年已由魏王改作周王，遂致此誤也。

《四庫提要》曰：

> 《路史》引《竹書》周武王年五十四，辨武王年非九十三，今本乃作九十三。又

注引《竹書》夏后不降六十九年，證《世紀》五十九年之異，今本乃亦作五十九……則非羅泌、羅苹所見本也。（按《太平御覽》八十二引《紀年》亦作不降六十九年。）

又《史記·魏世家·索隱》引《紀年》："惠成王七年，公子緩如邯鄲以作難。"而今本《紀年》載此事於周烈王元年，當魏武侯之十二年。是今本《紀年》與前人所徵引，年次時有不同，其中或可推見作僞者抄襲他書以入《紀年》之迹，尤可以見淺人妄作，不知真《紀年》之證也。

七、今書抄襲他書之證：

1.抄自前人之所徵引

今本《紀年》記晉公、魏王事，既係於周王年下，而猶稱王、稱我；於周王年下而又稱周襄王，稱魏王爲今王；夫人秦嬴，誤作大夫秦嬴；魏武侯二十一年，誤作周安王二十一年，凡此種種舛誤，皆由抄襲疏漏致之，可由以見抄襲之迹，已如前述。

又有前人徵引，文字有誤，今本《紀年》從而抄襲，隨以致誤者，亦可以證其出自抄襲者也。如：

今本於周考王元年（當晉敬公十二年）書曰："魏文侯立"。按《史記·晉世家·索隱》引《紀年》："魏文侯初立在晉敬公十八年。"王國維校《竹書紀年》，而據《魏世家·索隱》引《紀年》之魏文侯、武侯之年數以上推，則文侯之立，當在晉敬公之六年。《晉世家·索隱》蓋以"六"字誤作"十八"二字。又周考王之元年，本當晉敬公十二年，而《紀年》原注誤作"十八年"（見明范欽訂《竹書紀年》）。是作書者見之，遂據《晉世家·索隱》之文，而繫入此年。亦可見作僞者誤認二"十八年"，遂牽合之，不知二者皆誤也。

今本於周安王十六年（當魏武侯元年）書曰："封公子緩"。按《史記·魏世家·索隱》引《紀年》："武侯元年，封公子緩。趙侯種、韓懿侯伐我，取蔡，而惠王伐趙，圍濁陽。七年，公子緩如邯鄲以作難。"觀本節下文"而惠王伐趙"句，則初云"武侯元年"當爲"惠王元年"之誤。《水經·沁水注》、《路史·國名紀》亦皆引《紀年》之載此事。唯《水經注》作"伐我葵"，《路史》作"伐我郟"。然"郟"即"葵"，《史記索隱》作"蔡"，蓋形近而誤也，其事則一，而二書之引皆作"梁惠成王元年"，可爲參證。而今本《紀年》據《史記索隱》誤作"武侯元年"之文，遂繫以在安王十六年之下，蓋襲其誤而不知。亦可證其非元本也。且"封公子緩"爲魏國事，今繫在周王年下，又不稱其國名，亦抄襲疏漏之處也。

其抄襲於前人徵引而有所疏漏，遂啓後人疑惑，從而辨之，明其抄襲致誤之由，乃可證其爲抄襲而來。然則其與前人徵引不乖者，或亦可能皆抄襲而來者也。

2.未見徵引而今書載記者，亦多抄襲他書

其見於前人徵引之舊文，作僞者固可抄襲之以入此書，已如前述。其未見徵引，而事實載於他書，作此書者亦可即採其事，拼湊而入此書。其痕迹亦歷歷可見。崔述、王國維二家，皆嘗逐條尋其來源，以明作僞之迹。

崔述《考古續說》曰：

> 不知何人淺陋詐妄，不自量度，采摘《水經》、《索隱》所引之文，而取戰國邪說、漢人謬解、晉代僞書以附益之，作《紀年》書二卷行於世：
>
> 禹受命於神宗及征有苗，本《僞尚書》；
>
> 帝乙命南仲西拘昆夷，城朔方，本《毛詩傳》；
>
> 周公復政成王，本《尚書·僞孔傳》；
>
> 禹殺防風氏，紂伐有蘇氏，獲妲己，俱本《國語》；
>
> 紂命九侯、周侯、刋侯，本《戰國策》；
>
> 桀囚湯於夏臺，紂囚文王於羑里，俱本《史記》。

王國維《今本竹書紀年疏證·序》曰：

> 乃用惠（定宇）孫（頤谷）二家法，一一求其所出，始知今本所載，殆無一不襲他書。其不見他書者，不過百分之一，又率空洞無事實，所增加者年月而已。且其所出本非一源，古今雜陳，矛盾斯起，既有違異，乃生調停。紛糾之因皆可剖析。

按王氏所稱古今雜陳，乃生調停云云者，尤見於三代年數之疑。

八、夏、商、西周三代年數之疑：

今本《紀年》於三代帝王之傳位世數、在位年數記載甚明。每王即位皆以甲子紀其歲，亦可以參證其傳世年數。又於三代之末世帝王滅國時，皆總計其年數。然此三代之年數，亦頗可疑。茲分別辨之如下：

1.夏代年數：

今本《紀年》，於帝癸（桀）三十一年“放桀於南巢”之後書曰：“自禹至桀十七世，有王與無王用歲四百七十一年。”注：“始壬子，終壬戌。”

按王國維計夏后十七世之君年數得三百七十三年。然則無王之歲當爲九十八年。帝少康於二十一年陟，則少康陟時當爲百二十歲。王國維以爲此事難以徵信。然以歲名考之，諸帝多於三年除喪始即位，故不可但以在位年數以計其總年。

又原注"始壬子,終壬戌",此亦合《紀年》所載"禹元年壬子",及帝癸即位、在位之年數。則其間凡四百三十一年,而無王年數亦當計在其中。是猶未及"四百七十一年"之數。然據前文所辨,甲子名歲之例,本不當見於三代。則此甲子歲名,必爲後人所推。邵雍亦嘗步算三代年數歲名,與今本《紀年》大相逕庭,亦如前述。是此歲名實未足以爲算定年數之依據也。

又今本《紀年》於禹之八年書曰:"秋八月,帝陟於會稽",王國維統計夏代年數亦據此年數。然此條下又云:"禹立四十五年"(此條亦見於《太平御覽》八十二所引),是又不知何意?則禹在位究八年乎?四十五年乎?真不知何準也。斯亦可見今本撏撦舊文,雜錯無倫,必非原本面目也。

2.商代年數

今本《紀年》載:"帝辛(受,或紂)五十二年庚寅,周始伐殷。"末書曰:"湯滅夏以至於受,二十九王,用歲四百九十六年。"注:"始癸亥,終戊寅"。

然考今書列王三十,與《史記·殷本紀》、《三代世表》所列諸王正相同。唯《三代世表》書曰:"從湯至紂二十九世。"與紀、表所列次互異,或非原文,或爲計數之誤。此今本《紀年》竟又承其誤筆,而與本書不合。

計原注始癸亥、終戊寅之年數,恰爲四百九十六年,合於前述計年。然而計湯癸亥即位及受五十二年庚寅周始伐商(此年正合《唐書·曆志》所引《紀年》,亦合受元年已亥即位之數),則當爲五百八年。王國維以諸帝積年計之,亦同此數,並與今本所書都數不合。王氏之論曰:"以湯元年爲癸亥,本於《唐書·曆志》張說《曆議》,而以周始伐商爲庚寅,則本《曆議》所引《紀年》,二者本不同源,是故與此《紀年》之計年不合也。原注見其不合,乃改庚寅爲戊寅,以合四百九十六之數,不知却又與積年與歲名相齟齬也。"(見《今本竹書紀年疏證》)

姑不論原注之誤改。就本文而論,是世數不合列王,計年又不合歲名與諸王之積年也。又不論何説,其年數皆不合《束皙傳》"夏年多殷"之文,是又可疑。而師範大學吳璵先生撰《〈竹書紀年〉繫年證僞》一文(載《師大國文研究所集刊》第九期),嘗據卜辭考商之世數,以爲當在三十六世以上,非如今説之二十九世或三十世也。

然則,《竹書》之甲子既爲後人所加,不足據論,商之世數又有脱誤。實以上古政簡,史載未周。即或録記,而殘編斷簡,殊難考定,其文之歷歷者,實難以徵信。如諸帝年數,當亦非古文原有,即或有相合之處,亦有意牽合者也。是二代之世數、年數,固已不可考而確知。今本《竹書》歷歷言之者,皆出於僞造也。

3.西周年數:

今書曰:"武王滅殷歲在庚寅,二十四年歲在甲寅,定鼎洛邑,至幽王二百五十七年,共二百八十一年。自武王元年己卯至幽王庚午二百九十二年。"

按夏、商二代計年之例,皆就禹、湯即帝位之年起,至二代之滅,總計其數。此西周之年,獨又記定鼎洛邑之歲,又計武王元年之歲,殊爲不倫。

王國維《今本竹書紀年疏證》云:

> 《史記・周本紀・集解》引《紀年》:自武王滅殷,以至幽王凡二百五十七年。《通鑑外紀》引《汲冢紀年》:西周二百五十七年。此二百八十一年與古《紀年》不合,乃自幽王十一年逆數至其前二百五十七年,以此爲武王定鼎洛邑之歲,以與古《紀年》之積年相調停。蓋既從《唐志》所引《紀年》以武王伐殷之歲爲庚寅,而共和以後之歲名又從《史記》,無怪其格格不入也。

然則,是其積年(二百五十七年)與歲名(庚寅至庚午計二百八十一年)不符,乃倡以定鼎洛邑之年計之,而又與古《紀年》"自武王滅殷以至幽王凡二百五十七年"之文牴捂。朱右曾氏曰以《魯世家》推之,當爲二百七十五歲,而以爲今本《史記集解》引作二百五十七年乃傳刻之譌(見《汲冢紀年存真》)。然《通鑑外紀》所引《紀年》亦作二百五十七年,亦傳刻之譌耶?且即以二百七十五年計之,亦不合本《紀年》。是真無以爲解者矣!究其因,仍由於歲名乃後人所推,而推定者不一,取此接彼,遂致扞格。斯王國維所云"古今雜陳,矛盾斯起,既有違異,乃生調停"者也。以其"紛糾之因,皆可剖析",乃更可證其抄襲拼湊以成此書也。

九、沈約注之疑:

今本所傳《紀年》,題沈約所注。然此注亦見疑於後人,當亦出於僞託。

錢大昕《十駕齋養新錄》曰:

> 裴駰《史記集解》於《夏本紀》引《汲冢紀年》云:"有王與無王,用歲四百七十一年矣。"於《殷本紀》引《汲冢紀年》云:"湯滅夏以至於受二十九王,用歲四百九十六年也。"此二條今本《紀年》俱在附注中。相傳附注出於梁沈約,而《梁書》、《南史》約傳俱不言曾注《紀年》。《隋・經籍》、《唐・藝文志》載《紀年》亦不言沈約有附注,則流傳之説,不足據也。裴氏生於休文之前,其注《史記》已引此交,則此語不出休文明矣。裴氏不云《紀年》有注,則此兩條者,實《紀年》正文,未嘗別有注也(附注多采《宋書・符瑞志》,《宋書》約所撰,故注亦托名休文,作僞者之用心如此)。

按錢氏之辨注不出沈約,其説甚是。唯以約不注《紀年》,則曰未嘗有注,而云此兩條實《紀年》正文,則又不盡然。蓋此二條乃總計夏、商二代之年數,本不同於記事,且商二十九王、四百九十六年之計數,亦有可疑,已見前述,此不當爲《紀年》本文所原有。或乃晉世書出,撰次時所加者也。

《四庫提要》曰:

> 又所注惟五帝、三王最詳,他皆寥寥。而五帝、三王皆全鈔《宋書·符瑞志》語。約不應既著於史,又不易一字移而爲此本之注。然則此注亦依託耳。

然則此注固不當出於沈約。此外,又有小字夾行之注,未題何人之作。據其文字,亦託名沈約,而考其地名,當亦出於沈約之後。

《四庫提要》又曰:

> 沈約注外又有小字夾行之注,不知誰作。中殷小庚一條稱:"約案《史記》作太庚",則亦當爲約説。考《元和郡縣志》魏武定七年始置海州,隋煬帝時始置衛縣,而注"舜在鳴條"一條,稱"今海州";夏啟十一年放武觀一條,稱"今頓丘衛縣",則非約語矣。

按王國維撰《今本竹書紀年疏證》,尋各條之出所,究其注文,除多出《宋書·符瑞志》外,亦有取《左傳》、《國語》、《楚辭》之文者,蓋皆掎撦舊文爲之。如《四庫提要》所據,既有出沈約以後地名,非約注必矣。

貳、綜論

總上所列,今本《竹書紀年》之出於僞造,殆無可疑。然亦有信之不移,力爲辯説者。兹舉其要,並論其説。

林春溥撰《竹書紀年補證》四卷,其《竹書後案》論辯今書,以爲"《竹書》之出,其定之非一人,則傳之非一本。"故諸家所引多不同。又曰"竹書初出,多爲發冢者所散亂,間遭焚毀,……故訛脱顛倒間或有之。"其年事不相符,及周公未薨而魯廟祀之類,皆屬此故。於《晉書》、《隋志》,乃至《宋志》、今本之卷數懸殊,則釋之以"繁簡不倫,宜多脱落",而肯定曰"《紀年》未經後人修輯",且曰"其書法皆依古簡本文,無所改竄"。於今本一貫以周紀年,則曰:"晉滅而魏興,以魏繼晉猶可也,周方盛而晉封,不可以晉繼周也。"

按此説亦似是而非。林氏所舉諸家所引不同,乃至一人所引而彼此不同者,皆其事相同,而其文或稱年有異。如《魏世家·索隱》引作惠王二十八年,《田世家》引作威王十四年,如此者蓋各以其王之年爲説也;如“二十六年”或作“三十六年”之異,蓋傳寫之誤也;如“王師”或作“周師”,蓋稱謂之異。由此,或可證引《紀年》者,未必全録本文,不改一字,不可即謂傳非一本。而前列諸條例證,皆諸書所引與今書不合,未云諸書所引不同,以證今本之妄者也。且《晉書》云:“武帝以其書付祕書校綴次第,尋考指歸,而以今文寫之。”“詔勖撰次之,以爲中經,列在祕書。”事由朝廷所指定,雖經荀勖、和嶠、衛恆、束晳多人參預其事,乃至王庭堅辨難,束晳釋難,王接詳其得失,然殘簡之校理,容或有疑難,而未得人定一本,何得云定非一人、傳非一本邪?又諸家所考今本,以三代王事,失之過詳,啓人疑惑,尤以紀事繫年,考之《春秋經傳》,謬誤百出,何得云但有脱落,未經修輯邪?至講書法,欲蓋彌彰,已如前述,乃又曰無所改竄邪?林氏且謂今本書法,至平王以後遂薨卒無定例,乃曰果爲明人所輯,“則筆削由我,何難自立義例,歸於畫一,乃爲此乖舛乎?”此説亦不通於理。蓋作僞之人,乃僞擬他人之作,非自撰其書,豈又可筆削由我自立義例哉?必始有所本,心勞力拙,而挂漏自見也。其平王以後,於時爲近,而舛誤轉多,正作僞而力疏之證也。所謂“周方盛而晉封,不可以晉繼周”,斯又不通。《紀年》魏史,魏先則晉世,以魏前推,必屬之晉。既晉已封,固當主晉。《春秋》魯史,正當《紀年》晉世之時,《春秋》以魯編年,《紀年》固當以晉編年,何必一貫紀周年哉?

　　林氏又引證《竹書》之不得爲後人所能僞者,及《紀年》之可以訂史之誤者數例,極力辯證《竹書》之非出僞造。案此皆誤以今本、古本合爲一談所致。蓋古非無《竹書》,唐、宋人所引者,正所見《古本竹書》也。唯宋以來,已亡佚殆盡。今本之首尾俱全者,蓋出明人僞輯,實亦有《竹書》原文存焉,其來源多由前人引述所輯,王國維考之詳矣,非謂今本全出虛構也。其頗有可信者,孰云不當?

　　又有雷學淇撰《竹書紀年義證》四十卷,依杜預《序》、《束晳傳》之言,改今本一貫以周王紀年之誤,以晉殤叔承周宣王,以魏武侯承晉烈公之後,其他記事繫年悉依今本。又據徐圃臣(發)《天元曆理》之説,證《紀年》所載,謂“以其法推之,帝堯以來,甲子朔食,無不符驗”。且徵《素問》、《史記》年表,緯書蔀首皆以干支紀歲,謂其法由來已久,以證今本之不妄。其繁徵博引,言之鑿鑿,似若不可不信。然師範大學吳璵先生取《黄帝》、《殷》、《周》、《魯》、《三統》、《四分》、《大衍》諸曆,按其積日閏餘步算氣朔,就《紀年》年次具駁二十條,成《〈竹書紀年〉繫年證僞》一文(載《師大國文研究所集刊》第九期),以辨雷説所據曆法之謬。又明《素問》多出王冰補綴;緯書大抵漢代纂録,復有後世增羼;《史記》年表所載甲子皆後人注釋,非史公原文,確論先秦絶無干支紀歲之例。則《紀年》干支紀歲,實不足信。然則雷學淇之證《竹書》,又屬虛言矣。

洪頤煊校《竹書紀年》,嘗引和嶠之説,以證今本始於黄帝之不妄。其説已見前述。洪氏又引郭璞注《山海經》所引《竹書》有夏以前事:"昌意降居若水産帝乾荒","顓頊産伯鯀是維若陽",以證今本乃郭璞所見,而謂當時傳寫各異。然審《晉書》、《隋志》,當時由帝下詔撰次,則必有定本。杜預所見,及《束晳傳》所言起自夏代者,必當時定本。而或有若干爐餘殘簡無法撰次者,乃别爲《同異》一卷,是所以《隋志》載汲冢書十二卷,並有《竹書同異》一卷者也。而《晉書·束晳傳》所言十三卷者,或亦由此故。然則晉以來所傳正本,當起自夏代,而夏以前事,或如前論,乃後文追記,或爲《竹書同異》之文亦未可知。而作僞者見有五帝事,遂總而録之。又以五帝事尠,乃取後世史書所記雜入,妄繫以年,而成今本之《竹書紀年》也。

然則,古本《竹書紀年》歷秦、漢不見,晉太康復出,遂爲諸家所徵引以證古史,及宋又亡。後世又現者,乃出於僞託,殆可爲確論。然亦有併古本《紀年》一概致疑,以爲出於束晳僞造者。

王鳴盛《十七史商榷》曰:

> 《竹書紀年》云是晉太康二年汲郡人不凖盜發魏襄王冢所得,見《晉書·束晳傳》。今觀本書,起自黄帝軒轅氏,於五帝、三王紀事皆有年月日,立年崩年,歷歷言之,可謂妄矣。必是束晳僞譔也。司馬子長見黄帝以來牒記,又見《世本》,而不敢著其年,安得此書若是之歷歷明審?又《晉書》云:"凡十三篇,記夏以來至周幽王。"今起黄帝,則今本恐非元本。必又遭後世妄人增益。又有沈約注,《約傳》並不言有此注,亦出流俗附會。胡三省《通鑑注》自序乃言《紀年》是魏史記,脱秦火之厄,而晉得之,子長不及見,又可謂愚矣。

察王氏所以致疑於《紀年》者,以"司馬子長見黄帝以來牒記,又見《世本》,而不敢著其年",今《紀年》於五帝、三王立年崩年及記事之年月日乃歷歷言之,故疑其妄。殊不明今之歷歷者,實出後人僞造。古本《紀年》實有其書,而不如今本之明著年月日也。王氏豈不亦云"今本恐非元本"歟?奈何竟以今本之明著年月,而遂疑古本出於束晳僞譔邪?且束晳、荀勖之受詔撰次,以今文改寫科斗文,明載於《晉書》,同時杜預亦親見之,焉得出於束晳所獨自僞撰?且發魏襄王冢所得古本竹簡書,不僅《紀年》,杜預《序》所謂大凡七十五卷,其最爲分了者,猶有《周易》,豈又出於何人爲僞撰耶?司馬遷雖爲史官,頗見館閣祕笈,然畢竟出於秦火之後,西漢經學初治,史學未倡,且古史資料當尤爲秦皇所忌,諸侯史書一併銷亡。魯史《春秋》以經書復理於西漢,魏史記以埋冢得存,發冢乃出,亦理之常。亦猶殷墟之甲骨,歷三千餘年後始得出,豈得以前人未見遂疑之耶？王氏云謂"《紀年》是魏史記，脫秦火厄，而晉得之，子長不及見"者爲愚，不知未明今本之異，一併總疑古本，亦可謂愚矣。

梁啓超《中國歷史研究法》曰：

> 啓殺益、太甲殺伊尹兩事，後人因習聞《孟子》、《史記》之説，驟睹此則大駭。殊不思孟子不過與魏安釐王時史官同時，而孟子不在史職，聞見不逮史官之確；司馬遷又不及見秦所焚之諸侯史記，其記述不過踵《孟子》而已，何足據以難《竹書》？而論者或因此疑《竹書》之全僞，殊不知凡作僞者，必投合時代心理，經漢、魏儒者鼓吹以後，伯益、伊尹輩早已如神聖不可侵犯，安有晉時作僞書之人乃肯立此等異説以資人集矢者？實則以情理論，伯益、伊尹既非超人的異類，逼位謀簒，何足爲奇？啓及太甲爲自衞計而殺之，亦意中事。故吾儕寧認《竹書》所記爲較合於古代社會狀況。《竹書》既有此等記載，適足證其不僞，而今本《竹書》削去之，則反足證其僞也。

梁氏以社會狀況、人情常理及作僞者之心理以論其事實，堪謂達者之言。又如今本《紀年》託爲沈約注者，於"伊尹放太甲而自立"下云："約按伊尹自立蓋誤以攝政爲真耳"；又於"太甲殺伊尹"下云："約按此文與前後不類，蓋後世所益。"此亦受後世儒教影響，而欲爲解脱者也。愚謂吾人讀書，欲究其真，固不可以古本《紀年》之異於通習舊聞，遂疑其完全出於僞撰也。

朱右曾氏鑒於今世傳本之僞妄，乃輯録北宋以前諸書所引《竹書紀年》之文，據杜預《序》之言，從夏、商、西周，宣王之後，以晉殤叔、文侯接之；晉烈公之後，以魏武侯接之，至魏之"今王"（魏襄王）爲斷，纂爲《汲冢紀年存真》二卷，以別僞本。雖云其不見徵引者，則無由以録，則所輯必非全本。然《紀年》之本來面目，吾人於今乃得觀其大較矣。

王國維又因朱氏之書，更成《古本竹書紀年輯校》一卷，明其輯處，辨其疑異、隱括，或原注之誤入正文者。又附無年世可繫者二十九條。則古本《竹書紀年》之可見於今者，盡入此矣。如朱、王二氏，可謂《紀年》之功臣也。

唯古本《紀年》亦有後人簒入者。如"帝堯元年丙子"一條，出《隋書·律曆志》及《路史·後紀·注》所引（《隋志》所引丙作景，乃避唐諱。《路史·注》無帝字）；周武王"十一年庚寅，周始伐商"一條，見《新唐書·曆志》所引。干支紀歲，不當出於《紀年》，已如前述，則此二條之甲子歲名，當爲後人竄入。或晉時撰次《竹書》，即以後世甲子紀歲之法歷推紀年歲次，後人遂有以之誤入正文者。唯僅此二條，亦不足遽以疑《竹書》也。

參考書目

《史記三家注》	漢司馬遷撰 宋裴駰集解　唐司馬貞索隱 唐張守節正義	明倫出版社
《後漢書注》	唐李賢注	明倫出版社
《晉書》	唐太宗御撰	商務印書館,百衲本廿四史
《隋書》	唐長孫無忌等撰	商務印書館,百衲本廿四史
《舊唐書》	後晉劉昫撰	商務印書館,百衲本廿四史
《新唐書》	宋歐陽修撰	商務印書館,百衲本廿四史
《宋史》	元脱脱等修	商務印書館,百衲本廿四史
《左傳會箋》	晉杜預集解　日本竹添光鴻會箋	廣文書局
《史通通釋》	唐劉知幾撰　清浦起龍釋	中華書局
《路史》	宋羅泌撰　羅苹注	商務印書館,四部備要本
《通鑑前編》	宋金履祥撰	元刊本殘存四卷
《資治通鑑外紀》	宋劉恕編集	商務印書館,四部叢刊初編
《太平御覽》	宋李昉等編集	新興書局
《四庫全書總目提要》	清紀昀等編	商務印書館,國學基本叢書
《皇極經世書》	宋邵雍撰	商務印書館,四部備要本
《十駕齋養新錄》	清錢大昕撰	商務印書館,四部備要本
《考古續説》	清崔述撰	藝文印書館,百部叢書集成
原抄本《日知錄》	清顧炎武著	粹文堂
《古今偽書考》	清姚際恆著	開明書局
《十七史商榷》	清王鳴盛撰	乾隆五十二年洞涇草堂刊本
《中國歷史研究法·竹書紀年》	梁啓超撰	商務印書館,人人文庫
《竹書紀年》	明范欽訂	商務印書館,四部叢刊初編
《竹書紀年》	清洪頤煊校	商務印書館
《竹書紀年補證》	清林春溥撰	道光庚子竹柏山房刊
《竹書紀年辨證》	清董豐垣撰	吳興劉氏嘉業堂刊本

续表

《竹書紀年集證》	清雷學淇撰	藝文印書館
《汲冢紀年存真》	清朱右曾撰	新興書局
《古本竹書紀年輯校》 《今本竹書紀年疏證》	王國維撰	藝文印書館
《竹書紀年繫年證偽》	吳璵撰	《師大國文研究所集刊》第九期

（原載 1977 年 5 月《臺北市立女子師範專科學校學報》第 9 期,第 131—151 頁。）

作者簡介:

　　謝德瑩(1906—2000),女。臺灣學者,任教於臺北市立師範專科學校。研究專長爲中國文學、儒家禮學。著有《儀禮聘禮儀節研究》、《平山冷燕》(合著)。

《竹書紀年》與商周年代[*]

[美]吉德煒　著　杜小亞　譯

　　被西方史學家稱之爲《竹書紀年》的是一部内容浩繁而残缺破損的編年史,它記述了從傳説的帝王時代直到公元前299年之前的重要事件,其中經歷了夏、商、西周各朝、晉國,及其後的魏國。它與《穆天子傳》、卜筮類典籍和其他周代典籍一起葬於魏王墳墓,約在公元281年被盗墓者發現,於是他們點燃竹簡作爲火把照明,開始了盗掘。[①] 原書失傳於兩宋之際。朱右曾[②]和王國維[③]努力收集宋以前的各種典籍和注疏所保留的《紀年》文字,使原書部分内容得以恢復。這個輯録本被稱爲"古本"《竹書紀年》,它保留了公元三世紀發現的残存原本,除了少數的例外。[④] 現行的"今本"《竹書紀年》是宋代以後的人僞造的,理雅各英譯本收於《中國經書》第三册的序言部分。或許由於僞造者無法接觸到原本的文字,所以《今本》的有些記載違異於《古本》。[⑤] 當

---

　　* 本文的初稿曾提交美國東方學協會西方分會第25屆年會發表(該年會於1975年3月22至23日在斯坦福大學舉行)。

　　① 關於魏王墓的發現和年代,以及魏王的身份,參見吴士鑑、劉承幹注:《晉書斠注》(北平:1928年),卷3,第30a—b頁;卷51,第29a—34a頁;理雅各譯:《中國經書》,第三册《書經》(1893年;香港:香港大學出版社,1960年重印)"前言",第105—107頁;沙畹譯:《史記》(巴黎:歐内斯特·勒魯出版,1895年),卷1,第CLxxxix頁,注1。

　　② 朱右曾:《汲冢紀年存真》1846年版;臺北:新興書局,1959年重印。

　　③ 王國維:《古本竹書紀年輯校》,見《學术叢編》卷15(1917年3月);又見姬佛陀編:《廣倉學宭叢書甲類》(上海:倉聖明智大學,1917年重印),卷23;另載《海寧王靜安先生遺書》(長沙:商務印書館,1940年),卷36;楊家駱編《竹書紀年八種》(臺北:世界書局,1963年)。

　　④ 如"帝堯元年丙子","武王十一年庚寅,周始伐商"。(范祥雍:《古本竹書紀年輯校訂補》,上海:人民出版社,1962年,第6、24頁;我在本文中引用的此書重印於《竹書紀年八種》,見上注釋3所引。)由於直到漢代才开始用干支紀年表示年份,因此"丙子"和"庚寅"這些日子應該至少在《竹書紀年》散佚之前已被人改動過。新城新藏在《東洋天文學史研究》(京都:弘文館,1928年,第147—152頁)中指出,庚寅是唐代的一行加上去的。參見周法高:《西周年代考》,《香港中文大學中國文化研究所學報》第四卷,第一期(1971年),第175頁。

　　⑤ 高本漢:《殷代的武器和工具》,《遠東古物博物館館刊》,第17期(1945年),第115頁。

然,《今本竹書紀年》的某些條目因後來被證明存在於原本之中,或許有一定的史料價值。① 但是接下來我將討論的只限於《古本竹書紀年》。

現代史學家在討論商和西周年代時,經常提到《古本竹書紀年》中的兩種説法。第一種説法是,"自盤庚徙殷,至紂之滅,773 年"(原文如此,但通常作 273 年)。學者們因此將盤庚遷都的時間定爲公元前 1300 年。② 第二種説法是,"自武王滅殷,以至於幽王(公元前 781—前 771 年),凡 257 年",高本漢等學者由此得出這樣的結論,即作爲西周元年,"(前)1027 年肯定是我們所能得出最準確的一個年份","這個年份並非虛構,它相對而言是有據可查的"。③ 根據沃森的説法,"(前)1027 這個確切的年份仍然被大多數學者所接受,認爲那是商朝滅亡的時間。這種説法得到了北京考古研究所的認可和曆法計算的支持"。④ 即使不接受這個年份的學者也認爲有必要對《紀年》中的年份做出具體的反駁。⑤

我想在本文提出,如此强調將《紀年》作爲商周年表的材料來源可能並非正確。(我認爲"可能"用在這裏是恰當的,因爲健全的史學實踐需要我們對任何可能性進行評估。)我曾在其他地方指出,由於文獻流傳之誤,我們無法採用上述有關盤庚至帝辛年代的第一種説法。⑥ 更全面地説,正如我將在此論證的那樣,《紀年》的文本內容表明,其作者無法獲得構建可靠年表所需的商朝或周初的材料。無論所流傳的年代數據是否準確,問題主要在於,或許沒有任何文獻流傳是可靠的。

學者們之所以依據《古本竹書紀年》是因爲它撰於公元前三世紀,"當時封建王室依然擁有世系表,並極爲恭敬地將其保存在宗廟中。首先……作者一定非常瞭解周王

① 參見賈德納:《中國史學史》(劍橋:哈佛大學出版社,1961 年),第 8 頁,注 1。楊樹達在《竹書紀年所見殷王名疏證》(《積微居甲文説》,北京:中國科學院,1954 年,第 35—39 頁)中指出,《今本》"所記殷王名,或見於傳記,或見於卜辭,知其當有所本"。但是我認爲他的解釋頗具推測性。

② 例如,高本漢:《殷代的武器和工具》,第 121 頁;何炳棣:《東方的搖籃:前 5000 至 1000 年華夏技術及理念本土起源的探索》(香港:中文大學出版辦公室暨芝加哥:芝加哥大學出版社,1975 年),第 3、11 頁。

③ 高本漢:《殷代的武器和工具》,第 120 頁。參見何炳棣:《東方的搖籃》,第 2 頁:"在通常理性的知識氛圍中,這部重要的晚周著作所給出的周朝年表的準確性應該是毋庸置疑的。事實上,甚至有理由相信其中關於商朝後半期年表的真實性……"

④ 威廉·沃森:《中國古代青銅器》,第二版,(倫敦:費伯出版社,1977 年),第 15 頁。"日曆計算"參考了德效騫的《安陽和中國的月食經典,公元前 1400 年至公元前 1000 年》,《哈佛亞洲研究學報》第 10 卷,第 2 期(1947 年),第 162—178 頁。公元前 1027 年這個年份已被正式教科書接受,或至少引用,例如,賴肖爾、費正清著:《東亞:偉大的傳統》(波士頓:霍頓·米夫林出版公司,1960 年),第 49 頁;穆四基主編:《中國文明簡介》(馬薩諸塞州列克星敦:丹尼爾·科拉莫爾·希斯出版公司,1973 年),第 17 頁;艾伯華:《中國史》,第四版,修訂版(倫敦:勞特利奇出版公司,1977 年),第 23—24 頁。

⑤ 例如,巴納:《書評論文:周鴻翔〈商殷帝王本紀〉》,《華裔學志》,第 19 卷(1960 年),第 486—515 頁。

⑥ 吉德煒:《〈東方的搖籃〉:補充評論》,《早期中國》,第 3 卷(1977 年秋季),第 55—56 頁。

宗室的史料,甚至也諳熟商殷王朝的详情,因爲直到公元前 286 年宋國滅亡,殷商世系表一直由其後裔、即宋國諸侯所保存"。① 此外,在《古本竹書紀年》中發現的商王世系已被甲骨文普遍證實,這也説明了原本的可靠性。②

《紀年》中除了世系表材料準確(我稍後再談),其他論點都看似合理但又具推測性,尤其當我們討論年代的準確性時,那些看似合理的論點很可能會影响原本的史實性,這包括以下幾點。

第一,即使假定商代有年表,它也可能毀於殷都被周劫掠,或於周公平定紂王之子武庚之亂,或於公元前 771 年西周都城的陷落。需要强調的是,孔子曾説:"殷禮,吾能言之,宋不足徵也。文獻不足故也。足,則吾能徵之矣。"③

第二,第一至第四期的甲骨文中没有任何年份有多於一個月的記録。正是這種忽略引起了(對於年代學家來説)難以想像的可能性,那就是,第五期的商(最後一期)可能並不清楚各王的具體年數,比如第一期的武丁在位年限。④ 只有到了第五期,才出現了一致的君主在位年的記録(實際上是爲期約一年的周祭)。⑤ 因此我們不能確定,在隨後的一千年裏是否曾經有一部商代年表流傳了下來。⑥

第三,《古本竹書紀年》除了本身材料缺乏外,也没有確鑿證據表明,東周史官保存了或有必要保存商代的年表。各王世系表可能出於祭祀的原因而被保存下來,但没

① 高本漢:《殷代的武器和工具》,第 116 頁;參見高本漢《中國古代的傳説與崇拜》,《遠東古物博物館館刊》,第 18 期(1946 年),第 200 頁。

② 何炳棣:《周初年代平議》,《香港中文大學學報》,第 1 期(1973 年),第 18 頁。

③ "殷禮,吾能言之,宋不足徵也。文獻不足故也。足,則吾能徵之矣"的英譯文,見理雅各譯:《中國經典》,第一册:"《論語》、《大學》、《中庸》"。《論語》第三章,第九節,第 158 頁;我把理雅各翻譯的"wise man(智者)"改爲"regulations(規則)"。竹添光鴻的《論語會箋》(臺北:廣文書局,1961 年,据日本版影印,卷 3,第 13b 頁)列舉了宋國和其他地方發生的可能導致殷代文獻記録毀損的混亂局面。"文獻"的詞意不甚確定,理雅各翻譯爲"the records and wise man"(記録和智者)。高本漢否定了在其他語境中將"獻"讀作"賢"或"儀"的這一傳統説法,見"漢以前文獻中的假借字",《遠東古物博物館館刊》,第 35 期(1963 年),第 103、396 頁。在此,我按照竹添光鴻在《論語會箋》(卷 3,第 12b 頁)中的建議,即"獻"是"憲"的假借字(參見高本漢《漢以前文獻中的假借字》,第 102 頁)。《禮記》復述了孔子類似的看法:"我欲觀殷道,是故之宋,而不足徵也。"見《禮運》(顧賽芬譯:《禮記》,1899 年;巴黎:卡塔西斯出版公司,1950 年重印,第一册,第 502 頁)。的確,孔子在《中庸》(第 28.5 章)説過:"吾學殷禮,有宋存焉。"(理雅各譯:《中國聖書:儒家經典》第三册:《禮記》[1885 年;德里、瓦拉納西、巴特拉:莫提拉·班那西達斯公司,1968 年重印],第 i、424 頁)。然而,正如《論語》和《禮記》所揭示的那樣,我們所關注的是宋國文獻的匱乏。

④ 關於董作賓將最後十二位商王在位年分爲五期的説法,參見吉德偉《中國歷史資料:青銅時代中國的甲骨文》(伯克利、洛杉磯:加州大學出版社,1978 年),第 92—94、203 頁。

⑤ 吉德煒:《中國歷史資料》,第 115 頁。

⑥ 參見顧立雅:《早期中國文化研究》,美國學術團體協會中國及相關文明的研究,系列一,第 3 期(巴爾的摩,1938 年),第 xx 頁。

有證據表明商(或宋國)或者周代的祭祀活動需要瞭解某王在位的年數。①

第四,司馬遷對待公元前 841 年之前編年問題的謹慎態度令人肅然起敬。他特別指出:"自殷以前諸侯不可得而譜。"②的確,司馬遷沒有見過《竹書紀年》,但如果他看到了,是否会采用呢? 他說:"余讀諜記,黃帝以來皆有年數,古文咸不同,乖異。"③司馬遷是否會認爲《竹書紀年》也是那種充斥着信手拈來的年份的世系表? 他不相信那類著述,他本人也只作過一部截至公元前 841 年的《三代世表》,其中並未試圖提供較爲精確的年表。④

《竹書紀年》有關斷代年次的主張是基於這樣的考慮,即它爲漢代目錄學家劉歆的年表提供了另一種不同的選擇。劉歆的《世經》收於《漢書》卷 21 下《律曆志》,但這並不意味著《竹書紀年》更爲可靠,雖然其中的諸王排列(見下文)基本準確,但也不能證實其年表一定準確。因此,《古本竹書紀年》中關於商和西周年代史料的真實性仍需認真評估,而這樣做的便捷方法就是把商和西周的史料分別進行分析。

作爲商代文獻的《竹書紀年》

《紀年》的非歷史性和年代錯置。首先,該書的早期部分包含了許多神話,如天雨血、十日並出、穆王西行等。商以前的部分提到的人物與事件,現在被認爲是周代中後期思想家所杜撰的,比如:五帝、黃帝、堯禪讓於舜,舜又禪讓於禹,等等。⑤ 還需注意的是,商和西周部分中的其他記載也可能是神話。

---

① 至少有五個原因說明《尚書》的《無逸》篇中有關商王在位年數的說法不可靠:(1)《無逸》並非歷史記載,而是周公告誡成王之詞;明君享國長久,昏君在位短暫。(2)《無逸》把武丁說成高宗;這不是商代銘文中他的名號,因此基於商代資料得出在位年數的可能性就降低了。(3)甲骨文表明,最後兩位商王帝乙和帝辛均在位至少二十年(參見吉德煒《中國歷史資料》,第 174—175 頁),《無逸》作者的記述與這一史實相矛盾,這使我們很難相信他提出的其他年數的準確性。(4)司馬遷在編撰《殷本紀》時沒有使用《無逸》中的材料,想必他認爲其中的年數是不可靠的。(5)原本可能作於春秋早期(松本雅明:《春秋戰國時期〈尚書〉之變遷》,[東京:風間書房,1966 年],第 675 頁;顧立雅:《中國治國之道的起源》卷一《西周帝國》[芝加哥:芝加哥大學出版社,1970 年],第 458—461 頁),這使人們更有理由懷疑《紀年》關於商王在位年數的可靠性。

② 瀧川龜太郎:《史記會注考證》,(東京:東方文化學院,1932—1934 年),第三冊,卷 13,第 3 頁;沙畹譯:《史記》,卷 3,第 1 頁。

③ 瀧川龜太郎:《史記會注考證》,第三冊,卷 13,第 3—4 頁;沙畹譯:《史記》,卷 1,第 CLxxxⅦ頁。

④ 瀧川龜太郎:《史記會注考證》,第三冊,卷 13,第 4 頁;沙畹譯:《史記》,卷 1,第 2 頁。

⑤ 施耐德:《顧頡剛與中國新歷史:民族主義與對另類傳統的追求》(伯克利、洛杉磯:加州大學出版社,1971 年),第 223—238 頁。

《竹書紀年》的商代部分有年代誤置,它通常將都城和王朝稱爲殷而非商(其中有兩個重要的例外,可見本文第506頁注1),①我們從甲骨文中可以看出,商人並沒有稱他們的王朝爲殷,但確實稱其都城或祭祀中心爲商。②《紀年》和《史記》都沒有商朝統治者在世時被稱爲"王"的記載(甲骨文充分證實了這一點),這進一步證明了這些文本缺乏歷史真實性。對於給定的年份,《紀年》一律使用"年",而不是商代晚期或西周慣用的"祀";因此,無論是何年份,都被"翻譯"成東周時期的詞彙,而不是原始商代記載中使用的語言(假設這種語言存在的話)。③尤其值得注意的是,《紀年》和《史記》都沒有遵循商代的卜問方式按月或日記錄商代的祭祀,這就進一步證明,《紀年》并非隨着事件的發生而持續不斷所做的記錄,而是在戰國時期匯編的(如果不是撰寫的話)。④晉魏時期書中的記載數量增多,這也表明《紀年》的作者(們)對這個較晚的時代瞭解更多,因此作品也可能完成於這個時期。

帝王世系名的準確性。其次,正如學者們假定的那樣,《古本竹書紀年》中的商王年表不足以證明其歷史準確性,特別是年表的準確性。《紀年》和《史記》的作者在編寫時都清楚瞭解商王命名的基本成分(天干名)。但就我們現在掌握的零碎材料來看,《紀年》中的材料並不比《史記》更準確。⑤我們沒有明確的理由僅根據商王年表的準確性,就認爲《紀年》的作者(們)比司馬遷更瞭解商朝的年代。⑥

此外,商王世系表本身存在一些不規則的現象。儘管《紀年》和《史記》都準確記錄了王名中具有天干這一基本成分,但這兩部書中有幾處顯示,作爲字首的天干或未

---

① 范祥雍:《古本竹書紀年輯校訂補》,第20—24頁。

② 關於這一點,參見吉德煒:《中國歷史資料》,第 xiv 頁,注8。

③ 阿列克謝·德布尼克:《〈竹書紀年〉:古代中國社會史的一種史料》(華沙:科學出版社,1956年,第45頁、第53頁)在討論《今本》文本的可信度而不是真實性時說,應該把《今本》中的"一百年帝陟于陶"讀作"他在第一百次收穫季節(即他五十歲)時,帝(堯)陟於陶",這樣就解決了堯異乎尋常的長壽難題。但商代甲骨文的使用並没有證明這種新穎的解釋是合理的。收穫的確是用"年"來計算,但没有證據顯示商代是以此計算收穫的。

④ 參見顧立雅:《中國治國之道的起源》,第483—485頁。

⑤ 第五期甲骨文表明,商代共有28位王,《古本竹書紀年》提到了其中的24位(没有大丁、大戊、祖辛和武丁),在這24位王中,記載正確的有23位(僅知道汤是大乙)。相比之下,《史記》提到了所有的28位王,並且記錄了他們正確地以天干取名。有關這些結論所依據的材料,參閱吉德煒《中國歷史資料》,第186—187、207—209頁。

⑥ 司馬遷給出了幾個王的在位年數——外丙二年,中壬四年,太甲在被伊尹放逐前的三年以及復位後的三年。(有關這些年數的討論,參見陳夢家:《殷墟卜辭綜述》,北京:科學出版社,1956年,第375—376頁)。需要注意的是,這些年數都是指商代初期的王)。對於商代晚期的王,司馬遷僅說,"武丁即位,……三年不言"。(瀧川龜太郎:《史記會注考證》,第一冊,卷3,第22頁;沙畹譯:《史記》,卷1,第195頁)。簡言之,瞭解君王排列並不一定意味著具有年代學的知識;而這種説法顯然不適於司馬遷。

出現在甲骨文記錄中,或與甲骨文的記載不符。① 雖然這未必表明《紀年》的命名成分是錯誤的,但我們無法判斷他們是否正確。如果這兩部著作中新的或不同的王名沒有歷史依據,我們就無法判斷周漢以前的商朝可能經歷了怎樣的變遷。② 既然名字可以更改或變動,那麼年代次序也可以這樣做。

王位繼承。更爲重要的是,甲骨文顯示,《史記·殷本紀》中約五分之一有關繼位和親屬關係的資料可能是錯誤的。③ 人們認爲準確記錄祭祀活動至關重要,如果《史記》中的這些内容都有錯誤,那么人們可能會由此推斷,遵循同樣商代世系的《古本竹書紀年》中的相應篇幅也可能是錯誤的。事實上,《紀年》沒有提及商代的親屬關係或繼承順序,④這可能是原本的殘缺所致,但其中沒有任何與此相關的記錄則表明,原本中其實并不包含這些材料,儘管高本漢斷言原本是源自商代後裔保存的世系表。⑤ 這種内容的極度概括可能反映出某種誠實,但也可能反映了知識的缺乏。如果《紀年》作者對這些基本問題一無所知,那么人們可能會懷疑其中年份的可靠性,因爲在流傳過程中年份比名字和親屬關係更容易混淆,另外,那些材料即便真實存在,也一定不易獲得。

基於這樣的論點,即商王列表是從封建宮廷宗廟裏保存的世系表中複製的,那麼值得注意的是,《史記》和《紀年》都沒有我們通過甲骨文瞭解到的商朝禮儀活動的任何知識。廩辛的例子頗能説明問題,甲骨文表明他或不曾繼位,他本人、他的母親和配偶都沒有被列入第五時期的祭譜。⑥《紀年》和《史記》卻都有廩辛在位的記載,但這並不是作者可以從商代晚期的祭祀活動中能够得出的歷史事實,它表明東周和漢代的人所知道的商王列表與晚商祭祀沒有直接關係。克商之後的祭祀可能將廩辛列入(或重新列入?)了周祭祀譜。問題是我們無法對此做出判斷,如果發生過此類變更,那麼類似的變更也可能發生在有關年代的傳説中。

---

① 《紀年》和《史記》給予戔甲、羌甲和象甲(這些都是商代的名字),以及《史記》中稱爲廩辛的王(參見吉德煒:《中國歷史資料》,第205、207頁)以不同的字首。《紀年》並不知道在甲骨文中的"湯"也被稱爲"大乙"或"成",這也進一步證明商代流傳於世材料的殘缺不全。

② 司馬遷在卜丙(他稱爲外丙)之後,一律在君王名字前冠以帝字;《紀年》僅將此稱號用於四位君王,這更符合商朝的做法,即在第三階段及其之後,"帝"偶爾被用於已故的大宗,但《紀年》冠以帝的君王之一羌甲(即帝開甲)並不是大宗成員,所以這一用法在此並不符合商代習慣。

③ 參見吉德煒:《中國歷史資料》,第186—187頁,注b、c、d、e、g、h。

④ 應當注意的是,我們假定《紀年》有關商代王位繼承的順序是正確的,但現存的文本已是重編本,用以符合《史記》中的繼位順序,因此無法確定原本是否遵循同樣的順序。

⑤ 見第500頁注1。

⑥ 吉德煒:《中國歷史資料》,第187頁,注h。

同樣值得注意的是,目前這兩部著作及其他周代及漢代的著作中,的確都没有出現過商王后妃的名字或曾經存在過的任何記載,而她們曾極其顯赫且經常出現在第五期商王的祭祀活動中。《古本竹書紀年》對此顯然全無所聞,而這種無知也可能表現在年代學領域。也許有人會說,對后妃的祭祀隨着征服而中止,因爲一旦不再有新王誕生,也就没有王母可供祭祀,所以周朝没有后妃的列表。同樣,如果此類傳説可能因缺乏存在的理由而遺失,那麼年代學知識也可能會随之遺失。

年表。我們研究年表時會注意到,《紀年》裏有許多明顯不符合歷史的商前期的内容,如"黄帝至禹,爲世三十","自禹至桀十七世,有王與無王,用歲四百七十一年"。[1] 如果我們認爲這些記述並不符合歷史——正如我們應該認爲的那樣,因爲黄帝、禹,可能還有桀,都被認爲是周人編造的——那麼我們怎麼確定"自盘庚徙殷,至紂之滅,七百七十三年"或"湯滅夏以于受,二十九王,用歲四百九十六年"[2]的可靠性呢?《紀年》至少記録了傳説中夏朝一些帝王的在位時間,相比之下,那些年數就變得更不可信了。根據《紀年》的記載,禹在位45年,后芒在位58年,不降在位69年,[3]其中没有商王的記録。這可能只是重編過程中的一個意外,但也可能是戰國時期元史觀實踐的體現,即一個王朝的年代越久遠,人們對它自由杜撰的細節就越多。無論哪種情況,《紀年》或其他任何文本都没有證據表明這些總年數是如何得出的。這就不難想象爲什麼司馬遷未將此類材料列入《殷本紀》了。這些對年數的統計的確會讓人聯想到劉歆在《世經》中的類似推算:"自伐桀至武王伐紂,六百二十九歲"[4],而《紀年》説:"湯滅夏以至于受,二十九王,用歲四百九十六年。"[5]如果《世經》中的年表是漢代系統化計算公式的產物,那麼《紀年》中的年表有可能也是編造的,而其年代或許更早。[6]

事實上,我們甚至無法確定那些年表的時間是否更早。《紀年》原著中或許根本没有那些很長的年數,而可能是後來重編《古本竹書紀年》時,重編者有意或無意地混

---

① 范祥雍:《古本竹書紀年輯校訂補》,第9頁(王國維案:"此亦後人隱括本書之語,非原文。"),第17頁;參見顧立雅《中國治國之道的起源》,第484頁。

② 范祥雍:《古本竹書紀年輯校訂補》,第21、24頁。

③ 同上,第9、13頁。

④ 班固:《漢書》(北京:中華書局,1962年),卷21下,第1014頁。

⑤ 范祥雍:《古本竹書紀年輯校訂補》,第24頁。

⑥ 關於《詩經》的研究,參見利奧波德·德·索緒爾:《古代中國的年代與周朝的興起》,《通報》,第23卷(1924年),第287—364頁;沃爾夫拉姆·埃伯哈德、R·穆勒、R.亨澤林:《漢代天文學的貢獻(二)》,柏林:《普魯士科學院會議報告》(哲學與歷史學科),卷23(1933年),第937—979頁(轉引自艾伯哈德:《古代中國的天文學及其宇宙觀》,[臺北:中文資料與研究協服中心,1970年],第137—180頁);能田忠亮、藪内清:《漢書律曆志研究》,(京都:全國書房,1945年),第137—139頁及其他處。

洧了注釋和原文而添加了那些年數。① 這種可能性既無法證實，也無法反駁，但它肯定削弱了《紀年》中年數的可靠性。

簡言之，出於謹慎對待歷史的态度，我無法接受《古本竹書紀年》中任何有關商朝年數的推算。這些推算沒有明確的材料來源，那些假定的材料來源無法證實被保存了下來，以及它們爲什麼會得到保存，反之，很多證據表明它們可能已經損毀。我們也不能確定《紀年》在公元281年被發現時，原本中是否有這些年數的內容。因此，它們只能被看作是僞歷史傳説的一部分，而《紀年》卷上裡中就有很多這類傳説。

作爲西周文獻的《竹書紀年》

总的來説，《古本竹書紀年》是周代（包括其間的晉魏）而不是商代文化的産物。它有關周代的記載清楚表明是基於史實的，這一觀點得到以下想法的支持。

首先，早在甲骨文第四期的商王武乙時期，先周君主即被稱爲王，這是周人而不是商人的稱謂。

其次，在克商之前，有關周的條目明顯增多，从"武乙即位"到"武王十一年，周始伐商"的記載共十八條，其中十條與周的各種事務有關，②七篇與周的各次征戰有關，特別是伐戎的戰役，還包含了俘虜數量。在所有條目中，有兩條記録了殷王向周王賜地、贈禮和册封，即"分封"周王，③有一條記録了"周文王初禴于畢"。④ 有關周代的記録總體上符合情理和實際，這種記述方式持續到昭王十九年，直到有關徵兆和怪異的敘述在《紀年》中重現。值得注意的是，《紀年》中沒有克商是否有徵兆的記載，而這是人們對於帶有歷史性質的敘事作品所最期待的。作品中缺乏這方面的相關敘述可能出於偶然，但這段記述了約150年歷史的內容符合人們對所掌握的西周青銅銘文的期待，即它主要是對戰爭、任命和禮儀的概括記録。特別值得注意的是，《紀年》記述商朝的整個過程都使用"殷"這種周對商的稱呼，⑤但在有關征伐的兩個條目中却用了我

---

① 正如王國維指出的，"自盘庚徙殷，至紂之滅，七百七十三年，更不遷都"，"此亦注文，或張守節隱括本書之語"。（見范祥雍：《古本竹書紀年輯校訂補》，第21頁；宮崎市定：《中國上古的都市國家及墓地——商邑何在》，《東洋史研究》，第28卷，第4號［1970年］，第280—281頁，注2）。我在《〈東方的搖籃〉：補充評論》的第59頁注12中對此有較詳細的論述。

② 范祥雍：《古本竹書紀年輯校訂補》，第22—24頁。

③ 參見武乙三十四年及大丁四年條（同上，第22、23頁）。

④ 參見帝辛六年條（同上，第24頁）。

⑤ 見第502頁注2。

們認爲是當時用法的"商":"周人伐商"及"周始伐商"①。簡言之,人們認爲隨着周朝的出現,《紀年》作者首次或許根據原始文獻,或許依據源於當時的記錄傳統,因此其語言和材料符合人們對這段時期基於原始資料的期待。

《紀年》的西周年表比商代年表更可信或許出於另外一個原因。我們從甲骨文得知,商王的祭祀周期或祀的計算方式始於第五期。我們又通過青銅銘文得知,西周一直保持着這種做法。② 簡言之,我們有證據表明,人們對王室年表頗感興趣,並把在位年數銘刻在祭拜祖先時所用的堅固器具之上。

年表。《古本竹書紀年》中有關西周實際年代的材料並未給那些具有合理性的通常想法提供充分的支持。對於這段時期,幾乎沒有證據表明作者能夠獲得像《春秋》中那樣的編年資料。所有事件都與特定的在位年份相關,但對季節的最初記載出現在孝王七年(約前900),③對月份的記載在周幽王十年(前772)前才出現,④唯一的關於日的記載出現在梁惠成王六年(前365)。⑤ 公元前772年之後開始流行記月的做法表明,《紀年》所依據的真實檔案材料或編年史可能只能追溯到東周時期。征伐時期人們常用的"周人伐某"説法也符合東周文獻中的内容,它出現在上述七個有關戰爭條目的五個條目當中。這種習慣用法并未出現於商朝的甲骨文,《尚書》、《詩經》以及西周青銅器銘文裏面也沒有這樣的用法,但它却頻繁出現在《春秋》和《左傳》中。⑥ 這表明,《紀年》作者不僅站在周人的立場,還以東周時期的表達方式看待西周歷史。如果我們接受《古本竹書紀年》總年數中很長的年數,特別是"自武王滅殷,以至幽王,凡二百五十七年",就必須充分意識到我們接受了東周的傳統。我們原本希望這些年數是基於西周傳統記述的,甚至是史料記載的,但《紀年》却沒有證明這一點。正如我們所知,這些很長的年數可能並沒有包括在原本《紀年》中,而是後來的注疏者加進去的,這一點始終無法證實並且令人感到困擾。⑦

---

① 參見帝乙二年及武王十一年條(范祥雍:《古本竹書紀年輯校訂補》,第23、24頁)。

② 早期周王在位期如何維持這一做法尚不清楚。周法高在《西周年表考》(第186—188頁)中引了成王十九年的銅器銘文,其中包括完整的年、月、季和祭日周期的所有君主在位期(同上,第188—200、202—203頁)。

③ 范祥雍:《古本竹書紀年輯校訂補》,第29頁。

④ 同上,第34頁。

⑤ 同上,第57頁。

⑥ 《春秋經傳引得》,《引得特刊第十一號》,(北平:哈佛燕京學社,1937年),第四冊,第2551—2563頁。

⑦ 見第505頁注41。

結論

《紀年》原本長期埋藏於地下未被發掘的事實,不能證明其内容可以作爲商代或周初歷史的材料來源,因爲原本的真實性並不能保證内容的歷史性。衡量《紀年》這類文獻歷史性的基本標準必須是:文本中是否包括那些我們借助商代甲骨文和西周金文得知的是真實的,而戰國時期作者不可能知道的内容? 例如,商朝重臣伊尹出現在《紀年》中,①但這不足以證明該記載的歷史真實性。又如,伊尹確實出現在甲骨文中,②但他也出現在許多其他的周代文獻之中。③

我們需要確立有關商代部分文本的歷史性的材料,它應當包括祭祀的名稱和正確的順序,商代對祖先輪流祭禮的稱呼,人名(行政主官、將領、結盟者、敵人、后妃、貞人),地名,軍事戰役的敘述。所有這些在甲骨文中都有記載,但在後來的周代文獻中却找不到。這些材料還應當包括對商代占卜重要性的表述。(《紀年》和《史記》都没有商王占卜的記載!)另外一定還要包括與甲骨文中的發現相符的世系材料。

值得注意的是,我們現在掌握的商代材料,特別是人名,大部分來自甲骨文第一期的武丁時期。《古本竹書紀年》中没有任何關於這位君王的記載。《史記》中有關當時商朝宮廷和政治的唯一材料,是司馬遷從《尚書》、《論語》、《國語》和《孟子》等早期文獻中得出的。④ 這表明,《竹書紀年》對武丁統治時期的原始記載也可能是依据類似的周代傳説,而不太可能是根据商代的記録。

同樣,《紀年》中西周部分的歷史性只能通過編年史中的事件、人物或用語來確定(參見本文以上頁),其歷史存在或真實性不是根據後來的周代記載,而是根據當時的西周青銅銘文得到證實。這也正是確立商朝東周或西周歷史記録真實性的試金石。《古本竹書紀年》缺乏作爲這樣的試金石,它只提供了一份一般性細節正確的帝王世系。北宋注疏家對待該書的態度極爲恰當,他們没有把它作爲可靠的史料來源,而只

---

① 范祥雍:《古本竹書紀年輯校訂補》,第17—18頁。

② 島邦男:《殷墟卜辭綜類》,第二次修訂版。(東京:汲古書院,1971年增訂版),第365頁,第2欄。

③ 《紀年》關於伊尹放逐大甲,大甲又殺伊尹的記載(范祥雍:《古本竹書紀年輯校訂補》,第18頁),很難解釋此兩事與其他周代文獻對這一事件的不同記載(顧立雅:《中國治國之道的起源》,第37—39頁,參見第510頁注①),也無法解釋爲何後來商王爲伊尹舉行祭祀(有關甲骨卜辭的記述,參見以上注②。)

④ 瀧川龜太郎:《史記會注考證》,第一册,卷3,第22—23頁;沙畹譯《史記》,卷1,第195—197頁。

是另一份史料,其中的條目必須進行評估,必要時予以否定。① 對於《紀年》年表,不能僅僅"因爲它存在"就相信,那樣做是不妥的。

(原載於 1978 年 12 月《哈佛亞洲研究學報》(*Harvard Journal of Asiatic Studies*),第 78 卷,第 2 期,第 423—438 頁。)

作者簡介:

吉德煒(David N. Keightley)(1932—2017),出生於英國倫敦。1953 年畢業美國阿默斯特(Amherst)學院,獲英語學士。1956 年獲得紐約大學現代歐洲史碩士。之後在紐約的出版公司工作,開始了漢語和漢學的研究。1962 年到哥倫比亞大學攻讀博士學位,1965 年到臺北的斯坦福語言中心學習中文兩年。回美國後,在哥倫比亞大學的瑞典漢學家畢漢斯(Hans Bielenstein)指導下完成了博士論文。1969 年,吉德煒被聘爲加州大學伯克利分校東亞歷史教授,成爲研究中國甲骨文的主要西方學者之一。他的著作改變了許多西方漢學家看待商朝歷史的方式。代表作有《商代歷史的資料:中國青銅時代的甲骨文》、《祖先的景觀:商代晚期的時間、空間和社會(約公元前 1200 年—1045 年)》、《爲陛下工作:從甲骨文看中國晚商勞動力調動的研究筆記》、《這些骨頭將再次崛起:早期中國研究文選》。

譯者簡介:

杜小亞,北京第二外國語學院英美文學學士、夏威夷大學教育學碩士、北弗吉尼亞大學計算機學碩士。翻譯、校閱中英文著作多部,包括《文化大革命十年史》、《重讀魯迅:榮格的參照視角》。

---

① 例如,唐朝的司馬貞否定了《紀年》中"燕子之殺公子平"的記載(范祥雍《古本竹書紀年輯校訂補》,第 68 頁),而是贊同《史記·燕世家》的説法(瀧川龜太郎:《史記會注考證》,第五冊,卷 34,第 16 頁)。同樣,孔穎達否定了《紀年》關於伊尹與大甲關係的記載,認爲"蓋當時流俗有此妄説,故其書因記之耳"。(參見 509 頁注③),(收於《十三經注疏》中的《尚書正義》,全 14 冊,《四部備要》本,[上海:中華書局,1936 年],卷 8,第 14 上及下頁"咸有一德"注)。另見山田統:《〈竹書紀年〉與〈六國年表〉之魏紀年》,見山上次男編:《中國古代史研究》(東京:吉川弘文館,1960 年),卷 1,第 193—194 頁。

論《竹書紀年》

李恩國

近年来，僻處異域，夙興夜寐，每讀古史，一以破除旅居寂寞，一以寄故國之思，而增廣見識，尤在其次。惟古史解釋，各家歧異，暇時每將所讀各書，作成筆記，非敢謂有何創見，亦不敢立異以名高，不過稍微鈀梳統理，以便記憶，備他日參考。偶有一得，不賢惟識其小，祈盼博雅君子，予以教正，則幸甚矣！

《竹書紀年》問題

自從秦始皇焚書坑儒，古史事迹，大多泯没。待晉武帝時，汲冢竹書出土，三代事蹟，復約略可觀，惟以學者囿於錮習，以其與《史記》及漢世經師家法乖牾，乃不予鑽尋，以致得而復亡。

清儒王鳴盛於其《十七史商榷》中説："《竹書紀年》，云是晉太康二年汲郡人不準盜發魏襄王冢所得（見《晉書·束晳傳》）。今觀其書，起自黄帝軒轅氏，於五帝三王紀事，皆有年月日，立年崩年，歷歷言之，可謂妄矣，必爲束晳僞譔也。司馬子長見黄帝以來牒記，又見世本，而不敢著其年，安得此書若是之歷歷明審？又《晉書》云凡十三篇，記夏以來至周幽王，今起黄帝，則今本恐非元本，必又遭後世妄人增益。又有沈約注，約傳並不言有此注，亦出流俗附會。……其穿鑿附會，不但不足信，亦不足辨也。大約妄人何代蔑有，全賴有識者屏黜之，有疑則闕，方爲善讀書。"

近人吕思勉於其《先秦史》中論《竹書紀年》説："此書傳出汲冢。世所通行之本，爲明人所造，已無可疑。然所謂古本，經後人輯出者，實亦僞物。蓋汲冢書實無傳於後也。"他又説："此書真本，蓋亦未常有傳於後於後。唐人所據，其僞亦與明人所造等耳。夫魏史必出於晉，晉史於靖侯以上，已不能具其年數，安能詳夏殷以前？況晉又何受之歟？受之周歟？周何爲秘之？雖魯號秉周禮者，亦不得聞，而獨畀之唐叔？且亦三之一，何以韓非言唐虞以來年數，其不審諦，亦與孟子同？……於情於理，無一可通，

561

故竹書而有共和以前之紀年,即知其不足信,更不問其所紀者何如也。"

竹書的發現

今存《晉書》(唐房玄齡等奉敕撰)《束晳傳》稱:"初太康二年,汲郡人不準盜發魏襄王墓,或言安釐王冢,得竹書數十車,其《紀年》十三篇,紀夏以來至周幽王爲犬戎所滅,以事接之,三家分,仍述魏事,大略與《春秋》皆多相應。……其《易經》二篇,與《周易》上下經同。《易繇陰陽卦》二篇,與《周易》略同,《繇辭》則異,《卦下易經》一篇,似《説卦》而異。《公孫段》二篇,公孫段與邵陟論《易》。《國語》三篇,言晉楚事。名三篇,似《禮記》,又似《爾雅》、《論語》。《師春》一篇,書《左傳》諸卜筮,"師春"似是造書者姓名也。《繳書》二篇,論弋射法。《生封》一篇帝王所封。《大曆》二篇,鄒子談天類也。《穆天子傳》五篇,言周穆王游行四海,見帝臺、西王母。《圖詩》一篇,畫贊之屬也。又雜書十九篇:《周食田法》、《周書》、《論楚事》、《周穆王美人盛姬死事》。大凡七十五篇,七篇簡書折壞,不識名題。……漆書皆科斗字。初發冢老,燒策照取寶物,及官收之,多燼簡斷札,文既殘缺,不復銓次。武帝以其書付秘書校綴次第,尋考指歸,而以今文寫之。晳在著作,得觀竹書,隨疑分釋,皆有義證。"

據王隱《晉書》,除《紀年》十二卷外尚有《瑣語》十一卷,"汲郡初得此書,表藏秘府,詔荀勖和嶠以隸字寫之,勖等於時即已不能盡識其書,今復闕落,又轉寫益誤。"杜預於其《春秋經傳集解後序》中說:"所記大凡七十五卷,多雜碎怪妄,不可訓知。《周易》及《紀年》最爲分了。……其《紀年》篇,起自夏殷周,皆三代王事,無諸國別也。唯特記晉國,起自殤叔,次文侯、昭侯,以至曲沃莊伯之十一年十一月,魯隱公之元年正月也。皆用夏正,建寅之月爲歲首,編年相次;晉國滅,獨記魏事,下至魏哀王之二十年,蓋魏國之史記也。"

依《晉書·武帝本紀》,咸寧五年(西元二七九年)冬十月戊寅,汲郡人發魏襄王冢,得竹簡小篆古書,十餘萬言。上述王隱《晉書·束晳傳》作太康元年,現行《束晳傳》及荀勖《穆天子傳序》作太康二年。雷學淇《竹書紀年考證》云:"竹書發於咸寧五年十月,帝紀之説,實其録也。就官收以後,上於帝京時言,故曰太康元年,《束晳傳》云二年,或命官校理之歲也。"又"魏襄王",王隱《晉書·束晳傳》作"魏安釐王"。

《竹書紀年》的流變

《竹書紀年》出土後,詔荀勖撰次之,以爲"中經",列在秘書。當時助理者尚有衛恆、束皙、和嶠等三人,歷時二年,原爲科斗古文,以今文隸字書之,惟已多殘缺散亂,大凡七十五卷,僅有六十八卷,各有名題。《紀年》十三篇,另有《瑣語》十一篇。其後《隋書·經籍志》,有《紀年》十二卷。新、舊《唐書·藝文志》並云《紀年》十四卷。

當時在學術界引甚大波動,惟大部份學者,以其中多離奇古怪之論,而不予置信。然而採之著作或注解他書者,亦頗不乏人。如晉武帝時之皇甫謐著《帝王世紀》,郭璞爲《穆天子傳》、《山海經》、《水經》作注,均採用竹書作爲考證的資料。南朝梁之劉昭爲《後漢書》作注,偏重事實的補充,亦多採用《紀年》。此外臣瓚注《漢書》,其姓不詳,據顏師古《漢書敍例》及陳霆《兩山墨談》,晉傅瓚任秘書校書郎中,與中書監和嶠奉命校《穆天子傳》,後注《漢書》,多引汲書,以駁各家訓義。唐司馬貞之《史記索隱》,張守節之《史記正義》,及宋裴駰之《史紀集解》,均大量採用《竹書》的紀載。此外唐人徐堅等撰《初學記》,瞿曇悉達撰《開元占經》,虞世南撰《北堂書鈔》,歐陽詢等撰《藝文類聚》,及李善注《昭明文選》,均會採用《紀年》。宋人羅泌撰《路史》,李昉等奉敕撰《太平御覽》,樂史撰《太平環宇記》,劉恕撰《通鑑外紀》,鄭樵撰《通志》,蘇轍著《古史》,均根據《竹書》,或發爲議論,或辨駁經史,而成一家言。

據朱右曾及王國維二位之考證,汲冢《竹書紀年》原本,至宋而失傳。其後不知何年何人,捃拾《史記》、《通鑑外紀》、《路史》,⋯⋯規倣《紫陽綱目》,僞造成書,又以《宋書·符瑞志》文章作爲附注,託名梁沈約,是爲今本《紀年》,自明以來流行甚廣。鼠璞溷淆,真贋錯雜,至清王鳴盛、紀昀、錢大昕等始懷疑其僞。三百年來學者治之甚勤,大多學者不辨真僞,惟臨海洪頤煊著《校正竹書紀年》,棲霞郝懿行著《竹書紀年校正》,閩縣林春溥撰《竹書紀年補正》,可稱雅馴。若陳逢衡之《竹書紀年集證》,雖引證淵博,然而真贋不分,未免遺誤後學。清季雷學淇著《竹書紀年義證》,及《考訂竹書紀年》,對於今本之真僞,亦能辨別,實倡近世今本贋僞之先河,猶在朱王二氏之前。

待嘉定朱右曾出,搜集遺文,成《汲冢紀年存真》二卷,根據古籍所引用一一標明出處,力斥今本之不可信,恢復汲書之真面目,雖僅斷章殘句,其有功於歷史之研究,實不可沒。至一九一七年,王國維繼起,依據朱書,加以補充訂正,成《古本竹書紀年輯校》一卷,取材與編次,益加精審。嗣後王氏又根據元和惠棟作《古文尚書考》及孫頤谷作《家語疏證》之方法,作《今本竹書紀年疏證》上下卷。他說:"余治《竹書紀年》,既成《古本輯校》一卷,復怪今本《紀年》爲後人搜集,其迹甚著,乃近三百年學者疑之者固多,信之者亦且過半,乃復用惠孫二家法,一一疏其所出,始知今本所載,殆無一不襲他書,其不見他書者,不過百分之一,又率空洞無事,實無所加者,年月而已;且其所出,本非一源,古今雜陳,矛盾斯起,既有違異,乃生調停,紛紛之因,皆可剖析。夫事實既具他書,則此書爲無用。年月又多杜撰,則其說爲無徵。"自此今本之僞,方爲定讞。

近人范祥雍又根據王書，予以補充訂正，成《古本竹書紀年輯校訂補》一册，百尺竿頭更進一步，加惠學者，有足多焉。

《紀年》之史學價值

英十九世紀漢學家理雅各（James Legge）在他的英譯《書經》中，翻譯了全本的今本《竹書紀年》。他認爲杜預在《春秋經傳集解後序》中，充分證明了《竹書紀年》並非束皙所僞撰，這些竹簡埋藏在地中有六百多年，在重見天日之後，曾被破壞，殘缺不全，乃不可免之事；而其後撰次之人，又以時間倉猝，未能盡其審慎之能事，亦在預料之中。他認爲《瑣語》十一篇，多與《紀年》混淆，以致所有離奇神怪之事，全被編入《紀年》之中，他認爲晉以前之紀事，乃史官所追述入晉而魏，則如史官所記當時之事。不過所有甲子紀年，均爲後人所添附，在唐以前所引《紀年》，均無甲子紀年，可爲證明。再關於夏殷年代，與各家記載頗有出入，或亦爲後人所竄改，關於堯之聖明，舜政府組織之完備，以及禹治水之偉大，均與《書經》記載不同，而更近人情事理，足見《書經》之記載，乃在爲古代聖王功德勳蹟，誇大溢美，以爲後世之法而非盡實錄。

在歷史上第一個稱讚《竹書紀年》的人，似乎是晉朝的杜預。他認爲"其著書文意大似《春秋經》，推此足見古者國史策書之常也"。（《春秋經傳集解後序》）其後唐劉知幾作《史通》，廣泛引用《紀年》，他説其記太丁時事，爲夏殷春秋，記獻公十七年事，則晉之《春秋》，其記事皆與魯《春秋》同，殆墨子所謂百國春秋之一也。他批評自古帝王禪讓之説，而謂后啓殺益，太甲殺伊尹，足證禪讓本非自願。他説褒諱之辭典，事實之真僞乃不明。董孤書弑而不隱，南史執簡而累進，自古史臣各懷直筆，具列事實，觀汲冢出記，皆與魯史符同。自《竹書》出，而古史始大白於世。學者始知舜囚堯，而偃塞丹朱，共伯名和，鄭桓公乃厲王之子，與經典所載，乖剌甚多，如非《左傳》及汲冢書出，"學者爲古所惑，則代成聾瞽，無由覺悟也"。

宋胡三省注《資治通鑑》，在自序中説，《竹書紀年》乃魏國史記，脱秦火之厄，而晉得之。呂祖謙《大事記》曰："《竹書》蓋魏國當時之史書，載前世治亂，雖多訛謬，至於書戰國事，必可信。"清儒閻若璩亦謂：其所紀魏國史事，"乃當時史官據實書當時之事，與《春秋》無異。"當代國學大師錢穆先生亦説："蓋《紀年》於戰國事，多可信據。《春秋》以上，容多傳聞異説。不可信者。正由戰國時事，乃出當時史官據實而書，其前則由雜採他書傳説而成故也。"（《先秦諸子繫年》）

當代史學家陳夢家引證《竹書紀年》説西周二百五十七年，他認爲此説大約可信，因爲此數與《孟子》、《左傳》及《韓非子》所推得之年數，尤其與《左傳》，極爲相近；再者《竹書》所載東周史事更符合東周金文,其所記西周事,與《史記》、《左傳》、《國語》甚少齟齬。(《西周年代考》)楊寬在其所著《戰國史》中說:"《史記·六國年表》所載各國國君世次年數,均有甚多錯誤,過去學者根據《竹書》,予以考訂,校正不少錯誤。"《史記》把魏文侯、魏武侯、魏惠王、魏襄王的年代安排有錯誤,而且中間並無哀王一代,這是從《孟子》、《世本》及杜預《春秋經傳集解後序》中,根據《紀年》可以以證明的。

近人古史權威董作賓先生著《殷曆譜》,也採用《竹書紀年》作爲重要史料。他接受西周年數爲二百五十七年,根據《史記·周本紀·集解》引《紀年》作:"自武王滅殷至幽王,凡二百五十七年。"他說"武王滅殷",乃謂周公返政成王之後,武王崩後七年,而幽王亦非幽王,而爲厲王之誤,似此上改"武王",下改"幽王",未免武斷牽強,而難爲客觀之學者所接受。其次關於殷商總年,古本《竹書紀年》曰:"湯滅夏,以至於受,二十九王,用歲四百九十六年。"他說:"嘗考古本《竹書紀年》所記年數,自盤庚遷殷,至武王伐紂,以及共和以前,除徵引者或傳鈔一二誤字外,均極可信,此蓋魏史出於晉,晉史出於周,尚有可資徵引之史料在也。"惟其記殷商總年則"非出於信史",如果《紀年》之其他記錄均與天象吻合,則除非有絕對可靠之證據,實不容輕易推翻此四百九十六年之說。

總之古本《紀年》,雖乃捃集各家所引古本《紀年》之原文而成,片鱗半爪,尤爲珍貴。其所記戰國時事,多爲史官據實直書,即唐虞夏商周之紀,亦多近於真象,或據自古流傳之真實記錄,亦未可知。惜乎出土之後,即遭焚毀,斷簡殘篇,已非全豹,而其後又受學者所輕視,而致失傳,實爲國史中之最大損失也。

一九七八年十一月底於倫敦

(原載 1978 年 12 月 13、20 日《中央日報》。)

作者簡介:

李恩國,生平未詳,遼寧人。長期旅居英國,他是倫敦大學國際法碩士,曾任英國華僑協會會長,國際法學會中國分會駐英代表。曾在臺灣發表研究中國古代歷史和曆法的文章。

《竹書紀年》的真僞與三百篇繫年的關係

李辰冬

　　拙著《詩經通釋》的繫年大部份都是依據《竹書紀年》，於是反對我的人，一口咬定《竹書紀年》靠不住。那末，我所作的當然都是白廢。

　　《竹書紀年》，我原本也不敢相信，及至研究《孟子》書中的年代，《史記》所記往往錯誤，而《竹書》所載的頗爲正確，這樣引起了我研究《竹書紀年》的興趣。比如孟子見梁惠王的年代，朱熹説：“《史記》：惠王三十五年，卑禮厚幣以招賢者，而孟軻至梁。”他是依據《史記》認爲孟子至梁在梁惠王三十五年。顧炎武説：“《竹書紀年》，惠王三十六年改元，從一年始至十六年而稱惠成王卒，即惠王也。”江永《群經補義》説：”孟子見梁惠王當在周慎靚王元年辛丑（西前 320），是年爲惠王後元之十五年。至次年壬寅，惠王卒，子襄王立，孟子一見即去梁矣。惠王有後元，見《汲冢紀年》；《史記》不知“惠王有後元，乃以後元爲襄王”。這樣講來，《竹書紀年》並不是完全不可靠。

　　然爲甚麼人們懷疑它呢？於是我就收集了九種《竹書紀年》版本來研究：

　　一是四部叢刊本《竹書紀年》。梁沈約附注，明范欽訂。（商務）

　　二是國學基本叢書《竹書紀年》。沈約注，洪頤煊校。（商務）

　　三是《竹書紀年集證》。陳逢衡撰。（裛露軒刊本，師大圖書館藏）

　　四是《竹書紀年統箋》。徐文靖撰。（藝文印書館印行）

　　五是《竹書紀年辨證》。梁沈約附注，董豐垣撰。（師大圖書館藏）

　　六是《今本竹書紀年疏證》王國維撰。（世界書局印行）

　　七是《汲冢紀年存真》。朱右曾輯録。（新興書局印行）

　　八是《竹書紀年義證》。雷學淇撰。（藝文印書館印行）

　　九是《古本竹書紀年輯校》。朱右曾輯録，王國維校補。（世界書局印行）

　　從這九種版本的比較，紀年上，有兩種不同：從第一種到第七種，都以歷代帝王的年代作綱領，可稱之爲今本《竹書紀年》；從第七種到第九種周宣王以後，則以晉、魏兩國國君作綱領，可稱之爲《古本竹書紀年》。杜預《春秋經傳集解後序》説：“《紀年》篇

566

起自夏、殷、周,皆三代王事,無諸國別也。唯特記晉國,起自殤叔,次文侯、昭侯,以至曲沃莊伯。……晉國滅,獨記魏事,下至魏哀王之二十年,蓋魏國之史記也。"由此可知,宣王後以晉、魏紀年者爲古本。

古本、今本的區別在甚麽地方呢? 玆先談古本。

古本於周宣王後以晉、魏爲繼,固屬特徵,然並不重要,重要的在紀梁惠成王事時,每言魏王時均單稱王:如惠王九年説:"王發逢忌藪以賜民";又説:"王會鄭侯于巫沙";十三年説:"王及鄭侯盟于巫沙";十八年説:"王以韓師敗諸侯師于襄陵";三十六年説:"王會諸侯于徐州,改元稱一年";九年五月説:"王會鄭侯于巫沙";十一年説:"王會齊王于平阿";十三年説:"王會齊王于甄":這些王都是指梁惠王。依《春秋》稱公之例,稱本國王則單稱王,足證古本作者是魏國人。又稱魏襄王爲"今王",則作者爲魏襄王時人,毫無問題。惠王薨後,對魏武王亦單稱王,如武王二十年説:"王與齊王會于韓。"《紀年》到此結束。

其次,凡魏國與人戰,提到地名時多稱"我某地",如梁惠成王元年説:"我師伐趙,圍濁陽";二年"齊田壽帥師伐我圍觀,觀降";五年"公子景賈帥師伐鄭韓明,戰于陽,我師敗逋";八年"我師伐邯鄲,取列人"。如此用"我"者共二十一處,假如不是魏史所記,絕對不會用這種口氣。

再者,於梁惠王以後紀中,常常用"來朝"、"來會"、"來獻"、"來歸"等字樣,都是以魏人的立場來講。如惠王十年説:"瑕陽人自秦道岷山青衣水來歸";十四年説:"魯侯、宋侯、衞侯、鄭侯來朝";十七年説:"鄭侯來朝中陽";於襄王七年説:"秦王來見于蒲版關";又四月説:"奧王使公師隅來獻乘舟";於武王九年説:"楚庶章帥師來會我,次于襄邱";十九年説:"薛侯來會王于釜邱";在都足證明以魏爲主的語氣。

然古本之中又有詳略不同。我所看的古本只有三種:一是《汲冢紀年存真》,一是《竹書紀年義證》,一是《古本竹書紀年輯校》。王國維所輯校的是依據朱右曾本。那末,實際上,只有兩種本子。今再將朱右曾本與雷學淇本作一比較。且以《孟子·梁惠王》説的"及寡人之身,東敗于齊,長子死焉"這件事爲例,看看他們的説法。《汲冢紀年存真》於梁惠成王二十八年説:

與齊田朌戰于馬陵,(《史記·魏世家》《孟嘗君傳》《田完世家》《孫子吳起列傳》等《索隱》)"我師敗逋"(據王劭説補)。

《竹書紀年義證》於同年説:

十二月,齊田朌伐梁,敗我于馬陵。

相對看來,前者顯然是雜湊,是根據《魏世家》、《孟嘗君傳》、《田完世家》、《孫子吳起列傳》等《索隱》,與王劭之説而湊成的。後者顯然是原文,因爲與梁惠王紀中所用的"我"完全一致。朱右曾又於梁惠王二十七年十二月説:"齊田肦伐我。"爲甚麼有這種混亂的現象呢?因爲《索隱》所引的《紀年》年代不同,於是也就這樣不同了。

我十多年來用以研究《詩經》的,就是這部雷學淇的《竹書紀年義證》。它使我發現三百篇中的綱領詩,它使我發現三百篇的先後次第,它使我發現宣王復興史與幽王亡國史,它的年代與三百篇的年代作一配合,不僅打開了瞭解《詩經》之門,而且也給《詩經》一種全新的面目。同時,也使它本身發生了光輝。否則,它不僅是一堆斷爛朝報,而且給史學上增加許多糾紛。

宣王三年説:"王命大夫仲,伐西戎",歷來的注釋都認爲是秦仲。不錯,《秦本紀》明明説:"宣王即位,乃以秦仲爲大夫,誅西戎。"可是這個西戎是"厲王十年,西戎入于犬邱"的西戎,而《出車》篇的西戎則在方,方在現今的永濟。一個在鎬京西,一個在鎬京東,根本不是一個地方。《詩經》中的仲是南仲,所以詩言"王命南仲,往城于方"、"赫赫南仲,薄伐西戎"。南仲當時爲宣王司徒,故稱大夫。《後漢書·西羌傳》説:"及宣王四年,使秦仲伐戎爲戎所殺。"秦仲死於宣王四年,而《出車》篇寫於宣王六年春,那時秦仲已死,決不可以注《出車》篇中的"仲"。雷學淇就犯了這個毛病。雷學淇對《竹書紀年》有莫大的功勞,但以《詩經》注《竹書》時,無一不錯,因爲他都是承襲舊説。

注秦仲與注南仲的不同,對於《詩經》的瞭解有莫大關係。差之毫釐,謬以千里,因爲這裏邊要牽扯出一位更重要的人物。《出車》篇一方面説:"王命南仲,往城于方。出車彭彭,旗旐央央";另一方面又説:"天子命我,城彼朔方。"我與南仲不是一個人,假如把他們的關係、地位都追究出來,不僅瞭解許多《詩》篇,而且宣王復興的過程也瞭解了一大半。等我們講到西征玁狁時,再爲詳談。

《竹書紀年》於晉殤叔三年(即幽王元年)説:"王錫太師尹氏皇父命",這一個短短的記載,解決了《詩經》中一系列的問題。《節南山》篇説:"赫赫師尹,民具爾瞻";"赫赫師尹,不平謂何";"尹氏大師,維周之氏"。《毛傳》説:"師、大師,周之三公也。尹、尹氏爲大師";屈萬里先生説:"師、大師;尹、尹氏,皆官名也。舊謂尹其氏而師其官者,非是。古内史尹,作册尹,往往祇稱曰尹氏,其位尊顯,與大師同秉國政。説詳王國維《書作册詩尹氏説》。"實際上,大師、尹氏都是指皇父,他這時兼着這兩種職位。怎麼知道呢?《詩經》中的南山都是指太行山。《節南山》篇既説:"節彼南山,維石巖巖",那末,這首詩一定寫在太行山之下。然是甚麼時候作品呢?《竹書紀年》於晉文侯四年(即幽王五年)説:"皇父作都於向。"向就在太行山南濟源縣的西南,也就是《十月之交》篇"皇父孔聖,作都于向"的向。皇父于幽王四年將都城遷到向來,可是胡作非爲,不理朝政,所以詩人指他的職位而斥責之。太師、尹氏固是兩種官職,而皇父一人兼之,故師尹並稱。王國維解釋錯了,屈萬里也跟着錯誤。《毛傳》的解釋更是錯誤。

至於《竹書》於晉文侯五年(即幽王六年)載的"王命伯士帥師伐六濟之戎,王師敗逋,伯士之死"一條,更給我們打開了幽王時的一段史事,也知道皇父爲甚麼遷都於向的緣由了。伯士就是《十月之交》篇的"家伯維宰"的家伯。因爲他與尹吉甫同宗,且是尹吉甫的本家侄兒,故稱"家伯"。《國語·鄭語》講周幽王"侏儒戚施,實御在側"的"侏儒戚施",侏儒、矮小;戚施,原爲烏龜之屬,用以形容駝背的人。這個人就是伯士。《巧言》篇説的"既微且尰,爾勇伊何",也是指他。微是矮小,尰是駝背。這個人巧言令色,深得幽王與皇父的歡心,派他與尹吉甫同路去征六濟之戎,可是他自作主張,不聽尹吉甫的計謀,結果,吃了大大的敗仗,西戎一直攻到犬邱。犬邱即今之陝西興平縣,興平離鎬京也不過一百里,所以皇父才遷都於向。《竹書》於晉文侯五年紀的"西戎滅蓋"。蓋,即"犬邱"二字之譌合(王國維説)。

皇父遷都於向後,不僅不責罰伯士,在組織新內閣時反將伯士居冢宰之職。冢宰正管着官吏,伯士就將敗仗的責任一股腦兒都推在尹吉甫身上,並將尹吉甫的官職撤消,土地收回,置之獄中。尹吉甫當有不甘,到處申情求告,終於把伯士正法,"伯士死之"是這樣死的。此中過節,異常複雜,等我們講到幽王亡國史事時,再爲詳述。"伯士死之"這句話,只有《竹書紀年義證》記載,其它各本都缺如。但是這一句非常重要,它使我們推算出尹吉甫與伯士是那年出征,那年敗逃,敗逃後甚麼情形,以及那一年正法,而使我們瞭解了幾十首詩。

從以上幾個例,可知《竹書紀年》是怎樣地可信,然它的可信,是與三百篇相輔而成的。《詩經》與《竹書》,真可説是相得益彰。《竹書》無《詩經》,也不過是些"斷爛朝報",並不發生多大作用;《詩經》無《竹書》,也不過是些雜亂的歌辭,内裏講些甚麼,根本無法知道。現在二者一配合,不僅發現了周宣王三年到周幽王七年這五十年間的史事,而且修正了許許多多對於古史的誤解。

然雷學淇的《竹書紀年義證》就是真本《竹書》麼?不是的。他在此書序説:"更後,讀嘉禾徐圃臣《天元曆理》,其言三正者甚詳,辨歷史歲差之説,交食之限者亦甚悉,而其證則取于《紀年》。余潛心兩歲餘,即以其法推之,乃帝堯以來,甲子朔食,無不符驗。由是,余之信《紀年》也愈篤。苦《紀年》無善本,而欲爲之釐訂也亦愈誠。辛酉(西元一八〇一)仲秋後,取載籍中凡稱引《紀年》者,彙而錄之,以校世之傳本。證其訛,補其缺,周宣王後,仍記晉、魏之年。考訂者凡三百餘事。依世分次,釐爲六卷,又爲《辨誤》一卷,《考證》一卷,唐虞以來及戰國年表,周末之事,乃燦然略備,閱五年成書。以之推驗古事,凡書在秦火以前者,無不符合。于是更作《義證》四十卷。凡正經史之疑義,舊説之違誤者,又五百餘事。由是觀之,《紀年》豈非信史哉?"到此,不禁使我們説:"雷學淇者,真可謂《竹書紀年》之功臣也。"

董作賓在《殷曆譜》(上編卷四)説:"嘗考《古本竹書紀年》所記年數,自般庚遷殷至武王伐紂,以及共和以前,除徵引者或傳鈔一二誤字外,均極可靠。此蓋魏史出於晉,晉史出於周,尚有可資徵信之資料在也。《紀年》僅取年代之'段',而不考其'點'與'線',今由《合天曆譜》之'線',史實月日之'點',一一推證,無不與其年數之'段'密切無間。是其所紀年數,必爲自古流傳真實之記錄無疑。"現在我可以繼董先生之言説:"《竹書紀年》所記共和以後之年,除年代先後略有錯誤外(如方叔征荆蠻,應爲宣王六年八月,而記爲宣王五年八月),其餘都與《詩經》中的年代相合。"

現在再回頭談《今本竹書紀年》的錯誤。今本既將宣王以後之紀年改爲周帝王的年代,則其中的"我"、"王"、"今王"就失去意義而不知其所指了。其它錯誤,朱右曾《汲冢紀年存真序》言之頗詳,讀者可以參看,此處不再重述。

最後,我要以《史記》來證《竹書紀年》的正確,而《史記》自身的錯誤,以作此文的結束。《竹書紀年》記厲王與共和爲二十六年,即厲王十二年,共和十四年;但清齊召南所編的《歷代帝王年表》,列厲王三十七年,共和十四年,兩共五十一年,相差二十五年。《辭海》附錄的《中外歷代大事年表》,《國語辭典》附錄的《歷代紀年表》都因之。但齊召南是由《史記·周本紀》而得此年代。《周本紀》説:"三十四年,王益嚴"、"三年乃相與畔厲王,厲王出奔於彘",這不是三十七年麼?可是我們將《史記》各《世家》裹有關厲王奔彘與宣王即位的年數作一歸納,就發現《史記》的自相矛盾而《竹書紀年》的可靠了。

一、《晉世家》説:"靖侯十七年,周厲王迷惑暴虐,國人作亂,厲王出奔于彘。大臣行政,故曰共和。十八年靖侯卒,子釐侯司徒立。釐侯十四年,周宣王初立。"由此算來,厲王奔彘與宣王初立相距十五年。

二、《楚世家》説:"熊勇六年,而周人作亂,攻厲王,厲王出奔彘。熊勇十年卒,弟熊嚴爲後。熊嚴十年卒,長子伯霜代立,是爲熊霜。熊霜元年,周宣王初立。"照此算來,相距也是十五年。

三、《宋世家》説:"釐公十七年,周厲王出奔彘。二十八年,釐公卒,子惠公覵立。惠公四年,周宣王即位。"相距也是十五年。

四、《魯世家》説:"真公十四年,周厲王無道,出奔彘,共和行政。二十九年,周宣王即位。"相距仍是十五年。

五、《衛世家》説："釐侯十三年，周厲王出犇于彘，共和行政焉。二十八年，周宣王立。"相距也是十五年。

六、《陳世家》説："幽公十二年，周厲王奔于彘。二十三年，幽公卒，子釐公孝立。釐公六年，周宣王即位。"照此算來，相距爲十七年。

七、《齊世家》説："武公九年，周厲王出奔居彘。十年，王室亂，大臣行政，號曰共和。二十四年，周宣王初立。"相距也是十五年。

總合這七種記載看來，《陳世家》的十七年，顯然有錯誤。然問題不在這裏，而在厲王奔彘與宣王即位這十五年內，已經包括了共和的十四年，怎麼於厲王三十七年後又列十四年的共和呢？此中原因，由於司馬遷誤解三十七爲在位之年，而實際是厲王卒時爲三十七歲。雷學淇《竹書紀年義證》中就有詳細的辯證，請參看。有此錯誤，對於《歷代帝王年表》以及《辭海》、《國語辭典》後所附的共和以前之西歷年表，就不敢引用，只有引用共和以後的了。

（原載 1979 年 4 月《中國語文》第 44 期，第 26—34 頁。）

作者簡介：

李辰冬(1907—1983)，河南濟源人，北平燕京大學畢業、法國巴黎大學文學博士，歷任天津女子師範學院、蘭州西北師範學院、中央政治學校、新加坡義安學院、臺灣師範大學等校教授。曾主編"民族主義"刊物《文化先鋒》、《文藝先鋒》等。他是古典文學研究專家、文學理論家、《詩經》研究專家。已出版的著作有《紅樓夢研究》(法文)、《詩經通釋》、《詩經研究》、《詩經研究方法論》、《文學與生活》。

《古本竹書紀年輯證》序例

方詩銘

余之初治《紀年》也，尚居蜀中。一九四六年，顧頡剛師訊以近治何學，即以重輯《紀年》對。師詔余《春秋㗗趙集傳纂例》中尚有《紀年》佚文，爲昔人所未知，余亦答以《御覽》所引《郡國志》、《十道志》中曾引及《紀年》，爲朱右曾、王國維兩氏所略者。由蜀而吳，由吳而滬，此業久廢。六十年代中，王修齡、徐鼎新、蔣德乾三君，在楊寬先生指導下，亦曾治《紀年》，復得商榷之樂。

一九七六年以來，得王修齡君協助，發憤爲此。取各書一一爲之蒐輯，並得清人治《紀年》之書以觀之，稿成，名之曰《古本竹書紀年輯証》。"輯"者輯佚，"證"者疏證，除前人諸説之可信從者外，其蘊於胸中者亦並録之，又雜採甲骨金文及出土文物爲証。然荀勖、和嶠本與束晳本之同異，今本輯成之時代等，尚略有所見，有暇當成《竹書紀年考》，以補此書之不逮。此稿之成，多得王君之助，而渠與徐、蔣二君昔年所録之部分資料，亦間有取資，得免檢索之勞，至顧廷龍先生所篆封面，則貽我於百忙之北京客中。廣賴衆力，得成此編，謹藉空言，普銘高誼云爾。猶有雜例，並綴於後：

（一）本書自古類書、古注等輯録所引古本《竹書紀年》佚文，斷於北宋前期，以《資治通鑒外紀》爲殿，除極其個別者外，後此所引概不入輯。

（二）前此輯古本者凡三家：朱右曾《汲冢紀年存真》、王國維《古本竹書紀年輯校》、范祥雍《古本竹書紀年輯校訂補》，簡稱此三家爲《存真》、《輯校》、《訂補》。

（三）三家輯校所據之書，或僅據一本，今則參校他本。如《存真》、《輯校》以限於當時條件，所據《水經注》僅爲戴震校本，不知戴校常據今本《紀年》以改原書所引古本。今以影《永樂大典》本爲主，並採全祖望、趙一清、戴震、楊守敬、熊會貞之説，以正《存真》、《輯校》繫年及引文之誤。又如《太平御覽》，三家所據或僅爲清鮑崇城刻本，今據影宋蜀刻本及鮑本參校。例《御覽》卷八九〇所引，鮑本作"杜林"，《訂補》據雷學淇《竹書紀年義証》之説，謂當作"杜林"，而影宋本正作"杜林"，本不誤。再如《存真》、《輯校》所據《史記》三家注，以殿本、金陵書局本爲主，僅《訂補》間據日人瀧川資言《史記會注考証》，今據影宋黃善夫本、影宋浙刻集解本、汲古閣刻單行本索隱、清殿本、金陵書局本，以及《會注考証》與日人水澤利忠《史記會注考証校補》。《校補》廣校衆本及日本所藏諸古寫本，取資尤多。

（四）三家所輯多據諸書引文，以文義併爲一條，且間有改易。今從觀古堂輯佚書之例，直鈔原書，各條歸各條，獨立戶頭，不相合併。庶可見各書所引之原貌，於異同之中尚可略尋荀、和本及束皙本之痕迹，所引書名亦冠於前。復選其一以至二、三爲主條。主條指較爲完整者，不按時代先後，非主條則按照時代先後排列。

（五）三家所輯起於五帝，蓋據《史記·魏世家》集解所引和嶠之說。然杜預《春秋經傳集解·後序》云：“《紀年》篇起自夏、殷、周。”杜氏所見自爲荀、和本，是荀、和二人初次整理之本亦起自三代，與束皙重定之本同。《集解》所引和嶠之說，乃係“荀勖曰”之語，此一段文字即《紀年敘錄》。則所謂和嶠云起自五帝之語，爲和氏一人之見，故荀勖《敘錄》特表出之。而荀、和本，如杜預所見，仍起自三代。朱右曾云：“豈編年紀事始於夏禹，而五帝之事，別爲一編乎？”雖無確証，所測尚於事理頗合。今從此說，以關於五帝之佚文，作爲本書夏殷周紀之附錄。

（六）古類書、古注等所引古本《紀年》，於年世無可比附者，今輯爲本書附錄一。

（七）三家所輯之佚文，以及未爲三家所輯，皆有疑問不入正文者，今輯爲本書附錄二。

（八）南宋人所引《紀年》佚文較多，三家皆入輯者，爲羅泌、羅苹父子之《路史》一書，朱右曾謂羅氏父子未見《紀年》原本，其說可從，今輯爲本書附錄三，並據王國維《今本竹書紀年疏証》之例，爲《〈路史〉所引〈紀年〉輯證》。

（九）今本《紀年》雖爲後人所輯，尚可供參考，王國維《今本竹書紀年疏證》，綜合清人治今本者之成績，今標點校正，一並收入。

（十）所輯各條，其原書名與原文不相接者，如《水經·河水注》引“《紀年》又云”者凡兩條，一在晉武公七年，一在八年，第一條今作“《紀年》又云：晉武公七年”云云，第二條作“（《紀年》又云）：（晉武公）八年”云云，加（　）號以資區別。引文中有訛、舛、誤、脫者，亦用（　）號以示訛、衍，[　]號則示改正之字或脫文，其據各本參校徑改者不屬此例。

一九七九年七月

（原作於 1979 年 7 月，後載於《古本竹書紀年輯證》，第 3—6 頁，上海古籍出版社，1981 年。）

作者簡介:

方詩銘(1919—2000),籍貫四川簡陽人,生於四川成都。師從顧頡剛、陳寅恪、錢穆等史學大師,1946年畢業於四川成都齊魯大學。在中國史學領域辛勤耕耘50餘年,尤以先秦史和上海小刀會起義的研究造詣爲最。1949年後任上海文物保管委員會古文物整理部副主任,從事古代文物與上海地方史研究。上世紀五六十年代參與籌建中科院上海歷史研究所,提出了上海小刀會起義研究課題,編成《上海小刀會起義史料匯編》、《上海小刀會起義》兩書。1979年後主要從事先秦和秦漢史的研究。曾任上海社會科學院歷史研究所名譽所長。主要著作有《古本竹書紀年輯證》(合著)、《中國史曆日和中西曆日對照表》(合著)、《冥報記·廣異記》(輯校)、《曹操·袁紹·黃巾》、《方詩銘論三國人物》。

附錄一

理雅各英譯《竹書紀年》析論

劉家和　邵東方

引言

　　十九世紀著名西方漢學家、蘇格蘭傳教士理雅各（James Legge，1815—1897）在 1861 至 1872 年間陸續發表了極有份量的英文譯注《中國經書》（*The Chinese Classics*）。理雅各來華本爲傳播基督教，却被中國傳統學術，尤其是儒家經典所吸引，而致力於翻譯中國經書，向西方介紹中國文化。理雅各譯注《中國經書》不僅可列爲近代西方漢學的開山之作，而且對於東方的讀者而言，他所從事的工作也大有助於我們體會一位西方牧師對中國文化的理解。理雅各譯注《中國經書》乃是他克服了重重困難和融合了許多學者的研究成果之後所作出的一項重要學術貢獻，確爲中國古典文獻的翻譯注釋開闢了不少新的途徑。在西方漢學研究的歷史上，這亦具有劃時代的重要意義，所以"自行世以來即已成爲西方有關中國學術的經典作品，至今不能廢"。① 《中國經書》第三卷爲《書經》（*The Shoo King*），其中包括《竹書紀年》②，出版於 1865 年。本文旨在通過討論理雅各英譯《竹書紀年》，以彰顯他對於中國學術史的貢獻。事實上，理雅各譯注《竹書紀年》之所以迄今仍受到西方學術界的重視，正是因爲它具有其他譯注本所不能取代的重要作用。理雅各之前已有畢甌（Edouard Biot, 1803—1850）在

---

　　① 余英時：《香港與中國學術研究——從理雅各和王韜的漢學合作談起》，載於氏著：《歷史人物與文化危機》（臺北：東大圖書公司，1995 年），第 141 頁。

　　② 這裏需要指出的是，理雅各所譯《竹書紀年》實際上是後人重編的"今本"《竹書紀年》。清中期以後，由於對明清時期《竹書紀年》通行本的辨僞，學術界始稱已經散佚汲冢原本《竹書紀年》爲"古本"《竹書紀年》，而通行本則稱爲"今本"《竹書紀年》。爲了行文的方便，本文仍稱"今本"《竹書紀年》爲《竹書紀年》，而對清代和現代學者所輯汲冢原書的本子稱爲"古本"《竹書紀年》。本篇採用的"今本"爲范欽訂《竹書紀年》，載於《天一閣藏范氏奇書》（北京：線裝書局，2007 年）。凡引此書不注明卷數頁碼。

1841—1842 年出版的法譯本(*Tchou Chou Ki Nien*)①,但後來除理雅各的英譯本外,再未見有西方文字的譯本出現。從這個角度看,西方學者如有欲研究《竹書紀年》者,則理雅各譯本無疑爲研究之必備。

值得注意的是,作爲二十世紀末二十一世紀初的學者,無論是中國人還是西方人,祇要翻閱理雅各《中國經書》的目録,大概都會産生這樣一些疑問:理雅各翻譯《書經》,爲何將《竹書紀年》也附帶譯在一起呢? 如果説理雅各翻譯《春秋》時附入《左傳》是有中國經學傳統的依據的,那麽翻譯《書經》而附加《竹書紀年》則没有先例了。何況《竹書紀年》本身還存在著其真僞之辨的問題,而近年來海内外頗多有爲《竹書紀年》辯護者,此書真僞的討論亦可説是目前的一個學術熱點。因此,理雅各所譯《竹書紀年》的現實價值自然應當刮目相看了。

理雅各英譯《竹書紀年》問世一百多年來,尚未見有專文論其得失,所以擬在這篇文章中加以討論。我們主要涉及以下三個問題:

第一,關於理雅各對《竹書紀年》的文獻考證。筆者在《竹書紀年》真僞的問題上與理雅各有不同的看法,對此我們將根據一百多年來對這一問題的學術進展情況以及我們自己研究的成果加以説明和解釋。

第二,關於理雅各譯注中的思想。在英譯《竹書紀年》這部書時,理雅各下筆之際是帶着一個中心思想的:他在論述中國上古歷史的時候也流露出同樣的思想。從其從事翻譯的時代着眼,我們在分析理解理雅各思想産生的緣由時,理應指出其中富有遠見的積極成分;同時,我們將對於理雅各思想中在今天看來已經不能成立的若干觀點加以評析,而對他已經涉及、但尚未充分闡述的中國傳統中有益的文化資源則將作適當的發揮。

第三,理雅各的英譯文已經刊行一百多年,儘管他的翻譯有其當時所參考的文獻作爲依據,而且其貢獻是不可否認的,不過現在我們有必要根據近百餘年來學術的發展,重新檢討一下理雅各所參考的文獻資料,並適當舉例説明其譯文的成績與局限。

一、《竹書紀年》的流傳與真僞問題

在中國學術史上,關於《竹書紀年》原本(西晉學者根據墓本整理的本子,即"古

---

① Edouard Biot, "Tchou-chou-ki-nien, "*Journal Asiatique* (1841–42) 537–78. Translator's introduction, and translation of pt. 1 (December 1841): 537–45, 546–78; supplementary note to the translation of pt. 2 (with corrections) (February 1842) 203–7; translation of pt. 2 (May 1842): 381–431.

本")是否亡佚,和明清通行本(即"今本")真僞的問題罕見而複雜。關於《竹書紀年》通行本,清儒王鳴盛(1722—1797)、錢大昕(1728—1804)、崔述(1740—1816)及《四庫提要》作者等皆有揭發此書爲僞之作。可是理雅各仍取清代學者陳逢衡(1778—1855)所言《竹書紀年》爲真書之説立論,這究竟是什麼原因呢? 在本節中,我們將討論理雅各對此書的看法和論述,並作出我們的評論。

(一)《竹書紀年》之題名及流傳

首先要説明的是,理雅各所譯《竹書紀年》實乃後人重編的"今本"《竹書紀年》。清代中期以後,由於對明清時期《竹書紀年》通行本的辨僞,學術界始稱汲冢出土的《竹書紀年》爲"古本"《竹書紀年》(現有清代和現代學者所輯之本),而稱明清通行本爲"今本"《竹書紀年》。爲方便起見,本文仍稱理氏所譯"今本"《竹書紀年》爲《竹書紀年》。

理雅各在英譯《竹書紀年》之前,先就《竹書紀年》的題名簡略地説明三個問題:

第一,理雅各注意到法國學者德梅拉(De Mailla)誤以《竹書》(the Bamboo Books)泛指在紙張發明前所有寫於竹簡之書,理雅各則駁正其説,明白指出《竹書》乃汲冢出土古書之專稱,而《竹書紀年》袛是其中的一種;並正確地闡明德梅拉所指涉的應是"竹書"(bamboo books),即簡册之文。[①] 從學術史的角度看,這一駁正是有見地的。因爲在中國文獻史上,袛有汲冢出現的竹簡之書稱爲《竹書》,其他出土簡册皆未採用"竹書"的説法。當然,中國古籍(如《山海經注》、《真誥》、《史記正義》等)引《竹書紀年》時,亦往往稱之爲《竹書》。

第二,理雅各先根據《晉書·武帝紀》,扼要地敍述了《竹書紀年》出土於咸寧五年(279)的經過,再引用杜預(222—284)《春秋經傳集解後序》(作於太康三年,即282年)親見《竹書紀年》之語,以證此書整理工作在短短兩年内已經完成了。[②] 他説:

> 特別是博學多識、不存偏見的見證人杜預約於公元281或282年提供的證據,似乎使這個問題不再有任何疑問,即在此數年前,從墓冢内發現大量的古代典籍,其中最有價值的部分就是現在被稱作《竹書紀年》的那部書。[③]

理雅各的這番話並非無的放矢,而是針對當時某些懷疑是否真有汲冢古書出土一事的

---

① James Legge, "The Annals of the Bamboo Books," in "Prolegomena," *The Chinese Classics*, vol. 3, *The Shoo King, or Book of Historical Document* (Hong Kong: Hong Kong University Press, 1960), 105.按:以下凡引自此卷僅稱篇名,並注頁碼。本篇中所有中譯文皆由筆者譯自原文。

② James Legge, "The Annals of the Bamboo Books," 105-6.

③ James Legge, "The Annals of the Bamboo Books," 107.

西方人士提出來的。從他的説法可以看出,理雅各所採取的態度是絶不輕易懷疑古代文獻。

第三,理雅各稱,《竹書紀年》出土後一直在流傳,並見於隋唐兩朝之目録。又云:南北朝時梁朝學者沈約(441—513)曾爲《竹書紀年》作過注,宋代的朱熹(1130—1200)曾屢次不無稱讚地提及此書,元代(按:理雅各所言有誤,應爲明代)學者胡應麟(1551—1602)及楊慎(1488—1559)對此書皆有研究,而且當時清代也有五六種版本和注釋的《竹書紀年》出版。理雅各據此論曰:"儘管學者們對此書有普遍的不滿之詞,此書總還不至於被摒棄於批判的法庭之外。"①推其之意,理雅各儘管深知當時已有許多學者對"今本"《竹書紀年》的真實性抱著懷疑的態度,他却不肯承認它是僞書。他的這種看法至今仍影響着不少西方學者。當然理雅各也非盲目認爲此書中間没有任何問題。有關這一點,我們將在下面作具體的探討。

(二)理雅各對《竹書紀年》的考證及論其價值

依照理雅各的治學路徑,任何研究必須先展示文獻的原文,然後纔可能就著作的具體內容來探討問題了。所以在作了以上説明以後,理雅各發表了《竹書紀年》的譯文和注釋。接着在譯文後面,他對此書本身的問題進行一番探討。在探討中,理雅各大體論述了兩個方面的問題:一是關於此書的文獻考證方面的問題,二是關於此書與其他中國典籍(尤其是《尚書》)相較的價值問題。這裏主要討論前一方面的問題,其內容大體分爲以下幾點:

第一,從總體上肯定《竹書紀年》爲真書而非僞書。理雅各所批駁的對象是清中葉考據學家王鳴盛。王氏論《竹書紀年》爲晉人僞作見於以下這段文字:

> 其書……必是束皙僞撰也,……其穿鑿附會,不但不足信,亦不足辯也。大約妄人何代蔑有,全賴有識之士屏黜之。有疑則闕,方爲善讀書。②

理雅各辯王氏此説不可信:

> 我絶不能同意王氏的結論,因爲所有關於竹書發現經過的記載足以證明,在西晉初年,束皙或其他任何人都未曾僞造這些古書。③

理雅各對於王鳴盛的駁論是確有根據的,因爲王氏持論多涉武斷,並無任何文獻證據。

---

① James Legge, "The Annals of the Bamboo Books," 107.
② 王鳴盛著,黄曙輝點校:《十七史商榷》卷3(上海:上海書店出版社,2005年),第21頁。
③ James Legge, "The Annals of the Bamboo Books," 177.

杜預《春秋經傳集解後序》和《晉書》的記載完全可以作爲否定王鳴盛説的有力證據。① 從這一點説,理雅各之所以反對《竹書紀年》爲晉人僞撰的説法,是因爲他相信有關汲冢竹書發現過程的文獻記載皆信而有據,特別是有杜預這樣的"完全有資格而又無偏私的見證人"(a witness entirely competent and disinterested)可資爲證。② 其實理雅各以爲《竹書紀年》發現過程爲歷史真實,這一點在清代多數學者看來也是没有疑問的。除王鳴盛外,其餘懷疑《竹書紀年》的學者大都認爲此書並非晉人集録,而且原本已在流傳過程中佚失。然而理雅各因發現過程之記載爲真而誤以傳世《竹書紀年》爲晉時真本,則失之篤信陳逢衡之説。此點在下面再作討論。

第二,理雅各承認《竹書紀年》記載的内容有問題,並將問題出現的原因歸於晉人對於出土竹簡的整理工作做得過於倉促(祇有兩年的時間),以致使其中記載混亂。至於王鳴盛所説《竹書紀年》有"穿鑿附會"的記載,理雅各相信這是由於不少其他汲冢竹書之文(如《瑣語》)混入《竹書紀年》所致。因此他特別提請讀者注意陳逢衡在《竹書紀年集證》中對於這一問題的看法。③ 在此書中,陳逢衡一如傳統儒家學者,對這些内容表示懷疑,並認爲後人缺乏認真的分析,往往以《瑣語》誤稱《竹書紀年》之文。④ 理雅各注釋列舉的最明顯例子就是傳統的堯舜禪讓被説成舜篡堯位。⑤ 對於這種説法,我們持有不同的看法,稍後再論。

然而在理雅各看來,《竹書紀年》的根本問題是,其年表已經發生訛誤。具體地説,其訛誤表現在以下兩方面:

首先,從堯即位元年以下,各帝王元年皆以干支紀年。對此,理雅各斷言道:

> 我堅持認爲,這些[干支紀年]都是在竹簡發現以後加上去的,的確並非當時就加上去的,而是在一個逐漸的過程中,直到宋代纔完成的。⑥

理雅各的理由有四點:一是,東漢以前,干支僅用於記日,而不用於紀年。⑦ 司馬遷(公元前145年或前135—前86年)等作年表,皆不以甲子歲曆,因而不能輕信《竹書》之

① 參閲杜預:《春秋經傳集解後序》,載於阮元校刻:《十三經注疏》下册(北京:中華書局,1980年),第2187頁;房玄齡等:《晉書》第5册,卷51,《束晳傳》(北京:中華書局,1974),第1432—1433頁。

② James Legge, "The Annals of the Bamboo Books," 107.

③ James Legge, "The Annals of the Bamboo Books," 177.

④ 陳逢衡:《竹書紀年集證》卷50(裒露軒刻本),載於《續修四庫全書》第335册(上海:上海古籍出版社,2002年),第662—663頁。

⑤ James Legge, "The Annals of the Bamboo Books," 116.

⑥ James Legge, "The Annals of the Bamboo Books," 180.

⑦ James Legge, "The Annals of the Bamboo Books," 82—83.

干支紀年。二是，從夏世子少康之生以至其出逃與歸於夏邑，注中出現四次干支紀年[1]，可知這種干支紀年是在《竹書紀年》流行後，逐漸作爲附注增加上去的。三是，早期（唐宋之前）各書引用《竹書紀年》，皆無甲子紀年。（這一點，理雅各據陳逢衡《竹書紀年集證》引洪頤煊（1765—1833）説。）四是，《竹書紀年》所記夏積年爲 471 年，而如按干支紀年之法，夏始年爲壬子，經七（理雅各書原誤印作六）個甲子週期又 11 年（60×7+11＝431）爲 431 年。[2] 兩個年數不相符合。《竹書紀年》所記商積年爲 496 年，而如按干支紀年之法，商始年爲癸亥，經八個甲子週期又 28 年（60×8+28＝508）爲 508 年。二者又相左。假使原本當初就有干支紀年，這樣的錯誤就不會發生。按：理雅各的這一分析是從文獻本身内部發現問題，用内證（internal evidence）作爲證僞的工具，相當精到，足補清代考訂《竹書紀年》學者之不及。

第二，理雅各認爲，《竹書紀年》中若干王的在位年數也被改動過了。他考慮到以下兩點因素：一是，此書注者把商代各王在位年數相加起來，便得出商代的總積年。如此簡單的問題，諒必注者不會弄錯。二是，夏代的情況則不同，在相與少康之間有一段夏朝中斷時期，故夏代積年很難加得準確。《晉書·束皙傳》記："《紀年》……則云夏年多殷。"[3]而我們今天所見《竹書紀年》却是殷年多於夏。這個問題本來很難解決。可是理雅各却由此得出結論：既然干支紀年是後來加上去的，而且若干王的積年又有改變，那麼整部《竹書紀年》的年表就因之失去價值了。[4] 按：以目前的研究成果來説，這樣的推斷似欠妥當。因爲不少現代學者從事夏商周三代的年代學研究，都很重視《竹書紀年》所提供的年表，儘管此書是後人重編的。

前面已經指出，理雅各並不否認《竹書紀年》存在着問題，不過他把其中問題出現的原因歸結爲出土後的整理工作過於倉促。我們當然不能否認當時的確有整理倉促的問題，但是"今本"中的問題恐怕並非僅此一點，就可以全部澄清。理雅各雖沒有承認此書流傳過程中的作僞問題，可是他既然説干支紀年是後來加上去的，若干王的在位年數也有了改易，而且還是一個逐漸添增的過程；那麼這些變化就不能視作整理時倉促所致的錯誤，而應該説是在此書流傳中發生的加工或改造（中國學者在對此書作辨僞時所列的理由，其實包括了理雅各所説的這些事實）。所以我們也不妨説，理雅各雖然在總體上以《竹書紀年》爲真，而事實上他也已經在進行某種程度的辨僞工

---

① James Legge, "The Annals of the Bamboo Books," 120.

② 朱右曾《汲冢紀年存真·序》辨《竹書紀年》之僞的第五條即有此説。見朱右曾：《汲冢紀年存真》（歸硯齋本），載於《續修四庫全書》第 336 册（上海：上海古籍出版社，2002 年），第 2 頁。

③ 房玄齡等：《晉書》卷 51《束皙傳》，第 1433 頁。

④ James Legge, "The Annals of the Bamboo Books," 180–82.

作了。

第三,應該説明,理雅各對於《竹書紀年》不同部分的編寫時代還作了推測。理雅各云:

> 自公元前 769 年周平王即位起,編年史的性質起了變化。從黄帝到平王即位前,《紀年》所載皆爲帝王之史。不同朝代的帝王實爲主角,諸侯國之種種史事唯有從屬於王朝者始得其詳。然自平王即位起,晉侯變爲主角。如此情形持續到公元前 439 年韓、趙、魏三家分晉,魏侯(三晉之一)遂變成主體。因此,從公元前 769 年起,《紀年》便是晉國史官所纂之晉國編年史。以後,魏國的一位史官又摭要編爲魏國之《紀年》。至於尤爲重要而普遍引起興趣的早期編年史,那可能是在晉國史官開始編寫晉國《紀年》時所編成,並作爲晉國《紀年》之恰當引言而專門保存在檔案庫中的。[①]

在這裏,理雅各主張《竹書紀年》所記史事的重點之所以發生轉移,是因爲此書並非成於一手,而是分爲兩次編成的。理雅各的這些分析雖無具體的材料作依據,却是比較近情理的推測。而且從文獻學的角度來看,理雅各看法的深刻之處在於,他已經隱約地察覺到此書有不同的部分,即後人編輯的二手材料與同時代人所記的原始材料這樣兩部分。這種對不同時代的文獻價值加以區別的看法在當時頗有新意。事實上,後來西方研治《竹書紀年》的學者,多多少少承襲了理雅各對《竹書紀年》成書特點的推測。[②]

(三)理雅各翻譯《書經》爲何兼選《竹書紀年》

理雅各翻譯《書經》時爲什麽把《竹書紀年》也附帶譯在一起呢? 如果説理雅各翻譯《春秋》時附入《左傳》是有中國經學傳統的依據的,那麽翻譯《書經》而附入《竹書紀年》則是没有先例。

理雅各翻譯《書經》並在其《緒論》中加譯了《竹書紀年》,乃有其思想上的原因。具體而言,《書經》所載都是單篇文字,既無明確的年代説明,也無法從中梳理出一個歷史的年表來。對理雅各來説,這不能不是一個遺憾。他在《緒論》中説:

> 可以説,《書經》没有年代的安排和順序。……就目前的版本而言,它祇記載

---

① James Legge, "The Annals of the Bamboo Books," 178.

② 參閲 David S. Nivison, "Chu shu chi nien," in *Early Chinese Texts: A Bibliographical Guide*, ed. Michael Loewe (Berkeley: The Society for the Study of Early China and The Institute of East Asian Studies, University of California, 1993), 40.

了早期王朝的少數君王，而且僅有其中兩三個君主的在位時間。不過，即便其所記是完備的，但《書經》却没有一個包括中國所有君主的名單，也没有他們各自在位的年數。①

理雅各是一位很重視歷史年代的學者，他對古代年代學發生興趣大概是受了西方在十九世紀研究古代歷史的風氣所感染。爲此他以《緒論》的第三章專門討論了《書經》中的年代問題，還特邀天文曆法專家湛約翰（John Chalmers，1825—1899）撰寫一篇關於中國古代天文曆法的文章作爲附録。② 理雅各在此章討論《書經》中的年代問題時，一再引用《竹書紀年》的材料，來與其他文獻材料作比較的研究。理雅各雖然並不完全相信《竹書紀年》中所記的年代，但是對他來説，以《竹書紀年》作爲與《書經》相對比的文獻材料，對於瞭解中國上古的歷史還是頗有用途。由此他産生了翻譯並介紹《竹書紀年》的動機。

問題尚不止於此，理雅各決定翻譯《竹書紀年》，更是基於深一層思想的考慮。③ 理雅各雖認爲《竹書紀年》在以干支紀年和各朝積年方面存在着一些問題，不過此書在記堯、舜、禹的史事方面却比《書經》所記更爲可信。以下兩個重要的事例説明了理雅各的看法：

第一，理雅各十分重視《竹書紀年》所載禹的事迹，儘管其記載簡略而有限。他説：

> 在《紀年》中，禹的工作僅限於治理黄河。堯指定給禹的工作，並不比大約一百年後禹的一位繼承人少康指定給商侯的工作更爲重大。……没有説到大範圍内的災害性洪水，没有説到禹治山，治全國的地面，或者治黄河以南的任何一條河流。④

可是在《書經》裏却有稱頌禹治天下洪水的内容，在他看來，這明顯是把大禹治水的功績過度誇大了。

第二，按照《書經》的記載，舜的政府裏有着完美的機構和 22 位大臣，而在《竹書紀年》裏則祇提到禹和皋陶兩個人。理雅各以爲，《書經》裏所説那樣的舜的政府，顯然是後世那些"不顧人類進步規律"（"regardless of the laws of human progress".他並未

---

① James Legge, "The Annals of the Bamboo Books," 81.

② John Chalmers, "Appendix on the Astronomy of the Ancient Chinese," 90–104.

③ James Legge, "The Annals of the Bamboo Books," 105.

④ James Legge, "The Annals of the Bamboo Books," 182–83.

使用在當時歐洲盛行的"evolution"一詞）的人爲了把遠古説成"黃金時代"而編造出來的。①

《書經》把遠古的部落首腦如堯、舜、禹等誇張成品德和才能都特別傑出的皇帝。在理雅各看來，這種説法既違背了古代歷史的真實，又助長了中國儒家把遠古説成黃金時代的迷信。他認爲與其説如此的記載充當了一種"哲學虛構的工具"（the devices of philosophical romance），倒不如説其後果會對中國人的思想覺醒産生不良的影響。所以他寧可採取《竹書紀年》中對堯舜禹的簡略記述，也要破除儒家經典對於古聖先王的美化。可是，理雅各的觀察力和敏感性早已使他不相信這樣的儒家傳統的説法。他論儒家之説有曰：

> 這些説法無疑都經過了極大的誇張和添枝加葉。其實，桀和紂並不是窮凶極惡的魔鬼，湯和武王也不是美德的化身。很有可能的情況是，早期的朝代像周朝一樣，純粹是因爲國力衰竭而相繼滅亡，而它們的最後一代君主也像紂王一樣，是意志薄弱的懦夫，而非暴君。②

理雅各的這種看法並不是没有來源的。對他早年影響甚大的蘇格蘭作家托馬斯·卡萊爾（Thomas Carlyle，1796—1881）在《論英雄與英雄崇拜》（On Hero and Hero-Worship）中宣揚"英雄史觀"，就不承認在歷史上有所謂的暴君存在。③ 在中國，孔子的大弟子子貢（公元前520—前446年）也曾説："紂之不善，不如是之甚也。是以君子惡居下流，天下之惡皆歸焉。"④不過，應該指出的是，殷商在其晚期仍然是一個强大的國家，不僅傳統文獻中有很多材料可以説明這一點，如《竹書紀年》中就有周武王的父親及祖父臣服於商王並遭受迫害的記載⑤，而且二十世紀七十年代在陝西省周原發現的甲骨文材料更充分地證明，周曾經是殷商屬下的一個"方伯"。⑥

需要特別説明的是，理雅各和子貢在思想的基本傾向上是不同的：子貢祇懷疑桀、紂不如此之惡，而没有懷疑湯、武是否如此之善，所以並未由此而懷疑到儒家經典所設

---

① James Legge, "The Annals of the Bamboo Books," 184.

② James Legge, "Prolegomena," 199.

③ 參看 Philip Rosenberg, "A Whole World of Heroes," in Harold Bloom, ed. *Thomas Carlyle* (New York: Chelsea House Publishers, 1986), 95–108.

④ 《論語·子張》，理雅各譯文見 *The Chinese Classics*, vol.1, *Confucian Analects, The Great Learning, The Doctrine of Means*, 345—346.

⑤ James Legge, "Prolegomena," 138–39.

⑥ 周原甲骨 H11:82 和 H11:84 中都有"周方伯"一詞。參見陳全方：《周原與周文化》（上海：上海人民出版社，1988年），圖版第61頁，圖版第69頁。

想的湯、武以聖君革桀、紂暴君之命的理論體系;而理雅各則從懷疑桀、紂不如此之惡,懷疑到湯、武並非如此之善,於是從根本上懷疑到了儒家關於古聖先王的整個理論體系了。他的譯注有一段説道:

> 我個人的研究和反思使我考慮到,我們在《書經》中所讀到的關於舜的秩序井然的政府和禹的貢獻,實際上大部分是後人編造的。這些記載的目的在於抬高這些古代聖賢的品質和成就,並且在中國歷史的開端就把他們放置於超乎人類的智慧和能力的崇高極峰之上。我爲自己的觀點能在《竹書紀年》中得到印證而感到欣慰。①

理雅各認爲關於古聖先王的説教不僅不切歷史事實,而且也没有實際效用。他看到,孔子的理想在其時代未能實現,而孟子時的情況更加糟糕,所以孟子以仁政統一天下的理想也没有能夠實現。古代的封建帝國在爭戰的血海中解體了,代之而起的是秦始皇(公元前259—前210年)的武力統一;於是中國由原來的封建帝國變成了專制帝國(despotic empire),這種帝國延續了兩千多年,到理雅各的時候正走上了其末路。理雅各既注意到秦統一給中國帶來的成功,也觀察到這種專制帝國的問題及其不可避免走向衰落的後果。因此他主張由制度上來解釋朝代的興亡。這種看法是頗有見地的,顯示出近代史家的一種開闊視野。

以上看法顯示出理雅各對古代思想的歷史變遷具有深刻的體會,這不是一般中國傳統學者所能望其項背。如果説康有爲(1858—1927)在1897年出版的《孔子改制考》中開始懷疑"三代文教之盛"②,那麽在這一點上,理雅各又比中國儒家學者似乎提早"覺悟"了幾十年。理雅各爲什麽會有這樣的認識呢? 應該説這與理雅各本人在蘇格蘭哲學和史學上的深厚修養有關。由這種學術訓練而得來的批判精神,使得他能夠自覺地對這一問題進行近代的詮釋。③

以《書經》和《竹書紀年》相較,理雅各評之曰:

> 這兩部書之間有許多共同之處,其原因無非是,兩本書的作者都根據同樣的

---

① James Legge, "The Annals of the Bamboo Books," 183.

② 康有爲:《孔子改制考》卷1(北京:中華書局,1958年),第1頁。

③ 關於這個問題,可參看 Lauren F. Pfister, "Some New Perspectives on James Legge's Multiform English Translations of the Chinese Classics and *Sacred Books of China*," in *Selected Papers on Translation from the International Conference on Chinese Studies in Celebration of the Seventieth Anniversary of the Department of Chinese, University of Hong Kong*, 10–12 *December* 1997, eds. Siu-kit Wong, Man-sing Chan, and Allan Chung-hang Lo (Hong Kong: The Hong Kong University Press, 2002), 62–99.

史料進行寫作,不管他們可能會增添什麽樣的史實。不過,《紀年》中的具體内容恰當地記述了書中的人物和他們的事迹。我們通過《紀年》,瞭解到了成長中的部落首領,而不是組織結構健全的龐大帝國中的皇帝。①

理雅各絶非憑空發表議論。蘇格蘭史學家喬治·布察南(George Buchanan,1506—1582)的“批判史學”觀點曾對理雅各論學治史有莫大的啟發,這是研究理雅各的學者所共知的。② 從廣義的學術史意義上説,他重視《竹書紀年》也正是出於近代西方史學傳統的需要。至此,我們便能理解理雅各爲什麽冒着使用僞書的危險而去翻譯《竹書紀年》了。理雅各在《緒論》的結尾寫道:

> 即便可以證實(實際是不可能的),《紀年》是晉代人僞造的,那麽事實仍將是,與任何一個紀年的作者相比,造僞者對其國家的歷史都採取了一種比其他史家的見解更合乎情理的態度。恕我冒昧揣測,這一論點可以普遍被西方質疑者所接受。③

最後必須指出,儘管理雅各以《竹書紀年》爲可靠的記載,而不相信《書經》稱上古爲“黄金時代”的説法,但他也沒有完全接受“古本”《竹書紀年》對中國古代的看法(他甚至認爲這些並非《紀年》的原文,而是屬於《瑣語》的内容)。他始終深信古代歷史自具特質,其論點關鍵端在於此。

二、對理雅各的《竹書紀年》文獻考證之批評

在我們看來,理雅各對於《竹書紀年》文獻研究的一大弱點,在於他未能充分注意當時中國學者已經對此書作過的具體辨僞工作。這是因爲他認爲《竹書紀年》的流傳史和真實性是不存在問題的。理氏以爲《竹書紀年》的流傳過程是沒有問題的,所以在“How the Annals have kept their place in literature”一節僅用寥寥十幾行字的篇幅略説此書的流傳史。④ 他從沈約注《紀年》談到《隋書》和新、舊《唐書》對此書的著録,然

---

① James Legge, "The Annals of the Bamboo Books, " 182.

② 參見 Lauren F. Pfister, "Some New Perspectives on James Legge's Multiform English Translations of the *Chinese Classics and Sacred Books of China*," 81–82.

③ James Legge, "The Annals of the Bamboo Books, " 183.

④ James Legge, "Prolegomena, " 107.

後即云宋代朱熹曾幾度提到此書,似乎《竹書紀年》的流傳有序而未易其貌。[1] 但是仔細考察一下,我們便會發現理雅各的看法未免牽合舊説,失於考證。這裏我們從史學研究的外考證(external criticism)和内考證(internal criticism)這兩個角度對理雅各之説略作分析。

從外考證的角度分析,先讓我們討論《竹書紀年》在流傳中是否發生過失佚的問題。因爲祇有真本發生失佚的情形,纔會出現作僞的問題。理雅各一如討論《尚書》的流傳史那樣,以爲《竹書紀年》之流傳亦未曾中斷,因之也就不存在作僞的問題。但事實上,在《竹書紀年》流傳史上存在着不爲理雅各所知的重大斷裂現象,現略述於下:

首先,《竹書紀年》在流傳中前後的卷數變化很大。關於《竹書紀年》篇目卷數,在自西晉至北宋初的史籍中記載雖略有差別,但不外乎 12、13 或 14 卷之别。現擇涉及《竹書紀年》卷數的主要記載抄録如下:

一、王隱:《晉書·束皙傳》記《紀年》12 卷。(杜預《春秋經傳集解後序》"正義"引)

二、房玄齡(579—648)等:《晉書·束皙傳》記《紀年》13 篇。

三、魏徵(580—643)等:《隋書·經籍志》記《紀年》12 卷。並有注云:《汲冢書》,並《竹書同異》1 卷。

四、劉昫(887—946)等:《舊唐書·經籍志》記《紀年》14 卷。

五、宋祁(998—1061)、歐陽修(1007—1072)等:《新唐書·藝文志》記《紀年》14 卷。注《汲冢書》。[2]

近代學者對《竹書紀年》篇目的考證中,有人猜測 14 卷可能是分訂上之差異[3],還有的人懷疑 13 卷或爲 12 卷之誤。[4] 不過這些細微的差異並不影響它們同指汲冢原本的性質。惟當注意者,到了南宋,《竹書紀年》的記載卷數却發生了極大的變化。淳

① James Legge, "The Annals of the Bamboo Books," 107.
② 參看范祥雍:《關於〈古本竹書紀年〉的亡佚年代》,《文史》,第 35 輯(1985 年 10 月),第 54—55 頁。
③ 黎光明:《汲冢竹書考》(下),《國立中山大學語言歷史學研究所周刊》,第 3 集,第 32 期(1928 年 6 月 6 日),第 17 頁。
④ 朱希祖:《汲冢書考》(北京:中華書局,1960 年),第 21 頁。

熙四年（1177），陳騤（1128—1203）作《中興書目》，著録《紀年》三卷。① 元代脱脱（1314—1355）《宋史·藝文志》載“《竹書》三卷，荀勖、和嶠編”。這都説明《竹書紀年》的卷數幾減三倍於前，《紀年》卷數的變化非同尋常，因爲這遠遠超出了一般同書異卷的程度，不能不引起人們的懷疑。而這三卷本《紀年》雖書名和卷數似與“今本”《竹書紀年》相近，却非同書，因爲前者乃三卷殘本，後者則是首尾完備。可是理雅各在討論《竹書紀年》流傳過程，却竟然忽視了此書在宋元書目中卷數驟然減少這一重要事實。因此他無法認識到今之所傳《竹書紀年》“乃宋以後人據古殘本爲底，益以諸書所引古本，間摭他書之説，重爲編次而成者，而非復古本之舊觀矣”②。

　　其次，近代以來，絶大部分中國學者都接受《竹書紀年》原本在流傳過程中已經失佚的事實。然則此書的失佚時間，各家之説不一：崔述《竹書紀年辨僞》説：“《竹書紀年》……自宋、元以來學士皆不之見，疑其經唐末五代之亂而失之。”③朱右曾（1799—1858）《汲冢紀年存真·序》云：《古文紀年》“亡於北宋。”④王國維（1870—1927）《古本竹書紀年輯校·序》謂：“汲冢《竹書紀年》，佚於兩宋之際。”⑤在當代學者中，范祥雍（1913—1993）提出《竹書紀年》可能亡於元末的看法。⑥ 方詩銘（1919—2000）則認爲：“古本《竹書紀年》的散佚當在安史之亂迄唐末五代這段期間。”⑦這些看法雖有差別，但就指出《紀年》原本已佚、存者乃後人重編本這一點而言，則完全一致。所以我們認爲《竹書紀年》的西晉整理本最遲在南宋之前已經亡佚，應該是没有問題的。關於這一方面的資料十分豐富，此處不能詳引。

　　遺憾的是，理雅各却以朱熹曾數次不無稱讚地提及《竹書紀年》這一點，説明《竹書紀年》在南宋時尚未失佚。⑧爲使釐清這一問題起見，我們有必要討論朱熹是否確實親《竹書紀年》一書的問題，因爲目前仍有學者持與理雅各相同的看法。理雅各這

　　①　《中興書目》亡佚已久，章如愚的《群書索考》、王應麟的《玉海》都曾引《中興館閣書目》佚文。《群書索考前編》卷16引《紀年》曰：“此本止有第四、第六及雜事三卷，下皆標云：‘荀氏敍録。’一紀年，一紀今應，二雜事，悉皆殘缺。《崇文總目》不著録。”《玉海》卷47所引基本相同。
　　②　趙榮琅：《竹書紀年之今古本問題及其評價》，《大陸雜誌》，第8卷第10期（1954年5月），第297頁。
　　③　崔述：《〈竹書紀年〉辨僞》，載於顧頡剛編訂《崔東壁遺書》（上海：上海古籍出版社，1983年），第460頁。
　　④　朱右曾：《汲冢紀年存真·序》，載於《續修四庫全書》第336册，第1頁。
　　⑤　王國維：《古本竹書紀年輯校·序》，載於楊家駱主編，劉雅農總校：《世界文庫·四部刊要·史學叢書》第2集1册（臺北：世界書局，1957年），第1頁。
　　⑥　范祥雍：《關於〈古本竹書紀年〉的亡佚年代》，《文史》，第25輯（1985.10），第55頁。
　　⑦　方詩銘：《〈竹書紀年〉古本散佚及今本源流考》，載於尹達等主編：《紀念顧頡剛學術論文集》下册（成都：巴蜀書社，1990年），第921頁。
　　⑧　James Legge, "The Annals of the Bamboo Books," 107.

一説法所依據者乃陳逢衡《竹書紀年集證》。陳書説及此事有兩條例證。第一條例證是《竹書紀年集證》"凡例"中兩處所記,其一曰:"[朱熹]又謂此間有《竹書紀年》,須借讀,半年方得之語。"①其二曰:"朱子云:聞此間有《竹書紀年》,須借讀,半年方得。"②那麼,我們先考察一下陳逢衡所引的第一條例證是否站得住腳?按:陳逢衡事實上並未見朱熹原書,經我們查對,他是從徐文靖(1667—1756)《竹書紀年統箋》中轉引的。徐文靖云:"《朱子文集》曰:'聞此間有《竹書紀年》,須借讀,半年方得。'"③徐文靖明言朱熹"聞"此間有《竹書紀年》,陳逢衡在"集説"照録,但在"凡例"中則省略"聞"字,從而使傳聞變爲事實。可惜理雅各也僅據陳書的"凡例",而未注意其"集説"中有"聞"字。

我們從《朱熹集》中看到朱熹答林擇之書,内云:"此間無《竹書》,煩爲見拙齋扣之,或有此書,借録一兩年示及,幸甚幸甚!"④這段話説明:其時朱熹所在處無《竹書》,所以他托林擇之向林之奇(拙齋)打聽《竹書》。由於不能確定,朱熹纔説"或有此書",即也許有之。徐文靖所引在朱熹的文集中未得查見,這就可能是徐文靖的誤記。以此信觀徐文靖之説,則引文中《竹書紀年》可能本是《竹書》。至於朱熹本人最終是否借到此書,因無實證,今已不得其詳。

陳逢衡的第二條例證是其書"凡例"所記朱熹考惠成之年條。陳逢衡云:

> 《紀年》自晉荀勖、束皙,梁沈約校注後,歷陳、隋、唐、宋以來,惟朱子考惠成之年,謂見于《竹書》甚明。⑤

陳書對上引朱熹之語未注出處,現經查詢,此句出於《朱子語類》卷五十一《齊人伐燕勝之章》。其言曰:

> 《史記》,魏惠王三十六年,惠王死,襄王立。襄王死,哀王立。今《汲冢竹書》不如此,以爲魏惠王先未稱王時,爲侯三十六年,乃稱王。遂爲後元年,又十六年而惠王卒。即無哀王。惠王三十六年了,便是襄王。《史記》誤以後元年爲哀王立,故又多了一哀王。汲冢是魏安釐王冢,《竹書》記其本國事,必不會錯。温公

---

① 陳逢衡:《竹書紀年集證》,"凡例",載於《續修四庫全書》第 335 册,第 6 頁。
② 陳逢衡:《竹書紀年集證》,"集説",載於《續修四庫全書》第 335 册,第 26 頁。
③ 徐文靖:《竹書紀年統箋》(臺北:藝文印書館,1966),第 44 頁。
④ 朱熹:《答林擇之》,載於《朱熹集》第 4 册,卷 43(成都:四川教育出版社,1996 年),第 2037 頁。
⑤ 陳逢衡:《竹書紀年集證》,"凡例",載於《續修四庫全書》第 335 册,第 5—6 頁。

取《竹書》,不信《史記》此一段,却是。①

按:朱熹這一段所謂考惠成二年的文字,其根據是《資治通鑑》卷三《周紀三》所記"魏惠王薨,子襄王立"下之《考異》。首先,《考異》引《史記·魏世家》及《六國年表》所列魏王世系,即惠王三十六年卒,子襄王立。襄王十六年卒,子哀王立。其次列杜預《春秋經傳後序》之文,内容包括:一,杜氏所見《竹書紀年》原本的梗概及其所記"魏惠王三十六年卒,從一年始,至十六年卒";二,杜氏懷疑《史記》誤分惠王後元之年爲後王之年代。再次,引裴駰《史記集解》之説,内容與杜氏《後序》大體相同,其中並引荀勗曰:"和嶠云:'《紀年》起自黄帝,終於魏之今王。今王者,魏惠成王子。'"最後,司馬光(1019—1086)總結道:"彼既魏史,所書魏事必得其真,今從之。"②

上引朱熹的文字可以細分爲六部分:第一部分,《考異》首段之節引;第二部分,《考異》所引杜預《春秋經傳後序》及《史記》裴駰《集解》内容之節引;第三部分却又誤取了裴駰批評《史記》的話"惠王三十六年卒,襄王立十六年卒",以爲惠王三十六年後便是襄王;第四部分誤以汲冢爲魏安釐王冢,全未理會裴駰《集解》以"今王"爲襄王之説;第五部分又取司馬光《考異》肯定《紀年》可信之語;第六部分贊成《考異》在這一問題上取《竹書》而不取《史記》。從以上六點看,第一、二、五、六部分表明,朱熹討論惠王改元問題,在資料或論斷上全部是依據《資治通鑑考異》所引杜預《後序》和裴駰《集解》;而在第三、四部分,他却又是違背杜、裴之説的,結果形成了自相矛盾。這也恰是其弟子沈僴認爲朱熹的説法有誤的原因。如果朱熹確實見過《竹書紀年》原書,讀過魏惠王、襄王年表,就不可能發生這樣的錯誤。更何況若真有其事的話,沈僴又何必説應從《後序》而不説應從《竹書紀年》呢?③ 陳逢衡未細考"朱子考惠成年"的依據與得失,即謂朱熹曾親見《竹書紀年》。而理雅各過於信從陳逢衡,又引以爲據,遂誤信朱熹目睹《竹書紀年》之説。

以上的討論對我們理解《竹書紀年》一書的性質,具有相當的重要性。這是因爲所有的證據都指向一個共同的結論,即《竹書紀年》的流傳歷史和文獻内容並非如理雅各所説的那樣毫無問題。所以我們認爲,與其誤認"今本"《竹書紀年》爲汲冢之原本,倒不如假定此書乃後世儒家學者重編之作。

---

① 黎德靖編:《朱子語類》第4册,卷51(北京:中華書局,1994年),第1228—1229頁。

② 司馬光:《資治通鑑》卷3(北京:中華書局,1956年),第82頁。

③ 沈僴云:"此條有誤,當從《春秋解後序》。"見黎德靖編:《朱子語類》第4册,卷51,第1229頁。

三、如何理解《竹書紀年》的思想性質

識別《竹書紀年》的真偽,不僅要從其流傳中的存佚情況來觀察,而且還要從其所記内容的思想性質來求得瞭解。這是屬於史學研究的内考證問題。理雅各已經指出,《竹書紀年》的年代系統已在流傳中逐漸地被後人竄改了。祇有深刻瞭解上古年代系統的人,纔能得出這樣確切的論斷。他的譯注不啻做了一部分的辨僞工作,而且對我們瞭解此書的思想性質亦有很大的啟示作用。現在我們要進一步從内考證的角度,討論有關《竹書紀年》思想系統變化的問題。

以《竹書紀年》的思想性質而論,此書所載帶有後世儒家正統思想的明顯印記。我們取《竹書紀年》與後人所輯"古本"《竹書紀年》加以比照,便可注意到"古本"所載與《竹書紀年》中的儒家傳統説法頗有出入。如堯、舜、禹禪讓事,在儒家經典裏説得確乎其實,而"古本"則以爲是相互篡奪。又如伊尹與太甲之事,儒家傳説太甲有過,伊尹廢之,三年後太甲悔過,伊尹又迎他復位;而"古本"則以爲是他們二人相囚相殺。且不論這些傳説的真實性如何,值得人們深思的是,凡此種種都説明了"古本"與儒家經典在思想傾向上的對立。理雅各在翻譯過程中注意到了汲冢書中這些與傳統説法違異的記載,他譯《竹書紀年》"帝禹夏后氏"條時,特別加了一個注:

> 一些從汲冢出土的竹書其他部分而來的内容怪誕的段落被認爲是屬於《竹書紀年》,而這些段落對堯與舜之間關係的記載與傳統説法大爲相異。比如説舜推翻了堯,並將堯囚禁;舜曾一度讓丹朱即位,後來又取代了他。在此之後,舜也不允許堯、丹朱父子之間有任何的聯繫。[1]

理雅各明言他是從陳逢衡《竹書紀年集證》的"補遺"中瞭解到的。陳逢衡恪守正統儒家觀點,認爲那些"違經背聖"的内容乃"戰國遊説之士造言毀聖"。[2] 不過理雅各在這個問題上却没有完全附和陳逢衡的説法。例如《竹書紀年》帝啟二年記"費侯伯益出就國",而理雅各則注意到這條記載與其他歷史文獻所引《竹書紀年》所言"益干啟位,啟殺之"不合。[3] 陳逢衡却拘執於儒家之倫常觀念,在其注解中完全不引"后啟殺益"的記載,有意回避《竹書紀年》按照儒家正統觀念删改與儒家經傳所載相違背的那

---

① James Legge, "The Annals of the Bamboo Books," 116.

② 陳逢衡:《竹書紀年集證》卷 50,"補遺下",載於《續修四庫全書》第 335 册,第 663 頁。

③ James Legge, "The Annals of the Bamboo Books," 118.

些傳説。理雅各之所以注意到這一點,顯然與他反對儒家經典對古聖先王的迷信態度有關。他的深厚西方學術背景使他無法輕信任何一種背離歷史真相的理論。尤其難能可貴者,他從根本上懷疑到了儒家關於古聖先王的整個理論體系。

這裏需要指出的是,理雅各翻譯《竹書紀年》的時候,正是中國面臨內憂外患的災難深重時期。那麼中國人的希望何在呢?理雅各對此表示了他自己的看法。他在本書《緒論》第五章結尾的一段話值得我們引述如下:

> 祇有他們正視自身的歷史,正視那些按如實估計應視爲謬稱聖人者,並對之不再盲目地崇拜,這個國家纔會有希望。[①]

這段話清楚地表明,理雅各譯注的目的並非單純地傳佈中國的學術,他的重點始終是放在喚醒中國人擺脱落後現狀的意識方面。的確,如果中國人不能從對古聖先王和儒家經典的迷信中覺醒起來,那麼中國就不可能獨立地生存發展下去。無論我們是否同意理雅各的中國文化觀,但却不能不承認,他對當時中國存在的問題提出了一針見血的分析。從思想史的觀點着眼,正確地重新認識中國的歷史文化傳統,並不等於否定其中有價值的文化資源。關鍵還是在於理雅各本人所説的"如實的估計"(a true estimate)。倘若因估計而發生偏差,對中國文化傳統採取徹底否定的態度,把它看作是社會發展的障礙,那祇能加深近代以來的中國文化危機。那麼,中國同樣地是沒有希望的。理雅各這番論述不但在當時爲針對時弊而發,即使在今天也仍不失時效。

遺憾的是,理雅各始終未能對《竹書紀年》含有儒家思想傾向的問題予以特別的重視。譬如他察覺出《竹書紀年》太甲年紀裏面的兩條所謂"沈約按"與《竹書紀年》本文和傳統的説法迥殊,但是對他本人引述的陳逢衡和徐文靖的看法却未置可否,未就"沈約按"出現的原因深入探討。其實這個問題顯露出《竹書紀年》編者受後世儒家君臣觀念的影響而不敢破除經傳所載古聖先王事迹,甚至因此而有意改變《紀年》的內容。《竹書紀年》雖記伊尹放太甲自立,却託名沈約注云:"伊尹自立,蓋誤以攝政爲真爾。"又記太甲殺伊尹,但假以"[沈]約按"曰:"此文於前後不類,蓋後世所益"。而理雅各對此不甚經意,這與他相信《竹書紀年》爲真書有些關係。不過由於對先秦各國的思想傳統瞭解不夠,理雅各無法領悟到,對於上述的説法持肯定或否定的態度,實際上體現了對歷來中國古史解説的兩個傳統:(1)以儒家爲代表;(2)以法家爲代表。而"古本"《竹書紀年》的思想傾向正與戰國法家視古聖先王爲陰險狡猾、奪利爭權之人的説法頗有相似之處。如《史記・五帝本紀》之《正義》所引"古本":"《竹書》云:昔

---

① James Legge, "Prolegomena," 200.

堯德衰,爲舜所囚也"。又引"《竹書》云:舜囚堯,復偃塞丹朱,使不與父相見也。"即是明證。這類説法反映了晉魏人的一種看法,即舜繼堯位並非禪讓,而是以强力奪取的。①《竹書紀年》對此諱莫如深,却謂:"帝子丹朱避舜于房陵,舜讓,不克。朱遂封于房,爲虞賓。三年,舜即天子之位。"這樣的改竄反映的則是儒家所豔稱的傳賢禪讓制,顯然與"古本"《竹書紀年》的"堯舜嬗代篡弑説"在思想觀念上不能相容。又如"古本"《竹書紀年》記:"共伯和干王位。"而《竹書紀年》則作"共伯和攝行天子事"。這一改動儘管與後世儒家鼓吹終守臣節的觀念相吻合,却與晉魏流行的法家思想傳統截然相反。從比較全面的觀點看,法家這樣的觀點固然有其片面性,因爲從原始社會的思想來觀察,古人畢竟還有其純樸的一面,這大概也是一個無法否定的歷史事實。

應當指出的是,大約與理雅各翻譯《竹書紀年》同時,朱右曾從散見於古籍所引輯"古本"《竹書紀年》原文,編成《汲冢紀年存真》,復還原本的部分舊觀。然而理雅各限於環境條件而未及見此書,因此並不明瞭清代學者研究《竹書紀年》的這一根本性變化,即撇開對"今本"的考訂注釋,轉向對"古本"的輯佚。後來王國維又以朱書爲基礎,續加補輯校正,著《古本竹書紀年輯校》,共得"古本"佚文 428 條。《古本竹書紀年輯校》刊布後,王國維又撰《今本竹書紀年疏證》。此書繼承了清代考據學家對《竹書紀年》辨僞的成績,逐條揭發《竹書紀年》僞託之迹,《竹書紀年》爲僞書殆已成定論。

使我們感到有興趣的是,近三十多年來,在海内外學術界《竹書紀年》的真僞問題又成了一個聚訟的焦點,一些學者復辨《竹書紀年》並非僞作。在認定《竹書紀年》爲真書這一點上,這些學者的看法與理雅各相同。從表面上看來,似乎他們很接近理雅各的觀點。但理雅各是由於對清人的《竹書紀年》辨僞成就缺乏足夠的瞭解而篤信此書不僞;而現在的這些學者則是在王國維定《竹書紀年》爲僞之案後,重作翻案文章。概略言之,這些學者大多是求深反惑,其研究成果大有商榷的餘地。因已超出本文論述的範圍,此處就不再討論了。

四、對理雅各《竹書紀年》翻譯之討論

凡是讀過理雅各譯注的人,都不能不佩服他那種一絲不苟的樸實學風。作爲學術晚輩,我們對這位早期西方漢學家不能不肅然起敬。儘管人們可以向他的學術表示不同的意見,但决没有人能夠完全不理會他所譯的《中國經書》。誠如余英時所言,"理

---

① 《韓非子·説疑》亦有類似的記載:"舜逼堯,禹逼舜,湯放桀,武王伐紂,此四王者,人臣弑其君者也。"見梁啓雄:《韓子淺解》(北京:中華書局,1960 年),第 417 頁。

雅各如果不到香港，他便不可能直接接觸到當時中國經學研究的最新成果，他譯注的學術價值將不免大爲減色。"①作爲生活於理雅各一個世紀後的學者，我們認爲理雅各譯注《竹書紀年》的正面成果至今仍不失爲學術參考的權威見解，而他的失誤之處也可以讓我們從其中獲得經驗和啓發。從現代學術的眼光看，理雅各英譯其中固然存在着一些誤解和誤譯，然而他所譯注的《竹書紀年》迄今仍是唯一的英文全譯本，一直是西方漢學家從事研究的不可缺少的參考著作。《竹書紀年》是學術界爭論最多的中國古籍之一，非參考前人研究成果便不能明其究竟。因此，在這一節裏，我們先談理雅各所用的參考書，然後再檢討其譯文的一些問題。

（一）理雅各翻譯《竹書紀年》所使用的參考書

從《中國經書》第三卷的書目中，我們看到理雅各所列直接有關《竹書紀年》的參考書有三種，即明代吳琯所刻沈約注《竹書紀年》、清代徐文靖《竹書紀年統箋》及陳逢衡《竹書紀年集證》（理雅各參考書目 No.47—49）。② 徐書是陳書出現以前搜集有關《竹書紀年》資料最爲豐富的著作。理雅各特別指出，徐書中有關地理方面的注解是其書最有價值的部分。而理雅各譯注參考最多的是陳逢衡的《竹書紀年集證》。陳書草創於嘉慶九年（1804）九月，迄於十七年（1812）冬十月始定稿，歷時凡九年，確實下了很大功夫。除了任啟運（1670—1744）《竹書紀年證傳》和郝懿行（1757—1825）《竹書紀年校正》（成書於 1804）外，在此之前研究《竹書紀年》的主要著作，陳逢衡幾乎都加以參考了。此書現有嘉慶十八年（1813）裛露軒刻本及江都《陳氏叢書》本。他以孫之騄、徐文靖二人考《竹書紀年》之書尚有未當之處，乃旁搜博採，詳爲詮釋。陳逢衡自云：

> 是書除經史外，所引諸書及名賢著述，皆標明姓氏書目，不敢剿竊其有，出自管見者，加"衡案"二字。③

陳逢衡始以群書訂《竹書紀年》之訛，繼且以《竹書紀年》證群書之誤。《竹書紀年集證》凡 50 卷，正文 49 卷，卷五十爲《補遺》；卷首尚有"凡例"、"敘略"、"集説"，不入卷數。在此書卷首，陳逢衡對古今學者於《竹書紀年》有詳述考辨並其議論精當者，彙集眾説，以爲《集説》；他隨事闡明駁正之重要者，列 77 條，以示其書之梗概，作爲"敘

---

① 余英時：《香港與中國學術研究——從理雅各和王韜的漢學合作談起》，載於氏著：《歷史人物與文化危機》，第 142 頁。

② James Legge, "Prolegomena," 206.

③ 陳逢衡：《竹書紀年集證》，"凡例"，載於《續修四庫全書》第 335 冊，第 6 頁。

略";他又輯録《竹書紀年》(實則"古本"《竹書紀年》)爲他書援引、而《竹書紀年》未見者 120 則,彙爲《補遺》,並於諸條之下標明某書某卷;外附録《瑣語》數十則,《師春》一則,《徵書》一則。所以理雅各稱此書考訂精審、引據詳明,乃集前人研究《竹書紀年》之大成。[①] 從學術的價值來説,理氏對於陳逢衡之書的評價亦甚平允。

陳書中所列舉清人研究《竹書紀年》的著作計有九種:

(1)孫之騄:《考定竹書紀年》(按:此書 13 卷,陳逢衡誤記爲《考訂竹書》四卷)

(2)徐文靖:《竹書紀年統箋》(12 卷)

(3)任啟運(1670—1744):《竹書紀年證傳》(按:陳逢衡僅列書名,並云未見。)

(4)鄭環(1729—1806):《竹書考證》

(5)張宗泰(1750—1832):《校補竹書紀年》(2 卷)

(6)陳詩(1748—1826):《竹書紀年集注》(2 卷)

(7)趙紹祖(1752—1833):《校補竹書紀年》(2 卷)

(8)韓怡:《竹書紀年辨正》(4 卷)

(9)洪頤煊:《校正竹書紀年》(2 卷)

陳逢衡在參考書目方面之旁徵博引於此可見一斑。從對理雅各英譯文的考察,我們注意到理雅各對《竹書紀年》的文獻考證和翻譯基本上依據《竹書紀年集證》。當然,儘管他一再引證陳書中的各家説法,我們很難證明理雅各是否曾直接遍窺陳逢衡所引上述各書。不過陳逢衡此書在當時刊行不久,理雅各便能夠及時並充分地加以運用。這一點從學術的觀點看,誠不失爲一種有價值的研究取徑。無須否認,理雅各引用《竹書紀年集證》也有失誤之處。舉例來説,按照中國注疏的傳統,著者作按語時,僅以己名標出,如前引文中的"衡案",而理雅各誤以"衡"爲姓,遂稱"陳逢衡"爲"衡陳逢"(Hang Chin-fung)。從這種不分姓名先後的做法多少反映了由於文化傳統的差距,西方早期漢學家對中國傳統學術慣例的瞭解終隔一塵。

理雅各在開列有關《竹書紀年》的參考書時,明顯的不足之處在於他幾乎沒有充分利用清人斥《竹書紀年》不足信的著作。理雅各祇引了王鳴盛的《十七史商榷》中疑《竹書紀年》爲束皙僞作的條目,並對其説加以反駁。可是在他翻譯此書之前,《四庫提要》作者、錢大昕《十駕齋養新録》、崔述《竹書紀年辨僞》、郝懿行《竹書紀年校正》

---

① James Legge, "The Annals of the Bamboo Books," 177.

及《竹書紀年通考》均已問世，並就《竹書紀年》之僞舉出大量例證。對於這些辨僞之作，理雅各竟未提及。理雅各未何會忽略了這些材料呢？看來部分原因是他對於陳逢衡之書過度信賴，以致忽視了清代學者在《竹書紀年》辨僞方面的成就。

(二) 對於理雅各《竹書紀年》英譯文的評價

《竹書紀年》的文體近乎《春秋》，詞語簡潔，相對於《尚書》來説，文意較易把握。理雅各的《竹書紀年》譯文因此也相對地準確可靠。不過，前人爲《竹書紀年》所作的解説，遠比儒家經書的注疏爲少。正因爲此，在遇到難題的地方，理雅各有時也頗感棘手。上文已經提到，理雅各在翻譯時主要參考的是陳逢衡《竹書紀年集證》。他得益於陳逢衡之書甚多，有不少可取之處，但因陳逢衡之誤而致誤處亦在所難免。當然，也有陳逢衡不誤，而理雅各誤釋陳逢衡之書的地方。在陳逢衡未加注解的地方（這些地方對於中國傳統學者是一般常識而無須注解），理雅各有時也難免出現一些疏舛。下面所選擇的是理雅各誤譯或未譯確切之處一些比較典型的例子，並對其致誤的原因略作説明。爲了敍述的方便，以下所論側重於兩類問題：

第一類是因誤解原文或舊注而産生的訛誤。現舉出一些例子説明如下：

例一，《竹書紀年》黄帝軒轅氏二十年，"景雲見"。理雅各英譯"景雲"作"brilliant clouds"。而帝舜有虞氏十四年，"卿雲見"。理雅各譯"卿雲"爲"auspicious clouds"；對於此條之注中解"卿雲"的"慶雲"，則又譯作"felicitous clouds"。[1] 如果直接地字對字地看，或許可以説理雅各沒有誤譯。但是在中文裏，"景雲"、"卿雲"和"慶雲"三詞文義相通。陳逢衡《竹書紀年集證》引徐文靖《竹書紀年統箋》（據《晉書·天文志》）説，三者即是一事。[2] 按：卿慶二字古同音相通，景字與前二字韻同聲近亦可通。這種雲，從形象看是"brilliant"，而從意義上來説則是"felicitous"。理雅各未及細核陳書之注文，因而照字面分別翻譯，就使英文讀者不能明其究竟，不無可惜。

例二，《竹書紀年》黄帝軒轅氏一百年，理雅各注引《汲郡冢中竹書》言"黄帝既仙去"，譯爲："Hwang-te having going away as one of the Immortals."[3]這種"成仙而去"的解釋不可取，當直接譯爲"passed away"，即"離開人世"。

例三，《竹書紀年》帝摯少昊氏，[沈]約按："[母曰女節，……]既而夢接意感，生少昊。"理雅各譯作："Thereafter she dreamed she had received it, and was moved in her mind, and bore Shaou-haou."[4]"夢接"意謂夢中交接（intercourse），"意感"即交接之感

---

① James Legge, "The Annals of the Bamboo Books," 108, 115.
② 陳逢衡：《竹書紀年集證》卷5，載於《續修四庫全書》第335冊，第85頁。
③ James Legge, "The Annals of the Bamboo Books," 110.
④ James Legge, "The Annals of the Bamboo Books," 110.

受或震動。理雅各未能確切譯出。

例四，《竹書紀年》帝顓頊高陽氏二十一年，"作承雲之樂"。理雅各英譯"承雲之樂"作"The Answer to the Clouds"，並在注中說明，陳逢衡以爲此事在黃帝二十年。① 但"承"字並無"answer"的意思，而是"奉迎"的意思。由於天見景雲，所以作樂表示奉迎，以謝上帝。理雅各譯文則似未當。

例五，《竹書紀年》帝堯陶唐氏十二年，"初治兵"。理雅各英譯作："He formed the first standing army."② 又商帝辛三十一年，"西伯治兵于畢。"理雅各將"治兵"譯爲"to form a regular army"。③ 按："治兵"就是習戰，並無任何建立常備軍之意，這一點在陳書所引徐文靖《統箋》之説中解釋得很清楚。④ 可惜理雅各當時未及檢核此注。不過，他後來在英譯《左傳》隱公五年的"三年而治兵"時，把"治兵"譯作"（grand）military review"。⑤ 這樣就譯得比較準確了。

例六，《竹書紀年》文丁四年，周公季歷"命爲牧師"譯爲："he received the dignity of Pastor and Teacher."⑥這裏，理雅各畫蛇添足，加上了"Teacher"。理雅各這樣做的目的殆出於慎重，爲了不把師字的意思漏譯；或者是理雅各擔心把中國古代的牧師與現代的西方牧師弄混了。這裏似可將"牧師"譯爲"Pastor"，再加斜體以示區別。

例七，《竹書紀年》帝仲康七年，"世子相出居商邱，依邳侯。"、"依邳侯"之"依"字，理雅各譯爲："was supported by the prince of P'ei."⑦其實此處之依靠乃投靠之義，還是譯作"went and sought refuge with P'ei [Pi]"較佳。

例八，《竹書紀年》周武王十二年，"王親禽受于南單之臺，遂分天之明"。"遂分天之明"，理雅各譯作："and entered into the participation of the bright appointment of Heaven."⑧從其譯文和注的迂回曲折就可以看出其理解之不順暢。理雅各又爲此條作注，他對"天之明"的解釋甚確。在此，"天明"就是"天之明命"。不過，理雅各對"分"字的詮釋看來不確。"分"，《廣雅·釋詁三下》："分，與也。"即給予。而"頒"（古通"班"）字也是分的意思，如頒發即分發。所以"分天之明"即頒發天之明命。

例九，《竹書紀年》周平王四十二年，"狄人伐翼，至于晉郊"，理雅各譯作："the

---

① James Legge, "The Annals of the Bamboo Books, " 110-11.

② James Legge, "The Annals of the Bamboo Books, " 112.

③ James Legge, "The Annals of the Bamboo Books, " 140.

④ 陳逢衡:《竹書紀年集證》卷 3，載於《續修四庫全書》第 335 冊，第 58 頁。

⑤ James Legge, *The Chinese Classics*, vol. 5, *The Chun Chiu*, 17-19.

⑥ James Legge, "The Annals of the Bamboo Books, " 138.

⑦ James Legge, "The Annals of the Bamboo Books, " 119.

⑧ James Legge, "The Annals of the Bamboo Books, " 144.

wild tribes of the north attacked Yih, and penetrated to the borders of Tsin."①這個問題首先涉及對"郊"解釋的問題。在古代中國各諸侯國以至王畿中,最核心的部分是都城(當時稱爲"國"或"邑")。古注常云"國外曰郊"或"邑外曰郊"(英文中的"suburb"甚合中文"郊"之義),郊外還有廣闊的"野",然後纔到邊境。古注中尚有另一種解釋:"郊,境也。"理雅各把"郊"譯爲"borders",符合後一種意思。不過,如是邊境,用"reach"即可,不宜用"penetrate to";如果把郊譯爲"suburb",則不能用"reach",而該用"penetrate to"。竊意改理雅各所譯之"郊"爲"suburb",而"至於"則從其用法譯作"penetrate to"。

例十,《竹書紀年》周襄王七年,"狐毛與先軫禦秦,至于廬柳,乃謂秦穆公使公子縶來,與師言,次于郇,盟于軍。"要理解這段文字,存在着兩種可能性:一是,"乃謂"屬誤衍,全句作"秦穆公使公子縶來與師言";二是,"秦穆公"下脱"曰"字,全句作"[狐毛、先軫]乃謂秦穆公曰:'使公子縶來與師言。'"雖則從語法文意上,兩種讀法皆可通,但據《左傳》、《國語》記載,前説爲勝。理雅各顯然不知此點,故將以上含有"乃謂"二字的文字譯反了:"Koo Wei and Sëen-chin went to Loo-lew to oppose Ts'in, when duke Muh sent his son Chih to speak with them, after which they camped in Seun, and entered into an engagement with Ch'ung-urh in the midst of the army."②原文意思是説,狐毛等傳信給秦穆公,要求後者派代表來談判。

例十一,《竹書紀年》周威烈王十七年,"及田布戰于龍澤"。理雅各將"澤"譯爲"marsh"③,但是"澤"本身不是適宜作戰的地方。看來以"澤"爲名稱的地方,還是以音譯爲宜。

第二類是理雅各因接受中國傳統注釋中的錯誤而重復其誤解。現略舉一些如下:

例一,《竹書紀年》夏帝杼正文後之注云:"杼或作帝宁,一曰伯杼。杼能帥禹者也,故夏后氏報焉。"理雅各將其中後一句譯作:"(There was a younger brother,) a worthy descendant of Yu, who was therefore rewarded by the emperor."④以上加括弧的英譯文,在中文原文裏面是没有的。理雅各對此句加上括弧,是有意讓讀者瞭解到那是據上下文的意思加譯的。不過從原文的上下文義看,我們實在體會不出所添之句的意思。理雅各此句根據陳逢衡所引徐文靖《竹書紀年統箋》之説翻譯出來,可是陳逢

① James Legge, "The Annals of the Bamboo Books," 160.
② James Legge, "The Annals of the Bamboo Books," 163.
③ James Legge, "The Annals of the Bamboo Books," 169.
④ James Legge, "The Annals of the Bamboo Books," 121.

衡又引鄭環否定徐文靖之説的看法。可見清儒對此句的理解尚多分歧，未有定準。① 理雅各在未説明各家分歧所在的情況下，僅據一説增譯一句，又不作注説明。這樣的翻譯則不免有違於譯文須信的要求。

例二，《竹書紀年》夏帝芒元年，"以玄圭賓於河"。理雅各英譯爲："he went with the dark-coloured mace to receive the baron of Ho."②他在注 X.1 中説明自己在此是根據陳逢衡的理解翻譯的，他又以爲可能是以玄圭祭祀黄河的意思。③ 理雅各對周夷王二年"賓於河，用介圭"條的英譯文則是"performed a service of homage to the Ho"④。理雅各自己對於"賓於河"的理解本來是正確的，可是他在前一條中却又沿襲陳逢衡之訛，殆於古書體會不深也。

例三，《竹書紀年》周孝王七年冬，"大雨雹，江漢冰"。理雅各英譯作："there were great rain and lightenings about the Këang and the Han."⑤按：這裏的"大雨雹"即是下大雹，雨字作爲動詞用，理雅各譯文自然是錯了。不過，理雅各並非不知道雨字的這一用法。例如周夷王七年"冬，雨雹"⑥，周平王四十一年"春，大雨雪"⑦，再如《春秋》昭公三年"冬，大雨雹"⑧，昭公四年春，"大雨雹"。⑨ 理雅各都是把雨字作爲動詞譯的，譯文也相當確切。那麽，理雅各爲何在孝王七年這一條中譯錯了呢？我們祇要翻檢《竹書紀年集證》此條的"衡案"便可知道，原來是理雅各將陳逢衡之語誤解了。由於徐文靖《統箋》將此條作"大雨電，江漢水"，陳逢衡指出徐文靖未得其解，而將正文改作"大雨雹，江漢冰"。理雅各所列正文從陳逢衡之書，而英譯文却從徐文靖之誤解，顯爲一時之疏忽所致。⑩

例四，《竹書紀年》周厲王元年"作夷宮，命卿士榮夷公落"。理雅各英譯作："he built the palace of E, and gave a Charge to the prime minister Loh, the duke E of Yung."⑪他把"落"解爲榮夷公的名字，把"命"字釋爲任命，這種的理解和翻譯顯然有誤。正確

---

① 陳逢衡：《竹書紀年集證》卷 11，載於《續修四庫全書》第 335 册，第 144 頁。
② James Legge, "The Annals of the Bamboo Books," 122.
③ James Legge, "The Annals of the Bamboo Books," 122.
④ James Legge, "The Annals of the Bamboo Books," 153.
⑤ James Legge, "The Annals of the Bamboo Books," 152.
⑥ James Legge, "The Annals of the Bamboo Books," 153.
⑦ James Legge, "The Annals of the Bamboo Books", 159–60.
⑧ James Legge, *The Chinese Classics*, vol. 5, *The Chun Chiu*, 585–88.
⑨ James Legge, *The Chinese Classics*, vol. 5, *The Chun Chiu*, 591–95.
⑩ 陳逢衡：《竹書紀年集證》卷 31，載於《續修四庫全書》第 335 册，第 396 頁。
⑪ James Legge, "The Annals of the Bamboo Books,"153.

的意思應該是，厲王命令榮夷公爲他新建的夷宫舉行落成典禮。陳逢衡書中所引徐文靖及鄭環説皆以“落”爲落成之典，而引《爾雅》“落，始也”爲據。陳逢衡頗不以徐、鄭二氏之説爲然，並引《墨子》“榮夷名終”之説爲據，謂“落與終字形相似，故終訛爲落耳”。① 其實陳逢衡此説難以成立。古文字之學於陳逢衡非其所長，“落”字與“終”字在古文字裏並非形近，而是差別甚大。而且在中國古籍中，“落”字作落成解的例子甚多。如《左傳》昭公七年：“楚子成章華之臺，願與諸侯落之。”這裏的“落”字就是舉行落成典禮的意思，理雅各《左傳》英譯文作：“When the viscount of Tsoo had completed the tower of Chang-hwa, he wished to have the princes of the States present at the inauguration feast.”②這裏的英譯文無疑非常貼切。遺憾的是，他在譯《竹書紀年》此條時却隨着陳逢衡的誤解而譯錯了。

例五，《竹書紀年》周隱王二年，“齊地景長，長丈餘，高一尺。”理雅各的英譯文是：“In the country of T'se, *the ground where they measured* the length of the sun's shadow lengthened more than ten cubits, and was elevated a cubit.”③不過，他也作了一條注，説明上述的譯文没有把握。④ 理雅各之所以如此理解和翻譯，是從陳逢衡所引徐文靖説引申而來的。⑤ 但實際上，這樣的解釋和譯法令人費解。請看《竹書紀年》周顯王五年，“地忽長十丈有餘，高尺半”。理雅各對此句的譯文就既準確又有把握。⑥ 按：周隱王二年條所記“景長”其實乃“暴長”之誤。《太平御覽》卷八百八十引《紀年》曰：“周隱王二年，齊地暴長，長丈餘，高一尺”可以爲證。陳、徐二氏校輯未精，徐文靖就字論文，因曲之爲説而失其義。理雅各也隨之誤譯。

我們之所以摘舉以上這些例子，並非想强調理雅各英譯文的疵漏，而祗是借此以説明任何譯文都不可能完滿無失，總需要不斷加以改進。比如理雅各未能參考其他清代研究《竹書紀年》之作，因此在文字訓詁方面顯現了弱點。爲學之道，譬如積薪，後來居上，乃理所當然。所以我們今天閱讀理雅各的《竹書紀年》譯注，不僅要廣泛參考理雅各所未見到的中國清代及現代學者研治這部古書的撰述，而且也很有必要參考後來西方學者在這方面的研究成果，如畢甌、倪德衛（David S. Nivison）、夏含夷（Edward L. Shaughnessy）等人著作中的譯文。

---

① 陳逢衡：《竹書紀年集證》卷31，載於《續修四庫全書》第335冊，第399頁。

② James Legge, *The Chinese Classics*, vol. 5, *The Chun Chiu*, 612-16.

③ James Legge, "The Annals of the Bamboo Books," 175.

④ James Legge, "The Annals of the Bamboo Books,"175-76.

⑤ 陳逢衡：《竹書紀年集證》卷48，載於《續修四庫全書》第335冊，第613頁。

⑥ 陳逢衡：《竹書紀年集證》卷48，載於《續修四庫全書》第335冊，第564頁。

結語

以上討論了理雅各譯注《竹書紀年》的成就,也分析了他從事翻譯注釋的一些失誤。人類不可能全知全能,所以歷來的學者都不能確保自己的學術成果完全免於無誤。從現代學術的眼光看,理雅各之書固然存在着一些誤解和誤譯,但我們絕不能因其小處疏失而輕議其書的學術價值。事實上,他所譯《竹書紀年》迄今仍是唯一的英文全譯本,一直是西方漢學家從事研究時不可缺少的參考著作。他所提出的若干重要問題和獨到見解仍然值得我們繼續思考。而且,他的失誤之處對於我們也是一份學術遺產,因爲這些都可以讓後人從其中獲得經驗和啟發。

理雅各不僅以英譯《中國經書》蜚聲於西方漢學界,而且他所從事的工作也恰好體現了西方學術研究在十九世紀的一個主流,即重視文獻的整理和翻譯。所以理雅各的譯着對中國古典文獻的翻譯有蓽路藍縷之功。他所從事的工作也恰好反映了西方漢學在十九世紀的一項重要成就,象徵着西方學者傳佈中國文化的一個重要里程碑。在這一方面,他的成就可以説非常輝煌,長期受到西方學術界的重視。我們可以斷言,即使今後有新的譯本出現,理雅各所譯注的《竹書紀年》並不會因此而減色。不論從哪一方面説,他的譯注絕不會存在所謂"過時"的問題,而會將繼續爲新一代的漢學家提供學習的範例。更可貴的是,理雅各雖爲一位基督教牧師,但在內心深處卻頗爲中國文化所融化,因此他的譯注還體現了他對中國文化背景的透徹瞭解和深切關懷。

最後,讓我們引用理雅各從事翻譯《中國經書》的得力助手王韜(1828—1897)在1873 年評論理雅各的一段話,作爲這篇文字的結語:

> 先生獨以西國儒宗,抗心媚古,俯首以就鉛槧之役,其志欲以群經悉有譯述,以廣其嘉惠後學之心,可不謂難歟。[1]

這段評論絕非王氏個人的溢美之辭,而是對理雅各潛心於中國學術史研究並傳之於西方的崇高奉獻精神的如實寫照。從這一點説,理雅各之被公認爲十九世紀深刻瞭解中國儒家傳統學術的偉大西方漢學家,是絕對當之無愧的。

(原載 2000 年 9 月《"中央研究院"歷史語言研究所集刊》第 71 本第 3 分,第

---

[1] 轉引自 Lindsay Ride, "Biographical Note," in *The Chinese Classics*, vol. 1, *Confucian Analects*, 17。

681—707 頁。後收入《竹書紀年研究論稿》,北京:高等教育出版社,2011 年,第 139—
178 頁。)

作者簡介:

劉家和(1928—　),字其光。江蘇六合人。1947 年就讀江南大學,師承唐君毅、
錢穆、牟宗三。後轉讀南京中央大學歷史系。1952 年畢業於輔仁大學歷史系。自該
年起執教北京師範大學歷史系,逾七十餘載。曾擔任新加坡國立大學客座教授、美國
匹兹堡大學歷史系訪問教授、美國《世界史》期刊編委。現爲北京師範大學資深教授
(院士級)、中國世界古代史學會名譽理事長。主要研究領域爲古代希臘史、古代印度
史、中國先秦秦漢史、清代學術史、中外古代歷史文化比較、史學理論,以及文字訓詁音
韻學。著有《史苑學步:史學與理論探研》《史學、經學與思想:在世界史背景下對於
中國古代歷史文化的思考》《古代中國與世界》《愚庵續論》《困學屈言》,編有《世
界上古史》《中西古代歷史、史學與理論比較研究》等。

邵東方,江蘇南通人。北京師範大學歷史學學士、碩士,夏威夷大學歷史學博士,
聖荷西州立大學圖書館與信息學碩士。曾執教於新加坡國立大學、斯坦福大學、佛光
大學,擔任博士生導師。長期任職斯坦福大學東亞圖書館館長、美國國會圖書館亞洲
部主任。兼任天星花書院董事。研究領域爲中國學術思想史、先秦史、古典文獻學、圖
書資訊學。著有《崔述與中國學術史研究》《文獻考釋與歷史探研》《〈竹書紀年〉研
究論稿》《文明的可持續發展之道》(合著)、《今本竹書紀年論集》(合編)、《〈管錐
編·杜預序〉"盡而不汙"及"五情"説辨析》(合撰)。

附録二

徐宗元未刊稿《古今本竹書紀年合校》述略[*]

孫 俊

一、徐宗元生平

　　徐宗元(1918—1970),字尊六,祖籍山東壽光,生於奉天省(今辽宁省)鳳凰城。十七歲時,因不願留在日軍統治下的瀋陽受奴化教育,毅然返回故鄉,入壽光中學。後考入蘇州美專中學部,經該校老師孫儒臣、吳得一介紹,入章太炎國學講習所聽講。1940年,赴北平考入中國大學政治經濟系,獲國文會考甲等獎。1944年秋,獲法學學士學位,任中國大學法學系助教。因學業素優,免試入中國大學研究院史學部爲研究生,師從齊思和、王桐齡。同時爲文學系三、四年級和文學部研究生講授甲骨文,爲史學系本科生講授殷周史、中國通史。兼任天津《民國日報》史地副刊副主編,《北平時報》報刊編輯。1946年6月,徐宗元畢業獲碩士學位。此時抗戰勝利,中法大學由昆明遷回北平,他被聘爲中法大學文學院文史系副教授,與裴文中、徐旭生、李玄伯、齊思和諸前輩一起,分任《中國古代史研究》一課。同時兼任天津河北省女子師範學院副教授,講授文字學、目錄學、秦漢史。1947年被中國大學聘爲專任教授,授殷商史、春秋戰國史、中國文學史等課程。1949年北京解放後,在中法大學講授訓詁學、文字學。1950年,赴福建協和大學任教。1956年,調北京中央民族學院歷史系任教。1970年,病逝於北京。[②]徐宗元著述豐富,有《小爾雅義疏》、《尹文子校釋》、《韓詩外傳校注》、《逸周書正義》、《漢魏六朝墓誌録目》、《尊六室古史輯存五種》(即《古竹書紀年輯存》、《世本輯存》、《古史考輯存》、《帝王世紀輯存》、《春秋後語輯存》)《尊六室雜文

　　* 基金課題:此文爲教育部人文社科重點研究基地重大項目"國家圖書館藏未刊稿整理與研究"(項目編號:13JJD870002),國家社會科學基金重大項目"國家圖書館藏未刊稿整理與研究"(項目編號:13&ZD107)成果。

　　② 徐宗元生平可參見劉效武《徐宗元教授》,政協山東省壽光市文史資料委員會編《文史資料選輯(第十一輯)》,1993年,第91—98頁。還可參見《記中國古代史大師徐宗元》,http://edu.sina.com.cn/l/2011-06-03/1519203164.shtml。

（甲）（乙）（丙）三編》、《尊六室甲骨考釋》、《尊六室随筆》、《金文研究》、《通假釋例》、《中國古代史論叢（初稿）》以及《殷商史講義》、《周史講義》、《秦漢史講義》等多種。①

　　值得注意的是，相關傳記資料均提到北京解放後徐宗元曾爲巴黎大學北京漢學研究所勘訂《古今本竹書紀年合校》。

二、徐宗元《古今本竹書紀年合校》概況

　　國家圖書館藏《古今本竹書紀年合校》乃巴黎大學北京漢學研究所舊物，國家圖書館藏檔案記録題名爲"竹書紀年校記"，爲五種"未完成翻譯稿"之一，大概原計劃翻譯成法文以廣流傳。原裝於牛皮紙信封内，信封左上角印有：

巴黎大學北平（毛筆改爲"京"字）漢學研究所

UNIVERSITÉ DE PARIS

CENTRE D'ÉTUDES SINOLOGIQUES

5. RUE LABROUSSE, PÉKIN

北京内五區臺吉廠三條五號

　　信封上用藍色鉛筆寫有："鐸所長　内竹書紀年稿一份　外稽古録一部。"稿本爲散葉，共 118 頁，藍灰色豎欄稿紙，毛筆手書，共約八萬餘字。其中《自敘》7 頁，爲徐宗元親筆，首頁鈐"宗元"印。正文 111 頁，分上下兩卷，題"竹書紀年卷上"、"竹書紀年卷下"，署"壽光徐宗元校"，正文疑爲他人謄抄，繕寫工整，上有紅筆斷句，徐宗元紅筆校改，包括糾正誤字、圈删衍文、補充文字等，卷首鈐"宗元之印"。徐宗元《尊六室雜文（乙編）》收録《古今本竹書紀年合校自敘》一文，雖然部分文字與此稿《自敘》有出入，但内容大體相同，可證此稿即《古今本竹書紀年合校》。因而本文對此稿擬題爲"古今本竹書紀年合校"，簡稱"徐校本"。《自敘》云："書將成，又蒙吳曉鈴、聶筱珊兩先生是正體例，業師齊先生致中時加督促。"落款"歲在上章攝提格壽光徐宗元"。可知成稿於 1950 年，並受到了吳曉鈴、聶崇岐、齊思和等名家的指點幫助。②

① 可參徐淑媛等對徐宗元著作手稿影印本所作的《出版説明》，這套影印本包括《小爾雅義疏》、《韓詩外傳校記》、《尹文子校釋》、《尊六室雜文（甲）（乙）（丙）三編》、《逸周書正義》七册，由北京时代弄潮文化发展有限公司印刊，2012—2013 年。據悉，徐宗元先生的家屬已分别向中央民族大學圖書館、北京大學圖書館和國家圖書館捐贈了此套著作。

② 《尊六室雜文（乙編）》所收《古今本竹書紀年合校自敘》無引文字句，但篇名下有小字"庚寅"，説明成文於 1950 年。

　　《竹書紀年》是戰國時期魏國寫在竹簡上的史書,晉代被盜墓人不準發現。它記述了夏朝至戰國史事,所記與其他傳統記載多有不同,但有的却與甲骨文、金文符合,具有獨特的史料價值。《竹書紀年》原簡早已散佚,晉代學者荀勖、和嶠、束晢等人所作的釋文也逐漸失傳。現存後人重編的本子稱爲今本;後人從古書中輯佚編校的本子稱爲古本。

　　徐宗元在《自敍》中論述了《竹書紀年》何年發現、誰爲今王、歷代流傳、清代有關古今本《竹書紀年》的學術源流以及本稿著述緣起等問題。

　　《竹書紀年》何年發現,徐宗元列舉了晉咸寧五年、太康元年、太康二年、咸和五年諸說,他贊同晉咸寧五年之說,案云:

> 晉武帝紀本之起居注,冢發於咸寧五年冬十月,官輒聞知,則是武帝紀所載,最爲可信。吳亡在翌年三月,是年四月乙酉改元太康,杜元凱謂在太康元年者,殆以述平之事,因以及之,繫之太康元年也。後人不審其義,故又有太康元年之說。至《束晢傳》謂二年者,殆命官校理之歲。至張守節所謂咸和五年者,則"和"又係"寧"字之展。

　　《竹書紀年》何爲今王,亦即從誰的冢墓出土,徐宗元列舉了魏襄王、魏安釐王、魏哀王諸說,他認爲魏襄王之說較爲準確,案云:

> 荀、和二氏據《世本》以證《史記》有哀王之誤。孟子遊梁,見惠王,惠王卒,襄王即位,軻以其不似人君而去,是無哀王一世甚辨,則杜氏說非是。安釐王與襄王之間,有昭王一世,察之唐以前徵引竹書,未見有以昭王紀年者,故《束傳》所說亦非是。杜氏哀王之說,哀字或襄之形近而謁,因之自以襄王之說較準。

　　徐宗元還論述了《竹書紀年》流傳情況。從著錄來看,《左傳》後序《正義》引王隱《晉書・束晢傳》以及《晉書・束晢傳》、《隋書・經籍志》、《唐書・藝文志》、《通志・藝文略》著錄《竹書紀年》有十二卷、十三卷、十四卷之別,但大體相去不遠。而《宋史・藝文志》著錄"《竹書》三卷",《中興書目》同。晁氏《郡齋讀書志》、陳氏《直齋書錄解題》、馬氏《文獻通考》皆無其目。可見至宋《竹書紀年》已殘闕。宋室南渡,此二卷本亡佚。明代《文淵閣書目》、《世善堂書目》已無此書。今本《竹書紀年》二卷,其刻本之最古者爲明刊本。《四庫總目提要》、姚際恆、崔述、錢大昕對此本作了辨僞,認爲乃明人僞託。姚振宗《隋書經籍志考證》認定其爲天一閣主人范欽所作並僞託南朝梁沈約注,徐宗元贊同此說。

清代有關古今本《竹書紀年》的學術源流,徐宗元梳理了三條脈絡:

> 或以爲今本乃汲冢古本之殘存,於是就魏唐以來諸家所徵引以補綴之,如孫之騄、董豐垣、張宗泰、郝懿行、洪頤煊、雷學淇①、林春溥是也;或以爲今本乃僞撰,一一疏其所出,證其僞託,王國維是也;或信以爲真本者,如徐文靖、陳逢衡、韓怡、趙紹祖是也。張宗泰、雷學淇②頗欲恢復原本真面,周幽王四十四年以下改晉國紀年,三家分晉以後,改魏國紀年。惟朱右曾別輯《汲冢紀年存真》,王國維從之,更成《古本竹書紀年輯校》,二先生皆舍今本而不從,亦清代輯佚風氣所使然也,於是古本面目略見端倪矣。

對於今本《竹書紀年》的態度,徐宗元顯得較爲平和:

> 今本《紀年》雖僞而什九亦有所本,其與古本同者,又什之三四,且范氏刊行此書已數百年,先賢浸心於此將三百祀,則雖真僞雜糅亦未可廢也。

因此,徐宗元着手進行了彙校諸本的基礎性工作:

> 予輒以明人刊本及清人校注本,校天一閣本之字句異同,逐條一一疏其所出,雖多采之前賢,而終已意爲定。《附録》一卷,皆古本之僅存者也。

他以今本《竹書紀年》現存最早版本明天一閣本爲底本,校以明人刊本及清人校注本,條疏天一閣本出處。雖然很多説法采自前人成果,但其取捨也表明了他的觀點。稿本原有《附録》一卷,"皆古本之僅存者也",疑爲僅見於古本而不見於今本的文句,只惜暫未發現。

三、徐宗元《古今本竹書紀年合校》體例及所用校本

徐校本以天一閣本爲底本,内容、格式上完全照録天一閣本《竹書紀年》正文、沈約附注及原雙行小注,其後附案語,或條疏出處,或辨真僞。諸校本有異文處標記數字序號,通常於各王紀年結束後出校勘記。③

原稿無引書目録,校勘記引用書名僅列簡稱,惟於《自敘》中提及相關作者和書

---

① 稿本"祺"爲"淇"之誤。
② 稿本"祺"爲"淇"之誤。
③ 有合並兩王統編校勘序號的個別情況,如"帝摯少昊氏"與"帝顓頊高陽氏"。

名,但未言所用版本:

> 有清一代,漢學颷興,學者於治經之餘,兼及乙部,故《竹書紀年》亦頗爲學林所重視,自清初以迄最近,如孫之騄之《考訂》、董豐垣之《辨證》、徐文靖之《統箋》、張宗泰之《校補》、陳詩之《集注》、韓怡之《辨證》、郝懿行之《校正》、陳逢衡之《集證》、洪頤煊之校本、趙紹祖之《校補》、雷學祺[①]之《考訂》及《義證》、林春溥之《補證》、王國維之《疏證》,凡十餘家。

下表臚列徐宗元《古今本竹書紀年合校》所用諸校本相關信息,諸校本兼用古本和今本,即題名所謂古今本合校之意。因不確定校稿所采版本,"主要版本"一欄僅供參考之用。

徐宗元《古今本竹書紀年合校》所引諸校本簡表[②]

序號	簡稱	題名全稱	著者	主要版本	備注
1		竹書紀年附注二卷	題(南朝梁)沈約撰	明范氏天一閣刻《天一閣奇書》本底本	
2	吴本	竹書紀年二卷	題(南朝梁)沈約撰	明吴琯刻《古今逸史》叢書本	
3	漢魏本	竹書紀年二卷	(梁)沈約注,(清)王賢喈校	清乾隆五十六年(1791)王謨輯刻《增訂漢魏叢書》本	
4	孫本	考定竹書十三卷	(清)孫之騄撰	清刻本	
5	董本	竹書紀年辨證二卷補遺一卷	(清)董豐垣撰	民國間吴興劉承幹嘉業堂刻《吴興叢書》本	
6	徐本	竹書紀年統箋十二卷前編一卷雜述一卷	(梁)沈約注,(清)徐文靖統箋	清雍正乾隆間當塗徐文靖寧志堂《徐位山六種》叢書刻本;清光緒三年(1877)浙江書局刻本	
7	校補本	竹書紀年二卷	(清)張宗泰校補	清嘉慶二年(1797)刻本;清道光二十五年(1845)重刊本	

---

① 稿本"祺"爲"淇"之誤。
② 徐校本還用到了"張本",筆者暫未確定爲何書簡稱。

序號	簡稱	題名全稱	著者	主要版本	備注
8	陳本	竹書紀年集注二卷附考一卷	（清）陳詩集注	清嘉慶十年（1805）蘄州陳氏刻本	
9	韓本	竹書紀年辨正四卷	（清）韓怡撰	清嘉慶十二年（1807）木存堂刻本	
10	郝本	竹書紀年校正十四卷	（清）郝懿行撰	清嘉慶至光緒間棲霞郝氏刻本；清光緒五年（1879）東路廳署刻本	
11	集證本	竹書紀年集證五十卷卷首一卷	（清）陳逢衡撰	清嘉慶十八年（1813）刻本；清嘉慶道光間陳氏讀騷樓刻《陳氏叢書（七種）》本	
12	洪本	校正竹書紀年二卷	（清）洪頤煊撰	清嘉慶十一年（1806）孫氏平津館刻《平津館叢書》本	
13	雷本	考訂竹書紀年十四卷	（清）雷學淇校訂	清光緒九年（1883）潤身草堂刻本	本書分紀年六卷（沈約注、雷學淇校訂）、紀年辨誤一卷、紀年考證一卷、紀年年表二卷、紀年曆法天象圖一卷、紀年地形都邑圖一卷、紀年帝系名號歸一圖二卷。
14	趙本	竹書紀年校補二卷原委一卷	（清）趙紹祖撰	清道光趙氏古墨齋刻本	
15	義證本	竹書紀年義證四十卷附錄一卷	（清）雷學淇撰	民國間修綆堂排印本	
16	林本	竹書紀年補正四卷本末一卷後案一卷	（清）林春溥撰	清嘉慶至咸豐間《竹柏山房十五種》刻本	

序號	簡　稱	題名全稱	著　者	主要版本	備　注
17	王本①	今本竹書紀年疏證	王國維撰	初刊於《學術叢編》第十七、十八册,後收入羅振玉《海寧王忠慤公遺書》和趙萬里《海寧王静安先生遺書》。	本文所用版本爲謝維揚、房鑫亮主編《王國維全集》第5卷,浙江教育出版社,2010年。此書以趙萬里遺書本爲底本,校以中國國家圖書館藏手稿本。

四、徐宗元《古今本竹書紀年合校》有關今本真僞的觀點

徐宗元《自敍》言:"今本《紀年》雖僞而什九亦有所本,其與古本同者,又什之三四。"此語明確認定了今本《竹書紀年》爲僞。若仔細對比徐校本與王國維《今本竹書紀年疏證》,可以發現其在條疏今本出處、案斷真僞上,很多地方因襲了王本。王本《序》言:

昔元和惠定宇徵君作《古文尚書考》,始取僞古文《尚書》之事實文句,一一疏其所出,而梅書之僞益明。仁和孫頤谷侍御復用其法,作《家語疏證》。吾鄉陳仲魚孝廉敍之曰:"是猶捕盜者之獲得真贓。"誠哉是言也。余治《竹書紀年》,既成《古本輯校》一卷,復怪今本《紀年》爲後人搜輯,其迹甚著,乃近三百年學者疑之者固多,信之者亦且過半。乃復用惠、孫二家法,一一求其所出,始知今本所載,殆無一不襲他書。其不見他書者,不過百分之一,又率空洞無事實,所增加者年月而已。且其所出,本非一源,古今雜陳,矛盾斯起。既有違異,乃生調停,紛糾之因,皆可剖析。

---

① 令人疑惑的是,徐宗元校記提到王本的某些異文情況與王國維《今本竹書紀年疏證》不符,如"二十五月而生帝於壽丘"。徐校言王本"丘"作"邱",而實際作"丘";徐校言王本無"麒麟在囿"四字,而實際有此四字。按一般情況推論,徐宗元應當選用王國維《今本竹書紀年疏證》作校本。與《竹書紀年》相關的王本有可能是王曰睿輯《竹書紀年雋句》,但其異文情況亦不同於校記所言。

徐校本因襲王本案斷今本《竹書紀年》真偽之處實多,略舉幾例如下。[1]

1.帝堯陶唐氏:**八十六年,司空入覲,贄用玄圭。**《書·禹貢》:"禹錫玄圭,告厥成功。"《史記·河渠書》引《夏書》:"禹抑洪水十三年。"作偽者以禹治河在七十五年,入覲在八十六年。蓋本之此也。

2.帝舜有虞氏:**十四年,卿雲見,命禹代虞事。**《書鈔》一百六十、《路史·發揮》五雜引《宋志》所引《尚書大傳》中語,首句皆云:"惟十有四祀。"作偽者即隱括注文爲此。

3.帝禹夏后氏八年:**秋八月,帝陟于會稽。禹立四十五年。**《御覽》八十二引古本《紀年》:"禹立四十五年。"今本云"八年,帝陟",又云"禹立四十五年",其錯雜可見。

4.帝昊:**元年庚辰,帝即位。使豕韋氏復國。夏衰。昆吾、豕韋,相繼爲伯。**廢豕韋氏見前,此則涉上文而作偽,故云然。

5.帝辛:**三十四年,周師取耆及邘,遂伐崇,崇人降。**《史記·周本紀》:"受命,明年伐犬戎,明年伐密須,明年敗耆國,明年伐邘,明天伐崇侯虎,而作豐邑。明年西伯崩。"《左氏·襄三十一年》正義:"《尚書大傳》:文王一年質虞、芮,二年伐于,三年伐密須,四年伐畎夷,紂乃囚之。"《文王世子》正義引《大傳》:"五年文王出則克耆,六年伐崇,則稱王。"二説不同,今本《紀年》本之《大傳》及《史記》,而繫年又異,其偽昭然。

6.成王七年:**冬,王歸自東都。**《書·洛誥》:"戊辰,王在新邑,在十有二月,惟周公誕保文武受命,惟七年。"曆家皆以戊辰爲十二月晦,此云"冬,王歸自東都"者,蓋作偽者以古《紀年》用夏正,故云爾也。

徐校本在辨析今本《竹書紀年》真偽方面,較王本亦有增益與不同之處,例如:

1.帝芬:**三年,九夷來御。**《後漢書·東夷傳》注引《紀年》:"后芬即位二年,九夷來御。"《外紀》、《路史·後紀》十三引作"三年",《御覽》七百八十:"芬作方。"又此下有"曰:畎夷、干夷、方夷、黃夷、白夷、赤夷、玄夷、風夷、湯夷"十九字。郝懿行疑之本注文誤入正文也,甚是。

2.殷商成湯:**十九年,大旱。**《管子·山權數》:"湯七年旱。"《吕氏春秋·順

---

[1] 引文字加粗文句爲今本《竹書紀年》正文或原注文,字體未加粗部分爲徐宗元注文或案語,相關條目可與王國維《今本竹書紀年疏證》對比,謝維揚、房鑫亮主編《王國維全集》第5卷,浙江教育出版社,2010年。

民篇》："湯克夏而正天下，天下大旱五年不收。"《通鑒前編》："自十八祀至二十四祀凡七年。"本書連書六年大旱，亦本於此。

3."幽王"末尾大注：**共二百八十一年，自武王元年己卯，至幽王庚午，二百九十二年**。案：本書武王滅殷，歲在辛卯，此注云歲在庚寅；武王元年本書實在庚辰，而此注作己卯，足證作僞者未能統觀全書。

五、徐宗元《古今本竹書紀年合校》文字脱誤等問題

徐宗元《竹書紀年校》雖謄寫精善，又經徐宗元校改，但仍存在少量錯字、脱字、衍文，校勘序號誤標，以及繁簡字、異體字混用的情況。

（一）錯字
校稿中錯字主要有形近而誤、音近而誤、涉上下文而誤等情況，例如：

1.《自敘》："酈道原、劉知幾、李善、瞿曇悉達、司馬貞、楊士勛、王存、羅泌、羅苹、鮑彪、董回所見本"。"原"爲"元"之誤。

2.《自敘》："雷學祺之《考訂》及《義證》"。"祺"爲"淇"之誤。

3.帝杼八年：又《闕名紀》己云："后杼征東海伐王壽。""闕"爲"國"之誤。

4.帝杼校勘記⑧：董本無"帝"子。"子"爲"字"之誤。

5.成王二十一年校勘記㊳：雷本"象"下有大字附注"成康之際，天下安寧，刑措四十餘本不用"。"本"爲"年"之誤。

6.穆王十二年：《穆天子傳》："仲冬戊子，至于𥂖塩。"監，塩池。"監"爲"塩"之誤。

7.穆王十七年校勘記㉘：雷本無"其年"二字。義證本無"見西王母其年"七字。"七"爲"六"之誤。

8.厲王十二年：《周語》："彘之亂，宣王在召公之宮，國人圍之，乃以其子伐宣王。""伐"爲"代"之誤。

9.宣王二年，注引："《史記·曹書世家》"。"書"爲"叔"之誤。

10.宣王六年，案引："《後汙書·西羌傳》"。"汙"爲"漢"之誤。

11.幽王六年：張説《日蝕議》："《小雅》：十月之交，朔日辛卯。虞𠠎以立推之，在幽王六年。""立"爲"曆"之誤。

12.幽王八年：《鄭語》："幽王八年，西桓公爲司徒。""西"爲"而"之誤。

13.幽王十一年:《鄭世家》:"犬戎殺幽王子驪山下,并殺桓公。""子"爲"于"之誤。

14.平王四年,注引"《史記·燕趙公世家》"。"趙"爲"召"之誤。

15.平王四十九年:《史記·十二諸侯年表》:"平生四十九年,魯隱公息姑元年。""生"爲"王"之誤。

16.桓王十一年:《水經·河水注》引《紀年》:"昔武公七年,芮伯萬之母芮姜逐萬,萬出奔魏。""昔"爲"晉"之誤。

17.襄王三十二年:《史記·十二諸侯年表》:"襄王三十二年,晉襄公夷皋元年"。"襄"爲"靈"之誤。

18.貞定王:十年,於越子鹿郢卒,不盡立。"盡"爲"壽"之誤。

19.威烈王十八年,注引:"《水經·汾水注》"。"汾"爲"汶"之誤。

20.安王:二十一年,韓滅鄭,哀侯入于晉。"晉"爲"鄭"之誤。

21.顯王:十二年,魯恭侯、宋垣侯、衛成侯、鄭釐侯來朝。"垣"爲"桓"之誤。

22.顯王校勘記⑭:校補本、郝本、林本"薛"下有"改名曰徐州"。"薛"爲"薛"之誤。

23.隱王元年:據《六國表》,事在比年。"比"爲"此"之誤。

(二) 脱字

徐校本正文、注文及校勘記中均有脱字情況,校勘記中的脱字往往是出異文之處,頗疑有的校勘工作尚未完成。例如:

1.《自敍》:《竹書紀年》二卷,梁沈約附注、明司公訂,刊版藏閣中。"司"後脱"馬"字。

2.帝啓元年:帝歸于冀。"冀"後脱"都"字。

3.祖乙:元年己巳,王即位,自相遷于耿。命彭伯、韋。"韋"後脱"伯"字。

4.景王十三年:十晉平公卒。"十"後脱"月"字。

5.隱王元年:齊師殺之,醢其身。"之"前脱"子"字。

6.屬王二十三年:《十二諸侯年表》:"宋釐盡共和十一年。""釐"後脱"公"字。

7.襄王十五年:《水經·河水注》引《紀年》:"晉惠公五年,秦穆公帥師送公子重耳,涉自河曲。""五"前脱"十"字。

8.帝堯陶唐氏校勘記⑥:林本作"於",王本。"王本"後缺字。

9.帝舜有虞氏校勘記④:孫本作"于",董本、韓本、郝本、雷本。"雷本"後

611

缺字。

    10.殷商成湯校勘記⑮：徐本作"旁"，韓本、集證本、雷本。"雷本"後缺字。

    11.顯王校勘記㊿：郝本、校補本作。"作"後脫字。

（三）衍文

徐校本有少量衍文，其例有：

    1.周武王校勘記㉝：董本、徐本、韓本、王本作作"太"。"作"爲衍文。

    2.穆王：三十七年，大起九師，東至于九江，架黿鼉以爲梁，遂伐越至於于紆。"於"爲衍文。

（四）校勘序号誤標

徐校本存在正文與校勘記中數字序號漏標、誤標、重標等情況，例如：

    1."黄帝軒轅氏"一節漏標校勘序號㊹，㊻。

    2."懿王"一節漏標校勘序號①。

    3."夷王"一節漏標校勘序號①。

    4."宣王"一節漏標校勘序號⑪。

    5."平王"一節校勘記序號自㊼以後與極爲混亂。有序號標重、漏標序號、序號標錯位置的情況，導致正文中所標序號與校勘記内容對應不上。

    6."桓王"一節校勘記的序號漏標㉘。

    7."威烈王"一節校勘記的序號漏標⑲。校勘記中有兩個序號④，第一個序號④在正文中未標出。

    8."烈王"一節校勘記序號④重標。

（五）繁簡字、異體字混用儱況

徐校本存在繁簡字、異體字混用的情況，這種混用並非照録原書所産生的。如"晉"多作"晉"，亦作"晋"；"並"作"并"、"竝"、"竝"；"卯"多作"夘"；"柳"作"栁"；"吳"多作"吴"；"往"作"徃"；"解"作"觧"等。

六、徐宗元《古今本竹書紀年合校》價值

    今本《竹書紀年》現世以來，近現代學者着力於考訂、辨僞以及根據今本《竹書紀年》記載進行相關的歷史研究等方面。雖然今本《竹書紀年》各版本在紀年斷限、文字

内容等方面都有差異，而這些差異也許會影響研究者對今本《竹書紀年》史料價值及真僞的判斷，但除徐宗元外，幾乎没有學者如此廣泛地搜羅古今本《竹書紀年》的衆多明清版本对今本《竹書紀年》進行合校。徐宗元《古今本竹書紀年合校》是《竹書紀年》整理研究的基礎成果，是其他相關研究的重要參考資料。令人惋惜的是，此稿因巴黎大學北京漢學研究所撤離中國而塵封半個多世紀。儘管此稿文字尚有脱誤之處，但基本已接近出版面貌，若稍加整理以饗學界，可謂學林幸事。

（原載《中國典籍與文化論叢》第 17 輯，南京：鳳凰出版社，2015 年，第 206—215 頁。）

作者簡介：

孫俊，北京大學中文系碩士，國家圖書館古籍館副研究館員。主要從事近現代名家手稿和古籍文獻的徵集、整理和研究工作。出版有《燕京傳薪録——中法漢學研究所未刊稿研究》（合著）、《葉德輝致松崎鶴雄書札》（整理）。主編《國家圖書館藏王國維往還書信集》。

後 記

邵東方

　　在《竹書紀年研究(1980—2000)》卷和《竹書紀年研究(2001—2013)》卷出版後，爲了全面反映上溯 1917 至 1979 年期間中外學者研究《竹書紀年》的主要學術成果，2023 年 12 月在北京師範大學京師大廈，我與廣西師範大學出版社的負責人及編審商討決定，編輯《竹書紀年(1917—1979)》卷，以體現這一時期《竹書紀年》研究的豐富成就。所收文字以論文爲主，以發表時間的先後爲序，匯集成書。這部論文集所收的文字寫作的時間跨度較長，超過六十年，而且出版地點不僅在海峽兩岸，還有日本、美國、法國。所涉語言有中、日、英、法文。作者和譯者約四十餘人。在編輯過程中，爲便於讀者閱讀，我們對全部收録和翻譯的文字檢核校勘，還對部分文章施以新式標點符號①，並給個別篇目代擬標題。

　　在本卷編輯期間，我得到許多同事和友人的幫助。他們中間包括國會圖書館亞洲部中文典藏部常易安(Ian Chapman)博士、嘉陽留美子、唐竟蘭，日文典藏部伊東英一、Cameron Penwell，東南亞典藏部 Ryan Wolfson-Ford，斯坦福大學東亞圖書館楊永紅，香港浸會大學宗哲系榮休教授費樂仁(Lauren Pfister)，香港科技大學人文社會科學學院陳躬芳，香港明愛專上學院通識教育及語文學系主任周昭端，香港中文大學中國語言及文學系副教授陳煒舜，北京大學圖書館聶華，上海社會科學院已故方詩銘先生女公子方小芬，北京師範大學劉駿勃，華藝數位有限公司常效宇、楊長春、鄭茗襄，北京超星科技有限公司朱平、閻雲德。在本卷出版之際，我向他們表示深切的感謝。

　　我特別感激廣西師範大學出版社支持完成出版《竹書紀年研究論集》的三卷本系列。廣西師範大學出版社趙艷女士擔任本書的責任編輯，她爲本論文集的編校工作付

---

①　古書没有標點符號，故引文中的概念外延有時不甚清楚。采用新式標點符號，必然會産生相應的一些理解問題，但求讀者諒察爲幸。

出了辛勤努力，細心通讀，使編者傾感不勝。同時我也要向各篇外文論文的中譯者致以謝忱。當然，由於本人學殖淺陋，編排之中必有遺漏和舛誤，懇請方家指正。

最後需要説明的是，由於本論集所收部分論文發表的年代已久，出版地點分散全球各地，絕大部分作者已經去世，無法聯絡到個別在世的作者或繼承人。今後如有授權人見到本書中被轉載的相關文字，請與廣西師範大學出版社直接聯係，聯絡信息見本書版權頁。

二零二四年十月九日

邵東方識於美國天星花書院